广州统计年鉴

GUANGZHOU STATISTICAL YEARBOOK

2011

（总第23期 NO. 23）

广　州　市　统　计　局
国家统计局广州调查队　编
Guangzhou Municipal Statistics Bureau
Guangzhou Survey Office of National Bureau of Statisitcs

中国统计出版社
China Statistics Press

(京)新登字041号

图书在版编目(CIP)数据

广州统计年鉴. 2011 / 广州市统计局, 国家统计局广州调查队 编.
- 北京 : 中国统计出版社, 2011.8
ISBN 978-7-5037-6325-0/C.2544

Ⅰ. ①广…
Ⅱ. ①广… ②国…
Ⅲ. ①统计资料—广州市—2011—年鉴
Ⅳ. ①C832.651-54

中国版本图书馆CIP数据核字(2011)第165170号

广州统计年鉴-2011

作　　者 / 广州市统计局　国家统计局广州调查队
责任编辑 / 佘竞雄
责任校对 / 林穗子
封面设计 / 广州市道祺广告有限公司
出版发行 / 中国统计出版社
通信地址 / 北京市西城区月坛南街57号
办公地址 / 北京市丰台区西三环南路甲6号
邮　　编 / 100826
电　　话 / (010)63376907
E-mail / yearbook@gj.stats.cn
印　　刷 / 广州华南印刷厂
经　　销 / 新华书店
开　　本 / 880×1230 毫米　1/16
字　　数 / 1480千字
印　　张 / 41.06
版　　别 / 2011 年8月第 1 版
版　　次 / 2011 年8月第 1 次印刷
书　　号 / ISBN 978-7-5037-6325-0/C.2544
定　　价 / 360.00元

综 合
GENERAL SURVEY

地区生产总值（亿元）
[Gross Domestic Product (100 million yuan)]

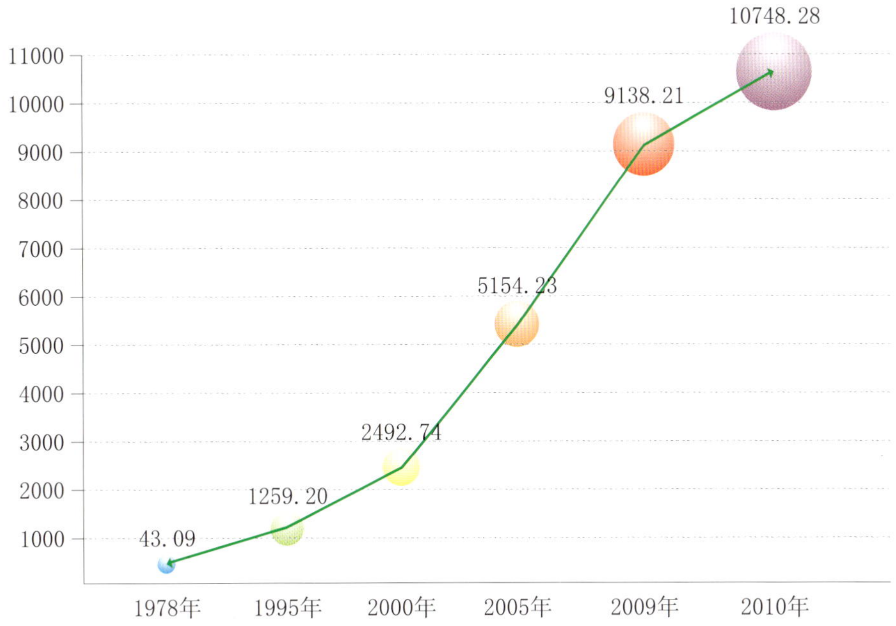

地区生产总值构成（%）
[Proportions in GDP (%)]

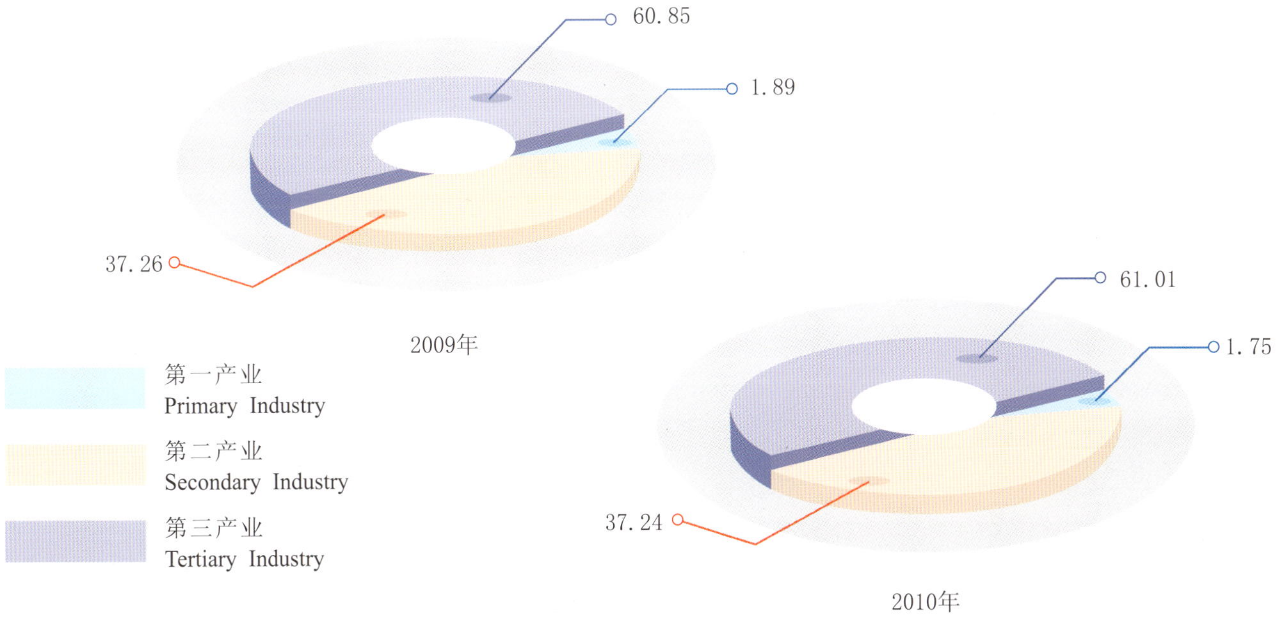

人 口
POPULATION

年末户籍总人口（万人）
[Total Registered Permanent Residents at Year-end (10000 persons)]

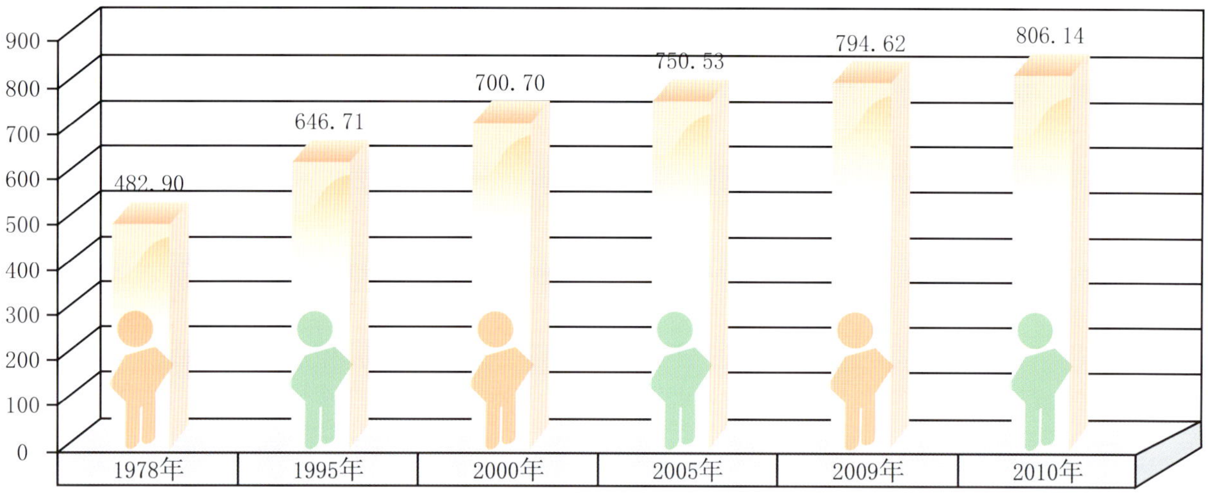

人口自然增长率（‰）
[Natural Growth Rate of Population (‰)]

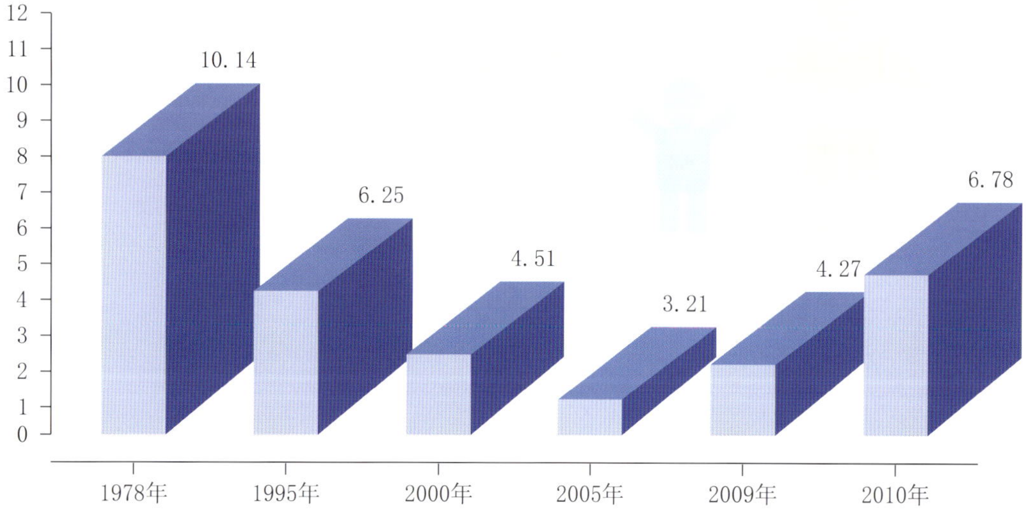

从业人员和职工工资
EMPLOYMENT AND WAGES

社会从业人员（万人）
[Number of Employed Persons (10000 persons)]

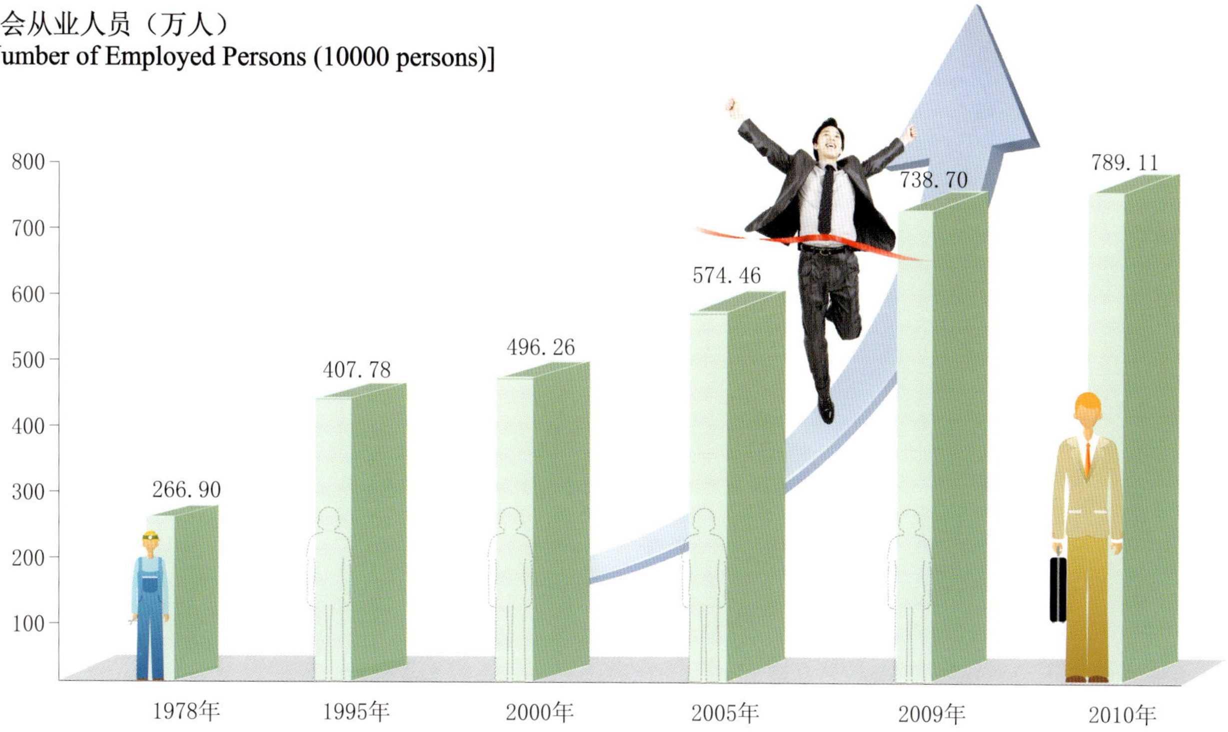

城镇单位职工年平均工资（元）
[Average Annual Wages of Staff and Workers in Urban Units (yuan)]

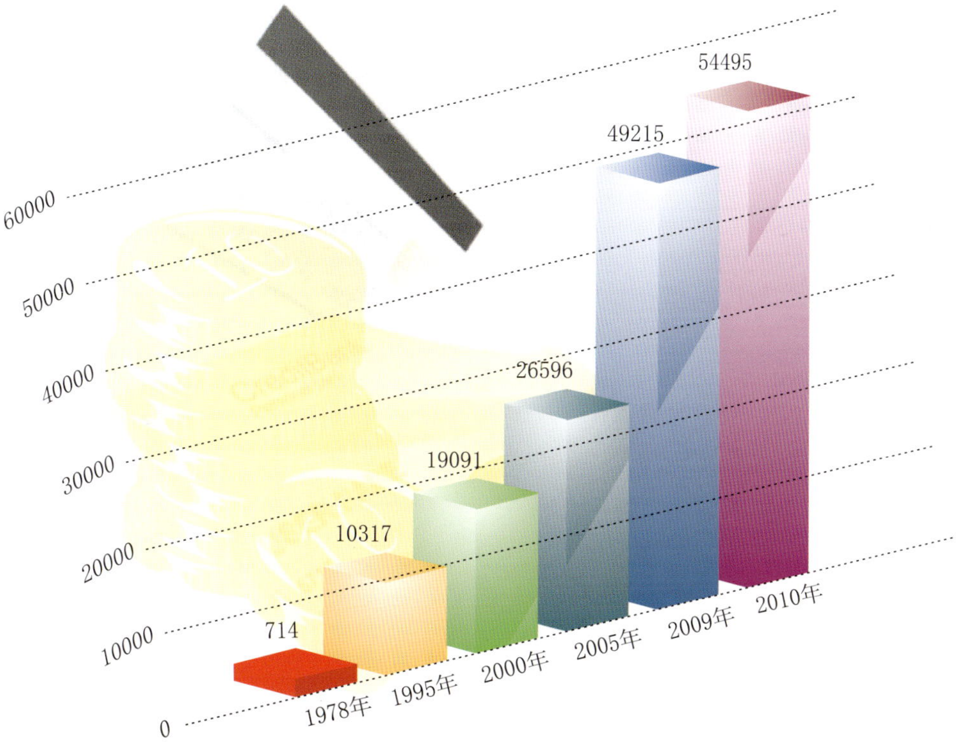

固定资产投资
INVESTMENT IN FIXED ASSETS

全社会固定资产投资额（亿元）
[Total Investment in Fixed Assets (100 million yuan)]

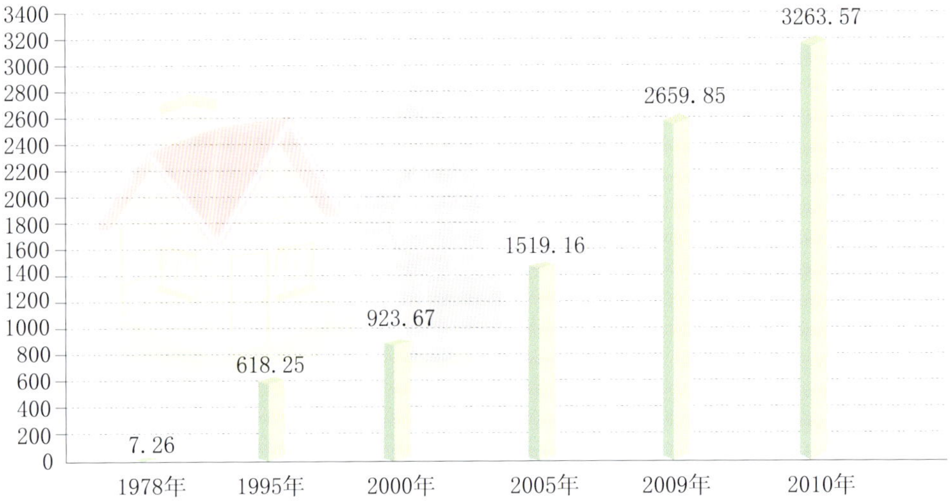

固定资产投资额三次产业构成（%）
[Compositions of Investment in Fixed Assets Classified by Three Strata of Industries (%)]

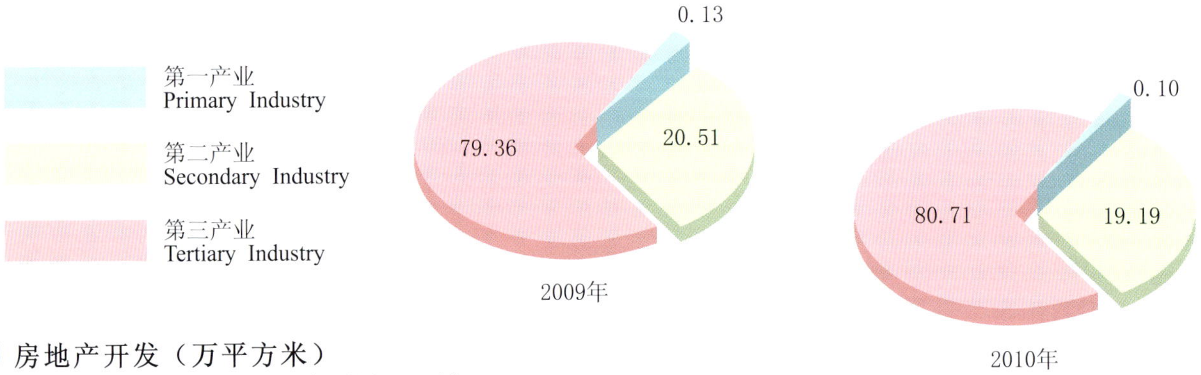

房地产开发（万平方米）
[Real Estate Development (10000 sq.m)]

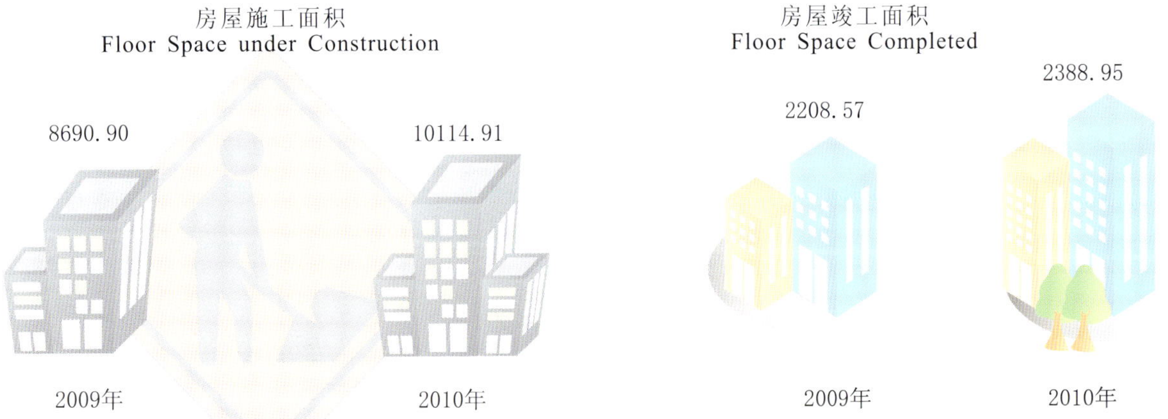

能源生产和消费
PRODUCTION AND CONSUMPTION OF ENERGY

能源消费总量（万吨标准煤）
[Total Energy Consumption (10000 tons of SCE)]

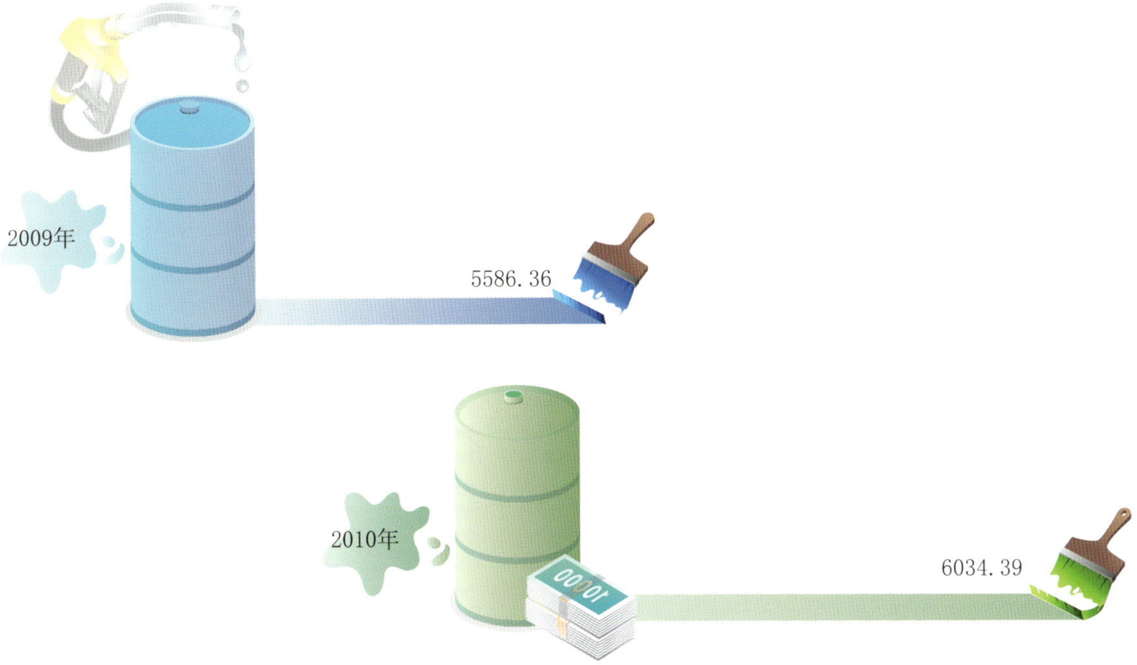

能源消费总量构成（%）(2010 年）
[Proportions of Total Energy Consumption (%) (2010)]

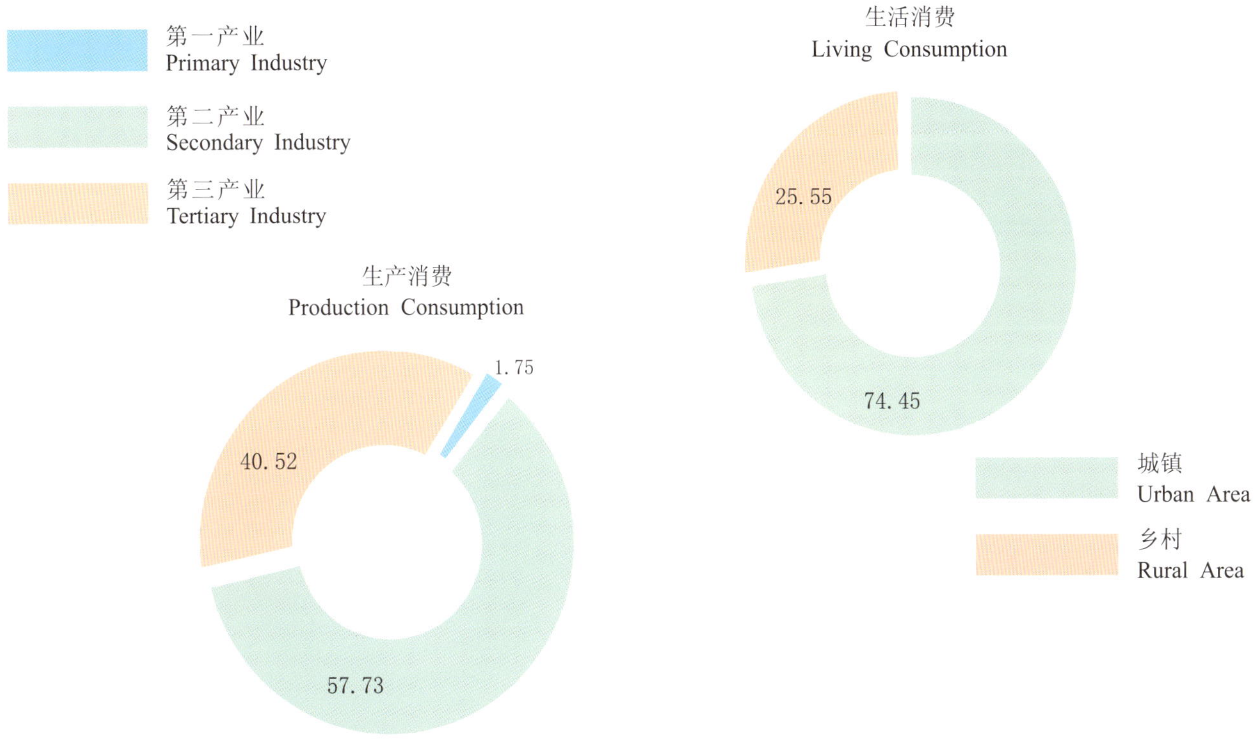

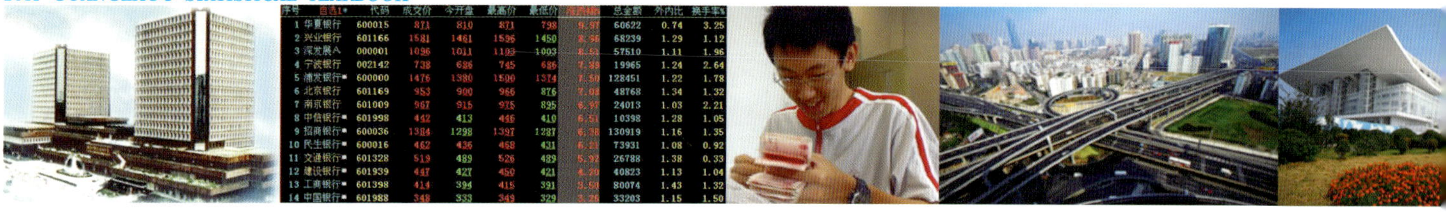

财政、金融和保险

GOVERNMENT FINANCE, BANKING AND INSURANCE

财政收支（按当年口径、亿元）
[Revenue and Expenditure of Local Government (at the Coverage of Current Year,100 million yuan)]

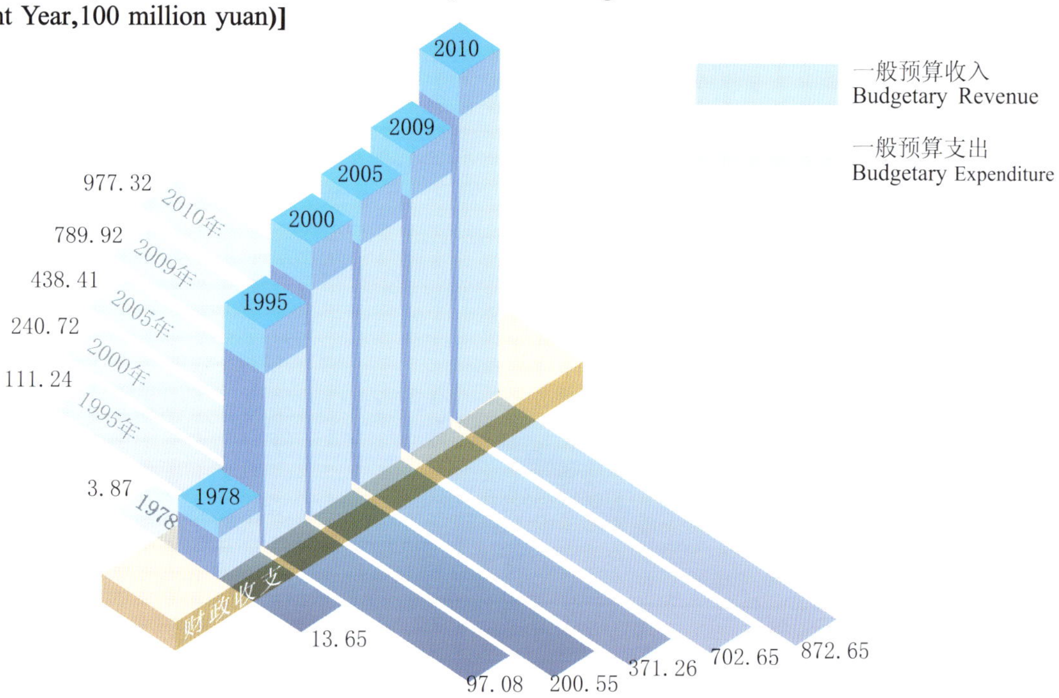

金融机构人民币存、货款余额（亿元）
[RMB Saving Deposit and Loan of Financial Institutions (100 million yuan)]

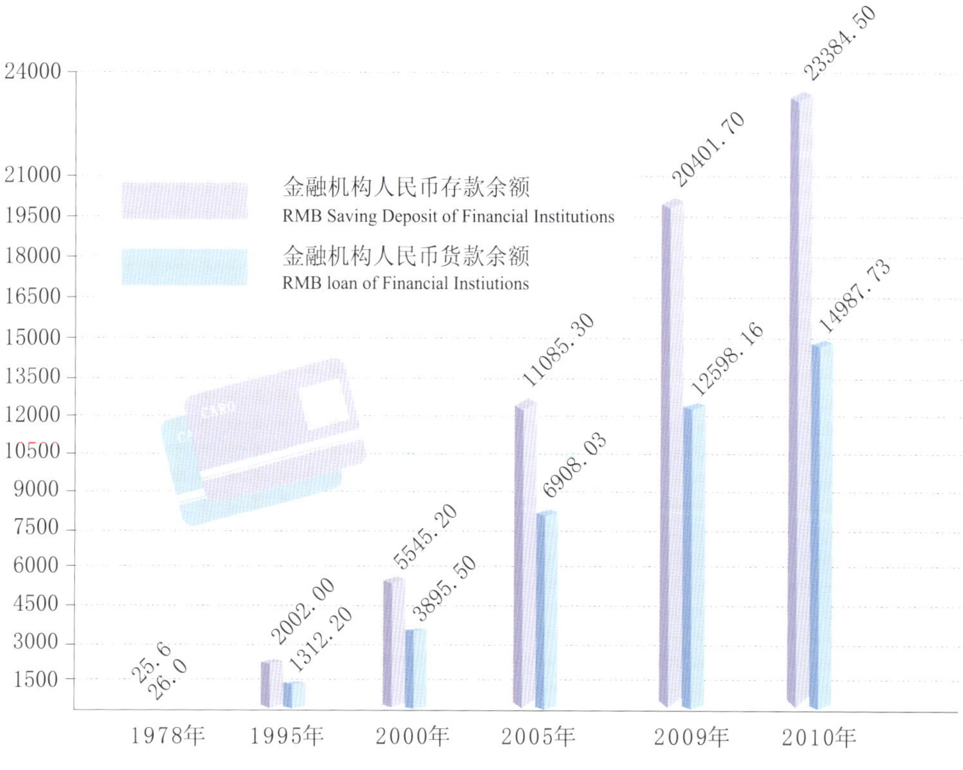

城市居民消费价格指数（以1978年价格为100）
[Urban Residents Consumer Price Indices (the price of 1978=100)]

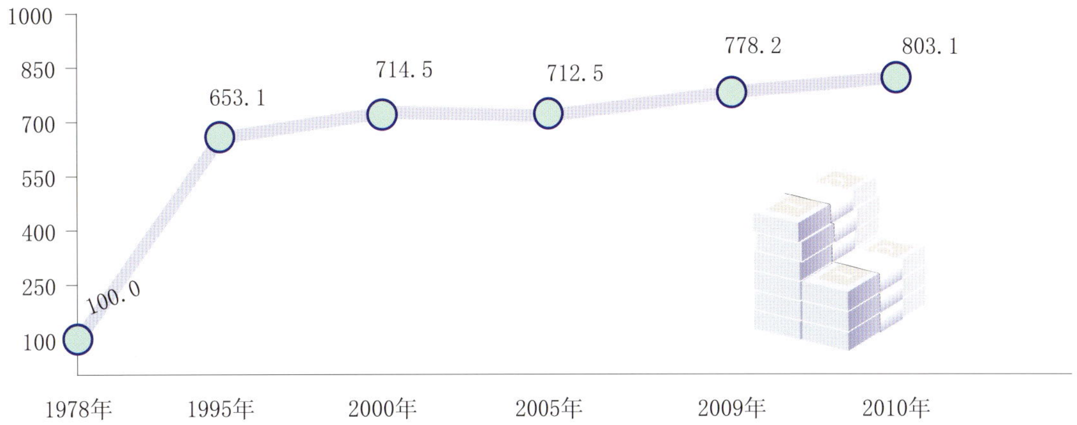

城市商品零售价格指数（以1978年价格为100）
[Urban Retail Price Indices in Main Years (the price of 1978=100)]

人民生活
PEOPLE'S LIVELIHOOD

城市居民年人均可支配收入（元）
[Per Capita Annual Disposable Income of Urban Residents (yuan)]

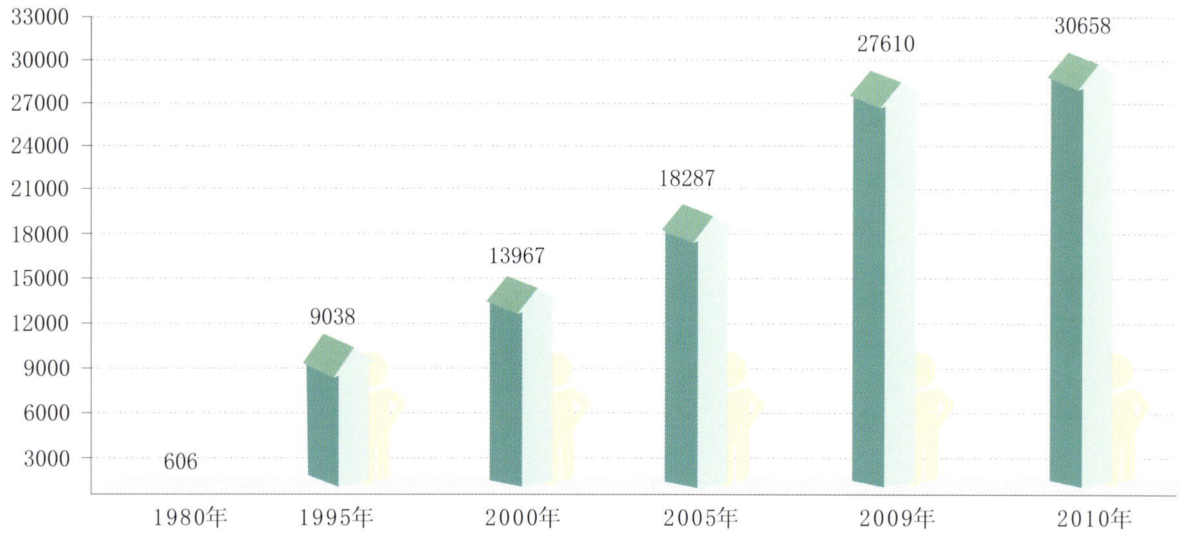

农村居民年人均纯收入（元）
[Per Capita Annual Net Income of Rural Residents (yuan)]

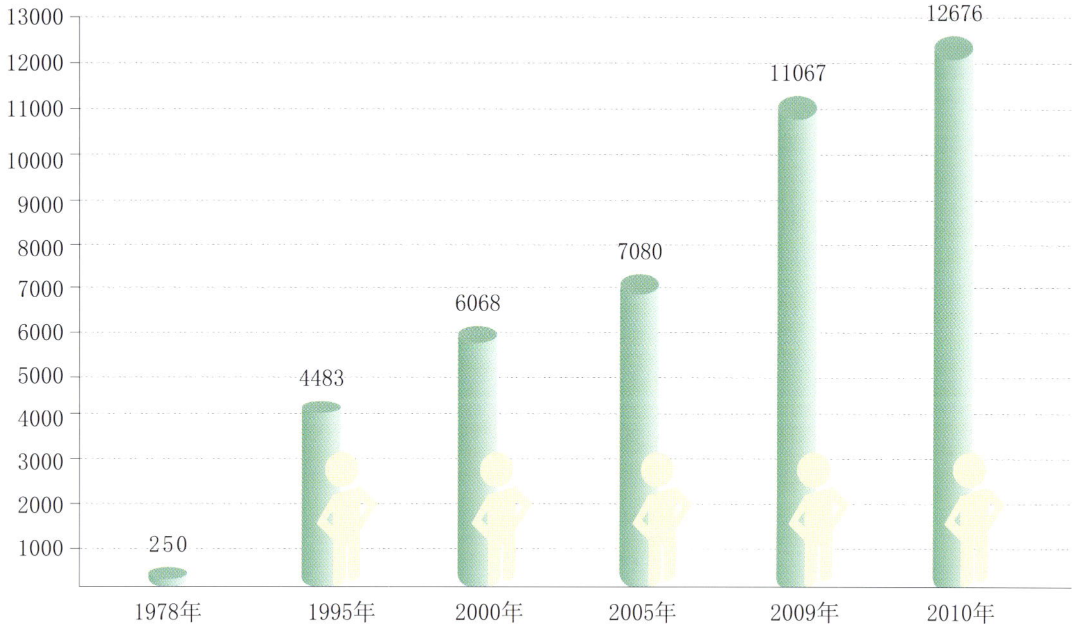

■ 城市市政公用设施建设固定资产投资（亿元）
[Investment in Fixed Assets in Public Facilities in Urban Districts (100 million yuan)]

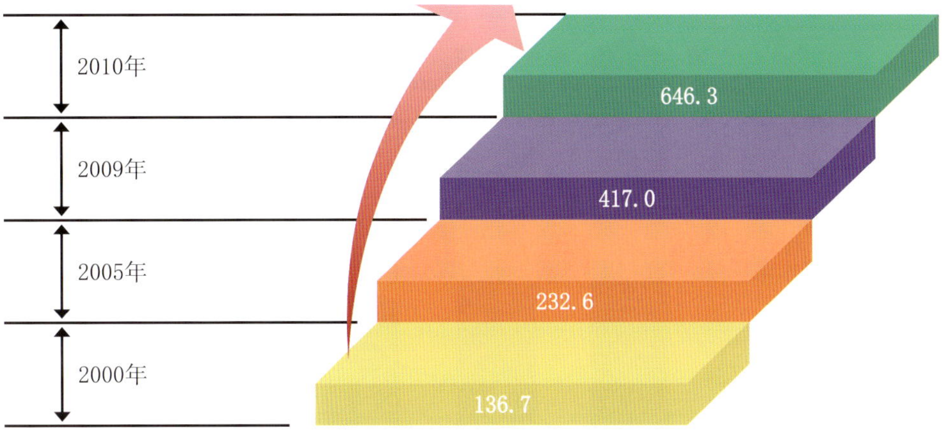

■ 城市道路面积（万平方米）
[Roads Area in Urban Districts (10000 sq.m]

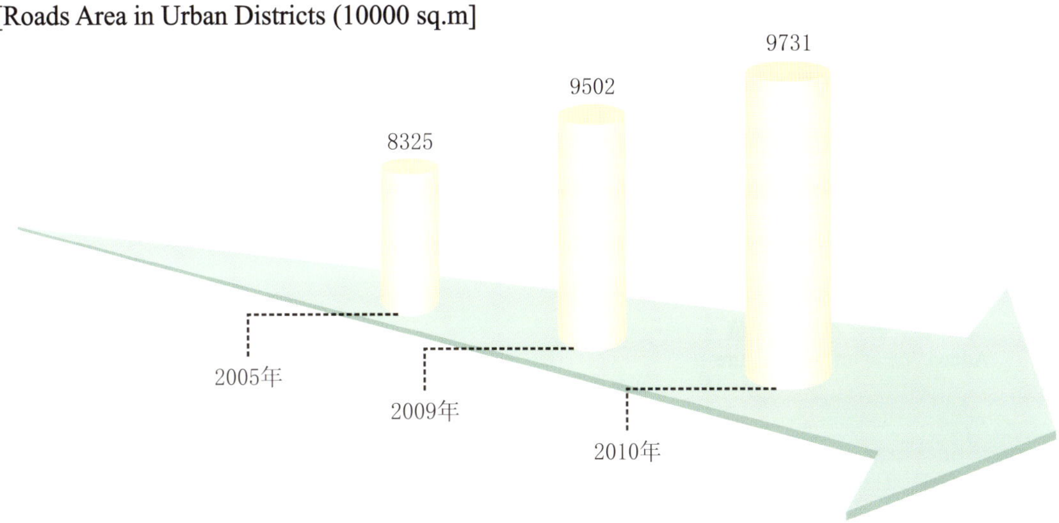

■ 绿地面积（公顷）
[Area of Green Areas (hectare)]

建筑业
CONSTRUCTION

建筑业总产值（亿元）
[Gross Output Value (100 million yuan)]

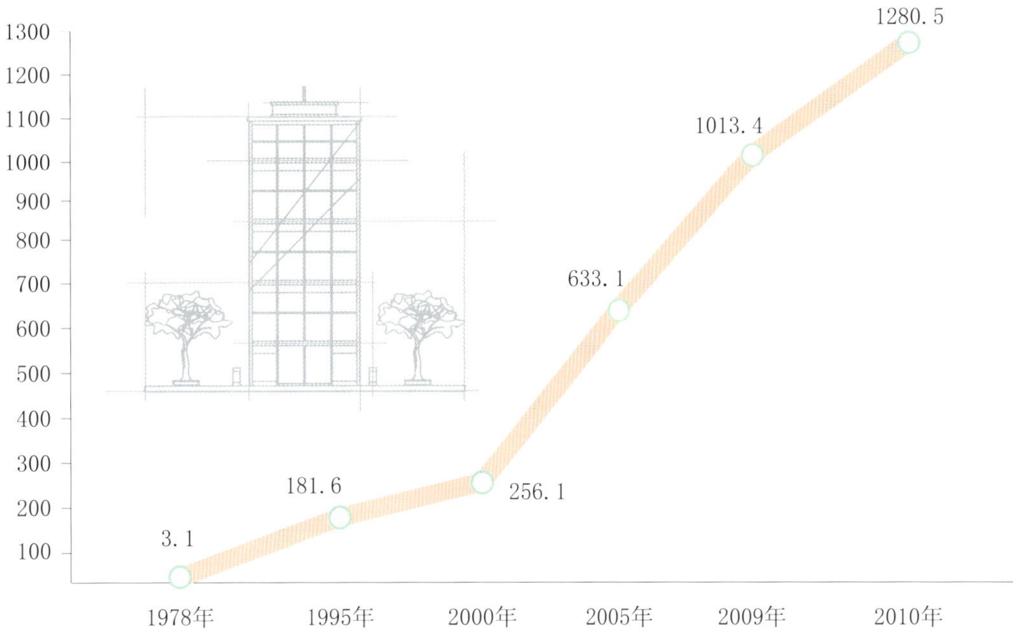

建筑业企业全员劳动生产率（元/人）
[Overall Labor Productivity of Construction Enterprises (yuan/person)]

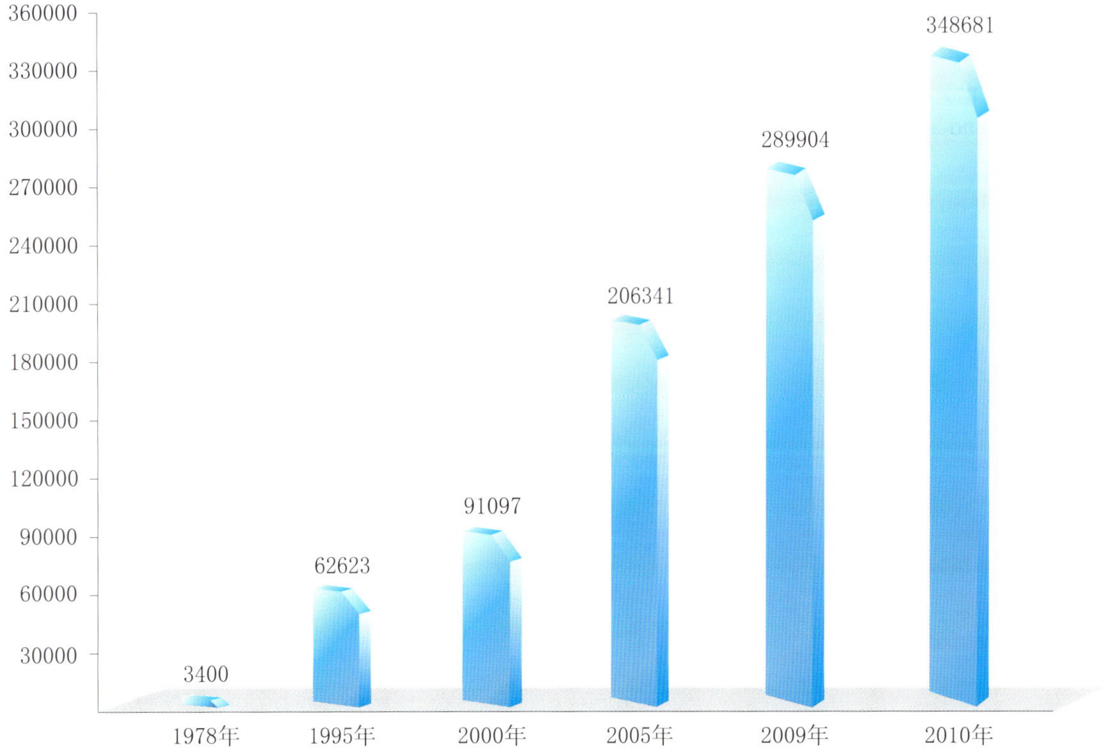

运输和邮电
TRANSPORT,POSTAL AND TELECOMMUNICATION SERVICES

货物、旅客运输量
[Freight and Passenger Traffic]

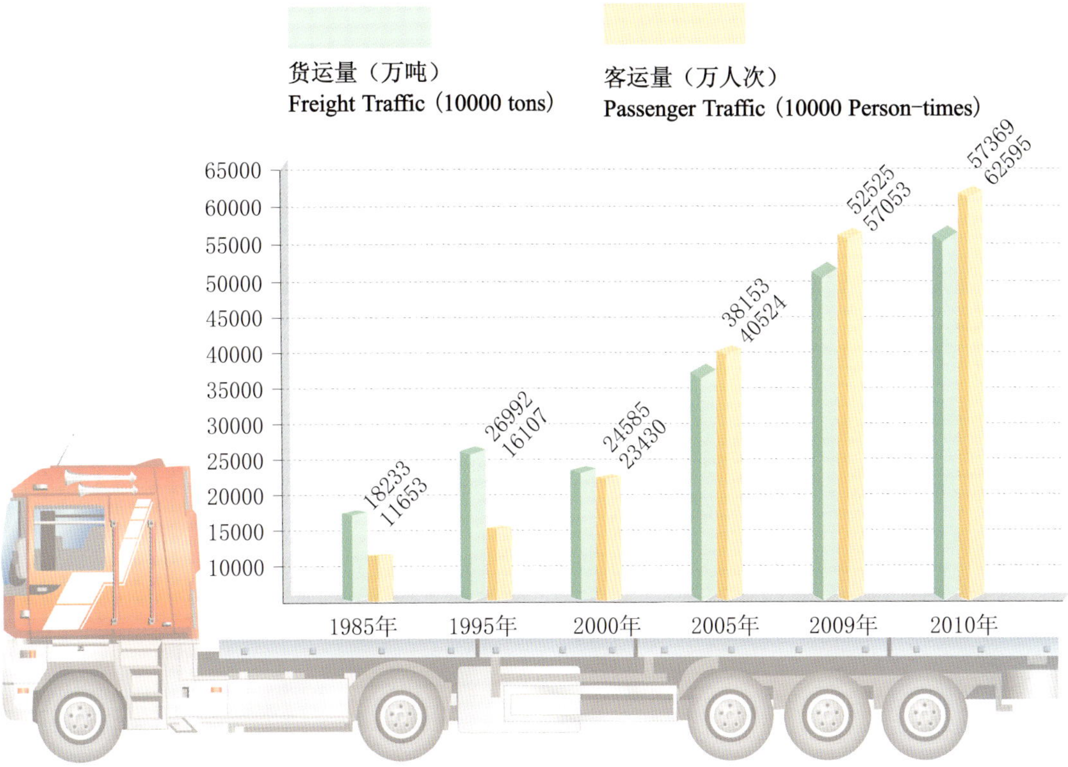

邮电业务收入（亿元）
[Revenue of Postal and Telecommunication Services (100 million yuan)]

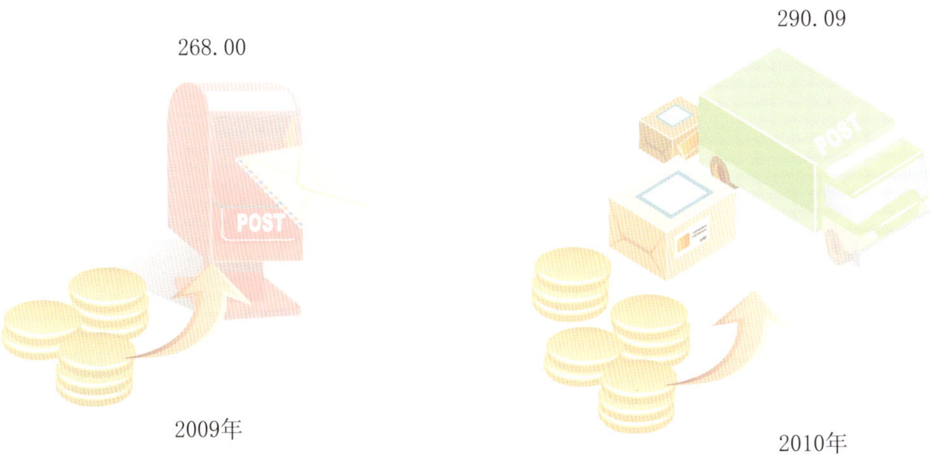

国内贸易
DOMESTIC TRADE

社会消费品零售总额（亿元）
[Retail Sale of Consumer Goods (100 million yuan)]

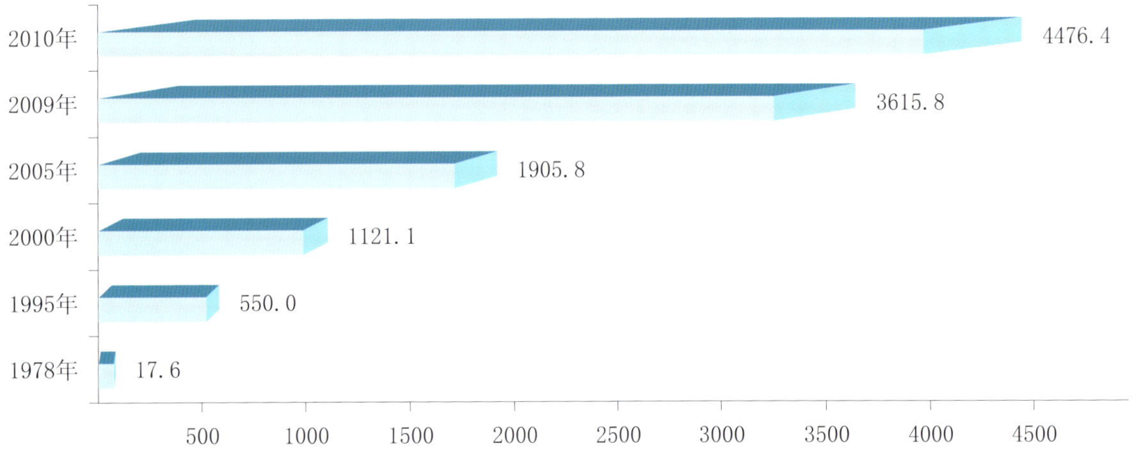

社会消费品零售总额构成（%）
[Proportions in Retail Sale of Consumer Goods (%)]

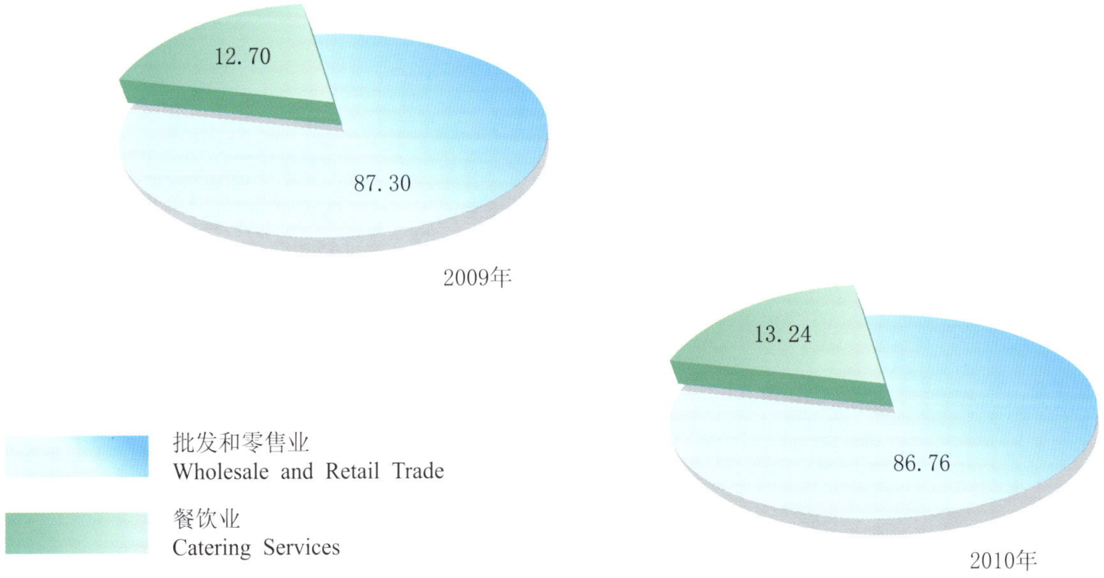

海外旅游者（万人次）
[International Tourists (10000 person-times)]

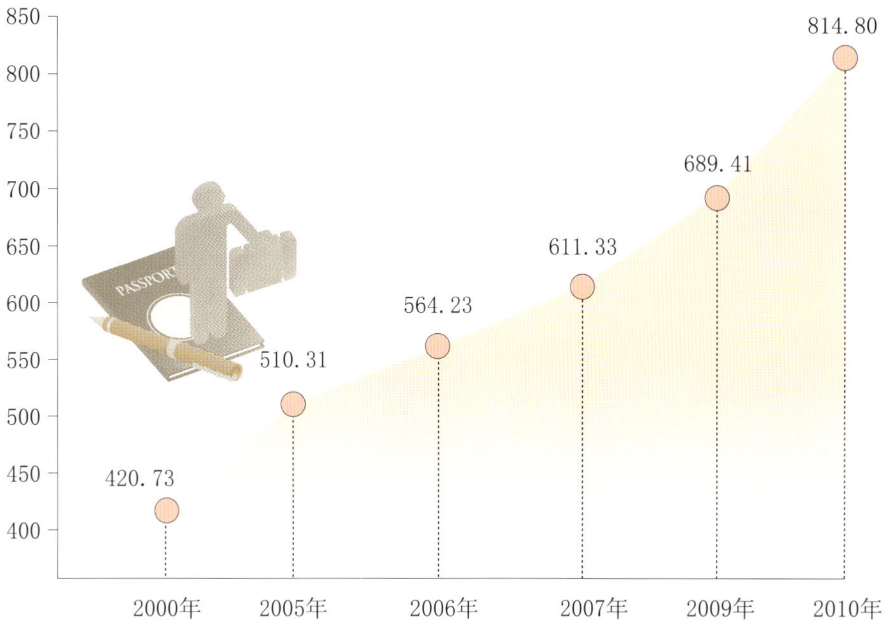

商品出口总值构成（%）
[Proportions in Total Value of Export Comodities (%)]

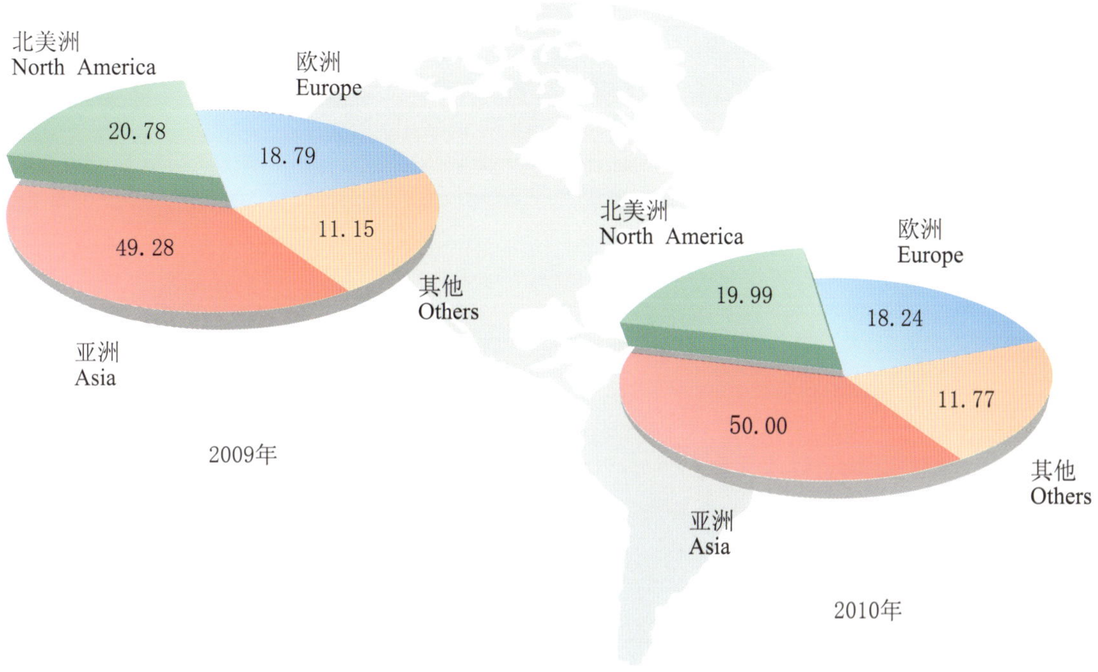

科 技
SCIENCE AND TECHNOLOGY

城镇单位各类专业技术员（万人）
[Number of Scientific and Technical Personnel in Urban Area (10000 Persons)]

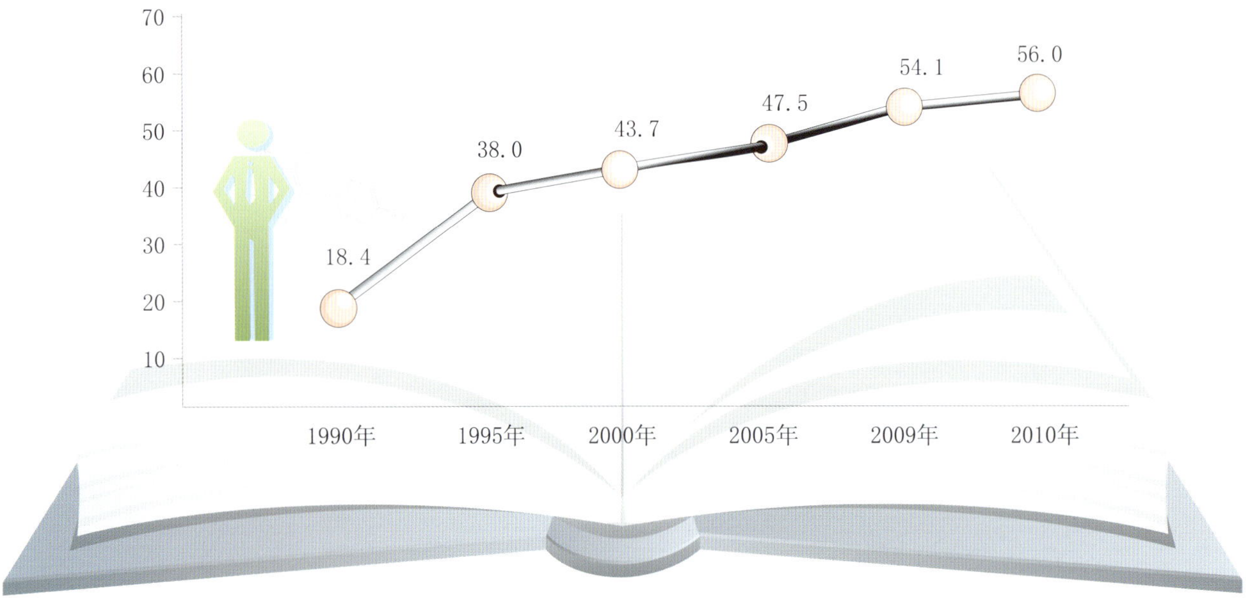

专利申请量和专利制授权量
[Patent Applications and Patent Certified]

专利申请量（件）
Patent Applications (item)

专利授权量（件）
Patent Certified (item)

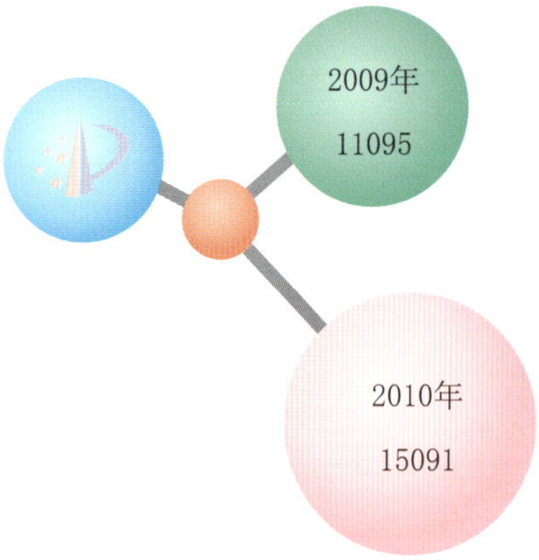

教育、文化、体育、卫生、社会福利和其他
EDUCATION,CULTURE,SPORTS,PUBLIC HEALTH,SOCIALWELFARE AND OTHERS

各类学校及在校学生数
[Number of Schools and Enrolled Students]

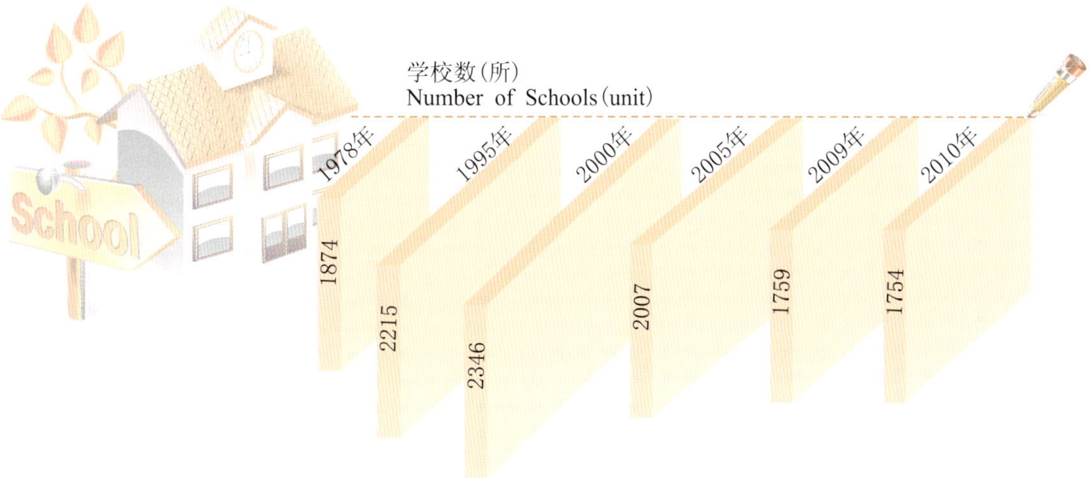

在校学生数(万人)
Number of Enrolled Students (10000 persons)

卫生事业机构床位数（张）
[Number of Beds in Health Institutions (unit)]

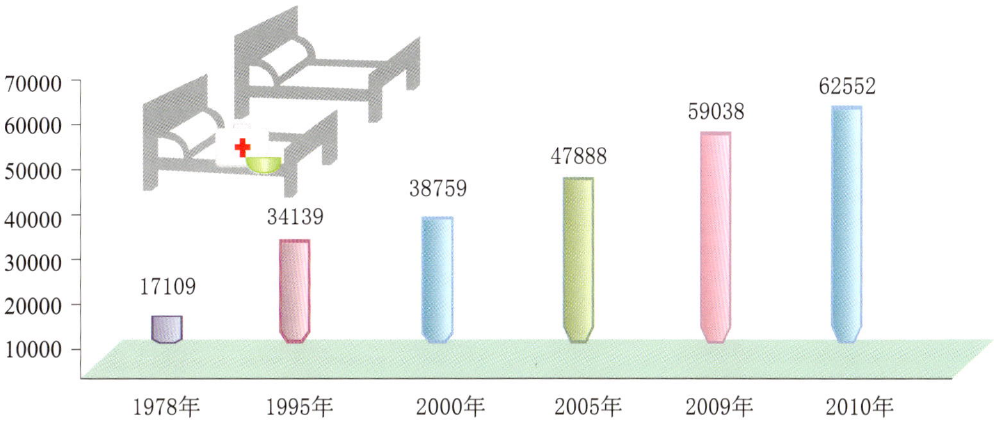

EDITOR'S NOTE

GUANGZHOU STATISTICAL YEARBOOK

Ⅰ. ***Guangzhou Statistical Yearbook 2011*** (abbreviation as the Yearbook below) is an annual statistics publication, reflecting comprehensively the economic and social development of Guangzhou. It covers maily statistics in 2010 and some selected major data series in historically important years particularly since the Chinese Economic Reform, at municipal level and local level of district or city at county level and township and village.

Ⅱ. The Yearbook contains the following 17 chapters: 1. Gerneral Survey; 2. Population; 3. Employment and Wages; 4. Investment in Fixed Assets; 5. Production and Consumption of Energy; 6. Government Finance, Banking and Insurance; 7. Price Indices; 8. People's Livelihood; 9. City Construction; 10. Agriculture; 11. Industry; 12. Construction; 13. Transport, Postal and Telecommunication Services; 14. Domestic Trade; 15. Foreign Economy and Tourism; 16. Science and Technology; 17. Education, Culture, Sports, Public Health, Social Welfare and Others. The data listed in the Appendix are main economic indicators of China, Guangdong province, Hongkong Special Administrative Region and Macao Administrative Region.

Ⅲ. The data in the Yearbook are mainly obtained from regular ststistical reports and sample surveys conducted by statistical bureaus of all levels of government and the Surney office of the National Bureau of statistics in Guangzhou. Some data are collected from the departments of the provincial and municipal government.

Ⅳ. In the Yearbook it totally includes ten urban districts and two cities at county-level, Conghua and Zengcheng. The ten urban districts include Liwan, Yuexiu, Haizhu, Tianhe, Baiyun, Huangpu, Panyu, Huadu, Nansha and Luogang.

Ⅴ. In the Yearbook all indices and annual growth speed are calculated on comparable coverage.

Ⅵ. The prices used in calculation in the Yearbook are current prices except noted.

Ⅶ. In any case the data of this book shall be deemed as the authoritative ones.

Ⅷ. In the Yearbook all caculating errors of some total and regular figures for the differency of measuring units haven't been adjusted.

Ⅸ. Notations in this book:blank space indicates data are not available;"… "indicates not large enough to be rounded into the least unit of measurement;"#"indicates major item in a category.

第一篇 综合篇
General Survey

第二篇 人口篇
Population

第三篇 从业人员和职工工资
Employment and Wages

第四篇 固定资产投资
Investment in Fixed Assets

第五篇 能源生产和消费
Production and Consumption of Energy

第六篇 财政、金融和保险
Government Finance, Banking and Insurance

第七篇 物价指数
Price Indices

第八篇 人民生活
People's Livelihood

第九篇 城市建设
City Construction

第十篇 农业
Agriculture

第十一篇 工业
Industry

第十二篇 建筑业
Construction

第十三篇 运输和邮电
Transport, Postal and Telecommunication Services

第十四篇 国内贸易
Domestic Trade

第十五篇 对外经济贸易和旅游
Foreign Economy and Tourism

第十六篇 科技
Science and Technology

第十七篇 教育、文化、体育、卫生、社会福利和其他
Education, Culture, Sports, Public Health, Social Welfare and Others

附 录
Appendix

第一篇 CHAPTER 1

综合

GENERAL SURVEY

简要说明

第一篇 综 合

一、本篇资料反映广州国民经济和社会发展的综合情况以及国民经济核算情况，分别由广州市统计局综合统计处和国民经济核算统计处整理提供。

二、综合统计资料是根据广州市统计局各专业统计年报资料以及广州市有关部门提供的统计资料加工整理而成。

三、国民经济核算资料主要包括广州市地区生产总值及其有关资料。2008年度广州市地区生产总值利用经济普查资料进行核算，并根据国家《利用经济普查数据修订年度历史数据的方法》和广州市的实际情况，对2006-2007年广州市年度GDP当年价数据进行了修订(按可比价格口径计算的增长速度不变)。

四、地区生产总值数据从2003年开始采用GB-2002国民经济行业分类，原第三产业中的农林牧渔服务业划入第一产业。

五、资料来源

1.行政区划资料由广州市民政局提供；

2.城市房地产市场交易情况、国有土地使用权出让、划拨情况由广州市国土房管局提供；

3.气象资料由广州市气象局提供；

4.劳动力市场情况由广州市人力资源和社会保障局提供；

5.技术市场交易情况由广州市科技和信息化局提供；

6.私营企业、城乡个体工商企业资料由广州市工商行政管理局提供。

Brief Introduction

1 General Survey

I.The summary data in this chapter reflect the national economy and social development of Guangzhou and also cover the data on its national economic accounts.The data are prepared and provided by the Division of Comprehensive Statistics and the Division of National Accounts of Guangzhou Municipal Bureau of Statistics respectively.

II.The summary data are processed and prepared in the light of the annual reports of various specialized fields provided by Guangzhou Municipal Bureau of Statistics and data provided by some related departments of Guangzhou Municipality.

III.The data on the national economic accounts mainly cover the gross domestic Product(GDP)and related data of Guangzhou.The annual GDP of Guangzhou in 2008 was accounted according to the data from the First National Economic Census.According to the Way of Adjusting Historical Data Using the Data from the First National Eoonomic Census stipulated by the National Bureau of Statistics and Guangzhou's factual situation, the current prices annual GDP of Guangzhou from 2006 to 2007 was adjusted (the growth speed caculated on the comparable coverage is sustained).

IV.The data of GDP has been grouped in accordance with GB-2002 national economic industries, and farming, forestry, animal husbandry and fishing services in old tertiary industry are classified to primary industry.

V.Deta Resources comes as follows:

The data on administrative divisions are provided by Guangzhou Municipal Bureau of Civil Affairs.

The data on transaction in urban real estate,lease and administrative allocation of the use right of state-owned land are provided by Guangzhou Municipal Bureau of Land and Resources.

The data on meteorological phenomena are provided by Guangzhou Municipal Bureau Meteorology.

The data on labor force markets are provided by Guangzhou Municipal Bureau of Labor and Social Security.

The data on transactions in technology markets are provided by Guangzhou Municipal Bureau of Science and Technology.

The data on private enterprises and individuals are provided by Guangzhou Municipal Administration for Industry and Commerce.

1-1 行 政 区 划(2010年末)

Administrative Divisions (Year-end of 2010)

单位:个 (unit)

区、县级市	District and County-level City	街道办事处 Street Communities	镇 Towns	社区居委会 Community Committees	村民委员会 Villagers' Committees
合　计	**Total**	**131**	**34**	**1496**	**1142**
市　区	Urban Districts	125	23	1415	639
荔湾区	Liwan	22		193	
越秀区	Yuexiu	22		267	
海珠区	Haizhu	18		257	
天河区	Tianhe	21		200	
白云区	Baiyun	14	4	247	118
黄埔区	Huangpu	9		59	
番禺区	Panyu	11	8	92	247
花都区	Huadu	1	7	50	188
南沙区	Nansha	2	3	19	58
萝岗区	Luogang	5	1	31	28
县级市	Cities at County Level	6	11	81	503
增城市	Zengcheng	3	6	37	282
从化市	Conghua	3	5	44	221

1-2 各月平均温度、湿度(2010年)

Monthly Average Temperature and Humidity (2010)

月 份	Month	平均温度(℃) Average Temperature (℃)						平均相对湿度(%) Average Humidity (%)	
		全 市 Total	市 区 Urban Districts	# 番禺站 Panyu	# 花都站 Huadu	增城站 Zengcheng	从化站 Conghua	全 市 Total	市 区 Urban Districts
全 年	**Annual Total**	**22.3**	**22.7**	**22.9**	**22.7**	**21.9**	**21.2**	**75**	**73**
一 月	January	14.5	14.8	15.2	14.5	14.6	13.4	77	76
二 月	February	16.4	16.6	16.8	16.4	16.5	15.9	82	81
三 月	March	18.9	19.3	19.5	19.2	18.7	17.9	73	72
四 月	April	20.2	20.4	20.9	20.1	20.1	19.5	81	80
五 月	May	25.7	26.1	26.2	26.1	25.4	24.9	79	77
六 月	June	26.5	26.9	27.1	26.9	26.1	25.9	80	78
七 月	July	29.3	29.8	29.8	29.9	28.8	28.4	73	71
八 月	August	28.9	29.5	29.5	29.6	28.5	27.8	73	70
九 月	September	27.8	28.3	28.4	28.5	27.2	26.8	82	80
十 月	October	23.8	24.3	24.6	24.4	23.0	22.8	66	63
十一月	November	19.6	20.6	20.6	20.9	18.6	17.7	66	60
十二月	December	15.1	15.8	16.2	15.6	14.6	13.2	68	65

1-3 各月降雨量、日照时数(2010年)

Monthly Precipitation and Sunshine Hours (2010)

月 份	Month	降 雨 量(毫米) Precipitation (millimeter)					日 照 时 数(小时) Sunshine Hours (hour)				
		全 市 Total	# 番禺站 Panyu	# 花都站 Huadu	# 增城站 Zengcheng	# 从化站 Conghua	全 市 Total	# 番禺站 Panyu	# 花都站 Huadu	# 增城站 Zengcheng	# 从化站 Conghua
全 年	**Annual Total**	**2148.4**	**1932.0**	**2284.3**	**1995.7**	**2176.3**	**1510.6**	**1363.4**	**1828.9**	**1529.7**	**1347.0**
一 月	January	78.9	62.3	76.8	71.0	114.8	66.1	56.0	70.0	76.0	64.5
二 月	February	75.9	103.1	49.6	91.1	64.1	44.2	34.8	65.9	38.2	41.7
三 月	March	47.4	17.5	100.9	47.8	51.6	84.6	72.1	105.4	84.7	68.1
四 月	April	212.5	253.7	141.6	225.5	185.2	30.2	18.8	41.8	37.0	28.9
五 月	May	498.2	420.5	608.9	422.2	455.0	88.4	84.0	105.9	94.3	74.1
六 月	June	359.8	276.4	356.5	406.2	437.0	68.6	67.1	116.2	46.8	44.2
七 月	July	185.0	245.5	145.1	130.0	239.6	208.6	199.4	259.2	199.5	184.4
八 月	August	156.9	153.3	154.8	82.2	143.7	223.2	201.1	259.2	231.5	202.7
九 月	September	473.7	346.4	583.8	444.0	435.9	148.0	124.8	182.5	162.3	125.7
十 月	October	33.3	30.2	33.4	51.1	23.0	156.1	154.0	184.2	155.0	124.2
十一月	November	1.6	2.2	0.1	2.5	0.9	220.4	198.9	252.6	224.2	216.5
十二月	December	25.2	20.9	32.8	22.1	25.5	172.2	152.4	186.0	180.2	172.0

1-4 土地面积和人口密度(2010年)

Land Area and Population Density (2010)

区、县级市	Urban Districts and Cities at County Level	土地面积(平方公里) Land Area (sq.km)	年末常住人口(万人) Permanent Population at Year-end (10000 person)	年末户籍人口(万人) Registered Permanent Residents at Year-end (10000 person)	常住人口密度(人/平方公里) Permanent Population Density (person/sq.km)	户籍人口密度(人/平方公里) Population Density by Registered Permanent Residents (person/sq.km)
全　市	**Total**	**7434.40**	**1270.96**	**806.14**	**1710**	**1084**
市　区	Urban Districts	3843.43	1107.81	664.29	2882	1728
荔湾区	Liwan	59.10	89.82	70.93	15198	12002
越秀区	Yuexiu	33.80	115.73	116.97	34240	34607
海珠区	Haizhu	90.40	155.92	95.28	17248	10540
天河区	Tianhe	96.33	143.37	77.06	14883	8000
白云区	Baiyun	795.79	222.48	83.19	2796	1045
黄埔区	Huangpu	90.95	45.83	19.97	5039	2196
番禺区	Panyu	786.15	176.65	100.39	2247	1277
花都区	Huadu	970.04	94.59	66.19	975	682
南沙区	Nansha	527.65	26.01	15.41	493	292
萝岗区	Luogang	393.22	37.41	18.90	951	481
县级市	Cities at County Level	3590.97	163.15	141.85	454	395
增城市	Zengcheng	1616.47	103.76	83.98	642	520
从化市	Conghua	1974.50	59.39	57.87	301	293

1-5 法人和产业活动单位数(2010年)

单位：个

项　　目	Item
总　　计	**Total**
按行业分	**Grouped By Sector**
第一产业	Primary Industry
第二产业	Secondary Industry
采矿业	Mining
制造业	Manufacturing
电力、燃气及水的生产和供应业	Production and Supply of Electricity, Gas and Water
建筑业	Construction
第三产业	Tertiary Industry
交通运输、仓储和邮政业	Transport, Storage and Post
信息传输、计算机服务和软件业	Information Transmission, Computer Services and Software
批发和零售业	Wholesale and Retail Trade
住宿和餐饮业	Hotels and Catering Services
金融业	Financial Intermediation
房地产业	Real Estate
租赁和商务服务业	Leasing and Business Services
科学研究、技术服务和地质勘查业	Scientific Research, Technical Services and Geologic Prospecting
水利、环境和公共设施管理业	Management of Water Conservancy, Environment and Public Facilities
居民服务和其他服务业	Services to Households and Other Services
教　育	Education
卫生、社会保障和社会福利业	Health, Social Security and Social Welfare
文化、体育和娱乐业	Culture, Sports and Entertainment
公共管理和社会组织	Public Management and Social Organizations
按注册类型分	**Grouped by Registration Status**
内资企业	Domestic Funded Enterprises
国有企业	State-owned Enterprises
集体企业	Collective-owned Enterprises
股份合作企业	Cooperative Enterprises
联营企业	Joint Ownership Enterprises
有限责任公司	Limited Liability Corporations
股份有限公司	Share-holding Corporations Ltd.
私营企业	Private Enterprises
其他企业	Other Enterprises
港、澳、台商投资企业	Enterprises with Funds from Hong Kong, Macao and Taiwan
合资经营企业(港或澳、台资)	Joint-venture Enterprises
合作经营企业(港或澳、台资)	Cooperative Enterprises
港、澳、台商独资经营企业	Enterprises with Sole Funds
港、澳、台商投资股份有限公司	Share-holding Corporations
外商投资企业	Foreign Funded Enterprises
中外合资经营企业	Joint-venture Enterprises
中外合作经营企业	Cooperative Enterprises
外资企业	Enterprises with Sole Foreign Funds
外商投资股份有限公司	Share-holding Corporations Ltd.

Number of Corporate Units and Industrial Establishments (2010)

(unit)

法人单位数 Corporate Units	单产业法人单位 Single Industry	多产业法人单位 Multi-industry	产业活动单位数 Industrial Establishments	其中:多产业法人所属的产业活动单位 Establishments belonging to Multi-industry Corporation
159626	**151811**	**7815**	**187140**	**35329**
1494	1475	19	1535	60
36690	35323	1367	38597	3274
36	35	1	36	1
32292	31309	983	33248	1939
229	202	27	349	147
4133	3777	356	4964	1187
121442	115013	6429	147008	31995
4778	4331	447	5997	1666
5675	5416	259	6429	1013
49305	46879	2426	58731	11852
4934	4721	213	5761	1040
371	266	105	3325	3059
10711	9850	861	13233	3383
20112	19270	842	24656	5386
5343	5000	343	5771	771
940	891	49	1033	142
4758	4546	212	5433	887
4106	3886	220	4595	709
1861	1742	119	2268	526
1939	1857	82	2118	261
6609	6358	251	7658	1300
151261	144203	7058	173450	29247
9316	8348	968	13245	4897
9123	8851	272	10935	2084
2592	2413	179	3748	1335
278	258	20	398	140
9128	8237	891	12576	4339
1391	1260	131	3404	2144
109640	105244	4396	118414	13170
9793	9592	201	10730	1138
4811	4405	406	7116	2711
692	617	75	1345	728
622	572	50	899	327
3384	3110	274	4627	1517
113	106	7	245	139
3554	3203	351	6574	3371
704	604	100	1258	654
279	248	31	381	133
2478	2270	208	4725	2455
93	81	12	210	129

1-6 按行业和登记注册类型分组的法人单位数(2010年)

单位：个

项　　目	Item
总　计	**Total**
第一产业	Primary Industry
第二产业	Secondary Industry
采矿业	Mining
制造业	Manufacturing
电力、燃气及水的生产和供应业	Production and Supply of Electricity, Gas and Water
建筑业	Construction
第三产业	Tertiary Industry
交通运输、仓储和邮政业	Transport, Storage and Post
信息传输、计算机服务和软件业	Information Transmission, Computer Services and Software
批发和零售业	Wholesale and Retail Trade
住宿和餐饮业	Hotels and Catering Services
金融业	Financial Intermediation
房地产业	Real Estate
租赁和商务服务业	Leasing and Business Services
科学研究、技术服务和地质勘查业	Scientific Research, Technical Services and Geologic Prospecting
水利、环境和公共设施管理业	Management of Water Conservancy, Environment and Public Facilities
居民服务和其他服务业	Services to Households and Other Services
教　育	Education
卫生、社会保障和社会福利业	Health, Social Security and Social Welfare
文化、体育和娱乐业	Culture, Sports and Entertainment
公共管理和社会组织	Public Management and Social Organizations

Number of Corporate Units by Sector and by Status of Registration (2010)

(unit)

总　计 Total	内资企业 Domestic Funded Enterprises	国有企业 State-owned Enterprises	集体企业 Collective-owned Enterprises	股份合作企业 Cooperative Enterprises	联营企业 Joint Ownership Enterprises	有限责任公司 Limited Liability Corporations	股份有限公司 Share-holding Corporations Ltd.	私营企业 Private Enterprises	其他企业 Other Enterprises
159626	**151261**	**9316**	**9123**	**2592**	**278**	**9128**	**1391**	**109640**	**9793**
1494	1477	89	827	3		53	2	317	186
36690	32452	438	790	638	47	1804	298	27696	741
36	30	3	3			2		22	
32292	28136	277	581	582	39	1259	238	24495	665
229	199	16	44	2	1	44	6	85	1
4133	4087	142	162	54	7	499	54	3094	75
121442	117332	8789	7506	1951	231	7271	1091	81627	8866
4778	4426	182	96	52	13	424	56	3557	46
5675	5396	65	11	22	8	430	61	4672	127
49305	48062	624	819	1134	59	2558	504	41446	918
4934	4753	240	132	163	16	186	34	3660	322
371	310	25		9	1	66	43	164	2
10711	10020	353	2746	151	30	1331	107	4936	366
20112	19143	665	2993	163	38	1331	165	12789	999
5343	5177	652	108	41	14	477	49	3694	142
940	917	357	38	3		71	5	374	69
4758	4688	206	181	149	8	238	46	3482	378
4106	4084	1554	133	14	20	39	5	1163	1156
1861	1855	515	196	10	9	8	3	509	605
1939	1897	419	41	40	11	104	12	1153	117
6609	6604	2932	12		4	8	1	28	3619

1-6 续表

单位：个

项　　目	Item
总　计	**Total**
第一产业	Primary Industry
第二产业	Secondary Industry
采矿业	Mining
制造业	Manufacturing
电力、燃气及水的生产和供应业	Production and Supply of Electricity, Gas and Water
建筑业	Construction
第三产业	Tertiary Industry
交通运输、仓储和邮政业	Transport, Storage and Post
信息传输、计算机服务和软件业	Information Transmission, Computer Services and Software
批发和零售业	Wholesale and Retail Trade
住宿和餐饮业	Hotels and Catering Services
金融业	Financial Intermediation
房地产业	Real Estate
租赁和商务服务业	Leasing and Business Services
科学研究、技术服务和地质勘查业	Scientific Research, Technical Services and Geologic Prospecting
水利、环境和公共设施管理业	Management of Water Conservancy, Environment and Public Facilities
居民服务和其他服务业	Services to Households and Other Services
教　育	Education
卫生、社会保障和社会福利业	Health, Social Security and Social Welfare
文化、体育和娱乐业	Culture, Sports and Entertainment
公共管理和社会组织	Public Management and Social Organizations

continued

(unit)

港、澳、台商投资企业 Enterprises with Funds from Hong Kong, Macao and Taiwan	合资经营企业 Joint-venture Enterprises	合作经营企业 Cooperative Enterprises	独资经营企业 Enterprises with Sole Funds	股份有限公司 Share-holding Corporations Ltd.	外商投资企业 Foreign Funded Enterprises	中外合资经营企业 Joint-venture Enterprises	中外合作经营企业 Cooperative Enterprises	外资企业 Enterprises with Sole Foreign Funds	外商投资股份有限公司 Share-holding Corporations Ltd.
4811	**692**	**622**	**3384**	**113**	**3554**	**704**	**279**	**2478**	**93**
15	4	1	10		2	1		1	
2690	421	216	2001	52	1548	359	101	1060	28
2			2		4			4	
2643	407	200	1986	50	1513	347	94	1045	27
19	7	8	4		11	5	1	5	
26	7	8	9	2	20	7	6	6	1
2106	267	405	1373	61	2004	344	178	1417	65
188	35	47	100	6	164	61	49	50	4
156	14	5	129	8	123	32	5	81	5
557	60	23	456	18	686	92	22	553	19
99	17	20	58	4	82	20	10	50	2
9	4		5		52	22		25	5
545	78	266	199	2	146	31	44	66	5
395	28	14	336	17	574	48	24	482	20
72	10	2	57	3	94	18	2	70	4
7	4	2	1		16	5	5	6	
38	5	8	23	2	32	5	7	20	
12	1	6	4	1	10	1	4	5	
2	1		1		4	1	3		
25	9	12	4		17	6	3	7	1
1	1				4	2		2	

1-7 国民经济和社会发展总量与速度指标

指　　标	Item	1978	2000
人口和劳动力	Population and Employment		
年末户籍总人口(万人)	Year-end Registered Permanent Residents (10000 persons)	482.90	700.69
年末常住人口(万人)	Year-end Permanent Population (10000 persons)	482.90	994.80
年末社会从业人员(万人)	Year-end Employment (10000 persons)	266.90	496.26
城镇单位职工年末人数(万人)	Number of Staff and Workers at Year-end in Urban Units (10000person)	147.36	180.37
地区生产总值(亿元)	Gross Domestic Product (100 million yuan)	43.09	2492.74
第一产业	Primary Industry	5.03	94.37
第二产业	Secondary Industry	25.24	1021.62
第三产业	Tertiary Industry	12.82	1376.75
人均地区生产总值(元)	Per Capita GDP (yuan)	907	25626
农业生产	Agriculture		
农林牧渔业总产值(亿元)	Gross Output Value of Agriculture, Forestry, Animal Husbandry and Fishery (100 million yuan)	7.99	163.05
主要农业产品产量	Output of Major Farm Products		
粮　食(万吨)	Grain (10000 tons)	111.06	88.11
糖　蔗(万吨)	Sugarcane (10000 tons)	134.34	7.60
水　果(万吨)	Fruits (10000 tons)	5.17	32.97
花　生(万吨)	Peanuts (10000 tons)	3.31	2.56
蔬　菜(万吨)	Vegetable (10000 tons)	55.68	306.49
水产品(万吨)	Aquatic Products (10000 tons)	3.16	32.52
工业生产	Industry		
工业总产值(亿元)	Gross Industrial Output Value (100 million yuan)	75.39	3100.02
主要工业产品产量	Output of Major Industrial Products		
汽　车(万辆)	Motor Vehicles (unit)	0.23	3.81
摩托车整车(万辆)	Motorcycles (10000 units)		60.31
自行车(万辆)	Bicycles (10000 units)	57.05	134.87
家用电冰箱(万台)	Household Refrigerators (10000 sets)		58.14
彩色电视机(万台)	Color TV Sets (10000 sets)	1.31	34.61
照相机(万架)	Cameras (10000 sets)	1.73	86.81
房间空气调节器(万台)	Air Conditioners (10000 sets)	0.32	103.43
原电池及原电池组(亿只)	Primary Cells and Batteries (100 million units)	2.69	18.89
发电量(亿千瓦·时)	Electricity (100 million kwh)	11	267
生　铁(万吨)	Pig Iron (10000 tons)	20.56	66.68
粗　钢(万吨)	Crude Steel (10000 tons)	18.46	151.16
水　泥(万吨)	Cement (10000 tons)	94	1262
化学纤维(吨)	Chemical Fiber (ton)	4562	38683
固定资产投资	Investment in Fixed Assets		
全社会固定资产投资(亿元)	Total Investment in Fixed Assets (100 million yuan)	7.26	923.67
# 住　宅	Residential Buildings	0.90	325.03
社会消费品零售总额(亿元)	Total Retail Sales of Consumer Goods (100 million yuan)	17.63	1121.13

Principal Aggregate Indicators on National Economic and Social Development and Growth Rates

2005	2007	2009	2010	速度指标(%) Indices and Growth Rates (%)								
				指数(2010为以下各年) Index (2010 as percentage of the following years)					平均增长速度 Average Annual Growth Rate			
				1978	2000	2005	2007	2009	1979–2010	2001–2010	2006–2010	2008–2010
750.53	773.48	794.62	806.14	166.9	115.0	107.4	104.2	101.4	1.6	1.4	1.4	1.4
949.68	1053.01	1186.97	1270.96	263.2	127.8	133.8	120.7	107.1	3.1	2.5	6.0	6.5
574.46	664.09	738.70	789.11	295.7	159.0	137.4	118.8	106.8	3.5	4.8	6.6	5.9
197.83	219.04	228.40	238.79	162.0	132.4	120.7	109.0	104.5	1.5	2.8	3.8	2.9
5154.23	7140.32	9138.21	10748.28	6654.3	360.2	188.5	142.3	113.2	14.0	13.7	13.5	12.5
130.22	149.87	172.28	188.56	517.8	141.0	108.1	109.9	103.2	5.3	3.5	1.6	3.2
2045.22	2825.78	3405.16	4002.27	7743.6	365.6	182.2	137.4	113.1	14.6	13.8	12.8	11.2
2978.79	4164.67	5560.77	6557.45	7879.6	369.4	196.4	146.7	113.6	14.6	14.0	14.4	13.6
53809	69673	79383	87458	2792.6	285.1	146.9	118.7	106.1	11.0	11.0	8.0	5.9
220.81	254.47	295.62	322.13	563.3	141.3	112.0	110.8	103.1	5.6	3.5	2.3	3.5
51.73	42.35	43.00	43.04	38.8	48.8	83.2	101.6	100.1	-2.9	-6.9	-3.6	0.5
17.23	2.15	1.03	0.69	0.5	9.1	4.0	32.1	67.2	-15.2	-21.3	-47.5	-31.5
48.87	48.31	42.29	39.92	772.2	121.1	81.7	82.6	94.4	6.6	1.9	-4.0	-6.2
2.24	1.26	1.70	1.80	54.4	70.3	80.4	142.9	105.6	-1.9	-3.5	-4.3	12.6
348.89	325.59	317.51	325.99	585.5	106.4	93.4	100.1	102.7	5.7	0.6	-1.3	…
38.83	41.15	43.70	44.14	1396.8	135.7	113.7	107.3	101.0	8.6	3.1	2.6	2.4
6767.96	9875.79	12355.46	14438.99	12465.7	481.6	208.0	148.2	118.5	16.3	17.0	15.8	14.0
41.35	78.82	113.02	135.84	59060.9	3565.4	328.5	172.3	120.2	22.1	43.0	26.9	19.9
196.57	385.90	391.60	441.05		731.3	224.4	114.3	112.6		22.0	17.5	4.6
322.27	179.55	138.51	152.38	267.1	113.0	47.3	84.9	110.0	3.1	1.2	-13.9	-5.3
146.29	155.85	119.11	179.14		308.1	122.5	114.9	150.4		11.9	4.1	4.8
256.31	206.23	313.29	421.07	32142.8	1216.6	164.3	204.2	134.4	19.8	28.4	10.4	26.9
214.46	247.53	179.68	217.40	12566.5	250.4	101.4	87.8	121.0	16.3	9.6	0.3	-4.2
292.71	413.99	462.76	636.78	198993.8	615.7	217.5	153.8	137.6	26.8	19.9	16.8	15.4
39.35	36.66	27.97	22.90	851.3	121.2	58.2	62.5	81.9	6.9	1.9	-10.3	-14.5
353	375	383	405	3749.6	151.8	114.8	108.1	105.8	12.0	4.3	2.8	2.6
103.84	121.80	115.72	104.20	506.8	156.3	100.3	85.6	90.0	5.2	4.6	0.1	-5.1
308.71	367.58	352.44	403.17	2184.0	266.7	130.6	109.7	114.4	10.1	10.3	5.5	3.1
1920	1479	893	868	925.9	68.8	45.2	58.7	97.2	7.2	-3.7	-14.7	-16.3
17291	19198	19989	22511	493.5	58.2	130.2	117.3	112.6	5.1	-5.3	5.4	5.4
1519.16	1863.34	2659.85	3263.57	44952.8	353.3	214.8	175.1	122.7	22.1	11.5	14.4	19.2
377.70	504.11	524.69	572.71	63634.4	176.2	151.6	113.6	109.2	25.4	5.0	9.8	4.0
1905.84	2624.24	3615.77	4476.38	24100.0	399.8	235.6	171.1	124.2	18.7	14.9	18.7	19.6

1-7 续表

指　　标	Item	1978	2000
运输邮电	Transport, Post and Telecommunication		
货运量(全社会)(万吨)	Total Freight Traffic (10000 tons)		27972
# 铁　路	Railway		5398
公　路	Highway		12549
水　路	Waterway		9569
民　航	Civil Aviation		27
客运量(全社会)(万人次)	Total Passenger Traffic (10000 person-times)		26097
# 铁　路	Railway		4848
公　路	Highway		19964
水　路	Waterway		190
民　航	Civil Aviation		1095
港口货物吞吐量(万吨)	Volume of Freight Handled at Ports (10000 tons)	1950	12455
邮电业务收入(亿元)	Postal and Telecommunication Services (100 million yuan)	0.24	138.48
对外贸易、外经	Foreign Trade and Economic Cooperation		
商品进口总值(亿美元)	Total Imports through Customs (USD 100 million)		115.60
商品出口总值(亿美元)	Total Exports through Customs (USD 100 million)		117.91
实际使用外资(亿美元)	Amount of Foreign Capital Actually Used (USD 100 million)		31.15
# 外商直接投资	Foreign Direct Investment		29.89
财　政	Government Finance		
地方财政一般预算收入(亿元)	Budgetary Revenue of Local Government (100 million yuan)	13.65	200.55
地方财政一般预算支出(亿元)	Budgetary Expenditure of Local Government (100 million yuan)	3.87	240.72
物价指数(上年=100)	Price Indices (preceding year =100)		
城市居民消费价格总指数	Urban Residents Consumer Price Index	100.3	102.8
人民生活	People's Livelihood		
城镇单位职工年平均工资(元)	Average Annual Wages of Staff and Workers in Urban Units (yuan)	714	19091
城镇单位在岗职工年平均工资(元)	Per Capita Annual Wages of Staff and Wokers in Urban Units (yuan)		19674
城市居民年人均可支配收入(元)	Per Capita Annual Disposable Income of Urban Households (yuan)	442	13967
农村居民年人均纯收入(元)	Per Capita Annual Net Income of Rural Households (yuan)	250	6086
教育文化	Education and Culture		
普通高等学校所数(所)	Number of Regular Institutions of Higher Education (unit)	15	31
普通高等学校在校学生数(万人)	Number of Students Enrollment of Regular Institutions of Higher Education (10000 persons)	2.17	18.51
普通中学所数(所)	Number of Regular Secondary Schools (unit)	234	388
普通中学在校学生数(万人)	Number of Students Enrollment of Regular Secondary Schools (10000 persons)	38.43	42.53
小学学校所数(所)	Number of Primary Schools (unit)	1515	1626
小学学校在校学生数(万人)	Number of Students Enrollment of Primary Schools (10000 persons)	56.92	75.70
卫　生	Health Care		
医院病床数(万张)	Hospital Beds (10000 units)	1.44	3.37
卫生技术人员(万人)	Medical Technical Personnel (10000 persons)	3.15	5.57
# 医　生	Doctors	1.20	2.35

continued

2005	2007	2009	2010	速度指标(%) Indices and Growth Rates (%)								
				指数(2010为以下各年) Index (2010 as percentage of the following years)					平均增长速度 Average Annual Growth Rate			
				1978	2000	2005	2007	2009	1979–2010	2001–2010	2006–2010	2008–2010
38153	45852	52525	57369		205.1	150.4	125.1	109.2		7.4	8.5	7.8
6379	7013	6358	6689		123.9	104.9	95.4	105.2		2.2	1.0	-1.6
20601	29200	36983	39696		316.3	192.7	135.9	107.3		12.2	14.0	10.8
10710	8858	8388	10169		106.3	94.9	114.8	121.2		0.6	-1.0	4.7
63	71	68	90		333.3	142.9	126.8	132.4		12.8	7.4	8.2
40524	51180	57053	62595		239.9	154.5	122.3	109.7		9.1	9.1	6.9
6356	7588	7953	9362		193.1	147.3	123.4	117.7		6.8	8.1	7.3
30782	38949	43921	47296		236.9	153.6	121.4	107.7		9.0	9.0	6.7
104	323	237	273		143.7	262.5	84.5	115.2		3.7	21.3	-5.5
3282	4320	4942	5664		517.3	172.6	131.1	114.6		17.9	11.5	9.4
27283	37053	37549	42526	2180.8	341.4	155.9	114.8	113.3	10.1	13.1	9.3	4.7
222.06	247.82	268.00	290.09	120870.8	209.5	130.6	117.1	108.2	24.8	7.7	5.5	5.4
268.07	355.91	392.82	553.89		479.1	206.6	155.6	141.0		17.0	15.6	15.9
266.68	379.03	374.03	483.79		410.3	181.4	127.6	129.3		15.2	12.6	8.5
28.41	34.11	38.75	40.81		363.4	143.6	119.6	105.3		14.0	7.5	6.2
26.49	32.86	37.73	39.79		340.8	150.2	121.1	105.4		13.0	8.5	6.6
371.26	523.79	702.65	872.65	6393.0	435.1	235.1	166.6	124.2	13.9	15.8	18.6	18.5
438.41	623.69	789.92	977.32	25253.7	406.0	222.9	156.7	123.7	18.9	15.0	17.4	16.2
101.5	103.4	97.5	103.2	803.1	112.4	112.7	106.6	103.2	6.7	1.2	2.4	2.1
33853	40187	49215	54495	7632.4	285.4	161.0	135.6	110.7	14.5	11.1	10.0	10.7
34328	40562	49519	54807		278.6	159.7	135.1	110.7		10.8	9.8	10.6
18287	22469	27610	30658	6935.1	219.5	167.6	136.4	111.0	14.2	8.2	10.9	10.9
7080	8613	11067	12676	5966.5	244.9	179.0	147.2	114.5	13.6	9.4	12.4	13.7
59	63	74	77	513.3	248.4	130.5	122.2	104.1	5.2	9.5	5.5	6.9
55.43	68.71	79.60	84.39	3888.9	455.9	152.3	122.8	106.0	12.1	16.4	8.8	7.1
448	465	471	475	203.0	122.4	106.0	102.2	100.8	2.2	2.0	1.2	0.7
55.03	57.68	57.53	57.23	148.9	134.6	104.0	99.2	99.5	1.3	3.0	0.8	-0.3
1283	1076	1022	1004	66.3	61.7	78.3	93.3	98.2	-1.3	-4.7	-4.8	-2.3
90.34	88.90	82.89	82.48	144.9	109.0	91.3	92.8	99.5	1.2	0.9	-1.8	-2.5
3.94	4.52	5.04	5.32	369.4	157.9	135.0	117.7	105.6	4.2	4.7	6.2	5.6
6.42	7.68	8.92	9.55	303.2	171.5	148.8	124.3	107.1	3.5	5.5	8.3	7.5
2.59	2.91	3.29	3.36	280.0	143.0	129.7	115.5	102.1	3.3	3.6	5.3	4.9

1-8 平均每天主要社会经济活动

Selected Indicators on Average Daily Social and Economic Activities

项　　目	Item	2009	2010
每天创造的财富	**Daily Production**		
地区生产总值(万元)	Gross Domestic Product (10000 yuan)	250362	294474
工农业总产值(万元)	Gross Output Value of Industry and Agriculture (10000 yuan)	346605	404414
工业总产值	Gross Output Value of Industry	338506	395589
农业总产值	Gross Output Value of Agriculture	8099	8825
地方财政一般预算收入(万元)	Budgetary Revenue of Local Government (10000 yuan)	19251	23908
每天主要产品产量	**Daily Output of Major Industrial Products**		
家用电冰箱(台)	Household Refrigerators (set)	3263	4908
电风扇(台)	Electric Fans (set)	2817	1709
彩色电视机(台)	Television Sets (set)	5576	11536
原电池及原电池组(万只)	Cells (10000 units)	766	627
钟(只)	Clocks (unit)	79034	101933
缝纫机(架)	Sewing Machines (set)	1881	2314
照相机(架)	Cameras (set)	4923	5956
自行车(辆)	Bicycles (unit)	3795	4175
汽　车(辆)	Motor Vehicles (unit)	3096	3722
啤　酒(千升)	Beer (1000 Litre)	2684	2720
卷　烟(万支)	Cigarettes (1000 pieces)	16890	17223
机制纸及纸板(吨)	Machine-made Paper and Paperboard (ton)	2443	2904
每天收入与消费量	**Daily Income and Consumption**		
城市居民人均可支配收入(元)	Per Capita Disposable Income of Urban Residents (yuan)	75.64	84.00
城市居民人均消费性支出(元)	Per Capita Living Expenditures for Consumption of Urban Residents (yuan)	62.52	68.52
农村居民人均纯收入(元)	Per Capita Net Income of Rural Residents (yuan)	30.32	34.73
农村居民人均生活消费支出(元)	Per Capita Living Expenditures for Consumption of Rural Residents (yuan)	21.21	24.62
城镇单位在岗职工平均工资(元)	Average Wage of Staff and Workers (yuan)	135.67	150.16
城乡居民消费总额(万元)	Total Resident Consumption (10000 yuan)	52316	64795
社会消费品零售总额(万元)	Total Resident Sales of Consumer Goods (10000 yuan)	99062	122640

1-8 续表 continued

项　　目	Item	2009	2010
每天服务量	**Daily Service**		
用电量(万千瓦·时)	Electricity Supply (10000 kwh)	15536	17148
售水量(万立方米)	Tap Water Sales (10000 cu.m)	506	425
液化气销售量(吨)	Sales of Liquefied Petroleum Gas (ton)	2746	2980
人工煤气销售量(万立方米)	Sales of Artificial Coal Gas (10000 cu.m)	30	9
港口货物吞吐量(吨)	Volume of Freight Handled at Ports (ton)	1028740	1165096
全社会货运量(吨)	Total Freight Traffic (ton)	1439041	1571753
铁路货运量(吨)	Railway Freight Traffic (ton)	174192	183260
铁路客运量(人次)	Railway Passenger Traffic (person-times)	217890	256493
汽、电车客运量(万人次)	Passenger Traffic by Bus and Tram (10000 person-times)	664	685
出租汽车客运量(万人次)	Passenger Traffic by Taxi (10000 person-times)	196	207
邮电业务收入(万元)	Postal and Telecommunication Services (10000 yuan)	7342	7948
邮寄函件(万件)	Handled Letters (10000 pcs)	64	68
报纸发行量(万份)	Newspaper Circulation (10000 copies)	538	552
杂志发行量(万份)	Magazine Circulation (10000 copies)	15	15
电影观众人次(万人次)	Movie Spectators (10000 person-times)	1.79	2.67
主要宾馆接待来穗国际旅游人数(人次)	Number of International Tourists Received (person-times)	5129	6235
主要宾馆接待来穗国内旅游人数(人次)	Number of Domestic Tourists Received (person-times)	24846	29834
每天人口变动和婚姻	**Daily Population Changes and Marriages**		
出生人口(人)	Births (person)	210	273
死亡人口(人)	Deaths (person)	117	125
迁入人口(人)	Immigrants (person)	434	370
迁出人口(人)	Emigrants (person)	212	224
登记结婚对数(对)	Marriages (couple)	250	224
离婚对数(对)	Divorces (couple)	44	48

1-9 按人口平均的国民经济主要指标

Per Capita Main National Economic Indicators

项　　目	Item	2009	2010
地区生产总值(元)	Gross Domestic Product (yuan)	79383	87458
工业总产值(元)	Gross Output Value of Industry (yuan)	156518	180402
农业总产值(元)	Gross Output Value of Agriculture (yuan)	3745	4025
地方财政一般预算收入(元)	Local Government Budgetary Revenue (yuan)	8901	10903
粮食总产量(公斤)	Gross Output of Grain Crops (kilogram)	54	54
社会消费品零售总额(元)	Total Retail Sales of Consumer Goods (yuan)	45804	55928
全社会固定资产投资额(元)	Total Investment in Fixed Assets (yuan)	33695	40775
商品出口总值(美元)	Total Exports on Customs Statistics (USD)	4738	6044
城市居民人均居住面积(平方米)	Living Space of Urban Residents (sq.m)	21.01	21.40

注:地区生产总值按常住人口计算。

Note: Gross domestic product is calculated on permanent population.

1-10 各时期主要指标平均每年增长速度

Average Annual Growth Speed of Main Indicators in Different Periods

单位:% (%)

时 期	Period	地区生产总值 Gross Domestic Product	工业总产值 Gross Output Value of Industry	农林牧渔业总产值 Gross Output Value of Agriculture	社会消费品零售总额 Total Retail Sales of Consumer Goods	地方财政一般预算收入 Local Government Budgetary Revenue	居民消费水平 Resident Consumption Level
"六五"时期	6th Five-year Plan Period	12.7	12.8	6.2	21.2	13.3	13.0
"七五"时期	7th Five-year Plan Period	10.8	13.1	4.6	14.5	5.1	15.8
"八五"时期	8th Five-year Plan Period	20.2	26.1	10.0	30.1	21.3	8.9
"九五"时期	9th Five-year Plan Period	13.1	15.7	5.9	14.1	23.6	6.7
"十五"时期	10th Five-year Plan Period	13.8	18.3	5.8	11.1	18.1	13.0
"十一五"时期	11th Five-year Plan Period	13.5	15.8	2.3	18.7	18.6	11.0
1979-2010	1979-2010	14.0	16.3	5.6	18.7	13.9	
1991-2010	1991-2010	15.1	18.6	5.7	18.3	17.1	9.8
1995-2010	1995-2010	13.5	16.4	4.6	15.1	17.9	10.2
2001-2010	2001-2010	13.7	17.0	3.5	14.9	15.8	12.0
2003-2010	2003-2010	13.8	17.5	3.1	16.0	17.2	11.2

1-11 国民经济主要指标比例关系

Proportions of Main National Economic Indicators

单位:%　　　　(%)

项　　目	Item	2009	2010
从业人员比例	Employed Persons		
第一产业	Primary Industry	10.80	9.95
第二产业	Secondary Industry	40.25	39.65
第三产业	Tertiary Industry	48.95	50.40
地区生产总值三次产业比例	Gross Domestic Product		
第一产业	Primary Industry	1.89	1.75
第二产业	Secondary Industry	37.26	37.24
第三产业	Tertiary Industry	60.85	61.01
工业总产值中轻重工业比例	Gross Output Value of Industry		
轻工业	Light Industry	37.82	35.37
重工业	Heavy Industry	62.18	64.63
农林牧渔业总产值中各业比例	Gross Output Value of Agriculture		
# 农　业	Agriculture	50.77	51.61
林　业	Forestry	0.73	0.83
牧　业	Animal Husbandry	20.70	19.92
渔　业	Fishery	18.14	18.11
社会消费品零售总额比例	Total Retail Sales of Consumer Goods		
批发和零售业	Wholesale and Retail Trade	87.30	86.76
住宿和餐饮业	hotels and Catering Services	12.70	13.24
全社会固定资产投资比例	Total Investment in Fixed Assets		
第一产业	Primary Industry	0.13	0.10
第二产业	Secondary Industry	20.51	19.19
第三产业	Tertiary Industry	79.36	80.71

1-12 主要年份人民物质文化生活水平

People's Material and Culture Life in Main Years

项　　目	Item	2009	2010
城镇单位职工年平均工资(元)	Average Annual Wages of Staff and Workers in Urban Units (yuan)	49215	54495
城市居民年人均可支配收入(元)	Annual Per Capita Disposable Income of Urban Residents (yuan)	27610	30658
农村居民年人均纯收入(元)	Annual Per Capita Net Income of Rural Residents (yuan)	11067	12676
社会消费品零售总额(亿元)	Total Retail Sales of Consumer Goods (100 million yuan)	3615.77	4476.38
城市居民人均居住面积(平方米)	Per Capita Living Space of Urban Residents (sq.m)	21.01	21.40
储　蓄	Savings Deposits		
城乡居民储蓄存款余额(亿元)	Outstanding Amount of Savings Deposits in Urban and Rural Areas (100 million yuan)	7954.22	9069.26
平均每人储蓄额(元)	Per Capita Savings Deposits (yuan)	100101	113312
交　通	Transportation		
每万人拥有公交车辆(辆)	Possession of Buses per 10000 Persons (unit)	13.57	14.37
公交车辆平均每日乘客人数(万人次)	Average Daily Passengers by Buses (10000 person-times)	663.56	685.47
每万人拥有出租汽车(辆)	Possession of Taxis per 10000 Persons (uint)	23.93	23.73
出租车平均每日乘客人数(万人次)	Average Daily Passengers by Taxi (10000 person-times)	196.02	206.88
通讯、电信	Postal and Telecommunication Services		
城市电话普及率(含移动电话)(部/百人)	Possession of Telephones per 100 Persons in Urban Areas (including mobile telephones)(sets/100 persons)	388.30	393.28
每人每年函件交寄(件)	Per Capita Annual Number of Letters Mailed (unit)	30	31
供　气	Gas Supply		
居民燃气普及率(%)	Popularization Rate of Residents with Access to Gas (%)	99.82	99.21
自来水	Tap Water		
人均日生活用水量(升)	Per Capita Daily Water Used (liter)	493	366
批发和零售业	Wholesale, Retail Trade and Catering Services		
每万人口拥有网点数	Number of Outlets per 10000 Persons		
批发和零售业(个)	Wholesale and Retail Trade (unit)	586	618
每万人口拥有的服务人员	Number of Service Personnel Owned by per 10000 Persons		
批发和零售业(人)	Wholesale and Retail Trade (person)	1287	1388

1-12 续表 continued

项　　目	Item	2009	2010
文　化	Culture		
每百人拥有出版物	Number of Publications per 100 Persons		
报纸(每天)(份)	Newspaper (Daily) (piece)	117	117
杂志(每年)(册)	Magazines (Annual) (volume)	2468	2229
图书(每年)(册)	Books (Annual) (volume)	2721	2972
教　育	Education		
每万人拥有在校大学生(人)	Number of University and College Students Enrollment per 10000 Persons (person)	1002	1047
适龄儿童入学率(%)	Percentage of School-age Children Enrolled (%)	100.00	100.00
卫　生	Public Health		
每万人拥有医院床位(张)	Number of Hospital Beds per 10000 Persons (unit)	63	66
每万人拥有医生(人)	Number of Doctors per 10000 Persons (person)	41	42
就　业	Employment		
城镇每一就业者负担人口(人)	Number of Dependents per Employee in Urban Areas (person)	1.83	1.81
绿　化	Green Areas		
建成区绿化覆盖率(%)	Coverage Rate of Green Areas in Developed Land Area (%)	38.21	41.96
人均公园绿地面积(平方米)	Per Capita Garden (sq.m)	13.76	11.87
居民家庭耐用消费品拥有量	Number of Durable Consumer Goods Owned		
每百户城市居民家庭拥有	Owned by per 100 Urban Households		
彩色电视机(台)	Color TV Sets (set)	148	148
家用电脑(台)	Computers (set)	124	125
组合音响(套)	Hi-fi Stereo Component Systems (set)	73	70
洗衣机(台)	Washing Machines (set)	101	101
电冰箱(台)	Refrigerators (set)	103	103
空调器(台)	Air Conditioners (set)	241	261
每百户农村居民家庭拥有	Per 100 Rural Household Owned		
彩色电视机(台)	Color TV Sets (set)	131	135
洗衣机(台)	Washing Machines (set)	85	91
电冰箱(台)	Refrigerators (set)	87	95
空调器(台)	Air Conditioners (set)	105	129
家用电脑(台)	Computers (set)	58	71

1-13 主要年份地区生产总值

Gross Domestic Product in Main Years

单位:万元 (10000 yuan)

年 份 Year	地区生产总值 Gross Domestic Product	第一产业 Primary Industry	第二产业 Secondary Industry			第三产业 Tertiary Industry	人均地区生产总值(元) Per Capita GDP (yuan)	人均地区生产总值(美元) Per Capita GDP (USD)
				工 业 Industry	建筑业 Construction			
1978	430947	50287	252479	243585	8894	128181	907	
1979	487515	51561	269724	259145	10579	166230	1003	
1980	575497	62438	313734	295337	18397	199325	1160	
1981	634075	64519	362476	333447	29029	207080	1258	
1982	721533	88231	405410	361779	43631	227892	1402	
1983	796746	87162	456633	407345	49288	252951	1524	
1984	977350	99511	512713	457863	54850	365126	1840	
1985	1243623	120449	658130	577048	81082	465044	2302	784
1986	1395466	132079	701074	608511	92563	562313	2536	734
1987	1732050	156794	794127	693003	101124	781129	3092	831
1988	2400818	227772	1141606	972078	169528	1031440	4205	1130
1989	2878733	243187	1296309	1093864	202445	1339237	4953	1315
1990	3195952	257288	1362975	1180978	181997	1575689	5418	1133
1991	3866741	281734	1799166	1582970	216196	1785841	5956	1119
1992	5107027	356399	2413129	2120096	293033	2337499	7521	1364
1993	7443455	475960	3512607	3050098	462509	3454888	10481	1819
1994	9853082	606222	4556278	3870183	686095	4690582	13264	1539
1995	12591974	734606	5780268	4934092	846176	6077100	16207	1941
1996	14680643	811630	6719717	5775040	944677	7149296	18066	2175
1997	16781156	857155	7612156	6605408	1006748	8311845	19744	2382
1998	18935177	888763	8201281	7070126	1131155	9845133	21300	2573
1999	21391758	928522	9310691	7980207	1330484	11152545	23007	2779
2000	24927434	943718	10216241	8779835	1436406	13767475	25626	3096
2001	28416511	972806	11122943	9554676	1568267	16320762	28537	3448
2002	32039616	1030721	12113416	10509450	1603966	18895479	32339	3907
2003	37586166	1099080	14859261	13141254	1718007	21627825	38398	4639
2004	44505503	1171452	17880638	15941538	1939100	25453413	45906	5546
2005	51542283	1302159	20452183	18439550	2012633	29787941	53809	6569
2006	60818614	1285029	24415160	22270093	2145067	35118425	62495	7840
2007	71403223	1498737	28257805	26029310	2228495	41646681	69673	9163
2008	82873816	1691849	32278717	29724781	2553936	48903250	76440	11006
2009	91382135	1722837	34051588	31173422	2878166	55607710	79383	11618
2010	107482828	1885645	40022658	36449611	3573047	65574525	87458	12882

注:1. 本表按当年价格计算。

2. 根据农业普查、第二次经济普查结果，对2006年-2008年数据进行了修订。

3. 根据第六次人口普查资料，对2006年-2009年的数据进行修订。

4. 从1991年起，人均地区生产总值按常住人口计算。

5. 人均地区生产总值(美元)按当年年平均汇价换算。

Note: I. The data in this table are calculated at current prices.

II. The data from year 2006 to 2008 are revised according to the Agriculture Census and the 2nd National Economic Census.

III. The data from year 2006 to 2009 are revised according to the Sixth National Population Census.

IV. Since 1991 the per capita GDP are calculated by resident population.

V. The Per Capita GDP (USD) are calculated at current annual average exchange rate.

1-14 主要年份地区生产总值指数(上年=100)

Indices of Gross Domestic Product in Main Years (Preceding Year=100)

年 份 Year	地区生产总值 Gross Domestic Product	第一产业 Primary Industry	第二产业 Secondary Industry	工 业 Industry	建筑业 Construction	第三产业 Tertiary Industry	人均地区生产总值 Per Capita GDP
1978	110.3	100.1	108.5	108.7	105.0	117.6	108.8
1979	113.4	100.4	107.5	106.6	132.2	128.1	110.8
1980	115.4	114.6	119.0	117.4	154.8	110.3	113.2
1981	108.6	102.1	114.1	112.4	142.9	101.3	106.8
1982	110.3	124.2	110.2	107.3	147.8	106.7	108.0
1983	109.4	93.4	112.8	113.7	104.1	107.9	107.6
1984	117.4	113.2	107.3	106.7	113.6	138.4	115.6
1985	118.3	107.4	124.3	123.1	135.7	111.7	116.3
1986	105.7	100.5	101.3	101.3	101.3	114.1	103.7
1987	115.2	99.0	108.2	108.6	104.5	128.9	113.2
1988	117.8	104.6	126.3	125.1	137.2	109.0	115.6
1989	104.7	100.7	100.6	101.0	96.9	111.4	102.9
1990	111.3	103.7	107.8	109.6	92.1	116.9	109.7
1991	116.3	109.1	127.2	128.6	118.2	108.0	114.6
1992	123.3	120.4	128.1	128.7	123.3	118.8	117.8
1993	126.4	102.1	133.6	132.1	144.0	122.4	120.9
1994	118.8	112.6	123.2	121.0	137.3	114.5	113.6
1995	116.4	104.1	116.9	118.6	107.0	117.4	111.3
1996	112.4	105.3	113.4	115.5	99.5	112.0	107.5
1997	113.4	105.5	112.9	114.6	99.7	114.9	108.4
1998	113.1	104.0	112.6	112.9	110.1	114.7	108.2
1999	113.2	110.4	115.5	115.2	118.1	110.5	108.2
2000	113.3	101.7	111.9	112.5	106.7	116.3	108.3
2001	112.7	102.2	110.9	111.1	109.5	114.8	110.1
2002	113.2	109.8	112.4	113.8	103.9	114.0	113.8
2003	115.2	104.5	121.6	124.5	101.6	111.4	116.6
2004	115.0	105.4	117.2	118.6	105.7	113.9	116.2
2005	112.9	105.6	113.0	113.8	105.6	113.3	114.3
2006	114.9	95.7	116.5	117.8	104.4	114.7	113.1
2007	115.3	102.8	113.8	115.1	100.5	116.7	109.5
2008	112.5	102.7	111.1	111.8	102.5	113.8	106.4
2009	111.7	103.8	109.3	109.2	111.5	113.4	105.2
2010	113.2	103.2	113.1	112.7	119.0	113.6	106.1

注:1. 本表按可比价格计算。

2. 根据第六次人口普查资料，对2006年-2009年的数据进行修订。

Note: I. The data in this table are calculated at comparable prices.

II. The data from year 2006 to 2009 are revised according to the Sixth National Population Census.

1-15 主要年份地区生产总值构成

Composition of Gross Domestic Product in Main Years

单位:%　　(%)

年　份 Year	地区生产总值 Gross Domestic Product	第一产业 Primary Industry	第二产业 Secondary Industry	#工 业 Industry	第三产业 Tertiary Industry
1978	100.00	11.67	58.59	56.52	29.74
1979	100.00	10.57	55.33	53.16	34.10
1980	100.00	10.85	54.51	51.32	34.64
1981	100.00	10.17	57.17	52.59	32.66
1982	100.00	12.23	56.19	50.14	31.58
1983	100.00	10.94	57.31	51.13	31.75
1984	100.00	10.18	52.46	46.85	37.36
1985	100.00	9.69	52.92	46.40	37.39
1986	100.00	9.46	50.24	43.61	40.30
1987	100.00	9.05	45.85	40.01	45.10
1988	100.00	9.49	47.55	40.49	42.96
1989	100.00	8.45	45.03	38.00	46.52
1990	100.00	8.05	42.65	36.95	49.30
1991	100.00	7.29	46.53	40.94	46.18
1992	100.00	6.98	47.25	41.51	45.77
1993	100.00	6.39	47.19	40.98	46.42
1994	100.00	6.15	46.24	39.28	47.61
1995	100.00	5.83	45.91	39.18	48.26
1996	100.00	5.53	45.77	39.34	48.70
1997	100.00	5.11	45.36	39.36	49.53
1998	100.00	4.70	43.31	37.34	51.99
1999	100.00	4.34	43.53	37.31	52.13
2000	100.00	3.79	40.98	35.22	55.23
2001	100.00	3.42	39.14	33.62	57.44
2002	100.00	3.22	37.81	32.80	58.97
2003	100.00	2.93	39.53	34.96	57.54
2004	100.00	2.63	40.18	35.82	57.19
2005	100.00	2.53	39.68	35.78	57.79
2006	100.00	2.10	40.20	36.70	57.70
2007	100.00	2.10	39.57	36.50	58.33
2008	100.00	2.04	38.95	35.90	59.01
2009	100.00	1.89	37.26	34.11	60.85
2010	100.00	1.75	37.24	33.91	61.01

注:本表按当年价格计算。

Note: The data in this table are calculated at comparable prices.

1-16 地区生产总值

Gross Domestic Product

单位:万元 (10000 yuan)

项目	Item	2009	2010	2010年比2009年增长(%) Growth Rate in 2010 over 2009 (%)
地区生产总值	**Gross Domestic Product**	**91382135**	**107482828**	**13.2**
第一产业	Primary Industry	1722837	1885645	3.2
第二产业	Secondary Industry	34051588	40022658	13.1
工 业	Industry	31173422	36449611	12.7
建筑业	Construction	2878166	3573047	19.0
第三产业	Tertiary Industry	55607710	65574525	13.6
交通运输、仓储和邮政业	Transport, Storage and Post	6456622	7466717	12.0
信息传输、计算机服务和软件业	Information Transmission, Computer Services and Software	3893439	4333006	15.3
批发和零售业	Wholesale and Retail Trade	11237237	13541607	23.2
住宿和餐饮业	Hotels and Catering Services	2633244	3049074	19.3
金融业	Financial Intermediation	5514514	6705256	13.3
房地产业	Real Estate	7058598	7763114	5.0
租赁和商务服务业	Leasing and Business Services	6882469	8604486	12.3
科学研究、技术服务和地质勘查业	Scientific Research, Technical Services and Geologic Prospecting	1655652	2129055	13.6
水利、环境和公共设施管理业	Management of Water Conservancy, Environment and Public Facilities	526780	565269	0.0
居民服务和其他服务业	Services to Households and Other Services	1214391	1233366	-3.4
教 育	Education	2614785	3219918	12.4
卫生、社会保障和社会福利业	Health, Social Security and Social Welfare	1986928	2405785	17.3
文化、体育和娱乐业	Culture, Sports and Entertainment	1211683	1651999	23.7
公共管理和社会组织	Public Management and Social Organizations	2721368	2905873	0.9

注:本表绝对数按当年价格计算，增长速度按可比价格计算。

Note: The level data in this table are calculated at current prices while the growth rates at comparable prices.

1-17 各时期地区生产总值和平均每年增长速度

Gross Domestic Product and Annual Average Growth Speed in Different Periods

时　期	Period	地区生产总值 Gross Domestic Product	第一产业 Primary Industry	第二产业 Secondary Industry	工业 Industry	建筑业 Construction	第三产业 Tertiary Industry
绝对数(万元)	Absolute Figure (10000 yuan)						
“六五”时期	6th Five-year Plan Period	4373327	459872	2395362	2137482	257880	1518093
“七五”时期	7th Five-year Plan Period	11603019	1017120	5296091	4548434	747657	5289808
“八五”时期	8th Five-year Plan Period	38862279	2454921	18061448	15557439	2504009	18345910
“九五”时期	9th Five-year Plan Period	96716168	4429788	42060086	36210616	5849470	50226294
“十五”时期	10th Five-year Plan Period	194090079	5576218	76428441	67586468	8841973	112085420
“十一五”时期	11th Five-year Plan Period	413960616	8084097	159025928	145647217	13378711	246850591
1950-1978	1950-1978	5578418	753734	3146791	2999275	147516	1677893
1979-2010	1979-2010	760668500	22136015	303850814	272242138	31608676	434681671
1991-2010	1991-2010	743629142	20545024	295575903	265001740	30574163	427508215
1996-2010	1996-2010	704766863	18090103	277514455	249444301	28070154	409162305
2001-2010	2001-2010	608050695	13660315	235454369	213233685	22220684	358936011
2003-2010	2003-2010	547594568	11656788	212218010	193169559	19048451	323719770
平均每年增长(%)	Annual Average Growth Speed (%)						
“六五”时期	6th Five-year Plan Period	12.7	7.6	13.6	12.5	27.6	12.5
“七五”时期	7th Five-year Plan Period	10.8	1.7	8.4	8.8	5.3	15.9
“八五”时期	8th Five-year Plan Period	20.2	9.5	25.7	25.7	25.3	16.1
“九五”时期	9th Five-year Plan Period	13.1	5.4	13.2	14.1	6.6	13.7
“十五”时期	10th Five-year Plan Period	13.8	5.4	14.9	16.3	5.2	13.5
“十一五”时期	11th Five-year Plan Period	13.5	1.6	12.8	13.3	7.4	14.4
1950-1978	1950-1978	9.2	3.8	12.7	12.7	13.1	9.5
1979-2010	1979-2010	14.0	5.3	14.6	14.8	14.2	14.6
1991-2010	1991-2010	15.1	5.4	16.5	17.2	10.8	14.4
1996-2010	1996-2010	13.5	4.1	13.6	14.6	6.4	13.9
2001-2010	2001-2010	13.7	3.5	13.8	14.8	6.3	14.0
2003-2010	2003-2010	13.8	2.9	14.4	15.3	6.2	13.8

注:本表绝对数按当年价格计算，增长速度按可比价格计算。

Note: The level data in this table are calculated at current prices while the growth rates at comparable prices.

1-18 市区、县级市地区生产总值

Gross Domestic Product by Urban District and City at County Level

项　　目	Item	2009 市 区 Urban Districts	2009 县级市 County-level City	2010 市 区 Urban Districts	2010 县级市 County-level City
绝对数(万元)	Absolute Figure (10000 yuan)				
地区生产总值	Gross Domestic Product	84097486	7284649	98794145	8688683
第一产业	Primary Industry	1183803	539034	1285942	599703
第二产业	Secondary Industry	29721890	4329698	35012834	5009824
工　业	Industry	27097981	4075441	31770074	4679537
建筑业	Construction	2623909	254257	3242760	330287
第三产业	Tertiary Industry	53191793	2415917	62495369	3079156
交通运输、仓储和邮政业	Transport, Storage and Post	6233517	223105	7137396	329321
批发和零售业	Wholesale and Retail Trade	10758190	479047	12875285	666322
住宿和餐饮业	Hotels and Catering Services	2425217	208027	2782970	266104
金融业	Finance Intermediation	5505886	6828	6693277	11979
房地产业	Real Estate	6326113	732485	6845574	917540
其他服务业	Other Service Industries	21942870	764625	26160867	887890
增长速度(%)	Growth Rate (%)				
地区生产总值	Gross Domestic Product	11.5	13.8	13.0	15.6
第一产业	Primary Industry	2.6	6.5	1.8	6.1
第二产业	Secondary Industry	8.9	12.8	12.7	16.7
工　业	Industry	8.7	12.2	12.2	16.2
建筑业	Construction	10.4	23.3	18.5	24.0
第三产业	Tertiary Industry	13.3	17.1	13.5	15.6
交通运输、仓储和邮政业	Transport, Storage and Post	3.4	0.4	12.0	12.1
批发和零售业	Wholesale and Retail Trade	18.2	16.0	22.7	35.7
住宿和餐饮业	Hotels and Catering Services	8.5	21.7	19.1	21.6
金融业	Finance Intermediation	27.0	4.5	13.3	8.2
房地产业	Real Estate	15.4	34.4	4.6	8.3
其他服务业	Other Service Industries	11.3	9.2	11.6	10.6

注:本表增长速度按可比价格计算。

Note: The growth rates in this table are calculated at comparable prices.

1-19 地区生产总值使用表

Utilization Balance Sheet of Gross Domestic Product

单位:万元 (10000 yuan)

项　　目	Item	2009	2010	2010年比2009年增长(%) Growth Rate in 2010 over 2009 (%)
支出法地区生产总值	**Gross Domestic Product by Expenditure Approach**	**91382135**	**107482828**	**13.2**
最终消费支出	Final Consumption Expenditure	39838349	51054433	20.9
居民消费支出	Household Consumption Expenditure	27846800	36315282	21.7
农村居民	Rural Households	1732019	2016897	17.7
城镇居民	Urban Households	26114781	34298385	22.0
政府消费支出	Government Consumption Expenditure	11991549	14739151	18.9
资本形成总额	Gross Capital Formation	31012926	37464608	17.3
固定资本形成总额	Gross Fixed Capital Formation	27857865	33364898	16.3
存货增加	Changes in Inventories	3155061	4099710	25.5
货物和服务净流出	Net Exports of Goods and Services	20530860	18963787	-6.8

1-20 居民消费水平

Household Consumption

单位:元/人 (yuan/person)

项　　目	Item	2009	2010	2010年比2009年增长(%) Growth Rate in 2010 over 2009 (%)
全市居民	Total Households	24190	29549	14.0
农村居民	Rural Households	8540	10118	19.7
城镇居民	Urban Households	27537	33311	12.3
农村居民与城镇居民对比(农村居民为1)	Ratio of Consumption of Urban Households to Rural Households (rural households=1)	1∶3.22	1∶3.29	

注:1. 本表绝对数按当年价格计算，增长速度按可比价格计算。

2. 根据第六次人口普查资料，对2006年-2009年的数据进行修订。

Note: I. The level data in this table are calculated at current prices while the growth rates at comparable prices.

II. The data from year 2006 to 2009 are revised according to the Sixth National Population Census.

1-21 各行业增加值(2010年)

单位:万元

项　　目	Item
地区生产总值	**Gross Domestic Product**
第一产业	Primary Industry
第二产业	Secondary Industry
工　业	Industry
建筑业	Construction
第三产业	Tertiary Industry
交通运输、仓储和邮政业	Transport, Storage and Post
信息传输、计算机服务和软件业	Information Transmission, Computer Service and Software
批发和零售业	Wholesale and Retail Trade
住宿和餐饮业	Hotels and Catering Services
金融业	Financial Intermediation
房地产业	Real Estate
租赁和商务服务业	Leasing and Business Services
科学研究、技术服务和地质勘查业	Scientific Research, Technical Services and Geologic Prospecting
水利、环境和公共设施管理业	Management of Water Conservancy, Environment and Public Facilities
居民服务和其他服务业	Service to Households and Other Service
教　育	Education
卫生、社会保障和社会福利业	Health, Social Security and Social Welfare Industries
文化、体育和娱乐业	Culture, Sports and Entertainment
公共管理和社会组织	Public Management and Social Organizations

1-22 各行业增加值构成(2010年)

单位:%

项　　目	Item
地区生产总值	**Gross Domestic Product**
第一产业	Primary Industry
第二产业	Secondary Industry
工　业	Industry
建筑业	Construction
第三产业	Tertiary Industry
交通运输、仓储和邮政业	Transport, Storage and Post
信息传输、计算机服务和软件业	Information Transmission, Computer Service and Software
批发和零售业	Wholesale and Retail Trade
住宿和餐饮业	Hotels and Catering Services
金融业	Financial Intermediation
房地产业	Real Estate
租赁和商务服务业	Leasing and Business Services
科学研究、技术服务和地质勘查业	Scientific Research, Technical Services and Geologic Prospecting
水利、环境和公共设施管理业	Management of Water Conservancy, Environment and Public Facilities
居民服务和其他服务业	Service to Households and Other Service
教　育	Education
卫生、社会保障和社会福利业	Health, Social Security and Social Welfare Industries
文化、体育和娱乐业	Culture, Sports and Entertainment
公共管理和社会组织	Public Management and Social Organizations

Added Value by Sector (2010)

(10000 yuan)

合 计 Total	劳动者报酬 Compensation of Employees	固定资产折旧 Depreciation of Fixed Assets	生产税净额 Net Taxes on Production	营业盈余 Operating Surplus
107482828	**45087580**	**11488397**	**19085233**	**31821618**
1885645	1853769	31876		
40022658	16589728	3503036	9170167	10759727
36449611	14599695	3156151	8530358	10163407
3573047	1990033	346885	639809	596320
65574525	26644083	7953485	9915066	21061891
7466717	2923814	1648199	729004	2165700
4333006	1197908	1382602	340966	1411530
13541607	5006461	645289	4392750	3497107
3049074	2247287	280044	256900	264843
6705256	1648765	22017	971916	4062558
7763114	1147738	2004537	1529134	3081705
8604486	2133015	746036	1095970	4629465
2129055	1090757	177206	216450	644642
565269	298804	107979	27709	130777
1233366	862355	58285	84945	227781
3219918	2696699	327918	54663	140638
2405785	1793546	133843	46597	431799
1651999	923846	186745	168062	373346
2905873	2673088	232785		

Composition of Added Value by Sector (2010)

(%)

合 计 Total	劳动者报酬 Compensation of Employees	固定资产折旧 Depreciation of Fixed Assets	生产税净额 Net Taxes on Production	营业盈余 Operating Surplus
100.00	**41.95**	**10.69**	**17.76**	**29.60**
100.00	98.31	1.69	0.00	0.00
100.00	41.45	8.75	22.91	26.89
100.00	40.05	8.66	23.40	27.89
100.00	55.70	9.71	17.91	16.68
100.00	40.63	12.13	15.12	32.12
100.00	39.16	22.07	9.76	29.01
100.00	27.65	31.91	7.87	32.57
100.00	36.97	4.77	32.44	25.82
100.00	73.70	9.18	8.43	8.69
100.00	24.59	0.33	14.49	60.59
100.00	14.78	25.82	19.70	39.70
100.00	24.79	8.67	12.74	53.80
100.00	51.23	8.32	10.17	30.28
100.00	52.86	19.10	4.90	23.14
100.00	69.92	4.73	6.89	18.46
100.00	83.75	10.18	1.70	4.37
100.00	74.55	5.56	1.94	17.95
100.00	55.92	11.30	10.17	22.61
100.00	91.99	8.01		

1-23 三次产业对地区生产总值增长的贡献率(1990-2010年)

Share of the Contributions of the Three Strata of Industry to the Growth of GDP (1990-2010)

单位：%　　　　(%)

年　份 Year	地区生产总值 Gross Domestic Product	第一产业 Primary Industry	第二产业 Secondary Industry	#工 业 Industry	第三产业 Tertiary Industry
1990	100.0	1.7	37.1	41.0	61.2
1991	100.0	4.2	71.3	64.9	24.5
1992	100.0	6.2	56.3	50.4	37.5
1993	100.0	0.5	61.6	51.8	37.9
1994	100.0	3.7	62.5	49.4	33.8
1995	100.0	1.3	54.1	50.8	44.6
1996	100.0	2.0	57.0	57.3	41.0
1997	100.0	1.8	51.4	51.5	46.8
1998	100.0	1.2	51.1	46.9	47.7
1999	100.0	2.9	62.3	55.0	34.8
2000	100.0	0.5	49.7	46.8	49.8
2001	100.0	0.7	35.0	30.7	64.3
2002	100.0	2.5	37.8	36.2	59.7
2003	100.0	1.0	56.7	56.2	42.3
2004	100.0	1.1	48.3	46.6	50.6
2005	100.0	1.2	43.2	41.4	55.6
2006	100.0	-0.7	43.9	42.7	56.8
2007	100.0	0.4	36.4	36.3	63.2
2008	100.0	0.4	35.1	34.5	64.5
2009	100.0	0.5	31.4	28.6	68.1
2010	100.0	0.4	38.1	34.0	61.5

注:1. 本表按可比价格计算。

2. 三次产业贡献率指各产业增加值增量与GDP增量之比。

3. 根据经济普查结果对历史数据进行了修订。

Note: I. The data of this table are calculated at comparable prices.

II. Share of the contributions of the three strata of industry to the growth of GDP refers to the proportion of the increment of the vale-added of each Industry to the increment of GDP.

III. The historical data are revised according to the 2nd National Economic Census.

1-24 三次产业对地区生产总值增长的拉动(1990-2010年)

Contribution of the Three Strata of Industry to the Growth of GDP (1990-2010)

单位：百分点 (percentage points)

年 份 Year	地区生产总值 Gross Domestic Product	第一产业 Primary Industry	第二产业 Secondary Industry	#工 业 Industry	第三产业 Tertiary Industry
1990	11.3	0.2	4.2	4.6	6.9
1991	16.3	0.7	11.6	10.6	4.0
1992	23.3	1.4	13.1	11.7	8.8
1993	26.4	0.1	16.3	13.7	10.0
1994	18.8	0.7	11.8	9.3	6.3
1995	16.4	0.2	8.9	8.4	7.3
1996	12.4	0.2	7.1	7.1	5.1
1997	13.4	0.2	6.9	6.9	6.3
1998	13.1	0.2	6.6	6.0	6.3
1999	13.2	0.4	8.2	7.2	4.6
2000	13.3	0.1	6.6	6.2	6.6
2001	12.7	0.1	4.5	4.0	8.1
2002	13.2	0.3	5.0	4.8	7.9
2003	15.2	0.1	8.6	8.5	6.5
2004	15.0	0.2	7.3	7.0	7.5
2005	12.9	0.2	5.6	5.4	7.1
2006	14.9	-0.1	6.6	6.4	8.4
2007	15.3	0.1	5.6	5.6	9.6
2008	12.5	0.1	4.4	4.3	8.0
2009	11.7	0.1	3.6	3.3	8.0
2010	13.2	0.1	5.0	4.5	8.1

注:1. 本表按可比价格计算。

2. 三次产业拉动指GDP增长速度与各产业贡献率之乘积。

Note: I. The data of this table are calculated at comparable prices.

II. Contribution of the three strata of industry to the growth of GDP refers to the growth rate of GDP multiplied by the contribution share of each industry.

1-25 三大需求对地区生产总值增长的贡献率和拉动(1991-2010年)

Contribution Share and Contribution of the Three Components of GDP to the Growth of GDP (1991-2010)

年 份 year	最终消费支出 Final Consumption Expenditure		资本形成总额 Gross Capital Formation		货物和服务净流出 Net Exports of Goods and Services	
	贡献率 (%) Contribution Share (%)	拉 动 (百分点) Contribution (percentage points)	贡献率 (%) Contribution Share (%)	拉 动 (百分点) Contribution (percentage points)	贡献率 (%) Contribution Share (%)	拉 动 (百分点) Contribution (percentage points)
1991	9.6	1.6	41.4	6.7	49.0	8.0
1992	37.1	8.6	133.9	31.2	-71.0	-16.5
1993	21.1	5.6	68.5	18.1	10.4	2.7
1994	32.1	6.0	75.7	14.2	-7.8	-1.4
1995	31.5	5.2	59.6	9.8	8.9	1.4
1996	30.6	3.8	4.6	0.6	64.8	8.0
1997	39.3	5.3	-3.7	-0.5	64.4	8.6
1998	35.9	4.7	55.7	7.3	8.4	1.1
1999	51.5	6.8	33.9	4.5	14.6	1.9
2000	59.2	7.9	13.8	1.8	27.0	3.6
2001	63.7	8.1	28.3	3.6	8.0	1.0
2002	55.6	7.3	21.2	2.8	23.2	3.1
2003	43.8	6.7	17.4	2.6	38.8	5.9
2004	26.4	4.0	42.4	6.4	31.2	4.6
2005	46.8	6.0	-8.5	-1.1	61.7	8.0
2006	39.2	5.9	39.1	5.8	21.7	3.2
2007	43.9	6.7	18.4	2.8	37.7	5.8
2008	47.8	6.0	33.9	4.2	18.3	2.3
2009	53.9	6.3	61.8	7.2	-15.7	-1.8
2010	67.9	9.0	44.0	5.8	-11.9	-1.6

注:1. 本表按可比价格计算。

2. 根据第二次经济普查资料，对2005年-2008年数据进行了修订。

3. 根据第六次人口普查资料，对2006年-2009年数据进行了修订。

4. 三大需求指支出法计算的GDP的三大构成项目，即最终消费支出、资本形成总额、货物和服务净流出。

5. 贡献率指三大需求增量与支出法计算的GDP增量之比。

6. 拉动指GDP增长速度与三大需求贡献率的乘积。

Note: I. The data of this table are calculated at comparable prices.

II. The data of year 2005 to 2008 have been revised according to the Second National Economic Census.

III. The data from year 2006 to 2009 are revised according to the Sixth National Population Census.

IV. Three Components of GDP by expenditure approached are final consumption expenditure, gross capital formation and net exports of goods and services.

V. Contribution Share of the three components to the increase of the GDP refers to the proportion of the increment of the each component of GDP by expenditure approach to the Increment of GDP.

VI. Contribution of the three components to GDP growth refers to the growth rate of GDP multiplied by the contribution share of the three components.

1-26 国有土地使用权出让、划拨情况

Lease and Administrative Allocation of the Right to the Use of the State-owned Land

项　目	Item	2009	2010
国有土地使用权出让	**Lease of the Right to the Use of the State-owned Land**		
出让小计	Lease Sub-total		
出让地块(宗)	Number of Plots (piece)	135	163
出让面积(万平方米)	Areas (10000 sq.m)	1266.02	1113.91
成交价款(万元)	Value of Transactions (10000 yuan)	4792757	3191582
# 协议出让	Lease by Negotiation		
出让地块(宗)	Number of Plots (piece)	37	21
出让面积(万平方米)	Areas (10000 sq.m)	435.86	378.25
成交价款(万元)	Value of Transactions (10000 yuan)	84885	204641
国有土地使用权划拨	**Allocation of the Right to the Use of the State-owned Land**		
划拨地块(宗)	Number of Plots (piece)	142	105
划拨面积(万平方米)	Areas (10000 sq.m)	571.32	398.84

注:1. 本表资料由广州市国土房管局提供。

2. 本表数据已剔除被解除合同数据。

Note: I. The data in this table are provided by Guangzhou Municipal Administration of Land, Resources and House.

II. The data in this table has excluded the part of terminated contracts.

1-27 重点产业主要指标(2010年)

Main Indicators of Important Industries (2010)

单位:万元 (10000 yuan)

项　目	Item	增加值 Value Added	固定资产投资额 Investment in Fixed Assets
合　计	**Total**	**56184037**	**14990079**
电子信息业	Electronic Information	8513839	1456760
# 电子信息制造业	Electronic Information Manufacturing	3736000	443453
交通运输设备制造业	Transportation Equipment Manufacturing	9366562	1028976
# 汽车制造业	Car Manufacturing	8155005	696489
石油化工制造业	Petrochemical Manufacturing	6329903	329540
建筑与房地产业	Construction and Real Estate	11336161	11484646
建筑业	Construction	3573047	247228
房地产业	Real Estate	7763114	11237418
金融业	Financial Intermediation	6705256	38977
商贸旅游业	Business Tourism	13932316	651180

1-28 公有制经济主要指标(2010年)

Main Indicators of Public-owned Economy (2010)

单位:万元、%　　(10000 yuan, %)

项　　目	Item	全　市 Total	# 公有制经　济 Public-owned Economy	公有制经济占全市的比重 Ratio of Public-owned Economy to Total
地区生产总值	Gross Domestic Product	107482828	50784603	47.25
工业(规模以上)	Industry (Above Designated Size)			
工业总产值	Gross Industrial Output Value	138312477	54340444	39.29
工业增加值	Value Added	35733200	14890401	41.67
产品销售收入	Sales Revenue	136246497	53728949	39.44
建筑业	Construction			
建筑业增加值	Value Added	3573047	1715178	48.00
全社会固定资产投资中:建筑安装工程投资	Investment in Construction Installation	21513034	11812941	54.91
交通运输、仓储和邮政业	Transport, Storage and Post			
交通运输、仓储和邮政业增加值	Value Added	7466717	4083604	54.69
货物运输量(万吨)	Freight Traffic (10000 tons)	57369	28799	50.20
货物周转量(万吨/公里)	Freight Ton-kilometers (10000 tons/kilometer)	24508491	20415573	83.30
客运量(万人次)	Passenger Traffic (10000 persons-times)	62595	39560	63.20
旅客周转量(万人/公里)	Passenger-kilometers (10000 persons/kilometer)	16936472	14683921	86.70
邮政业务收入	Revenue of Post	2900942	2900942	100.00
批发和零售业、住宿和餐饮业	Wholesale, Retail Trade, Hotels and Catering Services			
批发和零售业增加值	Value Added of Wholesale and Retail Trade	13541607	4311530	31.84
住宿和餐饮业增加值	Value Added of Hotel and Catering Services	3049074	414370	13.59
社会消费品零售总额	Total Retail Sales of Consumer Goods	44763780	6140383	13.72
商品销售总额	Total Value of Commodities Sold	212042668	83045695	39.16

注:全市规模以上工业企业总产值含广东电网数为147214677万元。

Note: The Gross Output Value of Industry above Designated Size including the data of Guangdong Power Grid is 1472.14677 billion yuan.

1-29 劳动力市场情况

Statistics on Labor Force Market

项　　目	Item	2009	2010
职业介绍服务机构数(个)	Number of Employment Service Institutions (unit)	511	555
劳动部门所属	Run by Labor Departments	179	180
非劳动部门所属	Run by Non-labor Departments	332	375
年末实有外省劳动力(万人)	Number of Laborers Flowing in from Other Provinces at Year-end (10000 persons)	164.52	206.84
年新增加的外省劳动力(万人)	Number of Newly Increased Laborers Flowing in from Other Provinces at Year-end (10000 persons)	37.25	56.37
年末实有省内外来劳动力(万人)	Number of Laborers Flowing in from Guangdong Province at Year-end (10000 persons)	60.71	80.91
城　镇	Urban Areas	18.20	23.32
农　村	Rural Areas	42.51	57.59

1-30 技术市场交易情况

Statistics on Transactions in Technological Market

项　目	Item	2009 合同数(项) Numbers of Contracts (unit)	2009 金额(万元) Value (10000 yuan)	2010 合同数(项) Numbers of Contracts (unit)	2010 金额(万元) Value (10000 yuan)
买方市场	Buyers' Market	7437	1091361	9784	1367992
机关法人	Official Organ as Juridical Person	1337	68392	1279	69226
事业法人	Institution as Juridical Person	986	41836	1445	48270
社团法人	Mass Organization as Juridical Person	25	751	108	3559
企业法人	Corporate as Juridical Person	4935	925972	6668	1213312
自然人	Natural Person	19	1288	20	555
其他组织	Others	135	53122	264	33070
卖方市场	Sellers' Market	7437	1091361	9784	1367992
机关法人	Official Organ as Juridical Person	14	377	3	140
事业法人	Institution as Juridical Person	2401	80334	4508	151011
社团法人	Mass Organization as Juridical Person	7	29	13	470
企业法人	Corporate as Juridical Person	5002	1010054	5209	1212328
自然人	Natural Person	8	158	21	280
其他组织	Others	5	409	30	3763

1-31 城市房地产市场交易情况

Transactions in Urban Real Estate Market

项　目	Item	2009	2010
新建商品房现售	**Newly-constructed Commercial Buildings Sold out**		
成交面积(万平方米)	Transacted Floor Space (10000 sq.m)	82.61	124.52
# 住　宅	Residential Buildings	38.99	58.31
成交金额(万元)	Transacted Value (10000 yuan)	590415	1407017
# 住　宅	Residential Buildings	208329	576517
住宅成交套数(套)	Number of Transacted Flats (flat)	4002	5530
新建商品房预售	**Newly-constructed Commercial Buildings Sold in Advance**		
备案合同面积(万平方米)	Contracted Floor Space on Record (10000 sq.m)	1035.29	680.34
# 住　宅	Residential Buildings	939.33	579.36
备案合同金额(万元)	Contracted Value on Record (10000 yuan)	10282726	9285475
# 住　宅	Residential Buildings	8935250	7332331
住宅备案合同套数(套)	Number of Contracted Flats on Record (flat)	87580	52378
存量房买卖	**Sales of Buildings in Stock**		
成交面积(万平方米)	Transacted Floor Space (10000 sq.m)	1182.55	1082.19
# 住　宅	Residential Buildings	958.74	825.42
成交金额(万元)	Transacted Value (10000 yuan)	5803857	5817954
# 住　宅	Residential Buildings	4601963	4376464
住宅成交套数(套)	Number of Transacted Flats (flat)	111451	95939

注:本表资料由广州市国土房管局提供。

Note: The data in this table are provided by Guangzhou Municipal Administration of Land, Resources and Houses.

1-32 各区、县级市国民经济主要指标(2010年)

项　　目	Item
土地面积(平方公里)	Total Land Area (10000 sq.m)
年末总人口(户籍统计)(人)	Year-end Population (by household registered)(person)
街道办事处(个)	Street Communities (unit)
镇(个)	Towns (unit)
社区委员会(个)	Neighborhood Committees (unit)
村民委员会(个)	Village Committees (unit)
地区生产总值(万元)	Gross Domestic Product (10000 yuan)
# 工业增加值	Value Added of Industry
年末社会从业人员(人)	Year-end Employment (person)
城镇单位职工年末人数(人)	Number of Staff and Workers at Year-end in Urban Units (person)
城镇单位职工工资总额(万元)	Total Wages of Staff and Workers in Urban Units (10000 yuan)
城镇单位职工年平均工资(元)	Average Annual Wages of Staff and Workers in Urban Units (yuan)
全社会固定资产投资额(按项目所在地分)(万元)	Investment in Fixed Assets (by project location)(10000 yuan)
# 建筑和安装工程 (万元)	Construction and Erection Engineering (10000 yuan)
全社会固定资产投资额(按法人单位办公所在地分)(万元)	Investment in Fixed Assets (by legal person office location)(10000 yuan)
全社会新增固定资产(按法人单位办公所在地分)(万元)	Newly-increased Investment in Fixed Assets (by legal person office location) (10000 yuan)
地方财政一般预算收入(万元)	Local Government Budgetary Revenue (10000 yuan)
地方财政一般预算支出(万元)	Local Government Budgetary Expenditure (10000 yuan)
城乡居民人民币储蓄存款余额(亿元)	Savings Deposit of Urban and Rural Residents (100 million yuan)
农林牧渔业总产值(万元)	Gross Output Value of Agriculture (10000 yuan)
工业总产值(万元)	Gross Industrial Output Value (10000 yuan)
工业产品销售率(规模以上)(%)	Sales Rate of Industrial Products (above designated size) (%)
社会消费品零售总额(万元)	Total Retail Sales of Consumer Goods (10000 yuan)
实际使用外商直接投资金额(万美元)	Foreign Direct Capital Actually Utilized (USD 10000)
普通中学学校数(所)	Number of Regular Secondary Schools (unit)
普通中学在校学生数(人)	Number of Students Enrolled in Regular Secondary Schools (person)
小学学校数(所)	Number of Primary Schools (unit)
小学在校学生数(人)	Number of Students Enrolled in Primary Schools (person)
幼儿园数(所)	Number of Kindergartens (unit)
幼儿园在园人数(人)	Number of Children Enrolled (person)
各类卫生机构数(个)	Number of Health Institutions (unit)
# 医　院	Hospitals
各类卫生机构床位数(张)	Number of Beds (unit)
# 医　院	Hospitals
卫生技术人员(人)	Medical Technical Personnel (person)
# 执业(助理)医师	Licensed (Assistant) Doctors

注:2010年全市工业总产值(含广东电网公司数)为153292077万元。

Main Indicators of National Economic by District and County-level City (2010)

荔湾区 Liwan	越秀区 Yuexiu	海珠区 Haizhu	天河区 Tianhe	白云区 Baiyun	黄埔区 Huangpu	番禺区 Panyu	花都区 Huadu	南沙区 Nansha	萝岗区 Luogang	增城市 Zengcheng	从化市 Conghua
59.10	33.80	90.40	96.33	795.79	90.95	786.15	970.04	527.65	393.22	1616.47	1974.50
709263	1169668	952804	770597	831899	199740	1003862	661915	154102	188990	839812	578718
22	22	18	21	14	9	11	1	2	5	3	3
				4		8	7	3	1	6	5
193	267	257	200	247	59	92	50	19	31	37	44
				118		247	188	58	28	282	221
6147639	16524043	7296775	18722872	9390914	5672896	10631540	6660079	4882454	13816375	5864525	1872716
1563652	179466	860039	2305989	2053508	3613783	3718961	4121042	3735836	10569240	2989322	738773
276015	839433	468327	759749	928782	190977	1790744	711716	279442	483919	780256	381701
127713	531325	204970	282632	218640	115824	212170	94862	87369	341419	95538	75478
642995	3301078	1160377	2113545	1099604	598623	873959	388297	350048	1909885	362549	243843
49727	63184	56577	75985	50479	52642	40875	41349	41168	52570	38506	31669
1882323	2185908	3112867	5579087	3952827	714240	4829623	2313717	1619713	3235286	2095693	1114447
1313084	1245695	2209387	3699441	1803956	440899	4017290	1729717	787150	2243015	1272974	750426
971540	6033888	3870523	6791394	2328362	675150	3355887	1698727	1224209	3131202	1607086	947763
851684	6363117	1560563	4498448	2460673	505047	2614087	1143409	627459	1881218	1277143	353386
311760	336234	310114	381435	331992	120945	631703	491607	252936	802414	398759	193351
445154	478699	423268	420394	439525	184910	783638	505275	327656	846765	432403	255327
4051063	8370170	4806824	8402848	5804727	748178	6284047	2255370	452651	1250096	1674629	663177
72535		53230	52657	463130	20273	755439	437634	225135	111507	723614	306104
4023205	519907	2736222	9483611	7922784	16588127	17912240	15946598	14027836	40138387	11549598	3541362
107.32	99.91	101.12	99.89	97.90	99.12	97.22	98.47	99.97	96.96	97.92	96.40
4051063	8370170	4806824	8402848	5804727	748178	6284047	2255370	452651	1250096	1674629	663177
16660	30160	12982	42971	13999	5484	35841	31005	62802	122524	8065	15369
38	37	40	51	70	19	64	56	12	15	48	25
41334	63552	48695	49705	69391	13860	87915	53158	12498	14568	73816	43788
54	56	88	80	186	27	165	93	26	26	139	64
50616	58910	80461	95213	146587	29960	128561	82663	14414	17418	76211	43793
88	110	171	160	289	52	328	105	56	29	91	53
20082	27099	37998	33881	60389	11557	67484	27496	7112	6795	26063	16772
174	318	270	361	442	120	263	136	36	82	108	77
25	39	23	29	44	8	14	11	9	3	8	3
4474	18806	7301	5833	9118	1536	5998	2922	724	1165	2734	1941
4374	17542	6590	5231	8633	1366	3475	2043	659	627	1702	985
6321	29757	11304	11000	10965	2145	8434	5325	1229	1651	4399	3016
2421	9628	3878	4220	3886	857	3245	1823	489	658	1465	1005

Note: In 2010, the gross industrial output of Guangzhou including the data of Guangdong Power Grid is 1532.92077 billion yuan.

1-33 广州开发区国民经济主要指标

Main Indicators of National Economy of Guangzhou Development Zone

项 目	Item	2009	2010
年末社会从业人员(人)	Year-end Employed Persons (person)	306754	347802
# 工业职工人数	Staff and Workers in Industry	252219	284842
地区生产总值(万元)	Gross Domestic Product (10000 yuan)	13217990	16178287
第一产业	Primary Industry		
第二产业	Secondary Industry	9903241	11971031
工 业	Industry	9599891	11590031
建筑业	Construction	303350	381000
第三产业	Tertiary Industry	3314749	4207256
固定资产投资额(万元)	Investment in Fixed Assets (10000 yuan)	2645800	3178089
# 基础(公共)设施	Infrastructure	1012232	1074065
工业项目	Industry	1093946	1286199
区内税收(万元)	Tax (10000 yuan)	2676520	3162574
利润总额(万元)	Total Profits (10000 yuan)	3151469	3854834
# 工业利润	Industry	2758797	3158693
地方可支配财力(万元)	Local Disposable Financial Resources (10000 yuan)	1246314	1604543
地方财政支出(万元)	Local Government Financial Expenditure (10000 yuan)	1172234	1512533
工业总产值(万元)	Gross Industrial Output Value (10000 yuan)	34377879	42275197
# 港澳台企业产值	Enterprises with Funds from Hong Kong, Macao and Taiwan	31092457	38411244
工业销售产值(万元)	Output Value of Industrial Products Sold (10000 yuan)	32355499	40290516
商品销售总额(万元)	Total Sales of Industrial Products (10000 yuan)	11121987	14265193
出口总额(万美元)	Total Exports (USD 10000)	1023152	1367697
进口总额(万美元)	Total Imports (USD 10000)	1193851	1949694
利用外资项目(合同)数(个)	Number of Projects (Contracts) for Utilization of Foreign Capital (USD 10000)	109	99
合同利用外资金额(万美元)	Contracted Value of Foreign Capital to be Utilized (USD 10000)	201627	129596
实际利用外资(万美元)	Total Amount of Foreign Capital Actually Used (USD 10000)	116509	122597
# 外商直接投资	Direct Foreign Investment	116509	122597
在校学生数(人)	Students Enrollment (person)	37878	38235
# 在校中学生	Number of Students Enrollment of Secondary Schools	14342	14568
在校小学生	Number of Students Enrollment of Primary Schools	17535	16819
专业卫生技术人员(人)	Medical Technical Personnel (person)	1533	1530

注:表中指标数据含广州经济技术开发区、广州保税区、广州高新技术产业开发区以及广州出口加工区。

Note: The indicators include Guangzhou Economic and Technological Development Zone, Guangzhou Bonded Zone, Guangzhou Hi-tech Development Zone and Guangzhou Exportance Manufacturing District.

1-34 广州保税区国民经济主要指标

Main Indicators of National Economy of Guangzhou Bonded Zone

项　　目	Item	2009	2010
工业增加值(万元)	Value-added of Industry (10000 yuan)	136077	158565
工业总产值(万元)	Gross Industrial Output Value (10000 yuan)	723047	782161
固定资产投资额(万元)	Investment in Fixed Assets (10000 yuan)	22913	26124
外贸出口总值(万美元)	Total Exports (USD 10000)	103956	148250
合同利用外资金额(万美元)	Foreign Capital to be Utilized in the Signed Agreements and Contracts (USD 10000)	2290	-615
实际利用外资(万美元)	Foreign Capital Actually Utilized (USD 10000)	1371	4265
外商投资企业	Foreign Investment Enterprises		
项目(合同)数(个)	Number Of Projects (Contracts) (unit)	9	16
项目总投资(万美元)	Total Investment of Projects (USD 10000)	2946	-4226
国内投资企业	Domestic Investment Enterprises		
批准项目数(个)	Number of Projects Approved (unit)	51	51
注册资本(万元)	Registered Capital (10000 yuan)	5068	6678
进出区货物总值(万美元)	Total Value of Imports and Exports (USD 10000)	600556	1267364
# 出口总额(万美元)	Exports (USD 10000)	103956	148250
进口总额(万美元)	Imports (USD 10000)	160611	225970
税收总额(万元)	Total Taxes (10000 yuan)	102090	105519

1-35 广州高新技术产业开发区国民经济主要指标

Main Indicators of National Economy of Guangzhou Hi-tech Development Zone

项　　目	Item	2009	2010
营业总收入(万元)	Revenue (10000 yuan)	26698763	34137959
工业总产值(万元)	Gross Industrial Output Value (10000 yuan)	18801975	26894519
高新区企业数(个)	Number of Enterprises in Development Zone (unit)	4274	4768
认定高新技术企业数(个)	Number of Enterprises Certified (unit)	595	666
港澳台企业数(个)	Number of Enterprises with Funds from Hong Kong, Macao and Taiwan (unit)	806	840
职工人数(人)	Number of Staff and Workers (person)	290956	334586
利税总额(万元)	Total Profits and Taxes (10000 yuan)	2283900	2955200
合同利用外资(万美元)	Foreign Capital to be Utilized in the Signed Agreements and Contracts (USD 10000)	54718	37716
实际利用外资(万美元)	Foreign Capital Actually Utilized (USD 10000)	35582	37437

1-36 企业家信心指数(2010年)

Entrepreneur Confidence Index (2010)

项　　目	Item	一季度 1st Quarter	二季度 2st Quarter	三季度 3st Quarter	四季度 4st Quarter
总指数	**General Index**	136.3	135.1	141.4	138.5
按行业分	**Grouped by Sector**				
工　业	Industry	138.8	138.8	140.7	142.6
建筑业	Construction	138.6	141.2	135.3	132.0
交通运输、仓储和邮政业	Transport, Storage and Post	136.2	135.4	141.5	135.9
批发和零售业	Wholesale and Retail Trades	139.2	130.7	153.1	130.4
房地产业	Real Estate	126.7	117.9	133.4	127.8
社会服务业	Social Services	140.8	140.4	141.6	141.9
信息传输、计算机服务和软件业	Information Transmission, Computer Services and Software	114.5	131.0	131.6	145.0
住宿和餐饮业	Hotels and Catering Services	125.7	136.0	139.1	150.4
按企业登记注册类型分	**Grouped by Status of Registration**				
# 国有企业	State-owned Enterprises	128.5	123.8	124.9	124.8
有限责任公司	Limited Liability Corporations	139.2	135.5	143.5	140.7
股份有限公司	Share-holding Corporations Ltd.	139.9	138.5	164.5	145.8
私营企业	Private Enterprises	135.9	139.5	116.2	134.2
外商及港、澳、台投资企业	Enterprises with Funds from Foreign Countries, Hong Kong, Macao and Taiwan	141.0	141.5	143.3	148.4
按企业规模分	**Grouped by Size of Enterprise**				
大型企业	Large	146.3	137.5	154.7	143.0
中型企业	Medium	135.8	138.0	141.7	141.5
小型企业	Small	128.4	128.9	127.0	131.2

1-37 企业景气指数(2010年)

Business Climate Index (2010)

项　　目	Item	一季度 1st Quarter	二季度 2st Quarter	三季度 3st Quarter	四季度 4st Quarter
总指数	**General Index**	**135.5**	**143.9**	**145.5**	**141.5**
按行业分	**Grouped by Sector**				
工　业	Industry	133.9	140.5	144.4	141.3
建筑业	Construction	136.4	138.4	134.9	131.0
交通运输、仓储和邮政业	Transport, Storage and Post	126.2	142.6	142.7	112.6
批发和零售业	Wholesale and Retail Trades	141.7	161.0	163.0	159.0
房地产业	Real Estate	144.2	139.0	140.3	149.3
社会服务业	Social Services	141.1	143.6	140.1	141.7
信息传输、计算机服务和软件业	Information Transmission, Computer Services and Software	126.9	131.9	143.8	155.2
住宿和餐饮业	Hotels and Catering Services	126.4	149.7	139.7	139.0
按企业登记注册类型分	**Grouped by Status of Registration**				
# 国有企业	State-owned Enterprises	136.8	141.2	139.3	144.0
有限责任公司	Limited Liability Corporations	132.7	141.2	140.8	144.5
股份有限公司	Share-holding Corporations Ltd.	149.2	156.6	160.6	147.2
私营企业	Private Enterprises	123.1	126.3	110.8	110.5
外商及港、澳、台投资企业	Enterprises with Funds from Foreign Countries, Hong Kong, Macao and Taiwan	132.7	144.4	150.1	144.7
按企业规模分	**Grouped by Size of Enterprise**				
大型企业	Large	148.1	163.0	166.8	161.4
中型企业	Medium	136.2	141.6	143.2	140.4
小型企业	Small	118.4	127.4	124.9	122.8

1-38 企业主要生产经营状况综合景气指数(2010年)

Major Microeconomic Indicators and Climate Index on the Production and Management of Enterprises (2010)

指　　标	Item	一季度 1st Quarter	二季度 2st Quarter	三季度 3st Quarter	四季度 4st Quarter
生产(经营)总量	Total Output	105.6	132.8	134.3	114.4
产品订货	Oders for Products	106.1	122.3	123.4	113.9
盈利(亏损)变化	Changes in Profits or Losses	107.7	126.1	125.0	126.6
流动资金	Circulating Funds	114.4	117.5	118.8	117.7
融资情况	Corporpate Financing	103.7	106.5	104.1	105.0
货款拖欠	Payment Delinquent	103.9	101.2	101.3	106.0
劳动力需求	Demand for Labor Force	117.6	123.8	120.5	112.7
固定资产投资	Investment in Fixed Assets	99.4	113.0	114.3	112.9

1-39 私营企业基本情况(2010年末，按行业分)

项　　目	Item
合　计	**Total**
农林牧渔业	Agriculture, Forestry, Animal Husbandry and Fishing
采矿业	Mining
制造业	Manufacturing
电力、燃气及水的生产和供应业	Production and Supply of Electricity, Gas and Water
建筑业	Construction
交通运输、仓储和邮政业	Transport, Storage and Post
信息传输、计算机服务和软件业	Information Transmission, Computer Service and Software
批发和零售业	Wholesale and Retail Trade
住宿和餐饮业	Hotels and Catering Services
金融业	Financial Intermediation
房地产业	Real Estate
租赁和商务服务业	Leasing and Business Services
科学研究、技术服务和地质勘查业	Scientific Research, Technical Services and Geologic Prospecting
水利、环境和公共设施管理业	Management of Water Conservancy, Environment and Public Facilities
居民服务和其他服务业	Service to Households and Other Service
教　育	Education
卫生、社会保障和社会福利业	Health, Social Security and Social Welfare Industries
文化、体育和娱乐业	Culture, Sports and Entertainment
其　他	Others

注:本表数据由广州市工商行政管理局提供。

Basic Statistics on Private Enterprises (Year-end of 2010, by Sector)

全　市 Total			# 城　镇 Urban Areas		
户　数 (户) Number of Enterprises (unit)	投资者和雇工人数 (人) Investors and Employees (person)	注册资金 (万元) Registered Capital (10000 yuan)	户　数 (户) Number of Enterprises (unit)	投资者和雇工人数 (人) Investors and Employees (person)	注册资金 (万元) Registered Capital (10000 yuan)
204144	**1339637**	**26060670**	**199019**	**1265597**	**25179636**
631	4681	88187	567	3941	77903
26	275	2157	25	263	2057
33980	249943	3013608	31485	211945	2590325
165	1056	47219	153	948	44829
9279	60710	1426655	9060	58387	1371914
6951	42675	953590	6857	41437	932265
8154	54473	1215835	8067	53255	1207700
73838	465135	6094279	72463	446398	5934787
3966	28834	208516	3890	26748	178679
921	7321	1158120	921	7321	1158120
8035	51874	2933764	7859	49836	2850225
28451	179158	5652249	28277	176828	5618979
21097	136160	2664479	20949	134515	2638260
736	5476	166112	695	5086	155298
5099	33603	201225	4966	31133	187577
260	1412	13771	256	1356	13658
91	1083	25966	89	1056	25392
2464	15768	194938	2440	15144	191668

Note: The data in this table are provided by Guangzhou Municipal Administration for Industry and Commerce.

1-40 私营企业基本情况(2010年末，按地区分)

Basic Statistics on Private Enterprises (Year-end of 2010, by Region)

项 目	Item	年末户数(户) Number of Enterprises at Year-end (unit)	年末人数(人) Number of Personnel at Year-end (person)	
			投资者人数 Numbers of Investors	雇工人数 Number of Employees
合 计	**Total**	**204144**	**1339637**	**370456**	**969181**
# 荔湾分局	Liwan Department	11167	73175	21638	51537
越秀分局	Yuexiu Department	27273	174300	52668	121632
海珠分局	Haizhu Department	23222	140686	41211	99475
天河分局	Tianhe Department	49297	301226	92761	208465
白云分局	Baiyun Department	29779	175098	51246	123852
黄埔分局	Huangpu Department	6241	39744	11567	28177
番禺分局	Panyu Department	22209	172165	37419	134746
花都分局	Huadu Department	8485	63018	14207	48811
南沙分局	Nansha Department	1140	7522	1904	5618
萝岗分局	Luogang Department	4332	27608	8979	18629
增城分局	Zengcheng Department	7419	67012	12834	54178
从化分局	Conghua Department	2612	26193	4586	21607

1-41 城乡个体工商业基本情况

Basic Statistics on Individual Business in Urban and Rural Areas

年 份 Year	期末户数(户) Number of Year-end Enterprises (unit)	从业人数(人) Number of Employees (person)	注册资金(万元) Registered Capital (10000 yuan)
2000	226016	380941	404995
2001	250672	427923	490425
2002	245505	415817	660203
2003	230229	360809	585762
2004	244756	375349	546263
2005	285557	446874	592574
2006	308655	492191	603861
2007	417392	633234	701374
2008	469128	710642	754857
2009	552031	858694	912604
2010	596854	953510	999560

注:本表数据由广州市工商行政管理局提供。

Note: The data in this table are provided by Guangzhou Municipal Administration for Industry and Commerce.

1-42 城乡个体工商业基本情况(2010年末，按行业分)

Basic Statistics on Individual Business in Urban and Rural Areas (Year-end of 2010, by Sector)

项　　目	Item	户 数(户) Number of Enterprises (unit)	# 城 镇 Urban Areas	从业人员(人) Number of Employed Persons (person)	# 城 镇 Urban Areas	注册资金(万元) Registered Capital (10000 yuan)	# 城 镇 Urban Areas
合　计	**Total**	**596854**	**577305**	**953510**	**913908**	**999560**	**942210**
农林牧渔业	Agriculture, Forestry, Animal Husbandry and Fishery	4314	3994	8357	7411	56009	48165
采矿业	Mining	12	11	52	47	396	216
制造业	Manufacturing	41287	38599	173027	160102	160922	144699
电力、燃气及水的生产和供应业	Production and Supply of Electricity, Gas and Water	130	64	262	113	12276	3661
建筑业	Construction	1849	1741	3713	3509	6774	6306
交通运输、仓储和邮政业	Transport, Storage and Post	5444	5355	7899	7715	18852	18449
信息传输、计算机服务和软件业	Information Transmission, Computer Services and Software	1630	1482	2066	1869	1979	1809
批发和零售业	Wholesale and Retail Trade	445608	432791	569413	552246	550780	535277
住宿和餐饮业	Hotels and Catering Services	40129	38727	93618	89325	96164	91344
金融业	Financial Intermediation	7	7	10	10	58	58
房地产业	Real Estate	917	885	1517	1443	3145	2756
租赁和商务服务业	Leasing and Business Services	6908	6746	11900	11557	12898	12594
科学研究、技术服务和地质勘查业	Scientific Research, Technical Services and Geologic Prospecting	369	353	870	832	810	771
水利、环境和公共设施管理业	Management of Water Conservancy, Environment and Public Facilities	76	74	168	158	353	342
居民服务和其他服务业	Services to Households and Other Services	46955	45286	77343	74336	66725	64533
教　育	Education	29	28	50	49	70	69
卫生、社会保障和社会福利业	Health, Social Security and Social Welfare	237	233	693	688	4473	4390
文化、体育和娱乐业	Culture, Sports and Entertainment	953	929	2552	2498	6876	6771

注：本表数据由广州市工商行政管理局提供。

Note: The data in this table are provided by Guangzhou Municipal Administration for Industry and Commerce.

1-43 内资企业基本情况(2010年末)

项　　目	Item
总　计	**Total**
按行业分	**Grouped by Sector**
# 农林牧渔业	Agriculture, Forestry, Animal Husbandry and Fishing
采矿业	Mining
制造业	Manufacturing
电力、燃气及水的生产和供应业	Production and Supply of Electricity, Gas and Water
建筑业	Construction
交通运输、仓储和邮政业	Transport, Storage and Post
信息传输、计算机服务和软件业	Information Transmission, Computer Servcie and Software
批发和零售业	Wholesale and Retail Trade
住宿和餐饮业	Hotels and Catering Services
金融业	Financial Intermediation
房地产业	Real Estate
租赁和商务服务业	Leasing and Business Services
科学研究、技术服务和地质勘查业	Scientific Research, Technical Services and Geologic Prospecting
水利、环境和公共设施管理业	Management of Water Conservancy, Environment and Public Facilities
居民服务和其他服务业	Service to Households and Other Service
教　育	Education
卫生、社会保障和社会福利业	Health, Social Security and Social Welfare Industries
文化、体育和娱乐业	Culture, Sports and Entertainment
其　他	Others

注:1. 本表数据由广州市工商行政管理局提供。
2. 本表不包括私营企业。

Basic Statistics on Domestic Funded Enterprises (Year-end of 2010)

企业数 (户) Numbers of Enterprises (unit)	# 国有企业 Stated-owned Enterprises	# 集体企业 Collective-owned Enterprises	# 有限(股份)公司 Share-holding Corporations Ltd.	# 股份合作企业 Cooperative Enterprises	注册资金 (万元) Registered Capital (10000 yuan)
33014	**3767**	**7180**	**19878**	**1772**	**34769959**
301	70	115	104	1	63544
12	5	6	1		1959
4124	488	1525	1444	571	5629294
300	46	70	183		1060822
1966	356	351	1197	55	4445441
1646	390	206	1005	35	1804375
841	16	16	798	11	713771
11454	1177	3436	6036	675	3132430
795	236	152	312	88	405070
2464	22	13	2423	2	2831218
2890	160	509	2172	22	4251195
3219	370	301	2396	73	8385934
1537	226	154	1096	39	1311198
196	35	31	126	1	479965
765	86	215	306	144	63677
90	12	24	46	7	14762
29	4	3	19	3	12628
385	68	53	214	45	162676

Note: I. The data in this table are provided by Guangzhou Municipal Administration for Industry and Commerce.

II. This table excludes private enterprises.

【地区生产总值】 指按市场价格计算的一个地区所有常住单位在一定时期内生产活动的最终成果。

地区生产总值有三种核算方法，即生产法、收入法和支出法。三种方法分别从不同的角度反映国民经济生产活动成果。

支出法是从最终使用的角度反映生产活动最终成果的方法。最终使用包括最终消费支出、资本形成总额及货物和服务净流出三部分，计算公式为：支出法地区生产总值=最终消费支出＋资本形成总额＋货物和服务净流出。

【最终消费支出】 指常住单位为满足物质、文化和精神生活的需要，从本地区经济区域和地区外购买的货物和服务的支出。它不包括非常住单位在本地区经济区域内的消费支出。最终消费支出包括居民消费支出和政府消费支出。

【居民消费支出】 指常住住户在一定时期内对货物和服务的全部最终消费支出，包括以货币形式购买的货物和服务，以实物报酬和实物转移方式获得的货物和服务，自产自用的货物和服务，自有住房服务，金融中介服务。

【政府消费支出】 指政府部门为全社会提供公共服务的消费支出，等于政府部门的产出价值减去政府部门所获得的经营收入，政府部门产出价值等于它的经常性业务支出加上固定资产折旧。

【资本形成总额】 常住单位在一定时期内获得减去处置的固定资产和存货的净额，包括固定资本形成总额和存货增加两部分。

【固定资本形成总额】 指常住单位在一定时期内购置、转入和自产自用的固定资产价值，扣除销售和转出的价值，包括有形固定资本形成总额和无形固定资本形成总额。

【存货增加】 指常住单位在核算期内存货实物量变动的市场价值，即期末价值减期初价值的差额，再扣除当期由于价格变动而产生的持有收益。

【可比价格】 指在不同时期的价值指标对比时，扣除了价格变动的因素，以确切反映物量的变化。按可比价格计算有两种方法：一种是直接用产品产量乘某一年的不变价格计算；另一种是用价格指数换算。

【平均每年增长速度】 在我国计算平均增长速度有两种方法。一种是习惯上经常使用的“水平法”，又称几何平均法，是以间隔期最后一年的水平同基期水平对比来计算平均每年增长(或下降)速度；另一种是“累计法”，又称代数平均法或方程法，是以间隔期内各年水平的总和同基期水平对比来计算平均每年增长(或下降)速度。

在一般正常情况下，两种方法计算的平均每年增长速度比较接近。但在经济发展不平衡，出现大起大落时，两种方法计算的结果差别较大。

本年鉴内所列的平均每年增长速度，除固定资产投资、直接吸收外资是用“累计法”计算以外，其余均用“水平法”计算。从某年到某年平均增长速度的年份，均不包括基期年在内。如1979-2004年平均增长速度是以1978年为基期计算的，余类推。

【国有企业】 指企业全部资产归国家所有，并按《中华人民共和国企业法人登记管理条例》规定登记注册的非公司制的经济组织。不包括有限责任公司中的国有独资公司。

【集体企业】 指企业资产归集体所有，并按《中华人民共和国企业法人登记管理条例》规定登记注册的经济组织。

【股份合作企业】 指以合作制为基础，由企业职工共同出资入股，吸收一定比例的社会资产投资组建，实行自主经营，自负盈亏，共同劳动，民主管理，按劳动分配与按股分红相结合的一种集体经济组织。

【联营企业】 指两个及两个以上相同或不同所有制性质的企业法人或事业单位法人，按自愿、平等、互利的原则，共同投资组成的经济组织。联营企业包括国有联营企业、集体联营企业、国有与集体联营企业和其他联营企业。

【有限责任公司】 指根据《中华人民共和国公司登记管理条例》规定登记注册，由2个以上，50个以下的股东共同出资，每个股东以其所认缴的出资额对公司承担有限责任，公司以其全部资产对其债务承担责任的经济组织。有限责任公司包括国有独资公司以及其他有限责任公司。

【股份有限公司】 指根据《中华人民共和国公司登记管理条例》规定登记注册，其全部注册资本由等额股份构成并通过发行股票筹集资本，股东以其认购的股份对公司承担有限责任，公司以其全部资产对其债务承担责任的经济组织。

【私营企业】 指由自然人投资设立或由自然人控股，以雇佣劳动为基础的营利性经济组织。包括按照《公司法》、《合伙企业法》、《私营企业暂行条列》规定登记注册的私营有限责任公司、私营股份有限公司、私营合伙企业和私营独资企业。

【港澳台商投资合资经营企业】 指港澳台地区投资者与内地的企业依照《中华人民共和国中外合资经营企业法》及有关法律的规定，按合同规定的比例投资设立、分享利润和分担风险的企业。

【港澳台商投资合作经营企业】 指港澳台地区投资者与内地企业依照《中华人民共和国中外合作经营企业法》及有关法律的规定，依照合作合同的约定进行投资或提供条件设立、分配利润和分担风险的企业。

【港澳台商独资经营企业】 指依照《中华人民共和国外资企业法》及有关法律的规定，在内地由港澳台商地区技资者全额投资设立的企业。

【港澳台商投资股份有限公司】 指根据国家有关规定，经外经贸部依法批准设立，其中港、澳、台商的股本占公司注册资本的比例达25%以上的股份有限公司。凡其中港、澳、台商的股本占公司注册资本的比例小于25%的，属于内资企业中股份有限公司。

【中外合资经营企业】 指外国企业或外国人与中国内地企业依照《中华人民共和国中外合资经营企业法》及有关法律的规定，按合同规定的比例投资设立、分享利润和分担风险的企业。中外合作经营企业指外国企业或外国人与中国内地企业依照《中华人民共和国中外合作经营企业法》及有关法律的规定，依照合作合同的约定进行投资或提供条件设立、分享利润和分担风险的企业。

【外资企业】 指依照《中华人民共和国外资企业法》及有关法律的规定，在中国内地由外国投资者全额投资设立的企业。

【外商投资股份有限公司】 指根据国家有关规定，经外经贸部依法批准设立，其中外资的股本占公司注册资本的比例达25%以上的股份有限公司。凡其中外资股本占公司注册资本的比例小于25%的，属于内资企业中的股份有限公司。

【法人单位】 指具备以下条件的单位：(1)依法成立、有自己的名称、组织机构和场所、能够独立承担民事责任；(2)独立拥有和使用（或授权使用）资产、承担负债、有权与其它单位签订合同；(3)会计上独立核算、能够编制资产负债表。法人单位包括企业法人、事业单位法人、机关法人、社会团体法人、民办非企业法人和其他法人。

【单产业法人】 指只在一个地点，主要从事一种生产经营活动的法人单位。

【多产业法人】 指坐落于两个及两个以上地点或主要从事两种及两种以上生产经营活动的，按照单位划分规定可以划分为两个或两个以上的产业活动单位的法人单位。

【企业活动单位】 是法人单位的附属单位。产业活动单位应具备下列条件：(1)在一个场所从事一种或主要从事一种社会经济活动；(2)相对独立组织生产经营和业务活动；(3)能够掌握收入和支出等业务核算资料。

【Gross Domestic Product】 refers to the final products of all resident units of a country (or region) during a certain period of time. In the practice of national accounting, Gross Domestic Product is calculated by three approaches,i.e.product approach, income approach, and expenditure approach, respectively, to reflect Gross Domestic Product and its composition of different aspects. expenditure approach refers to total expenditure on final consumption,tatal capital formation and net exports of goods and services by resident units of a country in a certain period of time.Its calculating formula is:

Gross Domestic Product by Expenditure Approach = final consumption expenditure +gross capital formation +net export of goods and services.

【Final Consumption Expenditure】 refers to the total expenditure of the resident units for purchases of goods and servics from domestic economic territory and abroad to meet the requirements of material, cultural and spiritual life.It excludes the expenditure of non-resident units on consumption in the economic territory of the country.The final consumption expenditure is classified into house-hold consumption expenditure and government consumption expenditure.

【Households Consumption Expenditure】 refers to the total expenditure of resident households on the final consumption of goods and services, including the consumption of goods and services bought by the households directly with money,the goods and services provided to the households by the units in the form of payment in kind and transfer in kind; the goods and services produced and consumed by the households themselves,the services of house building possessed by themselves, the services of financial intermediary provided by the financial institutions.

【Government Consumption Expenditure】 refers to the expenditure on the consumption of the public services provided by the government to the whole society. The former equals to the output value of the government services minus the value of operating income obtained by the government departments.(The output value of the government services equals to its current operating expenditure plus depreciation of fixed assets).

【Total Capital Formation】 refers to the fixed assets acquired minus those disposed and the change in inventory,including the total fixed capital formation and the increase in inventory.

【Total Fixed Capital Formation】 refers to the value of fixed assets purchased,transferred in by the resident units and those produced and used by themselves deducting the value of fixed assets sold and transferred out.It can be classified into total tangible capital formation and total intangible capital formation.

【Increase in Inventory】 refers to the market value of the change in inventory,i.e.the balance of value between the beginning and the end of the period minus the income produced by the change of prices in the current period .

【Comparable Prices】 All factors of price change are deducted when comparing indicators over time to reflect accurately the changes in real term.Two methods are used for calculating comparable prices:1.output by constant price of certain year; 2.output in current prices divided by relevant price index.

【Average Annual Growth Rate】 Two methods for calculating Average Annual Growth Rate are applied in China,one is often called"level approach"or geometry average,which is derived by comparing the growth rate for the last year of the interval with that of the beginning year; the other is called "accumulating approach"or algebraic average of equation method,which is calculated by comparing the total growth rate of each year for the interval with that of base year.

Usually the results calculated by the two methods are fairly close, but they differ sharply when imbalance occurred in economic development with striking fluctuations in growth.

The Average Annual Growth Rates listed in this statistical yearbook are calculated by "level approach"except for the growth rate of investment in fixed assets and foreign capital absorbed.The base years are not listed when the years are listed for average annual growth rates, for instance the average annual growth rate of 1979-2004 is calculated with the base year 1978.And the analogy of this is also for the rest.

【The state-owned enterprises】 are economic organizations whose assets are solely owned by the state and whose registrations are made according to "Regulations of the People's Republic of China for Controlling the Registration of Enterprises as legal Persons."Excluding the state-owned solely enterprises of liability limited companies.

【The collective-owned enterprises】 are economic organizations whose assets are owned by the collective and whose regi-stration are made according to"Regulations of the People's Republic of China for Controlling the Registration of Enterprises as Legal Persons."

【Joint-stock cooperative enterprises】 are a kind of collective economic organizations based on a cooperative system. In addition to the shares bought by their workers and staff,the enterprises also absorb a certain percentage of social capital.They enjoy staff, the autonomy in operation and take care of their own losses and profits.The shareholding work together,conduct democratic management,and combine distribution according to one's performance with sharing out profits according to shares.

【Joint operation enterprises】 refer to economic organizations set up with joint investment from legal persons of two or more enterprises of different ownerships or institutions according to principle of voluntary participation, equality and mutual benefit. They include state-owned joint operation enterprises,collective joint operation enterprises,state-collective joint operation enterprises and other types of joint operation enterprises.

【Company with limited liability】 is a company registered in accordance with the "Regulations of the People's Republic of China on Administration of Company Registration."Its investment comes from more than 2 and less than 50 shareholders.Each share-holder assumes limited liability for the company according to his subscription to capital stock.The company assumes liabilities for its debts according to all its assets.Such economic organizations include solely state-invested companies and other types of com-panies with limited liability.

【The joint stock company limited】 refers to economic or-ganizations registered in accordance with the"Regulations of the People's Republic of China on Administration of Company Registration."All its registered capital is composed of shares of equal value and its capital is collected through share issuing.The shareholders bear limited liability for the company according to the amount of shares they have bought from the company and the company assumes liabilities for its debts according to all its assets.

【Private enterprise】 refers to profit-making economic organizations set up with investment from natural persons or with controlling interest in the hands of natural persons who employ laborers for operation.Such enterprises include private companies with limited liability,private joint stock companies limited,private partnership enterprises and solely individual-invested enterprises, which are registered according to the "Company Law," "Partnership Enterprises Law"and "Temporary Regulations of Private Enterprises."

【The enterprise with investment from Hong Kong,Macao and Taiwan investors】 refer to those established according to the "Law of the People's Republic of China on Chinese-foreign Joint Ventures"and regulations stipulated in relevant laws,by investors from those regions and the Chinese mainland enterprises with contracted share of investment and sharing profits and ventures between the parties.

【Cooperative ventures with Hong Kong,Macaomd Tai-wan investors】 refer to enterprises jointly set up by investors from Hong Kong, Macao and Taiwan and mainland enterprises according to the "Law of the People's Republic of China on Chinese-foreign Contractural Joint Ventures"and other relevant regulations.They invest or provide conditions for establishment, decide profit distribution,and share risks according to provisions prescribed in the cooperative venture contracts.

【Solely-invested Hong Kong,Macao and Taiwan enterp-rises】 refer to enterprises set up on the mainland according to the "Law of the People's Republic of China on Foreign Capital Enterprises and solely invested by investors from Hong Kong, Ma-cao and Taiwan."

【The joint stock company limited funded by investors from Hong Kong,Macao and Taiwan】 refers to any joint stock company limited that is set up according relevant state regulations and is app-roved by the Ministry of Foreign Economic Relations and Trade. The investment from Hong Kong,Macao and Taiwan investors must account more than 25 percent of the company's total capital.If such investment is less than 25 percent,it shall be classified as a joint sto-ck company limited invested by domestic investors.

【The Sino-foreign joint ventures】 refers to any enterprise that is jointly set up by foreign enterprises or foreigners with Chin-ese enterprises in accordance with the "Law of the People'd Republic of China on Joint Ventures with Chinese and Foreign Investment." The investors shall put in investment,share profits and risks according to the contract on the joint venture.

【The foreign-capital enterprise】 refers to any enterprise that is set up on the Chinese mainland according to the “Law of the People's Republic of China on Foreign-Capital Enterprises” and with all its investment coming from foreign investors.

【The foreign-invested joint stock company limited】 refers to any joint stock company limited that is set up according to relevant state regulations and is approved by the Ministry of Foreign Economic Relations and Trade.The foreign investment must account more than 25 percent of the company's total capital.If such investment is less than 25 percent,it shall be classified as a joint stock company limited invested by Chinese investors.

第二篇 CHAPTER 2

人口 POPULATION

简要说明

第二篇　人　口

一、本篇资料2-7表中2006-2009年的常住人口数根据2010年第六次全国人口普查结果进行了修正。2-9表中的婴儿死亡率由广州市卫生局提供，2-13表数据由广州市人口和计划生育局提供，其他资料均由广州市公安局提供。

二、本篇资料由广州市统计局人口和社会科技统计处整理提供。

三、本篇资料中的农业与非农业人口统计，2003年以前按户口性质分类。从2003年开始，非农业人口的统计口径根据省公安厅《转发公安部办公厅关于修改人口统计年报表等有关问题的通知》（广公（办）字[2003]146号）调整为：设区市的区和不设区市的市区所辖街道办事处区域内的常住人口和市辖镇、县辖镇所辖居民委员会或镇政府驻地村委会区域内的常住人口按非农业人口统计。表2-3和表2-4中2003-2010年的农业人口和非农业人口均按新口径列出。

Brief Introduction

2 Population

I.Table 2-7 Data in this chapter of the resident population data for 2006-2009,according to the sixth national census in 2010 the results were correct.The death rate of infants in table 2-9 is provided by the Public Health Bureau of Guangzhou Municipality, the figures in table 2-13 are provided by the Population and Family Planning Bureau of Guangzhou Municipality,the other data on household population are provided by the Public Security Bureau of Guangzhou Municipality.

II.The data in this chapter are prepared by the Division of Population,Social,Science and Technology Statistics of Guangzhou Statistics Bureau.

III.The agricultural population and non-agricultural population in this chapter were cataloged by residence registration before 2003.Since 2003 the statistical coverage of nonagricultural population has been adjusted in accordance with The Notice about Some Items on Changing the Annual Reporting Tables of Population Statistics Transmitted from the Ministry of Public Security stipulated by Guangdong Provincial Bureau of Public Security.The permanent population living in the region of subdistrict offices under the jurisdiction of districts, neighborhood committees under the jurisdiction of towns and village committees where town governments seat are cataloged to nonagricultural population.The agricultural population and nonagricultural population from 2003 to 2010 in table 2-3 and table 2-4 are cataloged on new coverage.

2-1 主要年份全市年末户籍总户数、总人口数

Total Registered Households and Population at Year-end in Main Years

年 份 Year	总户数 (户) Total Households (household)	总人口 (人) Total Population (person)	男 Male	女 Female	性别比 (女=100) Sex Ratio (Female=100)
1978	1145925	4828961	2454010	2374951	103.33
1979	1166403	4933902	2506207	2427695	103.23
1980	1162717	5018638	2549801	2468837	103.28
1981	1200308	5104805	2596045	2508760	103.48
1982	1236713	5188285	2640757	2547528	103.66
1983	1274050	5267325	2685457	2581868	104.01
1984	1319048	5355988	2734532	2621456	104.31
1985	1369661	5449820	2786389	2663431	104.62
1986	1414794	5554073	2844443	2709630	104.98
1987	1462530	5650761	2898250	2752511	105.29
1988	1514705	5769101	2964697	2804404	105.72
1989	1565517	5854265	3009581	2844684	105.80
1990	1641840	5942534	3055107	2887427	105.81
1991	1675951	6022186	3096991	2925195	105.87
1992	1722833	6122016	3151204	2970812	106.07
1993	1825541	6236647	3210324	3026323	106.08
1994	1832571	6370241	3284477	3085764	106.44
1995	1871894	6467115	3334356	3132759	106.44
1996	1905998	6560508	3380751	3179757	106.32
1997	1945905	6664862	3432921	3231941	106.22
1998	2007082	6741400	3469164	3272236	106.02
1999	2044756	6850024	3522913	3327111	105.89
2000	2100434	7006896	3605481	3401415	106.00
2001	2135837	7125979	3670177	3455802	106.20
2002	2162532	7206229	3705036	3501193	105.82
2003	2202851	7251888	3722168	3529720	105.45
2004	2259730	7376720	3779757	3596963	105.08
2005	2302890	7505322	3839680	3665642	104.75
2006	2346536	7607220	3883760	3723460	104.31
2007	2382491	7734787	3942645	3792142	103.97
2008	2425582	7841695	3990328	3851367	103.61
2009	2474396	7946154	4036898	3909256	103.27
2010	2526804	8061370	4089885	3971485	102.98

2-2 主要年份市区年末户籍总户数、总人口数

Total Registered Households and Population at Year-end in Urban Districts in Main Years

年 份 Year	总户数 (户) Total Households (household)	总人口 (人) Total Population (person)	男 Male	女 Female	性别比 (女=100) Sex Ratio (Female=100)
1978	706489	2831152	1455415	1375737	105.79
1979	730562	2936562	1508759	1427803	105.67
1980	738713	3026616	1554369	1472247	105.58
1981	758943	3077018	1580487	1496531	105.61
1982	788414	3121292	1605145	1516147	105.87
1983	817347	3170029	1632735	1537294	106.21
1984	849298	3221590	1661794	1559796	106.54
1985	883946	3288825	1698995	1589830	106.87
1986	918079	3359183	1739400	1619783	107.38
1987	953833	3417112	1771721	1645391	107.68
1988	993598	3490927	1815040	1675887	108.30
1989	1025382	3543943	1842415	1701528	108.28
1990	1054065	3579360	1860333	1719027	108.22
1991	1071417	3620203	1882611	1737592	108.35
1992	1097483	3672099	1912043	1760056	108.64
1993	1132152	3726270	1941594	1784676	108.79
1994	1155033	3803148	1986363	1816785	109.33
1995	1172637	3853751	2013560	1840191	109.42
1996	1193230	3901840	2037940	1863900	109.34
1997	1211123	3956521	2066387	1890134	109.32
1998	1229851	3993008	2081552	1911456	108.90
1999	1248357	4054958	2111591	1943367	108.66
2000(八区)(Eight Districts)	1272083	4139045	2158187	1980858	108.95
2000(十区)(Ten Districts)	1734902	5666812	2923865	2742947	106.60
2001	1765120	5769691	2977916	2791775	106.67
2002	1796157	5838920	3006336	2832584	106.13
2003	1832288	5882553	3023587	2858966	105.76
2004	1876081	5999184	3076779	2922405	105.28
2005	1927850	6172839	3160713	3012126	104.93
2006	1969169	6253289	3193861	3059428	104.39
2007	1998038	6367621	3246059	3121562	103.99
2008	2036487	6458299	3285790	3172509	103.57
2009	2079996	6546788	3324760	3222028	103.19
2010	2132479	6642840	3367607	3275233	102.82

2-3 主要年份全市年末户籍常住户口户数、常住户口人口数

Permanent Registered Households and Population at Year-end in Main Years

年 份 Year	总户数 (户) Total Households (household)	人口数 (人) Total Population (person)	农业人口 Agricultural Population	非农业人口 Non-agricultural Population
1978	1145925	4815417	2500559	2314858
1979	1166403	4919189	2480519	2438670
1980	1162717	5000658	2444826	2555832
1981	1200308	5090664	2475682	2614982
1982	1236713	5165674	2505346	2660328
1983	1273205	5240252	2529460	2710792
1984	1318211	5334581	2490870	2843711
1985	1369170	5431487	2475329	2956158
1986	1414007	5532926	2485169	3047757
1987	1461719	5632622	2492576	3140046
1988	1513715	5750293	2484339	3265954
1989	1564202	5837019	2475068	3361951
1990	1641063	5918462	2504602	3413860
1991	1674843	5997893	2514973	3482920
1992	1721098	6095547	2537164	3558383
1993	1784571	6204135	2450263	3753872
1994	1831663	6338332	2465936	3872396
1995	1871173	6433241	2480482	3952759
1996	1905305	6532967	2500263	4032704
1997	1945526	6629339	2520700	4108639
1998	2006279	6704699	2531875	4172824
1999	2042447	6807635	2551340	4256295
2000	2090384	6939568	2578513	4361055
2001	2127840	7058885	2548091	4510794
2002	2162199	7171300	2297622	4873678
2003	2202124	7226882	990540	6236342
2004	2251393	7348972	828510	6520462
2005	2294825	7466206	784226	6681980
2006	2330293	7573939	782154	6791785
2007	2361299	7701900	787611	6914289
2008	2402885	7802474	760735	7041739
2009	2450739	7917646	806140	7111506
2010	2510473	8042445	820905	7221540

注:从2003年开始，农业人口、非农业人口资料采用新口径计算。

Note: Since 2003 agricultural population and non-agricultural population has been calculated on new coverage.

2-4 主要年份市区年末户籍常住户口户数、常住户口人口数

Permanent Registered Households and Population at Year-end in Urban Districts in Main Years

年 份 Year	总户数 (户) Total Households (household)	人口数 (人) Total Population (person)		
			农业人口 Agricultural Population	非农业人口 Non-agricultural Population
1978	706489	2824263	761874	2062389
1979	730562	2929107	749647	2179460
1980	738713	3017029	731851	2285178
1981	758943	3067309	732476	2334833
1982	788414	3108303	734863	2373440
1983	817315	3155147	737062	2418085
1984	848897	3207938	721864	2486074
1985	883612	3273789	704242	2569547
1986	917449	3341057	691196	2649861
1987	953562	3401192	682976	2718216
1988	993263	3473936	662606	2811330
1989	1024797	3528713	644870	2883843
1990	1053971	3560658	646377	2914281
1991	1070730	3599347	646165	2953182
1992	1096423	3649764	654190	2995574
1993	1131776	3696322	659291	3037031
1994	1154793	3774178	660395	3113783
1995	1172515	3823234	656520	3166714
1996	1192970	3877482	656072	3221410
1997	1211021	3923866	656545	3267321
1998	1229635	3960411	654134	3306277
1999	1248048	4018469	653076	3365393
2000(八区)(Eight Districts)	1271778	4091372	652572	3438800
2000(十区)(Ten Districts)	1734590	5615121	1601135	4013986
2001	1764636	5720453	1565645	4154808
2002	1795951	5818625	1306224	4512401
2003	1831615	5863528		5863528
2004	1873767	5983252		5983252
2005	1925747	6140648		6140648
2006	1957650	6231192		6231192
2007	1985702	6346458		6346458
2008	2023547	6431863		6431863
2009	2067034	6532138		6532138
2010	2124161	6632943		6632943

注:从2003年开始，农业人口、非农业人口资料采用新口径计算。

Note: Since 2003 agricultural population and non-agricultural population has been calculated on new coverage.

2-5 主要年份全市户籍总人口自然变动情况

Statistics on Natural Changes of Total Registered Population in Main Years

单位：人、‰ (person, ‰)

年份 Year	年平均人数 Annual Average Population	出生 Birth		死亡 Death		自然增长率 Natural Growth Rate
		人数 Population	出生率 Birth Rate	人数 Population	死亡率 Death Rate	
1978	4753314	73470	15.46	25283	5.32	10.14
1979	4860133	82891	17.06	26345	5.42	11.64
1980	4959822	80604	16.25	27643	5.57	10.68
1981	5039378	86733	17.21	27249	5.41	11.80
1982	5146545	93522	18.17	27701	5.38	12.79
1983	5227805	89163	17.06	29043	5.56	11.50
1984	5311657	89808	16.91	28184	5.31	11.60
1985	5402904	89630	16.59	28968	5.36	11.23
1986	5501946	91522	16.63	27839	5.06	11.57
1987	5602417	89106	15.90	28794	5.14	10.76
1988	5709931	86032	15.07	30265	5.30	9.77
1989	5811683	91402	15.73	30910	5.32	10.41
1990	5898400	88289	14.97	32388	5.49	9.48
1991	5982360	78680	13.15	30476	5.09	8.06
1992	6072101	79592	13.11	33588	5.53	7.58
1993	6179332	82515	13.35	34619	5.60	7.75
1994	6303444	78614	12.47	33349	5.29	7.18
1995	6418678	75867	11.82	35735	5.57	6.25
1996	6513812	78339	12.03	37216	5.71	6.32
1997	6612685	75184	11.37	35696	5.40	5.97
1998	6703131	67695	10.10	40981	6.11	3.99
1999	6795712	81485	11.99	39176	5.76	6.23
2000	6928460	71248	10.28	39987	5.77	4.51
2001	7066438	67542	9.56	37641	5.33	4.23
2002	7166104	61929	8.64	39673	5.54	3.10
2003	7229059	57277	7.92	41082	5.68	2.24
2004	7314304	69928	9.56	41961	5.74	3.82
2005	7441021	65840	8.85	41949	5.64	3.21
2006	7556271	67662	8.95	40936	5.42	3.53
2007	7671004	71332	9.30	42548	5.55	3.75
2008	7788241	79130	10.16	44420	5.70	4.46
2009	7893925	76482	9.69	42746	5.42	4.27
2010	8003762	99779	12.47	45571	5.69	6.78

2-6 主要年份市区户籍总人口自然变动情况

Statistics on Natural Changes of Total Registered Population in Urban Districts in Main Years

单位：人、‰ (person, ‰)

年份 Year	年平均人数 Annual Average Population	出生 Birth		死亡 Death		自然增长率 Natural Growth Rate
		人数 Population	出生率 Birth Rate	人数 Population	死亡率 Death Rate	
1978	2770944	35159	12.69	14743	5.32	7.37
1979	2869515	39601	13.80	15832	5.52	8.28
1980	2972122	40800	13.73	16519	5.56	8.17
1981	3035886	41076	13.53	16669	5.49	8.04
1982	3099155	45603	14.71	16738	5.40	9.31
1983	3145661	45999	14.62	17744	5.64	8.98
1984	3195810	43777	13.70	17435	5.46	8.24
1985	3255203	47881	14.71	17735	5.45	9.26
1986	3324004	48586	14.62	17444	5.25	9.37
1987	3388148	45697	13.49	17906	5.28	8.21
1988	3454020	46346	13.42	18952	5.49	7.93
1989	3517435	51914	14.76	19468	5.53	9.23
1990	3561652	44394	12.46	20329	5.71	6.75
1991	3599781	40250	11.18	19342	5.37	5.81
1992	3646151	39853	10.93	21507	5.90	5.03
1993	3699186	39478	10.67	22169	5.99	4.68
1994	3764709	36806	9.78	21511	5.71	4.07
1995	3828449	34888	9.11	22843	5.97	3.14
1996	3877796	37143	9.58	23259	6.00	3.58
1997	3929181	34205	8.71	22979	5.85	2.86
1998	3974765	30963	7.79	26096	6.57	1.22
1999	4023983	40782	10.13	25251	6.28	3.85
2000(八区)(Eight Districts)	4097002	35378	8.64	25009	6.10	2.54
2000(十区)(Ten Districts)	5613729	49805	8.87	33222	5.92	2.95
2001	5718252	48455	8.47	31613	5.53	2.94
2002	5804306	46978	8.09	32997	5.68	2.41
2003	5860737	46632	7.96	33780	5.76	2.20
2004	5940869	51212	8.62	34132	5.75	2.87
2005	6110655	52048	8.52	35170	5.76	2.76
2006	6213064	52564	8.46	33749	5.43	3.03
2007	6310455	59245	9.39	35709	5.66	3.73
2008	6412960	65466	10.21	37339	5.82	4.39
2009	6502544	62189	9.56	35732	5.49	4.07
2010	6594814	80581	12.22	37484	5.68	6.54

2-7 各区、县级市年末人口数(2005-2010年)

Population at Year-end by District and County-level City (2005-2010)

单位:万人 (10000 person)

区、县级市	Urban Districts and Cities at County Level	2005	2006	2007	2008	2009	2010
户籍人口	**Registered Population**						
全　市	Total	750.53	760.72	773.48	784.17	794.62	806.14
市　区	Urban Districts	617.28	625.32	636.77	645.83	654.68	664.29
荔湾区	Liwan	70.47	70.53	70.48	70.61	70.65	70.93
越秀区	Yuexiu	115.06	115.15	115.84	116.33	116.69	116.97
海珠区	Haizhu	87.70	89.05	90.79	92.31	93.73	95.28
天河区	Tianhe	61.97	64.54	69.00	71.66	74.53	77.06
白云区	Baiyun	76.07	76.77	77.65	78.99	80.65	83.19
黄埔区	Huangpu	19.27	19.36	19.55	19.71	19.85	19.97
番禺区	Panyu	93.08	94.76	97.51	98.92	99.92	100.39
花都区	Huadu	63.03	63.67	63.93	64.62	65.16	66.19
南沙区	Nansha	14.26	14.76	14.86	15.05	15.23	15.41
萝岗区	Luogang	16.37	16.73	17.16	17.63	18.27	18.90
县级市	Cities at County Level	133.25	135.40	136.71	138.34	139.94	141.85
增城市	Zengcheng	79.43	81.06	81.80	82.66	83.36	83.98
从化市	Conghua	53.82	54.34	54.91	55.68	56.58	57.87
常住人口	**Permanent Population**						
全　市	Total	949.68	996.66	1053.01	1115.34	1186.97	1270.96
市　区	Urban Districts	826.71	867.76	917.02	971.54	1034.25	1107.81
荔湾区	Liwan	71.08	73.80	77.11	80.74	84.91	89.82
越秀区	Yuexiu	98.34	100.66	103.68	107.03	110.98	115.73
海珠区	Haizhu	122.07	127.01	132.99	139.56	147.09	155.92
天河区	Tianhe	104.56	110.34	117.19	124.74	133.34	143.37
白云区	Baiyun	155.45	165.46	177.24	190.27	205.16	222.48
黄埔区	Huangpu	27.52	30.19	33.34	36.89	41.00	45.83
番禺区	Panyu	142.36	147.26	153.31	159.95	167.61	176.65
花都区	Huadu	67.93	71.91	76.61	81.79	87.70	94.59
南沙区	Nansha	17.80	19.03	20.46	22.06	23.89	26.01
萝岗区	Luogang	19.60	22.10	25.08	28.51	32.57	37.41
县级市	Cities at County Level	122.97	128.90	135.99	143.80	152.72	163.15
增城市	Zengcheng	75.70	79.88	84.83	90.29	96.51	103.76
从化市	Conghua	47.27	49.02	51.16	53.51	56.21	59.39

注:2006年-2009年常住人口数根据2010年第六次全国人口普查结果进行修正。

Note: The permanent population from year 2006 to 2009 are revised according to the Sixth National Population Census.

2-8 各区、县级市年末户籍户数、人口数(2010年)

Registered Households and Population at Year-end by District and County-level City (2010)

区、县级市	Urban Districts and Cities at County Level	户 数 (户) Total Households (household)	人口数 (人) Total Population (person)	男 male	女 female
全 市	**Total**	**2526804**	**8061370**	**4089885**	**3971485**
市 区	Urban Districts	2132479	6642840	3367607	3275233
荔湾区	Liwan	243663	709263	358103	351160
越秀区	Yuexiu	353307	1169668	587004	582664
海珠区	Haizhu	328645	952804	484366	468438
天河区	Tianhe	216135	770597	401070	369527
白云区	Baiyun	274536	831899	418578	413321
黄埔区	Huangpu	65583	199740	107011	92729
番禺区	Panyu	335325	1003862	501603	502259
花都区	Huadu	215393	661915	334775	327140
南沙区	Nansha	48684	154102	78014	76088
萝岗区	Luogang	51208	188990	97083	91907
县级市	Cities at County Level	394325	1418530	722278	696252
增城市	Zengcheng	222630	839812	428568	411244
从化市	Conghua	171695	578718	293710	285008

2-9 各区、县级市户籍总人口自然变动状况(2010年)

Statistics on Natural Changes of Total Registered Population by District and County-level City (2010)

单位:人、‰ (person, ‰)

区、县级市	Urban Districts and Cities at County Level	年平均人数 Annual Average Population	出生 Birth		死亡 Death		
			人数 Population	出生率 Brith Rate	人数 Population	死亡率 Death Rate	#婴儿 Infant
全　市	**Total**	**8003762**	**99779**	**12.47**	**45571**	**5.69**	**4.04**
市　区	Urban Districts	6594814	80581	12.22	37484	5.68	3.63
荔湾区	Liwan	707867	6014	8.50	5715	8.07	4.03
越秀区	Yuexiu	1168275	9008	7.71	7413	6.35	3.61
海珠区	Haizhu	945075	9474	10.02	5875	6.22	3.59
天河区	Tianhe	757959	10550	13.92	2227	2.94	2.69
白云区	Baiyun	819191	11760	14.36	4554	5.56	4.51
黄埔区	Huangpu	199101	2619	13.15	1002	5.03	5.73
番禺区	Panyu	1001553	12734	12.71	4982	4.97	2.38
花都区	Huadu	656750	13186	20.08	3802	5.79	4.41
南沙区	Nansha	153214	1816	11.85	1018	6.64	4.19
萝岗区	Luogang	185830	3420	18.40	896	4.82	3.34
县级市	Cities at County Level	1408948	19198	13.63	8087	5.74	5.28
增城市	Zengcheng	836712	10885	13.01	4237	5.06	4.38
从化市	Conghua	572237	8313	14.53	3850	6.73	6.61

2-10 各区、县级市户籍人口迁移状况(2010年)

Statistics on Migration of Registered Population by District and County-level City (2010)

单位:人、‰ (person, ‰)

区、县级市	Urban Districts and Cities at County Level	迁入人数 Number of Immigration	迁入率 Immigration Rate	迁出人数 Number of Emigration	迁出率 Emigration Rate	净增人数 Number of Net Migration	净增率 Net Migration Rate
全　市	**Total**	**135073**	**16.88**	**81677**	**10.20**	**53396**	**6.68**
市　区	Urban Districts	125186	18.98	73985	11.22	51201	7.76
荔湾区	Liwan	5198	7.34	1161	1.64	4037	5.70
越秀区	Yuexiu	14105	12.07	6514	5.58	7591	6.49
海珠区	Haizhu	16232	17.18	8907	9.42	7325	7.76
天河区	Tianhe	40936	54.01	28570	37.69	12366	16.32
白云区	Baiyun	20037	24.46	7405	9.04	12632	15.42
黄埔区	Huangpu	2995	15.04	1549	7.78	1446	7.26
番禺区	Panyu	16809	16.78	15020	15.00	1789	1.78
花都区	Huadu	5015	7.64	3394	5.17	1621	2.47
南沙区	Nansha	1064	6.94	264	1.72	800	5.22
萝岗区	Luogang	2795	15.04	1201	6.46	1594	8.58
县级市	Cities at County Level	9887	7.02	7692	5.46	2195	1.56
增城市	Zengcheng	3167	3.79	4765	5.69	-1598	-1.90
从化市	Conghua	6720	11.74	2927	5.12	3793	6.62

2-11 主要年份农业户口转为非农业人口人数

Non-agricultural Population Transferred from Agricultural Population in Main Years

单位:人 (person)

年 份 Year	全 市 Total	市 区 Urban Districts	增城市 Zengcheng	从化市 Conghua
1980	109053	103596	4097	1360
1985	58578	52325	3315	2938
1990	34269	32209	1251	809
1991	33683	31574	1129	980
1992	33695	31369	1552	774
1993	57379	29247	1358	26774
1994	50803	50005	558	240
1995	45835	43868	1285	682
1996	44565	43481	344	740
1997	42078	41240	514	324
1998	42877	42445	161	271
1999	47492	47147	288	57
2000	61717	60155	1405	157
2001	98963	97250	1623	90
2002	294932	293760	1091	81
2003	54805	54065	732	8
2004	106020	102167	982	2871
2005	35960	33092	1782	1086
2006	37284	34204	2040	1040
2007	56745	54594	918	1233
2008	33153	30231	1293	1629
2009	41538	38798	992	1748
2010	28222	25836	461	1925

注:本表资料按户籍性质统计。

Note: The data in this table are calculated by household registered.

2-12 各区、县级市农业户口转为非农业户口人数(2010年)

Non-agricultural Population Transferred from Agricultural Population (2010)

单位:人 (person)

区、县级市	Urban Districts and Cities at County Level	合计 Total	招生 Students Enrolled	招工 Workers Recruited	征用土地 Land Expropriated	随迁投靠 For Accompanying or Turning to	其他 Others
全市	**Total**	**28222**	**9864**	**459**	**895**	**9447**	**7557**
市区	Urban Districts	25836	9562	406	892	9056	5920
荔湾区	Liwan	1599	83	47	1	1140	328
越秀区	Yuexiu	1994	703	57		1027	207
海珠区	Haizhu	3356	1212	27	1	1380	736
天河区	Tianhe	5393	3019	75		1092	1207
白云区	Baiyun	7605	1577	56	590	3209	2173
黄埔区	Huangpu	683	183	26		344	130
番禺区	Panyu	3143	2298	46	57	380	362
花都区	Huadu	1385	438	11	201	181	554
南沙区	Nansha	238	2	44	19	70	103
萝岗区	Luogang	440	47	17	23	233	120
县级市	Cities at County Level	2386	302	53	3	391	1637
增城市	Zengcheng	461	92	47	3	193	126
从化市	Conghua	1925	210	6		198	1511

注:本表资料按户籍性质统计。

Note: The data in this table are calculated by household registered.

2-13 各区、县级市计划生育情况(2010年)

Statistics on Family Planning by District and County-level City (2010)

单位:人、%　　(person, %)

区、县级市	Urban Districts and Cities at County Level	已婚育龄妇女人数 Married Women at Childbearing Age	晚婚率 Late Married Rate	节育率 Contraceptive Prevalence Rate	计划生育率 Family Planning Rate	一孩率 One-child Rate	多孩率 More Than One-child Rate	独生子女领证率 Married Couples with One-child Certificate
全　市	**Total**	**1638896**	**80.36**	**82.93**	**96.16**	**79.15**	**1.00**	**22.49**
市　区	Urban Districts	1343529	83.64	83.16	96.61	82.11	0.84	24.74
荔湾区	Liwan	133404	90.05	80.91	97.99	88.98	0.51	31.62
越秀区	Yuexiu	211878	94.40	78.02	97.88	88.55	0.50	27.75
海珠区	Haizhu	201476	90.94	83.10	97.35	88.68	0.44	27.96
天河区	Tianhe	157592	93.24	88.61	95.61	88.51	0.43	20.86
白云区	Baiyun	170132	79.91	82.66	94.95	78.88	0.97	28.37
黄埔区	Huangpu	47585	86.08	85.07	96.33	88.73	0.54	36.49
番禺区	Panyu	208285	75.39	85.74	97.58	76.34	1.33	18.17
花都区	Huadu	139488	69.02	83.40	95.65	71.62	1.41	16.97
南沙区	Nansha	32393	67.31	83.76	98.79	75.12	0.87	15.39
萝岗区	Luogang	41296	77.21	81.72	95.64	77.39	0.94	24.49
县级市	Cities at County Level	295367	65.81	81.93	94.43	67.93	1.59	12.24
增城市	Zengcheng	177652	67.50	80.23	93.91	68.21	1.93	13.90
从化市	Conghua	117715	62.69	84.49	95.23	67.49	1.08	9.73

【出生率(又称粗出生率)】 指在一定时期内(通常为一年)一定地区的出生人数与同期平均人数(或期中人数)之比,一般用千分率表示。计算公式:

$$\text{出生率} = \frac{\text{年出生人数}}{\text{年平均人数}} \times 1000\text{‰}$$

出生人数是指活产婴儿,即胎儿脱离母体时(不管怀孕月数),有过呼吸或其他生命现象。年平均人数是年初、年底人口数的平均数,也可用年中人口数代替。

【死亡率(又称粗死亡率)】 指在一定时期内(通常为一年)一定地区的死亡人数与同期平均人数(或期中人数)之比,一般用千分率表示。计算公式:

$$\text{死亡率} = \frac{\text{年死亡人数}}{\text{年平均人数}} \times 1000\text{‰}$$

【人口自然增长率】 指在一定时期内(通常为一年)人口自然增加数(出生人数减死亡人数)与该时期内平均人数(或期中人数)之比,一般用千分率表示。计算公式:

$$\text{人口自然增长率} = \frac{\text{本年出生人数}-\text{本年死亡人数}}{\text{年平均人数}} \times 1000\text{‰}$$

$$\text{人口自然增长率} = \text{人口出生率}-\text{人口死亡率}$$

Explanatory Notes on Main Statistical Indicators

【Birth Rate (or Gross Birth Rate)】 means the ratio between the number of births in a certain period (usually a year)and the average population in the same period (or mid-year figure).It is usually calculated in terms of permillage and its calculating formula is:

$$\text{Birth Rate} = \frac{\text{Number of Births}}{\text{Average Number of Population}} \times 1000\text{‰}$$

Number of Births refers to live births,when babies have showed any vital phenomena regardless of the length of pregnancy.

Average Number of Population is the average of the number of population at the beginning of the year and,at the end of the year and sometimes is substituted for with mid-year population.

【Death Rate(or Crude Death Rate)】 refers to the ratio of number of deaths to the average population (or mid-year population)during a certain period of time (usually a year),which is often presented as perminvar.its calculating formula is:

$$\text{Death Rate} = \frac{\text{Number of Deaths}}{\text{Average Number of Population}} \times 1000\text{‰}$$

【Natural Growth Rate of Population】 refers to the ratio of natural increase in population (number of births minus number of deaths) in a certain period of time (usually a year) to the average population (or mid-year population) of the same period,which is often presented as perminvar.The following formula are applied:

$$\text{Number of Growth of Population} = \frac{\text{Number of Births}-\text{Number of Deaths}}{\text{Average Number of Population}} \times 1000\text{‰}$$

Natural Growth Rate of Population = Birth Rate-Death Rate

第三篇

CHAPTER 3

从业人员和职工工资

EMPLOYMENT AND WAGES

简要说明

第三篇　从业人员和职工工资

一、本篇资料反映广州市社会从业人员总量及构成、城镇单位就业与工资等、就业与工资的基本情况。

二、本篇资料由广州市统计局人口和社会科技统计处整理提供。

三、本篇资料主要是根据国家统计调查制度搜集汇总，部分是由广州市人力资源和社会保障局、广州市工商行政管理局、广州市农业局、广州市教育局、广州市卫生局、广州市经济贸易委员会等有关部门提供并经加工整理。

四、本篇资料中的职工及工资统计范围只包括城镇以上国有、集体及其他经济类型单位，不包括乡镇企业、私营单位和个体工商户。

五、本篇资料中的社会从业人员主要包括本市劳动力以及外来劳动力。

六、1998年，劳动统计年报中对全部调查单位改按企业登记注册类型分组，使统计口径发生变化，即国有单位中不再包括国有联营和有限责任公司中的国有独资公司；城镇集体单位中不再包括集体联营和股份合作企业；其他单位则包括国有联营和有限责任公司中的国有独资公司，集体联营和股份合作企业。

Brief Introduction

3 Employment and Wages

I.The data in this chapter show the basic conditions of social composition of employees and total,employment and wages in urban units,employment and wages of Guangzhou.

II.The data in this chapter are prepared and provided by the Division of Population,Social,Science and Tech1ology Statistics of Guangzhou Statistical Bureau.

III.The data in this chapter are collected and tabulated mainly in accordance with the statistical survey scheme of the National Bureau of Statistics,part of which are processed and prepared from the figures provided by Guangzhou Municipal Bureau of Labor and Social Security,Guangzhou Municipal Admimstration for Industry and Commerce, Guangzhou Municipal Bureau of Agriculture, Gunangzhou Bureau of Education, Gunagzhou Health Bureau ,Guangzhou Municipal Commission of Economy and Trade,and some other related organs.

Ⅳ.The statistical coverage of staff and workers and wages in this chapter only includes the state-owned units,the collective-owned units and other economic ownership in urban areas,not including township enterprises,private institutions and individual businesses.

V.The employed persons in this chapter mainly include the labor resources of Guangzhou origin and the migrant labors.

VI.Since 1998,the statistical coverage of the annual reports of labor statistics has been adjusted, in which all the survey units are grouped by registration ownership of theenterprises, i.e.the state-owned units excludes the exclusively state-invested companies in state-owned joint ownership units and limited liability companies,the urban collective units excludes the collective-owned joint ownership units and share-holding cooperative operation and the other units include the exclusively state-invested companies in state-owned joint ownership units and limited liability companies,the collective-owned jointed ownership units and share-holding cooperative operation.

3-1 社会就业情况主要指标

Main Indicators of Social Employment Situation

项　　目	Item	2009	2010	2010年比2009年增长(%) Growth Rate in 2010 over 2009 (%)
社会从业人员(人)	Number of Employed Persons (person)	7386999	7891061	6.82
第一产业	Primary Industry	797878	784817	-1.64
第二产业	Secondary Industry	2972944	3129030	5.25
第三产业	Tertiary Industry	3616177	3977214	9.98
城镇单位职工(人)	Number of Staff and Workers in Urban Units (person)	2284029	2387940	4.55
国有单位	State-owned Units	819053	837764	2.28
集体单位	Urban Collective-owned Units	103750	104372	0.60
其他单位	Units of Other Types of Ownership	1361226	1445804	6.21
# 港澳台及外商投资单位	Enterprises with Funds from Hong Kong, Macao, Taiwan and Foreign Countries	775125	829131	6.97
城镇单位职工工资总额(万元)	Total Wages Bill of Staff and Workers in Urban Units (10000 yuan)	11180296	13044801	16.68
国有单位	State-owned Units	5345814	6053212	13.23
集体单位	Urban Collective-owned Units	276463	284742	2.99
其他单位	Units of Other Types of Ownership	5558019	6706846	20.67
# 港澳台及外商投资单位	Enterprises with Funds from Hong Kong, Macao, Taiwan and Foreign Countries	2889870	3565786	23.39
城镇单位职工年平均工资(元)	Average Wage of Staff and Workers in Urban Units (yuan)	49215	54495	10.73
国有单位	State-owned Units	65779	72998	10.97
集体单位	Urban Collective-owned Units	26641	27461	3.08
其他单位	Units of Other Types of Ownership	41011	45911	11.95
# 港澳台及外商投资单位	Enterprises with Funds from Hong Kong, Macao, Taiwan and Foreign Countries	37400	42030	12.38
城镇单位在岗职工年平均工资(元)	Average Wage of Working Staff and Workers in Urban Units (yuan)	49519	54807	10.68
国有单位	State-owned Units	66559	73803	10.88
集体单位	Urban Collective-owned Units	26866	27717	3.17
其他单位	Units of Other Types of Ownership	41132	46042	11.94
# 港澳台及外商投资单位	Enterprises with Funds from Hong Kong, Macao, Taiwan and Foreign Countries	37445	42079	12.38
城镇私营、个体从业人员(人)	Employed Persons in Urban Private Enterprises and Self-employed Individuals in Urban Areas (person)	2008778	2256802	12.35
城镇登记失业人员(人)	Number of Registered Unemployed Persons in Urban Areas (person)	278752	306802	10.06
城镇登记失业率(%)	Registered Unemployment Rate in Urban Areas (%)	2.25	2.20	-0.05(百分点)

3-2 主要年份社会从业人员人数

Number of Employed Persons in Main Years

单位:人 (person)

年 份 Year	合 计 Total	城镇国有、集体、其他单位从业人员 Employed Persons in Urban State-owned, Collective Owned and Other Units	城镇私营、个体从业人员 Employed Persons in Urban Private Enterprises, Self-employed Individuals in Urban Areas	农村从业人员 Rural Employed Persons
全 市 **Total**				
1978	2668989	1473615	16952	1178422
1980	2750467	1565533	24309	1160625
1985	3134739	1756497	67609	1310633
1990	3411513	1893944	108608	1408961
1995	4077775	2082361	296524	1698890
2000	4962579	1755512	562754	2644313
2001	5029338	1686900	647940	2694498
2002	5070216	1755779	711374	2603063
2003	5210706	1880184	894443	2436079
2004	5407087	1943955	1149973	2313159
2005	5744550	1997579	1330432	2416539
2006	6090352	2071574	1515208	2503570
2007	6640881	2236902	1753552	2650427
2008	7145396	2255380	1944446	2945570
2009	7386999	2351538	2008778	3026683
2010	7891061	2463713	2256802	3170546
市 区 **Urban Districts**				
1978	1699547	1332852	16781	349914
1980	1788188	1419816	23182	345190
1985	1991006	1559619	55259	376128
1990	2115276	1641416	80675	393185
1995	2472382	1768604	217422	486356
2000(八区)(Eight Districts)	2748013	1445868	474719	827426
2000(十区)(Ten Districts)	4162769	1636059	524813	2001897
2001	4198482	1561634	605706	2031142
2002	4178423	1627155	661684	1889584
2003	4187794	1741091	815561	1631142
2004	4383273	1805266	1059204	1518803
2005	4718600	1872459	1201822	1644319
2006	5007727	1931573	1361714	1714440
2007	5513577	2083314	1573064	1857199
2008	6042768	2097553	1757740	2187475
2009	6250209	2195961	1803170	2251078
2010	6729104	2290772	2045490	2392842

注:1. 2000年以前的“城镇国有、集体、其他单位从业人员”为职工人数。

2. 2000年以前的“城镇私营、个体从业人员”包括其他从业人员。

Note: I. "Employed persons in urban state-owned, collective owned and other units" is number of staff and workers before 2000.

II. "Employed persons in uban private enterprises and self-employed individuals in urban areas" include other employees before 2000.

3-3 主要年份三次产业从业人员及构成

Employed Persons and Composition by Industry in Main Years

年 份 Year	从业人员 (人) Employed Persons (person)				构成(合计=100) Composition in Percentage		
		第一产业 Primary Industry	第二产业 Secondary Industry	第三产业 Tertiary Industry	第一产业 Primary Industry	第二产业 Secondary Industry	第三产业 Tertiary Industry
全 市 **Total**							
1978	2668989	1165987	857527	645475	43.69	32.13	24.18
1980	2750467	1106432	922756	721279	40.23	33.55	26.22
1985	3134739	979869	1180526	974344	31.26	37.66	31.08
1990	3411513	963548	1241813	1206152	28.24	36.40	35.36
1995	4077775	924969	1583686	1569120	22.68	38.84	38.48
2000	4962579	956596	1982905	2023078	19.27	39.96	40.77
2001	5029338	969793	1960309	2099236	19.28	38.98	41.74
2002	5070216	949624	1953095	2167497	18.73	38.52	42.75
2003	5210706	958819	2001677	2250210	18.40	38.42	43.18
2004	5407087	901318	2046552	2459217	16.67	37.85	45.48
2005	5744550	869141	2222177	2653232	15.13	38.68	46.19
2006	6090352	844529	2372470	2873353	13.87	38.95	47.18
2007	6640881	824846	2637938	3178097	12.42	39.72	47.86
2008	7145396	799103	2873510	3472783	11.18	40.22	48.60
2009	7386999	797878	2972944	3616177	10.80	40.25	48.95
2010	7891061	784817	3129030	3977214	9.95	39.65	50.40

3-3 续表 continued

年 份 Year	从业人员(人) Employed Persons (person)	第一产业 Primary Industry	第二产业 Secondary Industry	第三产业 Tertiary Industry	构成(合计=100) Composition in Percentage 第一产业 Primary Industry	第二产业 Secondary Industry	第三产业 Tertiary Industry
市 区 Urban Districts							
1978	1699547	366748	767870	564929	21.58	45.18	33.24
1980	1788188	338240	818404	631544	18.91	45.77	35.32
1985	1991006	267498	903334	820174	13.44	45.37	41.19
1990	2115276	249162	900297	965817	11.78	42.56	45.66
1995	2472382	248653	988281	1235448	10.06	39.97	49.97
2000(八区)(Eight Districts)	2748013	243451	937672	1566890	8.86	34.12	57.02
2000(十区)(Ten Districts)	4162769	566939	1726356	1869474	13.62	41.47	44.91
2001	4198482	567464	1695107	1935911	13.52	40.37	46.11
2002	4178423	554019	1625157	1999247	13.26	38.89	47.85
2003	4187794	553480	1609853	2024461	13.22	38.44	48.34
2004	4383273	495485	1673137	2214651	11.30	38.17	50.53
2005	4718600	466357	1851160	2401083	9.88	39.23	50.89
2006	5007727	482916	1937147	2587664	9.65	38.68	51.67
2007	5513577	473580	2176319	2863678	8.59	39.47	51.94
2008	6042768	473693	2411040	3158035	7.84	39.90	52.26
2009	6250209	473956	2505543	3270710	7.58	40.09	52.33
2010	6729104	470470	2643633	3615001	6.99	39.29	53.72

3-4 三次产业从业人员及构成(2010年末)

Employed Persons and Composition by Industry (Year-end of 2010)

项　目	Item	从业人员(人) Employed Persons (person)	市 区 Urban Districts	构 成(%) Composition (%)	市 区 Urban Districts
合　计	**Total**	**7891061**	**6729104**	**100.00**	**100.00**
第一产业	Primary Industry	784817	470470	9.95	6.99
第二产业	Secondary Industry	3129030	2643633	39.65	39.29
工　业	Industry	2739087	2334404	34.71	34.69
建筑业	Construction	389943	309229	4.94	4.60
第三产业	Tertiary Industry	3977214	3615001	50.40	53.72
交通运输、仓储和邮政业	Transport, Storage and Post	373693	348813	4.74	5.18
信息传输、计算机服务和软件业	Information Transmission, Computer Services and Software	152187	143931	1.93	2.14
批发和零售业	Wholesale and Retail Trade	1347678	1234179	17.08	18.34
住宿和餐饮业	Hotels and Catering Services	378654	329670	4.80	4.90
金融业	Financial Intermediation	86928	84827	1.10	1.26
房地产业	Real Estate	154604	144847	1.96	2.15
租赁和商务服务业	Leasing and Business Services	287696	274421	3.65	4.08
科学研究、技术服务和地质勘查业	Scientific Research, Technical Services and Geological Prospecting	213048	209442	2.70	3.11
水利、环境和公共设施管理业	Management of Water Conservancy, Environment and Public Facilities	38829	35124	0.49	0.52
居民服务和其他服务业	Services to Households and Other Services	339128	261347	4.30	3.88
教　育	Education	256932	228450	3.26	3.39
卫生、社会保障和社会福利业	Health, Social Securities and Social Welfare	137837	127909	1.75	1.90
文化、体育和娱乐业	Culture, Sports and Entertainment	53725	51180	0.68	0.76
公共管理和社会组织	Public Management and Social Organizations	156275	140861	1.98	2.09

3-5 社会从业人员(2010年末)

单位:人

项　　目	Item
总　计	**Total**
按地区分	**Grouped by Area**
市　区	Urban Districts
县级市	Cities at County Level
增城市	Zengcheng
从化市	Conghua
按国民经济行业分	**Grouped by Economic Sector**
农、林、牧、渔业	Agriculture, Forestry, Animal Husbandry and Fishery
采矿业	Mining
制造业	Manufacturing
电力、燃气及水的生产和供应业	Production and Distribution of Electricity, Gas and Water
建筑业	Construction
交通运输、仓储和邮政业	Transport, Storage and Post
信息传输、计算机服务和软件业	Information Transmission, Computer Services and Software
批发和零售业	Wholesale and Retail Trade
住宿和餐饮业	Hotels and Catering Services
金融业	Financial Intermediation
房地产业	Real Estate
租赁和商务服务业	Leasing and Business Services
科学研究、技术服务和地质勘查业	Scientific Research, Technical Services and Geological Prospecting
水利、环境和公共设施管理业	Management of Water Conservancy, Environment and Public Facilities
居民服务和其他服务业	Services to Households and Other Services
教　育	Education
卫生、社会保障和社会福利业	Health, Social Securities and Social Welfare
文化、体育和娱乐业	Culture, Sports and Entertainment
公共管理和社会组织	Public Management and Social Organizations

Number of Employed Persons (Year-end of 2010)

(person)

合　计 Total	在岗职工人数 Number of Working Staff and Workers	农村从业人员 Rural Employed Persons	城镇私营、个体从业人员 Employed Persons in Urban Private Enterprises and Self-employed Individuals in Urban Areas	其他从业人员 Other Employees
7891061	**2361695**	**3170546**	**2256802**	**102018**
6729104	2191592	2392842	2045490	99180
1161957	170103	777704	211312	2838
780256	95026	520508	162795	1927
381701	75077	257196	48517	911
784817	5827	767508	11352	130
711	401		310	
2712921	875172	1454428	372047	11274
25455	24138		1061	256
389943	124108	181957	61896	21982
373693	208490	98866	49152	17185
152187	51416	44173	55124	1474
1347678	119090	226870	998644	3074
378654	95161	161453	116073	5967
86928	69113		7322	10493
154604	84782	12044	51279	6499
287696	93744		188385	5567
213048	74128	893	135347	2680
38829	33002		5244	583
339128	29330	203176	105469	1153
256932	176757	10212	63649	6314
137837	109421	8966	16806	2644
53725	33197		17642	2886
156275	154418			1857

3-6 市区社会从业人员(2010年末)

单位:人

行　　业	Sector
合　计	**Total**
农、林、牧、渔业	Agriculture, Forestry, Animal Husbandry and Fishery
采矿业	Mining
制造业	Manufacturing
电力、燃气及水的生产和供应业	Production and Distribution of Electricity, Gas and Water
建筑业	Construction
交通运输、仓储和邮政业	Transport, Storage and Post
信息传输、计算机服务和软件业	Information Transmission, Computer Services and Software
批发和零售业	Wholesale and Retail Trade
住宿和餐饮业	Hotels and Catering Services
金融业	Financial Intermediation
房地产业	Real Estate
租赁和商务服务业	Leasing and Business Services
科学研究、技术服务和地质勘查业	Scientific Research, Technical Services and Geological Prospecting
水利、环境和公共设施管理业	Management of Water Conservancy, Environment and Public Facilities
居民服务和其他服务业	Services to Households and Other Services
教　育	Education
卫生、社会保障和社会福利业	Health, Social Securities and Social Welfare
文化、体育和娱乐业	Culture, Sports and Entertainment
公共管理和社会组织	Public Management and Social Organizations

Number of Employed Persons in Urban Districts (Year-end of 2010)

(person)

合 计 Total	在岗职工人数 Number of Working Staff and Workers	农村从业人员 Rural Employed Persons	城镇私营、个体从业人员 Employed Persons in Urban Private Enterprises and Self-employed Individuals in Urban Areas	其他从业人员 Other Employees
6729104	**2191592**	**2392842**	**2045490**	**99180**
470470	4264	457139	8937	130
247	134		113	
2311115	803809	1195256	301805	10245
23042	22123		667	252
309229	99625	131765	55975	21864
348813	206968	78056	47662	16127
143931	50652	37988	53817	1474
1234179	117175	192141	921803	3060
329670	92131	130755	100824	5960
84827	67129		7215	10483
144847	80168	12044	46153	6482
274421	90082		178784	5555
209442	73347	893	132553	2649
35124	30158		4402	564
261347	28819	137627	93777	1124
228450	153622	10212	58385	6231
127909	100141	8966	16268	2534
51180	31966		16350	2864
140861	139279			1582

3-7 城镇从业人员(2010年末)

单位:人

项　　目	Item
总　计	**Total**
按地区分	**Grouped by Area**
市　区	Urban Districts
县级市	Cities at County Level
增城市	Zengcheng
从化市	Conghua
按国民经济行业分	**Grouped by Economic Sector**
农、林、牧、渔业	Agriculture, Forestry, Animal Husbandry and Fishery
采矿业	Mining
制造业	Manufacturing
电力、燃气及水的生产和供应业	Production and Distribution of Electricity, Gas and Water
建筑业	Construction
交通运输、仓储和邮政业	Transport, Storage and Post
信息传输、计算机服务和软件业	Information Transmission, Computer Services and Software
批发和零售业	Wholesale and Retail Trade
住宿和餐饮业	Hotels and Catering Services
金融业	Financial Intermediation
房地产业	Real Estate
租赁和商务服务业	Leasing and Business Services
科学研究、技术服务和地质勘查业	Scientific Research, Technical Services and Geological Prospecting
水利、环境和公共设施管理业	Management of Water Conservancy, Environment and Public Facilities
居民服务和其他服务业	Services to Households and Other Services
教　育	Education
卫生、社会保障和社会福利业	Health, Social Securities and Social Welfare
文化、体育和娱乐业	Culture, Sports and Entertainment
公共管理和社会组织	Public Management and Social Organizations

Urban Employed Persons (Year-end of 2010)

(person)

合 计 Total	国有单位 State-owned Units	集体单位 Urban Collective-owned Units	其他单位 Units of Other Types of Ownership	城镇私营、个体 Employed Persons in Urban Private Enterprises and Self-employed Individuals in Urban Areas
4720515	**869662**	**107809**	**1486242**	**2256802**
4336262	809273	101529	1379970	2045490
384253	60389	6280	106272	211312
259748	37716	6098	53139	162795
124505	22673	182	53133	48517
17309	4920	249	788	11352
711			401	310
1258493	35037	25307	826102	372047
25455	15127	665	8602	1061
207986	41934	11403	92753	61896
274827	118488	3834	103353	49152
108014	11626	237	41027	55124
1120808	18799	4463	98902	998644
217201	21207	3841	76080	116073
86928	26943	224	52439	7322
142560	12423	10558	68300	51279
287696	32750	26422	40139	188385
212155	50540	1065	25203	135347
38829	24194	5101	4290	5244
135952	9115	5292	16076	105469
246720	161393	3647	18031	63649
128871	99931	4704	7430	16806
53725	29550	248	6285	17642
156275	155685	549	41	

3-8 市区城镇从业人员(2010年末)

单位:人

行　　业	Sector
合　计	**Total**
农、林、牧、渔业	Agriculture, Forestry, Animal Husbandry and Fishery
采矿业	Mining
制造业	Manufacturing
电力、燃气及水的生产和供应业	Production and Distribution of Electricity, Gas and Water
建筑业	Construction
交通运输、仓储和邮政业	Transport, Storage and Post
信息传输、计算机服务和软件业	Information Transmission, Computer Services and Software
批发和零售业	Wholesale and Retail Trade
住宿和餐饮业	Hotels and Catering Services
金融业	Financial Intermediation
房地产业	Real Estate
租赁和商务服务业	Leasing and Business Services
科学研究、技术服务和地质勘查业	Scientific Research, Technical Services and Geological Prospecting
水利、环境和公共设施管理业	Management of Water Conservancy, Environment and Public Facilities
居民服务和其他服务业	Services to Households and Other Services
教　育	Education
卫生、社会保障和社会福利业	Health, Social Securities and Social Welfare
文化、体育和娱乐业	Culture, Sports and Entertainment
公共管理和社会组织	Public Management and Social Organizations

3-9 主要年份城镇单位从业人员数及工资

项　　目	Item	1995	2000
单位从业人员年末人数(人)	Total Number of Staff and Workers at the Year-end (person)	2104432	1755512
单位从业人员劳动报酬(万元)	Total Wages Bill of Staff and Workersn (10000 yuan)	2176743	3489371
单位从业人员年平均劳动报酬(元)	Average Wage of Staff and Workers (yuan)	10349	19714

Urban Employed Persons in Urban Districts (Year-end of 2010)

(person)

合 计 Total	国有单位 State-owned Units	集体单位 Urban Collective-owned Units	其他单位 Units of Other Types of Ownership	城镇私营、个体 Employed Persons in Urban Private Enterprises and Self-employed Individuals in Urban Areas
4336262	**809273**	**101529**	**1379970**	**2045490**
13331	3442	249	703	8937
247			134	113
1115859	34579	24808	754667	301805
23042	13726	665	7984	667
177464	38016	7012	76461	55975
270757	117188	3205	102702	47662
105943	10862	237	41027	53817
1042038	17823	4367	98045	921803
198915	20285	3841	73965	100824
84827	26104	224	51284	7215
132803	12261	10457	63932	46153
274421	30748	25929	38960	178784
208549	49907	1065	25024	132553
35124	21552	5101	4069	4402
123720	8985	5292	15666	93777
218238	143986	3647	12220	58385
118943	90612	4633	7430	16268
51180	28926	248	5656	16350
140861	140271	549	41	

Number and Wages of Staff and Workers in Urban Units and Related Indices in Main Years

2001	2002	2003	2004	2005	2006	2007	2008	2009	2010
1686900	1755779	1880184	1943955	1997579	2071574	2236902	2255380	2351538	2463713
3896181	4564910	5380915	6072692	6772629	7532573	8961040	10251127	11439796	13354746
22726	26131	28666	31337	34171	36566	40280	45368	49054	54091

3-10 主要年份城镇单位职工工资总额及指数

Total Wages of Staff and Workers in Urban Units and Related Indices in Main Years

年份 Year	职工工资总额(万元) Total Wages Bill of Staff and Workers (10000 yuan)	国有单位 State-owned Units	集体单位 Urban Collective-owned Units	其他单位 Units of Other Types of Ownership	#港澳台及外商投资单位 Enterprises with Funds from Hong Kong, Macao, Taiwan and Foreign Countries	职工年平均工资(元) Average Wage of Staff and Workers (yuan)
工资总额(万元) Total Wages (10000 yuan)						
1978	101809	76913	24896			714
1980	142243	108015	34228			941
1985	278892	208829	65660	4403	3127	1621
1990	656434	487524	121441	47469	41198	3504
1991	783043	565974	148783	68286	61119	4022
1992	971335	690135	183771	97429	89978	4792
1993	1316773	941475	226929	148369	106957	6342
1994	1815428	1277944	308933	228551	183030	8623
1995	2146245	1481375	344494	320376	263343	10317
1996	2395597	1672483	348629	374485	313623	11813
1997	2615842	1798987	338388	478467	404483	13118
1998(原口径) 1998 (Original Standards)	2831440	1900631	344677	586132	454061	14318
1998(新口径) 1998 (New Standards)	2831440	1758088	322399	750953	454061	14318
1999	3085768	1917375	296558	871835	507875	16202
2000	3480880	2188085	289750	1003045	586413	19091
2001	3878065	2401471	216967	1259627	691639	22141
2002	4534911	2817578	229015	1488318	838420	25583
2003	5335484	3185006	243455	1907023	1097924	28237
2004	5983255	3529828	240966	2212461	1251256	31025
2005	6653196	3837476	233643	2582077	1464470	33853
2006	7389676	3967484	238729	3183463	1718714	36321
2007	8770687	4448123	254851	4067713	2228358	40187
2008	10053742	4970189	261939	4821614	2655221	45365
2009	11180296	5345813	276463	5558020	2889870	49215
2010	13044801	6053212	284742	6706846	3565786	54495

3-10 续表 continued

年 份 Year	职工工资总额(上年=100) Total Wages of Staff and Workers (preceding year=100)	国有单位 State-owned Units	集体单位 Urban Collective-owned Units	其他单位 Units of Other Types of Ownership	#港澳台及外商投资单位 Enterprises with Funds from Hong Kong, Macao, Taiwan and Foreign Countries	职工年平均工资(上年=100) Average Wage of Staff and Workers (preceding year=100)
指 数(上年=100) Indices (preceding year=100)						
1978	116.20	121.34	102.76			105.00
1980	139.72	140.44	137.48			114.76
1985	123.19	121.95	124.25	190.69	236.36	121.15
1990	107.71	106.08	105.39	137.10	152.37	107.09
1991	119.29	116.09	122.51	143.85	148.35	114.78
1992	124.05	121.94	123.52	142.68	147.22	119.14
1993	135.56	136.42	123.48	152.28	118.87	132.35
1994	137.87	135.74	136.14	154.04	171.12	135.97
1995	118.22	115.92	111.51	140.18	143.88	119.65
1996	111.62	112.90	101.20	116.89	119.09	114.50
1997	109.19	107.56	97.06	127.77	128.97	111.05
1998	108.24	105.65	101.86	122.50	112.26	109.15
1999	108.98	109.06	91.99	116.10	111.85	113.16
2000	112.80	114.12	97.70	115.05	115.46	117.83
2001	111.41	109.75	74.88	125.58	117.94	115.98
2002	116.94	117.33	105.55	118.16	121.22	115.55
2003	117.65	113.04	106.31	128.13	130.95	110.37
2004	112.14	110.83	98.98	116.02	113.97	109.87
2005	111.20	108.72	96.96	116.71	117.04	109.12
2006	111.07	103.39	102.18	123.29	117.36	107.29
2007	118.69	112.11	106.75	127.78	129.65	110.64
2008	114.63	111.74	102.78	118.53	119.16	112.88
2009	111.21	107.56	105.54	115.27	108.84	108.49
2010	116.68	113.23	102.99	120.67	123.39	110.73

3-11 城镇单位职工人数与工资(2010年)

行　　业	Sector
合　计	**Total**
按隶属关系分	**Grouped by Subordination**
中央属单位	Units Subordinated to Central Government
省属单位	Units Subordinated to Provincial Government
市属单位	Units Subordinated to Municipal Government
按执行会计制度类别分	**Grouped by Accounting Regulation Implemented**
企　业	Enterprises
事业单位	Institutions
行政单位	Agencies & Organizations
民间非营利组织	Civil Nonprofit Organizations
其　他	Others
按国民经济行业分	**Grouped by Economic Sector**
农、林、牧、渔业	Agriculture, Forestry, Animal Husbandry and Fishery
# 农、林、牧、渔服务业	Services for Agriculture, Forestry, Animal Husbandry and Fishery
采矿业	Mining
制造业	Manufacturing
# 食品制造业	Manufacture of Foods
纺织服装、鞋、帽制造业	Manufacture of Textile Wearing Apparel, Footwear and Caps
皮革、毛皮、羽毛(绒)及其制品业	Manufacture of Leather, Fur, Feather and Related Products
文教体育用品制造业	Manufacture of Articles for Culture, Education and Sport Activities
化学原料及化学制品制造业	Manufacture of Raw Chemical Materials and Chemical Products
医药制造业	Manufacture of Medical
通用设备制造业	Manufacture of General Purpose Machinery
交通运输设备制造业	Manufacture of Transport Equipment
电气机械及器材制造业	Manufacture of Electrical Machinery and Equipment
通信设备、计算机及其他电子设备制造业	Manufacture of Communication Equipment, Computers and Other Electronic Equipment
电力、煤气及水的生产和供应业	Production and Supply of Electricity, Gas and Water
建筑业	Construction
# 房屋和土木工程建筑业	Construction of Buildings and Civil Engineering
建筑安装业	Architectural Installation
建筑装饰业	Architectural Decoration
交通运输、仓储和邮政业	Transport, Storage and Post
# 铁路运输业	Railway Transport
道路运输业	Highway Transport
城市公共交通业	Urban Public Traffic
水上运输业	Waterway Transport
航空运输业	Air Transport
装卸搬运和其他运输服务业	Loading, Unloading and Other Transport Services
仓储业	Storage
邮政业	Post

Number and Wages of Staff and Workers in Urban Units (2010)

单位数 (个) Number of Units (unit)	职工年末人数 (人) Total Number of Staff and Workers at Year-end (person)	职工年平均人数 (人) Average Number of Staff and Workers (person)	职工工资总额 (万元) Total Wages of Staff and Workers (10000 yuan)	职工年平均工资 (元) Average Wage of Staff and Workers (yuan)
19513	**2387940**	**2393766**	**13044801**	**54495**
901	277280	271101	2491879	91917
2316	318622	312152	2069799	66307
16296	1792038	1810513	8483123	46855
14058	1845601	1857391	9173290	49388
4059	395196	390310	2687517	68856
1333	145419	144373	1178783	81648
59	1676	1648	5100	30944
4	48	44	111	25227
131	6433	6589	20474	31073
80	2596	2574	8529	33136
2	401	398	3466	87073
3198	879167	907895	3778742	41621
96	37977	38910	205582	52835
185	51204	52878	137760	26052
82	50499	51935	124108	23897
85	46924	51165	114585	22395
277	62930	65883	362559	55031
68	20735	21161	133218	62954
149	32418	32992	159565	48365
320	116298	113607	686426	60421
198	51894	53007	178328	33642
244	147004	155620	617683	39692
92	25690	26088	213607	81879
588	126962	127493	574455	45058
333	101845	100583	458689	45603
131	15135	15393	82089	53329
112	7615	7424	21248	28620
798	215857	212329	1272202	59917
39	39874	40103	258155	64373
214	40246	38233	167564	43827
64	51177	49445	227430	45997
160	37962	38792	298703	77001
41	23999	23658	196062	82873
159	11235	11000	65976	59978
101	5522	5331	22543	42286
20	5842	5767	35769	62023

3-11 续表

行　　业	Sector
信息传输、计算机服务和软件业	Information Transmission, Computer Services and Software
电信和其他信息传输服务业	Telecommunications and Other Information Transmission Services
计算机服务业	Computer Services
软件业	Software Industry
批发和零售业	Wholesale and Retail Trade
批发业	Wholesale
零售业	Retail Trade
住宿和餐饮业	Hotels and Catering Services
住宿业	Hotels Services
餐饮业	Catering Services
金融业	Financial Intermediation
# 银行业	Banking
证券业	Securities
保险业	Insurance
房地产业	Real Estate
租赁和商务服务业	Leasing and Business Services
租赁业	Leasing Services
商务服务业	Business Services
科学研究、技术服务和地质勘查业	Scientific Research, Technical Services and Geological Prospecting
研究与试验发展	Research and Experimental Development
专业技术服务业	Professional Skill Services
科技交流和推广服务业	Services of Scientific and Technological Exchange and Popularization
地质勘查业	Geological Prospecting
水利、环境和公共设施管理业	Management of Water Conservancy, Environment and Public Facilities
水利管理业	Management of Water Conservancy
环境管理业	Management of Environment
公共设施管理业	Management of Public Facilities
居民服务和其他服务业	Services to Households and Other Services
教　育	Education
卫生、社会保障和社会福利业	Health, Social Securities and Social Welfare
卫　生	Health
社会保障业	Social Security
社会福利业	Social Welfare
文化、体育和娱乐业	Culture, Sports and Entertainment
新闻出版业	Press and Publishing Activities
广播、电视、电影和音像业	Broadcasting, Television, Film and Audio-visual Activities
文化艺术业	Culture and Art
体　育	Sports
娱乐业	Entertainment
公共管理和社会组织	Public Management and Social Organizations

continued

单位数 (个) Number of Units (unit)	职工年末人数 (人) Total Number of Staff and Workers at Year-end (person)	职工年平均人数 (人) Average Number of Staff and Workers (person)	职工工资总额 (万元) Total Wages of Staff and Workers (10000 yuan)	职工年平均工资 (元) Average Wage of Staff and Workers (yuan)
383	52104	50335	381801	75852
93	28838	27605	233877	84723
119	12863	12442	74161	59606
171	10403	10288	73763	71698
3311	120735	118811	553963	46626
2054	63840	62823	356131	56688
1257	56895	55988	197831	35335
750	95760	94822	247335	26084
324	38225	38931	129233	33195
426	57535	55891	118102	21131
378	71262	68485	952878	139137
229	53326	51965	725839	139678
21	4060	3468	86933	250671
96	12996	12183	129396	106210
1683	86266	82961	329022	39660
1356	94368	92456	439281	47512
29	1288	1082	4243	39213
1327	93080	91374	435038	47611
870	75271	73024	584606	80051
142	15216	14876	102658	69009
563	49414	48095	428427	89079
138	5637	5523	30381	55008
27	5004	4530	23140	51081
368	33179	32887	132441	40271
81	2795	2749	19729	71769
157	19819	19724	65966	33444
130	10565	10414	46746	44887
1060	29363	29526	94003	31837
1932	177045	175107	1228674	70167
498	109691	107147	773973	72235
385	103593	101068	740370	73255
29	1053	1034	7006	67758
84	5045	5045	26597	52719
462	33568	33716	220404	65371
111	11439	11457	84789	74006
53	6191	5982	58809	98310
131	6726	6771	38748	57226
80	5444	5481	28101	51270
87	3768	4025	9957	24739
1653	154818	153697	1243476	80904

3-12 城镇单位职工人数与工资(2010年，按地区分)

项　　目	Item
职工年末人数(人)	Number of Staff and Workers at Year-end (person)
国有单位	State-owned Units
集体单位	Urban Collective Owned Units
其他单位	Units of Other Types of Ownership
# 港澳台及外商投资单位	Enterprises with Funds from Hong Kong, Macao, Taiwan and Foreign Countries
职工年平均人数(人)	Average Number of Staff and Workers (person)
国有单位	State-owned Units
集体单位	Urban Collective Owned Units
其他单位	Units of Other Types of Ownership
# 港澳台及外商投资单位	Enterprises with Funds from Hong Kong, Macao, Taiwan and Foreign Countries
城镇单位职工工资总额(万元)	Total Wages of Staff and Workers in Urban Units (10000 yuan)
国有单位	State-owned Units
集体单位	Urban Collective Owned Units
其他单位	Units of Other Types of Ownership
# 港澳台及外商投资单位	Enterprises with Funds from Hong Kong, Macao, Taiwan and Foreign Countries
城镇单位职工年平均工资(元)	Average Wage of Staff and Workers in Urban Units (yuan)
国有单位	State-owned Units
集体单位	Urban Collective Owned Units
其他单位	Units of Other Types of Ownership
# 港澳台及外商投资单位	Enterprises with Funds from Hong Kong, Macao, Taiwan and Foreign Countries

Number and Wages of Staff and Workers in Urban Units (2010, by Region)

全 市 Total	市 区 Urban Districts	增城市 Zengcheng	从化市 Conghua
2387940	2216924	95538	75478
837764	777336	37573	22855
104372	98709	5481	182
1445804	1340879	52484	52441
829131	768049	28229	32853
2393766	2222613	94155	76998
829232	769398	37187	22647
103689	98095	5409	185
1460845	1355120	51559	54166
848400	786049	27659	34692
13044801	12438409	362549	243843
6053212	5757965	177213	118034
284742	269472	14686	584
6706846	6410972	170650	125224
3565786	3387530	96439	81817
54495	55963	38506	31669
72998	74837	47655	52119
27461	27471	27150	31584
45911	47309	33098	23119
42030	43096	34867	23584

3-13 市区城镇单位职工人数与工资(2010年)

行　　业	Sector
合　计	**Total**
按隶属关系分	**Grouped by Subordination**
中央属单位	Units Subordinated to Central Government
省属单位	Units Subordinated to Provincial Government
市属单位	Units Subordinated to Municipal Government
按执行会计制度类别分	**Grouped by Accounting Regulation Implemented**
企　业	Enterprises
事业单位	Institutions
行政单位	Agencies & Organizations
民间非营利组织	Civil Nonprofit Organizations
其　他	Others
按国民经济行业分	**Grouped by Economic Sector**
农、林、牧、渔业	Agriculture, Forestry, Animal Husbandry and Fishery
# 农、林、牧、渔服务业	Services for Agriculture, Forestry, Animal Husbandry and Fishery
采矿业	Mining
制造业	Manufacturing
# 食品制造业	Manufacture of Foods
纺织服装、鞋、帽制造业	Manufacture of Textile Wearing Apparel, Footwear and Caps
皮革、毛皮、羽毛(绒)及其制品业	Manufacture of Leather, Fur, Feather and Related Products
文教体育用品制造业	Manufacture of Articles for Culture, Education and Sport Activities
化学原料及化学制品制造业	Manufacture of Raw Chemical Materials and Chemical Products
医药制造业	Manufacture of Medical
通用设备制造业	Manufacture of General Purpose Machinery
交通运输设备制造业	Manufacture of Transport Equipment
电气机械及器材制造业	Manufacture of Electrical Machinery and Equipment
通信设备、计算机及其他电子设备制造业	Manufacture of Communication Equipment, Computers and Other Electronic Equipment
电力、煤气及水的生产和供应业	Production and Supply of Electricity, Gas and Water
建筑业	Construction
# 房屋和土木工程建筑业	Construction of Buildings and Civil Engineering
建筑安装业	Architectural Installation
建筑装饰业	Architectural Decoration
交通运输、仓储和邮政业	Transport, Storage and Post
# 铁路运输业	Railway Transport
道路运输业	Highway Transport
城市公共交通业	Urban Public Traffic
水上运输业	Waterway Transport
航空运输业	Air Transport
装卸搬运和其他运输服务业	Loading, Unloading and Other Transport Services
仓储业	Storage
邮政业	Post

Number and Wages of Staff and Workers of Urban Units in Urban Districts (2010)

单位数（个） Number of Units (unit)	职工年末人数（人） Total Number of Staff and Workers at Year-end (person)	职工年平均人数（人） Average Number of Staff and Workers (person)	职工工资总额（万元） Total Wages of Staff and Workers (10000 yuan)	职工年平均工资（元） Average Wage of Staff and Workers (yuan)
18130	**2216924**	**2222613**	**12438409**	**55963**
843	274706	268560	2471978	92046
2288	307682	301248	2017544	66973
14999	1634536	1652805	7948887	48093
13422	1726765	1737872	8819027	50746
3494	357558	352960	2522372	71463
1151	130877	130089	1091800	83927
59	1676	1648	5100	30944
4	48	44	111	25227
93	4779	4910	16048	32685
55	2060	2043	7056	34539
1	134	131	2784	212519
2954	807700	834901	3582569	42910
91	37117	37839	202785	53592
155	44367	45894	124128	27047
75	44413	45750	107924	23590
73	36400	39008	95587	24505
251	57528	60149	347131	57712
63	19895	20353	130787	64259
141	29893	30565	144619	47315
300	106602	104298	645943	61932
185	48838	50021	170981	34182
234	145334	154065	614323	39874
81	23616	24001	194513	81044
560	102412	103079	513561	49822
307	79236	78177	403209	51576
130	13222	13413	76726	57203
111	7587	7396	21197	28660
778	214229	210663	1264867	60042
39	39874	40103	258155	64373
201	39010	36960	161811	43780
62	51139	49407	227293	46004
158	37921	38750	298397	77006
41	23999	23658	196062	82873
159	11235	11000	65976	59978
100	5469	5278	22406	42451
18	5582	5507	34768	63134

3-13 续表

行　业	Sector
信息传输、计算机服务和软件业	Information Transmission, Computer Services and Software
电信和其他信息传输服务业	Telecommunications and Other Information Transmission Services
计算机服务业	Computer Services
软件业	Software Industry
批发和零售业	Wholesale and Retail Trade
批发业	Wholesale
零售业	Retail Trade
住宿和餐饮业	Hotels and Catering Services
住宿业	Hotels Services
餐饮业	Catering Services
金融业	Financial Intermediation
# 银行业	Banking
证券业	Securities
保险业	Insurance
房地产业	Real Estate
租赁和商务服务业	Leasing and Business Services
租赁业	Leasing Services
商务服务业	Business Services
科学研究、技术服务和地质勘查业	Scientific Research, Technical Services and Geological Prospecting
研究与试验发展	Research and Experimental Development
专业技术服务业	Professional Skill Services
科技交流和推广服务业	Services of Scientific and Technological Exchange and Popularization
地质勘查业	Geological Prospecting
水利、环境和公共设施管理业	Management of Water Conservancy, Environment and Public Facilities
水利管理业	Management of Water Conservancy
环境管理业	Management of Environment
公共设施管理业	Management of Public Facilities
居民服务和其他服务业	Services to Households and Other Services
教　育	Education
卫生、社会保障和社会福利业	Health, Social Securities and Social Welfare
卫　生	Health
社会保障业	Social Security
社会福利业	Social Welfare
文化、体育和娱乐业	Culture, Sports and Entertainment
新闻出版业	Press and Publishing Activities
广播、电视、电影和音像业	Broadcasting, Television, Film and Audio-visual Activities
文化艺术业	Culture and Art
体　育	Sports
娱乐业	Entertainment
公共管理和社会组织	Public Management and Social Organizations

continued

单位数 (个) Number of Units (unit)	职工年末人数 (人) Total Number of Staff and Workers at Year-end (person)	职工年平均人数 (人) Average Number of Staff and Workers (person)	职工工资总额 (万元) Total Wages of Staff and Workers (10000 yuan)	职工年平均工资 (元) Average Wage of Staff and Workers (yuan)
378	51289	49515	375729	75882
88	28023	26785	227805	85050
119	12863	12442	74161	59606
171	10403	10288	73763	71698
3204	118660	116906	549238	46981
1961	62655	61791	353206	57161
1243	56005	55115	196032	35568
735	92729	91917	240306	26144
320	37183	37887	126277	33330
415	55546	54030	114029	21105
310	69199	66456	934540	140625
168	51362	50036	707776	141453
21	4060	3468	86933	250671
89	12897	12083	129120	106861
1626	81652	78639	314114	39944
1325	90706	88867	424577	47777
29	1288	1082	4243	39213
1296	89418	87785	420334	47882
837	74488	72245	581444	80482
138	15083	14744	102283	69373
536	48807	47489	425701	89642
136	5594	5482	30320	55308
27	5004	4530	23140	51081
337	30316	30080	125642	41769
65	2359	2319	18091	78011
151	17946	17860	62464	34974
121	10011	9901	45087	45537
1016	28852	29033	91871	31644
1562	153908	152198	1119214	73537
439	100347	97867	738306	75440
330	94358	91895	705120	76731
28	985	968	6753	69762
81	5004	5004	26433	52824
442	32322	32463	216554	66708
110	11327	11353	84329	74279
49	5911	5705	57542	100862
125	6597	6643	38068	57305
74	5097	5119	27273	53279
84	3390	3643	9342	25644
1452	139586	138742	1152534	83070

3-14 城镇国有单位职工人数与工资(2010年)

行　　业	Sector
总　计	**Total**
#市　区	Urabn Districts
按执行会计制度类别分	**Grouped by Accounting Regulation Implemented**
企　业	Enterprises
事业单位	Institutions
行政单位	Agencies & Organizations
民间非营利组织	Civil Nonprofit Organizations
其　他	Others
按国民经济行业分组	**Grouped by Economic Sector**
农、林、牧、渔业	Agriculture, Forestry, Animal Husbandry and Fishery
采矿业	Mining
制造业	Manufacturing
电力、煤气及水的生产和供应业	Production and Distribution of Electricity, Gas and Water
建筑业	Construction
交通运输、仓储和邮政业	Transport, Storage and Post
信息传输、计算机服务和软件业	Information Transmission, Computer Services and Software
批发和零售业	Wholesale and Retail Trade
住宿和餐饮业	Hotels and Catering Services
金融业	Financial Intermediation
房地产业	Real Estate
租赁和商务服务业	Leasing and Business Services
科学研究、技术服务和地质勘查业	Scientific Research, Technical Services and Geological Prospecting
水利、环境和公共设施管理业	Management of Water Conservancy, Environment and Public Facilities
居民服务和其他服务业	Services to Households and Other Services
教　育	Education
卫生、社会保障和社会福利业	Health, Social Securities and Social Welfare
文化、体育和娱乐业	Culture, Sports and Entertainment
公共管理和社会组织	Public Management and Social Organizations

Number and Wages of Staff and Workers in Urban State-owned Units (2010)

单位数（个） Number of Units (unit)	职工年末人数（人） Total Number of Staff and Workers at Year-end (person)	职工年平均人数（人） Average Number of Staff and Workers (person)	职工工资总额（万元） Total Wages of Staff and Workers (10000 yuan)	职工年平均工资（元） Average Wage of Staff and Workers (yuan)
7283	**837764**	**829232**	**6053212**	**72998**
6461	777336	769398	5757965	74837
2459	323202	320150	2281800	71273
3479	368656	364221	2590266	71118
1333	145419	144373	1178783	81648
12	487	488	2363	48412
109	5399	5554	17693	31856
251	34364	35765	243624	68118
31	16067	16212	134700	83087
124	36144	35826	226470	63214
263	113651	111733	736082	65879
80	12017	11914	111935	93952
548	18857	18705	145023	77532
178	20113	19932	71630	35937
100	17504	17167	236079	137519
233	12321	12043	63235	52508
401	32317	31729	180837	56994
522	49666	48228	431505	89472
250	23981	23783	105459	44342
399	8844	8659	35582	41092
1512	156963	155933	1159636	74368
377	98103	95842	719160	75036
300	27123	26998	192636	71352
1605	154330	153209	1241926	81061

3-15 城镇集体单位职工人数与工资(2010年)

行　　业	Sector
总　计	**Total**
#市　区	Urabn Districts
按执行会计制度类别分	**Grouped by Accounting Regulation Implemented**
企　业	Enterprises
事业单位	Institutions
行政单位	Agencies & Organizations
民间非营利组织	Civil Nonprofit Organizations
其　他	Others
按国民经济行业分组	**Grouped by Economic Sector**
农、林、牧、渔业	Agriculture, Forestry, Animal Husbandry and Fishery
采矿业	Mining
制造业	Manufacturing
电力、煤气及水的生产和供应业	Production and Distribution of Electricity, Gas and Water
建筑业	Construction
交通运输、仓储和邮政业	Transport, Storage and Post
信息传输、计算机服务和软件业	Information Transmission, Computer Services and Software
批发和零售业	Wholesale and Retail Trade
住宿和餐饮业	Hotels and Catering Services
金融业	Financial Intermediation
房地产业	Real Estate
租赁和商务服务业	Leasing and Business Services
科学研究、技术服务和地质勘查业	Scientific Research, Technical Services and Geological Prospecting
水利、环境和公共设施管理业	Management of Water Conservancy, Environment and Public Facilities
居民服务和其他服务业	Services to Households and Other Services
教　育	Education
卫生、社会保障和社会福利业	Health, Social Securities and Social Welfare
文化、体育和娱乐业	Culture, Sports and Entertainment
公共管理和社会组织	Public Management and Social Organizations

Number and Wages of Staff and Workers in Urban Collective-owned Units (2010)

单位数 (个) Number of Units (unit)	职工年末人数 (人) Total Number of Staff and Workers at Year-end (person)	职工年平均人数 (人) Average Number of Staff and Workers (person)	职工工资总额 (万元) Total Wages of Staff and Workers (10000 yuan)	职工年平均工资 (元) Average Wage of Staff and Workers (yuan)
2275	**104372**	**103689**	**284742**	**27461**
2238	98709	98095	269472	27471
1940	90495	89941	234984	26126
318	13614	13487	49210	36487
17	263	261	549	21015
14	246	229	692	30231
241	25271	25836	71811	27795
11	660	667	4165	62436
74	11037	11062	24266	21936
54	3214	3331	10193	30600
2	237	182	425	23324
534	4316	4329	15007	34667
106	3797	4238	8338	19673
2	227	251	2588	103096
510	10698	10378	26003	25056
181	25164	23763	55770	23469
40	1048	1034	4542	43927
67	4948	4968	13081	26331
196	5159	5183	13940	26895
109	3269	3250	9431	29017
69	4403	4310	22545	52309
22	225	224	632	28223
43	453	454	1315	28960

3-16 城镇其他各种类型单位职工人数与工资(2010年)

项　　目	Item
总　　计	**Total**
#市　区	Urban Districts
按登记注册类型分	**Grouped by Registration Status**
股份合作	Cooperative Enterprises
联　营	Joint Ownership Enterprises
有限责任公司	Limited Liability Corporations
股份有限公司	Share Holding Enterprises
其　他	Other Enterprises
港澳台投资	Enterprises with Funds from Hong Kong, Macao and Taiwan
外商投资	Foreign Funded Enterprises
按国民经济行业分	**Grouped by Economic Sector**
农、林、牧、渔业	Agriculture, Forestry, Animal Husbandry and Fishery
采矿业	Mining
制造业	Manufacturing
电力、燃气及水的生产和供应业	Production and Distribution of Electricity, Gas and Water
建筑业	Construction
交通运输、仓储和邮政业	Transport, Storage and Post
信息传输、计算机服务和软件业	Information Transmission, Computer Services and Software
批发和零售业	Wholesale and Retail Trade
住宿和餐饮业	Hotels and Catering Services
金融业	Financial Intermediation
房地产业	Real Estate
租赁和商务服务业	Leasing and Business Services
科学研究、技术服务和地质勘查业	Scientific Research, Technical Services and Geological Prospecting
水利、环境和公共设施管理业	Management of Water Conservancy, Environment and Public Facilities
居民服务和其他服务业	Services to Households and Other Services
教　育	Education
卫生、社会保障和社会福利业	Health, Social Securities and Social Welfare
文化、体育和娱乐业	Culture, Sports and Entertainment
公共管理和社会组织	Public Management and Social Organizations

Total Number and Wages of Employed Staff and Workers in Urban Units of Other Types of Ownership (2010)

单位数 (个) Number of Units (unit)	职工年末人数 (人) Total Number of Staff and Workers at Year-end (person)	职工年平均人数 (人) Average Number of Staff and Workers (person)	职工工资总额 (万元) Total Wages of Staff and Workers (10000 yuan)	职工年平均工资 (元) Average Wage of Staff and Workers (yuan)
9955	**1445804**	**1460845**	**6706846**	**45911**
9431	1340879	1355120	6410972	47309
1772	39355	39737	156222	39314
427	23070	23168	83279	35946
3894	414572	412654	1805672	43758
496	110056	108027	995956	92195
706	29620	28859	99930	34627
1599	438309	448832	1672177	37256
1061	390822	399568	1893610	47391
8	788	806	2088	25911
2	401	398	3466	87073
2706	819532	846294	3463307	40923
50	8963	9209	74742	81162
390	79781	80605	323718	40161
481	98992	97265	525927	54072
301	39850	38239	269441	70462
2229	97562	95777	393932	41130
466	71850	70652	167368	23689
276	53531	51067	714212	139858
940	63247	60540	239784	39608
774	36887	36964	202674	54830
308	24557	23762	148559	62519
51	4250	4136	13900	33608
465	15360	15684	44481	28361
311	16813	15924	59607	37432
52	7185	6995	32267	46129
140	6220	6494	27136	41785
5	35	34	236	69294

3-17 城镇私营企业和个体年末从业人员数

单位:人

项目	Item
总计	**Total**
按地区分	**Grouped by Area**
市区	Urban Districts
县级市	Cities at County Level
增城市	Zengcheng
从化市	Conghua
按国民经济行业分	**Grouped by Economic Sector**
农、林、牧、渔业	Agriculture, Forestry, Animal Husbandry and Fishery
采矿业	Mining
制造业	Manufacturing
电力、燃气及水的生产和供应业	Production and Distribution of Electricity, Gas and Water
建筑业	Construction
交通运输、仓储和邮政业	Transport, Storage and Post
信息传输、计算机服务和软件业	Information Transmission, Computer Services and Software
批发和零售业	Wholesale and Retail Trade
住宿和餐饮业	Hotels and Catering Services
金融业	Financial Intermediation
房地产业	Real Estate
租赁和商务服务业	Leasing and Business Services
科学研究、技术服务和地质勘查业	Scientific Research, Technical Services and Geological Prospecting
水利、环境和公共设施管理业	Management of Water Conservancy, Environment and Public Facilities
居民服务和其他服务业	Services to Households and Other Services
教育	Education
卫生、社会保障和社会福利业	Health, Social Securities and Social Welfare
文化、体育和娱乐业	Culture, Sports and Entertainment
公共管理和社会组织	Public Management and Social Organizations

Number of Employed Persons in Urban Private Enterprises and Self-employed Individuals at Year-end

(person)

2005	2006	2007	2008	2009	2010
1330432	**1515208**	**1753552**	**1944446**	**2008778**	**2256802**
1202002	1361714	1573064	1757740	1803170	2045490
128430	153494	180488	186706	205608	211312
96920	116110	139579	142114	158330	162795
31510	37384	40909	44592	47278	48517
4735	6344	8864	9539	11103	11352
624	661	573	407	353	310
205733	240902	265797	299019	321367	372047
1573	1626	1538	1640	1289	1061
37707	44113	49960	58761	54806	61896
30528	35203	39040	46474	43068	49152
48993	53230	56714	64789	56379	55124
603238	670372	788326	855249	902547	998644
47791	56503	78065	90546	103482	116073
			6059	8038	7322
31397	36221	42480	49245	44927	51279
110732	134946	151345	178000	164323	188385
			114707	106896	135347
			5850	5353	5244
139566	166918	185539	90383	101059	105469
44536	40078	52873	47648	56635	63649
8664	9367	10021	9939	11122	16806
14615	18724	22417	16191	16031	17642

3-18 城镇单位在岗职工人数和工资

项　　目	Item
总　计	**Total**
按三次产业分	**Classified by Three Industries**
第一产业	Primary Industry
第二产业	Secondary Industry
第三产业	Tertiary Industry
按执行会计制度类别分	**Grouped by Accounting Regulation Implemented**
企　业	Enterprises
事业单位	Institutions
行政单位	Agencies & Organizations
民间非营利组织	Civil Nonprofit Organizations
其　他	Others
按登记注册类型分	**Grouped by Registration Status**
国有单位	State-owned Units
集体单位	Collective-owned Units
其他单位	Units of Other Types of Ownership
# 港澳台及外商投资单位	Enterprises with Funds from Hong Kong, Macao, Taiwan and Foreign Countries
按国民经济行业分	**Grouped by Economic Sector**
农、林、牧、渔业	Agriculture, Forestry, Animal Husbandry and Fishery
采矿业	Mining
制造业	Manufacturing
电力、燃气及水的生产和供应业	Production and Distribution of Electricity, Gas and Water
建筑业	Construction
交通运输、仓储和邮政业	Transport, Storage and Post
信息传输、计算机服务和软件业	Information Transmission, Computer Services and Software
批发和零售业	Wholesale and Retail Trade
住宿和餐饮业	Hotels and Catering Services
金融业	Financial Intermediation
房地产业	Real Estate
租赁和商务服务业	Leasing and Business Services
科学研究、技术服务和地质勘查业	Scientific Research, Technical Services and Geological Prospecting
水利、环境和公共设施管理业	Management of Water Conservancy, Environment and Public Facilities
居民服务和其他服务业	Services to Households and Other Services
教　育	Education
卫生、社会保障和社会福利业	Health, Social Securities and Social Welfare
文化、体育和娱乐业	Culture, Sports and Entertainment
公共管理和社会组织	Public Management and Social Organizations

Number and Wages of Working Staff and Workers in Urban Units

2009			2010		
在岗职工年末人数（人） Total Number (person)	在岗职工工资总额（万元） Total Wages of Working Staff and Workers (10000 yuan)	在岗职工年平均工资（元） Average Wage of Working Staff and Workers (yuan)	在岗职工年末人数（人） Total Number (person)	在岗职工工资总额（万元） Total Wages of Working Staff and Workers (10000 yuan)	在岗职工年平均工资（元） Average Wage of Working Staff and Workers (yuan)
2255222	**11098493**	**49519**	**2361695**	**12969821**	**54807**
6909	22062	31140	5827	20188	34368
998087	3809054	38106	1023819	4551515	43234
1250226	7267377	58866	1332049	8398118	64216
1736331	7735754	44552	1822181	9107428	49691
379272	2297332	60572	392685	2680951	69112
138092	1060251	76779	145106	1176234	81667
1463	4988	34094	1675	5096	30941
64	168	26250	48	111	25227
803624	5301303	66559	823581	6011852	73803
102050	274024	26866	102867	282922	27717
1349548	5523166	41132	1435247	6675047	46042
773358	2886110	37445	827627	3562698	42079
6909	22062	31140	5827	20188	34368
890	6261	70748	401	3466	87073
836375	3102364	36898	875172	3771690	41749
24388	201926	82208	24138	206618	84520
136434	498503	37382	124108	569741	45763
206646	1124749	55326	208490	1250147	61029
46094	339340	75414	51416	379344	76450
116287	485660	42452	119090	550384	46846
89218	221745	24484	95161	246064	26188
63715	795962	128907	69113	939756	141949
67210	246657	36985	84782	326306	40073
93046	419327	45582	93744	436873	47598
61122	443924	74895	74128	582330	80842
28585	106653	37898	33002	131957	40346
28536	79230	27853	29330	93909	31855
167079	1021778	61704	176757	1227717	70237
102441	665177	66425	109421	773372	72370
32998	197917	59966	33197	219284	65794
147249	1119258	76519	154418	1240677	80951

3-19 城镇单位女性职工年末人数(2010年)

行　　业	Sector
合　计	**Total**
农、林、牧、渔业	Agriculture, Forestry, Animal Husbandry and Fishery
采矿业	Mining
制造业	Manufacturing
电力、燃气及水的生产和供应业	Production and Distribution of Electricity, Gas and Water
建筑业	Construction
交通运输、仓储和邮政业	Transport, Storage and Post
信息传输、计算机服务和软件业	Information Transmission, Computer Services and Software
批发和零售业	Wholesale and Retail Trade
住宿和餐饮业	Hotels and Catering Services
金融业	Financial Intermediation
房地产业	Real Estate
租赁和商务服务业	Leasing and Business Services
科学研究、技术服务和地质勘查业	Scientific Research, Technical Services and Geological Prospecting
水利、环境和公共设施管理业	Management of Water Conservancy, Environment and Public Facilities
居民服务和其他服务业	Services to Households and Other Services
教　育	Education
卫生、社会保障和社会福利业	Health, Social Securities and Social Welfare
文化、体育和娱乐业	Culture, Sports and Entertainment
公共管理和社会组织	Public Management and Social Organizations

Number of Female Staff and Workers at Year-end in Urban Units (2010)

年末人数 (人) Number of Staff and Workers at Year-end (person)	#国 有 State-owned Units	#集 体 Urban Collective-owned Units	女职工比重(%) Proportion of Female Staff and Workers(%) 合 计 Total	#国 有 State-owned Units	#集 体 Urban Collective-owned Units
962421	**339030**	**35361**	**40.30**	**40.47**	**33.88**
1833	1506	88	28.49	27.89	35.77
67			16.71		
366024	10747	12522	41.63	31.27	49.55
7419	4867	222	28.88	30.29	33.64
19478	6580	1262	15.34	18.20	11.43
49079	31267	694	22.74	27.51	21.59
21247	3867	71	40.78	32.18	29.96
57815	7445	1841	47.89	39.48	42.66
52758	10474	2148	55.09	52.08	56.57
38705	9504	150	54.31	54.30	66.08
30740	4152	3540	35.63	33.70	33.09
27386	8313	2119	29.02	25.72	8.42
24525	15166	268	32.58	30.54	25.57
14142	9550	2512	42.62	39.82	50.77
13629	3351	2028	46.42	37.89	39.31
104156	89976	2619	58.83	57.32	80.12
73524	66156	2904	67.03	67.44	65.96
15056	11542	123	44.85	42.55	54.67
44838	44567	250	28.96	28.88	55.19

3-20 城镇登记失业人员安置情况

Reemployment for Urban Registered Unemployed Persons

单位:人 (person)

项　　目	Item	2009	2010
本年失业人员总数	Total Number of Unemployed Persons	278752	306802
本年安排失业人员人数	Reemployed Number of Unemployed Persons	195327	220920
国有企业	State-owned Units	16118	61874
集体企业、集体联营企业	Collective-owned Units	23215	5362
港、澳、台及外商投资企业	Enterprises with funds from Hong Kong, Macao and Taiwan and Foreign Countries	18801	12313
私营、个体经济组织	Private Enterprises and Self-employed Individuals	29177	36423
机关团体、事业单位	Agencies and Organizations Institutions	10752	43473
其他企业	Units of Other Types of Ownership	97264	61475
其他原因减少的失业人数	Number of Decreased Unemployed Persons for Other Reasons	8340	13397
本年末实有失业人员数	Number of Actual Unemployed Persons at Year-end	75085	72485
城镇登记失业率(%)	Registered Unemployment Rate in Urban Areas (%)	2.25	2.20

3-21 城镇单位从业人员变动情况(2010年)

Statistics on Changes of Employed Persons of Urban Units in Various Units (2010)

单位:人 (person)

项目	Item	合计 Total	国有单位 State-owned Units	城镇集体单位 Collective-owned Units	其他各种类型单位 Units of Other Types of Ownership
本年增加人数	Number of Increased Persons	619868	97261	19697	502910
从农村招收	Recruited from Rural Areas	330248	23244	12955	294049
从城镇招收	Recruited from Urban Areas	153645	23879	3472	126294
录用的复员转业军人	Exservicemen	5456	1613	585	3258
录用的大中专技工学校毕业生	Graduates from Universities, Specialized Secondary Schools and Technical Training Schools	83381	22178	1248	59955
调入	Job Changes	23157	15255	277	7625
# 由外省、自治区、直辖市调入	From Other Provinces, Autonomous Regions and Municipalities Directly under the Central Government	1836	770	3	1063
其他	Others	23981	11092	1160	11729
本年减少人数	Number of Decreased Persons	524725	77952	16422	430351
离休、退休、退职	Retired and Resigned Persons	32206	13525	913	17768
开除、除名、辞退	Discharged Persons	15051	1043	434	13574
终止、解除合同	Those with Expiration or Dissolution of Contracts	410625	42028	13345	355252
不在岗职工	Those Staff and Workers Not Fully Employed	4193	1386	334	2473
调出	Job Changes	25434	11768	687	12979
# 调到外省、自治区、直辖市	To Other Provinces, Autonomous Regions and Municipalities Directly under the Central Government	1000	395	6	599
死亡	Death	1027	610	22	395
其他	Others	36189	7592	687	27910

【经济活动人口】 指在16岁以上，有劳动能力，参加或要求参加社会经济活动的人口。包括：从业人员和失业人员。

【从业人员】 指从事一定社会劳动并取得劳动报酬或经营收入的人员。包括：(1)全部在岗职工；(2)再就业的离退休人员；(3)私营业主；(4)个体户主；(5)私营和个体从业人员；(6)乡镇企业从业人员；(7)农村从业人员；(8)其他从业人员(包括民办教师、宗教职业者等人事档案关系保留在原单位的人员)。这一指标反映了一定时期内全部劳动力资源的实际利用情况，是研究我国基本国情国力的重要指标。

【职工】 指在国有经济、城镇集体经济、联营经济、股份制经济、外商和港、澳、台投资经济、其他经济单位及其附属机构工作，并由其支付工资的各类人员。包括在岗职工和离开本单位仍保留劳动关系的职工(也称为离岗职工或不在岗职工)，不包括返聘的离退休人员、民办教师、在本单位工作的外方人员和港、澳、台人员。

【在岗职工】 指在调查时期(点)在国有经济、城镇集体经济、联营经济、股份制经济、外商和港、澳、台投资经济、其他经济单位及其附属机构中有工作岗位，并参加实际工作和在本单位领取工资的各类人员。

【职工工资总额】 指各单位在一定时期内直接支付给本单位全部职工的劳动报酬总额。

【职工平均工资】 指企业、事业、机关单位的职工在一定时期内平均每人所得的货币工资额。它表明一定时期职工工资收入的高低程度，是反映职工工资水平的主要指标。

计算公式为：职工平均工资=报告期实际支付的全部职工工资总额/报告期全部职工平均人数。

Explanatory Notes on Main Statistical Indicators

【Economically Active Population】 refers to the population,the members of which are aged 16 and over,capable to labor, participating in or desirous to participate in the social and economic activities,including employed persons and unemployed persons.

【Employed Persons】 refer to the persons who are engaged in social labor and receive remuneration payment or earn business income,including:1.total staff and workers; 2.re-employed retirees; 3.employees of private enterprises; 4.employers of individual economy; 5.employed persons in private enterprises and individual economy; 6.employed persons in township enterprises; 7.employed persons in the rural areas; 8.other employed persons.

This indicator reflects the actual utilization of total labor force during a certain period of time and is often used in the research on China's economic affairs and national strength.

【Staff and Workers】 refer to the persons working in and receiving payment from units of state ownership, collective ownership, joint ownership, share holding ownership, foreign ownership, and ownership by entrepreneurs from Hong Kong, Macao and Taiwan, and other types of ownership and their affiliated units. They include the fully-employed staff and workers and the staff and workers who have left their working units while keeping their labor contract (employment relation) unchanged (i.e. staff and workers absent from work or not fully-employed staff and workers), but exclude reemployed retirees, teachers in the schools run by the local people, and foreigners and Chinese compatriots from HongKong, Macao and Taiwan working in the units.

【Fully Employed Staff and Workers】 refer to the persons who have work posts, work in and receive payment from units of state ownership, collective ownership, joint ownership, share holding ownership, foreign ownership, and ownership by entrepreneurs from Hong Kong, Macao and Taiwan, and other types of ownership and their affiliated units at the reference period (point).

【Total Wages of Staff and Workers】 refer to the total remuneration payment to staff and workers in various units during a certain period of time.The calculation of total wages is based on the total remuneration payment to staff and workers.Therefore,all the wages and salaries and other payments to staff and workers are included in the total wages regardless of their sources,categories and forms (in kind or cash).

【Average Wage of Staff and Wokers】 refer to the average wage in monetary terms per person during a certain period of time for staff and workers in enterprises,institutions and government agencies,which reflects the general level of wage income during a certain period of time and is calculated as follows:

Average Wage of Staff and Workers =Total Wages of Staff and Workers at the Report Period/Average Number of Staff and Workers at the Report Period

第四篇 CHAPTER 4

固定资产投资

INVESTMENT IN FIXED ASSETS

简要说明

第四篇　固定资产投资

一、本篇资料反映广州市全社会固定资产投资的基本情况。

二、本篇资料由广州市统计局固定资产投资统计处整理提供。

三、固定资产投资统计的资料来源主要为全面统计报表。按照现行的固定资产投资统计报表制度，全社会固定资产投资按经济类型分为：国有经济、集体经济、联营经济、股份制经济、私营经济、港澳台投资经济、外商投资经济、其他经济和个体经济。

四、从2010年起取消"基本建设投资"、"更新改造投资"和"其他投资"的分组。

Brief Introduction

4 Investment in Fixed Assets

I.The data in this chapter show the basic conditions of the total investment in fixed assets of Guangzhou Municipality.

II.The data in this chapter are prepared and provided by the Division of Investment and Construction Statistics of Guangzhou Municipal Bureau of Statistics.

Ⅲ.The data sources for the statistics of investment in fixed assets mainly come from the complete statistical report forms.According to the present regulations in the reporting scheme on the statistics of the investment in fixed assets,the investment in fixed assets in the whole country is classified by the following types of ownership:state-owned economy, collective-owned economy,joint-owned economy, share-holding economy,private economy,economy funded by the enterprises from Hong Kong, Macao and Taiwan,foreign funded economy, individual investment and the economy of other types of ownership.

Ⅳ.Form 2010 to cancel "capital construction investment", "innovation investment" and "other investment" group.

4-1 全社会固定资产投资主要经济指标

Main Indicators of Total Investment in Fixed Assets

单位:万元 (10000 yuan)

项　目	Item	2009	2010	2010年比2009年增长(%) Growth Rate in 2010 over 2009 (%)
投资总额	**Total Investment**	**26598516**	**32635731**	**22.70**
按投资类别分	Grouped by Type of Investment			
# 房地产开发	Real Estate Development	8173449	9836582	20.35
按登记注册类型分	Grouped by Registration Status			
内资企业	Domestic Funded Enterprises	21474858	26385445	22.87
国有企业	State-owned Enterprises	11737044	14677782	25.06
集体企业	Collective-owned Enterprises	624846	666479	6.66
股份合作企业	Cooperative Enterprises	72963	44541	-38.95
联营企业	Joint Ownership Enterprises	80699	98748	22.37
国有联营企业	State Joint Ownership Enterprises		43627	
集体联营企业	Collective Joint Ownership Enterprises	640	181	-71.72
国有与集体联营企业	Joint State-collective Enterprises			
其他联营企业	Other Joint Ownership Enterprises	80059	54940	-31.38
有限责任公司	Limited Liability Corporations	3915459	4941881	26.21
国有独资公司	State Sole Funded Corporations	987761	807041	-18.30
其他有限责任公司	Other Limited Liability Corporations	2927698	4134840	41.23
股份有限公司	Share-holding Corporations Ltd.	1590297	2698077	69.66
私营企业	Private Enterprises	3444249	3253895	-5.53
其他企业	Other Enterprises	9301	4042	-56.54
港、澳、台商投资企业	Enterprises with Funds from Hong Kong, Macao and Taiwan	2768169	3803926	37.42
合资经营企业	Joint-venture Enterprises	641890	1359179	1.12倍
合作经营企业	Cooperative Enterprises	967406	1195797	23.61
独资经营企业	Enterprises with Sole Funds	1116147	1197186	7.26
股份有限公司	Share-holding Corporations Ltd.	42726	51764	21.15

注:1. 机关、事业、社会团体及其他依法成立的单位固定资产投资登记注册类型参照企业登记注册类型划分。

2. 个体经营包括城镇和工矿区私人建房、农村私人建房及农村私人购置的生产性固定资产(下同)。

Note: I. The registration status of agencies, institutions, social organizations and other units established according to law is divided referring to the registration status of enterprises.

II. Individual investment includes individual buildings in urban regions, industrial and mining regions and rural regions and productive fixed assets purchased by rural individuals. The same as in the following tables.

4-1 续表 continued

单位：万元 (10000 yuan)

项　　目	Item	2009	2010	2010年比2009年增长(%) Growth Rate in 2010 over 2009 (%)
外商投资企业	Foreign Funded Enterprises	2250137	2251555	0.06
中外合资经营企业	Joint-venture Enterprises	874483	752049	-14.00
中外合作经营企业	Cooperative Enterprises	75126	52072	-30.69
外资企业	Enterprises with Sole Foreign Funds	1201029	1423380	18.51
外商投资股份有限公司	Share-holding Corporations Ltd.	99499	24054	-75.82
个体经营	Individual Investment	105352	194805	84.91
个体户	Individual Operating Household	105352	192535	82.75
个体合伙	Individual Partnership		2270	
按城乡分(万元)	Grouped by Urban and Rural Areas (10000 yuan)			
城　镇	Urban Area	25763275	31389138	21.84
# 房地产开发	Real Estate Development	8173449	9836582	20.35
农　村	Rural Area	835241	1246593	49.25
# 农村私人	Rural Individual Investment	98395	145705	48.08
按构成分	Grouped by Use of Funds			
建筑工程	Construction Project	15003807	18964747	26.40
安装工程	Installation Project	1747019	2548287	45.86
设备工器具购置	Purchases of Equipment and Instruments	3798896	4866404	28.10
其他费用	Others	6048794	6256293	3.43
房屋建筑面积(平方米)	**Floor Space of Buildings (sq.m)**			
施工面积	Floor Space under Construction	86908997	101149117	16.39
# 住　宅	Residential Buildings	37405412	42795277	14.41
竣工面积	Floor Space Completed	22085728	23889457	8.17
# 住　宅	Residential Buildings	9658520	9500939	-1.63
本年资金来源合计(万元)	**Source of Total Funds This Year (10000 yuan)**	**37433615**	**45784696**	**22.31**
上年末结余资金	Surplus Fund from Year-end of Preceding Year	5422810	6679725	23.18
本年资金来源小计	Source of Sub-total Funds This Year	32010805	39104971	22.16
国家预算内资金	State Budget	60397	94606	56.64
国内贷款	Domestic Loans	7557122	8654938	14.53
债　券	Bonds	79875	68000	-14.87
利用外资	Foreign Investment	724921	900581	24.23
自筹资金	Self-raising Funds	14972268	20398053	36.24
其他资金	Others	8616222	8988793	4.32

4-2 主要年份全社会固定资产投资额(按经济类型分)

Total Investment in Fixed Assets in Main Years (by Type of Ownership)

单位:万元 (10000 yuan)

年份 Year	合计 Total	国有经济 State-owned Units	集体经济 Collective-owned Units	联营经济 Joint Ownership Economic Units	股份经济 Share Holding Economic Units	私营经济 Private Economic Units	港澳台商和外商经济 Economic Units with Funds from Hong Kong, Macao Taiwan and Foreign Investors	其他经济 Others	个体经济 Individual Investment
1978	72641	68584	1755						2302
1979	74288	68887	1609						3792
1980	99565	89823	2934						6808
1981	136300	104736	11532						20032
1982	210108	153549	20538						36021
1983	228889	175182	19713						33994
1984	299248	245333	19344						34571
1985	436197	346000	44788						45409
1986	524813	434240	42264						48309
1987	584140	468967	64131						51042
1988	902161	703117	105514						93530
1989	933326	780946	84009						68371
1990	905937	761738	73172						71027
1991	1037424	850310	99147						87967
1992	1881379	1520508	230316						130555
1993	3733976	1885582	676520	15912	72334		842469	5870	235289
1994	5257053	2701653	835384	20679	132421		1234395		332521
1995	6182515	3324871	724898	62755	280004	2157	1464489		323341
1996	6389360	3172138	662454	69611	213638	5617	1947862		318040
1997	6565767	3543369	556536	30949	369066	66960	1720070		278817
1998	7588283	3803451	685243	35596	444474	123884	2210943		284692
1999	8782586	4514598	784507	23172	764251	286732	2129471	2959	276896
2000	9236676	4830889	619778	2579	1326102	534456	1514900	45197	362775
2001	9782093	4475639	368690	5930	1330108	1007708	2311811	10684	271523
2002	10092421	3529709	492329	6974	1986469	1304823	2502251	27560	242306
2003	11751668	4469885	452236	21451	2353980	1391787	2814567	24940	222822
2004	13489283	5371055	308617	37673	2298098	2135297	3183159	19930	135454
2005	15191582	5612243	295243	46941	3326313	1872079	3881748	26366	130649
2006	16963824	6070411	309514	17087	3876752	1904587	4646403	63002	76068
2007	18633437	6802190	440692	41760	4168899	2385743	4655795	20552	117806
2008	21055373	7972112	566318	56254	3881865	3260658	5225525	11599	81042
2009	26598516	12724805	698449	80059	4517995	3444249	5018306	9301	105352
2010	32635731	15528450	711201	54940	6832917	3253895	6055481	4042	194805

4-3 主要年份全社会固定资产投资额指数(按经济类型分，上年=100)

Indices of Total Investment in Fixed Assets in Main Years (by Type of Ownership, preceding year=100)

年份 Year	合计 Total	国有经济 State-owned Units	集体经济 Collective-owned Units	联营经济 Joint Ownership Economic Units	股份经济 Share Holding Economic Units	私营经济 Private Economic Units	港澳台商和外商经济 Economic Units with Funds from Hong Kong, Macao Taiwan and Foreign Investors	其他经济 Others	个体经济 Individual Investment
1978	99.23	95.92	103.11						
1979	102.27	100.44	91.68						164.73
1980	134.03	130.39	182.35						179.54
1981	136.90	116.60	393.05						294.24
1982	154.15	146.61	178.10						179.82
1983	108.94	114.09	95.98						94.37
1984	130.74	140.04	98.13						101.70
1985	145.76	141.03	231.53						131.35
1986	120.32	125.50	94.36						106.39
1987	111.30	108.00	151.74						105.66
1988	154.44	149.93	164.53						183.24
1989	103.45	111.07	79.62						73.10
1990	97.07	97.54	87.10						103.88
1991	114.51	111.63	135.50						123.85
1992	181.35	178.82	232.30						148.41
1993	198.47	124.01	203.37						180.22
1994	140.79	143.28	140.20	129.96	183.07		146.52		141.32
1995	117.60	123.07	78.08	303.47	211.45		118.64		97.24
1996	103.35	95.41	88.22	110.93	76.30	260.41	133.01		98.36
1997	102.76	111.70	84.01	44.46	172.75	1192.10	88.31		87.67
1998	115.57	107.34	123.13	115.02	120.43	185.01	128.54		102.11
1999	115.74	118.70	114.49	65.10	171.95	231.45	96.32		97.26
2000	105.17	107.01	79.00	11.13	173.52	186.40	71.14	1527.44	131.02
2001	105.90	92.65	59.49	229.93	100.30	188.55	152.60	23.64	74.85
2002	103.17	78.86	133.53	117.61	149.35	129.48	108.24	257.96	89.24
2003	116.44	126.64	91.86	307.59	118.50	106.66	112.48	90.49	91.96
2004	114.79	120.16	68.24	175.62	97.63	153.42	113.10	79.91	60.79
2005	112.62	104.49	95.67	124.60	144.74	87.67	121.95	132.29	96.45
2006	111.67	108.16	104.83	36.40	116.55	101.74	119.70	238.95	58.22
2007	109.84	112.05	142.38	244.40	107.54	125.26	100.20	32.62	154.87
2008	113.00	117.20	128.51	134.71	93.11	136.67	112.24	56.44	68.79
2009	122.32	150.37	123.33	142.32	113.64	105.63	96.03	80.19	130.00
2010	122.70	122.03	101.83	68.62	151.24	94.47	120.67	43.46	184.91

4-4 主要年份市区全社会固定资产投资额(按经济类型分)

Total Investment in Fixed Assets in Urban Districts in Main Years (by Type of Ownership)

单位:万元 (10000 yuan)

年 份 Year	合 计 Total	国有经济 State-owned Units	集体经济 Collective-owned Units	联营经济 Joint Ownership Economic Units	股份经济 Share Holding Economic Units	私营经济 Private Economic Units	港澳台商和外商经济 Economic Units with Funds from Hong Kong, Macao Taiwan and Foreign Investors	其他经济 Others	个体经济 Individual Investment
1978	67021	64825	1219						977
1979	67176	64296	1357						1523
1980	88684	83831	2339						2514
1981	109459	94347	8089						7023
1982	159310	138875	7169						13266
1983	187729	161246	12942						13541
1984	261768	234327	12489						14952
1985	362215	312993	31819						17403
1986	434074	382695	31256						20123
1987	470219	399226	44842						26151
1988	687424	575892	69055						42477
1989	757067	670920	55813						30334
1990	688267	612465	47334						28468
1991	711394	622056	51608						37730
1992	1264888	1108507	98916						57465
1993	2468151	1525394	244656	5943	61343		512013	4697	114105
1994	3768675	2305665	320616	7935	129534		841845		163080
1995	4735978	2933472	361772	48765	268344	500	966939		156186
1996	4961794	2796738	325505	49200	185062	4797	1428894		171598
1997	5415077	3121671	277799	23613	329617	48717	1460497		153163
1998	6402341	3443918	373854	34706	427521	97924	1874873		149545
1999	7469488	4117335	454566	21152	745222	150996	1836163	1849	142205
2000(八区) 2000(Eight Districts)	7532152	4240540	306943	1463	1064395	396939	1282242	44949	194681
2000(十区) 2000(Ten Districts)	8880172	4674001	538970	2579	1316726	513791	1465740	45197	323168
2001	9422360	4374404	316981	5930	1298095	942358	2246243	9474	228875
2002	9372743	3396315	442269	5913	1935959	1030326	2336027	27343	198591
2003	10882562	4373606	399101	18651	2270867	994091	2622546	24030	179670
2004	12420328	5258120	247662	37563	2205018	1695188	2854825	19840	102112
2005	14192170	5482599	266464	46941	3204299	1408373	3662482	25605	95407
2006	15732031	5835658	290045	17087	3633109	1435187	4406149	62702	52094
2007	17232003	6572159	415944	41760	3982055	1769684	4347019	18382	85000
2008	19384953	7748729	549359	56254	3570914	2702580	4682474	11549	63094
2009	24556506	12304383	660784	80059	4221558	2717966	4480062	9301	82393
2010	30080882	14915094	644955	54940	6417917	2495160	5376712	4042	172062

注:本表按法人单位办公地址汇总(下同)。

Note: The coverage of urban districts refers to the office location of corporate units. The same as in the following tables.

4-5 主要年份全社会固定资产投资额(按投资类别分)

Total Investment in Fixed Assets in Main Years (by Type of Investment)

单位:万元 (10000 yuan)

年 份 Year	合 计 Total	基本建设 Capital Construction	更新改造 Innovation	房地产开发 Real Estate Development	其他投资 Others
1978	72641	65105	3479		4057
1979	74288	62539	6348		5401
1980	99565	79330	9801		10434
1981	136300	88892	14518		32890
1982	210108	89252	61347		59509
1983	228889	93399	80706		54784
1984	299248	119568	82262	42902	54516
1985	436197	200457	98513	46472	90755
1986	524813	209450	166098	52565	96700
1987	584140	216249	177683	70031	120177
1988	902161	315144	247747	140091	199179
1989	933326	381911	245147	152359	153909
1990	905937	422295	221809	117419	144414
1991	1037424	439017	253906	156349	188152
1992	1881379	724234	397615	397420	362110
1993	3733976	1059634	716496	1252387	705459
1994	5257053	1569781	798496	1894520	994256
1995	6182515	2137537	1093281	2091136	860561
1996	6389360	2194209	1120865	2291640	782646
1997	6565767	2283400	1206085	2374223	702059
1998	7588283	2927028	1231700	2693689	735866
1999	8782586	3531702	1432444	2959027	859413
2000	9236676	3085834	1585199	3555816	1009827
2001	9782093	3184471	1755560	3870207	971855
2002	10092421	2842654	1830353	4263898	1155516
2003	11751668	4549359	1847554	4194806	1159949
2004	13489283	6064161	1626206	4770315	1028601
2005	15191582	7819902	1980960	5080846	309874
2006	16963824	8310487	3009806	5567893	75638
2007	18633437	7999931	3477870	7038031	117605
2008	21055373	9851608	3488699	7634024	81042
2009	26598516	12902634	5417173	8173449	105260
2010	32635731			9836582	

4-6 主要年份全社会固定资产投资额指数(按投资类别分，上年=100)

Indices of Total Investment in Fixed Assets in Main Years (by Type of Investment, preceding year=100)

年 份 Year	合 计 Total	基本建设 Capital Construction	更新改造 Innovation	房地产开发 Real Estate Development	其他投资 Others
1978	99.23	91.06			238.37
1979	102.27	96.06	182.47		133.13
1980	134.03	126.85	154.40		193.19
1981	136.90	112.05	148.13		315.22
1982	154.15	100.40	422.56		180.93
1983	108.94	104.65	131.56		92.06
1984	130.74	128.02	101.93		99.51
1985	145.76	167.65	119.76	108.32	166.47
1986	120.32	104.49	168.61	113.11	106.55
1987	111.30	103.25	106.97	133.23	124.28
1988	154.44	145.73	139.43	200.04	165.74
1989	103.45	121.19	98.95	108.76	77.27
1990	97.07	110.57	90.48	77.07	93.83
1991	114.51	103.96	114.47	133.15	130.29
1992	181.35	164.97	156.60	254.19	192.46
1993	198.47	146.31	180.20	315.13	194.82
1994	140.79	148.14	111.44	151.27	140.94
1995	117.60	136.17	136.92	110.38	86.55
1996	103.35	102.65	102.52	109.59	90.95
1997	102.76	104.06	107.60	103.60	89.70
1998	115.57	128.19	102.12	113.46	104.82
1999	115.74	120.66	116.30	109.85	116.79
2000	105.17	87.38	110.66	120.17	117.50
2001	105.90	103.20	110.75	108.84	96.24
2002	103.17	89.27	104.26	110.17	118.90
2003	116.44	160.04	100.94	98.38	100.38
2004	114.79	133.30	88.02	113.72	88.68
2005	112.62	128.95	121.81	106.51	30.13
2006	111.67	106.27	151.94	109.59	24.41
2007	109.84	96.26	115.55	126.40	155.48
2008	113.00	123.15	100.31	108.47	68.91
2009	122.32	127.68	140.37	107.07	129.88
2010	122.70			120.35	

4-7 主要年份市区全社会固定资产投资额(按投资类别分)

Total Investment in Fixed Assets in Urban Districts in Main Years (by Type of Investment)

单位:万元 (10000 yuan)

年份 Year	合计 Total	基本建设 Capital Construction	更新改造 Innovation	房地产开发 Real Estate Development	其他投资 Others
1978	67021	61547	3278		2196
1979	67176	58455	5841		2880
1980	88684	74126	9446		5112
1981	109459	82227	13792		13440
1982	159310	85565	51382		22363
1983	187729	89258	72058		26413
1984	261768	115345	75732	39552	31139
1985	362215	189155	78828	44452	49780
1986	434074	190187	138988	47590	57309
1987	470219	178953	150573	64696	75997
1988	687424	262987	190581	122189	111667
1989	757067	323845	213670	133391	86161
1990	688267	330649	184139	97541	75938
1991	711394	294898	187277	139881	89338
1992	1264888	493712	321875	291681	157620
1993	2468151	858638	486794	768457	354262
1994	3768675	1246779	659624	1376117	486155
1995	4735978	1786962	785063	1702458	461495
1996	4961794	1634670	968611	1928787	429726
1997	5415077	1926341	1042755	2083116	362865
1998	6402341	2592443	1052502	2402237	355159
1999	7469488	3216985	1292147	2569842	390514
2000(八区)(Eight Districts)	7532152	2637583	1457790	2914450	522329
2000(十区)(Ten Districts)	8880172	3003384	1524285	3466068	886435
2001	9422360	3110231	1712049	3765093	834987
2002	9372743	2654874	1755252	4011112	951505
2003	10882562	4374427	1764862	3910617	832656
2004	12420328	5792339	1573636	4484777	569576
2005	14192170	7365094	1908066	4648022	270988
2006	15732031	7785746	2875358	5019263	51664
2007	17232003	7458891	3313035	6375077	85000
2008	19384953	9244867	3258145	6818847	63094
2009	24556506	12342635	5097153	7034417	82301
2010	30080882			8618528	

4-8 各时期全社会固定资产投资额(按投资类别分)

Total Investment in Fixed Assets in Different Periods (by Type of Investment)

单位:万元 (10000 yuan)

时 期	Period	合 计 Total	基本建设 Capital Construction	更新改造 Innovation	房地产开发 Real Estate Development	其他投资 Others
全 市	**Total**					
"六五"时期	6th Five-year Plan Period	1310742	591568	337346	89374	292454
"七五"时期	7th Five-year Plan Period	3850377	1545049	1058484	532465	714379
"八五"时期	8th Five-year Plan Period	18092347	5930203	3259794	5791812	3110538
"九五"时期	9th Five-year Plan Period	38562672	14022173	6576293	13874395	4089811
"十五"时期	10th Five-year Plan Period	60307047	24460547	9040633	22180072	4625795
"十一五"时期	11th Five-year Plan Period	115886881			38249979	
1950-2010	1950-2010	238885934			80718097	
1979-2010	1979-2010	238183919			80718097	
1991-2010	1991-2010	232848947			80096258	
2001-2010	2001-2010	176193928			60430051	
市 区	**Urban Districts**					
"六五"时期	6th Five-year Plan Period	1080481	561550	291792	84004	143135
"七五"时期	7th Five-year Plan Period	3037051	1286621	877951	465407	407072
"八五"时期	8th Five-year Plan Period	12949086	4681034	2440633	4278594	1548825
"九五"时期(八区)	9th Five-year Plan Period (Eight Districts)	31780852	12008022	5813805	11898432	2060593
"九五"时期(十区)	9th Five-year Plan Period (Ten Districts)	33128872	12373823	5880300	12450050	2424699
"十五"时期	10th Five-year Plan Period	56290163	23296965	8713865	20819621	3459712
"十一五"时期	11th Five-year Plan Period	106986375			33866132	
1950-2010	1950-2010	214271050			71963808	
1979-2010	1979-2010	213627888			71963808	
1991-2010	1991-2010	209354496			71414397	
2001-2010	2001-2010	163276538			54685753	

注:从2000年开始市区为十区口径。

Note: The coverage of urban districts has refered to the ten districts since 2000.

4-9 各时期全社会固定资产投资额平均每年增长速度

Average Growth Rate of Investment in Fixed Assets in Different Periods

单位:% (%)

时 期	Period	合 计 Total	基本建设 Capital Construction	更新改造 Innovation	房地产开发 Real Estate Development	其他投资 Others
全 市	**Total**					
“六五”时期	6th Five-year Plan Period	34.20	13.60	73.10		64.30
“七五”时期	7th Five-year Plan Period	19.60	14.80	26.70	29.10	15.50
“八五”时期	8th Five-year Plan Period	50.40	36.70	38.40	89.20	53.40
“九五”时期	9th Five-year Plan Period	7.50	9.20	6.20	9.60	-1.70
“十五”时期	10th Five-year Plan Period	9.03	15.78	4.42	7.47	-2.91
“十一五”时期	11th Five-year Plan Period	14.43			13.97	
1951-2010	1951-2010	18.73				
1979-2010	1979-2010	22.09				
1991-2010	1991-2010	21.06			28.58	
2001-2010	2001-2010	11.48			9.45	
市 区	**Urban Districts**					
“六五”时期	6th Five-year Plan Period	31.30	14.20	68.40		64.20
“七五”时期	7th Five-year Plan Period	17.80	10.40	28.00	25.70	16.90
“八五”时期	8th Five-year Plan Period	48.00	37.00	34.50	83.90	51.20
“九五”时期(八区)	9th Five-year Plan Period (Eight Districts)	10.00	10.00	13.40	11.40	-3.70
“九五”时期(十区)	9th Five-year Plan Period (Ten Districts)	11.41	11.06	13.79	12.95	1.66
“十五”时期	10th Five-year Plan Period	8.02	15.01	4.50	6.18	-8.15
“十一五”时期	11th Five-year Plan Period	14.01			12.83	
1951-2010	1951-2010	18.60				
1979-2010	1979-2010	21.97				
1991-2010	1991-2010	22.36			29.13	
2001-2010	2001-2010	10.83			8.15	

4-10 主要年份全社会固定资产投资额和房屋建设

Total Investment in Fixed Assets and Building Construction in Main Years

年份、时期 Year and Period	固定资产投资额(万元) Total Investment (10000 yuan)	#住宅 Residential Buildings	新增固定资产(万元) Newly Increased Fixed Assets (10000 yuan)	房屋施工面积(万平方米) Floor Space under Construction (10000 sq.m)	#住宅 Residential Buildings	房屋竣工面积(万平方米) Floor Space Completed (10000 sq.m)	#住宅 Residential Buildings
1978	72641	8987	95685	429.55	173.09	184.97	84.82
1980	99565	24254	77438	610.94	334.12	269.07	163.33
1985	436197	104015	344990	1448.87	820.45	796.96	531.33
1990	905937	232839	779577	1681.89	970.81	879.68	537.36
1995	6182515	1696316	3449779	4958.58	2840.92	1847.86	1212.84
2000	9236676	3250326	6907436	6152.47	3789.88	2404.81	1539.43
2001	9782093	3316894	7075104	6612.84	3916.82	2138.40	1304.28
2002	10092421	3457617	6527323	6376.80	3809.32	2129.56	1392.66
2003	11751668	3522168	7793951	6540.20	3643.26	2243.10	1317.25
2004	13489283	3712961	11128640	7263.32	3817.60	2308.23	1045.58
2005	15191582	3777003	10763964	7165.93	3836.53	2405.30	1091.48
2006	16963824	3783416	9304960	6895.68	3751.36	1677.24	918.05
2007	18633437	5041090	10817946	8113.99	4049.79	2243.77	1001.43
2008	21055373	5398216	12247285	8272.29	3986.32	1849.70	865.15
2009	26598516	5246903	15732420	8690.90	3740.54	2208.57	965.85
2010	32635731	5727122	24136234	10114.91	4279.53	2388.95	950.10
"六五"时期 6th Five-year Plan Period	1310742	402770	1030043	6004.01	3745.15	3328.09	2352.35
"七五"时期 7th Five-year Plan Period	3850377	989264	3056834	8645.37	4722.40	4454.23	2808.76
"八五"时期 8th Five-year Plan Period	18092347	5632278	11179716	17131.12	9906.30	7045.41	4339.71
"九五"时期 9th Five-year Plan Period	38562672	12083398	28672107	27464.31	16470.99	10112.06	6673.86
"十五"时期 10th Five-year Plan Period	60307047	17786643	43288982	33959.09	19023.53	11224.59	6151.25
"十一五"时期 11th Five-year Plan Period	115886881	25196747	72238845	42087.77	19807.54	10368.23	4700.58
1950-2010	238885934	62190370	160153574	140781.93	75816.77	49081.79	28035.48
1979-2010	238183919	62132811	159601290	136441.72	74285.80	46994.47	27288.56
1991-2010	232848947	60699066	155379650	120642.29	65208.36	38750.29	21865.40
2001-2010	176193928	42983390	115527827	76046.86	38831.07	21592.82	10851.83

4-11 主要年份市区全社会固定资产投资额和房屋建设

Total Investment in Fixed Assets and Building Construction in Urban Districts in Main Years

年份、时期 Year and Period	固定资产投资额(万元) Total Investment (10000 yuan)	# 住宅 Residential Buildings	新增固定资产(万元) Newly Increased Fixed Assets (10000 yuan)	房屋施工面积(万平方米) Floor Space under Construction (10000 sq.m)	# 住宅 Residential Buildings	房屋竣工面积(万平方米) Floor Space Completed (10000 sq.m)	# 住宅 Residential Buildings
1978	67021	6663	91745		157.82	158.68	72.97
1980	88684	17690	67451	558.25	310.79	233.90	146.46
1985	362215	89260	284680	1142.77	618.50	537.91	344.43
1990	688267	172394	625292	1320.86	729.61	575.33	350.23
1995	4735978	1237079	2510650	3426.14	1926.18	1117.76	735.49
2000	8880172	3158571	6195959	5830.09	3569.15	2226.68	1421.84
2001	9422360	3188145	6776012	6238.25	3685.09	1929.02	1182.67
2002	9372743	3205783	6005075	5869.13	3520.08	1849.92	1226.28
2003	10882562	3246586	7156383	5888.04	3313.58	1883.30	1121.31
2004	12420328	3421858	10415447	6488.39	3477.32	1913.28	883.07
2005	14192170	3364299	10057102	6321.38	3398.52	2074.62	925.35
2006	15732031	3291090	8411788	5938.66	3178.68	1410.61	748.77
2007	17232003	4424586	9841817	6929.18	3368.54	1814.23	817.32
2008	19384953	4698000	11307219	6964.83	3227.93	1585.66	727.06
2009	24556506	4345040	14530775	7285.97	2849.02	1845.03	754.87
2010	30080882	4803671	22505705	8323.81	3216.56	1958.05	681.95
"六五"时期 6th Five-year Plan Period	1080481	297325	831751	4750.85	3146.15	2218.81	1451.69
"七五"时期 7th Five-year Plan Period	3037051	758374	2415304	6623.53	3566.41	2959.49	1767.11
"八五"时期 8th Five-year Plan Period	12949086	3931649	7725987	11807.23	6613.51	4161.28	2556.71
"九五"时期(八区) 9th Five-year Plan Period (Eight Districts)	31780852	9791254	22225365	20675.59	12656.42	6455.27	4366.91
"九五"时期(十区) 9th Five-year Plan Period (Ten Districts)	33128872	10377568	23281240	21847.44	13327.91	7269.82	4801.97
"十五"时期 10th Five-year Plan Period	56290163	16426671	40410019	30805.19	17394.59	9650.14	5338.68
"十一五"时期 11th Five-year Plan Period	106986375	21562387	66597304	35442.45	15840.73	8613.58	3729.97
1950-2010	214271050	53435386	141896911	116388.91	61899.58	37181.58	20556.92
1979-2010	213627888	53384213	141380643	112307.32	60441.63	35264.85	19870.80
1991-2010	209354496	52298275	138014550	99902.31	53176.74	29694.82	16427.33
2001-2010	163276538	37989058	107007323	66247.64	33235.32	18263.72	9068.65

注:本表数据2000年及以后年份统计口径有所调整。

Note:The coverage of the indicators in the table since 2000 is according to new coverage, while that before 2000 is according to old coverage.

4-12 主要年份三次产业全社会固定资产投资额及构成

Total Investment in Fixed Assets and its Composition in Main Years by the Three Strata of Industries

年 份 Year	合 计 (万元) Total (10000 yuan)	第一产业 Primary Industry	第二产业 Secondary Industry	第三产业 Tertiary Industry	构 成 (%) Composition (%)	第一产业 Primary Industry	第二产业 Secondary Industry	第三产业 Tertiary Industry
全 市 **Total**								
1978	72641	4317	32100	36224	100.00	5.94	44.19	49.87
1980	99565	4953	39722	54890	100.00	4.97	39.90	55.13
1985	436197	13672	143702	278823	100.00	3.13	32.94	63.93
1990	905937	14268	346872	544797	100.00	1.57	38.29	60.14
1995	6182515	42433	1698901	4441181	100.00	0.69	27.48	71.83
2000	9236676	66584	1411261	7758831	100.00	0.72	15.28	84.00
2001	9782093	17789	1419209	8345095	100.00	0.18	14.51	85.31
2002	10092421	24625	1913745	8154051	100.00	0.24	18.96	80.80
2003	11751668	14657	2265387	9471624	100.00	0.12	19.28	80.60
2004	13489283	30084	2863780	10595419	100.00	0.22	21.23	78.55
2005	15191582	9816	4379347	10802419	100.00	0.06	28.83	71.11
2006	16963824	17999	4632303	12313522	100.00	0.11	27.30	72.59
2007	18633437	11541	4015821	14606075	100.00	0.06	21.55	78.39
2008	21055373	16269	4510845	16528259	100.00	0.08	21.42	78.50
2009	26598516	34894	5454577	21109045	100.00	0.13	20.51	79.36
2010	32635731	34280	6262773	26338678	100.00	0.10	19.19	80.71
市 区 **Urban Districts**								
1978	67021	2869	29720	34432	100.00	4.28	44.34	51.38
1980	88684	3088	34996	50600	100.00	3.48	39.46	57.06
1985	362215	10655	110225	241335	100.00	2.94	30.43	66.63
1990	688267	5738	236358	446171	100.00	0.83	34.34	64.83
1995	4735978	14105	1050838	3671035	100.00	0.30	22.19	77.51
2000(八区)(Eight Districts)	7532152	47879	1079920	6404353	100.00	0.64	14.34	85.02
2000(十区)(Ten Districts)	8880172	56575	1276298	7547299	100.00	0.64	14.37	84.99
2001	9422360	15849	1304301	8102210	100.00	0.17	13.84	85.99
2002	9372743	24261	1682315	7666167	100.00	0.26	17.95	81.79
2003	10882562	8658	1887045	8986859	100.00	0.08	17.34	82.58
2004	12420328	24464	2311780	10084084	100.00	0.20	18.61	81.19
2005	14192170	3188	4068308	10120674	100.00	0.02	28.67	71.31
2006	15732031	6971	4207845	11517215	100.00	0.04	26.75	73.21
2007	17232003	7342	3616547	13608114	100.00	0.04	20.99	78.97
2008	19384953	11427	3996436	15377090	100.00	0.06	20.62	79.32
2009	24556506	23910	5048000	19484596	100.00	0.10	20.56	79.34
2010	30080882	24273	5742977	24313632	100.00	0.08	19.09	80.83

4-13 主要年份全社会固定资产投资资金来源

Source of Total Investing Funds in Fixed Assets in Main Years

单位:万元 (10000 yuan)

年份 Year	本年资金来源合计 Source of Total Funds This Year	上年末结余资金 Surplus Funds from Year-end of Preceding Year	本年资金来源小计 Source of Sub-total Funds This Year	国家预算内资金 State Budget	国内贷款 Domestic Loans	债券 Bonds	利用外资 Foreign Investment	自筹资金 Self-raising Funds	其他资金 Others
1995	7978652	961511	7017141	67608	1058442	27815	1256012	2413074	2194190
1996	7944084	1513379	6430705	51257	867596	6388	1656655	2003513	1845296
1997	8185958	1394838	6791120	92550	906033	3112	1657279	2429018	1703128
1998	9955334	1433763	8521571	200069	1279909	1029	1185066	3196317	2659181
1999	10983747	1548943	9434804	233267	1998108	23600	909234	3330138	2940457
2000	11679071	1552005	10127066	196772	2174224	62353	883291	3356781	3453645
2001	11649579	1546436	10103143	123638	1912787	22888	706179	4230371	3107280
2002	12856766	1649716	11207050	211676	2696256		910991	3938859	3449268
2003	14649881	1674756	12975125	353310	2653393		957866	5241604	3768952
2004	16786548	1874335	14912213	311727	2922647		1212633	6321305	4143901
2005	19247238	2186460	17060778	3411	4172521		1156940	7016193	4711713
2006	22251012	2776720	19474292	33390	5172610	130000	1508470	7321261	5308561
2007	26264563	3171623	23092940	57376	5591643		1313436	9042335	7088150
2008	28401679	4790650	23611029	117411	5093992		1066041	11324092	6009493
2009	37433615	5422810	32010805	60397	7557122	79875	724921	14972268	8616222
2010	45784696	6679725	39104971	94606	8654938	68000	900581	20398053	8988793

4-14 主要年份全社会固定资产投资资金来源构成

Composition of Source of Total Investing Funds in Fixed Assets in Main Years

单位:% (%)

年份 Year	本年资金来源合计 Source of Total Funds This Year	上年末结余资金 Surplus Funds from Year-end of Preceding Year	本年资金来源小计 Source of Sub-total Funds This Year	国家预算内资金 State Budget	国内贷款 Domestic Loans	债券 Bonds	利用外资 Foreign Investment	自筹资金 Self-raising Funds	其他资金 Others
1995	100.00	12.05	87.95	0.85	13.27	0.35	15.74	30.24	27.50
1996	100.00	19.05	80.95	0.65	10.92	0.08	20.85	25.22	23.23
1997	100.00	17.04	82.96	1.13	11.07	0.04	20.25	29.67	20.81
1998	100.00	14.40	85.60	2.01	12.86	0.01	11.90	32.11	26.71
1999	100.00	14.10	85.90	2.12	18.19	0.21	8.28	30.32	26.77
2000	100.00	13.29	86.71	1.68	18.62	0.53	7.56	28.74	29.57
2001	100.00	13.27	86.73	1.06	16.42	0.20	6.06	36.31	26.67
2002	100.00	12.83	87.17	1.65	20.97		7.09	30.64	26.83
2003	100.00	11.43	88.57	2.41	18.11		6.54	35.78	25.73
2004	100.00	11.17	88.83	1.86	17.41		7.22	37.66	24.69
2005	100.00	11.36	88.64	0.02	21.68		6.01	36.45	24.48
2006	100.00	12.48	87.52	0.15	23.25	0.58	6.78	32.90	23.86
2007	100.00	12.08	87.92	0.22	21.29		5.00	34.43	26.98
2008	100.00	16.87	83.13	0.41	17.94		3.75	39.87	21.16
2009	100.00	14.49	85.51	0.16	20.19	0.21	1.94	40.00	23.01
2010	100.00	14.59	85.41	0.21	18.90	0.15	1.97	44.55	19.63

4-15 主要年份全社会固定资产投资额(按构成分)

Total Investment in Fixed Assets in Main Years (by Use of Funds)

单位:万元 (10000 yuan)

年 份 Year	合 计 Total	建筑工程 Construction Project	安装工程 Installation Project	设备工器具购置 Purchases of Equipment and Instrument	其他费用 Others
1995	6182515	3066640	313788	1474613	1327474
1996	6389360	3225327	420182	1501358	1242493
1997	6565767	3230953	530177	1475112	1329525
1998	7588283	3805530	433223	1465162	1884368
1999	8782586	4443801	539333	1520186	2279266
2000	9236676	4862795	489173	1284866	2599842
2001	9782093	4943427	800645	1792544	2245477
2002	10092421	5043136	1002446	1735461	2311378
2003	11751668	5926676	669398	1907214	3248380
2004	13489283	7167180	829078	2328974	3164051
2005	15191582	7899596	1187729	2749875	3354382
2006	16963824	8375238	1348824	3657839	3581923
2007	18633437	9571281	1320128	3299746	4442282
2008	21055373	11296603	1511046	3227977	5019747
2009	26598516	15003807	1747019	3798896	6048794
2010	32635731	18964747	2548287	4866404	6256293

4-16 主要年份全社会固定资产投资额构成

Composition of Total Investment in Fixed Assets in Main Years

单位:% (%)

年 份 Year	合 计 Total	建筑工程 Construction Project	安装工程 Installation Project	设备工器具购置 Purchases of Equipment and Instrument	其他费用 Others
1995	100.00	49.60	5.08	23.85	21.47
1996	100.00	50.48	6.58	23.50	19.44
1997	100.00	49.21	8.07	22.47	20.25
1998	100.00	50.15	5.71	19.31	24.83
1999	100.00	50.60	6.14	17.31	25.95
2000	100.00	52.65	5.30	13.91	28.14
2001	100.00	50.54	8.19	18.32	22.95
2002	100.00	49.97	9.93	17.20	22.90
2003	100.00	50.43	5.70	16.23	27.64
2004	100.00	53.13	6.15	17.26	23.46
2005	100.00	52.00	7.82	18.10	22.08
2006	100.00	49.37	7.95	21.56	21.12
2007	100.00	51.37	7.08	17.71	23.84
2008	100.00	53.65	7.18	15.33	23.84
2009	100.00	56.41	6.57	14.28	22.74
2010	100.00	58.11	7.81	14.91	19.17

4-17 全社会固定资产投资额(2010年，按投资类别分)

Total Investment in Fixed Assets (2010, by Type of Investment)

单位:万元 (10000 yuan)

项　　目	Item	合　计 Total	#房地产开发 Real Estate Development	#市 区 Urban Districts
总　　计	**Total**	**32635731**	**9836582**	**30080882**
按登记注册类型分	**Grouped by Registration Status**			
内资企业	Domestic Funded Enterprises	26385445	6387608	24532108
国有企业	State-owned Enterprises	14677782	596811	14108053
集体企业	Collective-owned Enterprises	666479	58493	614133
股份合作企业	Cooperative Enterprises	44541	117	30641
联营企业	Joint Ownership Enterprises	98748	50000	55121
国有联营企业	State Joint Ownership Enterprises	43627		
集体联营企业	Collective Joint Ownership Enterprises	181		181
国有与集体联营企业	Joint State-collective Enterprises			
其他联营企业	Other Joint Ownership Enterprise	54940	50000	54940
有限责任公司	Limited Liability Corporations	4941881	2324670	4526881
国有独资公司	State Sole Funded Corporations	807041	108962	807041
其他有限责任公司	Other Limited Liability Corporations	4134840	2215708	3719840
股份有限公司	Share Holding Corporations Ltd.	2698077	927458	2698077
私营企业	Private Enterprises	3253895	2427368	2495160
其他企业	Other Enterprises	4042	2691	4042
港、澳、台商投资企业	Enterprises with Funds from Hong Kong, Macao and Taiwan	3803926	2705666	3485459
合资经营企业	Joint-venture Enterprises	1359179	852016	1122287
合作经营企业	Cooperative Enterprises	1195797	1118921	1189946
独资经营企业	Enterprises with Sole Funds	1197186	703808	1126642
股份有限公司	Share-holding Corporations Ltd.	51764	30921	46584
外商投资企业	Foreign Funded Enterprises	2251555	743308	1891253
合资经营企业	Joint-venture Enterprises	752049	63958	728730
合作经营企业	Cooperative Enterprises	52072	27320	52072
独资经营企业	Enterprises with Sole Funds	1423380	638882	1086397
股份有限公司	Share-holding Corporations Ltd.	24054	13148	24054
个体经营	Individual Investment	194805		172062
个体户	Individual Operating Household	192535		169792
个体合伙	Individual Partnership	2270		2270
按隶属关系分	**Grouped by Administrative Relationship**			
中央属	Central Government	5199543	1069454	5192739
省　属	Provincial Government	1248100	144653	1217260
市　属	Municipal Government	8351942	2029967	8264822
区、县级市属	District or County Government	6711787	414733	6102104
其　他	Others	11124359	6177775	9303957
按建设性质分	**Grouped by Type of Construction**			
#新　建	New Construction	22128463	9836582	20125719
扩　建	Expansion	3528851		3312928
改建和技术改造	Reconstruction	4527875		4237437
单纯购置	Purchase	2315987		2270243
按构成分	**Grouped by Use of Funds**			
建筑工程	Construction	18964747	5788177	17457443
安装工程	Installation	2548287	880955	2332562
设备工器具购置	Purchase of Equipment and Instruments	4866404	108297	4692608
其他费用	Others	6256293	3059153	5598269

4-17 续表1 continued

单位:万元 (10000 yuan)

项目	Item	合计 Total	#市区 Urban Districts
按行业分	**Grouped by Sector**		
农林牧渔业	Agriculture, Forestry, Animal Husbandry and Fishery	34280	24273
工业	Industry	6015545	5497405
采矿业	Mining	275	
制造业	Manufacturing	3714309	3378472
农副食品加工业	Processing of Food from Agricultural Products	31281	25502
食品制造业	Manufacture of Foods	70060	64885
饮料制造业	Manufacture of Beverage	116356	115100
烟草制品业	Manufacture of Tobacco	122180	122180
纺织业	Manufacture of Textile	70018	65120
纺织服装、鞋、帽制造业	Manufacture of Textile Wearing Apparel, Footwear and Caps	70588	46787
皮革、毛皮、羽毛(绒)及其制品业	Manufacture of Leather, Fur, Feather and Related Products	36761	33099
木材加工及木、竹、藤、棕、草制品业	Processing of Timber, Manufacture of Wood, Bamboo, Rattan, Palm, and Straw Products	15682	13955
家具制造业	Manufacture of Furniture	28993	17322
造纸及纸制品业	Manufacture of Paper and Paper Products	56110	51828
印刷业和记录媒介的复制	Printing, Reproduction of Recording Media	17344	15802
文教体育用品制造业	Manufacture of Articles for Culture, Education and Sport Activities	16789	13246
石油加工、炼焦及核燃料加工业	Processing of Petroleum, Coking, Processing of Nuclear Fuel	115419	115159
化学原料及化学制品制造业	Manufacture of Raw Chemical Materials and Chemical Products	230991	208975
医药制造业	Manufacture of Medicines	112818	112236
化学纤维制造业	Manufacture of Chemical Fibers	3768	3768
橡胶制品业	Manufacture of Rubber	37656	8855
塑料制品业	Manufacture of Plastics	60747	47892
非金属矿物制品业	Manufacture of Non-metallic Mineral Products	49611	43559
黑色金属冶炼及压延加工业	Smelting and Pressing of Ferrous Metals	337218	337218
有色金属冶炼及压延加工业	Smelting and Pressing of Non-Ferrous Metals	7752	6903
金属制品业	Manufacture of Metal Products	165768	161239
通用设备制造业	Manufacture of General Purpose Machinery	141283	133175
专用设备制造业	Manufacture of Special Purpose Machinery	69152	52927
交通运输设备制造业	Manufacture of Transport Equipment	1028976	916088
电气机械及器材制造业	Manufacture of Electrical Machinery and Equipment	191934	151413
通信设备、计算机及其他电子设备制造业	Manufacture of Communication Equipment, Computers and Other Electronic Equipment	425094	412614
仪器仪表及文化、办公用机械制造业	Manufacture of Measuring Instrument and Machinery for Cultural Activity and Office Work	35011	35011
工艺品及其他制造业	Manufacture of Artwork and Other Manufacturing	39573	37570
废弃资源和废旧材料回收加工业	Recycling and Disposal of Waste	9376	9044

4-17 续表2 continued

单位:万元 (10000 yuan)

项 目	Item	合 计 Total	#市 区 Urban Districts
电力、煤气及水的生产和供应业	Production and Supply of Electricity, Gas and Water	2300961	2118933
电力、热力的生产和供应业	Production and Supply of Electric Power and Heat Power	958578	907673
燃气生产和供应业	Production and Supply of Gas	94934	94125
水的生产和供应业	Production and Supply of Water	1247449	1117135
建筑业	Construction	247228	245572
交通运输、仓储和邮政业	Transport, Storage and Post	4712803	4641185
铁路运输业	Railway Transport	299968	299968
道路运输业	Road Transport	1276833	1211601
城市公共交通业	Urban Public Traffic	1323857	1323857
水上运输业	Water Transport	392618	392618
航空运输业	Air Transport	1166636	1166636
管道运输业	Transport via Pipelines		
装卸搬运和其他运输服务业	Loading, Unloading and Other Transport Services	31858	26358
仓储业	Storage	214752	213866
邮政业	Post	6281	6281
信息传输、计算机服务和软件业	Information Transmission, Computer Services and Software	936302	936302
电信和其他信息传输服务业	Telecommunication and Other Information Transmission Services	898385	898385
计算机服务业	Computer Services	6048	6048
软件业	Software	31869	31869
批发和零售业	Wholesale and Retail Trades	643341	623627
住宿和餐饮业	Hotels and Catering Services	535823	303921
金融业	Financial Intermediation	38977	38977
房地产业	Real Estate	11237418	9995821
# 房地产开发与经营业	Real Estate Development and Operation	9836582	8618528
租赁和商务服务业	Leasing and Business Services	206577	202179
科学研究、技术服务和地质勘查业	Scientific Research, Technical Service and Geologic Prospecting	348752	335350
水利、环境和公共设施管理业	Management of Water Conservancy, Environment and Public Facilities	5624656	5297437
居民服务和其他服务业	Services to Households and Other Services	4301	4301
教 育	Education	455269	392187
卫生、社会保障和社会福利业	Health, Social Security and Social Welfare	314287	300219
文化、体育和娱乐业	Culture, Sports and Entertainment	1043114	1010497
新闻出版业	Journalism and Publishing Activities	15141	15141
广播、电视、电影和音像业	Broadcasting, Movie, Television and Audiovisual Activities	76855	76448
文化艺术业	Culture and Art Activities	117995	105904
体 育	Sports Activities	800676	780608
娱乐业	Entertainment	32447	32396
公共管理和社会组织	Public Management and Social Organization	237058	231629
国际组织	International Organizations		

4-18 各区、县级市全社会固定资产投资
（2010年，按法人单位办公所在地分）

项　　目	Item	全 市 Total	荔湾区 Liwan	越秀区 Yuexiu
全社会固定资产投资额（万元）	Total Investment in Fixed Assets (10000 yuan)	32635731	971540	6033888
按隶属关系分	Grouped by Administrative Relationship			
中央省属	Central Government and Provincial Government	6447643	30194	1120001
市属及其他	Municipal Government and others	26188088	941346	4913887
按登记注册类型分	Grouped by Registration Status			
国有经济投资	State-owned Investment	15528450	778884	4511335
民间经济投资	Investment by Non-state-owned Units	11051800	159528	1004096
港澳台商经济投资	Investment from Hong Kong, Macao and Taiwan	3803926	31492	423167
外商经济投资	Foreign Investment	2251555	1636	95290
在总计中：民营经济投资	Of Which: Investment by Private Enterprises	5456453	102632	355197
按构成分	Grouped by Use of Funds			
# 建筑安装工程合计	Construction and Installation Project	21513034	803878	3544807
建筑工程	Construction Project	18964747	795987	3030482
安装工程	Installation Project	2548287	7891	514325
新增固定资产（万元）	Newly Increased Fixed Assets (10000 yuan)	24136234	851684	6363117
房屋施工面积（平方米）	Floor Space under Construction (sq.m)	101149117	1976084	9768023
房屋竣工面积（平方米）	Floor Space Completed (sq.m)	23889457	216263	1573968

注：国有经济投资包括国有企业、国有联营企业、国有独资公司的投资额。民间投资指全社会固定资产投资扣除国有企业、国有联营企业、国有独资公司、港澳台商和外商投资企业后的投资。民营投资包括股份合作企业、其他联营企业、其他有限责任公司、私营企业、其他内资企业及股份有限公司中的私人控股部分和个体经济投资（下同）。

Total Investment in Fixed Assets by District and County-level City
(2010, by the Locations of the Offices of Corporate Units)

海珠区 Haizhu	天河区 Tianhe	白云区 Baiyun	黄埔区 Huangpu	番禺区 Panyu	花都区 Huadu	南沙区 Nansha	萝岗区 Luogang	增城市 Zengcheng	从化市 Conghua
3870523	6791394	2328362	675150	3355887	1698727	1224209	3131202	1607086	947763
1609728	1898822	1196536	197047	29812		203353	124506	27844	9800
2260795	4892572	1131826	478103	3326075	1698727	1020856	3006696	1579242	937963
1912922	3361190	488410	398402	1080875	355281	347629	1680166	408601	204755
1614139	1930710	1642683	168141	1710731	761371	383991	413686	822351	440373
281593	1424514	117183	53363	446574	301168	109168	297237	38829	279638
61869	74980	80086	55244	117707	280907	383421	740113	337305	22997
482102	1024609	192579	21896	1218886	512108	210084	264946	703839	367575
2426768	4592143	919956	437981	3014657	1333873	538037	2177905	1064237	658792
2100325	3959271	859964	358256	2724774	1239315	509812	1879257	945087	562217
326443	632872	59992	79725	289883	94558	28225	298648	119150	96575
1560563	4498448	2460673	505047	2614087	1143409	627459	1881218	1277143	353386
10814667	19858190	2730816	530960	13488339	10846666	2746860	10477476	10754535	7156501
2027609	4363189	966287	149370	5072802	2009237	785175	2416633	3229830	1079094

Note: The state-owned investment refers to the investment from state-ownered enterprises, state joint ownership enterprises and sole state-funded corporations. The investment by non-state-owned units refers to the total investment excluding the investment from state-owned enterprises, state joint ownership enterprises, sole state-funded corporations, enterprises with funds from Hong Kong, Macao, Taiwan and foreign regions. The investment by private enterprises refers to private holding investment and individual investment of the investment from collective-owned enterprises, other cooperative enterprises, other limited liability corporations, private enterprises, other domestic funded enterprises and share holding corporations. The same as in the following tables.

4-19 全社会新增固定资产(2010年，按投资类别分)

Total Newly Increased Fixed Assets (2010, by Type of Investment)

单位:万元 (10000 yuan)

项目	Item	合计 Total	#房地产开发 Real Estate Development	#市区 Urban Districts
总计	**Total**	**24136234**	**5068092**	**22505705**
按登记注册类型分	**Grouped by Registration Status**			
内资企业	Domestic Funded Enterprises	20294905	3340144	19076032
国有企业	State-owned Enterprises	12891853	89180	12583409
集体企业	Collective-owned Enterprises	546485	103875	496809
股份合作企业	Cooperative Enterprises	27082		27082
联营企业	Joint Ownership Enterprises	43808		181
国有联营企业	State Joint Ownership Enterprises	43627		
集体联营企业	Collective Joint Ownership Enterprises	181		181
国有与集体联营企业	Joint State-collective Enterprises			
其他联营企业	Other Joint Ownership Enterprise			
有限责任公司	Limited Liability Corporations	3301328	1556583	3156192
国有独资公司	State Sole Funded Corporations	215160	26730	215160
其他有限责任公司	Other Limited Liability Corporations	3086168	1529853	2941032
股份有限公司	Share Holding Corporations Ltd.	1517808	183037	1517808
私营企业	Private Enterprises	1965190	1407469	1293200
其他企业	Other Enterprises	1351		1351
港、澳、台商投资企业	Enterprises with Funds from Hong Kong, Macao and Taiwan	1958147	1244627	1764382
合资经营企业	Joint-venture Enterprises	186728	86427	150070
合作经营企业	Cooperative Enterprises	1032875	919614	1031395
独资经营企业	Enterprises with Sole Funds	719612	228624	563985
股份有限公司	Share-holding Corporations Ltd.	18932	9962	18932
外商投资企业	Foreign Funded Enterprises	1687321	483321	1494096
合资经营企业	Joint-venture Enterprises	817623	98872	801815
合作经营企业	Cooperative Enterprises	109712	86408	109712
独资经营企业	Enterprises with Sole Funds	729757	278173	552340
股份有限公司	Share-holding Corporations Ltd.	30229	19868	30229
个体经营	Individual Investment	195861		171195
个体户	Individual Operating Household	193591		168925
个体合伙	Individual Partnership	2270		2270
按隶属关系分	**Grouped by Administrative Relationship**			
中央属	Central Government	4822906	180242	4822602
省属	Provincial Government	965493	183732	964893
市属	Municipal Government	6936351	839410	6869214
区、县级市属	District or County Government	4144458	272207	3933453
其他	Others	7267026	3592501	5915543
按建设性质分	**Grouped by Type of Construction**			
#新建	New Construction	13572945	5068092	12338557
扩建	Expansion	4500132		4330846
改建和技术改造	Reconstruction	3781387		3600276
单纯购置	Purchase	2267046		2221302

4-19 续表1 continued

单位:万元 (10000 yuan)

项目	Item	合计 Total	#市区 Urban Districts
按行业分	**Grouped by Sector**		
农林牧渔业	Agriculture, Forestry, Animal Husbandry and Fishery	45964	37244
工业	Industry	3781507	3355650
采矿业	Mining	275	
制造业	Manufacturing	2561031	2328040
农副食品加工业	Processing of Food from Agricultural Products	17548	16939
食品制造业	Manufacture of Foods	60031	55525
饮料制造业	Manufacture of Beverage	86947	85691
烟草制品业	Manufacture of Tobacco		
纺织业	Manufacture of Textile	49492	44841
纺织服装、鞋、帽制造业	Manufacture of Textile Wearing Apparel，Footwear and Caps	67558	45810
皮革、毛皮、羽毛(绒)及其制品业	Manufacture of Leather, Fur, Feather and Related Products	38307	36027
木材加工及木、竹、藤、棕、草制品业	Processing of Timber, Manufacture of Wood, Bamboo, Rattan, Palm, and Straw Products	15080	13353
家具制造业	Manufacture of Furniture	27047	17277
造纸及纸制品业	Manufacture of Paper and Paper Products	21912	15912
印刷业和记录媒介的复制	Printing, Reproduction of Recording Media	15768	14713
文教体育用品制造业	Manufacture of Articles for Culture, Education and Sport Activities	80846	9622
石油加工、炼焦及核燃料加工业	Processing of Petroleum, Coking, Processing of Nuclear Fuel	57436	57436
化学原料及化学制品制造业	Manufacture of Raw Chemical Materials and Chemical Products	164139	152525
医药制造业	Manufacture of Medicines	36069	35494
化学纤维制造业	Manufacture of Chemical Fibers	3768	3768
橡胶制品业	Manufacture of Rubber	30464	23073
塑料制品业	Manufacture of Plastics	47752	43988
非金属矿物制品业	Manufacture of Non-metallic Mineral Products	50805	45805
黑色金属冶炼及压延加工业	Smelting and Pressing of Ferrous Metals	90550	90550
有色金属冶炼及压延加工业	Smelting and Pressing of Non-Ferrous Metals	11426	10577
金属制品业	Manufacture of Metal Products	129466	126987
通用设备制造业	Manufacture of General Purpose Machinery	75010	66303
专用设备制造业	Manufacture of Special Purpose Machinery	44500	41849
交通运输设备制造业	Manufacture of Transport Equipment	958646	918892
电气机械及器材制造业	Manufacture of Electrical Machinery and Equipment	131550	121252
通信设备、计算机及其他电子设备制造业	Manufacture of Communication Equipment, Computers and Other Electronic Equipment	197018	189538
仪器仪表及文化、办公用机械制造业	Manufacture of Measuring Instrument and Machinery for Cultural Activity and Office Work	9274	9274
工艺品及其他制造业	Manufacture of Artwork and Other Manufacturing	36341	29070
废弃资源和废旧材料回收加工业	Recycling and Disposal of Waste	6281	5949

4-19 续表2 continued

单位:万元 (10000 yuan)

项目	Item	合计 Total	#市区 Urban Districts
电力、煤气及水的生产和供应业	Production and Supply of Electricity, Gas and Water	1220201	1027610
电力、热力的生产和供应业	Production and Supply of Electric Power and Heat Power	225932	175027
燃气生产和供应业	Production and Supply of Gas	91750	91750
水的生产和供应业	Production and Supply of Water	902519	760833
建筑业	Construction	210035	210035
交通运输、仓储和邮政业	Transport, Storage and Post	4201370	4120337
铁路运输业	Railway Transport	1919740	1919740
道路运输业	Road Transport	505629	430096
城市公共交通业	Urban Public Traffic	134726	134726
水上运输业	Water Transport	175036	175036
航空运输业	Air Transport	1397693	1397693
管道运输业	Transport via Pipelines		
装卸搬运和其他运输服务业	Loading, Unloading and Other Transport Services	27234	21734
仓储业	Storage	35031	35031
邮政业	Post	6281	6281
信息传输、计算机服务和软件业	Information Transmission, Computer Services and Software	641400	641400
电信和其他信息传输服务业	Telecommunication and Other Information Transmission Services	611006	611006
计算机服务业	Computer Services	3347	3347
软件业	Software	27047	27047
批发和零售业	Wholesale and Retail Trades	559741	553815
住宿和餐饮业	Hotels and Catering Services	295224	291064
金融业	Financial Intermediation	36786	36786
房地产业	Real Estate	5503790	4575699
# 房地产开发与经营业	Real Estate Development and Operation	5068092	4165467
租赁和商务服务业	Leasing and Business Services	192794	188396
科学研究、技术服务和地质勘查业	Scientific Research, Technical Service and Geologic Prospecting	221644	203005
水利、环境和公共设施管理业	Management of Water Conservancy, Environment and Public Facilities	5680720	5575404
居民服务和其他服务业	Services to Households and Other Services	2918	2918
教育	Education	463349	456249
卫生、社会保障和社会福利业	Health, Social Security and Social Welfare	249829	238736
文化、体育和娱乐业	Culture, Sports and Entertainment	1784962	1760925
新闻出版业	Journalism and Publishing Activities	16441	16441
广播、电视、电影和音像业	Broadcasting, Movie, Television and Audiovisual Activities	20476	20476
文化艺术业	Culture and Art Activities	46975	46177
体育	Sports Activities	1639923	1617093
娱乐业	Entertainment	61147	60738
公共管理和社会组织	Public Management and Social Organization	264201	258042
国际组织	International Organizations		

4-20 民间固定资产投资和房屋建设情况(2010年)

Investment in Fixed Assets and Building Construction by Non-state-owned Units (2010)

项　　目	Item	固定资产投资额(万元) Investment in Fixed Assets (10000 yuan)	房屋施工面积(平方米) Floor Space under Construction (sq.m)	房屋竣工面积(平方米) Floor Space Completed (sq.m)
总　　计	**Total**	**11051800**	**57903149**	**14073423**
按登记注册类型分	**Grouped by Registration Status**			
集体企业	Collective-owned Enterprises	666479	4879033	2101396
股份合作企业	Cooperative Enterprises	44541	266487	35761
联营企业(不含国有联营企业)	Joint Ownership Enterprises (Excluding State Joint Ownership Enterprises)	55121	249152	
有限责任公司(不含国有独资公司)	Limited Liability Corporations (Excluding Sole State Funded Corporations)	4134840	19651071	4877975
股份有限公司	Share-holding Corporations Ltd.	2698077	4608024	573774
私营企业	Private Enterprises	3253895	26485604	4910089
其他企业	Other Enterprises	4042	75453	
个体经营	Individual Investment	194805	1688325	1574428
按投资类别分	**Grouped by Type of Investment**			
# 房地产开发	Real Estate Development	5681835	40712594	6961530

4-21 住宅投资建设情况(2010年)

Statistics on Investment and Construction of Residential Buildings (2010)

项　　目	Item	固定资产投资额(万元) Investment in Fixed Assets (10000 yuan)	房屋施工面积(平方米) Floor Space under Construction (sq.m)	房屋竣工面积(平方米) Floor Space Completed (sq.m)
总　　计	**Total**	**5727122**	**42795277**	**9500939**
按登记注册类型分	**Grouped by Registration Status**			
内资企业	Domestic Funded Enterprises	3718644	27922095	5492293
国有企业	State-owned Enterprises	483327	1763928	511739
集体企业	Collective-owned Enterprises	70574	982509	372034
股份合作企业	Cooperative Enterprises	4559	98211	
联营企业	Joint Ownership Enterprises	42196	94070	
有限责任公司	Limited Liability Corporations	1256357	9624554	1846907
股份有限公司	Share-holding Corporations Ltd.	493366	1398333	321124
私营企业	Private Enterprises	1368265	13960490	2440489
其他企业	Other Enterprises			
港澳台商投资企业	Enterprises with Funds from Hong Kong, Macao and Taiwan	1347579	8458236	1543975
外商投资企业	Foreign Funded Enterprises	515802	5027981	1157585
个体经营	Individual Investment	145097	1386965	1307086
按投资类别分	**Grouped by Type of Investment**			
# 房地产开发	Real Estate Development	5484464	39838384	7746888

4-22 三次产业全社会固定资产投资额及构成(2010年)

项　　目	Item
固定资产投资额合计	**Total**
第一产业	Primary Industry
第二产业	Secondary Industry
工　业	Industry
建筑业	Construction
第三产业	Tertiary Industry
交通运输、仓储和邮政业	Transport, Storage and Post
信息传输、计算机服务和软件业	Information Transmission, Computer Services and Software
批发和零售业	Wholesale and Retail Trade
住宿和餐饮业	Hotels and Catering Services
金融业	Financial Intermediation
房地产业	Real Estate
租赁和商务服务业	Leasing and Business Services
科学研究、技术服务和地质勘查业	Scientific Research, Technical Services and Geologic Prospecting
水利、环境和公共设施管理业	Management of Water Conservancy, Environment and Public Facilities
居民服务和其他服务业	Services to Households and Other Services
教　育	Education
卫生、社会保障和社会福利业	Health, Social Security and Social Welfare
文化、体育和娱乐业	Culture, Sports and Entertainment
公共管理和社会组织	Public Management and Social Organizations
国际组织	International Organizations
# 国有经济固定资产投资额合计	**Investment in Fixed Assets of State-owned Units**
第一产业	Primary Industry
第二产业	Secondary Industry
工　业	Industry
建筑业	Construction
第三产业	Tertiary Industry
交通运输、仓储和邮政业	Transport, Storage and Post
信息传输、计算机服务和软件业	Information Transmission, Computer Services and Software
批发和零售业	Wholesale and Retail Trade
住宿和餐饮业	Hotels and Catering Services
金融业	Financial Intermediation
房地产业	Real Estate
租赁和商务服务业	Leasing and Business Services
科学研究、技术服务和地质勘查业	Scientific Research, Technical Services and Geologic Prospecting
水利、环境和公共设施管理业	Management of Water Conservancy, Environment and Public Facilities
居民服务和其他服务业	Services to Households and Other Services
教　育	Education
卫生、社会保障和社会福利业	Health, Social Security and Social Welfare
文化、体育和娱乐业	Culture, Sports and Entertainment
公共管理和社会组织	Public Management and Social Organizations
国际组织	International Organizations

Total Investment in Fixed Assets and its Composition by Three Strata of Industry (2010)

全 市 (万元) Total (10000 yuan)	# 市 区 Urban Districts	全市构成 (%) Composition (%)	# 市 区 Urban Districts
32635731	**30080882**	**100.00**	**100.00**
34280	24273	0.11	0.08
6262773	5742977	19.19	19.10
6015545	5497405	18.43	18.28
247228	245572	0.76	0.82
26338678	24313632	80.70	80.82
4712803	4641185	14.44	15.43
936302	936302	2.87	3.11
643341	623627	1.97	2.07
535823	303921	1.64	1.01
38977	38977	0.12	0.13
11237418	9995821	34.43	33.23
206577	202179	0.63	0.67
348752	335350	1.07	1.12
5624656	5297437	17.23	17.61
4301	4301	0.01	0.02
455269	392187	1.40	1.30
314287	300219	0.96	1.00
1043114	1010497	3.20	3.36
237058	231629	0.73	0.76
15528450	**14915094**	**100.00**	**100.00**
15749	9709	0.10	0.07
3016648	2816814	19.43	18.88
2819550	2619716	18.16	17.56
197098	197098	1.27	1.32
12496053	12088571	80.47	81.05
2768528	2716014	17.83	18.21
863076	863076	5.56	5.79
31844	31844	0.21	0.21
31613	29440	0.20	0.20
6060	6060	0.04	0.04
1409588	1401898	9.08	9.40
77102	77102	0.50	0.52
192926	192828	1.24	1.29
5343080	5060282	34.41	33.93
2083	2083	0.01	0.01
356076	343571	2.29	2.30
301897	290069	1.94	1.94
899171	866604	5.79	5.81
213009	207700	1.37	1.40

4-23 全社会固定资产投资资金来源(2010年，按投资类别分)

Total Investment in Fixed Assets by Source of Funds (2010, by Type of Investment)

单位:万元 (10000 yuan)

项　　目	Item	合 计 Total	# 房地产开发 Real Estate Development
全　　市	**Total**		
本年资金来源合计	Source of Total Funds This Year	45784696	20646105
上年末结余资金	Surplus Fund from Year-end of Preceding Year	6679725	5617474
本年资金来源小计	Source of Sub-total Funds This Year	39104971	15028631
国家预算内资金	State Budget	94606	
国内贷款	Domestic Loans	8654938	3750024
债　　券	Bonds	68000	
利用外资	Foreign Investment	900581	467230
自筹资金	Self-raising Funds	20398053	3149228
其他资金	Others	8988793	7662149
本年各项应付款合计	Total Payment This Year	2436744	646827
# 工 程 款	Payment Against Projects	924747	495918
市　　区	**Urban Districts**		
本年资金来源合计	Source of Total Funds This Year	42213443	18594061
上年末结余资金	Surplus Fund from Year-end of Preceding Year	6385940	5367362
本年资金来源小计	Source of Sub-total Funds This Year	35827503	13226699
国家预算内资金	State Budget	94606	
国内贷款	Domestic Loans	7872655	3393135
债　　券	Bonds	68000	
利用外资	Foreign Investment	896261	465616
自筹资金	Self-raising Funds	18934564	2597822
其他资金	Others	7961417	6770126
本年各项应付款合计	Total Payment This Year	2346032	603137
# 工 程 款	Payment Against Projects	869909	456420

4-24 全社会固定资产投资资金来源(2010年，按隶属关系分)

Total Investment in Fixed Assets by Source of Funds (2010, by Administrative Relationship)

单位:万元 (10000 yuan)

项目	Item	合计 Total	中央属 Central Government	省属 Provincial Government	市属 Municipality Government	区、县级市属 District or County-level City Governments	其他 Others
本年资金来源合计	Source of Total Funds	45784696	5789415	1926818	10414127	7880218	19774118
上年末结余资金	Surplus Fund from Year-end of Preceding Year	6679725	312743	258110	1956940	755751	3396181
本年资金来源小计	Source of Sub-total Funds This Year	39104971	5476672	1668708	8457187	7124467	16377937
国家预算内资金	State Budget	94606	48157	2064	40142	183	4060
国内贷款	Domestic Loans	8654938	1254654	495654	3022641	663681	3218308
债券	Bonds	68000	68000				
利用外资	Foreign Investment	900581	85582		10017	7593	797389
自筹资金	Self-raising Funds	20398053	3611370	952822	4090723	5830915	5912223
其他资金	Others	8988793	408909	218168	1293664	622095	6445957
本年各项应付款合计	Total Payment This Year	2436744	158668	148291	913363	257469	958953
#工程款	Payment Against Projects	924747	86326	71291	281801	199924	285405

4-25 市区和县级市全社会固定资产投资资金来源(2010年)

Total Investment in Fixed Assets by Source of Funds by Urban Districts and County-level City (2010)

单位:万元 (10000 yuan)

项目	Item	全市 Total	市区 Urban Districts	增城市 Zengcheng	从化市 Conghua
本年资金来源合计	Source of Total Funds	45784696	42213443	2277191	1294062
上年末结余资金	Surplus Fund from Year-end of Preceding Year	6679725	6385940	103718	190067
本年资金来源小计	Source of Sub-total Funds This Year	39104971	35827503	2173473	1103995
国家预算内资金	State Budget	94606	94606		
国内贷款	Domestic Loans	8654938	7872655	577966	204317
债券	Bonds	68000	68000		
利用外资	Foreign Investment	900581	896261	823	3497
自筹资金	Self-raising Funds	20398053	18934564	893303	570186
其他资金	Others	8988793	7961417	701381	325995
本年各项应付款合计	Total Payment This Year	2436744	2346032	38049	52663
#工程款	Payment Against Projects	924747	869909	33903	20935

4-26 房地产开发与经营(2010年，按法人单位办公所在地分)

项　　目	Item	全 市 Total	荔湾区 Liwan	越秀区 Yuexiu
企业个数(个)	Number of Enterprises (unit)	1261	39	295
年末从业人数(人)	Employed Persons at Year-end (person)	35639	597	6267
本年完成投资(万元)	Total Investment Completed This Year (10000 yuan)	9836582	65288	1309789
# 住　宅	Residential Buildings	5484464	33182	785916
办公楼	Office Buildings	815523	3178	72122
商业营业用房	Houses for Business Use	1790562	4013	249031
房屋施工面积(平方米)	Floor Space of Buildings under Construction (sq.m)	64641230	549615	8024155
# 住　宅	Residential Buildings	39838384	395698	4606346
办公楼	Office Buildings	5251016	16458	1059774
商业营业用房	Houses for Business Use	8661996	30509	1156855
# 新开工面积	Floor Space of Newly Started Buildings	19554944	80176	1918086
# 住　宅	Residential Buildings	13137621	48463	1268728
办公楼	Office Buildings	891059	14825	148189
商业营业用房	Houses for Business Use	1923751	1969	183490
房屋竣工面积(平方米)	Floor Space of Buildings Completed (sq.m)	10945891	22009	1401579
# 住　宅	Residential Buildings	7746888	4944	810335
办公楼	Office Buildings	648283	1633	409126
商业营业用房	Houses for Business Use	1314642	11775	79272
商品房销售面积(平方米)	Floor Space of Buildings Actually Sold This Year (sq.m)	14051327	88789	1820746
现房销售面积	Floor Space of Existing Buildings with Contracts Signed	2833551	20974	723230
# 住　宅	Residential Buildings	1655113	15434	598667
办公楼	Office Buildings	375391		72605
商业营业用房	Houses for Business Use	480291	1633	40231
期房销售面积	Floor Space of Buildings Presold This Year	11217776	67815	1097516
# 住　宅	Residential Buildings	9461447	67815	994500
办公楼	Office Buildings	747367		56447
商业营业用房	Houses for Business Use	712996		31295
商品房销售合同金额(万元)	Contracted Value of Buildings Actually Sold This Year (10000 yuan)	16749899	116177	2228696
现房销售合同金额	Contracted Value of Existing Buildings with Contracts Signed	3441413	27161	613342
# 住　宅	Residential Buildings	1531178	19873	413115
办公楼	Office Buildings	678839		97231
商业营业用房	Houses for Business Use	914541	2400	89730
期房销售合同金额	Contracted Value of Buildings Presold	13308486	89016	1615354
# 住　宅	Residential Buildings	10269154	89016	1510202
办公楼	Office Buildings	1216647		43666
商业营业用房	Houses for Business Use	1443028		35551

Real Estate Development and Management
(2010, by the Locations of the Offices of Corporate Units)

海珠区 Haizhu	天河区 Tianhe	白云区 Baiyun	黄埔区 Huangpu	番禺区 Panyu	花都区 Huadu	南沙区 Nansha	萝岗区 Luogang	增城市 Zengcheng	从化市 Conghua
131	292	57	12	123	94	26	18	102	72
3624	7596	1370	183	4833	3426	803	443	4915	1582
1880519	2995528	215230	40713	1039065	693382	243768	135246	931195	286859
1018643	1017330	170769	36093	805077	507750	153120	61843	665314	229427
175602	430315	149		18436	47877	18788	44118	2427	2511
393190	837893	16807	3748	67040	78904	17137	6440	98268	18091
7838047	14734753	1348458	373095	7464720	8313671	2153799	1497791	8542234	3800892
3756268	6257142	1083740	216284	5460797	5904612	1588921	804677	6746367	3017532
955383	2494598	1087		60140	171613	151048	291457	7617	41841
2169945	2308328	71738	53013	432106	789320	185576	180853	916268	367485
1478431	3069675	548242	53086	3536996	2412240	1158255	546782	3346479	1406496
701402	1338112	445884	43075	2429970	1903090	958336	318136	2667647	1014778
131165	431413	1087		10703	812	57546	55000	7261	33058
255229	428486	57305	6546	219418	165392	39030	61705	273278	231903
1388632	2213161	351835	96701	1275599	783429	542085	164986	2470250	235625
826698	1244697	251904	25514	1067447	661359	494411	126502	2024948	208129
66457	163961					6750		356	
385965	383278	49699	31297	48606	46082		8134	265602	4932
1254224	3033109	384141	71149	2031513	1894904	331521	126981	2392081	622169
137032	1003437	67094	18426	391990	157938	28193	39556	183334	62347
77205	357847	52261	16969	217700	89174	28096	7918	143715	50127
7449	272183	2162		5191	2818		12756		227
25393	286879	10496	803	23191	41594	97	10972	29433	9569
1117192	2029672	317047	52723	1639523	1736966	303328	87425	2208747	559822
848319	1193392	170928	52723	1601349	1527693	283696	20562	2149969	550501
186485	394902				48514	7610	53409		
82388	192268	143827		35729	151838	11977		58490	5184
1878400	5647682	797600	71681	2316146	1217335	257331	130647	1653304	434900
185155	1799667	86533	7622	366798	103610	26811	35624	151508	37582
118055	424188	79031	6438	224890	54890	26660	8288	122222	33528
18736	542084	1777		2008	2312		14613		78
23789	709594	3721	541	16940	33937	151	8605	22153	2980
1693245	3848015	711067	64059	1949348	1113725	230520	95023	1501796	397318
1117436	2294142	335601	64059	1863805	945961	207414	21756	1431714	388048
384411	703166				22796	6847	55761		
191398	525269	373575		82555	142391	16244		69826	6219

4-27 房地产开发与经营(2010年，按项目所在地分)

项目	Item	全市 Total	荔湾区 Liwan	越秀区 Yuexiu
本年完成投资(万元)	Total Investment Completed This Year (10000 yuan)	9836582	640985	526035
# 住　宅	Residential Buildings	5484464	402135	163854
办公楼	Office Buildings	815523	5284	87748
商业营业用房	Houses for Business Use	1790562	87633	164264
房屋施工面积(平方米)	Floor Space of Buildings under Construction (sq.m)	64641230	3289132	3204897
# 住　宅	Residential Buildings	39838384	1853468	1177249
办公楼	Office Buildings	5251016	53348	1028065
商业营业用房	Houses for Business Use	8661996	673654	543206
# 新开工面积	Floor Space of Newly Started Buildings	19554944	579752	418823
# 住　宅	Residential Buildings	13137621	312263	190431
办公楼	Office Buildings	891059	14825	131456
商业营业用房	Houses for Business Use	1923751	109289	41244
房屋竣工面积(平方米)	Floor Space of Buildings Completed (sq.m)	10945891	435658	524063
# 住　宅	Residential Buildings	7746888	370632	168488
办公楼	Office Buildings	648283	1633	234080
商业营业用房	Houses for Business Use	1314642	47655	32510
商品房销售面积(平方米)	Floor Space of Buildings Actually Sold This Year (sq.m)	14051327	704320	581577
现房销售面积	Floor Space of Existing Buildings with Contracts Signed	2833551	389965	144544
# 住　宅	Residential Buildings	1655113	363127	41039
办公楼	Office Buildings	375391	11688	50207
商业营业用房	Houses for Business Use	480291	8692	40015
期房销售面积	Floor Space of Buildings Presold This Year	11217776	314355	437033
# 住　宅	Residential Buildings	9461447	312800	315396
办公楼	Office Buildings	747367		90966
商业营业用房	Houses for Business Use	712996	1555	22727
商品房销售合同金额(万元)	Contracted Value of Buildings Actually Sold This Year (10000 yuan)	16749899	898973	928030
现房销售合同金额	Contracted Value of Existing Buildings with Contracts Signed	3441413	334900	245821
# 住　宅	Residential Buildings	1531178	296508	66607
办公楼	Office Buildings	678839	16500	77729
商业营业用房	Houses for Business Use	914541	11728	87318
期房销售合同金额	Contracted Value of Buildings Presold	13308486	564073	682209
# 住　宅	Residential Buildings	10269154	561806	525854
办公楼	Office Buildings	1216647		110257
商业营业用房	Houses for Business Use	1443028	2267	35042

Real Estate Development and Management (2010, by Region of Item)

海珠区 Haizhu	天河区 Tianhe	白云区 Baiyun	黄埔区 Huangpu	番禺区 Panyu	花都区 Huadu	南沙区 Nansha	萝岗区 Luogang	增城市 Zengcheng	从化市 Conghua
1191391	2437708	1052217	56418	1207012	909189	275874	178199	1074695	286859
538814	681581	821440	39073	916308	657687	184141	98590	751414	229427
103662	480920	3630	122	18436	47877	18788	44118	2427	2511
345490	790134	42459	14993	81353	81136	17241	6450	141318	18091
7477999	11217143	4003223	617147	8135402	10348484	2413596	1591081	8542234	3800892
3741010	3988874	3030632	287775	5888994	7393974	1821777	890732	6746367	3017532
552914	2869957	23016		60140	171613	151048	291457	7617	41841
2147838	1858552	243911	200629	498206	845322	189576	177349	916268	367485
1243096	2030922	1667575	53086	3913515	2930366	1418052	546782	3346479	1406496
488907	665633	1245192	43075	2691649	2308718	1191192	318136	2667647	1014778
131165	431258	17975		10703	812	57546	55000	7261	33058
275901	377329	88620	6546	219495	195411	43030	61705	273278	231903
1487668	1281469	822162	295170	1340622	1305865	542085	205254	2470250	235625
851266	570443	589938	90741	1132470	1077070	494411	168352	2024948	208129
72396	313507	19561				6750		356	
405133	190755	110580	143462	48606	60777		4630	265602	4932
972037	2505244	1166372	196968	2156438	2194692	364618	194811	2392081	622169
232939	535216	311685	144039	393805	329148	28193	78336	183334	62347
127115	72710	266214	43178	219515	255431	28096	44846	143715	50127
19568	254041	18895		5191	2818		12756		227
43951	156160	12617	100207	23191	42353	97	14006	29433	9569
739098	1970028	854687	52929	1762633	1865544	336425	116475	2208747	559822
600511	1045446	690104	52929	1723445	1656271	316793	47282	2149969	550501
67878	478990				48514	7610	53409		
70709	194296	157147		36743	151838	11977	2330	58490	5184
1702576	4866039	1595511	323372	2474276	1399272	276909	196737	1653304	434900
353096	1161630	233044	259105	369783	206547	26811	61586	151508	37582
214673	137021	187739	29202	227875	153876	26660	35267	122222	33528
31385	516527	17687		2008	2312		14613		78
59083	430395	10033	229260	16940	34686	151	9814	22153	2980
1349480	3704409	1362467	64267	2104493	1192725	250098	135151	1501796	397318
1079983	1930380	963208	64267	2016311	1024961	226992	55630	1431714	388048
131110	889876				22796	6847	55761		
138387	552690	388514		85194	142391	16244	6254	69826	6219

4-28 房地产开发投资额和新增固定资产(2010年)

单位:万元

项目	Item
全　市	**Total**
按企业登记注册类型分	**Grouped by Registration Status**
内资企业	Domestic Funded Enterprises
国有企业	State-owned Enterprises
集体企业	Collective-owned Enterprises
股份合作企业	Cooperative Enterprises
联营企业	Joint Ownership Enterprises
# 国有联营企业	State Joint Ownership Enterprises
集体联营企业	Collective Joint Ownership Enterprises
国有与集体联营企业	Joint State-collective Enterprises
有限责任公司	Limited Liability Corporations
# 国有独资公司	State Sole Funded Corporations
股份有限公司	Share-holding Corporations Ltd.
私营企业	Private Enterprises
其他企业	Other Enterprises
港、澳、台商投资企业	Enterprises with Funds from Hong Kong, Macao and Taiwan
合资经营企业	Joint-venture Enterprises
合作经营企业	Cooperative Enterprises
独资经营企业	Enterprises with Sole Funds
股份有限公司	Share-holding Corporations Ltd.
外商投资企业	Foreign Funded Enterprises
中外合资经营企业	Joint-venture Enterprises
中外合作经营企业	Cooperative Enterprises
外资企业	Enterprises with Sole Foreign Funds
外商投资股份有限公司	Share-holding Corporations Ltd.
按资质分	**Grouped by Grade**
一级资质	Grade One
二级资质	Grade Two
三级资质	Grade Three
四级以下(含四级)	Grade Four and below
按隶属关系分	**Grouped by Administrative Relationship**
中央属	Central Government
省　属	Provincial Government
市　属(含区县级市及其他属)	Municipal Government (including district, county governments and others)

Investment and Newly Increased Fixed Assets in Real Estate Development (2010)

(10000 yuan)

企业数 (个) Number of Enterprises (unit)	投资额合计 Total Investment	住宅 Residential Buildings	办公楼 Office Buildings	商业营业用房 Houses for Business Use	其他用房 Other Buildings	新增固定资产 Newly Increased Fixed Assets
1261	**9836582**	**5484464**	**815523**	**1790562**	**1746033**	**5068092**
890	6387608	3624577	594496	954999	1213536	3340144
73	596811	431563	25689	66583	72976	89180
29	58493	47399	98	7564	3432	103875
5	117	20		20	77	
2	50000	42196		5434	2370	
340	2324670	1248235	285789	391216	399430	1556583
17	108962	76341	5364	7498	19759	26730
19	927458	493366	62536	196696	174860	183037
421	2427368	1361798	220384	287486	557700	1407469
1	2691				2691	
323	2705666	1344985	189613	773076	397992	1244627
46	852016	184623	77954	518284	71155	86427
186	1118921	643301	77241	144876	253503	919614
89	703808	511338	34179	87895	70396	228624
2	30921	5723	239	22021	2938	9962
48	743308	514902	31414	62487	134505	483321
8	63958	47610	4678	3278	8392	98872
14	27320	12632	980	11424	2284	86408
23	638882	446142	25756	47493	119491	278173
3	13148	8518		292	4338	19868
10	1576617	912971	113425	138896	411325	679796
155	1465879	943624	59939	181971	280345	1299040
631	4556274	2483900	364611	1177266	530497	2435565
465	2237812	1143969	277548	292429	523866	653691
13	1069454	652662	85213	133096	198483	180242
47	144653	69144	25628	13771	36110	183732
1201	8622475	4762658	704682	1643695	1511440	4704118

4-28 续表

单位:万元

项　　目	Item
市　区	**Urban Districts**
按企业登记注册类型分	**Grouped by Registration Status**
内资企业	Domestic Funded Enterprises
国有企业	State-owned Enterprises
集体企业	Collective-owned Enterprises
股份合作企业	Cooperative Enterprises
联营企业	Joint Ownership Enterprises
# 国有联营企业	State Joint Ownership Enterprises
集体联营企业	Collective Joint Ownership Enterprises
国有与集体联营企业	Joint State-collective Enterprises
有限责任公司	Limited Liability Corporations
# 国有独资公司	State Sole Funded Corporations
股份有限公司	Share-holding Corporations Ltd.
私营企业	Private Enterprises
其他企业	Other Enterprises
港、澳、台商投资企业	Enterprises with Funds from Hong Kong, Macao and Taiwan
合资经营企业	Joint-venture Enterprises
合作经营企业	Cooperative Enterprises
独资经营企业	Enterprises with Sole Funds
股份有限公司	Share-holding Corporations Ltd.
外商投资企业	Foreign Funded Enterprises
中外合资经营企业	Joint-venture Enterprises
中外合作经营企业	Cooperative Enterprises
外资企业	Enterprises with Sole Foreign Funds
外商投资股份有限公司	Share-holding Corporations Ltd.
按资质分	**Grouped by Grade**
一级资质	Grade One
二级资质	Grade Two
三级资质	Grade Three
四级以下(含四级)	Grade Four and below
按隶属关系分	**Grouped by Administrative Relationship**
中央属	Central Government
省　属	Provincial Government
市　属(含区县级市及其他属)	Municipal Government (including district, county governments and others)

continued

(10000 yuan)

企业数(个) Number of Enterprises (unit)	投资额合计 Total Investment	住宅 Residential Buildings	办公楼 Office Buildings	商业营业用房 Houses for Business Use	其他用房 Other Buildings	新增固定资产 Newly Increased Fixed Assets
1087	**8618528**	**4589723**	**810585**	**1674203**	**1544017**	**4165467**
745	5572996	3048796	589558	860153	1074489	2701569
67	589921	427403	25689	66583	70246	87957
24	50713	40836	98	6954	2825	84875
5	117	20		20	77	
2	50000	42196		5434	2370	
311	2043724	1042348	285126	347387	368863	1499251
17	108962	76341	5364	7498	19759	26730
19	927458	493366	62536	196696	174860	183037
316	1908372	1002627	216109	237079	452557	846449
1	2691				2691	
297	2629846	1285116	189613	767564	387553	1151189
45	828494	165349	77954	518284	66907	59251
180	1117990	642592	77241	144669	253488	919614
70	652441	471452	34179	82590	64220	162362
2	30921	5723	239	22021	2938	9962
45	415686	255811	31414	46486	81975	312709
8	63958	47610	4678	3278	8392	98872
14	27320	12632	980	11424	2284	86408
20	311260	187051	25756	31492	66961	107561
3	13148	8518		292	4338	19868
9	1291667	688426	113425	126721	363095	509184
150	1344858	834366	59850	181893	268749	1206393
571	4202398	2221821	364111	1139759	476707	2185679
357	1779605	845110	273199	225830	435466	264211
12	1062954	647562	85213	132046	198133	180242
45	123613	52384	25628	12271	33330	183732
1030	7431961	3889777	699744	1529886	1312554	3801493

4-29 房地产开发房屋面积(2010年)

单位:平方米

项　　目	Item
全　市	**Total**
按企业登记注册类型分	**Grouped by Registration Status**
内资企业	Domestic Funded Enterprises
国有企业	State-owned Enterprises
集体企业	Collective-owned Enterprises
股份合作企业	Cooperative Enterprises
联营企业	Joint Ownership Enterprises
# 国有联营企业	State Joint Ownership Enterprises
集体联营企业	Collective Joint Ownership Enterprises
国有与集体联营企业	Joint State-collective Enterprises
有限责任公司	Limited Liability Corporations
# 国有独资公司	State Sole Funded Corporations
股份有限公司	Share-holding Corporations Ltd.
私营企业	Private Enterprises
其他企业	Other Enterprises
港、澳、台商投资企业	Enterprises with Funds from Hong Kong, Macao and Taiwan
合资经营企业	Joint-venture Enterprises
合作经营企业	Cooperative Enterprises
独资经营企业	Enterprises with Sole Funds
股份有限公司	Share-holding Corporations Ltd.
外商投资企业	Foreign Funded Enterprises
中外合资经营企业	Joint-venture Enterprises
中外合作经营企业	Cooperative Enterprises
外资企业	Enterprises with Sole Foreign Funds
外商投资股份有限公司	Share-holding Corporations Ltd.
按资质分	**Grouped by Grade**
一级资质	Grade One
二级资质	Grade Two
三级资质	Grade Three
四级以下(含四级)	Grade Four and below
按隶属关系分	**Grouped by Administrative Relationship**
中央属	Central Government
省　属	Provincial Government
市　属(含区县级市及其他属)	Municipal Government (including district, county governments and others)

Floor Space of Buildings in Real Estate Development (2010)

(sq.m)

施工面积 Floor Space of Buildings under Construction	# 住 宅 Residential Buildings	竣工面积 Floor Space of Buildings Completed	# 住 宅 Residential Buildings	商品房销售面积 Floor Space of Buildings Actually Sold	# 住 宅 Residential Buildings
64641230	**39838384**	**10945891**	**7746888**	**14051327**	**11116560**
43217452	26482992	7439007	5139384	9194443	7039961
1759608	1059801	409202	372500	779583	758672
903628	715807	260298	191375	240954	213691
68980	47835			7899	
130296	94070			35547	29543
15670248	9496649	3038743	1831896	3489793	2699424
745250	528390	68275	55042	116224	97694
3177112	1398333	422321	321124	518471	346685
21432127	13670497	3308443	2422489	4122196	2991946
75453					
14462531	8340913	1983108	1449919	2769341	2353749
2828882	958189	205730	119607	364490	332360
6958131	4106576	1124516	805719	1076435	888343
4465938	3261470	636200	509915	1322926	1129824
209580	14678	16662	14678	5490	3222
6961247	5014479	1523776	1157585	2087543	1722850
691413	501203	253126	233958	214944	195417
416784	200356	238574	46661	585438	443713
5803382	4272961	982408	837007	1287161	1083720
49668	39959	49668	39959		
6863698	4329521	1505346	1176408	1712905	1340681
9723362	6004690	1829622	1293849	2179341	1765791
33898857	21182778	5909045	3994664	6762828	5315243
14155313	8321395	1701878	1281967	3396253	2694845
2371701	1250357	405270	315840	582960	451262
1191743	653909	310445	214017	252880	147089
61077786	37934118	10230176	7217031	13215487	10518209

4-29 续表

单位:平方米

项 目	Item
市　区	**Urban Districts**
按企业登记注册类型分	**Grouped by Registration Status**
内资企业	Domestic Funded Enterprises
国有企业	State-owned Enterprises
集体企业	Collective-owned Enterprises
股份合作企业	Cooperative Enterprises
联营企业	Joint Ownership Enterprises
# 国有联营企业	State Joint Ownership Enterprises
集体联营企业	Collective Joint Ownership Enterprises
国有与集体联营企业	Joint State-collective Enterprises
有限责任公司	Limited Liability Corporations
# 国有独资公司	State Sole Funded Corporations
股份有限公司	Share-holding Corporations Ltd.
私营企业	Private Enterprises
其他企业	Other Enterprises
港、澳、台商投资企业	Enterprises with Funds from Hong Kong, Macao and Taiwan
合资经营企业	Joint-venture Enterprises
合作经营企业	Cooperative Enterprises
独资经营企业	Enterprises with Sole Funds
股份有限公司	Share-holding Corporations Ltd.
外商投资企业	Foreign Funded Enterprises
中外合资经营企业	Joint-venture Enterprises
中外合作经营企业	Cooperative Enterprises
外资企业	Enterprises with Sole Foreign Funds
外商投资股份有限公司	Share-holding Corporations Ltd.
按资质分	**Grouped by Grade**
一级资质	Grade One
二级资质	Grade Two
三级资质	Grade Three
四级以下(含四级)	Grade Four and below
按隶属关系分	**Grouped by Administrative Relationship**
中央属	Central Government
省　属	Provincial Government
市　属(含区县级市及其他属)	Municipal Government (including district, county governments and others)

continued

(sq.m)

施工面积 Floor Space of Buildings under Construction	# 住 宅 Residential Buildings	竣工面积 Floor Space of Buildings Completed	# 住 宅 Residential Buildings	商品房销售面积 Floor Space of Buildings Actually Sold	# 住 宅 Residential Buildings
52298104	**30074485**	**8240016**	**5513811**	**11037077**	**8222248**
34971507	20019196	5637053	3715928	7221472	5155934
1668224	1026090	401702	365000	779583	758672
596368	438506	183459	114536	198942	171679
68980	47835			7899	
130296	94070			35547	29543
13619725	7809124	2828632	1679594	2920299	2133102
745250	528390	68275	55042	116224	97694
3177112	1398333	422321	321124	518471	346685
15635349	9205238	1800939	1235674	2760731	1716253
75453					
13348886	7424425	1628191	1115477	2501783	2089148
2679708	835955	123944	52757	286798	254668
6892046	4056226	1124516	805719	1073580	885488
3567552	2517566	363069	242323	1135915	945770
209580	14678	16662	14678	5490	3222
3977711	2630864	974772	682406	1313822	977166
691413	501203	253126	233958	214944	195417
416784	200356	238574	46661	585438	443713
2819846	1889346	433404	361828	513440	338036
49668	39959	49668	39959		
4667550	2586695	956342	701229	1066924	719179
8876398	5256122	1565804	1080036	1706151	1294108
29696593	17847543	4941866	3103949	5792422	4387419
9057563	4384125	776004	628597	2471580	1821542
2294193	1195849	405270	315840	582960	451262
984601	513840	310445	214017	204090	98299
49019310	28364796	7524301	4983954	10250027	7672687

4-30 房地产开发资金来源(2010年)

单位:万元

项　　目	Item
全　　市	**Total**
按企业登记注册类型分	**Grouped by Registration Status**
内资企业	Domestic Funded Enterprises
国有企业	State-owned Enterprises
集体企业	Collective-owned Enterprises
股份合作企业	Cooperative Enterprises
联营企业	Joint Ownership Enterprises
# 国有联营企业	State Joint Ownership Enterprises
集体联营企业	Collective Joint Ownership Enterprises
国有与集体联营企业	Joint State-collective Enterprises
有限责任公司	Limited Liability Corporations
# 国有独资公司	State Sole Funded Corporations
股份有限公司	Share-holding Corporations Ltd.
私营企业	Private Enterprises
其他企业	Other Enterprises
港、澳、台商投资企业	Enterprises with Funds from Hong Kong, Macao and Taiwan
合资经营企业	Joint-venture Enterprises
合作经营企业	Cooperative Enterprises
独资经营企业	Enterprises with Sole Funds
股份有限公司	Share-holding Corporations Ltd.
外商投资企业	Foreign Funded Enterprises
中外合资经营企业	Joint-venture Enterprises
中外合作经营企业	Cooperative Enterprises
外资企业	Enterprises with Sole Foreign Funds
外商投资股份有限公司	Share-holding Corporations Ltd.
按资质分	**Grouped by Grade**
一级资质	Grade One
二级资质	Grade Two
三级资质	Grade Three
四级以下(含四级)	Grade Four and below
按隶属关系分	**Grouped by Administrative Relationship**
中央属	Central Government
省　属	Provincial Government
市　属(含区县级市及其他属)	Municipal Government (including district, county governments and others)

注:本表资金来源为本年发生额。

Real Estate Development by Source of Funds (2010)

(10000 yuan)

合 计 Total	国内贷款 Domestic Loans	利用外资 Foreign Investment	自筹资金 Self-raising Funds	其他资金 Others
15028631	**3750024**	**467230**	**3149228**	**7662149**
9298639	2645083	1325	2217158	4435073
603947	136530		381297	86120
86323			26675	59648
3826			38	3788
50000			50000	
3526185	823711	33	829409	1873032
97389	35713		39887	21789
985398	350175		111152	524071
4040151	1333167	1292	817278	1888414
2809	1500		1309	
4674120	878060	421941	637665	2736454
1032557	147955	345751	357326	181525
1847109	244759	34884	199621	1367845
1768393	485346	41306	60580	1181161
26061			20138	5923
1055872	226881	43964	294405	490622
74065	5000		26129	42936
54497	5000	1425	33831	14241
852277	202881	42539	234445	372412
75033	14000			61033
2753492	938894		251814	1562784
2781810	652890	3240	409217	1716463
6535801	1477483	419741	1453643	3184934
2957528	680757	44249	1034554	1197968
1084907	353122		343913	387872
307941	90369		37784	179788
13635783	3306533	467230	2767531	7094489

Note: The source of funds in this table refers to the source of sub-total funds happening in this year.

4-30 续表

单位:万元

项　　目	Item
市　区	**Urban Districts**
按企业登记注册类型分	**Grouped by Registration Status**
内资企业	Domestic Funded Enterprises
国有企业	State-owned Enterprises
集体企业	Collective-owned Enterprises
股份合作企业	Cooperative Enterprises
联营企业	Joint Ownership Enterprises
# 国有联营企业	State Joint Ownership Enterprises
集体联营企业	Collective Joint Ownership Enterprises
国有与集体联营企业	Joint State-collective Enterprises
有限责任公司	Limited Liability Corporations
# 国有独资公司	State Sole Funded Corporations
股份有限公司	Share-holding Corporations Ltd.
私营企业	Private Enterprises
其他企业	Other Enterprises
港、澳、台商投资企业	Enterprises with Funds from Hong Kong, Macao and Taiwan
合资经营企业	Joint-venture Enterprises
合作经营企业	Cooperative Enterprises
独资经营企业	Enterprises with Sole Funds
股份有限公司	Share-holding Corporations Ltd.
外商投资企业	Foreign Funded Enterprises
中外合资经营企业	Joint-venture Enterprises
中外合作经营企业	Cooperative Enterprises
外资企业	Enterprises with Sole Foreign Funds
外商投资股份有限公司	Share-holding Corporations Ltd.
按资质分	**Grouped by Grade**
一级资质	Grade One
二级资质	Grade Two
三级资质	Grade Three
四级以下(含四级)	Grade Four and below
按隶属关系分	**Grouped by Administrative Relationship**
中央属	Central Government
省　属	Provincial Government
市　属(含区县级市及其他属)	Municipal Government (including district, county governments and others)

continued

(10000 yuan)

合 计 Total	国内贷款 Domestic Loans	利用外资 Foreign Investment	自筹资金 Self-raising Funds	其他资金 Others
13226699	**3393135**	**465616**	**2597822**	**6770126**
8136393	2389726	1325	1821157	3924185
597172	136530		374522	86120
76832			17184	59648
3826			38	3788
50000			50000	
3099937	758711	33	693777	1647416
97389	35713		39887	21789
985398	350175		111152	524071
3320419	1142810	1292	573175	1603142
2809	1500		1309	
4523974	876528	420327	635865	2591254
983600	147955	345751	357326	132568
1846783	244759	34884	199621	1367519
1667530	483814	39692	58780	1085244
26061			20138	5923
566332	126881	43964	140800	254687
74065	5000		26129	42936
54497	5000	1425	33831	14241
362737	102881	42539	80840	136477
75033	14000			61033
2338423	838894		98209	1401320
2600055	625840	3240	357060	1613915
5989508	1353911	419741	1334121	2881735
2298713	574490	42635	808432	873156
1076907	353122		335913	387872
286901	90369		16744	179788
11862891	2949644	465616	2245165	6202466

4-31 房地产开发主要财务指标(2010年)

单位:万元

项　　目	Item
全　市	**Total**
按企业登记注册类型分	**Grouped by Registration Status**
内资企业	Domestic Funded Enterprises
国有企业	State-owned Enterprises
集体企业	Collective-owned Enterprises
股份合作企业	Cooperative Enterprises
联营企业	Joint Ownership Enterprises
# 国有联营企业	State Joint Ownership Enterprises
集体联营企业	Collective Joint Ownership Enterprises
国有与集体联营企业	Joint State-collective Enterprises
有限责任公司	Limited Liability Corporations
# 国有独资公司	State Sole Funded Corporations
股份有限公司	Share-holding Corporations Ltd.
私营企业	Private Enterprises
其他企业	Other Enterprises
港、澳、台商投资企业	Enterprises with Funds from Hong Kong, Macao and Taiwan
合资经营企业	Joint-venture Enterprises
合作经营企业	Cooperative Enterprises
独资经营企业	Enterprises with Sole Funds
股份有限公司	Share-holding Corporations Ltd.
外商投资企业	Foreign Funded Enterprises
中外合资经营企业	Joint-venture Enterprises
中外合作经营企业	Cooperative Enterprises
外资企业	Enterprises with Sole Foreign Funds
外商投资股份有限公司	Share-holding Corporations Ltd.
按资质分	**Grouped by Grade**
一级资质	Grade One
二级资质	Grade Two
三级资质	Grade Three
四级以下(含四级)	Grade Four and below
按隶属关系分	**Grouped by Administrative Relationship**
中央属	Central Government
省　属	Provincial Government
市　属(含区县级市及其他属)	Municipal Government (including district, county governments and others)

Main Financial Indicators of Real Estate Development (2010)

(10000 yuan)

资产总计 Total Assets	所有者权益 Owners' Equity	经营总收入 Core Business Revenue	主营成本 Cost of Core Business	主营税金及附加 Taxes and Extra Charges on Core Business	利润总额 Total Profits
85336821	**20016763**	**10763910**	**6406054**	**1030892**	**2229156**
50765357	11067109	6586687	3952671	643514	1356138
3574874	561551	283303	178771	20772	89016
442246	93678	188404	111677	14756	52974
83960	15146	8293	11406	550	-4578
152646	34222	97365	67172	7546	19218
20476556	4193497	2742673	1625451	267958	669909
982521	286134	47959	36489	3314	7595
7239982	2580177	276278	166925	26365	87037
18781392	3588267	2990016	1791040	305535	442530
13701	571	355	229	32	32
27241135	7310643	3125582	1726234	288126	765018
3557660	1317620	329447	182476	21502	78935
14912302	3680450	1790436	958041	170527	534741
8317594	1992182	912037	564932	90085	95555
453579	320391	93662	20785	6012	55787
7330329	1639011	1051641	727149	99252	108000
703023	232788	125131	67705	21235	35721
3392835	401177	69040	40760	6435	-16601
3106492	949715	772520	564775	65344	66385
127979	55331	84950	53909	6238	22495
14882308	4724922	1964596	1041373	250431	557111
15846903	3882624	2369226	1414929	231528	551513
32964985	7448690	4738522	2988986	415021	791693
21642625	3960527	1691566	960766	133912	328839
6040874	2202495	254355	151599	21342	122658
2201221	394833	173789	117294	14142	22986
77094726	17419435	10335766	6137161	995408	2083512

4-31 续表

单位:万元

项　目	Item
市　区	**Urban Districts**
按企业登记注册类型分	**Grouped by Registration Status**
内资企业	Domestic Funded Enterprises
国有企业	State-owned Enterprises
集体企业	Collective-owned Enterprises
股份合作企业	Cooperative Enterprises
联营企业	Joint Ownership Enterprises
# 国有联营企业	State Joint Ownership Enterprises
集体联营企业	Collective Joint Ownership Enterprises
国有与集体联营企业	Joint State-collective Enterprises
有限责任公司	Limited Liability Corporations
# 国有独资公司	State Sole Funded Corporations
股份有限公司	Share-holding Corporations Ltd.
私营企业	Private Enterprises
其他企业	Other Enterprises
港、澳、台商投资企业	Enterprises with Funds from Hong Kong, Macao and Taiwan
合资经营企业	Joint-venture Enterprises
合作经营企业	Cooperative Enterprises
独资经营企业	Enterprises with Sole Funds
股份有限公司	Share-holding Corporations Ltd.
外商投资企业	Foreign Funded Enterprises
中外合资经营企业	Joint-venture Enterprises
中外合作经营企业	Cooperative Enterprises
外资企业	Enterprises with Sole Foreign Funds
外商投资股份有限公司	Share-holding Corporations Ltd.
按资质分	**Grouped by Grade**
一级资质	Grade One
二级资质	Grade Two
三级资质	Grade Three
四级以下(含四级)	Grade Four and below
按隶属关系分	**Grouped by Administrative Relationship**
中央属	Central Government
省　属	Provincial Government
市　属(含区县级市及其他属)	Municipal Government (including district, county governments and others)

continued

(10000 yuan)

资产总计 Total Assets	所有者权益 Owners′ Equity	经营总收入 Core Business Revenue	主营成本 Cost of Core Business	主营税金及附加 Taxes and Extra Charges on Core Business	利润总额 Total Profits
79010595	**18549737**	**9312722**	**5364586**	**920253**	**2044994**
46256258	10229016	5867914	3474688	583683	1250411
3237421	472239	261545	165499	20161	86064
336783	95998	184182	108153	13734	54938
83960	15146	8293	11406	550	-4578
152646	34222	97365	67172	7546	19218
18979644	3899380	2535720	1489028	249707	650119
982521	286134	47959	36489	3314	7595
7239982	2580177	276278	166925	26365	87037
16212121	3131283	2504176	1466276	265588	357581
13701	571	355	229	32	32
26582256	7059359	2918658	1565362	275383	747938
3432019	1294186	289059	149355	19410	76852
14826560	3633135	1790356	957849	170223	536097
7870098	1811647	745581	437373	79738	79202
453579	320391	93662	20785	6012	55787
6172081	1261362	526150	324536	61187	46645
703023	232788	125131	67705	21235	35721
3392835	401177	69040	40760	6435	-16601
1948244	572066	247029	162162	27279	5030
127979	55331	84950	53909	6238	22495
13942994	4414857	1499263	697742	215883	490173
15073748	3655581	2181597	1293121	214473	517696
30710093	6909400	4332078	2682396	385835	759790
19283760	3569899	1299784	691327	104062	277335
5814087	2197637	254355	151599	21342	122799
1982190	329917	147557	96316	13270	27386
71214318	16022183	8910810	5116671	885641	1894809

【全社会固定资产投资额】以货币形式表现的在一定时期内全社会建造和购置固定资产的工作量以及与此有关的费用的总称。该指标是反映固定资产投资规模、结构和发展速度的综合性指标，又是观察工程进度和考核投资效果的重要依据。

【房地产开发投资】各种登记注册类型的房地产开发公司、商品房建设公司及其他房地产开发单位统一开发的包括统代建、拆迁还建的住宅、厂房、仓库、饭店、宾馆、度假村、写字楼、办公楼等房屋建筑物和配套的服务设施、土地开发工程，如道路、给水、排水、供电、供热、通讯、平整场地等基础设施工程的投资。包括实际从事房地产开发或经营活动的附营房地产开发单位。不包括单纯的土地交易活动。

【施工房屋面积】指报告期内施工的全部房屋建筑面积。包括本期新开工的面积和上期开工跨入本期继续施工的房屋面积，以及上期已停建在本期复工的房屋面积。本期竣工和本期施工后又停缓建的房屋，其建筑面积仍计入本期施工房屋面积中。

【竣工房屋面积】指在报告期内房屋建筑按照设计要求已全部完工，达到住人和使用条件，经验收鉴定合格（或达到竣工验收标准），可正式移交使用的各栋房屋建筑面积的总和。具体计算方法：从外墙线算起。包括房屋结构（如墙、柱）占用的面积和地下室面积，楼房按各层面积总和计算。

Explanatory Notes on Main Statistical Indicators

【Total Investment in Fixed Assets in the Whole City】 refers to the volume of activities in construction and purchases of fixed assets and related fees,expressed in monetary terms.It is a comprehensive indicator which shows the size,structure and growth of the investment in fixed assets, providing basis for observing the progress of construction projects and evaluating results of investment.

【Investment in Real Estate Development】 It includes the investment by the real estate development companies, commercial buildings construction companies and other real estate development units of various types of ownership in the construction of house buildings, such as residential buildings,factory buildings, warehouses, hotels, guesthouses, holiday villages, office buildings,and the complementary service facilities and land de-velopment projects,such as roads,water supply,water drainage, power supply, heating, telecommunications, land leveling and other projects of infrastructure.It covers the activities of the nonreal estate companies in real estate development or management,but excludes the activities in simple land transactions.

【Floor Space under Construction】 refers to total floor space of all buildings under construction during the reference period, including floor space of newly started buildings during the reference period, floor space of construction extended from the previous period to the current period, and floor space of construction suspended during the previous period but resumed in the current period. Floor space of construction completed in the current period and floor space of construction started and then suspended in the current period are still included in floor space under construction.

【Floor Space of Buildings Completed】 refers to total floor space of all buildings completed in the reference period, which have come up to the designed standards and use conditions, have passed checking and can be put into use .The calculating way: calculating from the outside line 4 building walls.It includes the floor space of a storied building is the summation of all stories.

第五篇
CHAPTER 5

能源生产和消费
PRODUCTION AND CONSUMPTION OF ENERGY

简要说明

第五篇　能源生产和消费

一、本篇资料反映广州市能源生产和消费情况,主要包括:能源生产、消费总量、平均每万元地区生产总值能源消费量、综合能源平衡表、能源加工转换效率、规模以上工业企业分行业主要能源消费量、规模以上工业企业单位增加值能耗、城市供电量等。

二、本篇资料由广州市统计局能源统计处整理提供。

三、本篇的电力数据按广州供电公司提供的数据进行整理。

四、能源统计资料取自广州市综合能源平衡表、工业主要产品产量表、工业企业能源购进、消费和库存表及附表、广州供电公司提供的用电分类表等。综合能源平衡表的编制范围为广州市辖区内生产和消费能源的单位。

五、关于数据口径与计算说明：

1. 5-1表至5-6表及5-10表至5-11表的统计口径均为全社会口径；5-7表至5-9表的统计口径均为年主营业务收入500万元及以上的法人工业企业。

2. 计算能耗指标涉及的地区生产总值、工业总产值和工业增加值均采用可比价口径。

3. 5-5表中，各能源品种的消费量合计均按当量值计算，包含各能源品种的中间消费量；能源消费总量按电热等价值计算，不含各能源品种的中间消费量。

4. 5-7表能源加工转换效率表中的电力折算标准煤系数采用当量值计算，每千瓦小时折0. 1229千克标准煤。

Brief Introduction

5 Production and Consumption of Energy

I. The data in this chapter reflect the energy production and consumption of Guangzhou Municipality,mainly including the energy production and consumption,average energy consumption per 10000 GDP,the overall balance of energy, the efficiency of energy conversion,energy consumption of the industrial enterprises above designated size by sector,energy consumption per 10000 added-value of the industrial enterprises above designated size,electric supply of city and so on.

II.The data in this chapter are complied and provided by the Department of Energy Statistics of Guangzhou Municipal Bureau of Statistics

III.The data on electric power in this chapter are collected in accordance with the data provided by Guangzhou Municipal Electric Corporation.

IV.The data on energy in this chapter come from the comprehensive energy balance sheet of the whole municipality,the sheets of outputs of main industrial products,the sheets of energy purchase,consumption and storage and the attached of the whole state-owned industrial enterprises and the nonstate-owned corporate industrial enterprises whose core operating revenue(products sale revenue) reach 5 million yuan and above,and the sheet of electric classification provided by Guangzhou Municipal Electric Corporation,and so on. The coverage of the comprehensive energy balance includes the units that produce and consume energy in Guangzhou.

V.Data coverage and calculation:

(1)The coverage of table 5-1 to table 5-6 and table 5-10 to table 5-11 is the whole society,the coverage of table 5-7 to table 5-9 is the whole corporate industrial enterprises whose core operating revenue reach 5 million yuan and above.

(2)The gross domestic products,the total va1ue and added va1ue of industry related to the energy consumption were caculated on comparable prices.

(3)In the table 5-5,all kinds of energy consumption is calcu1ated on the basis of heat value equivalent,including the median consumption.The total energy consumption is calculated on the basis of electric heat value equivdent,not including the median consumption.

(4)In the table 5-7 on the efficiency of energy conversion, the coefficient for conversion of electric power into the standard coal equivalent is calculated in the following way:1 kwh of electric power is converted into 0.1229kg standard coal .

5-1 能 源 生 产 量

Energy Production

项　　目	Item	2009	2010
一次能源	**Primary Energy**		
水　电(亿千瓦·时)	Hydropower (100 million kwh)	3.12	4.61
二次能源	**Secondary Energy**		
焦　炭(万吨)	Coke (10000 tons)	21.67	19.99
汽　油(万吨)	Gasoline (10000 tons)	192.96	217.43
柴　油(万吨)	Diesel Oil (10000 tons)	440.80	437.00
燃料油(万吨)	Fuel oil (10000 tons)	35.83	15.64
液化石油气(万吨)	Liquefied Petroleum (10000 tons)	50.13	61.70
火　电(亿千瓦·时)	Thermal Power (100 million kwh)	298.75	328.42

5-2 能源消耗基本情况

Energy Consumption

项　　目	Item	2009	2010
能源消耗总量(万吨标准煤)	Total Energy Consumption (10000 tons of SCE)	5586.36	6034.39
# 工 业	Industry	2947.47	3011.03
电力消耗(亿千瓦·时)	Electricity Consumption (100 million kwh)	567.08	625.90
# 工 业	Industry	309.88	349.72
地区生产总值能耗(吨标准煤/万元)	Energy Consumption per unit of GDP (ton of SCE/10000 yuan)	0.6510	0.6210
地区生产总值电耗(万千瓦·时/万元)	Electricity Consumption per unit of GDP (ton of SCE/10000 yuan)	0.0661	0.0644
工业增加值能耗(吨标准煤/万元)	Energy Consumption per unit of Industrial Value-added (ton of SCE/10000 yuan)	0.9654	0.8753
工业增加值电耗(万千瓦·时/万元)	Electricity Consumption per unit of Industrial Value-added (10000 kwh/10000 yua	0.1015	0.1017

注:1. 电力数据按广州供电公司提供的数据进行整理。

2. 地区生产总值、工业增加值能耗和电耗均按可比价格计算。

3. 本表2010年能源消耗总量按新口径计算，即包括回收能。

Note: I. The data of electricity are collected in accordance with the data provided by Guangzhou Electricity Supply Company.

II. Energy consumption and electricity consumption of value added in industry and gross industrial output value are calculated on comparable coverage.

III. In 2010, total Energy Consumption in this table is calculated on new coverage, including recovery of energy.

5-3 能 源 消 费 总 量

Total Consumption of Energy

单位:万吨标准煤 (10000 tons of SCE)

项　目	Item	2009 数　量 Consumption Volume	2009 构　成(%) Composition (%)	2010 数　量 Consumption Volume	2010 构　成(%) Composition (%)
合　计	**Total**	5586.36	100.00	6034.39	100.00
生产消费	Production Consumption	4990.39	89.33	5377.16	89.11
第一产业	Primary Industry	87.88	1.57	94.03	1.56
第二产业	Secondary Industry	3037.00	54.37	3104.36	51.44
# 工　业	Industry	2947.47	52.76	3011.03	49.90
第三产业	Tertiary Industry	1865.51	33.39	2178.77	36.11
生活消费	Residential Consumption	595.97	10.67	657.23	10.89
城　镇	Urban Areas	434.76	7.78	489.33	8.11
乡　村	Rural Areas	161.21	2.89	167.90	2.78

注:本表2010年能源消费总量按新口径计算，即包括回收能。

Note: In 2010, total energy consumption in this table is calculated on new coverage, including recovery of energy.

5-4 平均每天各种能源消费量

Average Daily Energy Consumption by Type of Energy

项　目	Item	2009	2010
能源消费总量(吨标准煤)	**Total (ton of SCE)**	**153051**	**165326**
煤　炭(吨)	Coal (ton)	77597	79303
原　油(吨)	Crude Oil (ton)	30766	32301
燃料油(吨)	Fuel Oil (ton)	8103	8296
汽　油(吨)	Gasoline (ton)	9349	11265
煤　油(吨)	Kerosene (ton)	3927	4605
柴　油(吨)	Diesel Oil (ton)	11366	13168
液化石油气(吨)	Liquefied Petroleum Gas (ton)	5738	6272
电　力(万千瓦·时)	Electricity (10000 kwh)	15536	17148

注:电力数据按广州供电公司提供的数据进行整理。

Note: The data of electricity are collected in accordance with the data provided by Guangzhou Electricity Supply Company.

5-5 综合能源平衡表(2010年)

Overall Energy Balance Sheet (2010)

单位:万吨标准煤 (10000 tons of SCE)

项 目	Item	煤炭 Coal	焦炭 Coke	原油 Crude Oil	汽油 Gasoline	柴油 Diesel Oil
可供本地区消费的能源量	**Total Energy Available for Local Consumption**	**2134.27**	**48.80**	**1684.27**	**285.09**	**63.56**
# 外省(区、市)调入量	Allocation from Other Provinces (cities)	2045.73	52.82		895.02	1648.75
本省(区、市)调出量(-)	Allocation to Other Provinces (-)				-594.15	-1619.73
进口量	Imports	42.01		1689.53		14.82
出口量(-)	Exports (-)				-34.62	-40.89
加工转换投入(-)产出(+)量	**Input-Output of Energy Conversion Transformation**	**-1096.85**	**19.32**	**-1681.06**	**319.93**	**635.59**
火力发电	Thermal Power	-985.70				-1.06
供 热	Heating	-85.97				-0.10
炼 焦	Coking	-25.18	19.32			
炼 油	Petroleum Refining			-1681.06	319.93	636.75
制 气	Gas Production					
损失量	**Losses**			**3.21**		
终端消费量	**Final Consumption**	**1037.42**	**68.12**		**605.02**	**699.15**
第一产业	Primary Industry	13.11			18.66	38.02
第二产业	Secondary Industry	972.80	68.12		50.17	161.34
# 工 业	Industry	971.89	68.12		29.50	117.86
第三产业	Tertiary Industry	51.37			403.72	499.79
生活消费	Residential Consumption	0.14			132.47	
城 镇	Urban Areas	0.08			117.64	
乡 村	Rural Areas	0.06			14.83	
消费量合计	**Total Energy Consumption**	**2134.27**	**68.12**	**1684.27**	**605.02**	**700.31**

5-5 续表 continued

单位:万吨标准煤 (10000 tons of SCE)

项目	Item	燃料油 Fuel Oil	液化石油气 Liquefied Petroleum Gas	热力 Heating	电力 Electricity	能源消费总量 Total Energy Consum-ption
可供本地区消费的能源量	**Total Energy Available for Local Consumption**	**410.24**	**319.96**	**10.99**	**984.70**	**6026.16**
# 外省(区、市)调入量	Allocation from Other Provinces (cities)	831.56	256.94	10.99	969.42	7235.74
本省(区、市)调出量(-)	Allocation to Other Provinces (-)	-668.48	-44.52			-3331.70
进口量	Imports	189.30	106.36			2127.31
出口量(-)	Exports (-)	-23.07				-205.95
加工转换投入(-)产出(+)量	**Input-Output of Energy Conversion Transformation**	**21.91**	**72.48**	**64.28**	**1089.34**	**-17.15**
火力发电	Thermal Power	-0.43			1089.34	
供热	Heating			64.28		-26.77
炼焦	Coking					-2.18
炼油	Petroleum Refining	22.34	72.48			-2.36
制气	Gas Production					
损失量	**Losses**				**102.92**	**106.14**
终端消费量	**Final Consumption**	**432.15**	**392.44**	**75.27**	**1971.12**	**5911.10**
第一产业	Primary Industry		10.20		14.05	94.03
第二产业	Secondary Industry	198.28	72.84	75.27	1081.92	2981.07
# 工业	Industry	197.95	72.00	75.27	1055.94	2887.74
第三产业	Tertiary Industry	233.87	199.92		482.94	2178.77
生活消费	Residential Consumption		109.48		392.21	657.23
城镇	Urban Areas		90.74		258.87	489.33
乡村	Rural Areas		18.74		133.34	167.90
消费量合计	**Total Energy Consumption**	**432.58**	**392.44**	**75.27**	**2074.04**	**6034.39**

注:本表2010年能源消费总量按新口径计算，即包括回收能。

Note: In 2010, total energy consumption in this table is calculated on new coverage, including recovery of energy.

5-6 平均每万元地区生产总值能源消费量

Energy Consumption Per 10000 Yuan Gross Domestic Product

项　　目	Item	2009	2010
能源消费总量(吨标准煤/万元)	**Total (ton of SCE /10000 yuan)**	**0.6510**	**0.6210**
煤　炭(吨/万元)	Coal (ton/10000 yuan)	0.3301	0.2979
电　力(万千瓦·时/万元)	Electricity (10000 kwh/10000 yuan)	0.0661	0.0644
原　油(吨/万元)	Crude Oil (ton/10000 yuan)	0.1309	0.1213

5-7 规模以上工业企业能源加工转换效率(2010年)

Efficiency of Energy Conversion by Industrial Enterprises above Designated Size (2010)

项　　目	Item	火力发电 Thermal Power Generation	供 热 Heating	炼 焦 Coking	炼 油 Petroleum Refining
投入量合计(万吨标准煤)	Total Input (10000 tons of SCE)	1067.46	87.25	25.19	1694.29
产出量合计(万吨标准煤)	Total Output (10000 tons of SCE)	404.02	64.28	23.19	1683.50
加工转换损失量(万吨标准煤)	Losses in Energy Conversion (10000 tons of SCE)	663.44	22.97	2.00	10.79
加工转换效率(%)	Efficiency of Energy Conversion (%)	37.85	73.67	92.06	99.36

5-8 规模以上工业企业分行业主要能源消费量(2010年)

行　业	Sector
工　业	**Industry**
轻工业	Light Industry
重工业	Heavy Industry
# 农副食品加工业	Processing of Food from Agricultural Products
食品制造业	Manufacture of Foods
饮料制造业	Manufacture of Beverage
烟草制品业	Manufacture of Tobacco
纺织业	Manufacture of Textile
纺织服装、鞋、帽制造业	Manufacture of Textile Wearing Apparel, Footwear and Caps
皮革、毛皮、羽(毛)绒及其制品业	Manufacture of Leather, Fur, Feather and Related Products
木材加工及木、竹、藤、棕、草制品业	Processing of Timber, Manufacture of Wood, Bamboo, Rattan, Palm and Straw Products
家具制造业	Manufacture of Furniture
造纸及纸制品业	Manufacture of Paper and Paper Products
印刷业和记录媒介的复制	Printing, Reproduction of Recording Media
文教体育用品制造业	Manufacture of Articles for Culture, Education and Sport Activities
石油加工、炼焦及核燃料加工业	Processing of Petroleum, Coking, Processing of Nuclear Fuel
化学原料及化学制品制造业	Manufacture of Raw Chemical Materials and Chemical Products
医药制造业	Manufacture of Medicines
化学纤维制造业	Manufacture of Chemical Fibers
橡胶制品业	Manufacture of Rubber
塑料制品业	Manufacture of Plastics
黑色金属冶炼及压延加工业	Smelting and Pressing of Ferrous Metals
有色金属冶炼及压延加工业	Smelting and Pressing of Non-ferrous Metals
金属制品业	Manufacture of Metal Products
电力、热力的生产和供应业	Production and Supply of Electric Power and Heat Power
水的生产和供应业	Production and Supply of Water

注:本表电力消费量包含企业自产自用电量。

Consumption of Main Energy by Industrial Sector above Designated Size (2010)

煤 炭 (吨) Coal (ton)	燃料油 (吨) Fuel Oil (ton)	汽 油 (吨) Gasoline (ton)	柴 油 (吨) Diesel Oil (ton)	热 力 (百万千焦) Heating (million kJ)	电 力 (万千瓦·时) Electricity (10000 kwh)
21023531	**716112**	**180507**	**716203**	**22073883**	**4209069**
3411286	275631	98338	295233	17374569	1188723
17612245	440481	82169	420970	4699314	3020346
249931	8708	1619	10999	2132886	40667
61866	34607	11071	36435	1804630	57809
110882	4013	600	15253	3144640	41863
544		90	2534	51377	4029
1425782	50155	10674	36003	917177	171165
262454	47437	11435	33385	221567	126797
42915	14615	6145	11390		62840
17894	237	732	4494		11883
224	870	13054	5175	947	20071
1031268	19391	4117	10394	8651977	129727
354	1152	2197	5676	15	25700
13510	3947	2611	8119		37358
562062	72672	403	939	150434	132504
513581	34636	18028	60915	882048	264575
90936	11560	1671	15864	85407	30702
3118	182	30	1688		7283
115622	28291	3569	5021	114125	53658
87230	24026	16490	23058		179952
320481	4749	1086	150244	2149120	270328
33860	9260	2782	12425		27865
38743	127937	9987	33587	100067	115755
15209779	3347	1380	5061		1383705
	1771	1295	5553		68885

Note: The electricity consumption in the table includs electricity generated and used by enterprise itself.

5-9 规模以上工业企业单位增加值能耗

Energy Consumption by Added Value of Industrial Enterprises above Designated Size

单位:吨标准煤/万元 (ton of SCE/10000 yuan)

行业	Sector	2009	2010
合计	**Total**	**0.8900**	**0.7820**
# 农副食品加工业	Processing of Food from Agricultural Products	0.5305	0.0226
食品制造业	Manufacture of Foods	0.2620	0.0760
饮料制造业	Manufacture of Beverages	0.3064	0.3511
烟草制品业	Manufacture of Tobacco	0.0107	0.0087
纺织业	Manufacture of Textile	2.5958	2.3550
纺织服装、鞋、帽制造业	Manufacture of Textile Wearing Apparel, Footwear and Caps	0.5313	0.5203
皮革、毛皮、羽毛(绒)及其制品业	Manufacture of Leather, Fur, Feather and Related Products	0.2976	0.2720
木材加工及木、竹、藤、棕、草制品业	Processing of Timber, Manufacture of Wood, Bamboo, Rattan, Palm and Straw Products	0.9817	1.1197
家具制造业	Manufacture of Furniture	0.2666	0.1798
造纸及纸制品业	Manufacture of Paper and Paper Products	0.9447	1.8394
印刷业和记录媒介的复制	Printing, Reproduction of Recording Media	0.2313	0.1774
文教体育用品制造业	Manufacture of Articles for Culture, Education and Sport Activities	0.3062	0.2527
石油加工、炼焦及核燃料加工业	Processing of Petroleum, Coking, Processing of Nuclear Fuel	21.1759	3.3207
化学原料及化学制品制造业	Manufacture of Raw Chemical Materials and Chemical Products	0.3264	0.1955
医药制造业	Manufacture of Medicines	0.3053	0.2736
化学纤维制造业	Manufacture of Chemical Fibers	0.5573	0.8479
橡胶制品业	Manufacture of Rubber	1.0211	1.0073
塑料制品业	Manufacture of Plastics	0.6061	0.5214
非金属矿物制品业	Manufacture of Non-metallic Mineral Products	3.6272	2.7724
黑色金属冶炼及压延加工业	Smelting and Pressing of Ferrous Metals	4.0587	4.0870
有色金属冶炼及压延加工业	Smelting and Pressing of Non-ferrous Metals	0.9377	0.5709
金属制品业	Manufacture of Metal Products	0.7604	0.7212
通用设备制造业	Manufacture of General Purpose Machinery	0.2059	0.1771
专用设备制造业	Manufacture of Special Purpose Machinery	0.1529	0.1265
交通运输设备制造业	Manufacture of Transport Equipment	0.0574	0.0556
电气机械及器材制造业	Manufacture of Electrical Machinery and Equipment	0.3057	0.2163
通讯设备、计算机及其他电子设备制造业	Manufacture of Communication Equipment, Computers and Other Electronic Equipment	0.1148	0.1119
仪器仪表及文化、办公用机械制造业	Manufacture of Measuring Instruments and Machinery for Cultural Activity and Office Work	0.1381	0.0944
工艺品及其他制造业	Manufacture of Artwork and Other Manufacturing	0.2509	0.3314
电力、热力的生产和供应业	Production and Supply of Electric Power and Heat Power	4.1036	5.4036
燃气生产和供应业	Production and Supply of Gas	0.1167	0.1274
水的生产和供应业	Production and Supply of Water	0.6343	0.7649

注:分行业工业增加值数据为2005年可比价口径。

Note: The added value of industrial enterprises above designated size by sector are calculated on comparable coverage of year 2005.

5-10 主要年份城市用电量

Total Electricity Supply in Main Years

单位:万千瓦·时 (10000 kwh)

年 份 Year	用电总量 Consumption	各行业用电 Total Electricity Consumption of Industry	#工 业 Industry	生活用电 Power Consumed by Urbanites
1990	651907	551870	402427	100037
1991	850413	729858	557693	120555
1992	988361	844301	641685	144060
1993	1194668	1013769	765423	180899
1994	1340090	1123076	824998	217014
1995	1491687	1239195	900550	252492
1996	1607619	1321780	948271	285839
1997	1700635	1399021	987404	301614
1998	1893271	1546097	1066325	347174
1999	2056799	1684648	1155344	372151
2000	2363174	1945091	1351669	418083
2001	2540201	2072950	1428461	467251
2002	2849015	2373574	1607851	475441
2003	3349712	2804357	1943780	545355
2004	3846375	3228990	2239481	617385
2005	4256677	3537004	2531916	719673
2006	4694234	3898916	2740256	795318
2007	5271258	4372014	3063610	899244
2008	5459185	4472140	3098761	987045
2009	5670810	4559439	3098871	1111371
2010	6258983	5075414	3497243	1183569

注:1. 本表资料2001年起为十区口径，其余年份为八区口径。

2. 本表数据由广州市供电公司提供。

Note: I. The coverage in this table cover the ten districts since 2001 while the eight districts in other years.

II. The data of electricity are collected in accordance with the data provided by Guangzhou electricity supply company.

5-11 全市用电(2010年)

单位:万千瓦·时

项　　目	Item
用电总量	**Total Consumption of Electricity**
各行业用电	**Total Electricity Consumption of Industry**
第一产业	**Primary Industry**
农、林、牧、渔、水利业	Agricultural, Forestry, Animal Husbandry, Fishery and Water Conservancy
第二产业	**Secondary Industry**
工　业	Industry
按轻重工业分	By Light and Heavy Industries
轻工业	Light Industry
重工业	Heavy Industry
按主要工业行业分	By Sector
食品、饮料和烟草制造业	Food, Beverage and Tobacco Products
纺织业	Manufacture of Textile
服装鞋帽、皮革羽绒及其制品业	Wearing Apparel, Footwear, Caps, Leather, Furs, Feather and Related Products
木材加工及制品和家具制造业	Processing of Timber, Manufacture of Wood Products and Manufacture of Furniture
造纸及纸制品业	Manufacture of Paper and Paper Products
印刷业和记录媒介的复制	Printing, Reproduction of Recording Media
文体用品制造业	Manufacture of Articles for Culture, Education and Sport Activities
石油加工、炼焦及核燃料加工业	Processing of Petroleum, Coking, Processing of Nuclear Fuel
化学原料及化学制品制造业	Manufacture of Raw Chemical Materials and Chemical Products
医学制造业	Manufacture of Medicines
化学纤维制造业	Manufacture of Chemical Fibers
橡胶和塑料制品业	Manufacture of Rubber
非金属矿物制品业	Manufacture of Non-metallic Mineral Products
黑色金属冶炼及压延加工业	Smelting and Pressing of Ferrous Metals
有色金属冶炼及压延加工业	Smelting and Pressing of Non-ferrous Metals
金属制品业	Manufacture of Metal Products
通用及专用设备制造业	Manufacturing of General Purpose and Special Purpose Machinery
交通运输、电气、电子设备制造业	Manufacture of Transport, Electrical and Electronic Equipment
工艺品及其他制造业	Manufacture of Artwork and Other Manufacturing
废弃资源和废旧材料回收加工业	Recycling and Disposal Waste
电力、热力的生产和供应业	Production and Supply of Electric Power and Heat Power
燃气生产和供应业	Production and Supply of Gas
水的生产和供应业	Production and Supply of Water
建筑业	Construction
第三产业	**Tertiary Industry**
交通运输、仓储、邮政业	Transport, Storage and Post
信息传输、计算机服务和软件业	Information Transmission, Computer Service and Software
商业、住宿和餐饮业	Business, Hotels and Catering Services
金融、房地产、商务及居民服务业	Financial Intermediation, Real Estate, Business Services and Services to Households
公共管理及社会组织	Public Management and Social Organizations
生活用电	**Electricity Consumption by Urban and Rural Households**
城镇居民	Urban Residents
乡村居民	Rural Residents

注:本表数据由广州市供电公司提供。

Total Electricity Consumption (2010)

(10000 kwh)

全 市 Total	市 区 Urban Districts	增城市 Zengcheng	从化市 Conghua
6258983	**5629954**	**471413**	**157616**
5075414	**4546868**	**397289**	**131257**
42397	**35334**	**5497**	**1566**
42397	35334	5497	1566
3575654	**3122610**	**344634**	**108410**
3497243	3054992	338125	104126
1273508	1006108	228950	38450
2223735	2048884	109175	65676
136724	122978	9332	4414
192615	77384	112228	3003
145046	112979	29807	2260
49469	36366	9254	3849
102588	97142	4469	977
16160	15317	769	74
16959	12184	1720	3055
133264	133208	53	3
132868	122689	6127	4052
23363	21536	347	1480
23257	19623	1567	2067
220956	180810	24059	16087
141815	116247	21849	3719
161410	158016	617	2777
33590	21648	519	11423
314800	274888	29544	10368
139616	131071	3281	5264
511377	472163	30445	8769
408527	397291	4427	6809
2103	1532	313	258
493333	458592	25454	9287
1701	1115	532	54
84160	65326	17157	1677
78411	67618	6509	4284
1457363	**1388924**	**47158**	**21281**
176193	175181	579	433
76462	71646	2707	2109
262436	234471	19770	8195
566056	554286	9254	2516
376216	353340	14848	8028
1183569	**1083086**	**74124**	**26359**
781225	717741	44697	18787
402344	365345	29427	7572

Note: The data of electricity are collected in accordance with the data provided by Guangzhou electricity supply company.

【能源消费总量】 指一定时期内全国(地区)物质生产部门、非物质生产部门和生活消费的各种能源的总和，是观察能源消费水平、构成和增长速度的总量指标，能源消费总量包括原煤和原油及其制品、天然气、电力等。不包括低热值燃料、生物质能和太阳能等的利用。能源消费总量分为三部分，即终端能源消费量、能源加工转换损失量和损失量。

(1)终端能源消费量：指一定时期内全国(地区)物质生产和生活消费的各种能源在扣除了用于加工转换二次能源消费量和损失量以后的数量。

(2)能源加工转换损失量：指一定时期内全国(地区)投入加工转换的各种能源数量之和与产出各种能源产品之和的差额。它是观察能源在加工转换过程中损失量变化的指标。

(3)能源损失量：指一定时期内能源在输送、分配、储存过程中发生的损失和由客观原因造成的各种损失量。不包括各种气体能源放空、放散量。

Explanatory Notes on Main Statistical Indicators

【Total Domestic Energy Consumption】 refers to the total consumption of energy of various kinds by material production sectors,non-material production sectors and households in the country (region)in a given period of time.It is a comprehensive indicator to show the scale,composition and development of energy consumption.The total energy consumption includes that of coal,crude oil and their products, natural gas and electricity.However,it excludes the consumption of fuel of low calorific value, bioenergy and solar energy.Total domestic energy consumption can be divided into three parts:

(1)Final Energy Consumption:It refers to the total energy consumption by material production sectors,non-material production sectors and households in the country (region)in a given period of time,but excludes the consumption in conversion of the primary energy into the secondary energy and the loss in the process of energy conversion.

(2)Loss During the Process of Energy Conversion:It refers to the total input of various kinds of energy for conversion,minus the total output of various kinds of energy in the country in a given period of time.It is an indicator to show the loss that occurs during the process of energy conversion.

(3)Loss:It refers to the total of the loss of energy during the course of energy transport,distribution and storage and the loss caused by any objective reason in a given period of time.The loss of various kinds of gas due to gas discharges and stocktaking is excluded.

第六篇 CHAPTER 6

财政、金融和保险

GOVERNMENT FINANCE,BANKING AND INSURANCE

简要说明

第六篇　财政、金融和保险

一、本篇资料反映广州市财政、金融、保险等方面的基本情况。

二、本篇资料由广州市统计局国民经济核算统计处负责整理提供。

三、资料来源：

1. 财政收支资料根据广州市财政局财政总决算报表等统计报表的有关项目加工整理；

2. 金融资料由中国人民银行广州分行提供；

3. 外资金融机构及代表处资料由中国银行业监督管理委员会广东监管局提供；

4. 保险业务、外资保险公司及保险公司代表处资料由中国保险监督管理委员会广东监管局提供。

Brief Introduction

6 Government Finance,Banking and Insurance

I .The data in this chapter show the basic conditions of finance,banking and insurance of Guangzhou Municipality.

II.The data in this chapter are prepared and provided by the Division of National Accounts of Guangzhou Municipal Bureau of Statistics.

III.Data sources:

(1)The data on government finance are prepared in accordance with the total final accounts table of finance and other statistical report forms provided by Guangzhou Municipal Bureau of Finance.

(2)The data on banking are provided by the People's Bank of China Guangzhou Branch.

(3)The data on foreign banking Institutions or offices are provided by China Banking Regulatory Commission Guangdong Regulatory Bureau.

(4)The data on insurance are provided by China Insurance Regulatory Commmision Guangdong Bureau.

6-1 财政和金融业主要经济指标

Main Indicators of Government Finance and Financial Intermediation

项　　目	Item	2009	2010	2010年比2009年增长(%) Growth Rate in 2010 over 2009 (%)
地方财政收入(万元)	Revenue of Local Government (10000 yuan)	11076649	13991612	26.32
一般预算收入	General Budgetary Revenue	7026527	8726470	24.19
# 增值税	Value-added Tax	1375085	1594182	15.93
营业税	Business Tax	1516049	1777343	17.24
企业所得税	Corporate Income Tax	732282	935248	27.72
个人所得税	Individual Income Tax	389824	472154	21.12
政府性基金收入	Governmental Funds Revenue	4050122	5265142	30.00
地方财政支出(万元)	Expenditure of Local Government (10000 yuan)	10594961	14871597	40.36
一般预算支出	General Budgetary Expenditure	7899155	9773199	23.72
# 一般公共服务支出	Public Expenditure	1134713	1222997	7.78
教育支出	Operating Expenses for Education	1103199	1126343	2.10
科学技术支出	Operating Expenses for Science and Technology	323623	319379	-1.31
医疗卫生支出	Operating Expenses for Health	480158	513908	7.03
政府性基金支出	Governmental Fund Expenditure	2695806	5098398	89.12
金融机构本外币各项存款余额(亿元)	Balance of Savings Deposit in Standard and Foreign Currencies in Financial Institutions (100 million yuan)	20944.19	23953.96	14.37
# 人民币	RMB	20401.72	23384.50	14.62
# 储蓄存款余额	Savings Deposits	7954.22	9069.26	14.02
金融机构本外币各项贷款余额(亿元)	Balance of Loan in Standard and Foreign Currencies in Financial Institutions (100 million yuan)	13851.83	16284.31	17.56
# 人民币	RMB	12598.16	14987.73	18.97
国内财产保险业务	Domestic Property Insurance			
保险金额(万元)	Amount Insured (10000 yuan)	771598627	894180888	15.89
保费收入(万元)	Premium Income (10000 yuan)	850118	1112327	30.84
赔款支出(万元)	Indemnity Expenditure (10000 yuan)	456242	518603	13.67
国内人身保险业务	Domestic Life Insurance			
保费收入(万元)	Premium Income (10000 yuan)	2423648	3091839	27.57
期满给付(万元)	Mature Payment (10000 yuan)	153541	166554	8.48
死伤医疗给付(万元)	Payment for Death, Injury and Medical Treatment (10000 yuan)	31449	38370	22.01

6-2 地方财政收支(1978-2010年)

Local Government Revenue and Expenditure (1978-2010)

单位:亿元 (100 million yuan)

年 份 year	地方财政收入 Revenue of Local Government	# 一般预算收入 General Budgetary Revenue	地方财政支出 Expenditure of Local Government	# 一般预算支出 General Budgetary Expenditure
1978	14.01	13.65	4.40	3.87
1979	13.64	13.12	4.47	4.16
1980	16.29	15.43	4.98	4.35
1981	17.92	17.10	5.57	4.76
1982	19.44	18.36	6.19	5.42
1983	21.18	19.81	7.30	6.02
1984	22.63	21.16	8.34	7.16
1985	30.18	28.85	11.82	10.75
1986	32.44	31.15	16.27	15.23
1987	35.24	34.18	16.45	15.13
1988	41.37	39.71	21.52	19.95
1989	47.23	46.51	25.41	24.66
1990	37.82	36.94	25.12	24.31
1991	49.62	48.49	32.16	30.71
1992	52.92	51.35	33.79	32.25
1993	79.27	77.37	55.19	53.82
1994	64.87	62.87	75.77	73.74
1995	99.75	97.08	112.78	111.24
1996	88.11	85.24	125.12	121.91
1997	106.07	97.72	146.92	138.99
1998	137.32	132.19	179.61	175.11
1999	188.14	176.15	231.09	222.37
2000	219.91	200.55	258.60	240.72
2001	271.91	246.19	314.98	292.63
2002	269.10	245.87	350.19	326.67
2003	300.55	274.77	395.52	370.09
2004	338.45	302.87	447.06	408.34
2005	408.85	371.26	476.28	438.41
2006	476.72	427.08	559.42	506.79
2007	838.99	523.79	850.01	623.69
2008	843.14	621.84	997.94	713.35
2009	1107.66	702.65	1059.50	789.92
2010	1399.16	872.65	1487.16	977.32

6-3 地方财政收入(2010年)

Revenue of Local Government (2010)

单位:万元 (10000 yuan)

项　目	Item	全市 Total	市区 Urban Districts	增城市 Zengcheng	从化市 Conghua
地方财政收入合计	Total Revenue of Local Government	13991612	12794016	845782	351814
一般预算收入	General Budgetary Revenue	8726470	8134360	398759	193351
# 增值税	Value-added Tax	1594182	1519221	55361	19600
营业税	Business Tax	1777343	1635986	99622	41735
企业所得税	Corporate Income Tax	935248	892548	28447	14253
个人所得税	Individual Income Tax	472154	456100	9677	6377
城市维护建设税	City Maintenance and Construction Tax	426622	404563	15781	6278
房产税	Real Estate Tax	416964	401478	10075	5411
印花税	Stamp Tax	194584	180985	8580	5019
城镇土地使用税	Urban Land Use Tax	168718	142691	18826	7201
车船税	Tax on Vehicles and Boat Operation	43848	42321	748	779
契　税	Deed Tax	610978	548805	44196	17977
国有资本经营收入	Operation Income of State-owned Assets	381998	379617		2381
行政事业性收费收入	Charge of Administrative and Institutional Units	651651	590932	44629	16090
罚没收入	Penalty Receipts	166919	157244	5928	3747
专项收入	Special Revenue	205412	191229	10605	3578
其他收入	Others	44044	33944	2138	7962
政府性基金收入	Revenue from government-controlled funds	5265142	4659656	447023	158463
附:上级补助收入	Subsidies from Higher Levels	1981135	1788923	94459	97753
# 消费税和增值税税收返还收入	Consumption Tax and Value-added Taxed Tax Return	406982	395274	7473	4235
所得税基数返还收入	Tax Base Return	448629	439514	4812	4303

6-4 地方财政支出(2010年)

Expenditure of Local Government (2010)

单位:万元 (10000 yuan)

项　　目	Item	全市 Total	市区 Urban Districts	增城市 Zengcheng	从化市 Conghua
地方财政支出合计	Total Expenditure of Local Government	14871597	13613207	868912	389478
一般预算支出	General Budgetary Expenditure	9773199	9085469	432403	255327
# 一般公共服务	Expenditure for General Public Services	1222997	1094101	66525	62371
国　防	Expenditure for National Defense	17142	16054		1088
公共安全	Expenditure for Public Security	1114366	1043944	44430	25992
教　育	Expenditure for Education	1126343	979419	87871	59053
科学技术	Expenditure for Science and Technology	319379	309818	6664	2897
文化体育与传媒	Expenditure for Culture, Sports and Media	524684	506523	15172	2989
社会保障和就业	Expenditure for Social Safety Net and Employment Effort	1141224	1052349	51636	37239
医疗卫生	Expenditure for Medical and Health	513908	469363	26802	17743
环境保护	Expenditure for Environmental Protection	243259	237608	3888	1763
城乡社区事务	Expenditure for Urban and Rural Community Affairs	924110	894566	23203	6341
农林水事务	Expenditure for Agriculture, Forestry and Water Conservancy	389238	331173	35982	22083
交通运输	Expenditure for Transportation	406399	394794	7603	4002
资源勘探电力信息等事务	Expenditure for Mining and Power Information	522183	513373	5144	3666
商业服务业等事务	Expenditure for Business Services	316622	307684	6162	2776
粮油物资储备管理等事务	Expenditure for Grain, Edible Oil and Materials Reserves	31270	26968	2407	1895
金融监管等事务支出	Expenditure for Financial Regulatory	3903	3903		
地震灾后恢复重建支出	Expenditure for Post-earthquake Recovery and Reconstruction	72517	69351	3166	
住房保障支出	Expenditure for Affordable House	419954	410046	9908	
其他支出	Other Expenditures	321253	288238	32481	534
政府性基金支出	Expenditure for government-controlled funds	5098398	4527738	436509	134151
附:上解上级支出	Expenditure for Cental and Provincial Governments	341809	320409	15553	5847

6-5 中外资金融机构本外币存贷款年末余额

Balance of Savings Deposits and Loans in Standard and Foreign Currencies of Financial Institutions at Year-end

单位:亿元 (100 million yuan)

项　　目	Item	2009	2010
各项存款余额	Deposits in Various Forms	20944.19	23953.96
企事业单位存款	Deposits by Enterprises and Institutions	8320.58	9177.83
储蓄存款	Savings Deposits	8214.21	9302.33
活期存款	Demand Deposits	3700.88	4542.45
定期存款	Time Deposits	4513.33	4759.88
信托存款	Trusted Deposits	0.05	0.05
委托存款	Entrusted Deposits	132.21	185.31
其他存款	Other Deposits	4277.14	5288.44
各项贷款余额	Loans in Various Forms	13851.83	16284.31
短期贷款	Short-term Loans	3405.57	3423.06
中长期贷款	Medium & Long-term Loans	9394.54	11823.20
信托贷款	Trusted Loans		
委托贷款	Entrusted Loans	40.58	26.51
其他贷款	Other Loans	399.63	372.27
票据融资	Bill Financing	601.09	627.30
各项垫款	All Advances	10.42	11.97

6-6 中外资金融机构外汇存贷款年末余额

Balance of Savings Deposits and Loans in Foreign Currencies of Financial Institutions at Year-end

单位:亿美元 (100 million USD)

项　　目	Item	2009	2010
各项存款	Deposits in Various Forms	79.45	85.99
单位活期存款	Demand Deposits	25.71	33.34
单位定期存款	Time Deposits	7.74	7.30
储蓄存款	Savings Deposits	38.08	35.19
信托存款	Trusted Deposits		
委托存款	Entrusted Deposits	0.28	0.27
其他类存款	Other Deposits	2.72	3.37
境外存款	Offshore Deposits	4.92	6.52
各项贷款	Loans in Various Forms	183.60	195.78
境内贷款	Domestic Loans	178.99	187.83
境内短期贷款	Short-term Loans	44.70	40.69
境内中长期贷款	Medium & Long-term Loans	75.44	90.39
进出口贸易融资	Trade Financing for Import and Export	54.76	52.90
票据融资	Bill Financing	…	0.22
融资租赁	Financing Leasing	0.02	0.02
信托贷款	Trust Loans		
委托贷款	Entrusted Loans		
各项垫款	All Advanced Money	0.39	0.39
境外筹资转贷款	Loans from Offshore Financing	3.68	3.22
境外贷款	Overseas Loans	4.61	7.95

6-7 中外资金融机构存贷款年末余额(折人民币，2005-2010年)

Saving Deposits and Loans Balance of Chinese & Foreign Financial Institutions (converted into RMB, at the end of year from 2005 to 2010)

单位:亿元 (100 million yuan)

项　目	Item	2005	2006	2007	2008	2009	2010
存款余额(折人民币)	**Saving Deposits Balance (as RMB)**	**11734.10**	**13350.97**	**14783.46**	**16929.47**	**20944.19**	**23953.96**
中资金融机构	Chinese Financial Institutions						
人民币	RMB	11065.22	12688.81	14177.46	16219.23	20081.46	22775.50
外汇(亿美元)	Foreign Exchange (USD 100 million)	75.38	72.42	56.09	63.11	63.67	68.09
外资金融机构	Foreign-funded Financial Institutions						
人民币	RMB	20.08	42.43	132.24	201.82	320.26	609.00
外汇(亿美元)	Foreign Exchange (USD 100 million)	5.01	6.94	8.75	11.27	15.77	17.90
贷款余额(折人民币)	**Loans Balance (as RMB)**	**7622.20**	**8668.58**	**9661.38**	**11079.55**	**13851.83**	**16284.31**
中资金融机构	Chinese Financial Institutions						
人民币	RMB	6873.34	7854.22	8570.79	10042.19	12316.01	14597.74
外汇(亿美元)	Foreign Exchange (USD 100 million)	70.70	72.49	101.03	88.10	153.88	160.92
外资金融机构	Foreign-funded Financial Institutions						
人民币	RMB	34.69	77.56	166.26	262.54	282.15	389.99
外汇(亿美元)	Foreign Exchange (USD 100 million)	17.79	21.86	25.51	26.15	29.72	34.86

6-8 中外资金融机构人民币信贷资金平衡表(2010年末)

单位:亿元

项　　目	Item
资金来源项目	**Sources of Funds**
合　　计	Total
各项存款	Deposits in Various Forms
企业存款	Deposits of Enterprises
财政存款	Fiscal Deposits
机关团体存款	Deposits of Government Agencies and Organizations
储蓄存款	Urban and Rural Savings Deposits
活期储蓄	Demand Deposits
定期储蓄	Time Deposits
农业存款	Agricultural Deposits
信托存款	Trusted Deposits
委托存款	Entrusted Deposits
其他存款	Other Deposits
金融债券	Financial Bonds
应付及暂收款	Paybable and Supense Credit
同业往来	Inter-bank Transaction
行内资金往来	Capital Transaction inside the System
各项准备	All Reserves
所有者权益	Creditors' Equity
其　他	Others

Credit Funds Balance Sheet of Financial Institutions (Year-end of 2010)

(100 million yuan)

全 市 Total	市 区 Urban Districts	增城市 Zengcheng	从化市 Conghua
23920.66	23049.80	653.46	217.40
23384.50	22471.72	694.97	217.81
8908.74	8678.45	173.29	57.00
869.35	830.27	33.49	5.59
1849.33	1804.82	27.74	16.77
9069.26	8540.23	404.59	124.44
4454.52	4142.73	239.03	72.76
4614.74	4397.50	165.56	51.68
536.12	486.94	37.37	11.81
0.05	0.05		
183.55	183.01	0.54	
1968.10	1947.95	17.95	2.20
52.30	52.30		
524.58	518.89	3.74	1.95
967.04	966.99	0.05	…
317.14	316.48	0.39	0.27
922.00	910.14	9.45	2.41
-2246.90	-2186.72	-55.14	-5.04

6-8 续表

单位:亿元

项　　目	Item
资金运用项目	**Uses of Funds**
合　计	Total
各项贷款	Loans in Various Forms
境内贷款	Domestic Loans
短期贷款	Short-term Loans
个人贷款及透支	Personal Loans & Overdrafts
单位贷款及透支	Corporate Loans and Overdrafts
普通并购贷款	General Annexation Loans
银团贷款	Syndicated Loans
贸易融资	Trade Finance
中长期贷款	Medium & Long-term Loans
个人贷款	Personal Loans
单位贷款	Corporate Loans
普通并购贷款	General Annexation Loans
银团贷款	Syndicated Loans
贸易融资	Trade Finance
信托贷款	Trusted Loans
融资租赁	Financing Leasing
委托贷款	Trusted Loans
票据融资	Bill Financing
各项垫款	All Advanced Money
境外贷款	Overseas Loans
有价证券及投资	Securities & Investment
应收及预付款	Amount Receivable and Prepaid
同业往来	Inter-bank Transaction
行内资金往来	Capital Transaction inside the System
金银占款	Purchase of Gold & Silver
外汇占款	Purchase of Foreign Exchanges
固定资产	Fixed Asset
库存现金	Cash in Vault
投资性房地产	Investment Real Estate

continued

(100 million yuan)

全 市 Total	市 区 Urban Districts	增城市 Zengcheng	从化市 Conghua
23920.66	23049.80	653.46	217.40
14987.73	14481.99	396.47	109.27
14983.28	14477.54	396.47	109.27
3148.54	3040.47	95.86	12.21
576.66	563.14	11.56	1.96
2242.68	2151.66	81.32	9.70
58.73	58.73		
270.47	266.94	2.98	0.55
11172.61	10779.90	296.85	95.86
2462.80	2288.38	138.47	35.95
6676.56	6462.57	154.08	59.91
46.14	46.14		
1916.34	1912.04	4.30	
70.77	70.77		
0.40	0.40		
26.51	26.51		
625.85	620.89	3.76	1.20
9.37	9.37		
4.45	4.45		
1818.11	1818.12	-0.01	…
218.99	212.23	5.36	1.40
104.67	104.67		
6510.58	6162.49	244.03	104.06
-43.54	-43.63	0.09	
199.73	196.37	2.30	1.06
120.23	113.40	5.22	1.61
4.16	4.16		

6-9 中资金融机构人民币各项存贷款年末余额

Balance of Savings Deposits and Loans in Standard and Foreign Currencies of Chinese Financial Institutions at Year-end

单位:亿元 (100 million yuan)

项　目	Item	2009	2010
各项存款余额	Deposits in Various Forms	20081.46	22775.49
# 企业存款	Deposits by Enterprises and Institutions	7834.79	8461.57
储蓄存款	Savings Deposits	7920.13	9013.15
活期存款	Demand Deposits	3600.53	4443.06
定期存款	Time Deposits	4319.60	4570.10
信托存款	Trusted Deposits	0.05	0.05
委托存款	Entrusted Deposits	130.27	183.55
其他存款	Other Deposits	1737.72	1862.37
各项贷款余额	Loans in Various Forms	12316.01	14597.74
短期贷款	Short-term Loans	2940.83	2971.20
中长期贷款	Medium & Long-term Loans	8738.88	11029.85
信托贷款	Trusted Loans		
融资租赁	Financing Lease	0.40	0.40
委托贷款	Entrusted Loans	40.58	26.51
票据融资	Bill Financing	587.56	560.40
各项垫款	All Advances	7.76	9.38

6-10 主要年份保费收入和赔款及给付支出

Premiums Income, Indemnity Expenditure and Payment in Main Years

年 份 Year	保费收入 (万元) Premium (10000 yuan)	赔款及给付支出 (万元) Claim and Payment (10000 yuan)	赔款率 (%) Indemnity and Payment Ratio (%)
1980	197		
1981	726	34	4.68
1982	1387	114	8.22
1983	1609	477	29.65
1984	2480	627	25.28
1985	5043	1153	22.86
1986	8654	3117	36.02
1987	14855	3784	25.47
1988	17985	4052	22.53
1989	28017	7742	27.63
1990	46963	45207	96.26
1991	58771	19762	33.63
1992	94839	32846	34.63
1993	204267	89930	44.03
1994	244017	96299	39.46
1995	313528	113052	36.06
1996	411021	168637	41.03
1997	579787	200828	34.64
1998	559618	195177	34.88
1999	555424	201673	36.31
2000	574506	133011	23.15
2001	810415	180525	22.28
2002	998741	230440	23.07
2003	1172755	242972	20.72
2004	1329411	278910	20.98
2005	1586302	312074	19.67
2006	1754637	399586	22.77
2007	2275036	542852	23.86
2008	3106047	675962	21.76
2009	3273766	785375	23.98
2010	4204166	880790	20.95

注:本表数据2008年起来源于中国保险监督管理委员会广东监管局，2008年前来源于广东省保险行业协会。

Note: The data since 2008 in this table are provided by Guangdong Bureau of China Insurance Regulatory Commission, while the data before 2008 were provided by the Guangdong Association of Insurance Industry.

6-11 保险公司主要业务指标(2010年)

Major Business Indicators of Insurance Companies (2010)

单位:万元 (10000 yuan)

指标	Indicators	保险金额 Amount Insured	保费收入 Premium	赔款及给付支出 Claim and Payment
总计	Total	925914526	4204166	880790
财产保险	Property Insurance	894180888	1112327	518603
人身保险	Personal Insurance	31733638	3091839	362187

6-12 财产保险公司主要指标

Main Indicators of Property Insurance Companies

单位:万元 (10000 yuan)

项目	Item	2009		2010	
		保费收入 Premiums	赔款支出 Claim and Payment	保费收入 Premiums	赔款支出 Claim and Payment
合计	**Total**	**850118**	**456242**	**1112327**	**518603**
企业财产保险	Enterprise Property Insurance	114006	72837	120345	73078
家庭财产保险	Family Property Insurance	4404	334	4039	544
# 投资型家财险	Investment Family Property Insurance	169	7	70	8
机动车辆保险	Motor Vehicle Insurance	492174	261077	660853	309016
工程保险	Enginerring Insurance	23156	15037	58209	10778
责任保险	Liability Insurance	36971	10897	48111	17145
信用保险	Export Credit Insurance	44701	19455	73914	15038
保证保险	Guarantee Insurance	2743	2773	7987	2722
# 机动车辆消费贷款保证保险	Vehicle Loan Guarantee Insurance	-1	1446	…	1762
个人贷款抵押房屋保证保险	Personal Loan Mortgage Housing Guarantee Insurance	749	74	-1401	311
船舶保险	Ship Insurance	40620	22564	43263	19006
货物运输保险	Freight Transport Insurance	28982	19453	38552	20308
特殊风险保险	Special Risk Insurance	31994	19971	24179	32497
农业保险	Agricultural Insurance	408	419	329	479
健康险	Health Insurance	7828	4883	9415	6007
意外伤害保险	Accident Injury Insurance	22081	6511	23090	9564
其他险	Other Insurance	50	31	41	2421

6-13 人身保险公司主要指标

Main Indicators of Personal Insurance Companies

单位:万元 (10000 yuan)

项　目	Item	2009	2010
保费收入	**Premiums Income**	**2423648**	**3091839**
按险种分	Classify by Insurance Code		
寿　险	Life Insurance	2158694	2770033
个人业务	Individual Insurance	2094061	2638077
新单保费	Initial Premiums	1419655	1763760
续期保费	Renewable Premiums	674406	874317
团体业务	Group Isurance	64634	131956
新单保费	Initial Premiums	62022	106611
续期保费	Renewable Premiums	2612	25345
意外伤害险	Personal Accidental Death and Injury Insurance	63090	71221
一年期以内业务	Less than one-year Product	5124	5512
一年期业务	Annual Product	55581	61013
一年以上业务	Long-term Product	2385	4696
健康险	Health Insurance	201864	250585
一年期以内及一年期业务	Annual Product and Less than one-year Product	80696	90504
个人业务	Individual Insurance	41319	42208
团体业务	Group Isurance	39377	48296
一年期以上业务	Long-term Product	121168	160081
个人业务	Individual Insurance	107834	151200
团体业务	Group Isurance	13334	8881
按新型产品分	Classify by New Insurance Products		
寿险保费收入合计	Total Life Insurance Premiums	2158694	2770033
普通寿险	Ordinary Life Insurance	259811	271741
新单保费	Initial Premiums	31893	32418
续期保费	Renewable Premiums	227918	239323
分红寿险	Participating Insurance	1486224	2146923
新单保费	Initial Premiums	1125257	1596115
续期保费	Renewable Premiums	360967	550808
投资连结保险	Unit-linked Insurance	131532	125041
万能寿险	Universal Life Insurance	281127	226328

6-13 续表 continued

单位:万元 (10000 yuan)

项　　目	Item	2009	2010
赔付支出	**Claims Paid**	**329133**	**362187**
赔款支出	Compensation Expenses	65246	72481
意外伤害险	Personal Accidental And Injury Insurance	9318	8984
一年期以内业务	Less than one-year Product	270	147
一年期业务	Annual Product	9048	8837
一年期以内及一年期健康险	Annual and Less than one-year Health Insurance	55928	63497
个人业务	Individual Insurance	18329	20563
团体业务	Group Insurance	37599	42934
死伤医疗给付合计	Total Casualty Medical Payments	31449	38370
寿　险	Life Insurance	18076	21184
个人业务	Individual Insurance	16678	17617
团体业务	Group Insurance	1398	3567
一年期以上健康险	Long-term Health Insurance	13373	17186
个人业务	Individual Insurance	10972	12642
团体业务	Group Insurance	2401	4544
满期给付合计	Total Mature Payment	153541	166554
寿　险	Life Insurance	150937	137893
个人业务	Individual Insurance	150304	131609
团体业务	Group Insurance	633	6284
一年期以上健康险	Long-term Health Insurance	2604	28661
个人业务	Individual Insurance	665	19446
团体业务	Group Insurance	1939	9215
年金给付合计	Total Pension Payments	78897	84782
个人业务	Individual Insurance	62970	65490
团体业务	Group Insurance	15927	19292
退保金	Cash Surrender Value	479963	548722
寿　险	Life Insurance	473158	541717
个人业务	Individual Insurance	277972	460178
团体业务	Group Insurance	195186	81539
一年期以上健康险	Long-term Health Insurance	6805	7005

6-14 主要外资金融机构及代表处一览表

List of Main Foreign Financial Institutions and Representative Offices

机构(代表处)名称及所属国家(地区)	Name of Institutions (Representative Offices)	批准日期 Date of Approval
南洋商业银行(中国)有限公司广州分行(中国香港)	Nanyang Commercial Bank (China), Ltd., Guangzhou Branch (Hong Kong, China)	1992.08.18
法国兴业银行(中国)有限公司广州分行(法国)	Societe Generale, Guangzhou Branch (France)	1992.08.18
东亚银行(中国)有限公司广州分行(中国香港)	The Bank of East Asia Ltd., Guangzhou Branch (Hong Kong, China)	1992.09.28
三井住友银行(中国)有限公司广州分行(日本)	Sumitomo Mitsui Banking Corporation (China), Ltd, Guangzhou Branch (Japan)	1992.09.28
美国银行广州分行(美国)	Bank of Amercia N.A., Guangzhou Branch (USA)	1993.01.20
大华银行(中国)有限公司广州分行(新加坡)	United Overseas Bank Ltd., Guangzhou Branch (Singapore)	1993.11.04
加拿大丰业银行广州分行(加拿大)	The Bank of Nova Scotia, Guangzhou Branch (Canada)	1994.08.03
法国东方汇理银行(中国)有限公司广州分行(法国)	Credit Agricole Corparate And Investment Bank (China) Limited Guangzhou Branch (France)	1994.08.19
德意志银行(中国)广州分行(德国)	Deutsche Bank AG, Guangzhou Branch (Germany)	1994.11.02
法国巴黎银行(中国)有限公司广州分行(法国)	BNP Paribas, Guangzhou Branch (France)	1994.11.02
蒙特利尔银行(中国)有限公司广州分行(加拿大)	Bank of Montreal (China), Co, Ltd, Guangzhou Branch (Canada)	1994.11.02
恒生银行(中国)有限公司广州分行(中国香港)	Hang Seng Bank Ltd., Guangzhou Branch (Hong Kong, China)	1995.07.14
花旗银行(中国)有限公司广州分行(美国)	Citibank, N.A., Guangzhou Branch (USA)	1997.12.31
比利时富通银行广州分行(比利时)	Fortis Bank, Guangzhou Branch (Belgium)	1998.03.17
汇丰银行(中国)有限公司广州分行(中国香港)	The Hong Kong and Shanghai Banking Corporation Ltd., Guangzhou Branch (Hong Kong, China)	1999.08.20
星展银行(中国)有限公司广州分行(新加坡)	DBS Bank Ltd., Guangzhou Branch (Singapore)	2004.04.30
韩国产业银行广州分行(韩国)	The Korea Development Bank Ltd., Guangzhou Branch (Republic of Korea)	2005.05.31
渣打银行(中国)有限公司广州分行(英国)	Standard Charted Bank Guangzhou Branch (UK)	2005.06.21
永亨银行(中国)有限公司广州分行(中国香港)	Wing Hang Bank Ltd., Guangzhou Branch (Hong Kong, China)	2006.09.01
韩国国民银行股份有限公司广州分行(韩国)	Kookmin Bank Ltd., Guangzhou Branch (Republic of Korea)	2007.06.26

6-14 续表 continued

机构(代表处)名称及所属国家(地区)	Name of Institutions (Representative Offices)	批准日期 Date of Approval
三菱东京日联银行(中国)有限公司广州分行(日本)	Bank of Tokyo-Mitsubishi UFJ (China), Ltd., Guangzhou Branch (Japan)	2008.02.03
华侨银行(中国)有限公司广州分行(新加坡)	OCBC Bank (China) Limited Guangzhou Branch (Singapore)	2008.05.09
印度巴鲁达银行广州分行(印度)	Bank of Baroda Guangzhou Branch (India)	2008.06.30
瑞穗实业银行(中国)有限公司广州分行(日本)	Mizuho Corporate Bank (China), Ltd. Guangzhou Branch (Japan)	2008.08.20
华商银行广州分行(中国香港)	Chinese Mercantile Bank Guangzhou Branch (Hong Kong, China)	2008.11.21
摩根大通银行（中国）有限公司广州分行(美国)	JPMorgan Chase Bank (China) Company Limited Guangzhou Branch (USA)	2009.03.26
澳大利亚和新西兰银行(中国)有限公司广州分行(澳大利亚)	Australia and New Zealand Banking (China) Ltd. Guangzhou Branch (Australia)	2009.05.15
永隆银行有限公司广州代表处(中国香港)	Wing Lung Bank Ltd., Guangzhou Representative Office (Hong Kong, China)	1994.05.20
苏格兰皇家银行有限公司广州代表处(荷兰)	The Royal Bank of Scotland N.V. Guangzhou Representative Office (Holland)	1994.12.02
葡萄牙商业银行股份有限公司广州代表处(葡萄牙)	Banco Commercial Portugues, Guangzhou Representative Office (Portugal)	1997.03.21
创兴银行有限公司广州代表处(中国香港)	Chong Hing Bank Ltd., Guangzhou Representative Office (Hong Kong, China)	1999.02.10
印度海外银行广州代表处(印度)	India Oversea Bank Guangzhou Representative Office (Indian)	2005.03.22
瑞士银行有限公司广州代表处(瑞士)	UBS AG Guangzhou Representative Office (Swiss)	2005.04.11
瑞士信贷银行有限公司广州代表处(瑞士)	Credit Suisse Guangzhou Representative Office (Swiss)	2005.04.30
意大利西雅那银行股份有限公司广州代表处(意大利)	Banca Monte Dei Paschi Di Siena S.P.A Guangzhou Representative Office (Italy)	2005.08.23
万事达卡国际组织广州代表处(美国)	Mastercard International Incorporated, Guangzhou Representative Office (USA)	2005.09.13
日本永旺信贷财务公司广州代表处(日本)	AEON Credit Service Co., Ltd. Guangzhou Representative Office (Japan)	2005.11.22
大来信用证国际(香港)有限公司广州代表处(中国香港)	Diners Club Internationl (HK) Ltd., Guangzhou Representative Office (Hong Kong, China)	2006.06.09
印度友固银行广州代表处(印度)	Bank of Uco Guangzhou Representative Office (Indian)	2007.01.10
联合银行（中国）有限公司广州代表处(泰国)	Business development bank Ltd., Guangzhou Pepresentative Office (Thailand)	2007.11.21
意大利裕信银行股份有限公司广州代表处(意大利)	UniCredito Italiano S.P.A Guangzhou Representative Office (Italy)	2008.12.01

6-15 外资保险公司及代表处一览表

List of Foreign Insurance Companies and Representative Offices

机构(代表处)名称及所属国家(地区)	Name of Institutions (Representative Offices)	批准日期 Date of Approval
美亚保险公司广州分公司(美国)	Aiu Insurance Company, Guangzhou Branch (USA)	1995.10.30
友邦保险公司广州分公司(美国)	American International Insurance Co., Ltd., Guangzhou Branch (USA)	1995.10.30
信诚人寿保险有限公司(英国)	CITIC-Prudential Life Insurance Company Ltd. (UK)	2000.09.19
中意人寿保险有限公司广东分公司(意大利)	Generali China Life Insurance Co., Ltd., Guangdong Branch (Italy)	2002.01.31
安联保险公司广州分公司(德国)	Allianz Insurance Company, Guangzhou Branch (Germany)	2002.12.27
中宏人寿保险公司广州分公司(加拿大)	Manulife-Sinochem Life Insurance Co., LTD, Guangzhou Branch (Canada)	2003.01.01
金盛人寿保险公司广州分公司(法国)	AXA-Minmetals Assurance Co., Ltd., Guangzhou Branch (France)	2003.09.11
太平洋安泰保险有限公司广东分公司(荷兰)	Pacific-Antai China Life Insurance Co., Ltd., Guangdong Branch (Holland)	2004.02.01
中德安联人寿保险公司广东分公司(德国)	Allianz China Life Insurance Co., Ltd., Guangdong Branch (Germany)	2004.12.27
中英人寿保险公司广东分公司(英国)	Aviva-Cofco Life Insurance Co., Ltd., Guangdong Branch (UK)	2005.11.03
中美大都会人寿保险有限公司广东分公司(美国)	Generali China Life Insurance Co., Ltd., Guangdong Branch (USA)	2006.02.01
瑞泰人寿保险有限公司广东分公司(瑞典)	Skandia-BSAM life Insurance Co., Ltd.Guangdong Branch (Sweden)	2008.01.11
光大永明人寿保险有限公司广州分公司(加拿大)	Sun Life Everbright Life Insurance Co., Ltd, Guangzhou Branch (Canada)	2008.08.01
海康人寿保险有限公司广东分公司(荷兰)	AEGON-CNOOC Life Insurance Co., Ltd, Guangdong Branch (Holland)	2008.02.20
国泰人寿保险有限责任公司广东分公司(台湾)	Cathay Life Insurance Co., Ltd, Guangdong Branch (Taiwan, China)	2008.09.09
三井住友海上火灾保险(中国)有限公司广东分公司(日本)	Mitsui Sumitomo Insurance (China) Company, Ltd, Guangdong Branch (Japan)	2008.08.25
日本财产保险(中国)有限公司广东分公司(日本)	Sompo Japan Insurance (China) Company, Ltd, Guangdong Branch (Japan)	2009.02.17
恒安标准人寿保险有限公司广东分公司(英国)	Heng An Standard Life Insurance Co., Ltd., Guangdong Branch (UK)	2009.05.25
澳大利亚昆士兰保险集团股份有限公司广州代表处(澳大利亚)	QBE Insurance Group Limited, Guangzhou Representative Office (Australia)	1997.07.10
汇丰人寿保险(国际)有限公司广州代表处(中国香港)	HSBC Life (International) Limited, Guangzhou Representative Office (Hong Kong, China)	2003.03.25
日本爱和谊保险公司广州代表处(日本)	Aioi Insurance Co, Ltd, Guangzhou Rep. Office (Japan)	2004.05.12

6-16 金融机构人民币法定存款利率

Official Interest Rates of Deposits of Financial Institutions

单位:年利率 % (% p.a.)

调整时间 Adjustment time	活 期 Demand	定 期 Time					
		3个月 3 Months	6个月 6 Months	1年 1 Year	2年 2 Year	3年 3 Year	5年 5 Year
1990.04.15	2.88	6.30	7.74	10.08	10.98	11.88	13.68
1990.08.21	2.16	4.32	6.48	8.64	9.36	10.08	11.52
1991.04.21	1.80	3.24	5.40	7.56	7.92	8.28	9.00
1993.05.15	2.16	4.86	7.20	9.18	9.90	10.80	12.06
1993.07.11	3.15	6.66	9.00	10.98	11.70	12.24	13.86
1996.05.01	2.97	4.86	7.20	9.18	9.90	10.80	12.06
1996.08.23	1.98	3.33	5.40	7.47	7.92	8.28	9.00
1997.10.23	1.71	2.88	4.14	5.67	5.94	6.21	6.66
1998.03.25	1.71	2.88	4.14	5.22	5.58	6.21	6.66
1998.07.01	1.44	2.79	3.96	4.77	4.86	4.95	5.22
1998.12.07	1.44	2.79	3.33	3.78	3.96	4.14	4.50
1999.06.10	0.99	1.98	2.16	2.25	2.43	2.70	2.88
2002.02.21	0.72	1.71	1.89	1.98	2.25	2.52	2.79
2004.10.29	0.72	1.71	2.07	2.25	2.70	3.24	3.60
2006.08.19	0.72	1.80	2.25	2.52	3.06	3.69	4.14
2007.03.18	0.72	1.98	2.43	2.79	3.33	3.96	4.41
2007.05.19	0.72	2.07	2.61	3.06	3.69	4.41	4.95
2007.07.21	0.81	2.34	2.88	3.33	3.96	4.68	5.22
2007.08.22	0.81	2.61	3.15	3.60	4.23	4.95	5.49
2007.09.15	0.81	2.88	3.42	3.87	4.50	5.22	5.76
2007.12.21	0.72	3.33	3.78	4.14	4.68	5.40	5.85
2008.10.09	0.72	3.15	3.51	3.87	4.41	5.13	5.58
2008.10.30	0.72	2.88	3.24	3.60	4.14	4.77	5.13
2008.11.27	0.36	1.98	2.25	2.52	3.06	3.60	3.87
2008.12.23	0.36	1.71	1.98	2.25	2.79	3.33	3.60
2010.10.20	0.36	1.91	2.20	2.50	3.25	3.85	4.20
2010.12.26	0.36	2.25	2.50	2.75	3.55	4.15	4.55

6-17 金融机构人民币法定贷款利率

Official Interest Rates of Loans of Financial Institutions

单位:年利率 % (% p.a.)

调整时间 Adjustment time	6个月 6 months	1年 1 year	1至3年(含) 1-3years (include 3 years)	3至5年(含) 3-5years (include 5 years)	5年以上 above 5 years
1991.04.21	8.10	8.64	9.00	9.54	9.72
1993.05.15	8.82	9.36	10.80	12.06	12.24
1993.07.11	9.00	10.98	12.24	13.86	14.04
1995.01.01	9.00	10.98	12.96	14.58	14.76
1995.07.01	10.08	12.06	13.50	15.12	15.30
1996.05.01	9.72	10.98	13.14	14.94	15.12
1996.08.23	9.18	10.08	10.98	11.70	12.42
1997.10.23	7.65	8.64	9.36	9.90	10.53
1998.03.25	7.02	7.92	9.00	9.72	10.35
1998.07.01	6.57	6.93	7.11	7.65	8.01
1998.12.07	6.12	6.39	6.66	7.20	7.56
1999.06.10	5.58	5.85	5.94	6.03	6.21
2002.02.21	5.04	5.31	5.49	5.58	5.76
2004.10.29	5.22	5.58	5.76	5.85	6.12
2006.04.28	5.40	5.85	6.03	6.12	6.39
2006.08.19	5.58	6.12	6.30	6.48	6.84
2007.03.18	5.67	6.39	6.57	6.75	7.11
2007.05.19	5.85	6.57	6.75	6.93	7.20
2007.07.21	6.03	6.84	7.02	7.20	7.38
2007.08.22	6.21	7.02	7.20	7.38	7.56
2007.09.15	6.48	7.29	7.47	7.65	7.83
2007.12.21	6.57	7.47	7.56	7.74	7.83
2008.09.16	6.21	7.20	7.29	7.56	7.74
2008.10.09	6.12	6.93	7.02	7.29	7.47
2008.10.30	6.03	6.66	6.75	7.02	7.20
2008.11.27	5.04	5.58	5.67	5.94	6.12
2008.12.23	4.86	5.31	5.40	5.76	5.94
2010.10.20	5.10	5.56	5.60	5.96	6.14
2010.12.26	5.35	5.81	5.85	6.22	6.40

【财政收入】是国家财政参与社会产品分配所取得的收入，是实现国家职能的财力保证。财政收入所包括的内容几经变化，目前主要包括：

(1)各项税收:包括增值税、营业税、消费税、土地增值税、城市维护建设税、资源税、城市土地使用税、印花税、个人所得税、企业所得税、关税、农牧业税和耕地占用税等。

(2)专项收入:包括征收排污费收入、征收城市水资源费收入、教育费附加收入等。

(3)其他收入:包括基本建设贷款归还收入、基本建设收入、捐赠收入等。

(4)国有企业亏损补贴:这项为负收入，冲减财政收入。

【财政支出】国家财政将筹集起来的资金进行分配使用，以满足经济建设和各项事业的需要，主要包括一般公共服务、公共安全支出、教育支出、科学技术支出、文化体育传媒支出、社会保障和就业支出、医疗卫生支出、环境保护支出、城乡社区事务支出、农林水利支出、交通运输支出、工业商业金融等事务费、其他支出等科目。

【储蓄存款余额】指城乡居民在某一时点上在银行和其他金融机构的本（人民币）、外币储蓄存款总额。它既包括城乡居民的人民币储蓄存款，又包括他们的各种外币储蓄存款。既包括城镇居民的，又包括农村居民的，是一个大范围的概念。

【保险金额】指保险人承担赔偿或者给付保险金责任的最高限额。

【保费收入】指保险公司为履行保险合同规定的义务而向投保人收取的对价收入。

【保险赔款及给付】指保险事故发生后，经查证确属保险责任范围以内的保险标的损失，保险人根据保险合同的规定履行赔偿义务，给予被保险人(或投保人指定的受益人)的款项。

Explanatory Notes on Main Statistical Indicators

【Government Revenue】 refers to the revenue of the government finance by means of participating in the distribution of the social products,which is the financial resources for ensuring the government to function.The contents of government revenue have been changed several times.Now it includes the following main items:

(1)Various tax revenues,including value added tax,business tax, consumption tax,land value added tax,tax on city maintenance and construction,resources tax,tax on use of urban land,stamp tax, personal income tax,enterprise income tax,tariff,tax on agriculture and animal husbandry and tax on occupancy of cultivated land,etc.

(2)Special revenues,including revenue collected from imposing fee on sewage treatment,revenue collected from imposing fee on urban water resources,and extra -charges for education,etc.

(3)Other revenues,including revenue from the repayment of capital construction loan,revenue from capital construction projects,and donations and grants.

(4)Planned subsidies for the losses of the state-owned enterprises. This is an item of negative revenue,used to eat up part of the government revenue.

【Government Expenditure】 refers to the distribution and use of the funds the government finance has raised,so as to meet the needs of economic construction and various causes.It mainly includes expenditure for general public services; public safety; education; science and technology; cultural 、 sports and media, social security and employment;medical and health;environmental protection;urban and rural community affairs;farming, forestry, water,conservancy;transport;operating expenses of the departments of industry,commerce and financial; and other expenditures.

【Savings Deposits by Urban and Rural Residents】 refer to the total value of savings deposits of urban and rural households in banks and other financial institutions at a given point of time, including RMB savings deposits and foreign currency saving deposits.

【Amout Insured】 is the fee paid by the insurant to the insurer to obtain the obligation of compensation from the insurance within the agreed terms.

【Premium】 is the fee paid by the insurant based on a proportion of the benefit he/she may get from the insurance plus the insurance value.

【Insurance Indemnity】 is the compensation paid by the insurer for an accident happening to the insured property or the insurance value paid for an accident happening to a person who has insured his/her life.

第七篇 CHAPTER 7

物价指数
PRICE INDICES

简要说明

第七篇　物价指数

一、本篇资料反映生产、消费等环节的价格变动情况。

二、本篇资料由广州市统计局和国家统计局广州调查队共同提供。

三、居民消费价格指数采用抽样调查方法编制，按照大中小兼顾以及地区分布合理的原则，采用划类选择法抽选价格调查点以及消费量较大，价格变动有代表性的商品和服务项目作为样本，对市场价格进行经常性调查，以样本推断总体。

四、工业品出厂价格指数和原材料、燃料、动力购进价格指数均采用重点调查与典型调查相结合的调查方法，采用主观选择和随机抽样的方法选择调查企业。

五、固定资产投资价格指数、房地产价格指数编制均采用重点调查与典型调查相结合的方法，数据采集采用企业报表与调查员实地采价相结合的方式。

Brief Introduction

7 Price Indices

I.The data on the price indices in this chapter show the changing trend and the changing rates in production and conumption.

II.The data in this chapter are prepared and provided by Guangzhou Survey Team of National Bureau of Statistics.

Ⅲ.The data for the calculation of the consumer price indices of resident are collected with the stratified sampling method.Areas distributed in different economic regions in the districtsand counties of Guangzhou are selected as the sample areas and the commodities with more consumption and the representative commodities and service item are selected as the samples. Regular surveys are conducted to collect the data on the market prices.The data on the population are estimated on the basis of the sam1pe.

IV.The data for the calculation of the exfactory price indices of industrial products and the purchasing price indices of raw materials,fuels and power are collected by key units survey and typical units survey under subjective choice and random sample.

V.The data for the calculation of price indices of fixed assets investment and price indices of real estate are collected by key units survey and typital units survey through enterprises reporting forms and investigators collecting prices on the spot.

7-1 主要年份城市居民消费价格指数

Urban Residents Consumer Price Indices in Main Years

年 份 Year	以上年价格为100 (preceding year=100)	以1978年价格为100 (1978=100)	以1952年价格为100 (1952=100)
1978	100.3		134.1
1979	104.0	104.0	172.7
1980	107.2	112.9	240.5
1981	105.2	119.6	250.6
1982	104.4	126.3	278.3
1983	101.6	128.0	283.8
1984	102.4	133.5	284.1
1985	121.5	168.1	370.8
1986	103.9	177.4	398.1
1987	113.7	212.2	465.6
1988	127.7	274.0	599.8
1989	121.6	339.6	729.3
1990	97.3	322.2	709.6
1991	103.0	329.2	711.9
1992	111.7	374.6	795.2
1993	125.0	472.4	1020.5
1994	120.0	575.4	1224.6
1995	113.5	653.1	1389.9
1996	108.2	706.7	1503.9
1997	102.2	722.2	1537.0
1998	97.7	705.6	1501.6
1999	98.5	695.0	1479.1
2000	102.8	714.5	1520.5
2001	98.9	706.6	1503.8
2002	97.6	689.6	1467.7
2003	100.1	690.3	1469.2
2004	101.7	702.0	1494.2
2005	101.5	712.5	1516.6
2006	102.3	728.9	1551.5
2007	103.4	753.7	1604.2
2008	105.9	798.2	1698.8
2009	97.5	778.2	1656.3
2010	103.2	803.1	1709.3

7-2 城市居民消费价格分类指数(上年=100)

Urban Residents Consumer Price Indices by Category (Preceding Year=100)

项　　目	Item	2009	2010
居民消费价格指数	**Consumer Price Index**	**97.5**	**103.2**
消费品价格指数	Consumer Goods Price Index	97.7	104.1
服务项目价格指数	Service Price Index	97.1	101.2
食　品	Food	99.3	105.7
# 粮　食	Grain	106.7	104.1
油　脂	Oil or Fat	88.0	106.2
肉禽及其制品	Meat, Poultry and Processed Products	93.2	101.3
蛋	Eggs	97.0	107.6
水产品	Aquatic Products	100.5	104.6
菜	Vegetables	97.5	119.9
# 鲜　菜	Fresh Vegetables	97.2	121.6
烟酒及用品	Tobacco, Liquor and Articles	102.8	102.8
衣　着	Clothing	94.6	106.6
家庭设备用品及维修服务	Household Facilities, Articles and Services	97.5	99.8
# 耐用消费品	Durable Consumer Goods	97.3	97.6
医疗保健和个人用品	Health Care and Personal Articles	100.2	103.2
# 医疗保健	Health Care	99.3	103.1
交通和通信	Transportation and Communication	96.2	99.9
娱乐教育文化用品及服务	Recreation, Education and Culture Articles	97.1	100.3
居　住	Residence	95.3	104.0

7-3 主要年份城市商品零售价格指数

Urban Retail Price Indices in Main Years

年 份 Year	以上年价格为100 (preceding year=100)	以1978年价格为100 (1978=100)	以1952年价格为100 (1952=100)
1978	100.3		
1979	104.5	104.5	184.6
1980	107.6	113.8	252.8
1981	105.7	121.3	267.7
1982	104.6	128.4	297.9
1983	101.3	130.0	306.0
1984	101.4	134.7	305.3
1985	122.5	171.4	400.4
1986	103.3	179.8	426.0
1987	114.3	218.0	507.6
1988	129.6	284.9	656.5
1989	121.6	351.7	798.2
1990	96.3	331.4	768.7
1991	102.0	338.2	784.1
1992	108.9	379.3	853.9
1993	125.1	480.0	1068.2
1994	116.6	559.7	1245.5
1995	109.7	614.0	1366.3
1996	104.3	640.4	1425.1
1997	99.4	636.6	1416.5
1998	96.3	613.0	1364.1
1999	96.8	593.4	1320.4
2000	99.4	589.8	1312.5
2001	97.4	574.5	1278.4
2002	97.4	559.6	1245.2
2003	99.1	554.5	1234.0
2004	102.1	566.1	1259.9
2005	101.6	575.2	1280.1
2006	101.2	582.1	1295.5
2007	102.9	599.0	1333.0
2008	105.7	633.1	1409.0
2009	96.8	612.8	1363.9
2010	103.2	632.4	1407.5

7-4 城市商品零售价格指数(上年=100)

Urban Retail Price Indices by Category (Preceding Year=100)

项　目	Item	2009	2010
商品零售价格指数	**Retail Price Index**	**96.8**	**103.2**
食　品	Food	99.2	106.2
饮料、烟酒	Beverages, Tobacco and Liquor	101.7	101.8
服装、鞋帽	Garments, Shoes and Hats	95.1	107.2
纺织品	Textiles	98.4	92.7
家用电器及音像器材	Household Appliances, Music and Video Equipment	95.3	96.5
文化办公用品	Cultural and Office Appliances	92.0	98.4
日用品	Articles for Daily Use	100.1	99.8
体育娱乐用品	Sports and Recreation Articles	93.7	97.9
交通、通信用品	Transportation and Communication Appliances	88.8	94.0
家　具	Furniture	97.6	99.6
化妆品	Cosmetics	99.8	101.1
金银珠宝	Gold, Silver and Jewelry	104.9	115.4
中西药品及医疗保健用品	Traditional Chinese and Western Medicines & Health Care Articles	99.6	104.8
书报杂志及电子出版物	Books, Newspapers, Magazines and Electronic Publications	100.1	98.3
燃　料	Fuels	89.0	113.1
建筑材料及五金电料	Building Materials and Hardware	101.8	104.5

7-5 工业品出厂价格指数(上年=100)

Producer Price Indices for Manufactured Goods (Preceding Year=100)

项　　目	Item	2009	2010
工业品出厂价格指数	**Producer Price Indices for Manufactured Goods**	**96.47**	**102.44**
轻工业	Light Industry	97.88	100.69
以农产品为原材料	Using Farm Produce as Raw Materials	97.13	102.30
以非农产品为原材料	Using Nonfarm Produce as Raw Materials	98.25	99.86
重工业	Heavy Industry	95.20	103.97
采掘工业	Mining and Quarrying Industry	102.00	99.35
原料工业	Raw Materials Industry	95.88	107.14
加工工业	Manufacturing Industry	94.79	102.43
生产资料	Means of Production	94.62	104.58
采掘工业	Mining and Quarrying Industry	102.00	99.35
原料工业	Raw Materials Industry	96.09	107.12
加工工业	Processing Industry	93.76	103.27
生活资料	Consumer Goods	98.66	100.16
食品类	Food	96.07	102.59
衣着类	Clothing	99.66	100.48
一般日用品类	Articles for Daily Use	99.64	99.61
耐用消费品类	Durable Consumer Goods	98.85	99.58

7-6 原材料、燃料、动力购进价格指数(上年＝100)

Purchasing Price Indices of Raw Materials, Fuels and Power (Preceding Year=100)

项目	Item	2009	2010
原材料、燃料、动力购进价格指数	**Purchasing Price Indices of Raw Materials, Fuels and Power**	**91.81**	**110.87**
燃料、动力类	Fuels and Power	88.47	112.64
黑色金属材料类	Ferrous Metals	88.73	105.21
# 钢材	Steel	86.30	105.70
其他	Others	97.31	103.50
有色金属材料和电线类	Nonferrous Metals and Wires	84.13	111.75
化工原料类	Raw Chemical Materials	90.07	111.01
木材及纸浆类	Timber and Paper Pulp	96.76	112.07
建筑材料及非金属矿类	Building Materials and Nonmetal Minerals	102.77	108.04
其他工业原料及半成品类	Raw Materials and Semi-finished Products of Other Industries	97.87	109.12
农副产品类	Agricultural Products	94.23	109.64
纺织原料类	Textile Materials	98.32	112.05

7-7 主要食品平均价格

Average Price of Major Food

单位:元/千克 (yuan/kg)

商品名称	Item	代表规格品	Standard and Rate	2009	2010
大米	Rice	杂优	Standard One Grade	4.07	4.15
优质米	High Quality Rice	油粘米	Glutinous Rice	4.97	4.94
黄豆	Soybean	一级	First Rate	8.04	7.58
绿豆	Mung Bean	一级	First Rate	8.67	16.02
花生油	Peanut Oil	纯净	Pure First Rate	17.45	17.84
鲜菜类	Fresh Vegetables	37种	Comprehensive First Rate	4.14	5.13
猪肉	Pork	上肉一级	Fresh High Quality Pork	23.48	23.56
牛肉	Beef	净肉	Net Beef	40.79	40.57
鸡	Chicken	中等本地活鸡项	Middling Live Local Chicken	27.87	28.14
鸡蛋	Eggs	新鲜完整	Fresh Egg	7.88	8.80
鲜带鱼	Fresh Hairtail	冰鲜中等原条	Middling Iced Whole Hairtail	22.66	25.00
鳙鱼	Variegated Carp	一级	First Rate	14.56	13.58
福寿鱼	Tilapia	一级	First Rate	12.15	12.63
草鱼	Grass Carp	一级	First Rate	18.75	18.82
苹果	Apple	红富士一级	First Rate	9.03	10.60
雪梨	Pear	一级	First Rate	5.12	5.43
香蕉	Banana	黄熟一级	Ripe First Rate	4.30	4.59
葡萄	Grape	加州红提	American Red Grape	26.63	28.98
西瓜	Watermelon	普通一级	Ordinary First Rate	3.19	3.03

7-8 固定资产投资价格指数(上年=100)

Prices Indices of Investment in Fixed Assets (Preceding Year=100)

项　　目	Item	2009	2010
固定资产投资价格指数	**Prices Indices of Investment in Fixed Assets**	**97.1**	**103.2**
建筑安装、装饰工程	Construction and Installation	94.3	104.3
人工费	Manpower	105.0	109.8
材料费	Materials	90.6	103.5
钢　材	Steel	85.0	102.2
木　材	Timber	100.0	102.1
水　泥	Cement	99.0	107.8
地方建筑材料	Local Building Materials	94.2	102.6
化工材料	Chemical Materials	96.9	107.4
电　料	Electical Materials and Appliances	95.5	102.8
其他材料	Other Materials	101.3	102.2
机械使用费	Machinery	101.7	102.1
设备、工器具购置	Purchase of Equipment and Instruments	97.2	100.3
其他费用	Others	104.5	102.4

7-9 房屋销售价格指数(上年=100)

Sales Prices Indices of Houses (Preceding Year=100)

项　　目	Item	2009	2010
房屋销售价格指数	Sales Prices Indices of Houses	**100.2**	**105.4**
新建房	Newly-built Buildings	100.4	109.1
住　宅	Residential Buildings	101.4	110.1
非住宅	Non-residential Buildings	96.4	101.0
二手房	Second-hand Housing	99.9	101.7
住　宅	Residential Buildings	98.8	101.7
非住宅	Non-residential Buildings	102.3	101.8

7-10 房屋租赁价格指数(上年=100)

Renting Price Indices of Houses (Preceding Year=100)

项　　目	Item	2009	2010
房屋租赁价格指数	**Renting Price Indices of Houses**	**96.0**	**103.1**
住　宅	Residential Buildings	97.9	107.7
经济适用房	Economically Affordable Housing	100.0	
廉租房	Tenement House	100.0	100.0
普通住宅	General Residential Buildings	97.7	108.2
高档住宅	Luxury Residential Buildings	100.2	94.8
非住宅	Non-residential Buildings	95.5	101.4
办公楼	Office Buildings	98.0	96.8
商业营业用房	Houses for Business Use	99.4	105.1
其　他	Others	89.1	98.9

主要指标解释

【零售价格指数】商品零售价格是商品在流通过程中最后一个环节的价格，主要包括：工业、商业、餐饮业和其他零售企业向城乡居民、机关团体出售生活消费品和办公用品的价格。商品零售价格调查任务是系统地调查、搜集和整理市场商品零售价格资料，编制商品零售价格指数，以反映市场商品零售价格的变动趋势和变动程度，为国家宏观调控和国民经济核算提供参考依据。

【城市居民消费价格指数】是度量消费商品及服务项目价格水平随着时间而变动的相对数，它反映城市居民家庭购买的生活消费品及服务价格水平的变动情况，是宏观经济调控、价格总水平监测以及国民经济核算的重要指标，其变动率在一定程度上反映了通货膨胀(或紧缩)的程度。

【工业品价格指数】是反映各工业行业产品价格水平和变动趋势的相对数，它包括工业品出厂和原材料、燃料、动力购进价格指数。通过工业品出厂价格指数能观察出厂价格变动对工业总产值的影响。

【固定资产投资价格指数】是反映固定资产投资活动中所涉及的建筑安装工程、设备工器具购置和其他费用这三部分投资其价格水平变动趋势和幅度的相对数。

【房地产价格指数】是反映房地产市场的价格水平和价格变化趋势的相对数，它包括房屋销售和房屋租赁等价格指数。房地产价格指数是按照保证房屋类型、所处地段、房屋结构统计口径的基期与报告期价格同质可比的原则计算。

Explanatory Notes on Main Statistical Indicators

【Retail Price Index】 measures the relative trend and degree of changes in retail prices of commodities,reflecting the trend of changes in prices in the last link of circulation,i.e. prices of consumer goods and office appliances sold to households or organizations by enterprises of industry,commerce,catering services and other retail trades. It refects the changing trend and degree of retail prices of commodities.

It provides a reference for macroeconomic adjustment and control as well as national economic accounting.

【Urban Consumer Price Index】 reflects the trend and degree of changes in prices of consumer goods and services purchased by urban residents。It is an important indicator for macroeconomic analysis decision-making,regularization and control, supervision of general price level and national economic accounting.The rates of change are generally considered as an indicator of inflation or deflation.

【Price Indices of Industrial Produ period.including exfactory price indices of industrial products and cts】 reflect the trend and degree of changes in prices of all industrial products during a given purchasing prices indices of raw materials,fuels and power.

The exfactory price indices of industrial products can be used to analyze the impact of change in exfactory prices on gross output value of the industrial sector.

【Prices Indices of Investment in Fixed Assets】 reflect the trend and degree of changes in prices of investment in construction and installation,the investment in purchases of equipment and instrument and the investment in other items.

第八篇 CHAPTER 8

人民生活

PEOPLE'S LIVELIHOOD

简要说明

第八篇　人民生活

一、本篇资料反映广州市城乡居民生活状况，包括家庭基本情况、居民收支、消费水平、住房及主要消费品消费量和拥有量等基本情况。

二、本篇资料由广州市统计局和国家统计局广州调查队共同提供。

三、本篇8-3中的城市居民家庭人均可支配收入、城市居民家庭恩格尔系数指标统计口径从2002年起作了调整，增长速度按可比口径计算。

Brief Introduction

8 People's Livelihood

I.The data in this chapter show the basic conditions of the people's livelihood in the urban and rural areas of Guangzhou Municipality,including basic conditions of families,income and expenditure of the residents,level of consunption, housing condition, consumptionmd possession of the major Consumer goods,etc.

II.The data in this chapter are prepared and provided respedively by Guangzhou Survey Team of National Bureau of Statistics.

Ⅲ.In table 8-3,the coverage of Urban bousehold per capita annual disposable income and Engel coefficient of urban households has been adjusted since 2002,the growth rate was calculated on the comparable coverage.

8-1 城市居民家庭基本情况(2010年)

Basic Conditions of Urban Households (2010)

单位:人 (person)

项目	Item	合计 Total	低收入户 Low Income Households	中等偏下收入户 Lower Middle Income Households
一、调查户数(户)	Number of Households Surveyed (household)	500	100	100
二、家庭人口数	Number of Family Members	1585	316	341
平均每户人口数	Average Household Size	3.17	3.16	3.41
(一)有收入者人数	Number of Income Persons	1125	202	228
平均每户有收入者人数	Average Number of Income Persons per Household	2.25	2.02	2.28
1. 就业者人数	Number of Employed Persons	875	176	173
平均每户就业人数	Average Number of Employed Persons per Household	1.75	1.76	1.73
平均每一就业者负担人数	Number of Dependents per Employee	1.81	1.80	1.97
2. 离退休人数	Number of Retired Veterans and Persons	245	25	53
3. 其他有收入者人数	Number of Other Income Persons	5	1	2
(二)无收入者人数	Number of Persons without Income	460	114	113

8-1 续表 continued

单位:人 (person)

项目	Item	中等收入户 Middle Income Households	中等偏上收入户 Upper Middle Income Households	高收入户 High Income Households
一、调查户数(户)	Number of Households Surveyed (household)	100	100	100
二、家庭人口数	Number of Family Members	308	320	300
平均每户人口数	Average Household Size	3.08	3.20	3.00
(一)有收入者人数	Number of Income Persons	214	235	246
平均每户有收入者人数	Average Number of Income Persons per Household	2.14	2.35	2.46
1. 就业者人数	Number of Employed Persons	179	176	171
平均每户就业人数	Average Number of Employed Persons per Household	1.79	1.76	1.71
平均每一就业者负担人数	Number of Dependents per Employee	1.72	1.82	1.75
2. 离退休人数	Number of Retired Veterans and Persons	34	58	75
3. 其他有收入者人数	Number of Other Income Persons	1	1	
(二)无收入者人数	Number of Persons without Income	94	85	54

8-2 城市居民家庭平均每人全年现金收支情况(2010年)

单位:元

项　　目	Item
家庭总收入	Total Income of Households
# 可支配收入	Disposable Income
工资性收入	Income from Wages and Salaries
工资及补贴收入	Wages and Subsidies Income
其他劳动收入	Other Incomes
经营净收入	Net Business Income
财产性收入	Income from Properties
转移性收入	Income from Transfer
# 养老金或离退休金	Pension or Retirement Annuities
社会救济收入	Social Relief Income
保险收入	Insurance Income
# 失业保险金	Unemployment Insurance Benefits
赡养收入	Alimony Income
捐赠收入	Donated Income
出售财物收入	Income from Selling Properties
出售住房收入	Income from Selling Houses
出售其他物品收入	Income from Selling Other Properties
借贷收入	Loan Income
# 提取储蓄存款	Withdrawal of Savings Deposits
借入款	Borrowed Money
收回借出款	Repayment of Loans Receivable
收回储蓄性保险本金	Insured Savings Receivable
家庭总支出	Total Expenditures of Households
消费性支出	Consumption Expenditures
# 服务性消费支出	Expenditures for Service Consumption
财产性支出	Property Expenditures
转移性支出	Transfer Expenditures
# 交纳所得税	Income Tax
捐赠支出	Donated Expenditures
赡养支出	Alimony Expenditures
社会保障支出	Social Security Expenditures
购房与建房支出	Expenditures for Buying and Building Houses
借贷支出	Loan Expenditures
# 存入储蓄款	Saving Deposits
借出款	Loaned Money
归还借款	Payment of Loans
储蓄性保险支出	Insured Savings Expenditures
购买有价证券	Purchase of Portfolio
归还住房贷款	Payment of Loans for Housing

Conditions of Per Capita Cash Income and Expenditure of Urban Households (2010)

(yuan)

总平均 Average	低收入户 Low income Households	中等偏下收入户 Lower Middle Income Households	中等收入户 Middle Income Households	中等偏上收入户 Upper Middle Income Households	高收入户 High Income Households
36295.59	13840.99	25278.85	35736.50	42968.72	64885.72
30658.49	11048.05	21173.09	30230.19	36912.32	54963.48
26470.72	9737.16	19487.64	27347.86	31479.65	49176.30
26423.32	9614.13	19417.04	27339.43	31397.08	49174.45
47.40	123.03	70.60	8.43	82.57	1.85
2260.69	436.94	886.61	2216.66	3601.50	3920.88
637.03	317.85	346.21	349.78	826.84	1272.56
6927.15	3349.04	4558.39	5822.20	7060.73	10515.98
5746.25	2632.39	3778.01	4844.79	5198.18	8882.00
1.84	9.03				
27.13	1.43	17.64	4.47	117.09	
3.87	1.43	11.68	4.47	1.19	
202.69	50.18	89.59	98.14	501.22	296.69
547.51	373.76	436.04	563.30	687.02	698.50
198.25	125.00	2.34	2.31	2.64	853.72
170.58					851.30
27.67	125.00	2.34	2.31	2.64	2.42
10551.00	5970.40	6178.35	7348.65	10909.43	22629.22
10486.95	5775.26	6178.35	7348.65	10909.43	22510.14
39.09	189.79				
5.75					28.70
13.83					69.02
34622.71	15893.49	25150.14	32636.81	39652.95	60836.25
25011.61	11767.85	18895.99	23495.24	29300.75	42199.52
9151.17	4092.69	6042.29	8457.16	10275.52	17219.98
192.03	68.10	100.84	135.82	181.35	467.46
3585.49	1388.49	2567.82	4085.83	4092.18	5335.67
969.71	477.17	628.13	924.22	997.60	1673.40
1234.27	599.05	1010.77	1297.64	1329.01	2028.44
1184.71	252.25	834.77	1589.73	1586.53	1242.90
4438.81	2669.05	3585.49	4919.92	5201.51	5801.72
1394.77				877.16	7031.88
11746.28	5711.42	7426.57	9863.21	13451.60	22740.87
10859.26	5381.43	6967.05	9551.23	12593.96	20457.83
69.15					345.11
61.89		15.86		25.76	267.52
231.45	124.87	214.91	138.11	350.51	334.20
58.50	5.58		1.21		285.05
378.53	194.57	196.37	167.36	478.60	661.90

8-3 城市居民家庭人均可支配收入及恩格尔系数

Per Capita Annual Disposable Income and Engels Coefficient of Urban Households

年 份 Year	城市居民人均可支配收入 Per Capita Annual Disposable Income of Urban Residents		恩格尔系数 (%) Engels Coefficient of Urban Households (%)
	绝对值 (元) Absolute Number (yuan)	指 数 (上年=100) Index (preceding year=100)	
1980	606.12		70.4
1981	640.67	105.7	66.1
1982	725.35	113.2	65.1
1983	771.11	106.3	65.1
1984	878.54	113.9	63.4
1985	1099.77	125.2	62.5
1986	1299.64	118.2	61.3
1987	1500.99	115.5	60.7
1988	1857.30	123.7	61.8
1989	2492.63	134.2	60.4
1990	2748.95	110.3	60.6
1991	3124.07	113.6	58.9
1992	3966.76	127.0	56.1
1993	5260.00	132.6	51.5
1994	7571.00	143.9	50.1
1995	9038.16	119.4	50.2
1996	9905.31	109.6	50.4
1997	10444.60	105.4	49.1
1998	11255.70	107.8	44.7
1999	12018.52	106.8	44.0
2000	13966.53	116.2	42.6
2001	14694.00	105.2	40.0
2002	13380.47	104.9	41.0
2003	15002.59	112.1	38.9
2004	16884.16	112.5	38.3
2005	18287.24	108.3	37.3
2006	19850.66	108.5	37.0
2007	22469.22	113.2	32.8
2008	25316.72	112.7	33.7
2009	27609.59	109.1	33.2
2010	30658.49	111.0	33.3

8-4 城市居民家庭平均每人全年消费性支出(2010年)

Per Capita Annual Consumption Expenditures of Urban Households (2010)

单位:元 (yuan)

项 目	Item	总平均 Average	低收入户 Low Income Households	中等偏下收入户 Lower Middle Income Households	中等收入户 Middle Income Households	中等偏上收入户 Upper Middle Income Households	高收入户 High Income Households
消费性支出合计	**Total Consumption Expenditures**	**25011.61**	**11767.85**	**18895.99**	**23495.24**	**29300.75**	**42199.52**
# 服务性消费支出	Expenditures for Service Consumption	9151.17	4092.69	6042.29	8457.16	10275.52	17219.98
食 品	Food	8325.46	5587.32	7695.91	8868.40	9364.95	11195.62
粮油类	Grain and Oil	735.23	690.52	716.92	711.21	784.35	776.98
# 粮 食	Grain	510.61	472.54	487.10	477.47	548.44	570.40
油脂类	Oil and Fat	125.90	118.50	121.97	138.61	142.20	110.27
肉禽蛋水产品类	Meat, Poultry, Eggs and Processed Products & Aquatic Products	2374.17	2286.60	2300.45	2395.90	2346.81	2548.52
肉 类	Meat	1110.01	1085.78	1095.45	1074.07	1127.42	1168.01
禽 类	Poultry	554.70	544.56	543.73	588.31	522.76	575.35
蛋 类	Eggs	91.04	83.58	94.97	91.17	87.38	97.82
水产品	Aquatic Products	618.42	572.68	566.30	642.35	609.25	707.34
蔬菜类	Vegetables	619.77	601.25	621.61	607.52	638.18	630.99
# 鲜 菜	Fresh Vegetables	547.85	533.52	548.94	538.96	553.18	564.79
调味品	Condiments	58.52	63.63	57.05	47.40	63.84	60.32
糖烟酒饮料类	Sugar, Tobacco, Liquor and Beverages	512.71	290.90	288.51	688.32	574.26	756.61
糖 类	Sugar	77.55	61.07	59.23	81.99	80.96	106.68
烟草类	Tobacco	155.32	47.96	75.94	217.01	177.55	271.36
酒	Liquor	115.94	52.83	48.99	195.25	121.18	172.62
饮 料	Beverages	163.90	129.04	104.35	194.07	194.57	205.95
干鲜瓜果类	Dried and Fresh Melons and Fruits	521.01	405.59	473.10	500.62	534.50	697.44
糕点、奶及奶制品	Cake, Milk and Processed Products	499.31	295.02	373.07	516.05	569.35	659.57
糕 点	Cake	190.27	68.96	161.04	201.06	190.76	232.83
奶及奶制品	Milk and Processed Products	309.04	226.06	212.03	314.99	378.59	426.74
其他食品	Other Food	82.72	62.32	57.50	106.71	72.17	118.05
饮食服务	Dining	2922.02	891.49	2807.70	3294.67	3781.49	4947.14
# 在外饮食	Dining Out	2921.42	891.10	2807.47	3292.44	3781.39	4946.98
衣 着	Clothing	1882.97	480.04	1344.09	1903.08	2504.25	3387.45
# 服 装	Garments	1309.59	332.43	882.79	1320.45	1881.85	2517.10
衣着材料	Clothing Materials	2.52	0.90	7.17	0.48	1.69	1.91
鞋 类	Shoes	467.60	74.76	374.87	495.35	503.38	705.06

8-4 续表 continued

单位:元 (yuan)

项 目	Item	总平均 Average	低收入户 Low Income Households	中等偏下收入户 Lower Middle Income Households	中等收入户 Middle Income Households	中等偏上收入户 Upper Middle Income Households	高收入户 High Income Households
家庭设备用品及服务	Household Facilities, Articles and Services	1773.00	531.25	1184.21	1630.26	2406.82	3324.10
耐用消费品	Durable Consumer Goods	693.14	199.77	413.40	564.66	1354.47	1412.76
# 家 具	Furniture	242.97	81.32	146.04	121.04	922.64	694.73
家庭设备	Household Facilities	450.17	118.45	267.36	443.62	431.83	718.03
室内装饰品	Articles for Interior Decorations	80.73	18.17	21.99	45.30	21.62	297.42
床上用品	Bed Articles	178.64	92.61	156.72	202.67	199.73	247.85
家庭日用杂品	Household Articles for Daily Use	562.75	149.06	423.85	487.09	665.23	802.85
家具材料	Furniture Materials	8.05	4.61	1.03	31.66	0.44	4.02
家庭服务	Household Services	249.69	67.03	167.22	298.88	165.33	559.20
医疗保健	Health Care and Medical Services	1358.61	653.28	959.13	1446.44	1534.87	1819.77
医疗器具	Medical Apparatus	5.28	2.33	2.99	6.88	4.24	10.23
保健器具	Hygienical Articles	46.04	18.58	13.81	10.07	15.53	171.68
药品费	Medicines	537.67	381.48	481.95	571.45	679.53	568.40
滋补保健品	Restorative Medicine	415.57	109.30	151.27	495.79	601.03	748.96
医疗费	Medical Services	314.28	124.54	273.68	356.39	205.98	210.08
其 他	Others	39.77	17.05	35.43	5.86	28.56	110.42
交通通信	Transport and Communications	3981.72	1210.69	2357.23	3249.95	5027.28	7956.14
交 通	Transport	2310.54	631.44	1078.26	1584.93	3150.35	5766.08
# 家庭交通工具	Means of Transport Services Expense	595.84	7.07	10.42	2.87	965.38	2703.29
交通费	Traffic Fees	774.62	466.36	551.25	735.87	959.01	1192.73
通 信	Communications	1671.18	579.25	1278.97	1665.02	1876.93	2190.06
通信工具	Communication Facility	251.65	169.47	112.30	262.00	314.16	416.41
通信服务	Communication Services	1419.53	409.78	1166.67	1403.02	1562.77	1773.65
# 电信费	Telecommunication Fees	1408.23	402.10	1160.79	1397.37	1554.26	1744.85
教育文化娱乐服务	Education, Cultural and Recreation Services	4611.35	1788.01	3332.04	3927.34	5177.67	8709.98
文化娱乐用品	Cultural and Recreational Articles	914.15	451.14	587.01	990.90	963.13	1621.59
文化娱乐服务	Cultural and Recreational Services	2388.93	282.78	1609.82	1812.47	3136.19	5171.57
# 团体旅游	Traveling in a Group	1882.47	24.39	1193.59	1300.56	2561.11	4329.99
教 育	Education	1308.27	1054.09	1135.21	1123.97	1078.35	1916.82
居 住	Residence	1971.17	1135.85	1387.14	1714.41	2082.26	3852.23
# 住 房	Housing	462.21	38.16	90.87	41.66	115.51	1821.49
水电燃料及其他	Water, Electricity, Fuels and Others	1140.62	871.94	1030.37	1334.33	1401.88	1473.20
居住服务费	Residence Services Fees	368.34	225.75	265.90	338.42	564.87	557.54
# 物业管理费	Estate Management Fees	347.26	200.33	251.88	310.60	540.68	542.67
其他商品和服务	Miscellaneous Goods and Services	1107.33	381.41	636.24	755.36	1202.65	1954.23
其他商品	Miscellaneous Goods	820.07	258.15	489.80	435.48	905.32	1387.97
服 务	Services	287.26	123.26	146.44	319.88	297.33	566.26

8-5 城市居民家庭平均每人全年可支配收入和消费性支出情况

Per Capita Annual Disposable Income and Expenditure for Consumption of Urban Households

单位:元 (yuan)

项　　目	Item	2009	2010
可支配收入	Disposable Income	27610	30658
消费性支出	Total Living Expenditures for Consumption	22821	25012
# 服务性支出	Expenditures for Service Consumption	8369	9151
食　品	Food	7571	8326
衣　着	Clothing	1521	1883
家庭设备用品及服务	Household Facilities, Articles and Services	1625	1773
医疗保健	Health Care and Medical Services	1388	1359
交通和通信	Transportation and Communication Services	3330	3982
教育文化娱乐服务	Education, Cultural and Recreation Services	4136	4611
居　住	Residence	2123	1971
其他商品和服务	Miscellaneous Commodities and Services	1127	1107

8-6 城市居民家庭平均每百户年末耐用消费品拥有量

Ownership of Major Durable Consumer Goods per 100 Urban Households at Year-end

项　　目	Item	2009	2010
家用汽车(辆)	Automobile (unit)	19	21
洗衣机(台)	Washing Machine (set)	101	101
电冰箱(台)	Refrigerator (set)	103	103
彩色电视机(台)	Color TV Set (set)	148	148
家用电脑(台)	Computer (set)	124	125
组合音响(台)	Hi-fi Stereo Component System (set)	73	70
摄像机(架)	Video Camera (set)	19	20
照相机(架)	Camera (set)	100	102
钢　琴(架)	Piano (set)	8	8
其他中高档乐器(台)	Medium and High Grade Musical Instrument (set)	6	6
微波炉(台)	Microwave Oven (set)	88	89
空调器(台)	Air Conditioner (set)	241	261
淋浴热水器(台)	Water Heater for Shower (set)	105	106
健身器材(件)	Health Equipment (unit)	7	7
移动电话(台)	Mobile Telephone (set)	252	253

注:其他中高档乐器不含钢琴。

Note: Piano isn't included in the category of Medium and High Grade Musical Instrument.

8-7 城市居民家庭平均每百户年末耐用消费品拥有量（2010年，按收入水平分组）

Ownership of Major Durable Consumer Goods per 100 Urban Households at Year-end (2010, Grouped by Income)

项　目	Item	总平均 Average	低收入户 Low Income Households	中等偏下收入户 Lower Middle Income Households	中等收入户 Middle Income Households	中等偏上收入户 Upper Middle Income Households	高收入户 High Income Households
家用汽车(辆)	Automobile (unit)	21		10	26	28	42
洗衣机(台)	Washing Machine (set)	101	98	100	102	100	102
电冰箱(台)	Refrigerator (set)	103	98	98	104	106	108
彩色电视机(台)	Color TV Set (set)	148	132	137	132	160	168
家用电脑(台)	Computer (set)	125	115	121	120	132	159
组合音响(套)	Hi-fi Stereo Component System (set)	70	65	65	65	75	82
摄像机(架)	Video Camera (set)	20	7	12	14	29	36
照相机(架)	Camera (set)	102	88	94	99	112	123
钢　琴(架)	Piano (set)	8		4	7	13	16
其他中高档乐器(台)	Medium and High Grade Musical Instrument (set)	6	1	3	4	9	15
微波炉(台)	Microwave Oven (set)	89	79	85	92	96	94
空调器(台)	Air Conditioner (set)	261	214	246	267	285	298
淋浴热水器(台)	Water Heater for Shower (set)	106	102	103	104	107	112
健身器材(套)	Health Equipment (unit)	7		1	4	8	15
固定电话(部)	Telephone (unit)	100	103	100	96	95	101
移动电话(部)	Mobile Telephone (unit)	253	222	250	255	256	276

8-8 城市居民家庭购买的主要商品数量(2010年)

Purchases of Major Commodities of Urban Households (2010)

项　　目	Item	购买量 Purchasing Quantity
平均每人全年购买	**Per Capita Annual Purchases**	
大　米(千克)	Rice (kg)	36.30
面　粉(千克)	Flour (kg)	0.64
食用植物油(千克)	Edible Vegetable Oil (kg)	6.62
猪　肉(千克)	Pork (kg)	26.93
牛　肉(千克)	Beef (kg)	3.35
羊　肉(千克)	Mutton (kg)	0.71
鸡(千克)	Chicken (kg)	15.27
鸭(千克)	Duck (kg)	2.06
鲜　蛋(千克)	Fresh Eggs (kg)	7.94
鱼(千克)	Fish (kg)	18.13
虾(千克)	Shrimp (kg)	1.47
鲜　菜(千克)	Fresh Vegetables (kg)	107.66
茶　叶(千克)	Tea (kg)	0.47
鲜瓜果(千克)	Fresh Melons and Fruits (kg)	46.58
糕　点(千克)	Cake (kg)	6.15
鲜乳品(千克)	Fresh Milk (kg)	15.14
服　装(件)	Clothing (piece)	12.91
鞋　类(双)	Shoes (pair)	3.55
水(吨)	Water (ton)	82.71
电(千瓦·时)	Electricity (kwh)	1070.19
罐装液化石油气(千克)	Tank Liquefied Petroleum Gas (kg)	12.41
管道液化石油气(立方米)	Pipeline Liquefied Petroleum Gas (cubic meter)	0.07
管道煤气(立方米)	Pipeline Gas (cubic meter)	0.07
管道天然气(立方米)	Pipeline Natural Gas (cubic meter)	58.19
平均每百户全年购买	**Per 100 Households Annual Purchases**	
洗衣机(台)	Washing Machine (unit)	7.38
微波炉(台)	Microwave Oven (unit)	4.29
电冰箱(台)	Refrigerator (unit)	8.52
淋浴热水器(台)	Water Heater for Shower (unit)	9.10
彩色电视机(台)	Color TV Set (unit)	14.09
家用电脑(台)	Computer (unit)	15.16
组合音响(套)	Hi-fi Stereo Component System (unit)	0.80
照相机(架)	Camera (unit)	10.78
移动电话(部)	Mobile Telephone (unit)	49.18

8-9 城市居民家庭年末居住情况(2010年)

Housing Conditions of Urban Households at Year-end (2010)

项　　目	Item	调查户 (户) Households Surveyed (household)
按房屋产权分	**Grouped by Property Right of Buildings**	**500**
租赁公房	Public Apartments for Lease	17
租赁私房	Private Apartments for Lease	2
原有私房	Original Private Apartments	11
房改私房	Private Apartments through Housing Reform	213
商品房	Commercial Buildings	253
其　他	Others	4
按住宅建筑式样分	**Grouped by Design of Residential Buildings**	**500**
单栋住宅	Separate Residential Buildings	
四居室	Four-room Apartments	41
三居室	Three-room Apartments	188
二居室	Two-room Apartments	236
一居室	One-room Apartments	28
普通楼房	Ordinary Buildings	7
平房及其他	Terraces and Others	
按装修状况分	**Grouped by Decoration Condition**	**500**
有装修	With Decoration	294
未装修	Without Decoration	206
按饮水情况分	**Grouped by Drinking Water**	**500**
自来水	Tap Water	339
矿泉水	Mineral Water	76
纯净水	Pure Water	85
其　他	Others	
按用水情况分	**Grouped by Tap Water**	**500**
独用自来水	Tap Water for Individual Use	500
公用自来水	Tap Water for Public Use	
其　它	Others	
按卫生设备分	**Grouped by Sanitation Facility**	**500**
无卫生设备	Without Sanitation Facility	
有厕所浴室	With Washroom and Bathroom	500
有厕所无浴室	With Washroom but without Bathroom	
公　用	For Public Use	
按取暖设备分	**Grouped by Heating Facility**	**500**
无取暖设备	Without Heating Facility	500
空调设备	Air Conditioner	
暖　气	Central Heating	
其　他	Others	
按炊用燃料使用情况分	**Grouped by Fuel for Cooking**	**500**
煤　炭	Coal	
罐装液化石油气	Tanked LPG	123
管道液化石油气	Pipeline LPG Gas	2
管道煤气	Pipeline Gas	9
管道天然气	Pipeline Natural Gas	362
柴　油	Diesel Oil	
其　他	Others	4
现住房外的其他住房	**Other Apartments excluding Present Houses**	**105**
出租房(套)	Apartments for Lease (set)	60
偶尔居住房(套)	Apartments for Occasional Living (set)	35
其他用途房(套)	Apartments for Other Use (set)	10

8-10 主要年份农村居民家庭收支情况

Income and Expenditure of Rural Households in Main Years

单位:元/人 (yuan/person)

年份 Year	总收入 Total Income of Household	纯收入 Net Income	总支出 Total Expenditure of Household	# 家庭经营支出 Expenditure for Household Operations	# 生活消费支出 Expenditure for Household Consumption	恩格尔系数 (%) Engels Coefficient of Rural Households (%)
1978	288.26	249.80	265.07	37.44	221.66	67.13
1979	294.78	250.95	283.25	42.27	237.08	65.13
1980	357.71	322.66	315.17	34.52	259.46	54.68
1981	501.80	412.92	426.18	73.81	290.67	61.43
1982	621.64	468.44	561.93	112.26	361.67	54.28
1983	821.37	612.25	716.42	178.61	459.89	53.30
1984	934.06	687.76	854.77	201.63	544.65	48.74
1985	1005.17	732.70	838.87	228.82	534.53	55.49
1986	1202.57	857.17	1052.33	285.06	671.37	51.76
1987	1668.84	1074.92	1422.75	540.48	783.22	52.70
1988	2096.67	1324.48	1940.54	711.36	1063.46	50.06
1989	2103.81	1524.80	1838.45	506.87	1175.80	50.06
1990	2141.00	1538.93	1867.79	509.15	1218.85	49.05
1991	2397.31	1735.57	1902.60	545.18	1224.92	51.59
1992	2856.37	2152.28	2050.69	605.78	1224.30	54.94
1993	3639.97	2661.34	3134.42	855.54	2002.89	48.72
1994	4617.42	3670.24	3752.30	797.11	2639.60	49.55
1995	5552.10	4482.51	4578.52	904.34	3307.61	46.33
1996	6482.42	5164.67	5145.01	1112.34	3530.62	44.96
1997	7269.41	5545.91	5645.20	1467.20	3602.21	47.37
1998	7120.09	5628.95	5829.06	1222.32	4143.55	42.62
1999	7181.00	5833.92	5106.16	1045.10	3634.66	48.54
2000	7080.42	6085.97	5515.70	671.49	4453.33	38.21
2001	7542.65	6445.72	5423.27	679.66	4388.39	43.77
2002	7918.81	6856.62	5506.95	711.37	4434.95	43.27
2003	7032.36	6129.95	5217.68	734.44	4115.94	43.88
2004	7510.31	6625.16	5419.08	725.36	4353.18	43.75
2005	8380.25	7080.19	6741.70	1049.77	5395.58	43.22
2006	8982.66	7788.27	7008.43	1011.94	5628.86	42.60
2007	9997.12	8612.84	7934.08	1166.57	6341.51	42.82
2008	11107.23	9828.12	8409.80	1056.11	6837.67	42.33
2009	12303.11	11066.69	9338.02	1040.28	7742.20	43.95
2010	14249.13	12675.55	10891.68	1231.02	8987.06	45.91

8-11 农村居民家庭基本情况(2010年)

项　　目	Item
调查户数(户)	Number of Households Surveyed (household)
各组比重(%)	Proportion (%)
调查户常住人口(人)	Number of Permanent Residents in Households Surveyed (person)
平均每户常住人口(人)	Average Number of Permanent Residents per Household (person)
# 整半劳动力	Average Number of Full/Semi Labor Force per Household (person)
平均每个劳动力负担人口数(人)	Average Number of Dependents per Labor Force(person)
平均每户生产性固定资产原价(元)	Average Original Value of Fixed Assets per Household (yuan)
平均每人经营耕地面积(亩)	Per Capita Cultivated Area (mu)
平均每户居住面积(平方米)	Net Living Space per Household (sq.m)
平均每人居住面积(平方米)	Per Capita Net Living Space (sq.m)
平均每人全年农产品产量	Per Capita Annual Output of Farm Products
粮　食(千克)	Grain (kg)
油　料(千克)	Oil and Fats (kg)
糖　料(千克)	Sugar (kg)
蔬　菜(千克)	Vegetables (kg)
水　果(千克)	Fruits (kg)
平均每人全年农产品出售量	Per Capita Annual Sale of Farm Products
粮　食(千克)	Grain (kg)
油　料(千克)	Oil and Fats (kg)
糖　料(千克)	Sugar (kg)
蔬　菜(千克)	Vegetables (kg)
水　果(千克)	Fruits (kg)
猪　肉(千克)	Pork (kg)
家　禽(千克)	Poultry (kg)
禽　蛋(千克)	Eggs (kg)
水产品(千克)	Aquatic Products (kg)

Basic Conditions of Rural Households (2010)

总平均 Average	低收入户 Low Income Households	中等偏下收入户 Lower Middle Income Households	中等收入户 Middle Income Households	中等偏上收入户 Upper Middle Income Households	高收入户 High Income Households
1000	200	200	200	200	200
100	20	20	20	20	20
4137	938	856	816	804	723
4.14	4.69	4.28	4.08	4.02	3.62
2.88	2.97	2.80	2.86	2.99	2.79
1.44	1.58	1.53	1.43	1.35	1.30
5643.35	4583.05	4502.44	4964.05	4591.35	9575.86
0.37	0.30	0.31	0.59	0.29	0.35
180.68	161.04	173.10	178.92	181.88	208.49
43.67	34.34	40.44	43.85	45.24	57.67
34.92	30.13	31.36	56.05	30.21	26.75
1.50	1.86	2.08	0.89	0.60	2.01
30.63		9.99	0.27	57.96	98.70
353.03	342.36	276.23	384.21	350.77	425.13
101.80	18.20	64.44	85.94	96.27	278.52
9.60	2.60	8.34	24.39	9.33	3.80
0.85	1.23	1.37	0.18	0.25	1.19
30.63		9.99	0.27	57.96	98.68
305.48	308.57	239.46	329.02	307.18	351.21
92.42	16.31	61.04	80.21	87.56	247.50
8.46	10.28	1.58	3.24	0.51	29.00
18.18	0.28	8.66	3.09	23.97	63.27
0.12	0.28		0.13	0.15	0.02
24.72	16.38		12.21	8.25	97.27

8-11 续表

项　　目	Item
平均每人全年消费	Per Capita Annual Consumption
粮　食(千克)	Grain (kg)
蔬菜及其制品(千克)	Vegetables and Processed Products (kg)
油脂类(千克)	Oil and Fats (kg)
肉禽及其制品(千克)	Meat, Poultry and Processed Products (kg)
蛋类及其制品(千克)	Eggs (kg)
水产品(千克)	Aquatic Products (kg)
食　糖(千克)	Sugar (kg)
酒(千克)	Liquor and Beverages (kg)
水果及其制品(千克)	Fruits and Related Products (kg)
平均每百户年末拥有	Per 100 Households Owned at Year-end
洗衣机(台)	Washing Machine (set)
电冰箱(台)	Refrigerator (set)
空调机(台)	Air Conditioner (set)
抽油烟机(台)	Smoke Absorber Fan (set)
热水器(台)	Water Heater for Shower (set)
自行车(辆)	Bicycle (unit)
摩托车(辆)	Motorcycle (unit)
汽　车(辆)	Automobile (unit)
电话机(部)	Telephone (unit)
移动电话(部)	Mobile Telephone (unit)
家用电脑(台)	Computer (set)
彩色电视机(台)	Color TV Set (set)
影碟机(台)	Video Disc Player (set)
摄影机(台)	Pickup Camera (set)
微波炉(台)	Microwave Oven (unit)
照相机(架)	Camera (set)

continued

总平均 Average	低收入户 Low Income Households	中等偏下收入户 Lower Middle Income Households	中等收入户 Middle Income Households	中等偏上收入户 Upper Middle Income Households	高收入户 High Income Households
107.66	99.11	104.10	104.59	107.97	126.07
116.06	92.20	100.17	117.14	112.34	168.75
6.22	4.97	6.24	6.13	6.67	7.41
50.87	42.02	48.77	51.50	53.71	60.97
5.17	4.48	4.53	5.44	5.80	5.78
18.41	15.66	18.00	17.35	19.34	22.65
1.42	1.02	1.46	1.53	1.55	1.64
3.16	2.10	2.56	4.51	3.54	3.33
23.27	15.34	19.74	22.01	27.08	34.94
91.30	80.50	90.50	91.50	97.00	97.00
94.90	90.50	90.00	95.50	98.00	100.50
128.90	95.00	120.50	130.50	138.50	160.00
58.60	49.50	59.50	59.00	61.50	63.50
104.30	97.50	97.00	108.50	109.00	109.50
123.50	127.00	129.00	126.50	123.50	111.50
110.30	112.00	103.00	105.00	115.00	116.50
11.40	5.50	9.00	9.00	15.00	18.50
97.70	94.00	95.50	94.00	102.50	102.50
261.80	247.00	240.00	258.00	278.00	286.00
70.60	52.00	61.50	70.00	78.00	91.50
135.20	126.50	127.00	126.50	140.00	156.00
66.70	56.50	60.00	65.50	69.00	82.50
6.00	4.00	4.50	4.00	8.00	9.50
31.70	23.00	30.50	29.00	36.00	40.00
37.60	22.50	31.50	38.50	43.00	52.50

8-12 农村居民家庭平均每人全年收支情况(2010年)

单位:元

项 目	Item
全年总收入	Total Income of Households
全年纯收入	Annual Net Income
工资性收入	Income from Wages and Salaries
# 在本地企业劳动得到收入	From Local Enterprises
外出从业得到收入	From Outworking
家庭经营纯收入	Net Income from Household Operaiton
# 农林牧渔业纯收入	Net Income from Farming, forestry, Animal Husbandry and Fishery
财产性纯收入	Income from Properties
转移性纯收入	Income from Transfer
全年可支配收入	Annual Disposable Income
全年总支出	Total Expenditure of Households
家庭经营费用支出	Expenditure for Household Operation
购置生产性固定资产支出	Expenditure for Purchasing Productive Fixed Assets
税费支出	Expenditure for Taxes and Fees
生活消费支出	Expenditure for Consumption
食品消费支出	Food
# 粮 食	Grain
谷 物	Corn
薯 类	Tubers
豆 类	Legume
# 副食支出	Non-staple Food
食用油	Oil
蔬菜及制品	Vegetable and Products
肉禽蛋奶及制品	Meat, Poultry, Eggs, Milk and Processed Products
水产品及制品	Aquatic and Processed Products
烟、酒	Tobacco and Liquor
衣着消费支出	Clothing
居住消费支出	Residence
家庭设备、用品及服务支出	Household Facilities, Articles and Services
医疗保健支出	Medicines and Medical Services
交通和通讯消费支出	Transportation and Communication Services
文教娱乐用品及服务支出	Cultural, Educational and Recreational Articles and Services
其他商品及服务消费支出	Other Commodities and Services
财产性支出	Property Expenditure
转移性支出	Transfer Expenditure
全年现金总收入	Total Monetary Income
# 出售农副产品收入	By Selling Farm By-products
全年非收入现金所得	Total Monetary Earning not Included in Income
全年现金总支出	Total Monetary Expenditure
# 家庭经营费用现金支出	Expenditure for Household Business
生活消费现金支出	Expenditure for Consumption
全年非消费性现金支出	Total Monetary Expenditure not for Consumption
年末金融资产余额	Monetary Assets at Year-end

Per Capita Annual Income and Expenditure of Rural Households (2010)

(yuan)

总平均 Average	低收入户 Low Income Households	中等偏下收入户 Lower Middle Income Households	中等收入户 Middle Income Households	中等偏上收入户 Upper Middle Income Households	高收入户 High Income Households
14249.13	7207.35	9656.67	12456.49	16064.89	27295.83
12675.55	6425.93	9103.80	11706.42	15051.47	23468.72
7775.74	4165.34	6020.76	7446.17	9559.25	12928.87
5814.15	3708.16	4827.07	5703.79	6885.87	8647.85
963.81	200.65	639.81	912.69	1328.57	1989.56
2049.98	976.55	1193.87	1913.26	1876.32	4804.81
1258.83	581.79	775.65	1152.32	1113.53	2798.55
2218.17	889.17	1418.58	1848.73	2837.42	4617.32
631.66	394.87	470.59	498.26	778.48	1117.72
12303.30	6239.33	8751.11	11258.59	14386.62	22536.80
10891.67	7003.16	7933.44	9373.69	12044.61	18992.47
1231.02	598.25	376.78	546.86	819.22	3364.13
45.25	13.69	50.78	19.50	7.18	173.55
16.76	3.02	1.99	3.97	7.11	67.59
8987.06	6086.60	7047.23	8237.39	10435.30	14236.48
4126.25	2806.10	3404.31	3768.51	4441.34	5231.67
327.12	282.33	312.06	314.76	346.40	395.57
303.25	264.55	294.55	292.80	311.26	366.64
8.31	6.27	5.04	7.49	13.88	9.57
15.56	11.51	12.47	14.47	21.26	19.36
2692.87	2051.53	2462.59	2687.95	2959.41	3506.71
103.48	83.81	103.23	103.32	108.08	124.38
371.68	287.98	331.70	371.47	386.95	510.86
1212.30	988.81	1144.02	1202.95	1303.23	1492.51
289.05	227.00	284.21	274.98	314.66	362.66
207.48	152.25	170.13	218.79	228.85	286.80
379.49	208.85	276.34	384.91	476.93	693.17
1207.61	981.11	812.97	1202.33	1313.95	2598.14
439.44	226.08	340.82	449.75	581.19	743.18
465.43	285.34	380.27	490.41	522.89	712.07
1073.06	730.42	841.89	854.26	1653.67	2337.63
1106.68	716.22	835.39	856.33	1165.45	1613.31
189.10	132.48	155.24	230.89	279.88	307.31
35.08	20.28	94.42	25.26	52.40	40.39
576.50	281.32	362.24	540.71	723.40	1110.33
13587.61	6922.71	9399.87	12080.53	15709.06	26534.36
995.40	482.08	705.34	1021.90	1006.63	1962.41
1317.51	585.48	842.29	1049.45	1480.18	2951.52
10409.51	6740.65	7706.71	9058.20	11776.82	18374.02
1115.91	610.80	425.18	562.88	824.43	3537.33
8653.14	5828.76	6822.88	7925.39	10169.56	13619.40
1032.37	295.82	715.55	948.27	1226.26	2242.35
12796.62	7816.71	12954.33	11260.06	13960.47	19510.65

【城市居民家庭可支配收入】是指城市居民家庭可以用来自由支配的收入，即家庭总收入扣除交纳的个人所得税、个人交纳的社会保障费以及调查户的记账补贴后的收入。

【城市居民家庭消费支出】指城市居民家庭用于日常生活的全部支出，它包括：食品、衣着、居住、家庭设备用品及服务、医疗保健、交通和通信、娱乐教育文化服务、其它商品和服务等八大类。

【农村居民家庭纯收入】是指农村居民当年从各个来源得到的总收入相应地扣除所发生的费用后的收入总和。纯收入主要用于再生产投入和当年生活消费支出，也可用于储蓄和各种非义务性支出。“农民人均纯收入”按人口平均的纯收入水平，反映的是一个地区或一个农户农村居民的平均收入水平。计算方法：

纯收入＝总收入-家庭经营费用支出-税费支出-生产性固定资产折旧-赠送农村内部亲友

【农村居民家庭可支配收入】 是指农村居民获得的经过初次分配与再分配后的收入。可支配收入可用于住户的最终消费、非义务性支出以及储蓄。计算方法：

农村住户可支配收入＝总收入-家庭经营费用支出-税费支出-生产性固定资产折旧-财产性支出-转移性支出

【农村居民家庭生活消费支出】是指农村居民用于物质生活和精神生活方面的消费支出。生活消费支出分为食品消费支出、衣着消费支出、居住消费支出、家庭设备用品及服务消费支出、医疗保健消费支出、交通和通讯消费支出、文化教育娱乐用品及服务消费支出、其他商品和服务消费支出。

Explanatory Notes on Main Statistical Indicators

【Disposable Income of Urban Households】 refers to the actual income at the disposal of urban households.This equals to total income minus income tax,personal contribution to social security and subsidy for keeping diaries in being a sample household.

【Expenditure for Consumption of Urban Households】 refers to all the expenditures paid by urban households for consumption in daily life,including 8 categories as follows:food; clothing;housing household equipments,articles and services;medical care; transportation and telecommunication; entertainment, education and culture services; other commodities and services.

【Net Income of Rural Households】 Refers to rural residents from all sources to get the corresponding gross income the costs incurred after deducting the total income. Net investment income is mainly used for reproduction and as consumption expenditure, savings and can also be used for a variety of non-compulsory expenditure. “Rural per capita net income” per capita net income level reflects a region or a farmer's average income level of rural residents. Calculation:

Net income = gross income − household operation expenses −taxes and expenses − depreciation of fixed assets for production− giving friends and relatives within the rural.

【Disposable Income of Rural Households】 Refers to rural residents get through the initial distribution and redistribution of income. Disposable income for households final consumption, non-compulsory expenditure and savings. Calculation:

Rural household disposable income = total income − household operation expenses − taxes and fees − depreciation of fixed assets for production − property expenditures − transfer expenditure.

【Expenditures for Consumption of Rural Households】 Refers to rural residents for the material life and spiritual life of consumer spending. Living expenses are divided into food consumption expenditures, clothing, consumer spending, housing spending, household equipment and services, consumer spending, healthcare spending, transport and communications spending, cultural and educational entertainment products and services, consumer spending, consumption of other goods and services expenditures.

第九篇 CHAPTER 9

城市建设
CITY CONSTRUCTION

简要说明

第九篇　城市建设

一、本篇资料反映广州市社会、经济发展和城市建设的规模、速度、效益及综合水平等基本情况。

二、本篇资料由广州市统计局固定资产投资统计处整理提供。

三、本篇资料依据国家建设部制定的《城市（县城）建设统计报表制度》编制，统计数据由广州市城乡建设委员会、广州市统计局、广州市国土资源和房屋管理局、广州市环境保护局以及广州市林业和园林局等单位提供。

四、本篇资料的统计范围为市区口径。

Brief Introduction

9 City Construction

I.The data in this chapter show the basic conditions of socio-economic development and scale,speed,mileage and comprehensive level of the city construction in Guangzhou.

II.The data in this chapter are prepared and provided by the Division of Investment and Construction Statistics of Guangzhou Municipal Bureau of Statistics.

III.The data in this chapter are collected and tabulated in accordance with the Statistical Survey Scheme of Cities' or Counties' Construction stipulated by National Ministry of Construction ,all of which are provided by Guangzhou Municipal Commission of Construction,Guangzhou Municipal Bureau of Statistics,Guangzhou Municipal Administration of Land, Resources and Houses,Guangzhou Municipal Bureau of Environmental Protection,Guangzhou Municipal Bureau of Public Facilities and Gardens,etc.

IV.The statistical coverage of the data in this chapter is the ten urban districts.

9-1 城市(市区)市政设施

Public Facilities in Urban Districts

项　　目	Item	2009	2010
道路长度(公里)	Length of Roads (1000 m)	5519	6986
道路面积(万平方米)	Area of Roads (10000 sq.m)	9502	9731
# 人行道	Pavement	1472	1829
人均城市道路面积(平方米)	Per Capita Area of Roads (sq.m)	10.63	11.20
桥梁数(座)	Number of Bridges (unit)	1300	1309
# 立交桥	Crossroads	183	186
道路照明灯盏数(千盏)	Number of Street Lights (1000 units)	182	185
排水管道长度(公里)	Length of Sewer Pipelines (1000 m)	6720	8501
建成区排水管道密度(公里/平方公里)	Density of Sewer Pipelines (1000 m/sq.km)	7.25	8.93
污水排放量(万立方米)	Sewage Discharge Quantity (10000 cubic metres)	89485	93840
污水处理厂(座)	Sewage Treatment Plant (unit)	13	30
污水处理厂处理能力(万立方米/日)	Sewage Treatment Capacity (10000 cubic metres/day)	227.4	409.6
污水处理厂处理量(万立方米)	Quantity of Sewage Treatment (10000 cubic metres)	72483	80378
污水处理率(%)	Sewage Treatment Rate (%)	81.00	85.65
# 污水处理厂集中处理率(%)	Concentrated Sewage Treatment Rate (%)	81.00	85.65

注:本表资料由广州市城乡建设委员会提供。

Note: The data in this table are provided by Guangzhou Municipal Commission of Construction.

9-2 城市(市区)供水

Tap Water Supply in Urban Districts

项　　目	Item	2009	2010
综合生产能力(万立方米/日)	Overall Production Capacity (10000 cu.m/day)	684.30	684.30
供水管道长度(公里)	Length of Water Supply Pipelines (1000 m)	16471	15942
供水总量(万立方米)	Total Volume of Water Supply (10000 cu.m)	184751.54	190806.15
# 售水量	Sales Volume of Tap Water	152228.92	155081.11
生产运营用水	For Production Use	37431.54	37781.20
公共服务用水	For Public Services	32589.17	33151.34
居民家庭用水	For Household Use	80169.87	82566.19
其他用水	Others	2038.34	1582.38
用水户数(户)	Number of Households with Access to Tap Water (unit)	1805746	2089521
# 家庭用户	Number of Families with Access to Tap Water	1676390	1937284
用水人口(万人)	Number of Residents with Access to Tap Water (10000 persons)	884.00	865.25
人均日生活用水量(升)	Per Capita Daily Consumption of Tap Water for Residential Use (liter)	493.00	366.41
用水普及率(%)	Coverage Rate of Urban Population with Access to Tap Water (%)	99.80	99.56

注:1. 本表资料由广州市城乡建设委员会提供。
　2. 本表资料不包企业自建设施供水。

Note: I. The data in this table are provided by Guangzhou Municipal Commission of Construction.
　II. The data in this table exclude the water supply by self-built facilities of corporations.

9-3 城市(市区)燃气供应

Gas Supply in Urban Districts

项　　目	Item	2009	2010
液化石油气	**Liquefied Petroleum Gas**		
储气能力(吨)	Storage Capacity (ton)	48497	47078
供气管道长度(公里)	Length of Gas Supply Pipelines (1000 m)	452	113
供气总量(吨)	Total Supply of Gas (ton)	1004716	1087766
销售气量	Sales Volume of Gas	1002114	1087687
# 居民家庭	Households	396220	449636
用气户数(户)	Number of Households (unit)	1746774	1974108
# 家庭用户	Families	1723210	1947638
用气人口(万人)	Number of Residents with Access to Gas (10000 persons)	546.26	863.20
人工煤气	**Manufactured Gas**		
生产能力(万立方米/日)	Production Capacity (10000 cu.m/day)	100	47
储气能力(万立方米)	Storage Capacity (10000 cu.m)	1	1
供气管道长度(公里)	Length of Gas Supply Pipelines (1000 m)	378	92
自制气量(万立方米)	Self-made Gas (10000 cu.m)	10275	3205
供气总量(万立方米)	Total Supply of Gas (10000 cu.m)	11759	3432
# 销售气量	Sales Volume of Gas	11030	3318
# 居民家庭	Households	5804	431
用气户数(户)	Number of Households (unit)	31376	7962
# 家庭用户	Families	30831	7943
用气人口(万人)	Number of Residents with Access to Gas (10000 persons)	9.77	2.52
天然气	**Natural Gas**		
储气能力(万立方米)	Storage Capacity (10000 cu.m)	234	310
供气管道长度(公里)	Length of Gas Supply Pipelines (1000 m)	3203	4229
供气总量(万立方米)	Total Supply of Gas (10000 cu.m)	35603	61285
# 销售气量	Sales Volume of Gas	33812	60351
# 居民家庭	Households	11060	16040
用气户数(户)	Number of Households (unit)	1065685	1209347
# 家庭用户	Families	1059567	1202031
用气人口(万人)	Number of Residents with Access to Gas (10000 persons)	335.88	381.04
燃气普及率(%)	Coverage Rate of Urban Population with Access to Gas (%)	99.16	99.21

注:本表资料由广州市城乡建设委员会提供。

Note: The data in this table are provided by Guangzhou Municipal Commission of Construction.

9-4 城市(市区)市政公用设施建设固定资产投资额

Investment in Fixed Assets in Public Facilities in Urban Districts

单位:万元　(10000 yuan)

项　目	Item	2009	2010
本年完成投资	Investment Completed in Current Year	4170016	6463223
供　水	Water Supply	420698	451486
燃　气	Gas Supply	49391	27811
公共交通	Public Traffic	1201759	1198807
道路桥梁	Roads and Bridges	738272	1679476
排　水	Drainage	459225	1818524
# 污水处理及其再生利用	Sewerage Disposal and Reutilization	398910	1703922
防　洪	Waterlogging Preventing	46585	6210
园林绿化	Parks and Green Areas	19845	194173
市容环境卫生	City Environmental Sanitation	445899	470146
# 垃圾处理	Garbage Disposal	19690	48092
其　他	Others	788342	616590

注:本表资料由广州市城乡建设委员会提供。

Note: The data in this table are provided by Guangzhou Municipal Commission of Construction.

9-5 主要年份城市(市区)房屋建筑面积

Floor Space of Buildings in Urban Districts in Main Years

单位:万平方米　(10000 sq.m)

年　份 Year	年末实有房屋建筑面积 Floor Space of Buildings (year-end)	年末实有住宅建筑面积 Floor Space of Residential Buildings (year-end)	年末实有住宅居住面积 Living Space of Residential Buildings (year-end)	平均每人居住面积(平方米) Per Capita Living Space (sq.m)
1978	2889.89	1314.03	788.42	3.82
1980	3247.82	1512.88	907.73	3.97
1985	5511.97	2834.43	1700.66	6.62
1990	7567.44	3974.23	2327.55	7.99
1995	9666.45	5276.22	3043.65	9.61
2000	13740.03	7952.05	4515.36	13.13
2001	14829.01	8713.55	4934.19	13.87
2002	21720.35	12995.46	7289.24	15.67
2003	23269.49	14059.48	7874.45	17.23
2004	25372.08	15390.71	8606.63	18.19
2005	27283.78	16300.86	9107.22	18.87
2006	28585.19	17099.69	9546.56	19.45
2007	30217.80	18029.52	10057.98	20.00
2008	31654.28	18798.47	10480.90	20.54
2009	33287.44	19612.62	10928.67	21.01
2010	34962.70	20306.38	11310.25	21.40

注:本表资料2002年起为十区口径，其余年份为八区口径。

Note: The coverage in this table covers the new ten districts since 2002 while the original eight districts in other years.

9-6 城市(市区)维护建设资金(财政性资金)收支情况

Statistics on Revenue and Expenditure in City Maintenance

单位:万元 (10000 yuan)

项　　目	Item	2009	2010
维护建设资金收入	Revenue of Maintenance and Construction	725770	2511230
维护建设资金支出	Expenditure of Maintenance and Construction	725770	2451161
# 维护支出	For Maintenance	145632	584067
固定资产投资支出	Investment in Fixed Assets		1155010

注:1. 本表资料由广州市城乡建设委员会提供。
2. 本表资料为十区口径。

Note: I. The data in this table are provided by Guangzhou Municipal Commission of Construction.
II. The coverage in this table covers the ten districts.

9-7 城市(市区)园林绿化

Parks, Gardens and Green Areas in Urban Districts

项　　目	Item	2009	2010
绿化覆盖面积(公顷)	Coverage Area of Afforestation (hectare)	132149	137812
# 建成区	Developed Areas	35420	38224
建成区绿化覆盖率(%)	Green Coverage Rate in Developed Areas (%)	38.21	40.15
绿地面积(公顷)	Area of Green Areas (hectare)	124420	128004
# 建成区	Developed Areas	32123	33797
建成区绿地率(%)	Rate of Green Areas in Developed Areas (%)	34.65	35.50
公园绿地面积(公顷)	Area of Gardens (hectare)	9006	9971
人均公园绿地面积(平方米)	Per Capita Garden (sq.m)	13.76	15.01
公园个数(个)	Number of Parks (unit)	217	232
公园面积(公顷)	Area of Parks (hectare)	4472	4562
建成区面积(平方公里)	Developed Areas (sq.km)	927.10	952.03

注:1. 本表资料由广州市城乡建设委员会提供。
2. 本表资料为十区口径。

Note: I. The data in this table are provided by Guangzhou Municipal Commission of Construction.
II. The coverage in this table covers the ten districts.

9-8 城市(市区)市容环境卫生

City Appearance and Environmental Sanitation

项　　目	Item	2009	2010
道路清扫保洁面积(万平方米)	Area of Roads under Cleaning Program (10000 sq.m)	9247	9480
# 机械化	By Mechanization	2931	2985
生活垃圾清运量(万吨)	Volume of Living Garbage Disposal (10000 tons)	329.87	356.62
生活垃圾处理量(万吨)	Garbage Treatment (10000 tons)	329.87	356.62
生活垃圾无害化处理厂(场)数(座)	Number of Garbage Harmless Disposal Factories (unit)	2	2
生活垃圾无害化处理能力(吨/日)	Capacity of Garbage Harmless Disposal (ton/day)	8040	8984
生活垃圾无害化处理量(万吨)	Volume of Garbage Harmless Disposal (10000 tons)	297.41	327.93
生活垃圾无害化处理率(%)	Rate of Garbage Harmless Disposal (%)	90.16	91.96
粪便处理量(万吨)	Volume of Excrement and Urine Disposal (10000 tons)	18.45	21.12
公共厕所(座)	Number of Public Lavatories (unit)	992	1011
市容环卫专用车辆设备总数(辆)	Number of Special Vehicles for Environmental Sanitation (unit)	1799	1881

注:本表资料由广州市城乡建设委员会提供。

Note: The data in this table are provided by Guangzhou Municipal Commission of Construction.

【道路长度】指道路长度和与道路相通的桥梁、隧道的长度，按车行道中心线计算 。

【供水总量】指报告期供水企业（单位）供出的全部水量，包括有效供水量和漏损水量。有效供水量指水厂将水供出厂外后，各类用户实际使用到的水量，包括售水量和免费供水量。漏损水量指在供水过程中由于管道及附属设施破损而造成的漏水量、失窃水量以及水表失灵少计算的水量。

【售水量】指报告期供水企业(单位)收费供应的水量，只包括本地售水量，不包括销往本区域外的售水量。

【生产运营用水】指在城市范围内生产、运营的农、林、牧、渔业、工业、建筑业、交通运输业等单位在生产、运营过程中的用水。

【公共服务用水】指为城市社会公共生活服务的用水。包括行政事业单位、部队营区和公共设施服务、社会服务业、批发零售贸易业、旅馆饮食业以及社会服务业等单位的用水。

【居民家庭用水】指城市范围内所有居民家庭的日常生活用水。包括城市居民、农民家庭、公共供水站用水。

【绿地面积】指报告期末用作园林和绿化的各种绿地面积。包括公园绿地、生产绿地、防护绿地、附属绿地和其他绿地的面积。

【公园绿地面积】 指城市中向公众开放的、以游憩为主要功能，有一定的游憩设施和服务设施，同时兼有健全生态、美化景观、防灾减灾等综合作用的绿化用地。它是城市建设用地、城市绿地系统和城市市政公用设施的重要组成部分。

【Length of Roads】 refers to the length of roads and of the bridges and tunnels connected to the roads, calculated by the center line of the roads.

【Annual Volume of Water Supply】 refers to the total volume of water supplied by water-works(units)during the reference period, including both the effective water supply and loss during the water supply.

【Volume of Sold Water】 refers to the total volume of paid water supplied by water-works(units)during the reference period, only including the volume of paid water sold to local region,not including the volume of paid water sold to other regions.

【Volume of Water for Production】 refers to water consumption for urban production of enterprises of farming, forestry, animal husbandry and fishery, industry, construction, transport, and so on.

【Water Consumption of Public Service】 refers to water consumption for urban public services,including the consumption of government agencies and public institutions.military barracks, public facilities, wholesale and retail outlets, restaurants, hotels, and other units providing public services.

【Household Water Consumption】 refers to consumption of water for daily life of all households within the boundary of cities,including water consumption of urban residents and farmers, and public water supply stations.

【Area of Urban Green Areas】 refers to the total area occupied for green projects at the end of the reference period,including park green land ,production green land,protection green land,green land attached to institutions,and other green areas.

【Park Green Areas】 refers to green areas open to the public for amusement and rest with the facilities of amusement,rest and services,Its function includes perfecting ecology,beautifying landscape,and preventing and reducing disaster.It is an important component of urban construction sites,urban green area system and public facilities in urban districts.

第十篇
CHAPTER 10

农业
AGRICULTURE

简要说明

第十篇　农　业

一、本篇资料反映广州市农业生产和农村经济的基本情况。

二、本篇资料由广州市统计局农村统计处整理提供。

三、本篇资料中农村经济收益分配表由广州市农业局提供；乡镇企业主要经济指标表由广州市经济贸易委员会（广州市中小企业局）提供。

四、本篇资料主要来源于广州市农村统计报表制度。农村统计报表制度的统计范围包括各区、县级市的各种经济类型的全部农林牧渔业以及各非农行业附属的农林牧渔业生产单位。

Brief Introduction

10 Agriculture

I.The data in this chapter show the basic conditions of agricultural production and rural economy in Guangzhou.

II.The data in this chapter are prepared and provided by the Division of Rural Statistics of Guangzhou Municipal Bureau of Statistics.

III.The data on rural economic income distribution are provided by Guangzhou Agriculture Bureau.and the main economic indicators of township enterprises are provided by the Guangzhou Economic and Trade Commission (Guangzhou Bureau of Small and Middle Enterprises).

IV.The data in this chapter mainly come from the statistical reporting summary tables on rural area of Guangzhou Municipality.The statistical coverage of the statistical reporting summary scheme includes all the productive units of farming, forestry,animal husbandry and fishery and those related nonagricultural affiliated units with various ownership in the districts and counties in Guangzhou Municipality.

10-1 农业主要指标

Major Indicators on Agriculture

项　目	Item	2009	2010
乡镇户数(户)	Number of Rural Households (household)	1282241	1400022
乡镇人口(人)	Rural Population (person)	4669481	4959184
乡镇从业人员(人)	Number of Rural Employed Persons (person)	2957680	3105903
第一产业从业人员(人)	Number of Rural Employed Persons in Primary Industry (person)	779541	767508
常用耕地面积(公顷)	Area of Cultivated Land (hectare)	100784	100647
有效灌溉面积(公顷)	Irrigated Area (hectare)	80545	80715
农业机械总动力(万瓦)	Total Power of Agricultural Machinery (10000 w)	201622	217617
化肥施用量(折纯)(吨)	Consumption of Chemical Fertilizers (100 percent effective content equivalent)(ton)	96011	107514
农药使用量(吨)	Consumption of Pesticides (ton)	3203	3275
农村用电量(万千瓦·时)	Electricity Consumed in Rural Area (10000 kwh)	1558874	1601739
农林牧渔业总产值(万元)	Gross Output Value of Agriculture, Forestry, Animal Husbandry and Fishery (10000 yuan)	2956200	3221258
农林牧渔业增加值(万元)	Value-added of Agriculture, Forestry, Animal Husbandry and Fishery (10000 yuan)	1722837	1885645
农林牧渔业商品产值率(%)	Rate of Commodity Output Value of Agriculture, Forestry, Animal Husbandry and Fishery (%)	90.07	90.73
主要农产品产量	Output of Major Agricultural Products		
粮　食(吨)	Grain (ton)	430007	430438
花　生(吨)	Peanuts (ton)	17019	17974
糖　蔗(吨)	Sugarcane (ton)	10298	6923
蔬　菜(吨)	Vegetables (ton)	3175062	3259936
水　果(吨)	Fruits (ton)	422902	399179
肉　类(吨)	Meat (ton)	317877	323584
水产品(吨)	Aquatic Products (ton)	437046	441435
乡镇企业单位数(个)	Number of Township Enterprises (unit)	22077	25865
乡镇企业从业人员(人)	Employed Persons in Township Enterprises (person)	962840	823261
乡镇企业营业收入(万元)	Operating Revenue of Township Enterprises (10000 yuan)	20552224	22335319
农村经济总收入(万元)	Gross Income of Rural Economy (10000 yuan)	21802975	22926456
农村居民人均纯收入(元)	Per Capita Net Income of Rural Residents (yuan)	11067	12676

10-2 主要年份年末耕地面积

Year-end Area of Cultivated Land in Main Years

单位：公顷 (hectare)

年 份 Year	常用耕地面积 Area of Cultivated Land	水(旱)田 Paddy Field	旱 地 Dry Field	平均每个农业人口拥有耕地 Per Capita Cultivated Land of Agricultural Population	平均每个农业劳动力拥有耕地 Per Capita Cultivated Land of Rural Labor Force
1978	249479	221451	28028	0.09	0.21
1980	248260	220258	28002	0.11	0.23
1985	234171	207431	26740	0.09	0.24
1990	221138	196266	24872	0.09	0.24
1995	177892	158849	19043	0.07	0.20
1996	172179	153332	18847	0.07	0.19
1997	169700	151631	18069	0.07	0.19
1998	168491	150843	17648	0.07	0.19
1999	164816	147455	17361	0.07	0.19
2000	159115	142220	16895	0.05	0.17
2001	154941	137628	17313	0.05	0.17
2002	146311	128888	17423	0.05	0.16
2003	134934	115565	19369	0.06	0.15
2004	131954	116943	15011	0.06	0.16
2005	130094	111700	18394	0.06	0.15
2006	106579	88971	17608	0.05	0.13
2007	104500	84747	19753	0.05	0.13
2008	102155	85064	17091	0.04	0.13
2009	100784	84992	15792	0.03	0.13
2010	100647	87516	13131	0.03	0.13

注：按国家新口径的常用耕地面积换算2002年及以前年份的常用耕地面积数。

Note: The area of cultivated land year 2002 and before has been calculated according to the new statistical coverage.

10-3 耕地面积及变动情况(2010年)

Statistics on Area of Cultivated Land and Its Changes (2010)

单位:公顷 (hectare)

项　目	Item	全市 Total	荔湾区 Liwan	海珠区 Haizhu	天河区 Tianhe	白云区 Baiyun	黄埔区 Huangpu
年初耕地总资源	Total Resources of Cultivated Land at Year-beginning	102465	602	248	350	9912	486
年末耕地总资源	Total Resources of Cultivated Land at Year-end	102184	533	188	332	9855	449
# 常用耕地面积	Area of Cultivated Land	100647	529	188	332	9785	449
# 水　田	Paddy Field	87516	529		154	8765	425
当年增加耕地面积	Area of Increased Cultivated Land in Current Year	1247				43	
# 园地改为耕地	Area of Cultivated Land Adapted from Garden Land	273					
当年减少耕地面积	Area of Decreased Cultivated Land in Current Year	1528	69	60	18	100	37
# 国家基建占用	Occupied by Capital Construction	592	46	60	18	100	37
其他基建占用	Occupied by Other Construction	200	23				
粮食占用耕地面积	Area of Cultivated Land Occupied by Grain	42446				2936	10
蔬菜占用耕地面积	Area of Cultivated Land Occupied by Vegetables	23883	58	169	341	4788	326

10-3 续表 continued

单位:公顷 (hectare)

项　目	Item	番禺区 Panyu	花都区 Huadu	南沙区 Nansha	萝岗区 Luogang	增城市 Zengcheng	从化市 Conghua
年初耕地总资源	Total Resources of Cultivated Land at Year-beginning	18794	12181	8963	3416	27120	20393
年末耕地总资源	Total Resources of Cultivated Land at Year-end	18666	12161	8900	3349	27114	20637
# 常用耕地面积	Area of Cultivated Land	18590	12096	8573	2788	27052	20265
# 水　田	Paddy Field	16941	10711	8573	2326	22105	16987
当年增加耕地面积	Area of Increased Cultivated Land in Current Year	255	1	624			324
# 园地改为耕地	Area of Cultivated Land Adapted from Garden Land	153		59			61
当年减少耕地面积	Area of Decreased Cultivated Land in Current Year	383	21	687	67	6	80
# 国家基建占用	Occupied by Capital Construction	157	12	55	21	6	80
其他基建占用	Occupied by Other Construction	100	5	26	46		
粮食占用耕地面积	Area of Cultivated Land Occupied by Grain	3194	6835	1200	1439	15516	11316
蔬菜占用耕地面积	Area of Cultivated Land Occupied by Vegetables	3305	2567	1641	978	7163	2547

10-4 农村基层基本情况(2010年)

项　　目	Item
农村基层组织(个)	Rural Grassroots Units (unit)
镇政府	Number of Town Governments
村(居)民委员会	Number of Villagers' Committees
农村人口状况	Statistics on Rural Population
乡镇户数(户)	Number of Rural Households (household)
乡镇人口(人)	Rural Population (person)
农村社会基础设施(个)	Number of Rural Infrastructure (unit)
自来水受益村	Number of Villages Benefiting from Tap Water
通汽车村	Number of Villages Open to Motor Vehicles
通电话村	Number of Villages Having Telephone Communication
农村劳动力资源总数(人)	Total Number of Rural Labor Force (person)
# 本地劳动力	Local Labor Force
# 劳动年龄内的人口数	Number of Population within Labor Age
农村从业人员合计(人)	Total Number of Rural Employed Persons (person)
# 劳动年龄内	Within Labor Age
农林牧渔业从业人员	Number of Rural Employed Persons in Agriculture, Forestry, Animal Husbandry and Fishery
农　业	Agriculture
林　业	Forestry
牧　业	Animal Husbandry
渔　业	Fishery
农林牧渔服务业	Services for Agriculture, Forestry, Animal Husbandry and Fishery
工　业	Industry
建筑业	Construction
交通运输、仓储和邮电业	Transport, Storage and Post
信息传输、计算机服务和软件业	Information Transmission, Computer Services and Software
批发零售业	Wholesale and Retail Trade
住宿和餐饮业	Hotels and Catering Services
其他行业	Others

Basic Statistics on Rural Grassroots Units (2010)

全 市 Total	白云区 Baiyun	番禺区 Panyu	花都区 Huadu	南沙区 Nansha	萝岗区 Luogang	增城市 Zengcheng	从化市 Conghua
35	4	9	7	3	1	6	5
1244	137	273	199	66	31	303	235
1400022	185640	607241	155488	80957	26812	219155	124729
4959184	709614	1818350	706643	252348	112442	882830	476957
1244	137	273	199	66	31	303	235
1244	137	273	199	66	31	303	235
1244	137	273	199	66	31	303	235
3469359	474729	1354825	462461	181074	93450	595043	307777
1806056	251235	446067	253276	84073	51940	437686	281779
3373978	458265	1329449	456359	178588	90319	575318	285680
3105903	410051	1226553	451000	157731	83151	520508	256909
2984451	390348	1195439	442274	154270	77895	495191	229034
702865	90447	116822	128521	33798	23195	165786	144296
584788	82316	94487	107998	28877	18446	127670	124994
6743	309	260	1348	80	794	1934	2018
39057	2030	3258	5622	445	1711	15778	10213
47686	3800	15604	10144	3804	999	10221	3114
24591	1992	3213	3409	592	1245	10183	3957
1454428	180033	672686	250681	60945	30911	199249	59923
181957	23250	70765	22547	10448	4755	35050	15142
98866	13732	45535	11919	4112	2758	15847	4963
44173	6403	24256	1867	2714	2748	4724	1461
226870	29178	123606	19098	16433	3826	25595	9134
161453	21576	81410	9499	13181	5089	19024	11674
235291	45432	91473	6868	16100	9869	55233	10316

10-5 农林牧渔业生产经营户及从业人员情况(2010年)

项　　目	Item
从事农林牧渔业生产经营户(户)	Number of Households Engaging in Agriculture, Forestry, Animal Husbandry and Fishery (household)
农林牧渔业从业人员数(人)	Number of Rural Employed Persons in Agriculture, Forestry, Animal Husbandry and Fishery (person)
农　业	Agriculture
林　业	Forestry
牧　业	Animal Husbandry
渔　业	Fishery
农林牧渔服务业	Services for Agriculture, Forestry, Animal Husbandry and Fishery

10-5 续表

项　　目	Item
从事农林牧渔业生产经营户(户)	Number of Households Engaging in Agriculture, Forestry, Animal Husbandry and Fishery (household)
农林牧渔业从业人员数(人)	Number of Rural Employed Persons in Agriculture, Forestry, Animal Husbandry and Fishery (person)
农　业	Agriculture
林　业	Forestry
牧　业	Animal Husbandry
渔　业	Fishery
农林牧渔服务业	Services for Agriculture, Forestry, Animal Husbandry and Fishery

Number of Households and Laborers Engaging in Agriculture, Forestry, Animal Husbandry and Fishery (2010)

全 市 Total	荔湾区 Liwan	海珠区 Haizhu	天河区 Tianhe	白云区 Baiyun	黄埔区 Huangpu
376719	3779	10874	1503	57662	6028
767508	8645	12627	4655	99636	8623
644089	8236	12503	4084	90863	7829
6949			28	309	36
40900			189	2230	177
50280	281	68	98	4054	571
25290	128	56	256	2180	10

continued

番禺区 Panyu	花都区 Huadu	南沙区 Nansha	萝岗区 Luogang	增城市 Zengcheng	从化市 Conghua
60804	67346	13911	14163	98428	42221
116822	128521	42161	35449	165786	144583
94487	107998	35567	29595	127670	125257
260	1348	80	931	1934	2023
3258	5622	1281	2140	15778	10225
15604	10144	4641	1479	10221	3119
3213	3409	592	1304	10183	3959

10-6 主要年份农林牧渔业总产值

Gross Output Value of Agriculture, Forestry, Animal Husbandry and Fishery in Main Years

单位:万元 (10000 yuan)

年 份 Year	合 计 Total	#农 业 Agriculture	#林 业 Forestry	#牧 业 Animal Husbandry	#渔 业 Fishery
1978	79940	62212	1367	11018	3551
1979	81753	64183	1001	11806	2855
1980	89465	69534	2316	11730	3650
1981	92768	70290	1216	14721	3783
1982	121037	87456	1649	22929	5767
1983	121320	82691	1815	25799	6922
1984	143255	97246	1957	28422	8852
1985	180163	117429	2312	43583	9530
1986	207553	133272	2921	48420	12630
1987	259437	171381	3534	58134	15286
1988	374875	235199	4210	100127	22571
1989	410575	258918	5325	105375	25131
1990	439322	280156	5011	110313	28142
1991	489080	311918	4809	124979	32183
1992	590289	359850	8004	165373	42635
1993	773560	415462	9442	220827	108282
1994	1034215	562429	8198	315842	125140
1995	1268076	673678	10672	369589	185396
1996	1429078	701636	11152	429758	247883
1997	1508110	748281	12706	449656	254502
1998	1540244	770438	12643	439267	265520
1999	1600738	818349	12683	433928	280155
2000	1630468	823477	13224	430589	296503
2001	1670518	878086	13344	406407	304442
2002	1750598	942935	11577	404566	321379
2003	1806678	978410	12823	388590	332774
2004	2014423	1055554	36602	401247	358246
2005	2208105	1126688	38424	477025	376560
2006	2178394	1140576	18192	421336	406265
2007	2544675	1349965	18284	519306	432804
2008	2913008	1445324	19898	639605	526876
2009	2956200	1500816	21683	612002	536132
2010	3221258	1662415	26613	641581	583252

10-7 主要年份农林牧渔业总产值指数

Indices of Gross Output Value of Agriculture, Forestry, Animal Husbandry and Fishery in Main Years

上年=100 (preceding year=100)

年份 Year	合计 Total	#农业 Agriculture	#林业 Forestry	#牧业 Animal Husbandry	#渔业 Fishery
1978	103.20	101.49	124.92	113.35	102.41
1979	101.91	103.17	72.80	105.84	79.39
1980	108.16	107.06	230.05	98.13	127.85
1981	101.79	99.55	51.92	124.86	102.21
1982	117.70	113.75	108.79	137.03	127.11
1983	94.64	91.39	110.03	101.52	109.14
1984	110.37	109.55	107.74	104.62	128.16
1985	108.05	103.79	110.82	125.14	112.93
1986	105.15	101.86	113.11	110.37	112.99
1987	104.42	104.77	120.64	103.02	103.23
1988	105.66	100.99	86.22	120.08	114.64
1989	101.44	100.50	138.27	98.67	101.19
1990	106.32	106.14	62.29	109.31	109.51
1991	111.06	111.84	98.49	112.96	106.33
1992	113.98	109.39	182.12	123.34	121.73
1993	99.06	81.20	75.20	119.26	160.81
1994	117.42	118.59	83.86	114.79	122.27
1995	109.27	106.01	106.14	104.46	126.88
1996	106.61	97.10	107.24	106.87	128.00
1997	106.63	107.39	97.51	105.28	106.26
1998	104.63	100.06	97.18	103.66	112.10
1999	109.53	117.99	110.53	99.94	106.30
2000	101.98	98.93	108.44	101.81	104.77
2001	101.60	103.61	92.86	95.16	107.10
2002	109.07	123.55	96.12	97.38	101.74
2003	100.65	94.51	75.41	98.51	108.46
2004	105.05	112.61	120.54	97.54	101.90
2005	104.12	102.26	103.69	108.37	101.22
2006	98.12	100.69	47.10	87.85	107.31
2007	103.08	102.20	90.16	103.13	101.31
2008	103.40	97.26	104.02	109.98	109.07
2009	103.90	103.00	109.00	104.90	105.20
2010	103.06	103.33	96.59	102.07	102.92

注:农林牧渔业总产值指数按可比价计算。

Note: The indices of gross output value of farming, forestry, animal husbandry and fishery are calculated by constant price.

10-8 农林牧渔业总产值、增加值和商品产值(2010年)

单位:万元

项目	Item	全市 Total
农林牧渔业总产值(当年价格)	**Gross Output Value of Agriculture, Forestry, Animal Husbandry and Fishery (at current prices)**	**3221258**
农业	Agriculture	1662415
林业	Forestry	26613
牧业	Animal Husbandry	641581
渔业	Fishery	583252
农林牧渔服务业	Services for Agriculture, Forestry, Animal Husbandry and Fishery	307397
农林牧渔业总产值构成(%)	**Composition of Gross Output Value of Agriculture, Forestry, Animal Husbandry and Fishery (%)**	**100.00**
农业	Agriculture	51.61
林业	Forestry	0.83
牧业	Animal Husbandry	19.92
渔业	Fishery	18.10
农林牧渔服务业	Services for Agriculture, Forestry, Animal Husbandry and Fishery	9.54
农林牧渔业增加值	**Value-added of Agriculture, Forestry, Animal Husbandry and Fishery**	**1885645**
农业	Agriculture	1149227
林业	Forestry	18326
牧业	Animal Husbandry	261637
渔业	Fishery	329654
农林牧渔服务业	Services for Agriculture, Forestry, Animal Husbandry and Fishery	126801
农林牧渔业增加值构成(%)	**Composition of Value-added of Agriculture, Forestry, Animal Husbandry and Fishery (%)**	**100.00**
农业	Agriculture	60.95
林业	Forestry	0.97
牧业	Animal Husbandry	13.88
渔业	Fishery	17.48
农林牧渔服务业	Services for Agriculture, Forestry, Animal Husbandry and Fishery	6.72
农林牧渔业商品产值	**Commodity Output Value of Agriculture, Forestry, Animal Husbandry and Fishery**	**2914752**
农业	Agriculture	1442374
林业	Forestry	18657
牧业	Animal Husbandry	601826
渔业	Fishery	544498
农林牧渔服务业	Services for Agriculture, Forestry, Animal Husbandry and Fishery	307397
农林牧渔业商品率(%)	**Rate of Commodity Output Value of Agriculture, Forestry, Animal Husbandry and Fishery (%)**	**90.48**
农业	Agriculture	86.76
林业	Forestry	70.10
牧业	Animal Husbandry	93.80
渔业	Fishery	93.36
农林牧渔服务业	Services for Agriculture, Forestry, Animal Husbandry and Fishery	100.00

Gross Output Value, Value-added and Commodity Output Value of Agriculture, Forestry, Animal Husbandry and Fishery (2010)

(10000 yuan)

荔湾区 Liwan	海珠区 Haizhu	天河区 Tianhe	白云区 Baiyun	黄埔区 Huangpu	番禺区 Panyu	花都区 Huadu	南沙区 Nansha	萝岗区 Luogang	增城市 Zengcheng	从化市 Conghua
72535	**53230**	**52657**	**463130**	**20273**	**755439**	**437634**	**225135**	**111507**	**723614**	**306104**
63911	16044	9718	234292	14983	373686	226795	98330	47117	391314	186225
		143	913	14	192	2955	36	2683	12699	6978
		6180	115598	2806	108395	116511	16502	38932	168426	68231
2859	34443	8991	47853	2003	249589	64880	103315	6422	49961	12936
5765	2743	27625	64474	467	23577	26493	6952	16353	101214	31734
100.00	**100.00**	**100.00**	**100.00**	**100.00**	**100.00**	**100.00**	**100.00**	**100.00**	**100.00**	**100.00**
88.11	30.14	18.46	50.59	73.91	49.47	51.82	43.67	42.25	54.08	60.84
		0.27	0.20	0.07	0.02	0.68	0.02	2.41	1.75	2.28
		11.74	24.96	13.84	14.35	26.62	7.33	34.91	23.28	22.29
3.94	64.71	17.07	10.33	9.88	33.04	14.83	45.89	5.76	6.90	4.22
7.95	5.15	52.46	13.92	2.30	3.12	6.05	3.09	14.67	13.99	10.37
48176	**31689**	**25814**	**263378**	**12837**	**453457**	**253930**	**135991**	**60670**	**417934**	**181769**
44182	11091	6719	161966	10357	258329	156783	67976	32572	270515	128737
		98	629	10	132	2035	25	1847	8745	4805
		2520	47141	1145	44202	47513	6730	15876	68685	27825
1616	19467	5082	27047	1132	141068	36670	58393	3629	28238	7312
2378	1131	11395	26595	193	9726	10929	2867	6746	41751	13090
100.00	**100.00**	**100.00**	**100.00**	**100.00**	**100.00**	**100.00**	**100.00**	**100.00**	**100.00**	**100.00**
91.71	35.00	26.03	61.49	80.68	56.97	61.74	49.98	53.69	64.73	70.83
		0.38	0.24	0.08	0.03	0.80	0.02	3.04	2.09	2.64
		9.76	17.90	8.92	9.75	18.71	4.95	26.17	16.43	15.31
3.35	61.43	19.69	10.27	8.82	31.11	14.44	42.94	5.98	6.76	4.02
4.94	3.57	44.14	10.10	1.50	2.14	4.31	2.11	11.12	9.99	7.20
71657	**51814**	**52546**	**439696**	**18659**	**673701**	**401179**	**206404**	**104226**	**632294**	**262576**
63033	15300	9659	214909	13618	334932	200521	86856	41075	311738	150733
		139			7	1700	36	2625	10064	4086
		6173	113656	2744	89307	111478	15320	37877	161925	63346
2859	33771	8950	46657	1830	225878	60987	97240	6296	47353	12677
5765	2743	27625	64474	467	23577	26493	6952	16353	101214	31734
98.79	**97.34**	**99.79**	**94.94**	**92.04**	**89.18**	**91.67**	**91.68**	**93.47**	**87.38**	**85.78**
98.63	95.36	99.39	91.73	90.89	89.63	88.42	88.33	87.18	79.66	80.94
		96.91			3.52	57.53	100.00	97.85	79.25	58.56
		99.88	98.32	97.79	82.39	95.68	92.84	97.29	96.14	92.84
100.00	98.05	99.54	97.50	91.36	90.50	94.00	94.12	98.04	94.78	98.00
100.00	100.00	100.00	100.00	100.00	100.00	100.00	100.00	100.00	100.00	100.00

10-9 按历史时期分农林牧渔业总产值

Gross Output Value of Agriculture, Forestry, Animal Husbandry and Fishery by History Period

时期 Period	合计 Total	#农业 Agriculture	#林业 Forestry	#牧业 Animal Husbandry	#渔业 Fishery
按现行价格计算(万元) Current Price (10000 yuan)					
"六五"时期 6th Five-year Plan Period	658543	455112	8949	135454	34854
"七五"时期 7th Five-year Plan Period	1691762	1078926	21001	422369	103760
"八五"时期 8th Five-year Plan Period	4155220	2323337	41125	1196610	493636
"九五"时期 9th Five-year Plan Period	7708638	3862181	62408	2183198	1344563
"十五"时期 10th Five-year Plan Period	9450322	4981673	112770	2077835	1693401
"十一五"时期 11th Five-year Plan Period	13813535	7099096	104670	2833830	2485329
1979-2010	37649238	19934042	354240	8872832	6162048
1991-2010	35127715	18266287	320973	8291473	6016929
2001-2010	23263857	12080769	217440	4911665	4178730
平均增长速度(%) Average Speed of Growth (%)					
"六五"时期 6th Five-year Plan Period	6.22	3.31	-5.80	17.86	15.46
"七五"时期 7th Five-year Plan Period	4.58	2.83	0.27	8.05	8.18
"八五"时期 8th Five-year Plan Period	9.98	4.55	3.73	14.78	26.42
"九五"时期 9th Five-year Plan Period	5.85	4.02	4.02	3.48	11.17
"十五"时期 10th Five-year Plan Period	5.84	7.83	-3.16	1.15	4.83
"十一五"时期 11th Five-year Plan Period	2.30	1.29	-14.21	1.31	5.12
1979-2010	5.55	3.88	-1.02	6.91	10.78
1991-2010	5.68	4.17	-2.76	4.55	11.35
2001-2010	3.52	4.06	-8.96	0.30	4.58

10-10 渔业生产情况(2010年)

Statistics on Fishery Production (2010)

项　　目	Item	全 市 Total	荔湾区 Liwan	海珠区 Haizhu	天河区 Tianhe	白云区 Baiyun	黄埔区 Huangpu
水产品养殖总面积(公顷)	**Total Cultured Area of Aquatic Products (hectare)**	**28800**	**42**	**9**	**20**	**2757**	**146**
# 淡水养殖	Freshwater Artificially Cultured	25134	42	9	20	2757	146
# 鱼　塘	Fish Pond	22149		9	20	2479	146
水产品总产量(吨)	**Total Aquatic Products (ton)**	**441435**	**450**	**5480**	**14730**	**39092**	**2132**
按作业分	Grouped by Production						
海洋捕捞	Marine Fishing	36857		5211	14037	723	227
海水养殖	Mariculture	42070					
淡水捕捞	Freshwater Fishing	51725				293	130
淡水养殖	Freshwater Aquaculture	310783	450	269	693	38076	1775
按种类分	Grouped by Species						
鱼　类	Fish	360268		5477	14730	37029	2104
甲壳类	Shrimps, Prawns and Crabs	17631				482	22
贝　类	Shell-fish	56182				26	6
其他水产类	Other Aquatic Products	7354	450	3		1555	

10-10 续表 continued

项　　目	Item	番禺区 Panyu	花都区 Huadu	南沙区 Nansha	萝岗区 Luogang	增城市 Zengcheng	从化市 Conghua
水产品养殖总面积(公顷)	**Total Cultured Area of Aquatic Products (hectare)**	**8105**	**5348**	**5417**	**698**	**4540**	**1718**
# 淡水养殖	Freshwater Artificially Cultured	6049	5348	3807	698	4540	1718
# 鱼　塘	Fish Pond	5859	5085	3750	684	3179	938
水产品总产量(吨)	**Total Aquatic Products (ton)**	**215959**	**57741**	**47768**	**6961**	**41861**	**9261**
按作业分	Grouped by Production						
海洋捕捞	Marine Fishing	15303		1027		329	
海水养殖	Mariculture	29441		12629			
淡水捕捞	Freshwater Fishing	45772	115	2538		2788	89
淡水养殖	Freshwater Aquaculture	125443	57626	31574	6961	38744	9172
按种类分	Grouped by Species						
鱼　类	Fish	150273	57256	38808	6960	39160	8471
甲壳类	Shrimps, Prawns and Crabs	9564	24	7212	1	326	
贝　类	Shell-fish	55018		312		820	
其他水产类	Other Aquatic Products	1104	461	1436		1555	790

10-11 畜牧业生产情况(2010年)

项　　目	Item
年末牛存栏量(头)	Number of Farm Cattle on Hand at Year-end (head)
役用牛	Draft Cattle
肉用牛	Beef Cattle
奶　牛	Cow
牛奶产量(吨)	Output of Milk (ton)
牛出栏量(头)	Number of Slaughtered Cattle (head)
牛肉产量(吨)	Output of Beef (ton)
生猪饲养量(头)	Total Number of Hogs Raised (head)
年末生猪存栏量(头)	Number of Hogs on Hand at Year-end (head)
# 能繁殖的母猪	Female Hogs
生猪出栏量(头)	Number of Slaughtered Fattened Hogs (head)
猪肉产量(吨)	Output of Pork (ton)
年末羊存栏量(头)	Number of Sheep and Goats on Hand at Year-end (head)
羊出栏量(头)	Number of Slaughtered Sheep and Goats (head)
羊肉产量(吨)	Output of Mutton (ton)
年末兔存栏量(只)	Number of Rabbits on Hand at Year-end (unit)
兔出栏量(只)	Number of Slaughtered Rabbits (unit)
兔肉产量(吨)	Output of Rabbit Meat (ton)
年末家禽存栏量(万只)	Number of Poultry on Hand at Year-end (10000 units)
# 三　鸟	Chickens, Ducks and Gooses
# 鸡	Chickens
家禽出栏量(万只)	Number of Slaughtered Poultry (10000 units)
# 三　鸟	Chickens, Ducks and Gooses
# 鸡	Chickens
禽肉产量(吨)	Output of Poultry Meat (ton)
禽蛋产量(吨)	Output of Poultry Eggs (ton)
肉类总产量(吨)	Output of Meat (ton)
蜂蜜产量(吨)	Output of Honey (ton)

Statistics on Animal Husbandry Production (2010)

全　市 Total	天河区 Tianhe	白云区 Baiyun	黄埔区 Huangpu	番禺区 Panyu	花都区 Huadu	南沙区 Nansha	萝岗区 Luogang	增城市 Zengcheng	从化市 Conghua
46030	4456	1479		3015	3540	2427	1710	24391	5012
8799		121		659	574	27	729	4440	2249
17926		8		48	42		231	16841	756
19305	4456	1350		2308	2924	2400	750	3110	2007
61530	13938	4320		5816	11312	8800	1785	10615	4944
9157	800			135	393		1057	5773	999
1193	104			18	51		138	752	130
3629751		435393		415734	400268	87527	360738	1340292	589799
1291369		116946		153967	111253	33562	146028	493842	235771
160289		9649		7081	14334	3421	19950	77508	28346
2338382		318447		261767	289015	53965	214710	846450	354028
174778		23802		19565	21602	4034	16048	63266	26461
2133				53	169	34	814	979	84
4781				88	197	28	1532	2266	670
93				2	4	1	30	43	13
21621		43	1000	30	10391			2000	8157
89308			3000	30	11711			3600	70967
224			9		29			9	177
3216		735	37	458	835	62	138	705	246
2738		584	34	448	779	62	117	489	225
1688		478	34	164	315	26	112	385	174
11368		2975	133	1969	2590	196	468	2266	771
9285		2512	122	1946	2432	195	306	1093	679
5880		2075	121	500	1387	77	295	889	536
146749		35815	1439	35259	38106	3244	4201	19233	9452
26591		1883		8213	3151	16	2033	9718	1577
323584	104	59622	1451	54895	59855	7280	20417	83558	36402
938			2		6			665	265

10-12 农村电力、化肥用量和农田水利建设情况(2010年)

项　　目	Item
农村电气化	Rural Electrification
农村用电量(万千瓦·时)	Electricity Consumed in Rural Areas (10000 kilowatt/hour)
农村小水电站个数(个)	Number of Small Hydropower Stations in Rural Areas (unit)
农村小水电站装机容量(千瓦)	Installed Capacity of Small Hydropower Stations in Rural Areas (kilowatt)
农村小水电站发电量(万千瓦·时)	Generated Energy of Small Hydropower Stations in Rural Areas (10000 kilowatts/hour)
农村化学化	Rural Chemicalizing
化肥施用量(实物量、吨)	Consumption of Chemical Fertilizers (gross weight) (ton)
化肥施用量(折纯量、吨)	Consumption of Chemical Fertilizers (effective weight) (ton)
农用薄膜使用量(吨)	Consumption of Plastic Film in Agriculture (ton)
农药施用量(吨)	Consumption of Agricultural Pesticide (ton)
农用柴油使用量(吨)	Consumption of Diesel Oil in Agriculture (ton)
农田水利建设	Construction of Water Conservancy Works
有效灌溉面积(公顷)	Irrigated Area (hectare)
有效灌溉面积占耕地比重(%)	As Percentage of Total Cultivated Land (%)
旱涝保收面积(公顷)	Drought and Flooded Area under Control and Ensuring Stable Yields (hectare)
旱涝保收面积占耕地比重(%)	As Percentage of Total Cultivated Land (%)
机电排灌面积(公顷)	Area with Motorized Drainage and Irrigation Facilities (hectare)
机电排灌面积占耕地比重(%)	As Percentage of Total Cultivated Land (%)

Statistics on Electricity, Chemical Fertilizer Consumption and Construction of Water Conservancy Works in Rural Areas (2010)

全 市 Total	荔湾区 Fangcun	海珠区 Haizhu	天河区 Tianhe	白云区 Baiyun	黄埔区 Huangpu	番禺区 Panyu	花都区 Huadu	南沙区 Nansha	萝岗区 Luogang	增城市 Zengcheng	从化市 Conghua
1601739	24826	49278	24132	177927	59091	427097	219876	188137	69655	270470	91250
178				1			17		3	16	141
130940				935			6510		1110	26750	95635
20107							596		214	5982	13315
298093	688	1178	722	37333	2423	74912	40041	47741	12120	50401	30534
107514	270	442	276	14464	906	25999	14765	17240	4254	18293	10605
2721	360	5	4	81	32	748	550	50	38	600	253
3275	6	9	2	350	370	772	302	127	142	580	615
72691	2	689	3	26745	838	9787	12900	6221	2566	6723	6217
80715	353	188	301	7460	417	17511	10406	6675	2569	16702	18133
80.20	66.73	100.00	90.66	76.24	92.87	94.20	86.03	77.86	92.14	61.74	89.48
70401	353	188	279	7399	390	16581	9884	6612	2293	14352	12070
69.95	66.73	100.00	84.04	75.62	86.86	89.19	81.71	77.13	82.25	53.05	59.56
56880	264	188	273	6051	127	14832	6992	7157	2357	11955	6684
56.51	49.91	100.00	82.23	61.84	28.29	79.78	57.80	83.48	84.54	44.19	32.98

10-13 农业机械总动力和拥有量(2010年)

项　　目	Item
农业机械总动力(千瓦)	Total Power of Agricultural Machinery (kilowatt)
柴油发动机动力	Power of Diesel Engines
汽油发动机动力	Power of Gasoline Engines
电动机动力	Power of Electric Motors
主要农业机械拥有量	Possession of Major Agricultural Machinery
大中型拖拉机(台)	Number of Large and Medium Tractors (unit)
小型拖拉机(台)	Number of Mini-Tractors (unit)
大中型拖拉机配套农具(台)	Number of Large and Medium Tractor Accessory Farm Machinery (unit)
小型拖拉机配套农具(台)	Number of Mini-Tractor Towing Farm Machinery (unit)
农用排灌柴油机(台)	Diesel Engines for Agricultural Use (unit)
农用排灌电动机(台)	Electric Motors for Agricultural Use (unit)
农用水泵(台)	Water Pumps for Agricultural Use (unit)
节水灌溉机械(套)	Irrigation Machinery of Saving Water (set)
联合收割机(台)	Combine Harvesters (unit)
机动脱粒机(台)	Motorized Threshers (unit)
渔用机动船(艘)	Motorized Fishing Boats (unit)
农用运输车(辆)	Number of Trucks for Agricultural Use (unit)

Total Power and Possession of Major Agricultural Machinery (2010)

全 市 Total	荔湾区 Fangcun	海珠区 Haizhu	天河区 Tianhe	白云区 Baiyun	黄埔区 Huangpu	番禺区 Panyu	花都区 Huadu	南沙区 Nansha	萝岗区 Luogang	增城市 Zengcheng	从化市 Conghua
2176171	1180	8303	5368	550193	7376	492744	285868	200060	20000	420215	184864
1517066		6266	5368	364938	6669	281166	233903	147672	16600	294725	159759
302673		1152		159827	271	35421	21269	30072	900	51310	2451
353590	1180	885		25428	436	173315	30696	22316	2500	74180	22654
843				8		51	12	60	14	153	545
34166				3411	6	5341	9946	440	122	12554	2346
1778				8		252		600	25	75	818
47912				7551		18117	9566	3600	100	7963	2815
15821				513	12	6471	1757	3516	396	1448	1708
15567				812	17	9707	1298	1172	100	2177	284
33375		43	5	3374	3	17312	2037	3600	410	3620	2971
14385				463		7900	73	5500		13	436
594				24		49	95	25	4	295	102
18549				2275		150	5017			8130	2977
2875		14	13	286	75	1216	52	1130		85	4
8600				3940	9	352	535	200	20	1998	1546

10-14 主要农作物及水果种植面积和产量(2010年)

项　　目	Item	全 市 Total	荔湾区 Fangcun
农作物总播种面积(公顷)	**Total Sown Area of Farm Crops (hectare)**	**261345**	**2484**
粮食作物	Grain Crops	89801	
# 稻　谷	Rice	65884	
大　豆	Soybeans	1497	
经济作物	Economic Crops	29264	2091
# 甘　蔗	Sugarcane	5235	
花　生	Peanuts	6915	
木　薯	Cassava	131	
花　卉	Flowers	15250	2091
其他作物	Other Farm Crops	142280	394
# 蔬　菜	Vegetables	138918	393
果用瓜	Melon-fruits	412	
水果年末面积(公顷)	**Planting Area of Fruits at the Year-end (hectare)**	**63423**	
# 柑桔橙	Citrus	2441	
香(大)蕉	Bananas and Plantains	5681	
荔　枝	Lychees	31181	
龙　眼	Longans	8251	
主要农作物产量(吨)	**Yield of Major Farm Crops (ton)**		
粮食作物	Grain Crops	430438	
# 稻　谷	Rice	323961	
大　豆	Soybeans	4822	
经济作物	Economic Crops		
# 甘　蔗	Sugarcane	575997	
花　生	Peanuts	17974	
木　薯	Cassava	2434	
花　卉(万元)	Flowers (10000 yuan)	321509	62431
其他作物	Other Farm Crops		
蔬　菜	Vegetables	3259936	5487
果用瓜	Melon-fruits	10026	
水果总产量(吨)	**Gross Output of Fruits (ton)**	**399179**	
# 柑桔橙	Citrus	26017	
香(大)蕉	Bananas and Plantains	180986	
荔　枝	Lychees	58671	
龙　眼	Longans	29103	

Sown Area and Output of Major Farm Crops and Fruits (2010)

海珠区 Haizhu	天河区 Tianhe	白云区 Baiyun	黄埔区 Huangpu	番禺区 Panyu	花都区 Huadu	南沙区 Nansha	萝岗区 Luogang	增城市 Zengcheng	从化市 Conghua
1352	**2266**	**41777**	**2372**	**38489**	**33386**	**11079**	**9097**	**75084**	**43959**
7		6443	30	6694	14723	2918	3008	32973	23005
		4084		2052	8641	1048	2171	26947	20941
		39		691	280			222	265
6		1256	103	10888	3706	775	1431	4262	4746
		53	13	4134	134	303	22	528	48
		308		51	1301	29	109	1918	3199
		1						10	120
6		871	84	6703	1555	429	1288	911	1312
1339	2266	34077	2238	20907	14957	7386	4658	37850	16208
1339	2266	34060	2238	20894	13535	7366	4627	36904	15296
		17		13	276	3	5	94	4
1142	**82**	**1725**	**686**	**3147**	**4118**	**3343**	**3926**	**19865**	**25389**
		15		6	73	212	240	383	1512
46		48	171	2398	133	1345	263	1170	107
54	31	762	153	34	1976	1104	2008	11523	13536
351	26	495	131	211	1521	176	876	2408	2056
80		32270	111	35497	75425	14282	14194	149566	109013
		20543		11446	48532	5266	9871	127714	100589
		159		2726	814			538	585
		5144	1970	491448	13587	20667	780	39983	2418
		806		183	3530	126	370	4835	8124
		3						225	2206
16		17247	2056	104075	79306	4852	12601	22433	16492
25090	38093	704657	32744	485364	332957	215348	81675	1017197	321324
		496		173	7221	65	126	1923	22
17152	**217**	**6009**	**7704**	**112676**	**22529**	**63537**	**9650**	**85034**	**74671**
		110		207	659	6099	309	7219	11414
3850	5	1771	4188	98852	2288	38297	2293	28745	697
619	64	1514	524	152	8189	2852	3790	12574	28393
1235	49	1020	560	2546	7127	1893	1069	6757	6847

10-15 主要农产品产量与建国以来最高年份比较(2010年)

Output of Major Farm Products in Comparison with that of Peak Year since 1949 (2010)

项　　目	Item	2010	建国以来最高年份(不含当年) Peak Year since 1949 (excluding current year)		2010为建国以来最高年(%) 2010 as Percentage of Peak Year (%)
			年 份 Year	产 量 Output	
农产品总产量(吨)	**Total Yield of Farm Products (ton)**				
粮　食	Grain Crops	430438	1984	1259928	34.16
#稻　谷	Rice	323961	1984	1242982	26.06
花　生	Peanuts	17974	1982	56397	31.87
糖　蔗	Sugarcane	6923	1985	2395941	0.29
蔬　菜	Vegetables	3259936	2004	3666886	88.90
水　果	Fruits	399179	2004	553819	72.08
单位播种面积产量(千克/公顷)	**Yield per Unit Sowed Area (kilogram/hectare)**				
粮　食	Grain Crops	4793	2000	5758	83.24
#稻　谷	Rice	4917	2000	5952	82.61
花　生	Peanuts	2599	2005	2698	96.33
糖　蔗	Sugarcane	96242	1991	121120	79.46
蔬　菜	Vegetables	23467	2004	23943	98.01
水　果	Fruits	6294	1992	8420	74.75
禽畜产品产量(吨)	**Total Output of Poultry and Animal Husbandry Products (ton)**				
肉类总产量	Output of Meat	323584	2000	327702	98.74
#猪　肉	Pork	174778	2009	166926	104.70
牛羊肉	Beef and Mutton	1286	2003	1973	65.18
家禽肉	Poultry Meat	146749	2002	184134	79.70
牛　奶	Milk	61530	2009	58918	104.43
鲜　蛋	Eggs	26591	1994	37321	71.25
水产品总产量(吨)	**Total Output of Aquatic Products (ton)**				
海水产品	Seawater Aquatic Products	78927	2009	78276	100.83
淡水产品	Freshwater Aquatic Products	362508	2009	358770	101.04

10-16 农牧渔业生产水平

Production Level of Agriculture, Animal Husbandry and Fishery

单位:千克 (kg)

项 目	Item	2009	2010
平均每个农业户生产	Average Production per Household		
粮 食	Grain Corps	1135	1143
#稻 谷	Rice	866	860
花 生	Peanuts	45	48
甘 蔗	Sugarcane	1308	1529
蔬 菜	Vegetables	8377	8653
水 果	Fruits	1116	1060
花 卉(元)	Flowers (yuan)	7614	8534
生 猪(头)	Hogs (head)	6	6
家 禽(只)	Poultry (head)	308	302
#鸡	Chickens	170	156
禽 蛋	Eggs of Poultry	71	71
水产品	Aquatic Products	1153	1172
#鱼 类	Fish	928	956
平均每个农业从业人员生产	Average Production per Employed Person Engaging in Farming		
粮 食	Grain Corps	658	668
#稻 谷	Rice	502	503
花 生	Peanuts	26	28
甘 蔗	Sugarcane	759	894
蔬 菜	Vegetables	4862	5061
水 果	Fruits	648	620
花 卉(元)	Flowers (yuan)	4418	4992
平均每个畜牧业从业人员生产	Average Production per Employed Person Engaging in Animal Husbandry		
肉类总产量	Output of Meat	7809	7912
#猪 肉	Pork	4100	4273
牛羊肉	Beef and Mutton	34	31
禽 肉	Meat of Poultry	3656	3588
禽 蛋	Eggs of Poultry	664	650
平均每个渔业从业人员生产	Average Production per Employed Person Engaging in Fishery		
水产品	Aquatic Products	8383	8780
#鱼 类	Fish	6748	7165

10-17 农村经济效益主要指标

Main Indicators of Rural Economic Results

项　　目	Item	2009	2010
农林牧渔业劳动生产率(元/人)	Labor Productivity of Agriculture, Forestry, Animal Husbandry and Fishery (yuan/person)	22101	24568
农　业	Agriculture	15886	17843
林　业	Forestry	19561	26372
牧　业	Animal Husbandry	61307	63970
渔　业	Fishery	58126	65564
农村经济净收入分配率(%)	Distribution Rate of Rural Economic Net Income (%)	100.00	100.00
国　家	State	9.94	9.79
集　体	Collective	10.73	11.50
个　人	Individual	66.47	66.64
其　他	Others	12.86	12.07
森林覆盖率(%)	Rate of Land Covered by Forestry (%)	38.30	41.40
耕地水利化程度(%)	Rate of Cultivated Land under Irrigation (%)	78.61	78.99
农林牧渔业劳动机械化程度(%)	Rate of Labor Mechanization of Farming, Forestry, Animal Husbandry and Fishery (%)	8.09	9.12
每百元农村总收入提供国家税收(元)	Taxes Created by per 100 yuan Rural Income (yuan)	1.65	1.72
每百元费用提供农村净收入(元)	Net Rural Income Created by per 100 yuan Expenditure (yuan)	17.65	18.83
乡镇企业增加值率(%)	Value-added Rate of Township Enterprises (%)	18.50	15.26

10-18 农村经济收益分配

Distribution of Rural Economic Returns

单位:万元 (10000 yuan)

项 目	Item	2009	2010
农村经济总收入	Total Income of Rural Economy	21802975	22926456
农林牧渔业	Agriculture, Forestry, Animal Husbandry and Fishery	1868069	2076156
农 业	Agriculture	1105386	1272139
# 种植业	Grain Farming	947615	1069855
林 业	Forestry	20425	23476
牧 业	Animal Husbandry	365122	370099
渔 业	Fishery	377136	410442
工 业	Industry	13911315	14253767
建筑业	Construction	1216877	1296923
交通运输业	Transport	637368	727755
商业饮食业	Trade and Catering Services	1577017	1654829
服务业	Social Services	831351	904483
其 他	Others	1760978	2012543
总费用	Total Expenditure	18532379	19293906
# 生产费用	Expenditure for Production	13797913	13525097
净收入	Net Income	3270596	3632550
可分配净收入总额	Total Disposable Net Income	3663258	4086840
# 国家税金	Taxes Paid to State	360518	393874
上交国家有关部门	Taxes Paid to Related Departments	3529	6047
乡村集体所得	Taxes Owned by Rural Collective	392939	470187
农民经营所得	Taxes Owned by Farmers' Operation	2434944	2723555
农民所得总额	Total Income of Farmers	2796244	3103714

10-19 乡镇企业主要经济指标(2010年)

单位:万元

项　　目	Item
乡镇企业单位数(个)	**Number of Township Enterprises (unit)**
农林牧渔业	Agriculture, Forestry, Animal Husbandry and Fishery
工　业	Industry
建筑业	Construction
交通运输仓储业	Transport and Storage
批发零售业	Wholesale and Retail Trade
住宿及餐饮业	Hotels and Catering Services
社会服务业	Social Services
其　他	Others
乡镇企业从业人员年末数(人)	**Number of Staff and Workers Employed in Township Enterprises (person)**
农林牧渔业	Agriculture, Forestry, Animal Husbandry and Fishery
工　业	Industry
建筑业	Construction
交通运输仓储业	Transport and Storage
批发零售业	Wholesale and Retail Trade
住宿及餐饮业	Hotels and Catering Services
社会服务业	Social Services
其　他	Others
乡镇企业劳动者报酬	**Compensation for Laborers of Township Enterprises**
农林牧渔业	Agriculture, Forestry, Animal Husbandry and Fishery
工　业	Industry
建筑业	Construction
交通运输仓储业	Transport and Storage
批发零售业	Wholesale and Retail Trade
住宿及餐饮业	Hotels and Catering Services
社会服务业	Social Services
其　他	Others
乡镇企业营业收入	**Operating Income of Township Enterprises**
农林牧渔业	Agriculture, Forestry, Animal Husbandry and Fishery
工　业	Industry
建筑业	Construction
交通运输仓储业	Transport and Storage
批发零售业	Wholesale and Retail Trade
住宿及餐饮业	Hotels and Catering Services
社会服务业	Social Services
其　他	Others

Main Economic Indicators of Township Enterprises (2010)

(10000 yuan)

全 市 Total	白云区 Baiyun	番禺区 Panyu	花都区 Huadu	增城市 Zengcheng	从化市 Conghua
25865	**2846**	**5620**	**9264**	**3946**	**4189**
67		8		11	48
13082	2816	3417	2972	3380	497
163	14	40	29	22	58
604	4	42	264	11	283
6425	12	855	3239	297	2022
1750		653	399	196	502
2778		430	1783	17	548
996		175	578	12	231
823261	**108255**	**368210**	**148044**	**152640**	**46112**
2509		1884		362	263
705950	103605	326850	106598	140336	28561
7496	3592	1757	637	626	884
6025	86	1552	2937	176	1274
32441	972	7011	13816	3486	7156
37324		18081	6684	7264	5295
18885		3528	12983	237	2137
12631		7547	4389	153	542
1447198	**148450**	**836419**	**220589**	**175965**	**65775**
6326		5633		354	339
1287250	136355	775111	167735	159277	48772
23479	10151	10277	1088	865	1098
9910	119	4653	3303	216	1619
40442	1825	13751	18094	2973	3799
40298		13907	8092	11894	6405
24869		6964	15915	238	1752
14624		6123	6362	148	1991
22335319	**2386385**	**11263737**	**3910097**	**3500655**	**1274445**
304432		291451		1284	11697
18288879	2234675	8774596	2900994	3403671	974943
221048	67268	68089	63235	15035	7421
344961	8120	64356	193920	2278	76287
2436364	76322	1819475	402695	13894	123978
254253		76648	64671	61527	51407
258946		79643	161556	2506	15241
226436		89479	123026	460	13471

10-19 续表

单位:万元

项　　目	Item
乡镇企业总产值	**Gross Output Value of Township Enterprises**
农林牧渔业	Agriculture, Forestry, Animal Husbandry and Fishery
工　业	Industry
建筑业	Construction
交通运输仓储业	Transport and Storage
批发零售业	Wholesale and Retail Trade
住宿及餐饮业	Hotels and Catering Services
社会服务业	Social Services
其　他	Others
乡镇企业增加值	**Value-added of Township Enterprises**
农林牧渔业	Agriculture, Forestry, Animal Husbandry and Fishery
工　业	Industry
建筑业	Construction
交通运输仓储业	Transport and Storage
批发零售业	Wholesale and Retail Trade
住宿及餐饮业	Hotels and Catering Services
社会服务业	Social Services
其　他	Others
乡镇企业利润总额	**Total Profits of Township Enterprises**
农林牧渔业	Agriculture, Forestry, Animal Husbandry and Fishery
工　业	Industry
建筑业	Construction
交通运输仓储业	Transport and Storage
批发零售业	Wholesale and Retail Trade
住宿及餐饮业	Hotels and Catering Services
社会服务业	Social Services
其　他	Others
乡镇企业实交国家税金	**Taxes Turned over to State by Township Enterprises**
农林牧渔业	Agriculture, Forestry, Animal Husbandry and Fishery
工　业	Industry
建筑业	Construction
交通运输仓储业	Transport and Storage
批发零售业	Wholesale and Retail Trade
住宿及餐饮业	Hotels and Catering Services
社会服务业	Social Services
其　他	Others
乡镇企业出口产品交货值	**Delivery Value of Export Goods of Township Enterprises**

continued

(10000 yuan)

全 市 Total	白云区 Baiyun	番禺区 Panyu	花都区 Huadu	增城市 Zengcheng	从化市 Conghua
21142507	**2321555**	**9765815**	**4094393**	**3647637**	**1313107**
301436		288455		1284	11697
18686616	2218202	8879038	3023837	3550753	1014786
230564	66552	68412	73144	15035	7421
344907	8120	61874	196348	2278	76287
803974	28681	209491	429111	13894	122797
256918		76782	67302	61427	51407
270593		79703	173143	2506	15241
247499		102060	131508	460	13471
3226520	**466608**	**912428**	**965145**	**613508**	**268831**
2689				347	2342
2808467	449761	851181	703488	595655	208382
39620	13722	4245	16784	3046	1823
74104	1705	7950	48769	412	15268
168458	1420	33565	106117	2679	24677
48206		10659	16469	10473	10605
49288		4233	41256	782	3017
35688		595	32262	114	2717
914727	**148732**	**401104**	**233301**	**101427**	**30163**
7962		7780		102	80
749265	141702	322233	166641	97469	21220
20962	3752	10277	4687	307	1939
19647	645	11835	6434	196	537
59301	2633	24770	28056	601	3241
25543		13664	6980	2560	2339
14000		2199	11020	160	621
18047		8346	9483	32	186
644248	**98497**	**312101**	**142269**	**41225**	**50156**
24104		23637		26	441
522924	93674	241047	114661	38930	34612
23456	2781	15089	1223	348	4015
14087	213	7321	4780	98	1675
23781	1829	10687	8082	159	3024
14121		3351	4789	1518	4463
3407		1396	752	121	1138
18368		9573	7982	25	788
5129997	**128137**	**3314703**	**525187**	**634826**	**527144**

10-20 建制镇社会经济发展基本情况(2010年)

乡镇名称		Name of Towns	乡镇行政区域面积(公顷) Area of Administrative Division (hectare)	年末常用耕地面积(公顷) Area of Cultivated Land (hectare)	农村用电量(万千瓦·时) For Residential Used by Rural Households (10000 kwh)	乡镇总人口(人) Rural Population (person)
白云区	人和镇	Renhe Town	7100	2019	37924	159415
	太和镇	Taihe Town Baiyun District	15537	1695	41239	197967
	钟落潭镇	Zhongluotan Town	16900	2801	48108	187831
	江高镇	Jianggao Town	9600	2532	50656	164401
番禺区	南村镇	Nancun Town	4700	511	62856	188256
	新造镇	Xinzao Town	1400	376	13000	23833
	化龙镇	Hualong Town	5373	1330	19500	71167
	石楼镇	Shilou Town	12600	1464	46900	122185
	东涌镇	Dongyong Town	9166	4248	67095	186296
	大岗镇	Dagang Town	9007	3424	37970	148390
	榄核镇	Lanhe Town	7448	3380	37769	97246
	沙湾镇	Shawan Town Panyu District	3745	379	46137	121343
	石基镇	Shiji Town	4703	1495	37348	115534
花都区	梯面镇	Timian Town	9600	280	6101	8379
	花山镇	Huashan Town	11600	2263	39202	111162
	花东镇	Huadong Town	20842	2327	49086	118332
	炭步镇	Tanbu Town	11350	2192	54147	58306
	赤坭镇	Chini Town	16040	2201	17130	53797
	狮岭镇	Shiling Town	16084	1509	96378	266529
	雅瑶镇	Yayao Town	900	229	6138	14359
南沙区	万顷沙镇	Wanqingsha Town	27175	4073	48157	52470
	横沥镇	Hengli Town	5400	2259	19688	29263
	黄阁镇	Huangge Town	7600	175	65900	51045
萝岗区	九龙镇	Jiulong Town	17510	2501	33700	112442
增城市	新塘镇	Xintang Town	25151	3779	286650	347230
	石滩镇	Shitan Town	18390	5550	46850	145373
	中新镇	Zhongxin Town	23590	3583	22460	86719
	正果镇	Zhengguo Town	23941	2227	2963	54692
	派潭镇	Paitan Town	28900	3498	4713	77852
	小楼镇	Xiaolou Town	13600	2461	3754	49291
从化市	温泉镇	Wenquan Town	21224	2508	7722	53704
	良口镇	Liangkou Town	43915	1127	3544	38101
	吕田镇	Liangtian Town	39040	2136	3802	29595
	太平镇	Taiping Town Conghua City	21033	2770	21045	97860
	鳌头镇	Aotou Town	35179	6870	38899	144026

注:1. 因行政区域调整，石基镇行政区域面积减少为4703公顷。
2. 正果镇经国土、民政部门重新核定行政区域面积为23941公顷。

Basic Statistics on Rural Social and Economic Development (2010)

乡镇从业人员数（人）Employed Persons in Township Enterprises (person)	农作物总播种面积（公顷）Total Sown Area of Farm Crops (hectare)	企业个数（个）Number of Enterprises (unit)	财政总收入（万元）Government Revenue (10000 yuan)	固定资产投资完成额（万元）Investment in Fixed Assets (10000 yuan)	集贸市场个数（个）Number of Markets (unit)	在校学生总数（人）Number of Enrolled Students (person)	农民人均纯收入（元）Per Capita Net Income of Rural Residents (yuan)
87601	8598	1330	20503	28457	6	13166	13007
111915	6998	1335	22633	72261	19	19477	14391
112139	10598	1298	24496	48747	4	17820	10016
98396	10524	3120	34126	82061	9	12469	13856
120202	635	1436	48961	7124	16	16866	12964
15035	953	145	7905		3	2811	10689
50248	2487	325	13368	14426	8	4130	10800
82322	2292	3302	44918	15772	4	9475	11088
140840	7479	4760	32872	7065	7	13770	12240
103529	7214	741	27934	4659	4	12469	11169
73826	5800	326	21772	3888	2	7620	12990
80032	876	1983	26710	13294	7	16274	12962
80041	5665	1507	18782	16558	6	8310	10347
6162	783	50	2981	13268	1	811	7265
69508	8120	1855	5923	28380	5	7978	9216
70092	6228	3465	91713	39208	9	10700	8950
40451	5568	2094	13086	17727	1	3610	10795
30733	7038	292	5590	20556	3	3929	8948
181043	2840	6247	21282	161163	12	14815	11137
7152	901	221	3820	9304	2	1667	8535
37354	3186	55	12615	4711	2	4379	13845
18059	5474	68	14895	1739	3	3560	12891
24604	367	325	17067	1800	2	4345	15541
83151	8167	560	11233	209550	5	9876	9880
230980	10698	6783	332818	744600	36	47410	8854
72408	18040	611	60030	83220	10	17864	7490
52926	9078	755	13618	103943	4	11555	6421
30123	5225	89	4680	11850	1	4710	6919
41746	9845	52	10984	54100	3	7002	7386
26510	6463	185	1645	20968	10	3834	7139
30951	5081	1054	6014	108534	7	5997	8456
24372	3545	595	5001	12217	4	4443	7919
15533	4323	141	4862	27783	2	3787	7623
52144	6155	127	7052	23552	7	12051	8622
80342	13620	2441	8500	23552	7	17027	8115

Note: I. Because of administrative areas adjustment, the administrative areas of Shiji Town had decreased to 4703 hectares.

II. The administrative areas of Zhengguo Town had been remeasured by Municipal Land Resources and Housing Administrative Bureau and Ministry of Civil Affairs, with 23941hectares.

【农林牧渔业总产值】 是以货币表现的农林牧渔业的全部产品总量和对农林牧渔业生产活动进行的各种支持性服务活动的价值。它反映一定时期内农林牧渔业生产总规模和总成果，是观察农林牧渔业生产水平和发展速度，研究农林牧渔业内部比例关系、农林牧渔业与工业、农林牧渔业与国家建设、人民生活比例关系的重要指标，同时也是计算农林牧渔业劳动生产率和农林牧渔业增加值的基础资料。

农林牧渔业总产值的计算，一般采用“产品法”，即凡有产品产量的，都按单位产品价格乘产量的办法求得每种产品产量的产值，然后相加求得各业的产值，最后各业相加求出农林牧渔业总产值。

【常用耕地面积】 是指可以用来种植各种农作物，经常进行耕锄的田地，包括熟地、当年新开荒地、连续撂荒未满三年的耕地和当年的休闲地(轮歇地)，还包括以种植农作物为主，并附带种植桑、茶、果树和其他林木的土地，以及沿海、沿湖地区已围垦利用的“海涂”、“湖田”等面积。但不包括专业性的桑园、茶园、果园、果木苗圃、林地、芦苇地、天然或人工草地面积。

【农作物播种面积】 是指一定生产季节结束时实际播种或移植有农作物的面积。播种面积的统计年度，凡是能在本日历年度内(自1月1日至12月31日)收获的农作物(包括上年秋冬播和本年春播、夏播在本年收获的全部作物)播种面积，都包括在内。

【农业机械总动力】 是指主要用于农、林、牧、副、渔业的各种动力机械的动力总和。包括耕作机械、排灌机械、收获机械、农产品加工机械、运输机械、植保机械、牧业机械、林业机械、渔业机械和其他农业机械。

Explanatory Notes on Main Statistical Indicators

【Gross Output Value of Agriculture】 refers to the total volume of products of farming,forestry,animal husbandry,and fishery and the value of various services supporting the production of farming,forestry,animal husbandry and fishery in monetary terms, which reflects the total scale and total results of farming, forestry, animal husbandry, and fishery production during a given period of time.It is an important indicator to observe the production level and development speed of farming,forestry, animal husbandry,and fishery,to study the internal structure of farming, forestry,animal husbandry,and fishery,and to review the relationship among farming, forestry, animal husbandry,and fishery and industry, national construction and people's life.It is also the basic data to calculate the labor productivity and value-added of farming,forestry, animal husbandry,and fishery.

Generally,the gross output value of farming,forestry,animal husbandry, and fishery is calculated with the production approach, i.e.the gross output value of each single product is obtained by multiplying the output of each product by its price.Then the output value of each sector is obtained.Finally,the sum of output value of all sectors is equal to the gross output value of farming, forestry, animal husbandry,and fishery.

【Area of Regularly Cultivated Land】 refers to farmland among the total land resources which is exclusively used for farming and is under regular cultivation with harvest in normal years. Included are currently cultivated land ,land that has been abandoned or put in idle for less than 3 years and could be re-used for cultivation at any time,and new-claimed land that has been put into cultivation for more than 3 years,Excluded are the land under temporary cultivation,land (large or small plots)that is claimed along river bends,lake sides or banks of reservoirs,as well as land that has been designated under the “Green for Grain” programs of the state and provincial governments but is still temporarily under cultivation.

【Sown Area of Crops】 refers to area of land sown or transplanted crops at the end of a production season.

The statistical year of sown area refers to area of land sown during the year (from Jan.1 to Dec.31)with a harvest of crops (including all those sown in the autumn and winter of the preceding year).

【Total Power of Agricultural Machinery】 refers to total mechanical power of machinery used in agriculture, forestry, animal,husbandry and fishery,including machinery for ploughing, irrigation and darinage,harvesting,farm products process,transport, plant protection,animal husbandry,forestry and fishery and other agricultural machineries.

第十一篇
CHAPTER 11

工业
INDUSTRY

简要说明

第十一篇　工　业

一、本篇资料反映广州市工业基本情况。

二、本篇资料中工业行业分类按2002年《国民经济行业分类标准》划分；企业规模划分按2003年《统计上大中小型企业划分办法（暂行）》标准执行。

三、本篇资料由广州市统计局工业交通统计处整理提供。

Brief Introduction

11 Industry

I.The data in this chapter reflect the statistics on industrial enterprises of Guangzhou.

II.The industrial sectors in this chapter are grouped in accordance with the National Economic Sector Grouping Standard of 2002,the industrial scale is grouped in accordance with the Grouping Way of Large,Mediumsize and Small Enterprises in Statistics of 2003.

III.The data in this chapter are prepared and provided by the Division of Industry and Transport Statistics of Guangzhou Municipal Bureau of Statistics.

11-1 工业企业单位数

Number of Industrial Enterprises

单位:个 (unit)

项　　目	Item	2009	2010
总　　计	**Total**	**65615**	**65561**
按地区分	**Grouped by Region**		
市　区	Urban Districts	57040	56882
增城市	Zengcheng	6902	7029
从化市	Conghua	1673	1650
规模以上工业企业	**Industrial Enterprises above Designated Size**	**7023**	**6969**
按登记注册类型分	Grouped by Registration Status		
内资企业	Domestic Funded Enterprises	4541	4553
国有企业	State-owned Enterprises	113	99
集体企业	Collective-owned Enterprises	136	117
股份合作企业	Cooperative Enterprises	73	62
联营企业	Joint Ownership Enterprises	9	11
国有联营企业	State Joint Ownership Enterprises	2	2
集体联营企业	Collective Joint Ownership Enterprises	2	3
国有与集体联营企业	Joint State-collective Enterprises	4	4
其他联营	Other Joint Ownership Enterprise	1	2
有限责任公司	Limited Liability Corporations	455	478
国有独资有限责任公司	State Sole Funded Corporations	82	76
其他有限责任公司	Other Limited Liability Corporations	373	402
股份有限公司	Share-holding Corporations Ltd.	61	69
私营企业	Private Enterprises	3650	3686
私营独资企业	Private-funded Enterprises	608	578
私营合伙企业	Private Partnership Enterprises	156	146
私营有限责任公司	Private Limited Liability Corporations	2787	2861
私营股份有限公司	Private Share Holding Corporations	99	101
其他企业	Other Enterprises	44	31

注:规模以上工业指年主营业务收入500万元及以上的工业企业；规模以下工业指年主营业务收入500万以下的工业企业及个体工业单位，以下各表同。

Note: The industrial enterprises above designated size refer to the industrial enterprises with an annual sales income of 5 million yuan and over. The industrial enterprises below designated size refer to the industrial enterprises with an annual sales income of less than 5 million yuan and individual industrial unit. The same as in the following tables.

11-1 续表 continued

单位:个 (unit)

项　　目	Item	2009	2010
港、澳、台商投资企业	Enterprises with Funds from Hong Kong, Macao and Taiwan	1505	1489
合资经营企业	Joint-venture Enterprises	295	276
合作经营企业	Cooperative Enterprises	130	129
独资经营企业	Enterprises with Sole Investment	1059	1063
股份有限公司	Share-holding Corporations Ltd.	21	21
外商投资企业	Foreign Funded Enterprises	977	927
中外合资经营企业	Joint-venture Enterprises	256	239
中外合作经营企业	Cooperative Enterprises	58	51
外资企业	Enterprises with Sole Foreign Funds	651	626
外商投资股份有限公司	Share-holding Corporations Ltd.	12	11
按隶属关系分	Grouped by Administrative Relationship		
中央企业	Central Government	43	45
省属企业	Provincial Government	57	58
市属企业	Municipal Government	6923	6866
按轻重工业分	Grouped by Light & Heavy Industries		
轻工业	Light Industry	4022	3968
以农产品为原料	Using Farm Products as Raw Materials	2427	2419
以非农产品为原料	Using Non-farm Products as Raw Materials	1595	1549
重工业	Heavy Industry	3001	3001
采掘工业	Mining and Quarrying	8	8
原料工业	Raw Materials Industry	480	465
制造工业	Manufacturing Industry	2513	2528
按生产规模分	Grouped by Size of Enterprises		
大型企业	Large Enterprises	60	65
中型企业	Medium-sized Enterprises	711	777
小型企业	Small Enterprises	6252	6127
规模以下工业	**Industrial Enterprises below Designated Size**	**58592**	**58592**

11-2 市区工业企业单位数

Number of Industrial Enterprises in Urban Districts

单位:个 (unit)

项　　目	Item	2009	2010
总　　计	**Total**	**57040**	**56882**
规模以上工业企业	**Industrial Enterprises above Designated Size**	**5711**	**5553**
按登记注册类型分	Grouped by Registration Status		
内资企业	Domestic Funded Enterprises	3594	3506
国有企业	State-owned Enterprises	107	95
集体企业	Collective-owned Enterprises	123	105
股份合作企业	Cooperative Enterprises	71	59
联营企业	Joint Ownership Enterprises	6	8
国有联营企业	State Joint Ownership Enterprises	2	2
集体联营企业	Collective Joint Ownership Enterprises	1	2
国有与集体联营企业	Joint State-collective Enterprises	2	2
其他联营企业	Other Joint Ownership Enterprise	1	2
有限责任公司	Limited Liability Corporations	395	404
国有独资有限责任公司	State Sole Funded Corporations	73	65
其他有限责任公司	Other Limited Liability Corporations	322	339
股份有限公司	Share-holding Corporations Ltd.	58	65
私营企业	Private Enterprises	2803	2749
私营独资企业	Private-funded Enterprises	392	348
私营合伙企业	Private Partnership Enterprises	89	80
私营有限责任公司	Private Limited Liability Corporations	2238	2236
私营股份有限公司	Private Share Holding Corporations	84	85
其他企业	Other Enterprises	31	21

11-2 续表 continued

单位:个 (unit)

项　　目	Item	2009	2010
港、澳、台商投资企业	Enterprises with Funds from Hong Kong, Macao and Taiwan	1239	1222
合资经营企业	Joint-venture Enterprises	262	244
合作经营企业	Cooperative Enterprises	104	104
独资经营企业	Enterprises with Sole Investment	852	855
股份有限公司	Share-holding Corporations Ltd.	21	19
外商投资企业	Foreign Funded Enterprises	878	825
中外合资经营企业	Joint-venture Enterprises	225	210
中外合作经营企业	Cooperative Enterprises	46	40
外资企业	Enterprises with Sole Foreign Funds	595	564
外商投资股份有限公司	Share-holding Corporations Ltd.	12	11
按隶属关系分	Grouped by Administrative Relationship		
中央企业	Central Government	42	44
省属企业	Provincial Government	54	55
市属企业	Municipal Government	5615	5454
按轻重工业分	Grouped by Light & Heavy Industries		
轻工业	Light Industry	3101	2959
以农产品为原料	Using Farm Products as Raw Materials	1780	1676
以非农产品为原料	Using Non-farm Products as Raw Materials	1321	1283
重工业	Heavy Industry	2610	2594
采掘工业	Mining and Quarrying	3	3
原料工业	Raw Materials Industry	397	383
制造工业	Manufacturing Industry	2210	2208
按生产规模分	Grouped by Size of Enterprises		
大型企业	Large Enterprises	56	59
中型企业	Medium-sized Enterprises	613	665
小型企业	Small Enterprises	5042	4829
规模以下工业企业	**Industrial Enterprises below Designated Size**	**51329**	**51329**

11-3 主要年份工业总产值及工业总产值指数

Gross Output Value and Indices of Industry in Main Years

年 份 Year	工业总产值 (万元) Gross Output Value of Industry (10000 yuan)	轻工业 Light Industry	重工业 Heavy Industry	工业总产值指数 (%) Indices of Gross Output Value of Industry (%)	轻工业 Light Industry	重工业 Heavy Industry
1978	753873	476737	277136	104.42	102.91	106.83
1979	819764	501119	318645	108.97	105.23	114.68
1980	881242	574239	307003	111.73	118.00	102.96
1981	981634	659679	321955	110.03	113.14	105.04
1982	1068932	708273	360659	107.74	106.27	110.28
1983	1206184	798185	407999	112.57	112.21	113.18
1984	1411810	879396	532414	112.21	111.74	112.99
1985	1779333	1163704	615629	122.12	122.88	120.87
1986	1921490	1206778	714712	104.29	106.10	101.29
1987	2421760	1551033	870727	120.71	122.74	117.19
1988	3413107	2251117	1161990	125.59	128.45	120.38
1989	4071472	2598755	1472717	106.19	103.37	111.68
1990	4424437	2830366	1594071	110.05	113.56	103.73
1991	5794842	3588318	2206524	123.65	122.75	125.43
1992	7905237	4753211	3152026	132.23	129.90	136.72
1993	11422184	6595134	4827050	132.49	129.77	137.46
1994	14921455	8784293	6137162	122.41	126.02	116.17
1995(原规定) 1995 (original stipulation)	19353440	11263263	8090177	120.23	115.61	128.91
1995(新规定) 1995 (new stipulation)	17224948	10263515	6961433	120.23	115.61	128.91
1996	20685796	12641264	8044532	119.10	126.06	106.78
1997	23753915	14395602	9358313	117.88	116.78	120.19
1998	25127025	15661603	9465422	113.95	112.80	116.30
1999	27793652	16797164	10996488	114.26	111.29	120.10
2000	31000188	17622183	13378005	113.55	107.88	123.90
2001	33931904	18855507	15076397	114.94	110.59	121.85
2002	37889079	20185702	17703377	114.97	109.55	122.77
2003	47059104	23752778	23306326	126.52	119.54	135.49
2004	57666925	25977971	31688954	120.01	108.85	130.09
2005	67679563	28714137	38965426	115.42	110.14	118.83
2006	81123964	31875454	49248510	116.89	111.04	120.24
2007	98757886	37208718	61549168	120.07	114.81	124.33
2008	114684010	43536797	71147213	111.99	114.22	111.02
2009	123554645	46730599	76824046	111.68	109.77	112.83
2010	144389877	51073851	93316026	118.49	115.16	120.43

注:2010年全市工业总产值(含广东电网公司数)为153292077万元。

Note: The Gross Output Value of Industry in 2010 including the data of Guangdong Power Grid is 1532.92077 billion yuan.

11-6 工业企业单位数及工业总产值(2010年)

项　　目	Item
总　　计	**Total**
规模以上工业企业	**Industrial Enterprises above Designated Size**
按登记注册类型分	Grouped by Registration Status
内资企业	Domestic Funded Enterprises
国有企业	State-owned Enterprises
集体企业	Collective-owned Enterprises
股份合作企业	Cooperative Enterprises
联营企业	Joint Ownership Enterprises
国有联营企业	State Joint Ownership Enterprises
集体联营企业	Collective Joint Ownership Enterprises
国有与集体联营企业	Joint State-collective Enterprises
其他联营企业	Other Joint Ownership Enterprise
有限责任公司	Limited Liability Corporations
国有独资有限责任公司	Sole State Funded Corporations
其他有限责任公司	Other Limited Liability Corporations
股份有限公司	Share-holding Corporations Ltd.
私营企业	Private Enterprises
私营独资企业	Private-funded Enterprises
私营合伙企业	Private Partnership Enterprises
私营有限责任公司	Private Limited Liability Corporations
私营股份有限公司	Private Share Holding Corporations
其他企业	Other Enterprises
港、澳、台商投资企业	Enterprises with Funds from Hong Kong, Macao and Taiwan
合资经营企业	Joint-venture Enterprises
合作经营企业	Cooperative Enterprises
独资经营企业	Enterprises with Sole Funds
股份有限公司	Share-holding Corporations Ltd.
外商投资企业	Foreign Funded Enterprises
中外合资经营企业	Joint-venture Enterprises
中外合作经营企业	Cooperative Enterprises
外资企业	Enterprises with Sole Foreign Funds
外商投资股份有限公司	Share-holding Corporations Ltd.
按隶属关系分	Grouped by Administrative Relationship
中央企业	Central Government
省属企业	Provincial Government
市属企业	Municipal Government
按轻重工业分	Grouped by Light & Heavy Industries
轻工业	Light Industry
以农产品为原料	Using Farm Products as Raw Materials
以非农产品为原料	Using Non-Farm Products as Raw Materials
重工业	Heavy Industry
采掘工业	Mining and Quarrying
原料工业	Raw Materials Industry
制造工业	Manufacturing Industry

注:2010年全市规模以上工业总产值(含广东电网公司数)为147214677万元。

Number of Enterprises and Gross Output Value of Industry (2010)

单位数 (个) Number of Units (unit)	#市 区 Urban Districts	工业总产值 (万元) Gross Output Value of Industry (10000 yuan)	#市 区 Urban Districts	工业总产值指数 (%) Indices of Gross Output Value of Industry (%)	#市 区 Urban Districts
65561	**56882**	**144389877**	**129298917**	**118.49**	**118.15**
6969	**5553**	**138312477**	**124587217**	**118.68**	**118.31**
4553	3506	46490149	38827749	116.81	114.39
99	95	5240244	5217536	108.45	108.79
117	105	778787	723138	154.76	163.42
62	59	209644	202986	104.55	103.26
11	8	47308	39575	158.70	172.80
2	2	22153	22153	134.58	134.81
3	2	7677	5806	289.68	456.04
4	2	10729	4867	106.46	106.31
2	2	6749	6749	1088.97	1090.88
478	404	12007535	11236336	99.56	97.98
76	65	7609822	7347470	100.66	99.86
402	339	4397713	3888866	97.72	94.62
69	65	8584145	8555104	135.61	135.62
3686	2749	19502969	12803364	123.87	120.11
578	348	1930276	776156	117.84	103.45
146	80	695353	239149	113.17	103.02
2861	2236	15188417	10199223	124.70	121.02
101	85	1688923	1588836	128.67	127.13
31	21	119517	49710	121.19	98.76
1489	1222	28634608	25236512	123.89	124.69
276	244	7268410	6601319	122.92	121.59
129	104	1681066	1098941	112.63	127.19
1063	855	18002969	15858423	128.21	129.11
21	19	1682163	1677829	100.92	100.84
927	825	63187720	60522956	117.82	118.39
239	210	31735615	30133409	117.27	117.73
51	40	1488040	1234715	151.16	150.45
626	564	25421634	24612401	113.30	114.14
11	11	4542431	4542431	144.38	144.63
45	44	13507421	13506415	117.51	117.72
58	55	4183562	4104740	108.45	108.39
6866	5454	120621494	106976062	119.20	118.80
3968	2959	47000549	37902092	115.15	113.75
2419	1676	28707082	23098827	114.12	110.66
1549	1283	18293467	14803265	116.79	118.93
3001	2594	91311928	86685125	120.59	120.36
8	3	36948	3925	193.79	105.49
465	383	28034561	27014498	117.89	117.54
2528	2208	63240419	59666702	121.79	121.68

Note: The Gross Output Value of Industry above Designated Size in 2010 including the data of Guangdong Power Grid is 1472.14677 billion yuan.

11-6 续表

项　　目	Item
按生产规模分	Grouped by Size of Enterprises
大型企业	Large Enterprises
中型企业	Medium-sized Enterprises
小型企业	Small Enterprises
按工业行业分	Grouped by Sector
煤炭开采和洗选业	Mining and Washing of Coal
石油和天然气开采业	Extraction of Petroleum and Natural Gas
黑色金属矿采选业	Mining and Processing of Ferrous Metal Ores
有色金属矿采选业	Mining and Processing of Non-Ferrous Metal Ores
非金属矿采选业	Mining and Processing of Nonmetal Ores
其他采矿业	Mining of Other Ores
农副食品加工业	Processing of Food from Agricultural Products
食品制造业	Manufacture of Foods
饮料制造业	Manufacture of Beverages
烟草制品业	Manufacture of Tobacco
纺织业	Manufacture of Textile
纺织服装、鞋、帽制造业	Manufacture of Textile Wearing Apparel, Footwear and Caps
皮革、毛皮、羽毛(绒)及其制品业	Manufacture of Leather, Fur, Feather and Related Products
木材加工及木、竹、藤、棕、草制品业	Processing of Timber, Manufacture of Wood, Bamboo, Rattan, Palm and Straw Products
家具制造业	Manufacture of Furniture
造纸及纸制品业	Manufacture of Paper and Paper Products
印刷业和记录媒介的复制	Printing, Reproduction of Recording Media
文教体育用品制造业	Manufacture of Articles for Culture, Education and Sport Activities
石油加工、炼焦及核燃料加工业	Processing of Petroleum, Coking, Processing of Nuclear Fuel
化学原料及化学制品制造业	Manufacture of Raw Chemical Materials and Chemical Products
医药制造业	Manufacture of Medicines
化学纤维制造业	Manufacture of Chemical Fibers
橡胶制品业	Manufacture of Rubber
塑料制品业	Manufacture of Plastics
非金属矿物制品业	Manufacture of Non-metallic Mineral Products
黑色金属冶炼及压延加工业	Smelting and Pressing of Ferrous Metals
有色金属冶炼及压延加工业	Smelting and Pressing of Non-Ferrous Metals
金属制品业	Manufacture of Metal Products
通用设备制造业	Manufacture of General Purpose Machinery
专用设备制造业	Manufacture of Special Purpose Machinery
交通运输设备制造业	Manufacture of Transport Equipment
电气机械及器材制造业	Manufacture of Electrical Machinery and Equipment
通信设备、计算机及其他电子设备制造业	Manufacture of Communication Equipment, Computers and Other Electronic Equipment
仪器仪表及文化、办公用机械制造业	Manufacture of Measuring Instruments and Machinery for Cultural Activity and Office Work
工艺品及其他制造业	Manufacture of Artwork and Other Manufacturing
废弃资源和废旧材料回收加工业	Recycling and Disposal Waste
电力、热力的生产和供应业	Production and Supply of Electric Power and Heat Power
燃气生产和供应业	Production and Supply of Gas
水的生产和供应业	Production and Supply of Water

continued

单位数 (个) Number of Units (unit)	# 市 区 Urban Districts	工业总产值 (万元) Gross Output Value of Industry (10000 yuan)	# 市 区 Urban Districts	工业总产值指数 (%) Indices of Gross Output Value of Industry (%)	# 市 区 Urban Districts
65	59	61086760	60053609	134.03	134.70
777	665	41115634	36162705	99.47	97.23
6127	4829	36110083	28370903	121.86	120.59
1	1	479	479	118.86	118.86
1		20500		185.77	
6	2	15969	3445	226.64	107.69
116	100	2859218	2528139	100.53	102.31
177	144	3379023	3134861	115.31	114.63
37	31	2039874	1996864	94.80	94.50
1	1	1446817	1446817	113.98	113.98
378	214	3000335	1671752	121.80	113.52
747	330	3907784	1435814	129.84	116.93
339	314	2036170	1658792	119.48	119.25
63	47	328135	264283	112.74	113.72
139	119	881269	678871	128.61	129.73
214	181	1525218	1212395	122.07	119.17
195	184	696583	644418	113.60	110.70
141	120	951060	769746	118.96	119.40
19	15	5871668	5849757	108.15	108.26
556	451	14080118	12994963	115.53	115.25
96	81	1601700	1537571	115.63	114.57
9	6	241368	220329	132.95	138.42
101	94	896292	765365	110.77	107.73
423	347	3042395	2555293	119.80	119.22
219	189	1509474	1219475	109.16	107.73
37	33	5168562	5109922	112.92	112.53
77	67	2187355	1620289	106.46	102.87
508	440	3422185	2817796	122.03	121.44
326	293	3916856	3658141	130.08	129.38
276	251	1503131	1357365	134.16	130.48
454	336	34668059	31875679	123.86	124.08
488	436	7231641	6754173	107.87	107.04
469	433	16592231	16295182	132.00	131.70
114	106	1325761	1292541	131.58	131.18
158	124	1172862	620093	120.21	152.29
12	6	468337	407537	162.75	253.45
24	18	8797204	8711899	106.81	106.64
11	10	1194434	1192445	127.69	127.89
37	29	332410	284726	100.46	95.68

11-7 规模以上工业销售产值

Sales Value of Industrial Enterprises above Designated Size

单位:万元 (10000 yuan)

项　　目	Item	2009	2010
总　计	**Total**	**111566225**	**136078573**
按登记注册类型分	**Grouped by Registration Status**		
国有企业	State-owned Industry	4687974	5237423
集体企业	Collective-owned Industry	495458	778606
其他企业	Other	106382793	130062544
按隶属关系分	**Grouped by Administrative Relationship**		
中央企业、省属企业	Central and Provincial Governments	15092092	17891643
市属企业	Municipal Government	96474133	118186930
按轻重工业分	**Grouped by Light & Heavy Industries**		
轻工业	Light Industry	38973551	45797917
重工业	Heavy Industry	72592674	90280656
按生产规模分	**Grouped by Size of Enterprises**		
大中型企业	Large and Medium-sized Industrial Enterprises	83217427	99951140
小型企业	Small Industrial Enterprises	28348798	36127433

11-8 主要年份工业企业出口产品产值及比重

Output Value of Exports and its Proportion of Industrial Enterprises in Main Years

单位:万元 (10000 yuan)

年 份 Year	工业总产值 Gross Output Value of Industry	出口产品产值 Output Value of Exports	出口产品产值比重(%) Proportion of Output Value of Exports (%)
1978	731313	96278	13.17
1980	850326	141305	16.62
1985	1692215	135850	8.03
1990	4111455	848193	20.63
1995	15850391	4051313	25.56
1996	16303779	4682145	28.72
1997	18142403	5321594	29.33
1998	18509812	5402864	29.19
1999	27793652	6368838	22.91
2000	31000188	7126804	22.99
2001	33931904	7344095	21.64
2002	37889079	8525989	22.50
2003	47059104	10360000	22.01
2004	57666925	13287934	23.04
2005	67679563	15812130	23.36
2006	81123964	18050619	22.25
2007	98757886	20631521	20.89
2008	114684010	23469056	20.46
2009	123554645	23674345	19.16
2010	144389877	28805808	19.95

注:本表1999年以前年份为乡及乡以上口径，1999年起为全口径。

Note: The data in this table covered the township industrial enterprises and above before 1999, whereas the coverage has referred to all the industrial enterprises since 1999.

11-9 规模以上工业企业出口产品产值及出口交货值

单位:万元

项　　目	Item
总　　计	**Total**
按登记注册类型分	Grouped by Registration Status
国有企业	State-owned Industry
集体企业	Collective-owned Industry
其他企业	Others
按隶属关系分	Grouped by Administrative Relationship
中央企业、省属企业	Central and Provincial Governments
市属企业	Municipal Government
按轻重工业分	Grouped by Light & Heavy Industries
轻工业	Light Industry
重工业	Heavy Industry
按生产规模分	Grouped by Size of Enterprises
大中型企业	Large and Medium-sized Industrial Enterprises
小型企业	Small Industrial Enterprises
按工业行业分	Grouped by Sector
煤炭开采和洗选业	Mining and Washing of Coal
石油和天然气开采业	Extraction of Petroleum and Natural Gas
黑色金属矿采选业	Mining and Processing of Ferrous Metal Ores
有色金属矿采选业	Mining and Processing of Non-Ferrous Metal Ores
非金属矿采选业	Mining and Processing of Nonmetal Ores
其他采矿业	Mining of Other Ores
农副食品加工业	Processing of Food from Agricultural Products
食品制造业	Manufacture of Foods
饮料制造业	Manufacture of Beverages
烟草制品业	Manufacture of Tobacco
纺织业	Manufacture of Textile
纺织服装、鞋、帽制造业	Manufacture of Textile Wearing Apparel, Footwear and Caps
皮革、毛皮、羽毛(绒)及其制品业	Manufacture of Leather, Fur, Feather and Related Products

Output Value and Delivery Value of Exports of Industrial Enterprises above the Designated Size

(10000 yuan)

出口产品产值 Output Value of Exports		出口产品交货值 Delivery Value of Exports	
2009	2010	2009	2010
22550045	**28107646**	**22173771**	**27646009**
265654	295097	202066	357467
169528	441177	174146	440778
22114863	27371372	21797559	26847764
689764	1261252	494899	1169015
21860281	26846394	21678872	26476994
9293012	10230467	9353222	10199968
13257033	17877179	12820549	17446041
18507458	23526642	18004070	23062633
4042587	4581004	4169701	4583376
	1202		1157
21266	70684	30146	69634
104863	132917	117466	132170
32492	26732	32370	28018
14220		14220	14677
963805	1041053	1014356	1026734
854563	845160	872935	828601
890670	999056	878823	975439

11-9 续表

单位:万元

项　　目	Item
木材加工及木、竹、藤、棕、草制品业	Processing of Timber, Manufacture of Wood, Bamboo, Rattan, Palm and Straw Products
家具制造业	Manufacture of Furniture
造纸及纸制品业	Manufacture of Paper and Paper Products
印刷业和记录媒介的复制	Printing, Reproduction of Recording Media
文教体育用品制造业	Manufacture of Articles for Culture, Education and Sport Activities
石油加工、炼焦及核燃料加工业	Processing of Petroleum, Coking, Processing of Nuclear Fuel
化学原料及化学制品制造业	Manufacture of Raw Chemical Materials and Chemical Products
医药制造业	Manufacture of Medicines
化学纤维制造业	Manufacture of Chemical Fibers
橡胶制品业	Manufacture of Rubber
塑料制品业	Manufacture of Plastics
非金属矿物制品业	Manufacture of Non-metallic Mineral Products
黑色金属冶炼及压延加工业	Smelting and Pressing of Ferrous Metals
有色金属冶炼及压延加工业	Smelting and Pressing of Non-Ferrous Metals
金属制品业	Manufacture of Metal Products
通用设备制造业	Manufacture of General Purpose Machinery
专用设备制造业	Manufacture of Special Purpose Machinery
交通运输设备制造业	Manufacture of Transport Equipment
电气机械及器材制造业	Manufacture of Electrical Machinery and Equipment
通信设备、计算机及其他电子设备制造业	Manufacture of Communication Equipment, Computers and Other Electronic Equipment
仪器仪表及文化、办公用机械制造业	Manufacture of Measuring Instruments and Machinery for Cultural Activity and Office Work
工艺品及其他制造业	Manufacture of Artwork and Other Manufacturing
废弃资源和废旧材料回收加工业	Recycling and Disposal Waste
电力、热力的生产和供应业	Production and Supply of Electric Power and Heat Power
燃气生产和供应业	Production and Supply of Gas
水的生产和供应业	Production and Supply of Water

continued

(10000 yuan)

出口产品产值 Output Value of Exports		出口产品交货值 Delivery Value of Exports	
2009	2010	2009	2010
72475	67391	70875	59179
168257	145220	169312	143080
216853	247913	228199	258404
102020	123407	111542	125173
471374	584882	462158	573868
23265	24838	23265	22794
841602	1249656	869136	1276259
101477	116914	91865	117476
11923	10181	11923	10308
382303	289842	367029	286319
643304	814436	668513	814734
178317	190801	195104	188029
326014	528596	313633	504518
82881	130137	76517	115356
755501	873551	740855	857900
409485	555235	406559	554576
237505	327087	238363	319942
2754854	3374066	2505757	3278277
1530303	1718107	1544919	1693989
9080053	12313948	8846184	12069541
548716	621112	545342	617564
729684	683522	726153	682293
		252	

11-11 续表 continued

产品名称	Name of Products	2009	2010
中成药(吨)	Traditional Chinese Medicine (ton)	51784	60553
化学纤维(吨)	Chemical Fiber (ton)	19989	22511
橡胶轮胎外胎(条)	Tires (unit)	12155748	13758298
橡胶胶鞋(万双)	Rubber Shoes (10000 pairs)	3958	4162
塑料制品(吨)	Plastic Products (ton)	915651	1124727
水　泥(万吨)	Cement (10000 tons)	893	868
日用玻璃制品(吨)	Household Glassware (ton)	274409	315165
生　铁(吨)	Pig Iron (ton)	1157209	1041980
粗　钢(吨)	Steel (ton)	3524432	4031719
钢　材(吨)	Steel Products (ton)	7121904	8504141
精炼铜(吨)	Copper (ton)	34700	51791
日用搪瓷制品(吨)	Household Ceramic Products (ton)	2380	1195
内燃机生产量(万千瓦)	Internal Combustion Engines (10000 kw)	35	8769
金属切削机床(台)	Metal-cutting Machine Tools (set)	7163	10690
自行车(辆)	Bicycles (unit)	1385139	1523793
缝纫机(架)	Sewing Machines (unit)	686440	844516
钟(只)	Clocks (unit)	28847307	37205546
照相机(架)	Cameras (unit)	1796769	2174024
汽　车(辆)	Motor Vehicles (unit)	1130157	1358361
乘用车	Sedans	1126902	1353152
燃气用具(台)	Gas Appliances (unit)	891732	1502554
交流电动机(千瓦)	AC Motors (kw)	104785	88168
变压器(千伏安)	Transformers (1000 volt-amperes)	33627877	32377864
原电池及原电池组(折R20标准只)(万只)	Batteries (10000 units)	279655	228962
家用电冰箱(台)	Household Refrigerators (set)	1191111	1791372
家用电风扇(台)	Electric Fans (set)	1028354	623961
房间空气调节器(台)	Air Conditioners (set)	4627552	6367847
电熨斗(个)	Electric Irons (unit)	2065717	2738641
电光源(万只)	Bulbs (10000 units)	16200	20297
电话单机(部)	Telephone Sets (unit)	773049	1094716
移动通信手持机(台)	Mobile Telecommunication Handset (unit)	1080225	3036859
微型电子计算机(部)	Micro-computers (unit)	221260	230316
彩色电视机	Color TV Sets	3132869	4210657
电　梯(台)	Elevators & Escalators (unit)	31687	36005
摩托车整车(辆)	Motorcycles (unit)	3916007	4410465
饲　料(吨)	Fodder (ton)	1903330	2312634
家用吸排油烟机(台)	Extractor Hoods (set)	644230	642411
西洋键盘乐器(架)	Keyboard instruments (unit)	97235	114618

11-12 规模以上工业企业全员劳动生产率

Overall Labor Productivity of Industrial Enterprises above the Designated Size

单位:元/人 (yuan/person)

年 份 Year	合 计 Total	国有企业 State-owned Enterprises	集体企业 Collective-owned Enterprises	外商及港澳台投资企业 Enterprises with Funds from Foreign Countries, Hong Kong, Macao and Taiwan	其他企业 Other Enterprises
1997	51764	58637	24861	59509	45207
1998	53499	64347	27238	56952	46688
1999	60087	81519	30910	58846	47523
2000	60342	108088	32429	61748	48220
2001	69917	89566	40058	72400	67034
2002	76324	103186	40514	76773	79963
2003	89991	126215	36475	97733	83382
2004	96845	168409	30129	107890	70332
2005	115051	231185	31305	125912	86735
2006	132200	300403	31106	145278	97882
2007	156811	392930	32447	170755	116857
2008	175472	242679	25413	193910	153715
2009	181874	170356	31688	213960	142523
2010	214972	224214	44324	254371	165119

注:此表按工业增加值计算，以下劳动生产率表同。

Note:The data in this table are calculated on basis of the value-added of industry. The same as in the following tables.

11-13 规模以上工业企业全员劳动生产率(2010年，按行业分)

单位:元/人

行　　业	Sector
合　计	**Total**
煤炭开采和洗选业	Mining and Washing of Coal
石油和天然气开采业	Extraction of Petroleum and Natural Gas
黑色金属矿采选业	Mining and Processing of Ferrous Metal Ores
有色金属矿采选业	Mining and Processing of Non-ferrous Metal Ores
非金属矿采选业	Mining and Processing of Nonmetal Ores
其他矿采选业	Mining of Other Ores
农副食品加工业	Processing of Food from Agricultural Products
食品制造业	Manufacture of Foods
饮料制造业	Manufacture of Beverages
烟草制品业	Manufacture of Tobacco
纺织业	Manufacture of Textile
纺织服装、鞋、帽制造业	Manufacture of Textile Wearing Apparel, Footwear and Caps
皮革、毛皮、羽毛(绒)及其制品业	Manufacture of Leather, Fur, Feather and Related Products
木材加工及木、竹、藤、棕、草制品业	Processing of Timber, Manufacture of Wood, Bamboo, Rattan, Palm and Straw Products
家具制造业	Manufacture of Furniture
造纸及纸制品业	Manufacture of Paper and Paper Products
印刷业、记录媒介的复制	Printing, Reproduction of Recording Media
文教体育用品制造业	Manufacture of Articles for Culture, Education and Sport Activities
石油加工及炼焦业	Processing of Petroleum, Coking, Processing of Nuclear Fuel
化学原料及化学制品制造业	Manufacture of Raw Chemical Materials and Chemical Products
医药制造业	Manufacture of Medicines
化学纤维制造业	Manufacture of Chemical Fibers
橡胶制品业	Manufacture of Rubber
塑料制品业	Manufacture of Plastics
非金属矿物制品业	Manufacture of Non-metallic Mineral Products
黑色金属冶炼及压延加工业	Smelting and Pressing of Ferrous Metals
有色金属冶炼及压延加工业	Smelting and Pressing of Non-Ferrous Metals
金属制品业	Manufacture of Metal Products
普通机械制造业	Manufacture of General Purpose Machinery
专用设备制造业	Manufacture of Special Purpose Machinery
交通运输设备制造业	Manufacture of Transport Equipment
电气机械及器材制造业	Manufacture of Electrical Machinery and Equipment
通信设备、计算机及其他电子设备制造业	Manufacture of Communication Equipment, Computers and Other Electronic Equipment
仪器仪表及文化、办公用机械制造业	Manufacture of Measuring Instruments and Machinery for Cultural Activity and Office Work
工艺品及其他制造业	Manufacture of Artwork and Other Manufacturing
废弃资源和废旧材料回收加工业	Recycling and Disposal Waste
电力、热力的生产和供应业	Production and Supply of Electric Power and Heat Power
燃气生产和供应业	Production and Supply of Gas
水的生产和供应业	Production and Supply of Water

Overall Labor Productivity of Industrial Enterprises above the Designated Size (2010, by Sector)

(yuan/person)

全 市 Total	国有企业 State-owned Enterprises	集体企业 Collective-owned Enterprises	外商及港澳台投资企业 Enterprises with Funds from Foreign Countries, Hong Kong, Macao and Taiwan	其他企业 Other Enterprises
214972	**224214**	**44324**	**254371**	**165119**
63358	63358			
214195				214195
139496			72442	209394
373630	214638	69714	482903	329225
275853	60450	59504	343316	121639
317355	230000		346405	99925
3734321				3734321
85393	48842	56304	74041	104901
59627	3629		43544	76580
52457		16757	44670	73999
95626			127453	72860
70856		72367	63922	75312
101144	36781	123536	122726	71678
79708	134501	80000	59029	95026
45722	43054	29867	38468	98208
1986867	195765		1027164	2109425
580400	155510	134336	757216	268799
232483	120917	332910	284283	213957
430465		86970	671376	83360
57449	36555	33196	41531	80638
109757	205556	37126	119572	96780
144704	130455	204163	165975	119348
453318	172691		529013	64119
275263	88143	91797	441408	156451
90934	91576	57048	104926	77494
174903	106535	157549	251041	106950
115622	108077	44032	142502	86857
599308	279855	32500	854355	147155
132598	91471	121636	152493	111931
152043	105000	37681	184679	104593
95354	92460	19435	112215	112825
56065		56244	63769	39983
189241		29500	424964	112448
675058	420492	89643	1382729	1020988
466295			988911	181075
133738	113190	130024	142167	210215

11-14 市区规模以上工业企业全员劳动生产率(2010年，按行业分)

单位:元/人

行　　业	Sector
合　　计	**Total**
煤炭开采和洗选业	Mining and Washing of Coal
石油和天然气开采业	Extraction of Petroleum and Natural Gas
黑色金属矿采选业	Mining and Processing of Ferrous Metal Ores
有色金属矿采选业	Mining and Processing of Non-ferrous Metal Ores
非金属矿采选业	Mining and Processing of Nonmetal Ores
其他矿采选业	Mining of Other Ores
农副食品加工业	Processing of Food from Agricultural Products
食品制造业	Manufacture of Foods
饮料制造业	Manufacture of Beverages
烟草制品业	Manufacture of Tobacco
纺织业	Manufacture of Textile
纺织服装、鞋、帽制造业	Manufacture of Textile Wearing Apparel, Footwear and Caps
皮革、毛皮、羽毛(绒)及其制品业	Manufacture of Leather, Fur, Feather and Related Products
木材加工及木、竹、藤、棕、草制品业	Processing of Timber, Manufacture of Wood, Bamboo, Rattan, Palm and Straw Products
家具制造业	Manufacture of Furniture
造纸及纸制品业	Manufacture of Paper and Paper Products
印刷业、记录媒介的复制	Printing, Reproduction of Recording Media
文教体育用品制造业	Manufacture of Articles for Culture, Education and Sport Activities
石油加工及炼焦业	Processing of Petroleum, Coking, Processing of Nuclear Fuel
化学原料及化学制品制造业	Manufacture of Raw Chemical Materials and Chemical Products
医药制造业	Manufacture of Medicines
化学纤维制造业	Manufacture of Chemical Fibers
橡胶制品业	Manufacture of Rubber
塑料制品业	Manufacture of Plastics
非金属矿物制品业	Manufacture of Non-metallic Mineral Products
黑色金属冶炼及压延加工业	Smelting and Pressing of Ferrous Metals
有色金属冶炼及压延加工业	Smelting and Pressing of Non-Ferrous Metals
金属制品业	Manufacture of Metal Products
普通机械制造业	Manufacture of General Purpose Machinery
专用设备制造业	Manufacture of Special Purpose Machinery
交通运输设备制造业	Manufacture of Transport Equipment
电气机械及器材制造业	Manufacture of Electrical Machinery and Equipment
通信设备、计算机及其他电子设备制造业	Manufacture of Communication Equipment, Computers and Other Electronic Equipment
仪器仪表及文化、办公用机械制造业	Manufacture of Measuring Instruments and Machinery for Cultural Activity and Office Work
工艺品及其他制造业	Manufacture of Artwork and Other Manufacturing
废弃资源和废旧材料回收加工业	Recycling and Disposal Waste
电力、热力的生产和供应业	Production and Supply of Electric Power and Heat Power
燃气生产和供应业	Production and Supply of Gas
水的生产和供应业	Production and Supply of Water

Overall Labor Productivity of Industrial Enterprises above the Designated Size in Urban Districts (2010, by Sector)

(yuan/person)

市 区 Urban Districts	国有企业 State-owned Enterprises	集体企业 Collective-owned Enterprises	外商及港澳台投资企业 Enterprises with Funds from Foreign Countries, Hong Kong, Macao and Taiwan	其他企业 Other Enterprises
233571	**225747**	**42572**	**272533**	**181834**
63358	63358			
104536			104536	
381876	214638	69714	526491	323845
279757	60450	59504	346720	107775
320718	230000		346405	35560
3734321				3734321
68954	48842	56304	70508	65234
41968	3629		38600	55732
49167		16757	44991	61999
102230			132768	75946
70636			67609	71860
83248	36781	123536	97481	60931
78325	134501	80000	58175	93443
45601	43054	30137	37840	92960
2057023	195765		1201745	2164802
631547	162793	132201	828095	282867
244296	120917	332910	300194	226373
483837		86970	814642	39873
56149	36555	33196	41611	80478
111950	205556	37126	133178	83747
134128	130455	192358	169522	86946
461146	172691		532825	59497
314725	155926	91797	637755	171119
88356	91576	32196	110991	67541
176305	106535	155694	252500	105765
114130	108077	44032	139774	84901
700978	279855	32500	960282	146836
135423	91471	121636	153611	115070
154958	105000	37675	189525	104755
97723	92460	19435	114729	121249
40970		56228	42254	37997
300303			424964	202279
683311	422198	256364	1509606	1054698
472730			988911	184217
131201	114847	110821	139262	211573

11-15 规模以上工业企业主要经济指标

单位:万元

项　　目	Item
企业单位数(个)	Number of Enterprises (unit)
# 亏损企业	Number of Loss-making Enterprises
主营业务收入	Core Business Revenue
# 主营业务成本	Cost of Core Business
主营业务税金及附加	Taxes and Extra Charges on Core Business
盈利企业的盈利总额	Total Profits of Profitable Enterprises
亏损企业的亏损总额	Total Losses of Loss-making Enterprises
盈亏相抵后的利润总额	Total Profits of All Enterprises
应交所得税	Income Tax Payable
应交增值税	Value-added Tax Payable
流动资产年末合计	Total Working Capitals at Year-end
# 存　货	Inventory
# 产成品存货	Inventory of Finished Goods
固定资产原价年末数	Original Value of Fixed Assets at Year-end
年末资产合计	Total Assets at Year-end
年末负债合计	Total Liabilities at Year-end
年末所有者权益合计	Total Creditors' Equity at Year-end
# 实收资本	Capital Hold
# 国家资本	State Capital
外商资本	Foreign Capital
本年应付工资	Wages Payable
本年应付福利费	Welfare Expenses Payable in Current Year
全部职工年平均人数(人)	Annual Average Number of Staff and Workers (person)
工业总产值(当年价格、新规定)	Gross Industrial Output Value (at current prices, new stipulation)
工业增加值(当年价格)	Value-added of Industry (at current prices)

Main Indicators of Industrial Enterprises above the Designated Size

(10000 yuan)

2000	2005	2006	2007	2008	2009	2010
4531	5240	5188	4988	7442	7023	6969
954	1092	1032	886	1725	1407	1060
25342544	59946778	72493321	88630531	104244867	112140930	136246497
20560789	48703725	59529969	72210640	84647623	90316538	110733636
462801	799087	1256139	1873470	2549525	3249519	3427818
1577983	4491749	6008538	8044372	8003202	8584412	10910868
393740	443444	620087	513225	1072933	793247	598124
1184243	4048305	5388451	7531147	6930269	7791165	10312744
160118	574968	676932	861833	983288	1138346	1440506
919339	2035382	2643027	3199893	4520708	3843777	4696284
15082653	26379483	31365356	37716223	43871519	50733991	60871184
4301980	7197758	8145761	9334080	11054940	11529881	14111012
1528452	2327257	2478717	2960730	3751238	3761104	4694208
17672981	26651389	33587396	37780990	45244307	47978199	52094111
30861594	48338355	69036123	80412681	91648730	99655278	112655080
18249287	26158379	33474848	40571015	49694345	55020064	63320448
12612306	22179976	35561275	39841666	41954385	44631180	49334632
8458358	13634945	20776240	22730283	26272164	27564197	28796044
1375635	1183871	6936604	7035569	7510952	4533428	4529442
3578053	7427607	7759689	8286574	5586787	5940516	5915409
1623490	3679734	4184674	5216279	8089617	8159771	8634171
192261	294959	367964	486678	794166	775630	786874
1173960	1410335	1490877	1540930	1719873	1615692	1662226
25685694	60320463	72820564	89104386	105149110	113767645	138312477
7083953	16226063	19709445	24163424	27875000	29385200	35733200

11-16 规模以上工业企业主要经济指标(2010年，按地区分)

单位:万元

项　　目	Item
企业单位数(个)	Number of Enterprises (unit)
# 亏损企业	Number of Loss-making Enterprises
主营业务收入	Core Business Revenue
# 主营业务成本	Cost of Core Business
主营业务税金及附加	Taxes and Extra Charges on Core Business
盈利企业的盈利总额	Total Profits of Profitable Enterprises
亏损企业的亏损总额	Total Losses of Loss-making Enterprises
盈亏相抵后的利润总额	Total Profits of All Enterprises
应交所得税	Income Tax Payable
应交增值税	Value-added Tax Payable
流动资产年末合计	Total Working Capitals at Year-end
# 应收账款	Accounts Receivable
# 存　货	Inventory
# 产成品存货	Inventory of Finished Goods
固定资产原价年末数	Original Value of Fixed Assets at Year-end
累计折旧	Accumulated Depreciation
固定资产净值	Net Value of Fixed Assets
年末资产合计	Total Assets at Year-end
年末负债合计	Total Liabilities at Year-end
年末所有者权益合计	Total Creditors' Equity at Year-end
# 实收资本	Capital Hold
# 国家资本	State Capital
外商资本	Foreign Capital
本年应付工资	Wages Payable
本年应付福利费	Welfare Expenses Payable in Current Year
全部职工年平均人数(人)	Annual Average Number of Staff and Workers (person)
工业总产值(当年价格、新规定)	Gross Industrial Output Value (at current prices, new stipulation)
工业增加值(当年价格)	Value-added of Industry (at current prices)

Main Indicators of Industrial Enterprises above the Designated Size (2010, by Region)

(10000 yuan)

全 市 Total	市 区 Urban Districts	增城市 Zengcheng	从化市 Conghua	# 国有及国有控股企业 State-owned and State-holding Enterprises	# 市 区 Urban Districts
6969	5553	1129	287	333	305
1060	865	115	80	68	61
136246497	123181787	9778059	3286651	39248574	38157602
110733636	99358225	8642044	2733367	31708188	30750591
3427818	3383646	33784	10388	2483615	2472297
10910868	10382169	364399	164300	3117858	3085235
598124	548869	13030	36225	285554	262963
10312744	9833300	351369	128075	2832304	2822272
1440506	1364374	56872	19260	495828	487844
4696284	4315051	291800	89433	1716210	1697548
60871184	56582183	2951428	1337573	16903646	16434688
14800089	13462484	976329	361276	1897058	1859634
14111012	12955573	717014	438425	3601915	3390195
4694208	4242963	309027	142218	794008	721723
52094111	49162491	1998930	932690	27712445	27258933
20494350	19495562	688234	310554	10336374	10178840
31599780	29666929	1310715	622136	17376072	17080093
112655080	105662582	4705536	2286962	48722693	47808865
63320448	59171292	2677766	1471390	24711001	24112777
49334632	46491290	2027770	815572	24011692	23696088
28796044	27012905	1156060	627079	13591658	13290504
4529442	4440940	14970	73532	4442987	4365791
5915409	5653666	93860	167883	404886	321520
8634171	7646894	643995	343282	1859233	1789340
786874	660916	100767	25191	207314	202489
1662226	1390827	205014	66385	189814	178093
138312477	124587217	10318198	3407062	38798340	37755080
35733200	32485651	2547458	700091	10022518	9859252

11-17 规模以上工业企业主要经济指标(2010年，按行业分)

单位:万元

行　　业	Sector
合　计	**Total**
煤炭开采和洗选业	Mining and Washing of Coal
石油和天然气开采业	Extraction of Petroleum and Natural Gas
黑色金属矿采选业	Mining and Processing of Ferrous Metal Ores
有色金属矿采选业	Mining and Processing of Non-Ferrous Metal Ores
非金属矿采选业	Mining and Processing of Nonmetal Ores
其他矿采选业	Mining of Other Ores
农副食品加工业	Processing of Food from Agricultural Products
食品制造业	Manufacture of Foods
饮料制造业	Manufacture of Beverages
烟草制品业	Manufacture of Tobacco
纺织业	Manufacture of Textile
纺织服装、鞋、帽制造业	Manufacture of Textile Wearing Apparel, Footwear and Caps
皮革、毛皮、羽毛(绒)及其制品业	Manufacture of Leather, Fur, Feather and Related Products
木材加工及木、竹、藤、棕、草制品业	Processing of Timber, Manufacture of Wood, Bamboo, Rattan, Palm and Straw Products
家具制造业	Manufacture of Furniture
造纸及纸制品业	Manufacture of Paper and Paper Products
印刷业、记录媒介的复制	Printing, Reproduction of Recording Media
文教体育用品制造业	Manufacture of Articles for Culture, Education and Sport Activities
石油加工及炼焦业	Processing of Petroleum, Coking, Processing of Nuclear Fuel
化学原料及化学制品制造业	Manufacture of Raw Chemical Materials and Chemical Products
医药制造业	Manufacture of Medicines
化学纤维制造业	Manufacture of Chemical Fibers
橡胶制品业	Manufacture of Rubber
塑料制品业	Manufacture of Plastics
非金属矿物制品业	Manufacture of Non-metallic Mineral Products
黑色金属冶炼及压延加工业	Smelting and Pressing of Ferrous Metals
有色金属冶炼及压延加工业	Smelting and Pressing of Non-Ferrous Metals
金属制品业	Manufacture of Metal Products
普通机械制造业	Manufacture of General Purpose Machinery
专用设备制造业	Manufacture of Special Purpose Machinery
交通运输设备制造业	Manufacture of Transport Equipment
电气机械及器材制造业	Manufacture of Electrical Machinery and Equipment
通信设备、计算机及其他电子设备制造业	Manufacture of Communication Equipment, Computers and Other Electronic Equipment
仪器仪表及文化、办公用机械制造业	Manufacture of Measuring Instruments and Machinery for Cultural Activity and Office Work
工艺品及其他制造业	Manufacture of Artwork and Other Manufacturing
废弃资源和废旧材料回收加工业	Recycling and Disposal Waste
电力、热力的生产和供应业	Production and Supply of Electric Power and Heat Power
燃气生产和供应业	Production and Supply of Gas
水的生产和供应业	Production and Supply of Water

Main Indicators of Industrial Enterprises above the Designated Size (2010, by Sector)

(10000 yuan)

单位数（个）Number of Enterprises (unit)	# 亏损企业 Loss-making Enterprises	工业总产值 Gross Output Value of Industry	工业增加值 Value-added of Industry	工业销售产值 Sales Value of Industry	主营业务收入 Core Business Revenue	# 主营业务成本 Cost of Core Business	# 主营业务税金及附加 Taxes and Charges on Core Business
6969	**1060**	**138312477**	**35733200**	**136078573**	**136246497**	**110733636**	**3427818**
1		479	849	479	2742	1545	221
1		20500	5719	18659	18659	14018	49
6	1	15969	4701	15963	13054	10846	471
116	20	2859218	490875	2773444	2779865	2572756	1665
177	30	3379023	1198055	3197235	3187907	1977620	104492
37	8	2039874	538361	2008224	2071406	1447197	24410
1		1446817	1069136	1752860	1402322	416671	637640
378	39	3000335	669730	2958043	2947924	2690817	7107
747	89	3907784	1036200	3858917	3756321	3354040	7775
339	39	2036170	580863	1988771	1995944	1704749	3409
63	7	328135	77256	316696	307118	274428	1966
139	14	881269	224323	860168	862854	722212	1804
214	42	1525218	280947	1607598	1513861	1368126	1606
195	33	696583	216655	688174	690711	599226	1793
141	27	951060	302367	934017	921211	794235	1943
19	6	5871668	1350275	5851848	5889310	4780945	778631
556	68	14080118	5473695	13313877	13440989	8026876	266968
96	20	1601700	574234	1556425	1550360	877262	5866
9	1	241368	43477	223606	217869	206669	23
101	11	896292	183221	887277	881837	792906	2427
423	78	3042395	637104	2989433	3135886	2754049	4292
219	45	1509474	413476	1455405	1412126	1185444	4425
37	6	5168562	636096	5041148	5352540	5164210	1778
77	4	2187355	301688	2205922	2196008	2069852	1000
508	81	3422185	685435	3318904	3276002	2874244	5250
326	36	3916856	983672	3837725	3904768	3195138	9336
276	41	1503131	411695	1473579	1499097	1236204	3524
454	87	34668059	9750798	34360557	34631908	26913056	1413789
488	79	7231641	1480374	7081699	7244249	6217911	66607
469	87	16592231	3406557	16315679	15996906	14658553	17588
114	21	1325761	286367	1301544	1295710	1052263	3665
158	28	1172862	313008	1116690	1103417	931620	1669
12	3	468337	20438	476360	486784	465776	252
24	4	8797204	1823805	8776008	8760637	8121195	38186
11		1194434	152805	1184598	1184352	1000971	1820
37	5	332410	108943	331041	313843	260006	4371

11-17 续表1

单位:万元

行　　业	Sector
合　计	**Total**
煤炭开采和洗选业	Mining and Washing of Coal
石油和天然气开采业	Extraction of Petroleum and Natural Gas
黑色金属矿采选业	Mining and Processing of Ferrous Metal Ores
有色金属矿采选业	Mining and Processing of Non-Ferrous Metal Ores
非金属矿采选业	Mining and Processing of Nonmetal Ores
其他矿采选业	Mining of Other Ores
农副食品加工业	Processing of Food from Agricultural Products
食品制造业	Manufacture of Foods
饮料制造业	Manufacture of Beverages
烟草制品业	Manufacture of Tobacco
纺织业	Manufacture of Textile
纺织服装、鞋、帽制造业	Manufacture of Textile Wearing Apparel, Footwear and Caps
皮革、毛皮、羽毛(绒)及其制品业	Manufacture of Leather, Fur, Feather and Related Products
木材加工及木、竹、藤、棕、草制品业	Processing of Timber, Manufacture of Wood, Bamboo, Rattan, Palm and Straw Products
家具制造业	Manufacture of Furniture
造纸及纸制品业	Manufacture of Paper and Paper Products
印刷业、记录媒介的复制	Printing, Reproduction of Recording Media
文教体育用品制造业	Manufacture of Articles for Culture, Education and Sport Activities
石油加工及炼焦业	Processing of Petroleum, Coking, Processing of Nuclear Fuel
化学原料及化学制品制造业	Manufacture of Raw Chemical Materials and Chemical Products
医药制造业	Manufacture of Medicines
化学纤维制造业	Manufacture of Chemical Fibers
橡胶制品业	Manufacture of Rubber
塑料制品业	Manufacture of Plastics
非金属矿物制品业	Manufacture of Non-metallic Mineral Products
黑色金属冶炼及压延加工业	Smelting and Pressing of Ferrous Metals
有色金属冶炼及压延加工业	Smelting and Pressing of Non-Ferrous Metals
金属制品业	Manufacture of Metal Products
普通机械制造业	Manufacture of General Purpose Machinery
专用设备制造业	Manufacture of Special Purpose Machinery
交通运输设备制造业	Manufacture of Transport Equipment
电气机械及器材制造业	Manufacture of Electrical Machinery and Equipment
通信设备、计算机及其他电子设备制造业	Manufacture of Communication Equipment, Computers and Other Electronic Equipment
仪器仪表及文化、办公用机械制造业	Manufacture of Measuring Instruments and Machinery for Cultural Activity and Office Work
工艺品及其他制造业	Manufacture of Artwork and Other Manufacturing
废弃资源和废旧材料回收加工业	Recycling and Disposal Waste
电力、热力的生产和供应业	Production and Supply of Electric Power and Heat Power
燃气生产和供应业	Production and Supply of Gas
水的生产和供应业	Production and Supply of Water

continued

(10000 yuan)

利润总额 Total Profits	利税总额 Total Pre-tax Profits	应交所得税 Income Tax Payable	应交增值税 Value-added Tax Payable	流动资产年末合计 Total Working Capitals at Year-end	# 应收账款 Accounts Receivable	# 存 货 Inventory	# 产成品存货 Inventory of Finished Goods
10312744	**18436846**	**1440506**	**4696284**	**60871184**	**14800089**	**14111012**	**4694208**
102	366		43	7344		27	27
3619	4020	925	352	21675	155	19496	4331
357	1439	130	611	3431	601	1309	1047
114866	175408	9878	58877	1430266	127860	412149	106035
395126	715226	54152	215608	1504559	269848	334199	175843
77769	201004	22971	98825	909717	165259	132275	36462
202370	1011046	56288	171036	886926	61278	452760	53856
88396	139830	13830	44327	1040273	237296	356560	111750
81527	173673	13466	84371	1193658	358342	374262	178689
96980	130553	9270	30164	748482	232642	264263	88998
13387	21745	1764	6392	283414	37121	69650	20923
40638	68953	6884	26511	309023	70688	82355	23842
8463	44015	7677	33946	1028810	234812	150609	58078
24288	47173	3914	21092	439555	134816	95714	17670
31369	46637	6261	13325	428058	116988	173857	57400
164180	1137683	24385	194872	930599	131513	646146	100831
1680011	2761415	332287	814436	5580821	1494419	1217943	547908
181141	291055	30629	104048	1006370	160274	272850	101204
4597	7046	695	2426	61063	15289	26621	4995
15753	33743	2117	15563	371214	80504	156210	62035
119424	183607	22574	59891	1444399	506696	339319	113922
66663	136986	12653	65898	730685	227256	197844	59573
-42014	4744	4341	44980	2743505	264424	1168552	220975
63065	77290	4278	13225	802540	225260	255946	54963
134918	224166	17384	83998	1593475	413885	466819	142072
286181	399154	43852	103637	2397360	741111	675894	250471
89731	137804	14881	44549	969999	280638	315759	99910
4361982	7414608	455365	1638837	16561496	2921858	2397948	765137
399651	661503	68380	195245	3177229	1072380	980516	352927
609545	728991	77961	101858	8042901	3365817	1584294	672691
127093	156998	17047	26240	702688	261710	181395	71996
102329	139703	6215	35705	302503	66940	117120	65830
17309	22352	2984	4791	229784	7200	48653	36196
657605	998037	82435	302246	2421750	474859	83169	3899
119882	142779	10129	21077	320380	22193	48479	31380
-25559	-3906	2504	17282	245232	18157	10050	342

11-17 续表2

单位:万元

行　　业	Sector
合　　计	**Total**
煤炭开采和洗选业	Mining and Washing of Coal
石油和天然气开采业	Extraction of Petroleum and Natural Gas
黑色金属矿采选业	Mining and Processing of Ferrous Metal Ores
有色金属矿采选业	Mining and Processing of Non-Ferrous Metal Ores
非金属矿采选业	Mining and Processing of Nonmetal Ores
其他矿采选业	Mining of Other Ores
农副食品加工业	Processing of Food from Agricultural Products
食品制造业	Manufacture of Foods
饮料制造业	Manufacture of Beverages
烟草制品业	Manufacture of Tobacco
纺织业	Manufacture of Textile
纺织服装、鞋、帽制造业	Manufacture of Textile Wearing Apparel, Footwear and Caps
皮革、毛皮、羽毛(绒)及其制品业	Manufacture of Leather, Fur, Feather and Related Products
木材加工及木、竹、藤、棕、草制品业	Processing of Timber, Manufacture of Wood, Bamboo, Rattan, Palm and Straw Products
家具制造业	Manufacture of Furniture
造纸及纸制品业	Manufacture of Paper and Paper Products
印刷业、记录媒介的复制	Printing, Reproduction of Recording Media
文教体育用品制造业	Manufacture of Articles for Culture, Education and Sport Activities
石油加工及炼焦业	Processing of Petroleum, Coking, Processing of Nuclear Fuel
化学原料及化学制品制造业	Manufacture of Raw Chemical Materials and Chemical Products
医药制造业	Manufacture of Medicines
化学纤维制造业	Manufacture of Chemical Fibers
橡胶制品业	Manufacture of Rubber
塑料制品业	Manufacture of Plastics
非金属矿物制品业	Manufacture of Non-metallic Mineral Products
黑色金属冶炼及压延加工业	Smelting and Pressing of Ferrous Metals
有色金属冶炼及压延加工业	Smelting and Pressing of Non-Ferrous Metals
金属制品业	Manufacture of Metal Products
普通机械制造业	Manufacture of General Purpose Machinery
专用设备制造业	Manufacture of Special Purpose Machinery
交通运输设备制造业	Manufacture of Transport Equipment
电气机械及器材制造业	Manufacture of Electrical Machinery and Equipment
通信设备、计算机及其他电子设备制造业	Manufacture of Communication Equipment, Computers and Other Electronic Equipment
仪器仪表及文化、办公用机械制造业	Manufacture of Measuring Instruments and Machinery for Cultural Activity and Office Work
工艺品及其他制造业	Manufacture of Artwork and Other Manufacturing
废弃资源和废旧材料回收加工业	Recycling and Disposal Waste
电力、热力的生产和供应业	Production and Supply of Electric Power and Heat Power
燃气生产和供应业	Production and Supply of Gas
水的生产和供应业	Production and Supply of Water

continued

(10000 yuan)

固定资产原价年末数 Original Value of Fixed Assets at Year-end	累计折旧 Accumulated Depreciation	固定资产净值 Net Value of Fixed Value	年末资产合计 Total Assets at Year-end	年末负债合计 Total Liabilities at Year-end	年末所有者权益合计 Total Creditors' Equity at Year-end	职工平均人数(人) Average Number of Employed Persons (person)
52094111	**20494350**	**31599780**	**112655080**	**63320448**	**49334632**	**1662226**
26170	9043	17127	82867	5440	77427	134
2867	978	1889	23670	7176	16494	267
4826	1768	3058	6583	2818	3765	337
442792	187158	255633	1902156	1282906	619250	13138
1095669	540334	555335	2286053	1330049	956004	43431
940929	399240	541689	1806687	875565	931122	16964
322775	227590	95185	1271742	97296	1174446	2863
1152277	477324	674973	1844073	893257	950816	78429
631910	229784	402126	1696716	980043	716673	173780
460209	238430	221779	1019187	575442	443745	110731
68873	32378	36496	360926	131255	229671	8079
149715	46234	103481	466212	260712	205500	31659
925270	345003	580268	1994160	1184298	809862	27777
525820	257239	268581	772505	445342	327163	27181
426789	216674	210116	718134	313969	404165	66132
1993269	1075954	917315	2097808	1125076	972732	6796
3174717	1361358	1813359	8415268	4153075	4262193	94309
805971	314618	491353	1807165	791016	1016149	24700
80965	34950	46014	113037	72846	40191	1010
534445	241445	293000	802737	439405	363332	31893
1160231	565634	594597	2277345	1200313	1077032	58047
1009459	468365	541093	1463154	776488	686666	28574
2571003	703664	1867339	5103036	4234656	868380	14032
241344	95578	145767	1050262	766435	283827	10960
949934	354024	595910	2375641	1429848	945793	75377
1272732	620208	652524	3371944	1985157	1386787	56241
492029	181375	310654	1379689	819659	560030	35607
7794751	2937843	4856907	23292246	16028926	7263320	162701
1611497	633387	978110	4570307	2850813	1719494	111644
3140589	1435455	1705135	10795854	6562230	4233624	224052
278287	124841	153446	916439	417286	499153	30032
201967	81224	120740	455791	207707	248084	55829
36220	12863	23358	260256	204046	56210	1080
14952750	5277655	9675095	22965141	8919580	14045561	27017
552794	123574	429220	948997	636673	312324	3277
2062266	641158	1421108	1941292	1313645	627647	8146

11-18 规模以上工业企业主要经济指标(2010年，按企业规模分)

单位:万元

项　　目	Item
企业单位数(个)	Number of Enterprises (unit)
# 亏损企业	Number of Loss-making Enterprises
主营业务收入	Core Business Revenue
# 主营业务成本	Cost of Core Business
主营业务税金及附加	Taxes and Extra Charges on Core Business
盈利企业的盈利总额	Total Profits of Profitable Enterprises
亏损企业的亏损总额	Total Losses of Loss-making Enterprises
盈亏相抵后的利润总额	Total Profits of All Enterprises
应交所得税	Income Tax Payable
应交增值税	Value-added Tax Payable
流动资产年末合计	Total Working Capitals at Year-end
# 应收账款	Accounts Receivable
# 存　货	Inventory
# 产成品存货	Inventory of Finished Goods
固定资产原价年末数	Original Value of Fixed Assets at Year-end
累计折旧	Accumulated Depreciation
固定资产净值	Net Value of Fixed Assets
年末资产合计	Total Assets at Year-end
年末负债合计	Total Liabilities at Year-end
年末所有者权益合计	Total Creditors' Equity at Year-end
# 实收资本	Capital Hold
# 国家资本	State Capital
外商资本	Foreign Capital
本年应付工资	Wages Payable
本年应付福利费	Welfare Expenses Payable in Current Year
全部职工年平均人数(人)	Annual Average Number of Staff and Workers (person)
工业总产值(当年价格、新规定)	Gross Industrial Output Value (at current prices, new stipulation)
工业增加值(当年价格)	Value-added of Industry (at current prices)

Main Indicators of Industrial Enterprises above the Designated Size (2010, by Size of Enterprises)

(10000 yuan)

全 市 Total			# 国有及国有控股工业企业 State-owned and State-holding Enterprises		
大 型 Large-sized Enterprises	中 型 Medium-sized Enterprises	小 型 Small-sized Enterprises	大 型 Large-sized Enterprises	中 型 Medium-sized Enterprises	小 型 Small-sized Enterprises
65	777	6127	16	103	214
9	96	955	3	17	48
60044674	40501497	35700326	27774011	8492680	2981883
45942634	33568106	31222896	22096097	7000525	2611566
3224589	126408	76821	2446871	26339	10405
5759634	3243300	1907934	2140238	769504	208116
70938	293629	233557	51743	191480	42331
5688696	2949671	1674377	2088495	578024	165785
691918	500659	247929	332168	133536	30124
2601871	1226906	867507	1302369	330056	83785
22679137	21853972	16338075	8938205	6285048	1680393
4461064	5907856	4431169	680599	894735	321724
4664969	4879597	4566446	1882902	1256776	462237
1589886	1647017	1457305	328515	335666	129827
25230284	15744219	11119608	18689433	6235650	2787362
10316554	6063021	4114775	7108417	2285492	942465
14913729	9681198	7004853	11581016	3950157	1844899
51162956	35645496	25846628	32416785	11976510	4329398
27829433	20096001	15395014	14670656	7467159	2573186
23333523	15549495	10451614	17746129	4509351	1756212
11928945	9087645	7779454	9115451	3168628	1307579
2621993	1313382	594067	2618385	1277826	546776
1072451	2698106	2144852	139360	242228	23298
2828401	3431616	2374154	977022	711069	171142
291169	312975	182730	127554	65763	13997
300632	657921	703673	75654	86903	27257
61086760	41115634	36110083	27897393	8083623	2817324
18000020	9910684	7822496	7574185	1905767	542566

11-19 规模以上工业企业主要经济指标(2010年，按轻重工业分)

单位：万元

项　　目	Item
企业单位数(个)	Number of Enterprises (unit)
# 亏损企业	Number of Loss-making Enterprises
主营业务收入	Core Business Revenue
# 主营业务成本	Cost of Core Business
主营业务税金及附加	Taxes and Extra Charges on Core Business
盈利企业的盈利总额	Total Profits of Profitable Enterprises
亏损企业的亏损总额	Total Losses of Loss-making Enterprises
盈亏相抵后的利润总额	Total Profits of All Enterprises
应交所得税	Income Tax Payable
应交增值税	Value-added Tax Payable
流动资产年末合计	Total Working Capitals at Year-end
# 应收账款	Accounts Receivable
# 存　货	Inventory
# 产成品存货	Inventory of Finished Goods
固定资产原价年末数	Original Value of Fixed Assets at Year-end
累计折旧	Accumulated Depreciation
固定资产净值	Net Value of Fixed Assets
年末资产合计	Total Assets at Year-end
年末负债合计	Total Liabilities at Year-end
年末所有者权益合计	Total Creditors' Equity at Year-end
# 实收资本	Capital Hold
# 国家资本	State Capital
外商资本	Foreign Capital
本年应付工资	Wages Payable
本年应付福利费	Welfare Expenses Payable in Current Year
全部职工年平均人数(人)	Annual Average Number of Staff and Workers (person)
工业总产值(当年价格、新规定)	Gross Industrial Output Value (at current prices, new stipulation)
工业增加值(当年价格)	Value-added of Industry (at current prices)

Main Indicators of Industrial Enterprises above the Designated Size (2010, by Light and Heavy Industry)

(10000 yuan)

全 市 Total		#市 区 Urban Districts		#市 属* Owned by Municipal Government	
轻工业 Light Industry	重工业 Heavy Industry	轻工业 Light Industry	重工业 Heavy Industry	轻工业 Light Industry	重工业 Heavy Industry
3968	3001	2959	2594	3927	2939
617	443	495	370	609	434
45630666	90615831	36883902	86297885	43938753	74826945
34263676	76469960	26644833	72713392	33647344	62527876
1155312	2272506	1118304	2265342	515357	1457413
3370729	7540139	3095543	7286626	3140611	6738756
267986	330138	247692	301177	264771	285440
3102743	7210001	2847851	6985449	2875840	6453316
582109	858397	548353	816021	521360	776317
1839934	2856350	1586493	2728558	1650480	2342653
19725029	41146155	17297244	39284939	18558555	35505661
4685876	10114213	3909408	9553076	4586160	9432620
5184858	8926154	4594699	8360874	4694540	7884104
1917442	2776766	1643889	2599074	1854466	2643971
14283937	37810174	12573991	36588500	13701714	21216470
6163542	14330808	5530757	13964805	5803550	8490338
8120415	23479365	7043234	22623695	7898184	12726132
31539887	81115193	27655535	78007047	29809281	53467333
17161287	46159161	14822616	44348676	16878808	33729888
14378600	34956032	12832919	33658371	12930473	19737445
8641673	20154371	7646248	19366657	7761482	11588805
667411	3862031	637450	3803490	632121	526397
1998079	3917330	1901616	3752050	1992343	3913004
4274289	4359882	3526695	4120199	4172646	3580149
335205	451669	260207	400709	327733	386489
966024	696202	758557	632270	952310	638325
47000549	91311928	37902092	86685125	45265806	75355688
14260564	21472636	11994283	20491368	13096924	17937239

11-20 规模以上国有工业企业主要经济指标(2010年)

单位:万元

项　　目	Item
企业单位数(个)	Number of Enterprises (unit)
# 亏损企业	Number of Loss-making Enterprises
主营业务收入	Core Business Revenue
# 主营业务成本	Cost of Core Business
主营业务税金及附加	Taxes and Extra Charges on Core Business
盈利企业的盈利总额	Total Profits of Profitable Enterprises
亏损企业的亏损总额	Total Losses of Loss-making Enterprises
盈亏相抵后的利润总额	Total Profits of All Enterprises
应交所得税	Income Tax Payable
应交增值税	Value-added Tax Payable
流动资产年末合计	Total Working Capitals at Year-end
# 应收账款	Accounts Receivable
# 存　货	Inventory
# 产成品存货	Inventory of Finished Goods
固定资产原价年末数	Original Value of Fixed Assets at Year-end
累计折旧	Accumulated Depreciation
固定资产净值	Net Value of Fixed Assets
年末资产合计	Total Assets at Year-end
年末负债合计	Total Liabilities at Year-end
年末所有者权益合计	Total Creditors' Equity at Year-end
# 实收资本	Capital Hold
# 国家资本	State Capital
外商资本	Foreign Capital
本年应付工资	Wages Payable
本年应付福利费	Welfare Expenses Payable in Current Year
全部职工年平均人数(人)	Annual Average Number of Staff and Workers (person)
工业总产值(当年价格、新规定)	Gross Industrial Output Value (at current prices, new stipulation)
工业增加值(当年价格)	Value-added of Industry (at current prices)

Main Indicators of State-owned Industrial Enterprises above the Designated Size (2010)

(10000 yuan)

全 市 Total	# 轻工业 Light Industry	# 市 区 Urban Districts	# 轻工业 Light Industry	# 市 属 Owned by Municipal Government	# 轻工业 Light Industry
99	52	95	50	56	33
24	14	23	13	17	11
5242003	472262	5220823	460776	866346	416752
4833807	404434	4816143	393932	770666	363796
21643	5170	21564	5146	5838	4704
173762	13835	172626	13311	17006	8840
58050	48123	58029	48101	51467	47839
115712	-34288	114597	-34790	-34461	-38999
45347	1951	45110	1852	4147	1573
171483	23895	171111	23697	25910	18654
1910208	431138	1899124	429150	666913	384518
203721	53864	203007	53828	111097	43307
313301	58052	306268	57640	160620	49408
97761	21213	96491	21195	60567	17551
6965822	2018891	6944990	2007318	2114497	1925351
2325192	642052	2315484	634831	684886	578426
4640630	1376839	4629507	1372487	1429611	1346925
7517323	2088784	7493654	2081001	2434449	2002133
4867340	1363386	4853020	1358155	1594075	1320822
2649983	725398	2640634	722846	840374	681311
1164167	179962	1154431	174536	228760	154470
246339	101610	237187	96184	122608	79753
414654	82429	412824	81691	93773	64396
23769	5517	23615	5494	6994	4888
50845	17504	50327	17212	18280	11848
5240244	448320	5217536	435992	864350	394995
1140014	132334	1136119	129631	178931	110985

11-21 规模以上集体工业企业主要经济指标(2010年)

单位:万元

项　　目	Item
企业单位数(个)	Number of Enterprises (unit)
# 亏损企业	Number of Loss-making Enterprises
主营业务收入	Core Business Revenue
# 主营业务成本	Cost of Core Business
主营业务税金及附加	Taxes and Extra Charges on Core Business
盈利企业的盈利总额	Total Profits of Profitable Enterprises
亏损企业的亏损总额	Total Losses of Loss-making Enterprises
盈亏相抵后的利润总额	Total Profits of All Enterprises
应交所得税	Income Tax Payable
应交增值税	Value-added Tax Payable
流动资产年末合计	Total Working Capitals at Year-end
# 应收账款	Accounts Receivable
# 存　货	Inventory
# 产成品存货	Inventory of Finished Goods
固定资产原价年末数	Original Value of Fixed Assets at Year-end
累计折旧	Accumulated Depreciation
固定资产净值	Net Value of Fixed Assets
年末资产合计	Total Assets at Year-end
年末负债合计	Total Liabilities at Year-end
年末所有者权益合计	Total Creditors' Equity at Year-end
# 实收资本	Capital Hold
本年应付工资	Wage Payable
本年应付福利费	Welfare Expenses Payable in Current Year
全部职工年平均人数(人)	Annual Average Number of Staff and Workers (person)
工业总产值(当年价格、新规定)	Gross Industrial Output Value (at current prices,new stipulation)
工业增加值(当年价格)	Value-added of Industry (at current prices)

Main Indicators of Collective-owned Industrial Enterprises above the Designated Size (2010)

(10000 yuan)

全 市 Total	# 轻工业 Light Industry	# 市 区 Urban Districts	# 轻工业 Light Industry	# 市 属 Owned by Municipal Government	# 轻工业 Light Industry
117	55	105	51	115	55
20	10	18	9	20	10
770979	419670	715890	398452	738182	419670
692332	373052	642648	354036	660760	373052
1381	706	1198	663	1372	706
23072	15839	21541	15626	22586	15839
1434	933	1377	890	1434	933
21638	14906	20164	14736	21152	14906
3643	2818	3615	2798	3640	2818
11500	5014	9492	4794	11423	5014
205258	113043	197476	108919	198736	113043
50270	27045	48676	26542	49855	27045
44169	18146	43125	17389	41357	18146
21706	9615	20972	9101	20886	9615
243608	156201	226881	149323	242826	156201
125003	79027	118428	77245	124384	79027
118605	77174	108453	72078	118442	77174
404469	215410	381457	206048	397761	215410
228432	111685	216235	106560	223192	111685
176037	103725	165222	99488	174569	103725
50649	24927	42266	21759	50550	24927
144265	86404	141790	85080	143899	86404
3065	1959	2867	1850	3041	1959
48545	28203	47483	27686	48483	28203
778787	422069	723138	399853	745437	422069
215171	128839	202143	123385	213994	128839

11-22 规模以上外商及港澳台投资工业企业主要经济指标(2010年)

单位:万元

项　　目	Item
企业单位数(个)	Number of Enterprises (unit)
# 亏损企业	Number of Loss-making Enterprises
主营业务收入	Core Business Revenue
# 主营业务成本	Cost of Core Business
主营业务税金及附加	Taxes and Extra Charges on Core Business
盈利企业的盈利总额	Total Profits of Profitable Enterprises
亏损企业的亏损总额	Total Losses of Loss-making Enterprises
盈亏相抵后的利润总额	Total Profits of All Enterprises
应交所得税	Income Tax Payable
应交增值税	Value-added Tax Payable
流动资产年末合计	Total Working Capitals at Year-end
# 应收账款	Accounts Receivable
# 存　货	Inventory
# 产成品存货	Inventory of Finished Goods
固定资产原价年末数	Original Value of Fixed Assets at Year-end
累计折旧	Accumulated Depreciation
固定资产净值	Net Value of Fixed Assets
年末资产合计	Total Assets at Year-end
年末负债合计	Total Liabilities at Year-end
年末所有者权益合计	Total Creditors' Equity at Year-end
# 实收资本	Capital Hold
# 国家资本	State Capital
外商资本	Foreign Capital
本年应付工资	Wages Payable
本年应付福利费	Welfare Expenses Payable in Current Year
全部职工年平均人数(人)	Annual Average Number of Staff and Workers (person)
工业总产值(当年价格、新规定)	Gross Industrial Output Value (at current prices, new stipulation)
工业增加值(当年价格)	Value-added of Industry (at current prices)

Main Indicators of Industrial Enterprises with Funds from Foreign Countries, Hong Kong, Macao and Taiwan above the Designated Size (2010)

(10000 yuan)

全 市 Total	# 轻工业 Light Industry	# 市 区 Urban Districts	# 轻工业 Light Industry	# 市 属 Owned by Municipal Government	# 轻工业 Light Industry
2416	1370	2047	1128	2406	1366
510	312	429	262	505	309
90268691	28974774	84432687	25616015	89794960	28932493
71621873	20687640	66765013	17928138	71215353	20661061
1868835	456795	1850916	440596	1868086	456533
8424143	2564525	8062594	2407066	8390671	2559890
436769	178452	400688	167489	406561	177920
7987374	2386073	7661906	2239577	7984110	2381970
1096031	446392	1043218	426906	1090863	445233
3271327	1254622	3089531	1135124	3225221	1251710
40382093	12357605	38131182	11299474	40054368	12328000
10675828	3130506	10028983	2851605	10573646	3122992
9029180	3131166	8380974	2841357	8951207	3129475
3243011	1305553	2999575	1166466	3228335	1304897
25533625	8711586	23819108	7786266	25122157	8659259
11055008	4056148	10425699	3661803	10937734	4030472
14478618	4655438	13393409	4124463	14184423	4628787
59974734	18810318	56203702	17043796	59227053	18742796
36891347	9994079	34873141	9062049	36405118	9963462
23083387	8816239	21330561	7981747	22821935	8779334
14571269	5754041	13418307	5181116	14379721	5731733
226902	59746	209090	50909	176708	59746
5894469	1986473	5632727	1890009	5884407	1980736
5497814	2926333	4975688	2539469	5426320	2916579
565640	245285	482263	201693	557953	244685
960497	568503	841894	484066	953062	567160
91822328	30180213	85759467	26724341	91336139	30137420
24432243	9519657	22944422	8590716	24243808	9496320

11-23 规模以上其他工业企业主要经济指标(2010年)

单位:万元

项　　目	Item
企业单位数(个)	Number of Enterprises (unit)
# 亏损企业	Number of Loss-making Enterprises
主营业务收入	Core Business Revenue
# 主营业务成本	Cost of Core Business
主营业务税金及附加	Taxes and Extra Charges on Core Business
盈利企业的盈利总额	Total Profits of Profitable Enterprises
亏损企业的亏损总额	Total Losses of Loss-making Enterprises
盈亏相抵后的利润总额	Total Profits of All Enterprises
应交所得税	Income Tax Payable
应交增值税	Value-added Tax Payable
流动资产年末合计	Total Working Capitals at Year-end
# 应收账款	Accounts Receivable
# 存　货	Inventory
# 产成品存货	Inventory of Finished Goods
固定资产原价年末数	Original Value of Fixed Assets at Year-end
累计折旧	Accumulated Depreciation
固定资产净值	Net Value of Fixed Assets
年末资产合计	Total Assets at Year-end
年末负债合计	Total Liabilities at Year-end
年末所有者权益合计	Total Creditors' Equity at Year-end
# 实收资本	Capital Hold
# 国家资本	State Capital
外商资本	Foreign Capital
本年应付工资	Wage Payable
本年应付福利费	Welfare Expenses Payable in Current Year
全部职工年平均人数(人)	Annual Average Number of Staff and Workers (person)
工业总产值(当年价格、新规定)	Gross Industrial Output Value (at current prices,new stipulation)
工业增加值(当年价格)	Value Added of Industry (at current prices)

Main Indicators of Other Industrial Enterprises above the Designated Size (2010)

(10000 yuan)

全 市 Total	#轻工业 Light Industry	#市 区 Urban Districts	#轻工业 Light Industry	#市 属 Owned by Municipal Government	#轻工业 Light Industry
4337	2491	3306	1730	4289	2473
506	281	395	211	501	279
39964824	15763960	32812387	10408659	27366210	14169838
33585624	12798550	27134421	7968727	23528441	12249435
1535959	692641	1509968	671899	97474	53414
2289891	776530	2125408	659540	1449104	556042
101871	40478	88775	31212	90749	38079
2188020	736052	2036633	628328	1358355	517963
295485	130948	272431	116797	199027	71736
1241974	556403	1044917	422878	730579	375102
18373625	6823243	16354401	5459701	13144199	5732994
3870270	1474461	3181818	977433	3284182	1392816
4724362	1977494	4225206	1678313	3425460	1497511
1331730	581061	1125925	447127	1188649	522403
19351056	3397259	18171512	2631084	7438704	2960903
6989147	1386315	6635951	1156878	2546884	1115625
12361927	2010964	11535560	1474206	4891840	1845298
44758554	10425375	41583769	8324690	21217351	8848942
21333329	5692137	19228896	4295852	12386311	5482839
23425225	4733238	22354873	4028838	8831040	3366103
13009959	2682743	12397901	2268837	4691256	1850352
4056201	506055	3994663	490357	859202	492622
20940	11606	20939	11607	20940	11607
2577438	1179123	2116592	820455	2088803	1105267
194400	82444	152171	51170	146234	76201
602339	351814	451123	229593	570810	345099
40471118	15949947	32887076	10341906	27675568	14311322
9945772	4479734	8202967	3150551	6397430	3360780

11-24 规模以上工业企业主要经济效益指标(2010年)

项　　目	Item
工业经济效益综合指数(%)	Comprehensive Index of Industrial Economic Efficiency (%)
总资产贡献率(%)	Ratio of Total Assets to Industrial Output (%)
资本保值增值率(%)	Ratio of Capital Maintenance and Appreciation (%)
资产负债率(%)	Assets-Liability Ratio (%)
流动资产周转率(次)	Turnover Ratio of Working Capitals (times)
工业成本费用利润率(%)	Ratio of Profits to Industrial Cost (%)
工业全员劳动生产率(元/人)	Overall Labor Productivity (yuan/person)
工业产品销售率(%)	Proportion of Products Sold (%)
工业资金利税率(%)	Ratio of Pre-tax Profits to Total Capital (%)
工业增加值率(%)	Ratio of Value-added to Gross Industrial Output Value (%)
企业亏损面(%)	Ratio of Loss-making Enterprises to Total Industrial Enterprises (%)
工业产成品存货可供销售天数(天)	Days for Sale of Inventory of Finished Products (day)
每百元资金提供的总产值(元)	Output Value Created by per 100 yuan (yuan)
每百元资金提供的利税(元)	Pre-tax Profits Created by per 100 Yuan (yuan)
每百元固定资产原价提供利税(元)	Pre-tax Profits Created by per 100 yuan Original Value of Fixed Assets (yuan)
每百元固定资产原价提供总产值(元)	Output Value Created by per 100 yuan Original Value of Fixed Assets (yuan)
每百元固定资产净值提供利税(元)	Pre-tax Profits Created by per 100 yuan Net Value of Fixed Assets (yuan)
每百元固定资产净值提供总产值(元)	Output Value Created by per 100 yuan Net Value of Fixed Assets (yuan)
每百元总产值实现利税(元)	Pre-tax Profits Created by per 100 yuan Output Value (yuan)
每百元总产值占用全部资产(元)	Total Assets Used by per 100 yuan Output Value (yuan)
平均每个职工拥有全部资产(元)	Average Assets Owned by per Staff and Worker (yuan)
平均每个职工提供利税(元)	Average Pre-tax Profits Created by per Staff and Worker (yuan)

Main Indicators on Economic Benefit of Industrial Enterprises above the Designated Size (2010)

全 市 Total	#市 区 Urban Districts	#市 属 Owned by Municipal Government	#国有及国有控股工业企业 State-owned and State-holding Enterprises	#市 区 Urban Districts	#市 属 Owned by Municipal Government
257.40	270.47	249.88	443.20	459.93	407.91
17.99	18.23	20.13	15.80	15.99	21.42
110.54	110.58	111.63	108.17	108.18	112.41
56.21	56.00	60.77	50.72	50.44	61.66
2.24	2.18	2.20	2.32	2.32	2.13
8.30	8.81	8.58	8.15	8.38	9.61
214972	233571	195106	528018	553601	446493
98.38	98.48	97.98	100.32	100.35	99.64
19.94	20.33	20.48	20.51	20.86	23.36
25.84	26.07	25.73	25.83	26.11	25.23
15.21	15.58	15.19	20.42	20.00	22.22
12.40	12.40	13.64	7.28	6.81	9.94
149.57	144.45	161.50	113.18	112.65	126.87
19.94	20.33	20.48	20.51	20.86	23.36
35.39	35.66	43.80	25.38	25.65	36.83
265.51	253.42	345.44	140.00	138.51	200.05
58.34	59.10	74.16	40.47	40.94	60.54
437.70	419.95	584.85	223.29	221.05	328.83
13.33	14.07	12.68	18.12	18.52	18.41
81.45	84.81	69.04	125.58	126.63	92.33
677736	759710	523543	2566865	2684489	1634257
110917	126054	96157	370475	392610	325870

11-25 规模以上工业企业主要经济效益指标(2010年，按经济类型分)

项　　目	Item
工业经济效益综合指数(%)	Comprehensive Index of Industrial Economic Efficiency (%)
总资产贡献率(%)	Ratio of Total Assets to Industrial Output (%)
资本保值增值率(%)	Ratio of Capital Maintenance and Appreciation (%)
资产负债率(%)	Assets-Liability Ratio (%)
流动资产周转率(次)	Turnover Ratio of Working Capitals (times)
工业成本费用利润率(%)	Ratio of Profits to Industrial Cost (%)
工业全员劳动生产率(元/人)	Overall Labor Productivity (yuan/person)
工业产品销售率(%)	Proportion of Products Sold (%)
工业资金利税率(%)	Ratio of Pre-tax Profits to Total Capital (%)
工业增加值率(%)	Ratio of Value-added to Gross Industrial Output Value (%)
企业亏损面(%)	Ratio of Loss-making Enterprises to Total Industrial Enterprises (%)
工业产成品存货可供销售天数(天)	Days for Sale of Inventory of Finished Products (day)
每百元资金提供的总产值(元)	Output Value per 100 yuan (yuan)
每百元资金提供的利税(元)	Pre-tax Profits per 100 Yuan (yuan)
每百元固定资产原价提供利税(元)	Pre-tax Profits per 100 yuan Original Value of Fixed Assets (yuan)
每百元固定资产原价提供总产值(元)	Output Value per 100 yuan Original Value of Fixed Assets (yuan)
每百元固定资产净值提供利税(元)	Pre-tax Profits per 100 yuan Net Value of Fixed Assets (yuan)
每百元固定资产净值提供总产值(元)	Output Value per 100 yuan Net Value of Fixed Assets (yuan)
每百元总产值实现利税(元)	Pre-tax Profits per 100 yuan Output Value (yuan)
每百元总产值占用全部资产(元)	Total Assets per 100 yuan Output Value (yuan)
平均每个职工拥有全部资产(元)	Average Assets per Staff and Worker (yuan)
平均每个职工提供利税(元)	Average Pre-tax Profits per Staff and Worker (yuan)

Main Indicators on Economic Benefit of Industrial Enterprises above the Designated Size (2010, by Type of Ownership)

全 市 Total	国有企业 State-owned Enterprises	集体企业 Collective-owned Enterprises	外商及港澳台投资企业 Enterprises with Funds from Foreign Countries, Hong Kong, Macao and Taiwan	其他企业 Other Enterprises	# 国有及国有控股工业企业 State-owned and State-holding Enterprises
257.40	218.58	129.97	297.13	208.07	443.20
17.99	5.22	9.10	23.81	12.59	15.80
110.54	99.71	94.67	108.74	113.94	108.17
56.21	64.75	56.48	61.51	47.66	50.72
2.24	2.74	3.76	2.24	2.18	2.32
8.30	2.25	2.87	9.82	5.91	8.15
214972	224214	44324	254371	165119	528018
98.38	99.95	99.98	97.84	99.38	100.32
19.94	4.71	10.66	23.93	16.16	20.51
25.84	21.75	27.63	26.61	24.57	25.83
15.21	24.24	17.09	21.11	11.67	20.42
12.40	6.71	10.14	12.93	12.00	7.28
149.57	79.99	240.47	167.37	131.68	113.18
19.94	4.71	10.66	23.93	16.16	20.51
35.39	4.43	14.17	51.41	25.66	25.38
265.51	75.23	319.69	359.61	209.14	140.00
58.34	6.66	29.10	90.67	40.17	40.47
437.70	112.92	656.62	634.19	327.39	223.29
13.33	5.89	4.43	14.30	12.27	18.12
81.45	143.45	51.94	65.32	110.59	125.58
677736	1478478	83318	624414	743079	2566865
110917	60741	7111	136674	82445	370475

11-26 规模以上工业企业主要经济效益指标(2010年，按企业规模分)

项　　目	Item
工业经济效益综合指数(%)	Comprehensive Index of Industrial Economic Efficiency (%)
总资产贡献率(%)	Ratio of Total Assets to Industrial Output (%)
资本保值增值率(%)	Ratio of Capital Maintenance and Appreciation (%)
资产负债率(%)	Assets-Liability Ratio (%)
流动资产周转率(次)	Turnover Ratio of Working Capitals (times)
工业成本费用利润率(%)	Ratio of Profits to Industrial Cost (%)
工业全员劳动生产率(元/人)	Overall Labor Productivity (yuan/person)
工业产品销售率(%)	Proportion of Products Sold (%)
工业资金利税率(%)	Ratio of Pre-tax Profits to Total Capital (%)
工业增加值率(%)	Ratio of Value-added to Gross Industrial Output Value (%)
企业亏损面(%)	Ratio of Loss-making Enterprises to Total Industrial Enterprises (%)
工业产成品存货可供销售天数(天)	Days for Sale of Inventory of Finished Products (day)
每百元资金提供的总产值(元)	Output Value per 100 yuan (yuan)
每百元资金提供的利税(元)	Pre-tax Profits per 100 Yuan (yuan)
每百元固定资产原价提供利税(元)	Pre-tax Profits per 100 yuan Original Value of Fixed Assets (yuan)
每百元固定资产原价提供总产值(元)	Output Value per 100 yuan Original Value of Fixed Assets (yuan)
每百元固定资产净值提供利税(元)	Pre-tax Profits per 100 yuan Net Value of Fixed Assets (yuan)
每百元固定资产净值提供总产值(元)	Output Value per 100 yuan Net Value of Fixed Assets (yuan)
每百元总产值实现利税(元)	Pre-tax Profits per 100 yuan Output Value (yuan)
每百元总产值占用全部资产(元)	Total Assets per 100 yuan Output Value (yuan)
平均每个职工拥有全部资产(元)	Average Assets per Staff and Worker (yuan)
平均每个职工提供利税(元)	Average Pre-tax Profits per Staff and Worker (yuan)

Main Indicators on Economic Benefit of Industrial Enterprises above the Designated Size (2010, by Size of Enterprises)

全 市 Total			# 国有及国有控股工业企业 State-owned and State-holding Enterprises		
大 型 Large-sized Enterprises	中 型 Medium-sized Enterprises	小 型 Small-sized Enterprises	大 型 Large-sized Enterprises	中 型 Medium-sized Enterprises	小 型 Small-sized Enterprises
514.66	205.52	169.36	746.73	231.40	210.74
24.20	13.60	11.52	19.43	9.18	7.01
105.36	118.99	110.99	106.91	120.14	95.20
54.39	56.38	59.56	45.26	62.35	59.44
2.65	1.85	2.19	3.11	1.35	1.77
10.89	7.81	4.90	8.76	7.23	5.66
598739	150636	111167	1001161	219298	199056
97.95	97.56	100.05	100.76	99.04	99.56
30.63	13.65	11.22	28.45	9.13	7.37
29.47	24.10	21.66	27.15	23.58	19.26
13.85	12.36	15.59	18.75	16.50	22.43
9.53	14.64	14.70	4.26	14.23	15.67
162.50	130.38	154.69	135.96	78.98	79.92
30.63	13.65	11.22	28.45	9.13	7.37
45.64	27.33	23.55	31.24	14.99	9.33
242.12	261.15	324.74	149.27	129.64	101.07
77.21	44.45	37.38	50.41	23.66	14.09
409.60	424.70	515.50	240.89	204.64	152.71
18.85	10.47	7.25	20.93	11.56	9.23
83.75	86.70	71.58	116.20	148.16	153.67
1701847	541790	367310	4284874	1378147	1588362
383032	65403	37215	771636	107524	95380

11-27 规模以上工业企业主要经济效益指标(2010年，按轻重工业分)

项　　目	Item
工业经济效益综合指数(%)	Comprehensive Index of Industrial Economic Efficiency (%)
总资产贡献率(%)	Ratio of Total Assets to Industrial Output (%)
资本保值增值率(%)	Ratio of Capital Maintenance and Appreciation (%)
资产负债率(%)	Assets-Liability Ratio (%)
流动资产周转率(次)	Turnover Ratio of Working Capitals (times)
工业成本费用利润率(%)	Ratio of Profits to Industrial Cost (%)
工业全员劳动生产率(元/人)	Overall Labor Productivity (yuan/person)
工业产品销售率(%)	Proportion of Products Sold (%)
工业资金利税率(%)	Ratio of Pre-tax Profits to Total Capital (%)
工业增加值率(%)	Ratio of Value-added to Gross Industrial Output Value (%)
企业亏损面(%)	Ratio of Loss-making Enterprises to Total Industrial Enterprises (%)
工业产成品存货可供销售天数(天)	Days for Sale of Inventory of Finished Products (day)
每百元资金提供的总产值(元)	Output Value per 100 yuan (yuan)
每百元资金提供的利税(元)	Pre-tax Profits per 100 Yuan (yuan)
每百元固定资产原价提供利税(元)	Pre-tax Profits per 100 yuan Original Value of Fixed Assets (yuan)
每百元固定资产原价提供总产值(元)	Output Value per 100 yuan Original Value of Fixed Assets (yuan)
每百元固定资产净值提供利税(元)	Pre-tax Profits per 100 yuan Net Value of Fixed Assets (yuan)
每百元固定资产净值提供总产值(元)	Output Value per 100 yuan Net Value of Fixed Assets (yuan)
每百元总产值实现利税(元)	Pre-tax Profits per 100 yuan Output Value (yuan)
每百元总产值占用全部资产(元)	Total Assets per 100 yuan Output Value (yuan)
平均每个职工拥有全部资产(元)	Average Assets per Staff and Worker (yuan)
平均每个职工提供利税(元)	Average Pre-tax Profits per Staff and Worker (yuan)

Main Indicators on Economic Benefit of Industrial Enterprises above the Designated Size (2010, by Light and Heavy Industry)

全　市 Total		#市　区 Urban Districts		#市　属 Owned by Municipal Government	
轻工业 Light Industry	重工业 Heavy Industry	轻工业 Light Industry	重工业 Heavy Industry	轻工业 Light Industry	重工业 Heavy Industry
218.56	313.65	228.57	324.14	206.47	307.08
20.88	16.87	21.63	17.03	18.33	21.25
106.10	112.47	105.35	112.72	104.75	118.10
54.41	56.91	53.60	56.85	56.62	63.09
2.31	2.20	2.13	2.20	2.37	2.11
7.40	8.77	8.50	8.94	7.00	9.55
147621	308425	158120	324092	137528	281005
97.44	98.87	97.21	99.03	96.67	98.77
21.90	19.09	22.81	19.35	19.06	21.26
30.34	23.52	31.65	23.64	28.93	23.80
15.55	14.76	16.73	14.26	15.51	14.77
15.13	11.03	16.04	10.84	15.19	12.72
168.79	141.29	155.72	140.02	171.09	156.24
21.90	19.09	22.81	19.35	19.06	21.26
42.69	32.63	44.16	32.74	36.80	48.33
329.04	241.50	301.43	236.92	330.37	355.18
75.09	52.55	78.84	52.95	63.83	80.57
578.80	388.90	538.13	383.16	573.12	592.13
12.97	13.51	14.65	13.82	11.14	13.61
67.11	88.83	72.97	89.99	65.85	70.95
326492	1165110	364581	1233762	313021	837619
63125	177231	73200	189466	52942	160629

11-28 规模以上工业企业分组主要指标(2010年)

Major Indicators of Industrial Enterprises above the Designated Size by Group (2010)

单位:万元 (10000 yuan)

项　目	Item	企业单位数(个) Number of Enterprises (unit)	盈亏相抵后利润总额 Total Profits	固定资产原价年末数 Original Value of Fixed Assets at Year-end	工业增加值 Value-added of Industry	工业总产值 Gross Output Value of Industry	职工年平均人数(人) Average Number of Staff and Workers (person)
总　计	**Total**	**6969**	**10312744**	**52094111**	**35733200**	**138312477**	**1662226**
按总产值分组	Grouped by Gross Output Value						
1亿元及以上	100 million yuan and above	1271	9903663	46206247	31331561	121242986	979909
5000万元-9999万元	50-99.99 million yuan	1085	204688	2426167	1996002	7711415	258442
4999万元以下	49.99 million yuan and below	4613	204393	3461697	2405637	9358076	423875
按固定资产原价分组	Grouped by Original Value of Fixed Assets						
1亿元及以上	100 million yuan and above	547	8529034	44585805	26596347	98889023	646398
5000万元-9999万元	50-99.99 million yuan	379	485734	2673893	2023863	9401176	170367
4999万元以下	49.99 million yuan and below	6043	1297976	4834413	7112990	30022278	845461
按利税总额分组	Grouped by Pre-tax Profits						
1亿元及以上	100 million yuan and above	187	8672974	30615571	22924784	79389504	303237
5000万元-9999万元	50-99.99 million yuan	155	789224	3343093	2498268	11250283	100600
4999万元以下	49.99 million yuan and below	6627	850546	18135447	10310148	47672690	1258389
按职工人数分组	Grouped by Staff and Workers						
2000人及以上	2000 Persons and above	112	5791418	25708529	18721456	63450908	463202
500人-1999人	500-1999 Persons	511	2068208	10972301	6830840	28395946	459331
499人及以下	499 Persons and below	6346	2453118	15413281	10180904	46465623	739693

11-29 规模以上国有工业企业分组主要指标(2010年)

Major Indicators of State-owned Industrial Enterprises above the Designated Size by Group (2010)

单位:万元 (10000 yuan)

项目	Item	企业单位数(个) Number of Enterprises (unit)	盈亏相抵后利润总额 Total Profits	固定资产原价年末数 Original Value of Fixed Assets at Year-end	工业增加值 Value-added of Industry	工业总产值 Gross Output Value of Industry	职工年平均人数(人) Average Number of Staff and Workers (person)
总计	**Total**	**99**	**115712**	**6965822**	**1140014**	**5240244**	**50845**
按总产值分组	Grouped by Gross Output Value						
1亿元及以上	100 million yuan and above	29	110614	6656247	1085160	5040707	38521
5000万元-9999万元	50-99.99 million yuan	11	3677	53044	17990	83660	1604
4999万元以下	49.99 million yuan and below	59	1421	256531	36864	115877	10720
按固定资产原价分组	Grouped by Original Value of Fixed Assets						
1亿元及以上	100 million yuan and above	28	103488	6760476	1063982	4939856	37482
5000万元-9999万元	50-99.99 million yuan	17	2340	115257	29818	106679	7010
4999万元以下	49.99 million yuan and below	54	9884	90089	46214	193709	6353
按利税总额分组	Grouped by Pre-tax Profits						
1亿元及以上	100 million yuan and above	2	129568	4359054	830167	3952593	17963
5000万元-9999万元	50-99.99 million yuan	2	9295	84075	29307	88302	460
4999万元以下	49.99 million yuan and below	95	-23151	2522693	280540	1199349	32422
按职工人数分组	Grouped by Staff and Workers						
2000人及以上	2000 Persons and above	5	87448	6127555	904969	4198083	28807
500人-1999人	500-1999 Persons	14	7949	267612	95878	530787	10910
499人及以下	499 Persons and below	80	20315	570655	139167	511374	11128

11-30 规模以上大中型工业企业主要经济指标(2010年)

单位:万元

项　　　目	Item
企业单位数(个)	Number of Enterprises (unit)
# 亏损企业	Number of Loss-making Enterprises
主营业务收入	Core Business Revenue
# 主营业务成本	Cost of Core Business
主营业务税金及附加	Taxes and Extra Charges on Core Business
盈利企业的盈利总额	Total Profits of Profitable Enterprises
亏损企业的亏损总额	Total Losses of Loss-making Enterprises
盈亏相抵后的利润总额	Total Profits of All Enterprises
应交所得税	Income Tax Payable
应交增值税	Value-added Tax Payable
流动资产年末合计	Total Working Capitals at Year-end
# 应收账款	Accounts Receivable
# 存　货	Inventory
# 产成品存货	Inventory of Finished Goods
固定资产原价年末数	Original Value of Fixed Assets at Year-end
累计折旧	Accumulated Depreciation
固定资产净值	Net Value of Fixed Assets
年末资产合计	Total Assets at Year-end
年末负债合计	Total Liabilities at Year-end
年末所有者权益合计	Total Creditors' Equity at Year-end
# 实收资本	Capital Hold
# 国家资本	State Capital
外商资本	Foreign Capital
本年应付工资	Wages Payable
本年应付福利费	Welfare Expenses Payable in Current Year
全部职工年平均人数(人)	Annual Average Number of Staff and Workers (person)
工业总产值(当年价格、新规定)	Gross Industrial Output Value (at current prices, new stipulation)
工业增加值(当年价格)	Value-added of Industry (at current prices)

Major Indicators of Large and Medium-sized Industrial Enterprises above the Designated Size (2010)

(10000 yuan)

全 市 Total	# 轻工业 Light Industry	# 市 区 Urban Districts	# 轻工业 Light Industry	# 市 属 Owned by Municipal Government	# 轻工业 Light Industry
842	450	724	369	808	442
105	62	91	51	102	62
100546171	29503298	94812118	25792844	83616650	27915666
79510740	20148378	74764049	17114588	65396353	19607086
3350997	1122396	3325782	1098526	1899654	483084
9002934	2710086	8692675	2555580	8007444	2488150
364567	158648	333733	148802	325666	158647
8638367	2551438	8358942	2406778	7681778	2329503
1192577	492925	1139438	471066	1055282	432953
3828777	1427368	3637006	1303188	3153979	1245379
44533109	13107026	42384107	11944348	38081079	12030621
10368920	2946181	9698755	2605062	9670715	2864545
9544566	3339289	8953955	3031101	8073334	2866083
3236903	1300755	2999695	1159027	3064963	1245076
40974503	9920981	39404532	9051709	25117798	9462137
16379575	4310555	15825113	3963348	10627570	4032022
24594927	5610427	23579419	5088360	14490228	5430115
86808452	21577340	83202263	19675319	58806509	19994593
47925434	11095664	45851370	9955524	35931592	10889900
38883018	10481676	37350893	9719795	22874917	9104693
21016590	5609168	20040909	5138517	12091055	4774008
3935375	553978	3868362	536733	906243	544979
3770557	1185623	3580268	1131144	3761081	1180223
6260017	2904008	5701304	2480885	5426784	2820229
604144	237065	521951	194548	534798	230430
958553	510027	839937	422407	894872	500405
102202394	30525638	96216314	26711793	85091000	28896449
27910704	10319131	26455803	9337919	23359393	9190247

11-31 规模以上大中型工业企业主要经济指标(2010年，按经济类型分)

单位:万元

项　　目	Item
企业单位数(个)	Number of Enterprises (unit)
# 亏损企业	Number of Loss-making Enterprises
主营业务收入	Core Business Revenue
# 主营业务成本	Cost of Core Business
主营业务税金及附加	Taxes and Extra Charges on Core Business
盈利企业的盈利总额	Total Profits of Profitable Enterprises
亏损企业的亏损总额	Total Losses of Loss-making Enterprises
盈亏相抵后的利润总额	Total Profits of All Enterprises
应交所得税	Income Tax Payable
应交增值税	Value-added Tax Payable
流动资产年末合计	Total Working Capitals at Year-end
# 应收账款	Accounts Receivable
# 存　货	Inventory
# 产成品存货	Inventory of Finished Goods
固定资产原价年末数	Original Value of Fixed Assets at Year-end
累计折旧	Accumulated Depreciation
固定资产净值	Net Value of Fixed Assets
年末资产合计	Total Assets at Year-end
年末负债合计	Total Liabilities at Year-end
年末所有者权益合计	Total Creditors' Equity at Year-end
# 实收资本	Capital Hold
# 国家资本	State Capital
外商资本	Foreign Capital
本年应付工资	Wages Payable
本年应付福利费	Welfare Expenses Payable in Current Year
全部职工年平均人数(人)	Annual Average Number of Staff and Workers (person)
工业总产值(当年价格、新规定)	Gross Industrial Output Value (at current prices, new stipulation)
工业增加值(当年价格)	Value-added of Industry (at current prices)

Major Indicators of Large and Medium-sized Industrial Enterprises above the Designated Size (2010, by Type of Ownership)

(10000 yuan)

合 计 Total	国有企业 State-owned Enterprises	集体企业 Collective-owned Enterprises	外商及港澳台投资企业 Enterprises with Funds from Foreign Countries, Hong Kong, Macao and Taiwan	其他企业 Other Enterprises
842	25	6	554	257
105	6		86	13
100546171	4867996	420875	72434140	22823160
79510740	4530688	380652	56276788	18322612
3350997	19082	286	1849224	1482405
9002934	150667	11908	7213370	1626989
364567	52423		286672	25472
8638367	98244	11908	6926698	1601517
1192577	42310	1611	931816	216840
3828777	153926	2880	2840735	831236
44533109	1626370	63249	31344467	11499023
10368920	147368	15830	8173867	2031855
9544566	255828	13433	6512508	2762797
3236903	72821	10617	2464655	688810
40974503	6501381	77727	19745176	14650219
16379575	2135012	26766	8749855	5467942
24594927	4366369	50961	10995321	9182276
86808452	6815989	152244	46344348	33495871
47925434	4529803	76134	29335655	13983842
38883018	2286186	76110	17008693	19512029
21016590	958587	12482	9708999	10336522
3935375	172757		166327	3596291
3770557			3758930	11627
6260017	373598	88723	4339364	1458332
604144	20908	920	462421	119895
958553	41930	27684	676687	212252
102202394	4887361	422333	73661148	23231552
27910704	1044508	124545	20740846	6000805

【工业】 指从事自然资源的开采，对采掘品和农产品进行加工和再加工的物质生产部门。具体包括：

(1)对自然资源的开采，如采矿、晒盐、森林采伐等(但不包括禽兽捕猎和水产捕捞)；

(2)对农副产品的加工、再加工，如粮油加工、食品加工、轧花、缫丝、纺织、制革等；

(3)对采掘品的加工、再加工，如炼铁、炼钢、化工生产、石油加工、机器制造、木材加工等，以及电力、自来水、煤气的生产和供应等；

(4)对工业品的修理、翻新，如机器设备的修理、交通运输工具(包括小卧车)的修理等。

1984年以前农村的村及村以下办工业归属农业，1984年以后划归工业。

【轻工业】 指主要提供生活消费品和制作手工工具的工业。按其所使用的原料不同，可分为两大类：

(1)以农产品为原料的轻工业，是指直接或间接以农产品为基本原料的轻工业。主要包括食品制造、饮料制造、烟草加工、纺织、缝纫、皮革和毛皮制作、造纸以及印刷等工业；

(2)以非农产品为原料的轻工业，是指以工业品为原料的轻工业。主要包括文教体育用品、化学药品制造、合成纤维制造、日用化学制品、日用玻璃制品、日用金属制品、手工工具制造、医疗器械制造、文化和办公用机械制造等工业。

【重工业】 是指为国民经济各部门提供物质技术基础的主要生产资料的工业。按其生产性质和产品用途，可分为下列三类：

(1)采掘(伐)工业，是指对自然资源的开采，包括石油开采、煤炭开采、金属矿开采、非金属矿开采和木材采伐等工业；

(2)原材料工业，指向国民经济各部门提供基本材料、动力和燃料的工业。包括金属冶炼及加工、炼焦及焦炭化学、化工原料、水泥、人造板以及电力、石油和煤炭加工等工业；

(3)加工工业，是指对工业原材料进行再加工制造的工业。包括装备国民经济各部门的机械设备制造工业、金属结构、水泥制品等工业，以及为农业提供的生产资料如化肥、农药等工业。

根据上述划分原则，修理业中以重工业产品为修理作业对象的划为重工业，反之划为轻工业。

【工业总产值】 是以货币表现的工业企业在一定时期内生产的已出售或可供出售工业产品总量，它反映一定时间内工业生产的总规模和总水平。它包括：在本企业内不再进行加工，经检验、包装入库(规定不需包装的产品除外)的成品价值，对外加工费收入，自制半成品、在产品期末期初差额价值。工业总产值采用“工厂法”计算，即以工业企业作为一个整体，按企业工业生产活动的最终成果来计算，企业内部不允许重复计算，不能把企业内部各个车间(分厂)生产的成果相加。但在企业之间、行业之间、地区之间存在着重复计算。

轻重工业总产值的划分也是按“工厂法”计算的，即一个工业企业在正常情况下生产的主要产品的性质属于轻工业，则该企业的全部总产值作为轻工业总产值；一个工业企业生产的主要产品的性质属于重工业，则该企业的全部总产值作为重工业总产值。

【工业增加值】 是指工业行业在报告期内以货币表现的工业生产活动的最终成果，是企业全部生产活自动的总成果扣除了在生产过程中消耗或转移的物质产品和劳务价值后的余额，是企业生产过程中新增加的价值。

【资产合计】 指企业拥有或控制的能以货币计量的经济资源。包括各种财产、债权和其他权利。资产按其流动性划分为流动资产、长期投资、固定资产、无形及递延资产和其他资产。

(1)流动资产 指企业可以在一年内或者超过一年的一个生产周期内变现或者耗用的资产合计，包括现金及各种存款、短期投资、应收及预付款项、存货等。

(2)固定资产 指企业固定资产净值、固定资产清理、在建工程、待处理固定资产损失所占用的资金合计。

(3)无形资产 指企业长期使用而没有实物形态的资产。包括专利权、非专利技术、商标权、著作权、土地使用权、商誉等。

【负债合计】 指企业承担的能以货币计量，将以资产或劳务偿付的债务。负债一般按偿还期长短分为流动负债和长期负债、递延税项等。

(1)流动负债 指企业在一年内或者超过一年的一个营业周期内需要偿还的债务合计，其中包括短期借款、应付及预收款项、应付工资、应交税金和应交利润等。

(2)长期负债 指企业在一年以上或者超过一年的一个营业周期以上需要偿还的债务合计，其中包括长期借款、应付债务、长期应付款项等。

【所有者权益】 指企业投资人对企业净资产的所有权。企业净资产等于企业全部资产减去全部负债后的余额，其中包括投资者对企业的最初投入，以及资本公积金、盈余公积金和未分配利润，对股份制企业即为股东权益。

【固定资产原价】 指企业在建造、购置、安装、改建、扩建、技术改造某项固定资产时所支出的全部货币总额。它一般包括买价、包装费、运杂费和安装费等。

【固定资产净值】 是指固定资产原价减去历年已提折旧额后的净额。

【主营业务收入】 指企业在销售商品、提供劳务等日常活动中所产生的收入总额。

【主营业务成本】 指企业在销售商品、提供劳务等主要经营业务的实际成本。

【主营业务税金和附加】 指企业在销售商品、提供劳务等主要经营业务应负担的城市维护建设税、消费税、资源税和教育费附加等。

【利润总额】 指企业实现的利润。

【应交增值税】 指企业在报告期内应交纳的增值税额。

【总资产贡献率】 该指标反映企业全部资产的获利能力，是企业经营业绩和管理水平的集中体现，是评价和考核企业盈利能力的核心指标。计算公式为：

总资产贡献率(%)=(利润总额+税金总额+利息支出)/平均资产总额×100%

其中：税金总额为产品销售税金及附加与应交增值税之和；平均资产总额为期初、期末资产总计的算术平均值。

【资产负债率】 该指标既反映企业经营风险的大小，也反映企业利用债权人提供的资金从事经营活动的能力。计算公式为：

资产负债率(%)=负债总额/资产总额×100%

资产及负债均为报告期期末数。

【流动资产周转率】 指一定时期内流动资产完成的周转次数，反映投入工业企业流动资金的周转速度。计算公式为：

流动资产周转率(%)=销售收入/流动资产平均余额×100%

【成本费用利润率】 反映工业投入的生产成本及费用的经济效益，同时也反映企业降低成本所取得的经济效益。计算公式为：

成本费用利润率(%)=利润总额/成本费用总额×100%

其中：成本费用总额为产品销售成本、销售费用、管理费用、财务费用之和。

【全员劳动生产率】 该指标反映企业的生产效率和劳动投入的经济效益。计算公式为：

全员劳动生产率(%)=工业增加值/全部职工平均人数×100%

由于工业增加值是按现行价格计算的，而职工人数不含价格因素，因此应将增加值价格因素予以消除。具体方法可采用总产值价格变动系数消除价格影响。

【产品销售率】 该指标反映工业产品已实现销售的程度，是分析工业产销衔接情况、研究工业产品满足社会需求的指标。计算公式为：

产品销售率(%)=报告期现价工业销售产值/报告期工业总产值×100%

【Industry】 refers to the material production sector which is engaged in extraction of natural resources and processing and reprocessing of minerals and agricultural products, including

(1)extraction of natural resources,such as mining,salt production,logging(but not including hunting and fishing);

(2)processing and reprocessing of farm and sideline products, such as rice husking,flour milling,wine making,oil pressing, cotton ginning,silk reeling,spinning and weaving,and leather making;

(3)manufacture of industrial products,such as steel making, iron smelting, chemicals manufacturing,petroleum processing, machine building,timber processing; water and gas production and electricity generation and supply;

(4)repairing of industrial products such as the repairing of machinery and means of transport (including cars).

Prior to 1984,the rural industry run by villages and cooperative organizations under village was classified into agriculture. Since 1984, it has been grouped into industry.

【Light Industry】 refers to industry which produces consumer goods and hand tools.It consists of two categories depending on the materiais used:

(1)Industries using farm products as raw materials.These are branches of light industry which directly or indirectly use farm products as basic raw materials,including the manufacture of food and beverages,tobacco processing,textile,clothing,fur and leather manufacturing ,paper making, printing,etc.

(2)Industries using nonfarm products as raw materials.These are branches of light industry which use manufactured goods as raw materials, including the manufacture of cultural,educational articles and sports goods,chemicals,synthetic fiber,chemical products for daily use,glass products for daily use,metal products machinery,etc.

【Heavy Industry】 refers to the industry which produces capital goods,and provides various sectors of the national economy with necesary material and technical basis.It consists of the following three branches according to the purpose of production or the use of products:

(1)Mining,quarrying and logging industry refers to the industry that extracts natural resources,including extraction of petroleum, coal,metal and nonmetalores and logging.

(2)Raw materials industry refers to the industry that provides various sectors of the national economy with raw materials,fuels and power.It inc1udes smelting and processing of metals,coking and coke chemistry, chemical materials and building materials such as cement,plywood,and power,petroleum refining and coal dressing.

(3)Manufacturing industry refers to the industry that processes raw materials.It includes machine building industry which equips sectors of the national economy,industry of metal structure and cement products, industries producing means of agricultural production,such as chemical fertilizers and pesticides.

According to the above principle of classification,the repairing trades which are engaged primarily in repairing products of heavy industry are classified into heavy industry while these engaged in repairing products of light industry are classified into light industry.

【Gross Industrial Output Value】 is the total volume of industrial products sold or available for sale in value terms which reflects the total achievements and overall scale of industrial production during a given period.It includes the value of the finished products, which are not to be further processed in the enterprises and have been inspected,packed and put in storage,the value of industrial services rendered to other units,and the changes in the valued the semi-finished products and products in process between the beginning and closing of the period.The gross industrial output value is calculated with the factory method.No double calculations are to be made within the same enterprise.However, double counting does occur mong different enterprises.

Output value of light and heavy industries is also classified with the factory method.Under normal conditions,if the major products of an industrial enterprise belong to light industry products, the gross output valued of that enterprise is classified wholly into light industry; the same principle applies to heavy industry.

【Value-added of Industry】 refers to the final results of industrial production of the industrial trade in money terms during the reference period.

【Total Assets】 refer to all assets which are owned or controlled by enterprises,including circulating assets,long-term investment,fixed assets,intangible assets and deferred assets,other longterm assets,and deferred taxes,etc.The summation of above items is equal to total assets shown in the balance sheets of the enterprises.

(1)Circulating assets(working capital)refer to assets which can be cashed in or spent or consumed in an operating cycle of one year or over one year, including cash, all kinds of deposits,shortterm investment, receivables,advance payment and stock,etc.

(2)Fixed assets refer to the net value of fixed assets,clearance of fixed assets,project under construction,fixed assets losses in suspense.These are corporations' funds holdings.

(3)Intangible assets refer to the assets without material form used by enterprises over a long time,such as patents,nonpatent technologies, trade marks,copyright ,land use right and business reputation,etc.

【Total Liabilities】 refer to the debts that enterprises are responsible for repayment,including liquid liabilities,long-term liabilities and deferred taxes,etc.Total liabilities correspond to the summation item of liabilities shown in the balance sheets of the enterprise.

(1)Liquid liabilities (also called quick liabilities or immediate liabilities)refer to enterprises total debt payable within an operating cycle of one year or over one year,including short term loans, payables and advance payments,wages payable,taxes payable and profit payable,etc.

(2)long-term liabilities refers to total debt payable beyond an operation cycle of one year or over one year,including long-term loans,payable liabilities and long-term payables,etc.

【Creditors' Equity】 refers to investors' ownership of net assets of the enterprise.It is equal to the total assets of the enterprise minus its total liabilities,including the primary input from investors,capital accumulation fund,surplus accumulation fund and undistributed profit.It is the stock holders' equity in stock companies.

【Original Value of Fixed Assets】 refers to the original value of all fixed assets owned by industrial enterprise,calculated at the cost paid at the time of purchase, installation, reconstruction, expansion, and technical innovation and transformation of the said assets,which includes expenses on purchase, package, transportation, and installation,etc.

【Net Value of Fixed Assets】 is obtained by deducting depreciation over years from the original value of fixed assets.

【Core Operating Revenue】 refers to the revenue from the sales of products by industrial enterprises and the revenue from services provided,etc.

【Core Operating Cost】 refers to the actual cost of products of industrial enterprises and industrial services provided,etc.

【Core Operating Tax and Extra Charges】 refer to the tax on city maintenance and construction,consumption tax,resources tax and extra charges for education,which should be borne by the enterprises in selling products and providing industrial services.

【Total Profits】 refer to the profits gained by the enterprises.

【Value Added Tax Payable】 refers to the amount of the value added tax which should be paid by the enterprises in the reporting period.

【Rate of Return on Total Assets】 reflects the state of return on total assets of an enterprise.It epitomizes the business achievements and administrative level of an enterprise.It is also used as a key index in assessing the economic efficiency of an enterprise. Its calculating formula is:

Rate of Return on Total Assets(%)=(Total Profit+Total Taxes + Interest Exchange)/Average Total Assets×100%

Total taxes are the sum of sales tax and additional Plus added-value tax to be paid; Average total assets are the arithmetic average value of the total assets at the beginning and end of the reporting period.

【Asset-Debt Ratio】 reflects the risks an enterprise take while in operation.It also indicates the enterprise's capability in utilizing the fund provided by creditors.Its calculating formula is:

Asset-Debt ratio (%)=total liabilities/total assets×100%.Both liabilities and assets are the figures at the end of the reporting period

【Turnover of Current Assets】 refers to the turnover time of current assets in a certain period of time,reflecting the turnover speed of current assets in an industrial enterprise.Its calculating formula is:

Turnover of Current Assets(%)=Sales Revenue /Average Balance of Liquid Liabilities×100%

【Cost-Profit Ratio】 reflects the economic returns on industrial prodution cost and expenses.It also shows the economic benefits an enterprise gains by reducing production cost. Its calculating formula is:

Cost-Profit ratio (%)=total profits/total cost and expenses×100%.Total cost and expenses refer to the sum of cost of goods sold,distribution cost,administrative expenses and finance cost

【Labor productivity of Total Workers】 reflects the production efficiency of an enterprise and the economic returns of its labor investment.Its calculating formular is:

Labor Productivity of Total Workers (%)=Industrial Added-Value/Average Number of Total Workers and Staff×100%

Since industrial added-value is calculated at the current price while the average number of total workers and staff doesn't involve price factor, coefficient of price changes should be adopted in calculating industrial added-value.

【Product Sales Ratio】 reflects how many industrial products have been sold.It is the index to analyze the situation of market and industrial production and relations between demand and supply.

$$\text{Product Sales Ratio}(\%) = \frac{\text{Sales Value of Industry}}{\text{Total Output Value of Industry}} \times 100\%$$

第十二篇 CHAPTER 12

建筑业 CONSTRUCTION

简要说明

第十二篇　建筑业

一、本篇资料反映广州市建筑业概况和发展情况。主要包括资质以上建筑业企业生产经营和资质以上劳务分包建筑企业经营资料。

二、本篇资料由广州市统计局固定资产投资统计处整理提供。

三、本篇资料是依据国家统计局和广东省统计局制定的“建筑业统计报表制度”规定收集的年报资料，其统计范围包括：广州市境内各种登记注册类型(个体户除外)的具有法人资格的独立核算资质以上建筑业企业和辖区内能独立填报财务报表的附营资质以上建筑业活动单位。

Brief Introduction

12 Construction

I.The data in this chapter show the general situation and the development of the construction industry of Guangzhou Municipality.They cover mainly the situation of production and management of the grade enterprises of construction.

II.The data in this chapter are prepared and provided by the Division of Investment and Construction Statistics of Guangzhou Municipal Bureau of Statistics.

III.The data in this chapter are collected in accordance with the Reporting Scheme of Construction Statistics stipulated by the Nationd Bureau of Statistics and Guangdong Provincial Bureau of Statistics.The coverage of construction statistics includes the grade construction enterprises of all kinds of ownership (excluding individual operating household)with qualification of legal person and independent accounting systems and other grade construction units affiliated to the enterprises and institutions of other industries(with qualification of independent financial statement)under the jurisdiction of Guangzhou Municipality.

12-1 资质以上建筑业企业主要经济指标

Major Indicators of Grade Construction Enterprises

项　　目	Item	2009	2010
建筑企业个数(个)	Number of Construction Enterprises (unit)	773	747
年末从业人员(人)	Number of Employed Persons at Year-end (person)	339031	351232
固定资产原价(亿元)	Original Value of Fixed Assets (100 million yuan)	239	266
固定资产净值(亿元)	Net Value of Fixed Assets (100 million yuan)	157	183
自有机械设备年末总台数(万台)	Number of Machinery and Equipment Owned (10000 sets)	12	13
自有机械设备年末净值(亿元)	Net Value of Machinery and Equipment Owned (100 million yuan)	79	85
自有机械设备年末总功率(万千瓦)	Total Power of Machinery and Equipment Owned (10000 kw)	196	209
建筑业总产值(万元)	Gross Output Value of Construction (10000 yuan)	10134050	12805288
# 建筑工程	Output Value of Construction	8574037	10919996
安装工程	Output Value of Installation	1395137	1649124
房屋建筑施工面积(万平方米)	Floor Space of Buildings under Construction (10000 sq.m)	6190.86	7135.48
# 新开工	Floor Space Started in Current Year	2236.24	2995.47
房屋建筑竣工面积(万平方米)	Floor Space of Buildings Completed (10000 sq.m)	1500.35	1509.20
# 住　宅	Residential Buildings	708.65	699.21
工程结算收入(万元)	Income on Projects Settlement Account (10000 yuan)	14966884	18857564
工程结算成本(万元)	Cost on Projects Settlement Account (10000 yuan)	13533559	17163665
利润总额(万元)	Total Profits (10000 yuan)	485760	653736
利税总额(万元)	Total Pre-tax Profits (10000 yuan)	929168	1175266

12-2 主要年份建筑业主要指标

Major Indicators of Construction Sector in Main Years

年 份 Year	建筑业总产值 (万元) Gross Output Value (10000 yuan)	房屋建筑施工面积 (万平方米) Floor Space of Buildings under Construction (10000 sq.m)	房屋建筑竣工面积 (万平方米) Floor Space of Buildings Completed (10000 sq.m)	全员劳动生产率 (按建筑业总产值计算) (元/人) Overall Labor Productivity (in Term of Output Value) (yuan/person)
1978	30673	247.42	138.52	3400
1979	36691	310.53	138.24	4042
1980	46450	351.89	159.95	4640
1981	54699	545.65	164.46	5127
1982	72688	702.96	194.77	5910
1983	91686	567.26	210.84	6735
1984	120585	644.54	290.10	7867
1985	153489	674.77	285.22	10354
1986	176960	773.88	300.17	11091
1987	184390	772.38	330.14	11599
1988	287655	1076.05	408.85	15180
1989	368755	1094.90	489.88	19786
1990	355333	876.08	439.08	21472
1991	425798	909.09	377.71	24251
1992	668171	1257.61	487.95	32133
1993	1031846	1680.21	605.50	39897
1994	1516519	2268.99	734.75	48050
1995	1816133	2708.58	890.81	62623
1996	1893478	2983.56	1043.26	67162
1997	1965269	2764.64	941.10	66276
1998	2287004	3086.95	1054.71	70452
1999	2470523	3136.47	1187.02	76333
2000	2561326	3161.25	1150.36	91097
2001	3403870	3490.22	1205.79	106951
2002	3733922	3522.67	1334.43	125357
2003	4785787	4291.55	1398.91	152004
2004	5459314	4727.78	1596.21	179415
2005	6331382	5311.14	1598.79	206341
2006	6870406	5502.47	1520.25	212455
2007	7507109	5951.92	1623.36	235850
2008	8754491	6156.62	1719.79	260761
2009	10134050	6190.86	1500.35	289904
2010	12805288	7135.48	1509.20	348681

注:2004年及以后年份统计数据口径为资质以上建筑业企业。

Note: Since 2004 the statistical coverage of all data in this table is all grade construction enterprises.

12-3 资质以上建筑业企业签订合同情况(2010年)

Statistics on Construction Contracts of Grade Construction Enterprises (2010)

单位:万元 (10000 yuan)

项目	Item	签订合同额 Value of Signed Contracts	上年结转合同额 Value of Contracts Balanced from Preceding Year	本年新签合同额 Value of Contracts Newly Signed in Current Year
总计	**Total**	**45821447**	**17471354**	**28350093**
按地区分	**Grouped by District**			
市区	Urban Districts	43456129	16304409	27151720
荔湾区	Liwan	1169243	222572	946671
越秀区	Yuexiu	13396236	6653663	6742573
海珠区	Haizhu	6989126	2666662	4322464
天河区	Tianhe	17412530	4621584	12790946
白云区	Baiyun	505029	170458	334571
黄埔区	Huangpu	1138837	533577	605260
番禺区	Panyu	692971	269810	423161
花都区	Huadu	1591896	1057500	534396
南沙区	Nansha	362944	83873	279071
萝岗区	Luogang	197317	24710	172607
县级市	Cities at County Level	2365318	1166945	1198373
增城市	Zengcheng	2003991	1044075	959916
从化市	Conghua	361327	122870	238457
按隶属关系分	**Grouped by Administrative Relationship**			
中央属企业	Central Government	19514314	4975557	14538757
省属企业	Provincial Government	8600979	4320998	4279981
市属企业	Municipal Government	8529935	3656593	4873342
区县级市属企业	District or County Governments	1795679	1128783	666896
其他企业	Others	7380540	3389423	3991117
按登记注册类型分	**Grouped by Registration Status**			
内资企业	Domestic Funded Enterprises	45606829	17422520	28184309
国有企业	State-owned Enterprises	18693558	4658027	14035531
集体企业	Collective-owned Enterprises	697552	259191	438361
股份合作企业	Cooperative Enterprises	156600	86716	69884
联营企业	Joint Ownership Enterprises	59107	19965	39142
# 国有联营企业	State Joint Ownership Enterprises	43177	15831	27346
集体联营企业	Collective Joint Ownership Enterprises			
国有与集体联营企业	Joint State-collective Enterprises	15505	3709	11796
有限责任公司	Limited Liability Corporations	20278752	9772172	10506580
# 国有独资公司	State Sole Funded Corporations	8241682	3355086	4886596
股份有限公司	Share-holding Corporations Ltd.	1993641	1020395	973246
私营企业	Private Enterprises	3711090	1600875	2110215
其他企业	Other Enterprises	16529	5179	11350
港、澳、台商投资企业	Enterprises with Funds from Hong Kong, Macao and Taiwan	144361	32003	112358
合资经营企业	Joint-venture Enterprises	99159	22884	76275
合作经营企业	Cooperative Enterprises	28970	3073	25897
独资经营企业	Enterprises with Sole Funds	16232	6046	10186
股份有限公司	Share-holding Corporations Ltd.			
外商投资企业	Foreign Funded Enterprises	70257	16831	53426
中外合资经营企业	Joint-venture Enterprises	43666	8627	35039
中外合作经营企业	Cooperative Enterprises	6616	1300	5316
外资企业	Enterprises with Sole Foreign Funds	2987	1687	1300
外商投资股份有限公司	Share-holding Corporations Ltd.	16988	5217	11771

12-4 资质以上建筑业企业生产情况(2010年)

项 目	Item	企业数 (个) Number of Construction Enterprises (unit)
总 计	**Total**	**747**
按地区分	**Grouped by District**	
市 区	Urban Districts	706
荔湾区	Liwan	40
越秀区	Yuexiu	190
海珠区	Haizhu	77
天河区	Tianhe	167
白云区	Baiyun	57
黄埔区	Huangpu	20
番禺区	Panyu	97
花都区	Huadu	30
南沙区	Nansha	7
萝岗区	Luogang	21
县级市	Cities at County Level	41
增城市	Zengcheng	19
从化市	Conghua	22
按隶属关系分	**Grouped by Administrative Relationship**	
中央属企业	Central Government	27
省属企业	Provincial Government	84
市属企业	Municipal Government	105
区县级市属企业	District or County Governments	64
其他企业	Others	467
按登记注册类型分	**Grouped by Registration Status**	
内资企业	Domestic Funded Enterprises	729
国有企业	State-owned Enterprises	86
集体企业	Collective-owned Enterprises	56
股份合作企业	Cooperative Enterprises	5
联营企业	Joint Ownership Enterprises	3
# 国有联营企业	State Joint Ownership Enterprises	1
集体联营企业	Collective Joint Ownership Enterprises	
国有与集体联营企业	Joint State-collective Enterprises	1
有限责任公司	Limited Liability Corporations	207
# 国有独资公司	State Sole Funded Corporations	23
股份有限公司	Share-holding Corporations Ltd.	11
私营企业	Private Enterprises	358
其他企业	Other Enterprises	3
港、澳、台商投资企业	Enterprises with Funds from Hong Kong, Macao and Taiwan	11
合资经营企业	Joint-venture Enterprises	6
合作经营企业	Cooperative Enterprises	3
独资经营企业	Enterprises with Sole Funds	2
股份有限公司	Share-holding Corporations Ltd.	
外商投资企业	Foreign Funded Enterprises	7
中外合资经营企业	Joint-venture Enterprises	2
中外合作经营企业	Cooperative Enterprises	2
外资企业	Enterprises with Sole Foreign Funds	2
外商投资股份有限公司	Share-holding Corporations Ltd.	1

Statistics on Production of Grade Construction Enterprises (2010)

建筑业总产值 (万元) Gross Output Value of Construction (10000 yuan)	建筑工程 Output Value of Construction	安装工程 Output Value of Installation	其他 Others	竣工产值 (万元) Output Value of Completed Projects (10000 yuan)	竣工率 (%) Ratio of Floor Space of Buildings Completed (%)
12805288	**10919996**	**1649124**	**236168**	**6349193**	**49.58**
12131344	10356800	1546980	227564	5878132	48.45
399560	246189	138895	14476	300558	75.22
3559112	3120058	401856	37198	2197558	61.74
1940220	1717819	173350	49051	1085538	55.95
4095900	3698799	337085	60016	1207518	29.48
293764	180345	90061	23358	150647	51.28
414641	221370	178663	14608	190279	45.89
415202	292979	115196	7027	228632	55.07
619277	531493	77286	10498	407611	65.82
236093	207257	18266	10570	68186	28.88
157575	140491	16322	762	41605	26.40
673944	563196	102144	8604	471061	69.90
462730	417588	36537	8605	351509	75.96
211214	145608	65607	-1	119552	56.60
3575557	3444456	105282	25819	1061229	29.68
2787566	2167225	569780	50561	1511081	54.21
1701854	1414492	259810	27552	1686284	99.09
647164	531899	104174	11091	453072	70.01
4093147	3361924	610078	121145	1637527	40.01
12718804	10859378	1625014	234412	6303274	49.56
3497666	2901409	569622	26635	1780134	50.89
360857	310339	27345	23173	253174	70.16
96483	89650	3148	3685	71988	74.61
25895	18090	7805			
20395	17680	2715			
5090		5090			
6285820	5646523	531179	108118	2766734	44.02
1237525	1206297	4841	26387	974201	78.72
560658	532073	20202	8383	442935	79.00
1875261	1351124	459719	64418	980282	52.27
16164	10170	5994		8027	49.66
47989	34339	13650		17452	36.37
16979	15402	1577		8637	50.87
23006	12153	10853		811	3.53
8004	6784	1220		8004	100.00
38495	26279	10460	1756	28467	73.95
21102	19346		1756	21102	100.00
6000	6000			6000	100.00
933	933			533	57.13
10460		10460		832	7.95

12-4 续表

项　　目	Item	房屋建筑施工面积(平方米) Floor Space of Buildings under Construction (sq.m)
总　　计	**Total**	**71354843**
按地区分	**Grouped by District**	
市　区	Urban Districts	66963351
荔湾区	Liwan	1929675
越秀区	Yuexiu	22258900
海珠区	Haizhu	5830783
天河区	Tianhe	26355458
白云区	Baiyun	1390208
黄埔区	Huangpu	1112876
番禺区	Panyu	1523380
花都区	Huadu	5588509
南沙区	Nansha	51742
萝岗区	Luogang	921820
县级市	Cities at County Level	4391492
增城市	Zengcheng	2878757
从化市	Conghua	1512735
按隶属关系分	**Grouped by Administrative Relationship**	
中央属企业	Central Government	21715935
省属企业	Provincial Government	7899937
市属企业	Municipal Government	18794024
区县级市属企业	District or County Governments	6292724
其他企业	Others	16652223
按登记注册类型分	**Grouped by Registration Status**	
内资企业	Domestic Funded Enterprises	71347233
国有企业	State-owned Enterprises	28777172
集体企业	Collective-owned Enterprises	4960093
股份合作企业	Cooperative Enterprises	416934
联营企业	Joint Ownership Enterprises	
# 国有联营企业	State Joint Ownership Enterprises	
集体联营企业	Collective Joint Ownership Enterprises	
国有与集体联营企业	Joint State-collective Enterprises	
有限责任公司	Limited Liability Corporations	20511641
# 国有独资公司	State Sole Funded Corporations	11378830
股份有限公司	Share-holding Corporations Ltd.	3690333
私营企业	Private Enterprises	12991060
其他企业	Other Enterprises	
港、澳、台商投资企业	Enterprises with Funds from Hong Kong, Macao and Taiwan	3000
合资经营企业	Joint-venture Enterprises	3000
合作经营企业	Cooperative Enterprises	
独资经营企业	Enterprises with Sole Funds	
股份有限公司	Share-holding Corporations Ltd.	
外商投资企业	Foreign Funded Enterprises	4610
中外合资经营企业	Joint-venture Enterprises	
中外合作经营企业	Cooperative Enterprises	
外资企业	Enterprises with Sole Foreign Funds	4610
外商投资股份有限公司	Share-holding Corporations Ltd.	

continued

# 本年新开工 Floor Space Started in Current Year	# 实行投标承包 Floor Space through Bidding	房屋建筑竣工面积 (平方米) Floor Space of Buildings Completed (sq.m)	# 住 宅 Residential Buildings	年平均人数 (人) Average Annual Employed Persons (person)
29954736	**55911535**	**15091973**	**6992135**	**367249**
27979421	53740853	13648353	6198715	336435
1050439	1742586	528737	377870	11566
8078306	18522977	6947276	2718186	115712
2103477	4683865	1582368	706730	31841
12959401	23442892	1648985	723320	96815
430219	943790	429992	135953	9907
504482	830072	137344		17931
494839	627945	490665	170119	15308
1530872	2187876	1747811	1346378	24477
41186		15126		5307
786200	758850	120049	20159	7571
1975315	2170682	1443620	793420	30814
1196449	1460746	1020837	428088	16670
778866	709936	422783	365332	14144
11179669	20514689	1883654	590274	60775
3345091	6413631	1466045	958853	84869
6285612	15877493	5674363	1957338	56639
2231212	2225135	1889937	849765	32343
6913152	10880587	4177974	2635905	132623
29950126	55906925	15087363	6992135	363803
14715921	26381689	3409581	1115160	93100
1480402	1520271	1399990	659692	19219
260089	416934	69432		3243
				543
				454
				64
7011828	16134751	6106443	2812171	154709
3340169	10956734	3472575	1070317	25024
1049536	2783990	842529	418631	10319
5432350	8669290	3259388	1986481	82245
				425
				2762
				1547
				626
				589
4610	4610	4610		684
				279
				253
4610	4610	4610		73
				79

12-5 资质以上建筑业企业承包工程完成情况(2010年)

单位:万元

项　　目	Item
总　计	**Total**
按地区分	**Grouped by District**
市　区	Urban Districts
荔湾区	Liwan
越秀区	Yuexiu
海珠区	Haizhu
天河区	Tianhe
白云区	Baiyun
黄埔区	Huangpu
番禺区	Panyu
花都区	Huadu
南沙区	Nansha
萝岗区	Luogang
县级市	Cities at County Level
增城市	Zengcheng
从化市	Conghua
按隶属关系分	**Grouped by Administrative Relationship**
中央属企业	Central Government
省属企业	Provincial Government
市属企业	Municipal Government
区县级市属企业	District or County Governments
其他企业	Others
按登记注册类型分	**Grouped by Registration Status**
内资企业	Domestic Funded Enterprises
国有企业	State-owned Enterprises
集体企业	Collective-owned Enterprises
股份合作企业	Cooperative Enterprises
联营企业	Joint Ownership Enterprises
# 国有联营企业	State Joint Ownership Enterprises
集体联营企业	Collective Joint Ownership Enterprises
国有与集体联营企业	Joint State-collective Enterprises
有限责任公司	Limited Liability Corporations
# 国有独资公司	State Sole Funded Corporations
股份有限公司	Share-holding Corporations Ltd.
私营企业	Private Enterprises
其他企业	Other Enterprises
港、澳、台商投资企业	Enterprises with Funds from Hong Kong, Macao and Taiwan
合资经营企业	Joint-venture Enterprises
合作经营企业	Cooperative Enterprises
独资经营企业	Enterprises with Sole Funds
股份有限公司	Share-holding Corporations Ltd.
外商投资企业	Foreign Funded Enterprises
中外合资经营企业	Joint-venture Enterprises
中外合作经营企业	Cooperative Enterprises
外资企业	Enterprises with Sole Foreign Funds
外商投资股份有限公司	Share-holding Corporations Ltd.

Statistics on Contracted Projects of Grade Construction Enterprises (2010)

(10000 yuan)

直接从建设单位承揽工程完成的产值 Output Value of Completed Projects Directly Contracted with Construction Units	自行完成施工产值 Output Value of Projects Completed by Oneself	分包出去工程产值 Output Value of Projects Subcontracted	从建设单位以外承揽工程完成的产值 Output Value of Completed Projects Contracted with Other Units
16169606	**11683588**	**4486018**	**1121700**
15274652	11020661	4253991	1110683
512438	383996	128442	15564
5326804	3344485	1982319	214627
2922556	1456854	1465702	483366
4276529	3824147	452382	271753
296671	265186	31485	28578
518532	362271	156261	52370
420967	412864	8103	2338
618024	603516	14508	15761
223884	222495	1389	13598
158247	144847	13400	12728
894954	662927	232027	11017
683211	451712	231499	11017
211743	211215	528	
4340267	3164001	1176266	411556
3443494	2589247	854247	198319
3611322	1527330	2083992	174524
624135	617334	6801	29830
4150388	3785676	364712	307471
16040474	11597654	4442820	1121150
4391228	3364319	1026909	133347
363486	343392	20094	17465
91551	91344	207	5140
25894	25894		
20395	20395		
5090	5090		
8472124	5428861	3043263	856959
3599090	1164213	2434877	73312
747649	549501	198148	11157
1932378	1778179	154199	97083
16164	16164		
88805	47619	41186	370
57267	16609	40658	370
23006	23006		
8532	8004	528	
40327	38315	2012	180
21102	21102		
6000	6000		
2765	753	2012	180
10460	10460		

12-6 资质以上建筑业企业财务指标(2010年)

单位:万元

项　　目	Item
总　计	**Total**
按地区分	**Grouped by District**
市　区	Urban Districts
荔湾区	Liwan
越秀区	Yuexiu
海珠区	Haizhu
天河区	Tianhe
白云区	Baiyun
黄埔区	Huangpu
番禺区	Panyu
花都区	Huadu
南沙区	Nansha
萝岗区	Luogang
县级市	Cities at County Level
增城市	Zengcheng
从化市	Conghua
按隶属关系分	**Grouped by Administrative Relationship**
中央属企业	Central Government
省属企业	Provincial Government
市属企业	Municipal Government
区县级市属企业	District or County Governments
其他企业	Others
按登记注册类型分	**Grouped by Registration Status**
内资企业	Domestic Funded Enterprises
国有企业	State-owned Enterprises
集体企业	Collective-owned Enterprises
股份合作企业	Cooperative Enterprises
联营企业	Joint Ownership Enterprises
# 国有联营企业	State Joint Ownership Enterprises
集体联营企业	Collective Joint Ownership Enterprises
国有与集体联营企业	Joint State-collective Enterprises
有限责任公司	Limited Liability Corporations
# 国有独资公司	State Sole Funded Corporations
股份有限公司	Share-holding Corporations Ltd.
私营企业	Private Enterprises
其他企业	Other Enterprises
港、澳、台商投资企业	Enterprises with Funds from Hong Kong, Macao and Taiwan
合资经营企业	Joint-venture Enterprises
合作经营企业	Cooperative Enterprises
独资经营企业	Enterprises with Sole Funds
股份有限公司	Share-holding Corporations Ltd.
外商投资企业	Foreign Funded Enterprises
中外合资经营企业	Joint-venture Enterprises
中外合作经营企业	Cooperative Enterprises
外资企业	Enterprises with Sole Foreign Funds
外商投资股份有限公司	Share-holding Corporations Ltd.

Financial Indicators of Grade Construction Enterprises (2010)

(10000 yuan)

资产总计 Total Assets	负债合计 Total Liabilities	所有者权益 Owners´ Equity	# 实收资本 Paid-in Capitals	# 国家资本 State Capital
19398451	**14471882**	**4926569**	**3329218**	**1510128**
18317501	13655095	4662406	3203467	1486076
428016	316189	111827	79499	31712
6231080	5123712	1107368	841457	534501
3766277	2557614	1208663	726107	262698
4877581	3550926	1326655	965689	419016
544497	391191	153306	95147	10285
696606	533896	162710	90108	43331
464636	301029	163607	108962	2387
769175	638955	130220	68844	30630
141485	114257	27228	20177	600
398148	127326	270822	207477	150916
1080950	816787	264163	125751	24052
814405	611567	202838	79074	24052
266545	205220	61325	46677	
5212646	3777707	1434939	880671	520911
3818732	3194916	623816	578267	463862
4472329	3410501	1061828	692989	513646
719021	571806	147215	99717	9429
5175723	3516952	1658771	1077574	2280
19216575	14359737	4856838	3295132	1509898
4914375	4003191	911184	876908	850836
383168	290973	92195	63353	
49614	29450	20164	15567	
31499	28854	2645	2367	2030
22259	21270	989	1000	1000
8901	7519	1382	1100	1030
9917433	7326907	2590526	1550051	627329
4151220	2846345	1304875	722022	371892
1317112	1059378	257734	115466	29703
2594795	1617658	977137	667794	
8579	3326	5253	3626	
101133	58992	42141	16903	180
49316	39301	10015	8786	180
12171	6788	5383	2417	
39646	12903	26743	5700	
80743	53153	27590	17183	50
36189	28323	7866	4588	50
4134	2973	1161	1406	
5215	2264	2951	1889	
35205	19593	15612	9300	

12-6 续表1

单位:万元

项目	Item
总计	**Total**
按地区分	**Grouped by District**
市区	Urban Districts
荔湾区	Liwan
越秀区	Yuexiu
海珠区	Haizhu
天河区	Tianhe
白云区	Baiyun
黄埔区	Huangpu
番禺区	Panyu
花都区	Huadu
南沙区	Nansha
萝岗区	Luogang
县级市	Cities at County Level
增城市	Zengcheng
从化市	Conghua
按隶属关系分	**Grouped by Administrative Relationship**
中央属企业	Central Government
省属企业	Provincial Government
市属企业	Municipal Government
区县级市属企业	District or County Governments
其他企业	Others
按登记注册类型分	**Grouped by Registration Status**
内资企业	Domestic Funded Enterprises
国有企业	State-owned Enterprises
集体企业	Collective-owned Enterprises
股份合作企业	Cooperative Enterprises
联营企业	Joint Ownership Enterprises
# 国有联营企业	State Joint Ownership Enterprises
集体联营企业	Collective Joint Ownership Enterprises
国有与集体联营企业	Joint State-collective Enterprises
有限责任公司	Limited Liability Corporations
# 国有独资公司	State Sole Funded Corporations
股份有限公司	Share-holding Corporations Ltd.
私营企业	Private Enterprises
其他企业	Other Enterprises
港、澳、台商投资企业	Enterprises with Funds from Hong Kong, Macao and Taiwan
合资经营企业	Joint-venture Enterprises
合作经营企业	Cooperative Enterprises
独资经营企业	Enterprises with Sole Funds
股份有限公司	Share-holding Corporations Ltd.
外商投资企业	Foreign Funded Enterprises
中外合资经营企业	Joint-venture Enterprises
中外合作经营企业	Cooperative Enterprises
外资企业	Enterprises with Sole Foreign Funds
外商投资股份有限公司	Share-holding Corporations Ltd.

continued

(10000 yuan)

工程结算收入 Revenue of Project Settlement Accounts	工程结算成本 Cost of Project Settlement Accounts	工程结算税金及附加 Taxes and Other Cost of Project Settlement Accounts	工程结算利润 Profit of Project Settlement Accounts	其他业务收入 Revenue from Other Businesses
18857564	**17163665**	**503666**	**1150123**	**367179**
17853521	16276728	467844	1071282	365675
645775	593556	14982	36869	41667
5880545	5424410	160147	286201	135788
3499282	3220940	69693	204192	14173
5090205	4592702	142879	338291	105816
291649	245835	9684	33666	4676
889619	820598	18778	49958	18640
434475	356959	13885	61605	7476
695738	635724	24915	34210	11538
249274	230951	8082	10088	1917
176959	155053	4799	16202	23984
1004043	886937	35822	78841	1504
718539	640129	24677	52595	787
285504	246808	11145	26246	717
4953032	4517233	124330	308090	22455
4482034	4098819	112299	265564	74169
3781015	3537028	97354	136138	162432
763028	687077	24348	50055	28080
4878455	4323508	145335	390276	80043
18667485	16989878	499419	1142345	310685
5182273	4782575	128742	265047	122485
391791	332791	14048	42640	14928
106379	97540	2382	6059	630
35392	32596	1095	1623	51
28076	26333	956	785	
7002	5993	129	806	52
9948707	9083106	265120	583927	154547
3764173	3504907	83180	172029	53134
831887	753456	22184	55263	4732
2157431	1896604	65404	185828	13267
13625	11210	444	1958	45
136141	124382	3397	7101	8305
69370	64897	1872	2600	82
29049	26728	881	1160	356
37722	32757	644	3341	7867
53938	49405	850	677	48189
32723	30745	460	1424	12496
6345	5966	191	188	
4651	2984	90	922	
10219	9710	109	-1857	35693

12-6 续表2

单位:万元

项　　目	Item
总　计	**Total**
按地区分	**Grouped by District**
市　区	Urban Districts
荔湾区	Liwan
越秀区	Yuexiu
海珠区	Haizhu
天河区	Tianhe
白云区	Baiyun
黄埔区	Huangpu
番禺区	Panyu
花都区	Huadu
南沙区	Nansha
萝岗区	Luogang
县级市	Cities at County Level
增城市	Zengcheng
从化市	Conghua
按隶属关系分	**Grouped by Administrative Relationship**
中央属企业	Central Government
省属企业	Provincial Government
市属企业	Municipal Government
区县级市属企业	District or County Governments
其他企业	Others
按登记注册类型分	**Grouped by Registration Status**
内资企业	Domestic Funded Enterprises
国有企业	State-owned Enterprises
集体企业	Collective-owned Enterprises
股份合作企业	Cooperative Enterprises
联营企业	Joint Ownership Enterprises
# 国有联营企业	State Joint Ownership Enterprises
集体联营企业	Collective Joint Ownership Enterprises
国有与集体联营企业	Joint State-collective Enterprises
有限责任公司	Limited Liability Corporations
# 国有独资公司	State Sole Funded Corporations
股份有限公司	Share-holding Corporations Ltd.
私营企业	Private Enterprises
其他企业	Other Enterprises
港、澳、台商投资企业	Enterprises with Funds from Hong Kong, Macao and Taiwan
合资经营企业	Joint-venture Enterprises
合作经营企业	Cooperative Enterprises
独资经营企业	Enterprises with Sole Funds
股份有限公司	Share-holding Corporations Ltd.
外商投资企业	Foreign Funded Enterprises
中外合资经营企业	Joint-venture Enterprises
中外合作经营企业	Cooperative Enterprises
外资企业	Enterprises with Sole Foreign Funds
外商投资股份有限公司	Share-holding Corporations Ltd.

continued

(10000 yuan)

其他业务利润 Other Operational Profit	管理费用 Management Cost	财务费用 Financial Cost	利润总额 Total Profits	产值利润率(%) Rate of Profits to Output (%)
82500	**691333**	**53845**	**653736**	**5.11**
81383	659067	44747	615870	5.08
3304	32037	-72	8879	2.22
39650	232837	245	142997	4.02
5249	92915	19350	184515	9.51
21160	186804	16629	165404	4.04
1761	20707	217	20515	6.98
5000	39940	4440	17615	4.25
1972	18476	1403	44856	10.80
1841	15833	1790	18572	3.00
156	3599	31	6957	2.95
1290	15919	714	5560	3.53
1117	32266	9098	37866	5.62
710	21518	8989	21768	4.70
407	10748	109	16098	7.62
4853	143893	20585	218543	6.11
14317	174857	22341	87883	3.15
43610	129312	1966	121957	7.17
2076	26005	-1429	28025	4.33
17644	217266	10382	197328	4.82
71078	680342	53719	644992	5.07
26108	176011	15775	106606	3.05
2378	18554	24	28863	8.00
407	4753	-168	1620	1.68
37	1362	-3	294	1.14
	710	-8	82	0.40
37	619	7	210	4.13
33505	355204	25599	386590	6.15
16274	90765	20992	147116	11.89
1681	24712	9799	23449	4.18
6956	98687	2660	96723	5.16
6	1059	33	847	5.24
1370	4554	-42	4418	9.21
76	2153	-89	867	5.11
216	1194	2	167	0.73
1078	1207	45	3384	42.28
10052	6437	168	4326	11.24
4187	2067	243	3373	15.98
	167	-1	20	0.33
	810	37	72	7.72
5865	3393	-111	861	8.23

12-7 资质以上建筑业企业盈亏情况(2010年)

单位:个、万元

项 目	Item
总 计	**Total**
按地区分	**Grouped by District**
市 区	Urban Districts
荔湾区	Liwan
越秀区	Yuexiu
海珠区	Haizhu
天河区	Tianhe
白云区	Baiyun
黄埔区	Huangpu
番禺区	Panyu
花都区	Huadu
南沙区	Nansha
萝岗区	Luogang
县级市	Cities at County Level
增城市	Zengcheng
从化市	Conghua
按隶属关系分	**Grouped by Administrative Relationship**
中央属企业	Central Government
省属企业	Provincial Government
市属企业	Municipal Government
区县级市属企业	District or County Governments
其他企业	Others
按登记注册类型分	**Grouped by Registration Status**
内资企业	Domestic Funded Enterprises
国有企业	State-owned Enterprises
集体企业	Collective-owned Enterprises
股份合作企业	Cooperative Enterprises
联营企业	Joint Ownership Enterprises
# 国有联营企业	State Joint Ownership Enterprises
集体联营企业	Collective Joint Ownership Enterprises
国有与集体联营企业	Joint State-collective Enterprises
有限责任公司	Limited Liability Corporations
# 国有独资公司	State Sole Funded Corporations
股份有限公司	Share-holding Corporations Ltd.
私营企业	Private Enterprises
其他企业	Other Enterprises
港、澳、台商投资企业	Enterprises with Funds from Hong Kong, Macao and Taiwan
合资经营企业	Joint-venture Enterprises
合作经营企业	Cooperative Enterprises
独资经营企业	Enterprises with Sole Funds
股份有限公司	Share-holding Corporations Ltd.
外商投资企业	Foreign Funded Enterprises
中外合资经营企业	Joint-venture Enterprises
中外合作经营企业	Cooperative Enterprises
外资企业	Enterprises with Sole Foreign Funds
外商投资股份有限公司	Share-holding Corporations Ltd.

Statistics on Profits and Losses of Grade Construction Enterprises (2010)

(unit, 10000 yuan)

企业数 Number of Construction Enterprises	盈余 Profits		亏损 Losses	
	企业数 Number of Enterprises	金额 Value	企业数 Number of Enterprises	金额 Value
747	**619**	**676402**	**128**	**22666**
706	584	637467	122	21597
40	37	8943	3	64
190	159	150428	31	7431
77	66	185074	11	559
167	142	168081	25	2677
57	46	21464	11	949
20	17	24210	3	6595
97	69	46603	28	747
30	27	19137	3	565
7	7	6957		
21	14	6570	7	1010
41	35	38935	6	1069
19	15	22804	4	1036
22	20	16131	2	33
27	24	218710	3	167
84	74	95284	10	7401
105	94	125081	11	3124
64	52	30785	12	2760
467	375	206542	92	9214
729	603	667306	126	22314
86	77	115062	9	8456
56	44	30685	12	1822
5	4	1696	1	76
3	3	294		
1	1	82		
1	1	210		
207	180	392051	27	5461
23	20	149606	3	2490
11	9	23574	2	125
358	283	103097	75	6374
3	3	847		
11	10	4501	1	83
6	5	950	1	83
3	3	167		
2	2	3384		
7	6	4595	1	269
2	2	3373		
2	2	20		
2	1	341	1	269
1	1	861		

12-8 资质以上建筑业企业年末技术装备情况(2010年)

项　　目	Item
总　计	**Total**
按地区分	**Grouped by District**
市　区	Urban Districts
荔湾区	Liwan
越秀区	Yuexiu
海珠区	Haizhu
天河区	Tianhe
白云区	Baiyun
黄埔区	Huangpu
番禺区	Panyu
花都区	Huadu
南沙区	Nansha
萝岗区	Luogang
县级市	Cities at County Level
增城市	Zengcheng
从化市	Conghua
按隶属关系分	**Grouped by Administrative Relationship**
中央属企业	Central Government
省属企业	Provincial Government
市属企业	Municipal Government
区县级市属企业	District or County Governments
其他企业	Others
按登记注册类型分	**Grouped by Registration Status**
内资企业	Domestic Funded Enterprises
国有企业	State-owned Enterprises
集体企业	Collective-owned Enterprises
股份合作企业	Cooperative Enterprises
联营企业	Joint Ownership Enterprises
# 国有联营企业	State Joint Ownership Enterprises
集体联营企业	Collective Joint Ownership Enterprises
国有与集体联营企业	Joint State-collective Enterprises
有限责任公司	Limited Liability Corporations
# 国有独资公司	State Sole Funded Corporations
股份有限公司	Share-holding Corporations Ltd.
私营企业	Private Enterprises
其他企业	Other Enterprises
港、澳、台商投资企业	Enterprises with Funds from Hong Kong, Macao and Taiwan
合资经营企业	Joint-venture Enterprises
合作经营企业	Cooperative Enterprises
独资经营企业	Enterprises with Sole Funds
股份有限公司	Share-holding Corporations Ltd.
外商投资企业	Foreign Funded Enterprises
中外合资经营企业	Joint-venture Enterprises
中外合作经营企业	Cooperative Enterprises
外资企业	Enterprises with Sole Foreign Funds
外商投资股份有限公司	Share-holding Corporations Ltd.

Number and Power of Machinery and Equipment of Grade Construction Enterprises at Year-end (2010)

自有机械设备净值(万元) Net Value of Machinery and Equipment Owned (10000 yuan)	全部设备功率(千瓦) Total Power of Machinery and Equipment (kw)	全员技术装备率(元/人) Value of Machinery per Laborer (yuan/person)	全员劳动装备率(千瓦/人) Power of Machinery per Laborer (kw/person)
853977	**2093918**	**23253**	**5.70**
773056	1805436	22978	5.37
11491	88019	9935	7.61
104570	378020	9037	3.27
368462	339243	115719	10.65
189399	575883	19563	5.95
15217	79409	15360	8.02
36323	106214	20257	5.92
10228	73248	6681	4.78
26306	116801	10747	4.77
7184	28009	13537	5.28
3876	20590	5120	2.72
80921	288482	26261	9.36
74541	237744	44716	14.26
6380	50738	4511	3.59
391782	357517	64464	5.88
179794	591941	21185	6.97
54156	246440	9562	4.35
22313	146215	6899	4.52
205932	751805	15528	5.67
851497	2086079	23405	5.73
108743	432371	11680	4.64
16535	120850	8603	6.29
3464	16587	10681	5.11
58	95	1068	0.17
50	90	1101	0.20
7	1	1094	0.02
552693	933767	35725	6.04
349120	229425	139514	9.17
83884	210576	81291	20.41
85754	371448	10427	4.52
366	385	8612	0.91
638	1864	2310	0.67
186	632	1202	0.41
97	650	1550	1.04
355	582	6027	0.99
1842	5975	26915	8.74
1641	5660	58817	20.29
143	19	5652	0.08
25	43	3425	0.59
33	253	4051	3.20

12-9 资质以上劳务分包建筑企业生产经营情况(2010年)

单位:万元

项　　目	Item
总　计	**Total**
按地区分	**Grouped by District**
市　区	Urban Districts
荔湾区	Liwan
越秀区	Yuexiu
海珠区	Haizhu
天河区	Tianhe
白云区	Baiyun
黄埔区	Huangpu
番禺区	Panyu
花都区	Huadu
南沙区	Nansha
萝岗区	Luogang
县级市	Cities at County Level
增城市	Zengcheng
从化市	Conghua
按隶属关系分	**Grouped by Administrative Relationship**
中央属企业	Central Government
省属企业	Provincial Government
市属企业	Municipal Government
区县级市属企业	District or County Governments
其他企业	Others
按登记注册类型分	**Grouped by Registration Status**
内资企业	Domestic Funded Enterprises
国有企业	State-owned Enterprises
集体企业	Collective-owned Enterprises
股份合作企业	Cooperative Enterprises
联营企业	Joint Ownership Enterprises
# 国有联营企业	State Joint Ownership Enterprises
集体联营企业	Collective Joint Ownership Enterprises
国有与集体联营企业	Joint State-collective Enterprises
有限责任公司	Limited Liability Corporations
# 国有独资公司	State Sole Funded Corporations
股份有限公司	Share-holding Corporations Ltd.
私营企业	Private Enterprises
其他企业	Other Enterprises
港、澳、台商投资企业	Enterprises with Funds from Hong Kong, Macao and Taiwan
合资经营企业	Joint-venture Enterprises
合作经营企业	Cooperative Enterprises
独资经营企业	Enterprises with Sole Funds
股份有限公司	Share-holding Corporations Ltd.
外商投资企业	Foreign Funded Enterprises
中外合资经营企业	Joint-venture Enterprises
中外合作经营企业	Cooperative Enterprises
外资企业	Enterprises with Sole Foreign Funds
外商投资股份有限公司	Share-holding Corporations Ltd.

Statistics on Grade Construction Enterprises of Work Subcontractors (2010)

(10000 yuan)

企业数(个) Number of Construction Enterprises (unit)	营业收入合计 Business Revenue	# 主营业务收入 Core Business Revenue	利润总额 Total Profits	计算劳动生产率的平均人数(人) Average Employed Persons for Calculating Overall Labor Productivity (person)	从业人员劳动报酬 Remuneration of Employed Persons
32	**158989**	**156922**	**1341**	**44198**	**130479**
32	158989	156922	1341	44198	130479
8	31492	30617	-16	10085	28153
2	33	28	-4	10	16
5	84963	83814	441	27088	74862
3	2744	2706	192	291	2223
2	7867	7867	148	2318	6744
10	17139	17139	345	774	4753
2	14751	14751	235	3632	13728
3	16419	16330	156	4680	15003
1	2878	2878	-26	32	806
28	139692	137714	1211	39486	114670
32	158989	156922	1341	44198	130479
1	6531	6531	151	238	850
9	20634	20507	320	4861	16393
22	131824	129884	870	39099	113236

【建筑业总产值】 指以货币表现的建筑业企业在一定时期内生产的建筑业产品和服务的总和。建筑业总产值包括三部分内容:

(1)建筑工程产值:指列入建筑工程预算内的各种工程价值。

(2)设备安装工程产值:指设备安装工程价值。

(3)其他产值:建筑业总产值中除建筑工程、安装工程以外的产值。包括房屋构筑物修理产值、非标准设备制造产值、总包企业向分包企业收取的管理费以及不能明确划分的施工活动所完成的产值。

a.房屋构筑物修理产值:指房屋和构筑物的修理所完成的产值,但不包括被修理房屋构筑物的本身价值和生产设备的本身的价值。

b.非标准设备制造产值:指加工制造没有定型的非标准生产设备的加工费和原材料价值以及附属加工厂为本企业承建工程制作的非标准设备的价值。

【房屋建筑施工面积】 指在报告期内施过工的全部房屋建筑面积,包括本期新开工的房屋面积、上期施工跨入本期继续施工的房屋面积、上期停缓建在本期恢复施工的房屋面积、本期竣工的房屋面积及本期施工后又停缓建的房屋面积。

【房屋建筑竣工面积】 指在报告期内房屋建筑按照设计要求全部完工,达到了使用条件,经检查验收鉴定合格的房屋建筑面积。

【工程结算收入】 指企业承包工程实现的工程价款结算收入,以及向发包单位收取的除工程价款以外的按规定列作营业收入的各种款项,如临时设施费、劳动保险费、施工机构调迁费等以及向发包单位收取的各种索赔款。

【企业总收入】 指与企业生产经营直接有关的各项收入,包括工程结算收入和其他业务收入,即:

企业总收入=工程结算收入+其他业务收入

Explanatory Notes on Main Statistical Indicators

【Gross Output Value of Construction】 refers to total Volume of construction products and services,expressed in monetary terms,completed by construction and installation enterprises during a given period of time.It includes:

(1)Output value of construction projects,that is the value of projects covered by the project budgets;

(2)Output value of installation projects,that is the value of the installation of equipment;

(3)Other output values,that is the values excluding output value of construction projects and output value of installation projects,including output value of repair of buildings and structures,output value of manufactured non-standard equipment, management expenses received by head enterprises from subcontract enterprises and output value of construction activities completed but unclassified.

a.Output value of repair of buildings and structures,that is the value created through the repairs of buildings or structures, but does not include the value of buildings or structures being repaired and the value of the repair of production equipment.

b.Output value of manufactured non-standard equipment, that is the value of non-standard production equipment (including raw materials and manufacturing cost)made for the construction project,and equipment manufactured by subsidiary workshops.

【Floor Space of Buildings under Construction】 refers to floor space of buildings under construction during the reference period,including newly started buildings,buildings started earlier and continued during the reference period,and buildings suspended earlier but restarted during the reference period,buildings completed during the reference period,and buildings under construction and then suspended during the reference period.

【Floor Space of Buildings Completed】 refers to the floor space of buildings that are completed in the reference period in accordance with the requirements of the design,up to the standard for putting them into use,and have been checked and accepted by concerned departments as qualified ones.

【Income from Settlement of Projects】 refers to the income received by the construction enterprise from the contracted project through settlement procedures,and other charges to the contractoree as operational costs in addition to the value of the project,such as temporary facility fee,labour insurance premium,moving cost of construction equipment,as well as various types of claims to the contractee.

【Total Revenue of Enterprises】 refers to the sum of income from production and operation of enterprises,including income from settlement of projects and other operational income,namely:

Total Revenue of Enterprises =Income from Settlement of Projects +Other Operational Income

第十三篇

CHAPTER 13

运输和邮电

TRANSPORT,POSTAL AND TELECOMMUNICATION SERVICES

简要说明

第十三篇　运输、邮电

一、本篇资料反映广州市运输、邮电通信业发展的基本状况。

交通运输业资料主要包括：五种运输方式的线路里程、运输设备拥有量、各种运输方式完成的货物运输量和旅客运输量、港口设备拥有量、港口货物吞吐量等。

邮电通信业资料主要包括：邮电业务量、邮电通信工具、邮电通信网、邮电通信水平等。

二、本篇资料由广州市统计局工业交通统计处整理提供。

三、资料分别来源于民航、铁路、公路、水运、港口、公安、邮电等部门。管道运输资料由有关管道运输企业提供。

Brief Introduction

13 Transport,Postal and Telecommunication Services

I.The data in this chapter cover mainly the basis conditions of the development of transport,posts and telecommunications in Guangzhou.The data on transport cover mainly the length of the routes of five means of transportation,the ownership of the transport equipment,the freight traffic and passenger traffic accomplished by various means of transportation,the ownership of the port equipment and the cargo handled at ports, etc.The data on posts and telecommunications cover mainly the postal and telecommunication services,means of post and telecommunications,network of post and telecommunications,main financial of indicators of postal and telecommunication enterprises and the level of the development of the postal and telecommunication services,etc.

II.The data in this chapter are prepared and provided by the Division of Industry and Transport Statistics of Statistics Bureau of Guangzhou.

III.The data in this chapter come respectively from Guangzhou municipal departments of railways,transportation,post and telecommunications,etc.The data on the pipeline transport are provided by related pipeline enterprises.

13-1 运输邮电主要指标

Basic Statistics of Transport and Post

项　目	Item	2009 全市 Total	2009 #市区 Urban Districts	2010 全市 Total	2010 #市区 Urban Districts
全社会车辆数(辆)	Total Motor Vehicles (unit)	1954727	1591930	2146364	1760383
# 民用汽车	Civil Motor Vehicles	1340540	1220993	1598934	1453320
全社会货运量(万吨)	Total Freight Traffic (10000 tons)	52525	48841	57369	53382
# 公　路	Highways	36983	33533	39696	35993
水　路	Waterways	8388	8154	10170	9885
铁　路	Railways	6358	6358	6689	6689
民　航	Civil Aviation	68	68	90	90
全社会货物周转量(万吨公里)	Total Freight Ton-kilometers (10000 ton-km)	21762287	20389080	24508491	22961520
# 公　路	Highways	4039731	3662813	4452509	4037078
水　路	Waterways	15242308	14246019	17311521	16179981
铁　路	Railways	2322804	2322804	2450588	2450588
民　航	Civil Aviation	154028	154028	290539	290539
全社会客运量(万人次)	Total Passenger Traffic (10000 person-times)	57053	51974	62595	57126
公　路	Highways	43921	38844	47296	41829
水　路	Waterways	237	235	273	271
铁　路	Railways	7953	7953	9362	9362
民　航	Civil Aviation	4942	4942	5664	5664
全社会旅客周转量(万人公里)	Total Passenger-kilometers (10000 passenger-km)	14538626	13927072	16936472	16242355
公　路	Highways	3934422	3322995	4465638	3771658
水　路	Waterways	20586	20459	22261	22124
铁　路	Railways	3288775	3288775	3702188	3702188
民　航	Civil Aviation	7294843	7294843	8746385	8746385
港口货物吞吐量(万吨)	Volume of Freight Handled in Coastal Ports (10000 tons)	37549	27813	42526	42130
进　口	Import	22816	16900	25810	25570
出　口	Export	14733	10913	16716	16320
白云国际机场货邮行吞吐量(万吨)	Volume of Freight and Post Handled in Baiyun International Airport (10000 tons)	122	122	145	145
白云国际机场旅客吞吐量(万人次)	Volume of Passengers Handled in Baiyun International Airport (10000 person-times)	3705	3705	4098	4098
邮电业务收入(万元)	Revenue of Postal and Telecommunication Services (10000 yuan)	2680007	2478453	2900942	2619672
电话交换机总容量(万门)	Total Capacity of Telephone Exchanges (10000 gates)	833	776	932	859
报纸发行量(万份)	Newspapers Issued (10000 copies)	196319	173946	201304	178363
杂志发行量(万份)	Magazines Issued (10000 copies)	5616	5142	5460	4999
本地电话年末用户(万户)	Number of Telephone Sets at Year-end (10000 subscribes)	633.31	575.12	601.72	564.98
移动电话年末户数(万户)	Number of Mobile Telephone Subscribers at Year-end (10000 subscribes)	2099	1967	2329	2048
国际互联网用户数(万户)	Number of Internet Subscribers (10000 subscribes)	280.19	265.23	422.90	401.61
城市电话普及率(含移动电话)(部/百人)	Popularity Rate of Urban Telephones (Including Mobile Telephones)(set/100 persons)	343.85	388.30	363.53	393.28
# 移动电话	Mobile Telephones	264.15	300.45	288.89	308.23

13-2 公路、航道线路基本情况(2010年)

Basic Statisics on Highways and Waterways (2010)

项　　目	Item	全 市 Total	市 区 Urban Districts	增城市 Zengcheng	从化市 Conghua
公路里程(公里)	**Length of Highways (kilometer)**	**8975**	**4582**	**2359**	**2034**
# 晴雨通车里程	Length of Highways in Any Weathers	8975	4582	2359	2034
等级公路	Expressway and Class I to IV Highways	7740	4064	1682	1994
高　速	Express way	577	448	57	72
一　级	First Class	975	631	245	99
二　级	Second Class	974	625	180	169
三　级	Third Class	1473	957	382	134
四　级	Fourth Class	3741	1403	818	1520
等外公路	Highways below Class IV	1235	518	677	40
有路面里程(公里)	Paved Highways (kilometer)	7330	4026	1501	1803
沥青混凝土	High Class	1008	707	216	85
水泥混凝土	Second High Class	6322	3319	1285	1718
简易铺路面(公里)	Medium Class	101	51	38	12
未铺装路面(公里)	Low Class	1544	505	820	219
桥　梁	**Bridges**				
座(座)	Number (unit)	2674	1588	586	520
长　度(米)	Length (meter)	354250	307580	26879	24037
永久式桥梁	**Permanent Bridges**				
座(座)	Number (unit)	2674	1568	586	520
长　度(米)	Length (meter)	354250	303334	26879	24037
渡　口(个)	**Ferries (unit)**	**3**	**2**	**1**	
内河航道里程(公里)	**Length of Navigable Inland Waterways (kilometer)**	**855**	**701**	**101**	**53**
# 等级航道	Length of Graded Navigable Inland	361	220	88	53

13-3 民用车辆拥有量(2010年)

Possession of Civil Motor Vehicles (2010)

单位:辆 (unit)

项　　目	Item	全 市 Total	# 私人 Private
合　　计	**Total**	**2146364**	**1790457**
汽　车	Motor Vehicles	1598934	1261159
载客汽车	Passenger Vehicles	1364816	1145037
大　型	Large	29732	2039
中　型	Medium	60203	39428
小　型	Small	1258061	1087205
微　型	Minicar	16820	16365
载货汽车	Trucks	220106	111663
重　型	Heavy	25810	5524
中　型	Middle	31270	12741
轻　型	Light	160457	91276
微　型	Mini	2569	2122
其他汽车	Others	14012	4459
电　车	Trolleybuses and Trams	277	
无　轨	Trolleybuses	277	
有　轨	Trams		
摩托车	Motorcycles	535064	528374
普　通	Ordinary	534031	527344
轻　便	Light	1033	1030
挂　车	Trailers	12052	923
其他类型车	Other Kinds of Vehicles	37	1

注:本表由广州市公安局交警支队提供。

Note: The data in this table is provided by the transportation policy branch of Guangzhou policy bureau.

13-4 民用运输船舶拥有量

Number of Civil Transport Vessels Owned

项　　目	Item	2009	2010
合　计 (艘)	**Total (unit)**	**1344**	**1306**
机动船(艘)	Motor Vessels (unit)	1338	1301
载客量(客位)	Passenger Capacity (seat)	16271	15258
净载重量(吨位)	Dead Weight Tonnage (ton)	3373313	4101422
总功率(千瓦)	Total Power (kw)	1180145	1280125
1. 客　船(艘)	1.Passenger Vessels (unit)	60	55
载客量(客位)	Passenger Capacity (seat)	16271	15258
2. 货　船(艘)	II.Cargo Vessels (unit)	1271	1241
净载重量(吨位)	Dead Weight Tonnage (ton)	3356375	4085347
3. 拖　船(艘)	III.Towboats (unit)	7	5
功　率(千瓦)	Power (kw)	4075	3377
驳　船(艘)	Barges (unit)	6	5
净载重量(吨位)	Dead Weight Tonnage (ton)	3538	3138

注:本表由广州港务局提供。

Note: This table is provided by Guangzhou port authority.

13-5 主要年份全社会客货运输(吞吐量)和邮电业务收入

Total Passenger and Freight Traffic and Revenue of Postal and Telecommunication Services in Main Years

年 份 Year	客运量 (万人次) Passenger Traffic (10000 person-times)	旅客周转量 (万人公里) Passenger-kilometers (10000 passenger-km)	货运量 (万吨) Freight Traffic (10000 tons)	货物周转量 (万吨公里) Freight-kilometers (10000 ton-km)	旅客离港量 (万人次) Passengers Off Ports (10000 person-times)	港口货物吞吐量 (万吨) Volume of Freight Handled (10000 tons)	#集装箱 Container	邮电业务收入 (万元) Revenue of Postal and Telecommunication Services (10000 yuan)
1978					433	1950		2357
1979					495	2099		2930
1980					489	2107		3631
1981					470	2158		4427
1982					475	2391		4608
1983					453	2507		5547
1984					410	2502		7849
1985	11653	1017045	18233	15653824	514	3700		9927
1986	10985	1090054	15439	16584196	788	3954		12744
1987	9152	1158152	18947	17143674	742	4561		19822
1988	10290	1340611	21390	18968882	765	5115	115	28482
1989	9051	1269994	18397	20193670	610	5106	103	38605
1990	9461	1340608	17842	21417482	531	5099	107	55960
1991	9996	1574625	19535	26703071	485	5657	161	79642
1992	12459	1897547	22562	28156518	484	6477	168	121473
1993	15988	2198885	24818	29564344	447	7610	177	180606
1994	17307	2202816	26461	35696673	406	8121	231	270330
1995	16107	2227019	26992	39618131	343	8340	440	380323
1996	15638	2066438	23315	30739572	233	8510	485	528343
1997	17725	2417966	23768	30573646	134	8390	599	687781
1998	19587	2563072	24443	26210641	91	8716	789	841107
1999	22007	2799796	24238	20924658	153	11336	1355	981527
2000	26097	4533805	27972	22660161	134	12455	1699	1384846
2001	27461	4986901	28248	23370862	135	13539	2633	1515282
2002	30084	5570611	28496	22346711	135	16772	3255	1751392
2003	30546	5408605	29309	25104134	112	19200	4161	1851326
2004	36941	8557982	35700	27833246	119	23887	4734	2108788
2005	40524	9750755	38153	27240509	99	27283	6672	2220589
2006	43777	10915614	42759	27954630	98	32816	9493	2307436
2007	51180	12906006	45852	24706845	111	37053	13298	2478199
2008	55385	13752318	49586	24620645	90	36954	15172	2663183
2009	57053	14538626	52525	21762287	78	37549	15383	2680007
2010	62595	16936472	57369	24508491	79	42526	18070	2900942

注:本表根据铁路、民航统计口径变化，对2000年～2004年的相关数据作了调整。

Note: The data in this table from year 2000 to 2004 was adjusted in accordance with the new statistical coverage of railway and civil aviation.

13-6 交通系统公路货运量及货物分类

Freight Traffic and Type of Freight by Highway

单位:万吨 (10000 tons)

项　　目	Item	2009	2010
运输车辆数(辆)	Number of Motor Vehicles (unit)		
货运汽车	Trucks	202	300
载货挂车	Freight Carrying Trailers	94	50
货物运输量	Freight Traffic	199	207
汽　车	Trucks	199	207
货物周转量(万吨公里)	Freight Ton-kilometers (10000 ton-km)	10702	13423
汽　车	Trucks	10702	13423
货物分类	Type of Freight		
煤类及制品	Coal and Related Products		
石油、天然气及制品	Petroleum, Natural Gas and Related Products	5.63	3.36
金属矿石	Metal Ores		
钢　铁	Steel and Iron	21.27	9.93
矿物性建筑材料	Mineral Building Materials		
水　泥	Cement	5.42	0.61
木　材	Timber	0.32	0.01
非金属	Nonmetal Ores		2.14
化学肥料及农药	Chemical Fertilizers and Pesticides	0.23	0.01
盐	Salt		
粮　食	Grain		
机械、设备、电器	Machinery, Equipment and Electric Appliance	28.12	17.21
化工原料及制品	Chemical Raw Materials and Related Products	0.84	0.86
有色金属	Nonferrous Metals	0.26	0.34
轻工、医药产品	Light Industry, Medical and Pharmaceutical Products	8.39	3.76
# 日用工业品	Industrial Products for Daily Use		5.60
农林牧渔业产品	Agricultural, Forestry, Animal Husbandry and Fishery Products	106.76	128.20
其他产品	Others	21.76	34.97

注:本表资料由市交通集团提供。

Note: The data in this table is provided by Guangzhou municipal traffic group.

13-7 水路货运量及货物分类(2010年)

Freight Traffic and Type of Freight by Waterway (2010)

单位:万吨　　(10000 tons)

项　目	Item	合 计 Total	远 洋 Ocean	沿 海 Coastal Water	内 河 Inland Rivers
货运量	Freight Traffic	10169.74	3736.87	1610.46	4822.41
货物周转量(万吨公里)	Freight Ton-kilometers (10000 ton-km)	17311521	13687024	3138208	486289
货物分类	Type of Freight				
煤类及制品	Coal and Related Products	2012.97	70.96	1200.57	741.44
石油、天然气及制品	Petroleum, Natural Gas and Related Products	357.07	143.82	70.00	143.25
# 原　油	Crude Oil				
金属矿石	Metal Ores	429.16	324.67	10.68	93.81
钢　铁	Steel and Iron	366.56	259.82	79.22	27.52
矿物性建筑材料	Mineral Building Materials	2903.33	341.95	14.43	2546.95
水　泥	Cement	224.15	37.50	97.95	88.70
木　材	Timber	67.10	53.03	12.47	1.60
非金属	Nonmetal Ores	262.02	7.44		254.58
# 磷　矿	Phosphorite				
化学肥料及农药	Chemical Fertilizers and Pesticides	164.61	139.64	15.79	9.18
盐	Salt	1.90		0.90	1.00
粮　食	Grain	138.64	36.32	12.96	89.36
机械、设备、电器	Machinery, Equipment and Electric Appliance	457.04	380.26	4.11	72.67
化工原料及制品	Chemical Raw Materials and Related Products	61.15	57.89		3.26
有色金属	Nonferrous Metals	6.20	5.15		1.05
轻工、医药产品	Light Industry, Medical and Pharmaceutical Products	72.65	55.73	7.07	9.85
# 日用工业品	Industrial Products for Daily Use	6.44	5.17		1.27
农林牧渔业产品	Agricultural, Forestry, Animal Husbandry and Fishery Products	188.76	86.52	13.25	88.99
其他货类	Others	2456.43	1736.17	71.06	649.20

13-8 铁路运输基本情况

Basic Statistics on Railway Transport

项　　目	Item	2009	2010
延展里程(公里)	Length of Extension (km)	3199.00	3194.28
营业里程(公里)	Length of Railway in Operation (km)	1468.40	1468.37
# 正式营业	In Formal Operation	1468.40	1468.37
复线里程(公里)	Double-Tracking Length (km)	737.00	737.00
电气化线路里程(公里)	Length of Electrified Railways (km)	382.80	382.80
内燃机牵引线路里程(公里)	Length of Diesel Engine Routes (km)	1138.80	1138.80
铁路机车(台)	Number of Railway Locomotives (unit)	441	441
内燃机车	Number of Diesel Locomotives	299	299
电力机车	Number of Electric Locomotives	142	142
铁路客车(辆)	Number of Passenger Locomotives (unit)	580	572
铁路货车(辆)	Number of Freight Locomotives (unit)	1112	1112
客运量(万人次)	Passenger Traffic (10000 person-times)	7953	9362
旅客周转量(万人公里)	Passenger-kilometers (10000 person-km)	3288775	3702188
货运量(万吨)	Freight Traffic (10000 tons)	6358	6689
货物周转量(万吨公里)	Freight Ton-kilometers (10000 ton-km)	2322804	2450588

13-9 民航运输主要指标

Main Indicators on Civil Aviation

项　目	Item	2009	2010
客运量(万人次)	Passenger Traffic (10000 person-times)	4942	5664
国际航线	International Routes	354	472
国内航线	Domestic Routes	4588	5192
# 地区航线	Regional Routes	86	99
旅客周转量(万人公里)	Passenger-kilometers (10000 person-km)	7294843	8746385
国际航线	International Routes	998499	1427550
国内航线	Domestic Routes	6296344	7318835
# 地区航线	Regional Routes	99569	128375
货邮运量(吨)	Freight Traffic (ton)	682699	902131
国际航线	International Routes	99905	227641
国内航线	Domestic Routes	582794	674490
# 地区航线	Regional Routes	6106	8273
货邮周转量(万吨公里)	Freight Ton-kilometers (10000 ton-km)	154028	290539
国际航线	International Routes	61331	182090
国内航线	Domestic Routes	92697	108449
# 地区航线	Regional Routes	629	998
总周转量(万吨公里)	Total Air Traffic Ton-kilometers (10000 ton-km)	804100	1069076
国际航线	International Routes	150426	309518
国内航线	Domestic Routes	653674	759558
# 地区航线	Regional Routes	9468	12409
飞行班次(班次)	Flying Times of General Aviation (time)	453297	504752
国际航线	International Routes	31643	40094
国内航线	Domestic Routes	421654	464658
# 地区航线	Regional Routes	8366	8511
飞行时间(小时)	Flying Time of General Aviation (hr)	924784	1091256
运输飞行	Transportation Flying	918594	1076163
专业飞行	Flying for Special Purpose	6190	15093
飞机生产率(吨公里/小时)	Flying Productivity (ton-km /hr)	8754	9934
客座率(%)	Ratio of Seat Occupied (%)	75.40	79.50
载运率(%)	Ratio of Transport Capacity Occupied (%)	64.70	68.10

13-10 民航航线及飞机年末数

Number of Civil Aviation Routes and Civil Aircrafts at Year-end

指标名称	Item	2009	2010
民用航空航线条数(条)	Number of Civil Aviation Routes (line)	514	612
国际航线	International Routes	91	105
国内航线	Domestic Routes	423	507
# 地区航线	Regional Routes	27	24
民用航空航线里程(公里)	Length of Civil Aviation Routes (km)	1092451	1270890
国际航线	International Routes	289601	358912
国内航线	Domestic Routes	802850	911978
# 地区航线	Regional Routes	40527	33718
民航飞机期末架数(架)	Number of Civil Aircrafts (unit)	295	333
运输飞机	Aero Transport	284	318
大型飞机	Air Bus	273	307
小型飞机	Puddle-jumper	11	11
通用飞机	General Aircraft	11	15
其他用途飞机	Others		
国外通航国家和地区(个)	Foreign Countries and Regions Linked with Civil Aviation Routes (unit)	30	31
通航城市(个)	Cities Linked with Civil Aviation Routes (unit)	174	183
# 国外通航城市	Foreign Cities Linked with Civil Aviation Routes	57	59

13-11 白云国际机场吞吐量

Volume Handled in Baiyun International Airport

项　目	Item	2009	2010
飞机起降架次(万次)	Number of Aircrafts Taking off and Landing (10000 times)	30.90	32.90
进　港	Landing	15.40	16.40
出　港	Taking off	15.50	16.50
旅客吞吐量(万人次)	Volume of Passengers Handled (10000 person-times)	3705	4098
进　港	Landing	1819	2018
出　港	Taking off	1886	2080
货邮行吞吐量(万吨)	Volume of Freight Handled (10000 ton)	122.29	145.43
进　港	Landing	53.40	63.68
出　港	Taking off	68.89	81.75
出港客座率(%)	Ratio of Seat Occupied Taking off	75.30	82.90
出港载运率(%)	Ratio of Transport Capacity Occupied Taking off	69.60	75.70
航线条数(条)	Number of Civil Aviation Routes (line)	170	165
国际航线	International Routes	44	46
国内航线	Domestic Routes	126	119
# 地区航线	Regional Routes	3	3
国外通航国家和地区(个)	Foreign Countries and Regions Linked with Civil Aviation Routes (unit)	27	30
通航城市	Cities Linked with Civil Aviation Routes	140	140
# 国外通航城市	Foreign Cities Linked with Civil Aviation Routes	38	42

13-12 输油(气)管道基本情况(2010年)

Basic Statistics on Pipelines (2010)

项　　目	Item	合 计 Total	输成品油管道 Refined Oil Pipelines	输其他气体管道 Others Gas Pipelines
条　数(条)	Number Of Pipelines (unit)	24	22	2
输油(气)里程(公里)	Length Of Pipelines (km)	82.22	77.52	4.70
延展长度(公里)	Extension Length of Pipelines (km)	82.22	77.52	4.70
输油(气)能力(万吨/年、千万立方米/年)	Capacity of Pipeline Traffic (10000 ton/year, 10 million cu.m/year)	2390.80	2381.00	9.80
输油(气)量(万吨)	Pipeline Traffic (10000 tons)	724.77	724.77	
输油(气)周转量(万吨公里)	Ton-kilometers (10000 ton-km)	3334	3334	

13-13 港口码头泊位数

Number of Berths in Ports

项　　目	Item	2009		2010	
		全 市 Total	#广州港 Guangzhou Port	全 市 Total	#广州港 Guangzhou Port
总　计	**Total**				
码头长度(米)	Length of Quay Line (m)	61977	50604	63166	51673
泊　位(个)	Number of Berths (unit)	816	626	821	633
# 万吨级	10000 Ton Class	61	61	62	62
泊位年通过能力	Berths Capacity				
# 货　物(万吨)	Cargo (10000 tons)	20448	17966	21340	18848
集装箱(万TEU)	Containers (10000 TEU)	744	701	740	701
旅　客(万人)	Passengers (10000 persons)	3131	3121	3131	3121
汽　车(万辆)	Automobile (10000 units)	538	538	1034	1034
生产用	**For Productive Use**				
码头长度(米)	Length of Quay Line (m)	51384	41042	52573	42111
泊　位(个)	Number of Berths (unit)	645	467	650	474
# 万吨级	10000 Ton Class	59	59	60	60
非生产用	**For Nonproductive Use**				
码头长度(米)	Length of Quay Line (m)	10593	9562	10593	9562
泊　位(个)	Number of Berths (unit)	171	159	171	159
# 万吨级	10000 Ton Class	2	2	2	2

13-14 港口吞吐量及货物分类(2010年)

Volume Handled in Ports and Type of Freight (2010)

单位:万吨 (10000 tons)

项 目	Item	合 计 Total	进 口 Import	出 口 Export	# 广州港 Guangzhou Port	进 口 Import	出 口 Export
旅客吞吐量(万人次)	Volume of Passengers Handled (10000 person-times)	79.02	37.44	41.58	79.02	37.44	41.58
国内航线	Domestic Routes	3.18	1.49	1.69	3.18	1.49	1.69
国际航线	International Routes	75.83	35.95	39.89	75.83	35.95	39.89
货物吞吐量	Volume of Freight Handled	42525.95	25809.70	16716.25	41095.24	24783.64	16311.60
外 贸	Foreign Trade	9092.93	6085.95	3006.98	8992.08	6025.66	2966.42
内 贸	Inland Trade	33433.03	19723.75	13709.28	32103.17	18757.98	13345.18
沿 海	Coastal Waters	32103.17	18757.98	13345.18	32103.17	18757.98	13345.18
内 河	Inland Rivers	1329.86	965.77	364.09			
货物分类	Type of Freight						
煤类及制品	Coal and Related Products	8035.19	5536.32	2498.87	7788.97	5291.24	2497.73
石油、天然气及制品	Petroleum, Natural Gas and Related Products	2802.73	1553.27	1249.46	2594.29	1411.85	1182.44
# 原 油	Crude Oil	570.12	288.72	281.40	516.84	258.42	258.42
# 成品油	Refined Oil	1778.77	999.17	779.60	1750.67	972.32	778.35
金属矿石	Metal Ores	767.46	747.06	20.40	767.46	747.06	20.40
# 铁矿石	Iron Ores	551.63	540.78	10.85	551.63	540.78	10.85
钢 铁	Steel and Iron	1741.40	1431.43	309.96	1738.97	1430.00	308.96
矿物性建筑材料	Mineral Building Materials	3307.94	2757.37	550.56	3073.05	2568.78	504.27
水 泥	Cement	259.62	93.73	165.90	37.44	28.68	8.77
木 材	Timber	170.26	107.50	62.76	170.26	107.50	62.76
非金属	Nonmetal Ores	289.04	205.16	83.89	227.59	143.97	83.62
化学肥料及农药	Chemical Fertilizers and Pesticides	20.33	12.27	8.06	16.27	10.76	5.51
盐	Salt	1.91	1.90	0.01	1.91	1.90	0.01
粮 食	Grain	1235.96	940.29	295.68	1085.48	801.18	284.30
机械、设备、电器	Machinery, Equipment and Electric Appliance	3575.93	1815.22	1760.70	3567.80	1807.10	1760.70
化工原料及制品	Chemical Raw Materials and Related Products	666.75	501.10	165.65	594.68	442.44	152.23
有色金属	Nonferrous Metals	109.35	71.55	37.80	109.35	71.55	37.80
轻工、医药产品	Light Industry, Medical and Pharmaceutical Products	523.95	158.51	365.43	510.68	154.13	356.55
农林牧渔业产品	Agricultural, Forestry, Animal Husbandry and Fishery Products	314.46	257.61	56.86	309.82	252.96	56.86
其他货类	Others	18703.67	9619.40	9084.27	18501.24	9512.55	8988.69

13-15 港口标准集装箱吞吐量(2010年)

Cargo Handled in International Standard Containers (2010)

项　目	Item	合 计 Total	进 口 Import	出 口 Export	# 广州港 Guangzhou Port	进 口 Import	出 口 Export
箱数合计(万箱)	Total Containers (10000 units)	1270.26	620.36	649.89	1254.57	611.78	642.79
重量合计(万吨)	Total Weight (10000 tons)	18069.97	9319.89	8750.08	17937.34	9266.55	8670.78
国内小计	National Total						
箱　数(万箱)	Number of Containers (10000 units)	849.03	408.15	440.88	840.69	404.48	436.22
重　量(万吨)	Weight (10000 tons)	13649.31	7187.12	6462.19	13587.15	7187.12	6400.03
国际小计	International Total						
箱　数(万箱)	Number of Containers (10000 units)	421.22	212.21	209.01	413.88	207.30	206.58
# 中国香港	Hong Kong, China	255.88	120.16	135.72	248.53	115.25	133.28
巴生港	Port Kelang	9.52	5.59	3.93	9.52	5.59	3.93
新加坡	Singapore	13.28	6.36	6.92	13.28	6.36	6.92
汉　堡	Hamburger	6.07	2.88	3.19	6.07	2.88	3.19
鹿特丹	Rotterdam	7.00	2.90	4.09	7.00	2.90	4.09
温哥华	Vancouver	2.99	2.66	0.33	2.99	2.66	0.33
长　滩	Long Beach	10.91	7.39	3.52	10.91	7.39	3.52
洛杉矶	Los Angeles	3.96	3.95	…	3.96	3.95	…
奥克兰	Auckland	2.48	2.05	0.42	2.48	2.05	0.42
西雅图	Seattle	2.51	2.24	0.27	2.51	2.24	0.27
重　量(万吨)	Weight (10000 tons)	4420.66	2132.77	2287.89	4350.18	2079.43	2270.75
# 中国香港	Hong Kong, China	2974.81	1381.73	1593.08	2904.33	1328.39	1575.94
巴生港	Port Kelang	74.45	27.61	46.84	74.45	27.61	46.84
新加坡	Singapore	182.73	77.24	105.49	182.73	77.24	105.49
汉　堡	Hamburger	56.17	29.31	26.86	56.17	29.31	26.86
鹿特丹	Rotterdam	66.20	32.60	33.60	66.20	32.60	33.60
温哥华	Vancouver	30.07	26.76	3.31	30.07	26.76	3.31
长　滩	Long Beach	90.44	63.68	26.76	90.44	63.68	26.76
洛杉矶	Los Angeles	56.31	56.30	0.01	56.31	56.30	0.01
奥克兰	Auckland	25.56	22.34	3.22	25.56	22.34	3.22
西雅图	Seattle	34.28	32.02	2.27	34.28	32.02	2.27

13-16 邮政电信网

Network of Postal and Telecommunication Services

项　目	Item	2009 全市 Total	2009 #市区 Urban Districts	2010 全市 Total	2010 #市区 Urban Districts
邮政网(个)	Post Network (unit)	253	218	251	212
自办邮政网点	Post Office Owned by Itself	206	175	203	170
代办网点	Commission Office	47	43	48	42
邮政储蓄所	Postal Savings Office	131	106	133	108
信箱、信筒	Mail Box	1654	1407	1365	1130
电信网(个)	Telecommunication Office (unit)	13080	11518	16168	13406
自办电信网点	Telecommunication Office Owned by Itself	360	300	360	287
代办网点	Commission Office	12720	11218	15808	13119
邮政网络(公里)	Postal Service Network (km)				
邮路总长度	Total Length of Mail Routes	21708	20831	23386	21874
农村投递线路总长度	Length of Rural Delivery Routes	17083	13194	18028	13924
电信网络(路)	Telecommunication Service Network (line)				
长途电话业务电路	Trunk Call Line	285271	285271	220645	220645

13-17 邮政业务主要指标

Main Indicators on Post

项　目	Item	2009 全市 Total	2009 #市区 Urban Districts	2010 全市 Total	2010 #市区 Urban Districts
国内分类业务总量	Category of Domestic Services				
函　件(万件)	Number of Letters (10000 pcs)	21745	21552	21948	21697
包　件(万件)	Packages (10000 pcs)	101	101	178	170
汇　票(万张)	Postal Orders (10000 pcs)	892	791	580	503
订销报纸累计数(万份)	Number of Newspapers Circulation (10000 copies)	12070	10647	15645	14074
订销杂志累计数(万份)	Number of Magazines Circulation (10000 copies)	897	842	934	865
特快专递(万件)	Pieces of Express Mail Services (10000 pcs)	1994	1973	2784	2697
邮政储蓄年末收储余额(万元)	Postal Savings Deposits at Year-end (10000 yuan)	2044549	1866619	1517818	1350113
国际及港澳分类业务	Category of International and Hong Kong & Macao Service				
函　件(万件)	Number of Letters (10000 pcs)	1465	1465	801	801
包　件(万件)	Packages (10000 pcs)	126	126	102	99
特快专递(万件)	Pieces of Express Mail Services (10000 pcs)	106	106	198	195

13-18 电信业务主要指标

项　　目	Item
通信业务量	Business Volume of Telecommunications
移动电话年末用户(万户)	Number of Mobile Telephone Subscribers at Year-end (10000 subscribers)
本地电话年末用户(万户)	Number of Local Telephone Subscribers at Year-end (10000 subscribers)
城市电话用户	Number of Urban Telephone Subscribers
乡村电话用户	Number of Rural Telephone Subscribers
住宅电话年末用户(万户)	Number of Residential Telephone Subscribers at Year-end (10000 subscribers)
城市电话用户	Number of Urban Telephone Subscribers
乡村电话用户	Number of Rural Telephone Subscribers
公用电话(万户)	Number of Public Telephones (10000 subscribers)
小灵通(万户)	Number of PHS (10000 subscribers)
国际互联网用户(万户)	Number of Internet Subscribers (10000 subscribers)
互联网用户使用时长(万分钟)	Time Length Used by Internet Subscribers (10000 minutes)
电信主要通信能力	Main Communication Capacity of Telecommunications
长途电话交换机容量(万路端)	Capacity of Long-distance Telephone Exchanges (10000 circuits)
电话交换机总容量(万门)	Capacity of Telephone Exchanges (10000 gates)
局用电话交换机容量(万门)	Capacity of Office Exchanges (10000 gates)
城市电话用户	Urban Telephone Subscribers
乡村电话用户	Rural Telephone Subscribers
接入网交换机容量(万门)	Capacity of Exchanges Linked-out (10000 gates)
城市电话用户	Urban Telephone Subscribers
乡村电话用户	Rural Telephone Subscribers
移动电话交换机容量(万户)	Capacity of Mobile Telephone Exchanges (10000 subscribers)

Main Indicators on Telecommunication Services

2009		2010	
全 市 Total	#市 区 Urban Districts	全 市 Total	#市 区 Urban Districts
2099.44	1966.51	2328.83	2047.53
633.31	575.12	601.72	564.98
609.06	575.12	564.98	564.98
24.25		36.74	
264.80	233.36	272.01	241.45
245.77	233.36	241.45	241.45
19.03		30.56	
75.70	70.54	79.91	75.22
87.53	80.56	50.50	45.95
280.19	265.23	422.90	401.61
36871435.62	36026977.60	42790784.02	41689589.76
54.73	54.73	98.90	98.90
832.60	775.52	931.59	859.12
672.46	624.16	683.12	630.92
631.37	624.16	630.92	630.92
41.09		52.20	
160.14	151.36	248.47	228.20
152.22	151.36	228.20	228.20
7.92		20.27	
3258	2978	3257	3031

13-19 邮电业务收入

Revenue of Postal and Telecommunication Services

单位:万元 (10000 yuan)

项　目	Item	2009 全市 Total	2009 #市区 Urban Districts	2010 全市 Total	2010 #市区 Urban Districts
总　计	**Total**	**2680007**	**2478453**	**2900942**	**2619672**
# 港澳及国际	Hong Kong, Macao and International	98855	95316	177577	165136
邮政收入	Revenue of Posts	159056	151178	202291	198227
# 港澳及国际	Hong Kong, Macao and International	30144	29842	51509	51087
函　件	Letters	32216	31726	37580	36972
特快专递	Express Mails	57671	55855	83851	82181
汇　票	Postal Orders	9100	8462	41279	41279
包　件	Packages	7293	7038	4028	3822
报　刊	Newspapers and Magazines	5027	4558	5976	5421
集邮业务	Philately Service	7563	7262	12145	11763
其　他	Others	40186	36277	17432	16789
电信收入	Revenue of Telecommunications	2520951	2327275	2698651	2421445
# 港澳及国际长途电信收入	Hong Kong, Macao and International	68711	65474	126068	114049
长途电信收入	Long Distance Telecommunications	189621	181394	150358	143164
国内长途电话	Domestic Long Distance Telephone Calls	149826	142730	123976	117758
国际及港澳电话	International and Hong Kong and Macao Calls	39278	38148	26373	25397
电　报	Telegraphs	13	12	9	9
其　他	Others	504	504		
市内电话收入	Local Calls	285606	267108	246922	232541
其他收入	Others	2045724	1878773	2301371	2045740
移动电话	Mobile Telephone Calls	1568182	1427678	1737447	1515458
其　他	Others	477542	451095	563924	530282

13-20 城市(市区)公共交通(2010年)

Public Transportation in City (Urban Districts)(2010)

项　目	Item	汽、电车 Buses and Trolleys	# 汽车 Buses	轮渡 Ferries	出租汽车 Cabs	# 小汽车 Taxies	轨道交通 Track Traffic
年末营运车、船数(辆、艘)	Number of Vehicles and Vessels (unit)	11501	11201	25	18993	18993	1106
营运车船客位数(个)	Seat for Vehicles and Vessels for Business Transportation at Year-end (seat)	977585	952085	4500	76770	76770	292786
营运线路条数(条)	Lines Used by Public Traffic for Business Transportation (line)	716	701	17			8
营运线路长度(公里)	Length of Public Traffic (km)	12070	11878	113			236
客运量(万人次)	Number of Passenger Traffic (10000 person-times)	250196	241901	1745	75511	75511	118102
客运收入(万元)	Revenue of Passenger Transport (10000 yuan)	461525	450963	2328	628549	628549	238243
车船完好率(%)	Ratio of Vehicles and Vessels in Good Condition (%)	98.07	98.09	97.25	97.25	97.25	91.00
每辆汽、电车负担人数(人)	Number of Passengers per Bus and Trolley (person)	578					

注:1. 本表数据由广州市交通委员会提供(营运车船客位数按实际可乘坐人数计算)。

2. 每辆汽、电车负担人数按市区人口计。

Note: I. The data in this table were provided by communications commission of Guangzhou municipality (seats of vehicles and vessels for business transportation were caculated by factual seats).

II. The number of persons carried by per bus and trolley is calculated by population in urban districts.

13-21 独立核算运输邮电企业财务指标(2010年，按经济类型分)

Financial Indicators of Transport, Postal and Telecommunication Enterprises with Independent Accounting System (2010, by Type of Ownership)

单位:万元 (10000 yuan)

项　目	Item	合 计 Total	国有经济 State-owned Economy	私营经济 Private Economy	其他经济 Others
企业单位数(个)	Number of Enterprises (unit)	325	78	151	96
# 亏损企业	Loss-making Enterprises	82	19	33	30
固定资产原价合计	Total Original Value of Fixed Assets	34894696	20563944	515387	13815365
本年折旧	Depreciation at Current Year	1599679	926894	34320	638465
资产合计	Total Assets	49436785	35298221	932007	13206557
负债合计	Total Liabilities	23299299	13513218	623498	9162583
实收资本	Paid-in Capital	26137487	21785003	308509	4043975
营运业务收入	Operation Revenue	15434604	7159571	666076	7608957
营运业务成本	Operation Cost	10826829	4507309	543713	5775807
营运税金及附加	Operation Tax and Extra Charges	388762	187564	16380	184818
管理费用	Management Expenses	990012	637272	63433	289307
财务费用	Financial Expenses	185428	190226	5844	-10642
营业利润	Operation Profits	1957467	1043219	5935	908313
利润总额(亏损为-)	Total Profits ("-" indicates losses)	2194692	1152494	9332	1032866
从业人员劳动报酬	Remuneration of Employed Persons	2024286	1135681	54125	834480
企业平均人数(人)	Average Number of Employed Persons (person)	235296	124607	18069	92620

13-22 独立核算运输邮电企业财务指标(2010年)

Financial Indicators of Transport, Postal and Telecommunication Enterprises with Independent Accounting System (2010)

单位:万元 (10000 yuan)

项目	Item	合计 Total	公路运输 Highway Transport	水上运输 Waterway Transport	#港口 Port	民航 Civil Aviation	邮电 Postal and Telecommunication Services	其它 Others
企业单位数(个)	Number of Enterprises (unit)	325	182	62	18	2	19	60
# 亏损企业	Loss-making Enterprises	82	38	17	3		5	22
固定资产原价合计	Total Original Value of Fixed Assets	34894696	5080536	3512251	1355634	11249824	8033293	7018792
本年折旧	Depreciation at Current Year	1599679	219186	141888	53163	525606	557084	155915
资产合计	Total Assets	49436785	7269599	8214909	2222670	10460224	15854787	7637266
负债合计	Total Liabilities	23299299	3740952	3580689	1075304	7417545	4699812	3860301
实收资本	Paid-in Capitals	26137487	3528647	4634220	1147366	3042679	11154975	3776966
营运业务收入	Operation Revenue	15434604	1785539	2179361	418439	6475412	3695908	1298384
营运业务成本	Operation Cost	10826829	1077075	1702234	264404	5107801	1906157	1033562
营运税金及附加	Operation Tax and Extra Charges	388762	49287	36813	13548	159406	102484	40772
管理费用	Management Expenses	990012	136396	274059	83285	196934	221785	160838
财务费用	Financial Expenses	185428	76054	29719	28202	-37300	29217	87738
营业利润	Operation Profits	1957467	494026	203274	75581	576333	834386	-150552
利润总额(亏损为-)	Total Profits ("-" indicates losses)	2194692	501133	198915	70761	688969	847442	-41767
从业人员劳动报酬	Remuneration of Employed Persons	2024286	269317	340528	86633	725272	378924	310245
企业平均人数(人)	Average Number of Employed Persons (person)	235296	36551	41471	11907	60779	39302	57193

【货(客)运量】 指运输业实际运送的货物(旅客)数量。货运按吨计算,客运按人计算。货物不论运输距离长短,货物类型,均按实际重量统计；旅客不论行程远近或票价多少,均按一人一次作为客运量统计。半价票、小孩票也按一人统计。货(客)运量反映运输业为国民经济和人民生活服务的数量,也是制定和检查运输生产计划,研究运输发展规模和速度的重要指标。

【货物(旅客)周转量】 指运输业运送的货物(旅客)与其相应运输距离的乘积之和,通常以吨公里和人公里为计算单位。计算货物周转量通常按发出站与到达站之间的最短距离,也就是计费距离计算。它是反映运输业生产总成果的重要指标,也是编制和检查运输生产计划,计算运输效率,劳动生产率以及核算运输单位成本的主要基础资料。

【移动电话用户】 指在邮电部门登记,通过移动电话交换机进入移动电话网、占有移动电话号码的电话用户。计量单位为“户”。用户数字以实际办理登记手续进入邮电部门移动电话网的户数进行计算,一部或一台移动电话统计为一户。

【Freight (Passenger)Traffic】 refers to the volume of freight (passenger)transported with various means.Freight transport is calculated in tons and passenger traffic is calculated in the number of persons. Despite the type of freight and traveling distance, the freight transport is calculated in the actual weight of the goods; and despite the traveling distance and ticket price,the passenger traffic is calculated by the principle that one person can be counted only once in one travel.The passenger who travels with a half price ticket or a child ticket is also calculated as one person.The freight (passenger)traffic provides a quantitative measure to show how the transport industry serves the national economy and people,and is also an important indicator for planning how the transport industry serves the national economy and people,and is also an important indicator for planning the transport industry and for studying the development scale and speed of the transport industry.

【Freight Ton-kilometers(Passenger-kilometers)】 refer to the sum of the products of the volume of transported cargo (passengers)multiplying by the transport distance,usually using ton-kilometer and passenger -kilometer as units for measurement. Normally, the shortest distance between the departure station and the destination station (i.e.the payable distance)is the basis to calculate the freight ton kilometers.This is an important indicator to show the total results of the transport industry,to prepare and examine the transport plan and to measure the efficiency,the labor productivity and the unit cost of transport.

【Mobile Telephone Subscribers】 refer to the persons who own mobile telephone number connected with the mobile telephone communication network and registered by postal and telecommunication organization.The number of subscribers is calculated only when the subscriber who has gone through all the register formalities and entered into the mobile telephone network.One mobile telephone is treated as a subscriber.

第十四篇
CHAPTER 14

国内贸易
DOMESTIC TRADE

简要说明

第十四篇　国内贸易

一、本篇资料反映广州市国内市场发展的基本情况。

二、本篇资料由广州市统计局贸易外经统计处整理提供。

三、本篇资料主要根据国家统计局的《批发零售业、住宿餐饮业统计报表制度》，通过采取全面调查、抽样调查等方法，对基层数据汇总取得，其中批发零售餐饮业机构网点数根据基本单位调查统计资料整理取得，机构网点数的其他企业分组指标根据工商局登记的个体经营户整理取得。

四、各表的调查范围：

批发零售业机构、网点及从业人员和批发零售业商品购、销、存总额的有关指标的调查范围是全社会各种经济类型的批发、零售业法人、产业活动单位及个体户。

商品购、销、存类值和数量表的调查范围是各种经济类型限额以上批发零售业的法人单位和产业活动单位。

财务状况表的调查范围是各种经济类型的限额以上批发零售业和住宿餐饮业的法人单位。

社会消费品零售总额表的调查范围是各种经济类型的法人企业、产业活动单位及个体户对城乡居民和社会集团的零售。

五、关于历史数据调整问题

根据2008年第二次经济普查结果。我们对2006年-2007年社会消费品零售总额进行了调整。2008年使用的是经济普查数据。

Brief Introduction

14 Domestic Trade

I.The data in this chapter show the development of Guangzhou's domestic markets.

II.The data in this chapter are prepared and provided by the Division of Trade and External Economic Relations Statistics of Guangzhou Municipal Bureau of Statistics.

III.The data are obtained mainly in accordance with the Statistical Reporting Scheme on Wholesale and Retail Trade and Catering Services stipulated by the National Bureau of Statistics. The Methods used in data collection for enterprises (units) are complete enumeration and sample surveys,under which data are reported from lower to higher level statistical offices.The number of wholesale,retail trade and catering enterprises is prepared in accordance with the data from The Survey and Statistics on Basic Units and the data on number of other enterprises are prepared in accordance with the data of individual operating households registered by Guangzhou Municipal Administration of Industry and Commerce.

IV.The statistical coverage comes as follows:

The investigated objects of number of organs, number of employed persons,total purchases and sales and inventory of wholesale and retail trade, come from corporation units, economic active units and individuals of various types of ownership.

The investigated objects of commodity purchases,sales and inventory covered the corporation units and economic active units of wholesale and retail trade enterprises above the designated size.

The investigated objects of financial situation covered the corporation units of wholesale and retail trade,catering and accommodation above the designated size.

The total retail sales of social consumer goods covered the retail value which the corporation units,economic active units and individuals of various types of ownership sold to the residents of city and countryside and social groups.

V.Based on results from the Second National Economic Census in 2008,adjustiments were made for total retail sales consumer goods from year 2006 to 2007.The data of year 2008 are from the census in 2008.

14-1 主要年份社会消费品零售总额

Total Retail Sales of Consumer Goods in Main Years

单位:万元 (10000 yuan)

年 份 Year	总 计 Total	按行业分 By Sector			
		批发和零售业 Wholesale and Retail Trade	餐饮业 Catering Services	其他行业 Others	# 制造业 Manufacturing
1978	176300	148378	16242	11680	7327
1979	210990	171967	19167	19856	13341
1980	287127	224457	23307	39363	24261
1981	345303	253602	27986	63715	37531
1982	385435	294676	31065	59694	31337
1983	436195	326611	34201	75383	39941
1984	543129	400564	51618	90947	48695
1985	749841	499571	115750	134520	64827
1986	802044	536172	107943	157929	69972
1987	952332	622077	134437	195818	67362
1988	1303688	833448	175891	294349	86936
1989	1442483	910670	234931	296882	90114
1990	1477826	945047	239607	293172	74574
1991	1701215	1062833	286924	351458	83978
1992	2095177	1330726	340871	423580	106090
1993	3030090	1878281	550956	600853	163413
1994	4481850	2781693	803059	897098	274554
1995	5499678	3437585	962855	1099238	331749
1996	6864426	4549455	1193692	1121279	370657
1997	8025887	5329267	1387026	1309594	509907
1998	9045719	6010638	1583833	1451248	561812
1999	10006848	6661555	1820957	1524336	605225
2000	11211340	7839516	2081458	1290366	589711
2001	12482848	8803979	2399208	1279661	571027
2002	13706815	9733195	2659750	1313870	476489
2003	14942742	11833760	2818533	290449	
2004	16777731	14030973	2636742	110016	
2005	19058398	16171817	2835312	51269	
2006	21991379	18921556	3069823		
2007	26242399	22841850	3400549		
2008	31873862	27953721	3920141		
2009	36157655	31565720	4591935		
2010	44763780	38835933	5927847		

14-2 主要年份社会消费品零售总额指数

Indices of Total Retail Sales of Consumer Goods in Main Years

上年=100 (preceding year=100)

年 份 Year	总 计 Total	按行业分 By Sector 批发和零售业 Wholesale and Retail Trade	餐饮业 Catering Services	其他行业 Others	#制造业 Manufacturing
1978	106.60	105.65	118.16	104.34	95.42
1979	119.68	115.90	118.01	170.00	182.08
1980	136.09	130.52	121.60	198.24	181.85
1981	120.26	112.98	120.08	161.87	154.70
1982	111.62	116.20	111.00	93.69	83.50
1983	113.17	110.84	110.09	126.28	127.46
1984	124.52	122.64	150.93	120.65	121.92
1985	138.06	124.72	224.24	147.91	133.13
1986	106.96	107.33	93.26	117.40	107.94
1987	118.74	116.02	124.54	123.99	96.27
1988	136.89	133.98	130.84	150.32	129.06
1989	110.65	109.27	133.57	100.86	103.66
1990	102.45	103.77	101.99	98.75	82.76
1991	115.12	112.46	119.75	119.88	112.61
1992	123.16	125.21	118.80	120.52	126.33
1993	144.62	141.15	161.63	141.85	154.03
1994	147.91	148.10	145.76	149.30	168.01
1995	122.71	123.58	119.90	122.53	120.83
1996	118.28	123.97	117.48	91.34	111.73
1997	116.92	117.14	116.20	116.79	137.57
1998	112.71	112.79	114.19	110.82	110.18
1999	110.63	110.83	114.97	105.04	107.73
2000	112.04	117.68	114.31	84.65	97.44
2001	111.34	112.30	115.27	99.17	96.83
2002	109.81	110.55	110.86	102.67	83.44
2003	109.02	121.58	105.97	22.11	
2004	112.10	115.22	106.60	38.40	
2005	113.59	115.26	107.53	46.60	
2006	115.39	117.00	108.27		
2007	119.33	120.72	110.77		
2008	121.46	122.38	115.28		
2009	113.44	113.60	112.36		
2010	124.17	123.39	129.51		

注:当年指数按可比口径计算。

Note: The indices are calculated at the comparable coverage.

14-3 主要年份市区社会消费品零售总额

Total Retail Sales of Consumer Goods in Urban Districts in Main Years

单位:万元 (10000 yuan)

年 份 Year	总 计 Total	按行业分 By Sector			
		批发和零售业 Wholesale and Retail Trade	餐饮业 Catering Services	其他行业 Others	# 制造业 Manufacturing
1978	143227	119936	13745	9546	6116
1979	171426	138438	16378	16610	11231
1980	237418	184858	19935	32625	21400
1981	281303	204938	24094	52271	33568
1982	314035	241707	26755	45573	25660
1983	356160	270591	28802	56767	31466
1984	456089	342546	46220	67323	38945
1985	632251	416357	108856	107038	54359
1986	681288	456926	99921	124441	57869
1987	803824	529060	123490	151274	52263
1988	1087587	714635	159275	213677	66939
1989	1203058	777058	215097	210903	65976
1990	1222915	794325	216701	211889	53849
1991	1378776	877081	258642	243053	57014
1992	1672561	1088991	297661	285909	63464
1993	2388889	1511557	478287	399045	92711
1994	3583377	2285764	688293	609320	160524
1995	4343763	2783824	813012	746927	191899
1996	5618364	3795232	1030453	792679	217521
1997	6685149	4530462	1217018	937669	340696
1998	7552787	5144895	1380089	1027803	377159
1999	8385293	5685771	1575266	1124256	423649
2000	10507973	7341774	1993554	1172645	539212
2001	11661045	8157733	2293624	1209688	538575
2002	12798845	9041371	2533428	1224046	438922
2003	13949803	11034069	2672110	243624	
2004	15738249	13204837	2469271	64141	
2005	17835219	15161302	2626182	47735	
2006	20512973	17710949	2802024		
2007	24603501	21535739	3067762		
2008	29733665	26096150	3637515		
2009	34301889	30039879	4262010		
2010	42425974	36967331	5458643		

14-4 主要年份市区社会消费品零售总额指数

Indices of Total Retail Sales of Consumer Goods in Urban Districts in Main Years

上年=100 (preceding year=100)

年份 Year	总计 Total	按行业分 By Sector			
		批发和零售业 Wholesale and Retail Trade	餐饮业 Catering Services	其他行业 Others	# 制造业 Manufacturing
1978	106.94	105.61	119.64	107.49	94.91
1979	119.69	115.43	119.16	174.00	183.63
1980	138.50	133.53	121.72	196.42	190.54
1981	118.48	110.86	120.86	160.22	156.86
1982	111.64	117.94	111.04	87.19	76.44
1983	113.41	111.95	107.65	124.56	122.63
1984	128.06	126.59	160.47	118.60	123.77
1985	138.62	121.55	235.52	158.99	139.58
1986	107.76	109.74	91.79	116.26	106.46
1987	117.99	115.79	123.59	121.56	90.31
1988	135.30	135.08	128.98	141.25	128.08
1989	110.62	108.73	135.05	98.70	98.56
1990	101.65	102.22	100.75	100.47	81.62
1991	112.75	110.42	119.35	114.71	105.88
1992	121.31	124.16	115.09	117.63	111.31
1993	142.83	138.80	160.68	139.57	146.08
1994	150.00	151.22	143.91	152.69	173.14
1995	121.22	121.79	118.12	122.58	119.55
1996	122.57	127.70	120.11	94.05	113.35
1997	118.99	119.37	118.11	118.29	156.63
1998	112.98	113.56	113.40	109.61	110.70
1999	111.02	110.51	114.14	109.38	112.33
2000	110.97	114.61	107.16	97.93	122.50
2001	110.97	111.11	115.05	103.16	99.88
2002	109.76	110.83	110.46	101.19	81.50
2003	108.99	122.04	105.47	19.90	
2004	112.33	115.56	106.25	32.62	
2005	113.32	114.82	106.35	74.42	
2006	115.01	116.82	106.70		
2007	119.94	121.60	109.48		
2008	120.85	121.18	118.57		
2009	113.39	113.61	111.91		
2010	124.00	123.37	128.48		

注：当年指数按可比口径计算。

Note: The indices are calculated at the comparable coverage.

14-5 各时期社会消费品零售总额

Total Retail Sales of Consumer Goods in Different Periods

单位:万元 (10000 yuan)

时 期	Period	总 计 Total	按行业分 By Sector 批发和零售业 Wholesale and Retail Trade	餐饮业 Catering Services	其他行业 Others	# 制造业 Manufacturing
全 市	**Total**					
“六五”时期	6th Five-year Plan Period	2459903	1775024	260620	424259	222331
“七五”时期	7th Five-year Plan Period	5978373	3847414	892809	1238150	388958
“八五”时期	8th Five-year Plan Period	16808010	10491118	2944665	3372227	959784
“九五”时期	9th Five-year Plan Period	45154220	30390431	8066966	6696823	2637312
“十五”时期	10th Five-year Plan Period	76968534	60573724	13349545	3045265	1047516
“十一五”时期	11th Five-year Plan Period	161029075	140118780	20910295		
1979-2010	1979-2010	308896232	247592915	46467374	14835943	5293503

14-5 续表 continued

单位:万元 (10000 yuan)

时期	Period	总计 Total	按行业分 By Sector			
			批发和零售业 Wholesale and Retail Trade	餐饮业 Catering Services	其他行业 Others	# 制造业 Manufacturing
市区	**Urban Districts**					
"六五"时期	6th Five-year Plan Period	2039838	1476139	234727	328972	183998
"七五"时期	7th Five-year Plan Period	4998672	3272004	814484	912184	296896
"八五"时期	8th Five-year Plan Period	13367366	8547217	2535895	2284254	565612
"九五"时期	9th Five-year Plan Period	38749566	26498134	7196380	5055052	1898237
"十五"时期	10th Five-year Plan Period	71983161	56599312	12594615	2789234	977497
"十一五"时期	11th Five-year Plan Period	151578002	132350048	19227954		
1979-2010	1979-2010	283125449	229066150	42640368	11418931	3954871

14-6 社会消费品零售总额(2010年)

Total Retail Sales of Consumer Goods (2010)

单位:万元 (10000 yuan)

项　　目	Item	全 市 Total	市 区 Urban Districts	增城市 Zengcheng	从化市 Conghua
社会消费品零售总额	**Total**	**44763780**	**42425974**	**1674629**	**663177**
按行业分	**By Sector**				
批发和零售业	Wholesale and Retail Trade	38835933	36967331	1313093	555509
限额以上企业	Enterprises above Designated Size	18127449	17689750	368883	68816
限额以下企业(单位)和个体户	Enterprises (Units) below Designated Size and Individuals	20708484	19277581	944210	486693
住宿和餐饮业	Hotel and Catering Service	5927847	5458643	361536	107668
限额以上企业	Enterprises above Designated Size	2077277	2019140	36525	21612
限额以下企业(单位)和个体户	Enterprises (Units) below Designated Size and Individuals	3850570	3439503	325011	86056
按企业规模分	**By Size of Enterprises**				
限额以上企业	Enterprises above Designated Size	20204726	19708890	405408	90428
限额以下企业(单位)和个体户	Enterprises (Units) below Designated Size and Individuals	24559054	22717084	1269221	572749

14-7 批发和零售业商品销售总额(2010年，按地区分)

Total Purchases, Sales and Inventory of Wholesale and Retail Trade (2010, by Region)

单位:万元 (10000 yuan)

项　　目	Item	全 市 Total	市 区 Urban Districts	增城市 Zengcheng	从化市 Conghua
商品销售总额	Total Sales	212042668	207989740	2586785	1466143
批　发	Wholesale	173206735	171022409	1273692	910634
零　售	Retail	38835933	36967331	1313093	555509

14-8 限额以上批发和零售业企业商品购、销、存总额(2010年)

单位:万元

项　　目	Item
总　计	**Total**
批发业	**Wholesale Trade**
# 国有及国有控股	State-owned and State-controlled Enterprises
按登记注册类型分	**Grouped by Registration Status**
内资企业	Domestic Funded Enterprises
国有企业	State-owned Enterprises
集体企业	Collective-owned Enterprises
股份合作企业	Cooperative Enterprises
联营企业	Joint Ownership Enterprises
国有联营企业	State Joint Ownership Enterprises
集体联营企业	Collective Joint Ownership Enterprises
国有与集体联营企业	Joint State-collective Enterprises
其他联营企业	Other Joint Ownership Enterprise
有限责任公司	Limited Liability Corporations
国有独资企业	State Sole Funded Corporations
其他有限责任公司	Other Limited Liability Corporations
股份有限公司	Share-holding Corporations Ltd.
私营企业	Private Enterprises
私营独资企业	Private-funded Enterprises
私营合伙企业	Private Partnership Enterprises
私营有限责任公司	Private Limited Liability Corporations
私营股份有限公司	Private Share-holding Corporations Ltd.
其他企业	Other Enterprises
港、澳、台商投资企业	Enterprises with Funds from Hong Kong, Macao and Taiwan
合资经营企业	Joint-venture Enterprises
合作经营企业	Cooperative Enterprises
独资经营企业	Enterprises with Sole Funds
投资股份有限公司	Share-holding Corporations Ltd.
外商投资企业	Foreign Funded Enterprises
中外合资经营企业	Joint-venture Enterprises
中外合作经营企业	Cooperative Enterprises
外资企业	Enterprises with Sole Foreign Funds
外商投资股份有限公司	Share-holding Corporations Ltd.
按国民经济行业分组	**Grouped by Sector**
农畜产品批发业	Wholesale of Agricultural and Livestock Products
食品、饮料及烟草制品批发业	Wholesale of Food, Beverages and Tobacco Products
# 米、面制品及食用油批发业	Wholesale of Rice, Flour and Edible Oil
烟草制品批发业	Wholesale of Tobacco
纺织、服装及日用品批发业	Wholesale of Textile, Garments and Daily Articles Consumer
# 服装批发业	Wholesale of Garments
文化、体育用品及器材批发业	Wholesale of Cultural, Sports Appliances and Equipment
医药及医疗器材批发业	Wholesale of Medicine and Medical Appliances
矿产品、建材及化工产品批发业	Wholesale of Mineral Products, Building Materials and Chemical Products
# 煤炭及制品批发业	Wholesale of Coal and Related Products
石油及制品批发业	Wholesale of Petroleum and Related Products
金属及金属矿批发业	Wholesale of Metal Minerals
建材批发业	Wholesale of Building Materials
化肥批发业	Wholesale of Chemical Fertilizers
机械设备、五金交电及电子产品批发业	Wholesale of Machinery, hardware and Electronic Equipment
# 汽车、摩托车及零配件批发业	Wholesale of Motor Vehicles, Motorcycles and Parts
家用电器批发业	Wholesale of Household Electrical Appliances
计算机、软件及辅助设备批发业	Wholesale of Computers, Software and Assistant Appliances
贸易经纪与代理	Trade Broker and Agent
其他批发业	Other Wholesales Not Classified Elsewhere

Total Purchases, Sales and Inventory of Enterprises above the Designated Size in Wholesale and Retail Trade (2010)

(10000 yuan)

购进总额 Total Purchase Value	# 进 口 Imports Value	销售总额 Total Sales Value	批 发 Wholesale Value	零 售 Retail Value	年末库存 Stock at Year-end
140859769	**10913219**	**153655256**	**135527807**	**18127449**	**8783294**
125314045	**9931081**	**133859351**	**131720479**	**2138872**	**7166268**
68881447	3462581	72410399	71172793	1237606	2924358
113391136	8397065	120655053	119153566	1501487	5856013
31788879	2231774	32807088	32662449	144639	1681460
1645722	92645	1758626	1737731	20895	154134
249312	7654	276299	276299		7906
25576	3562	25699	25699		
25576	3562	25699	25699		
27682014	3029234	28947810	28064415	883395	1749473
2900011	140460	2956702	2933198	23504	228887
24782003	2888774	25991108	25131217	859891	1520586
21433628	328345	23457817	23439760	18057	353569
30389793	2703774	32996336	32585806	410530	1901393
664875	69536	708319	700278	8041	45870
393009	12854	403875	403592	283	45057
28579757	2592874	31094271	30695735	398536	1789196
752152	28510	789871	786201	3670	21270
176212	77	385378	361407	23971	8078
3620265	259710	3877346	3754111	123235	656754
1789730	69586	1883867	1787238	96629	127221
27227		29530	29530		
1692588	189519	1824652	1798046	26606	328556
110720	605	139297	139297		200977
8302644	1274306	9326952	8812802	514150	653501
3417658	422621	3492861	3047744	445117	362684
31547	28400	63149	63149		3751
4848249	823285	5761263	5692230	69033	286611
5190		9679	9679		455
1084099	127456	1112487	1112063	424	93024
3712732	448728	4576020	4511750	64270	384227
855656	302121	835782	819199	16583	183144
688380		925967	925967		28068
12330691	593711	13196893	12779653	417240	805494
4368559	107275	4410032	4030977	379055	406507
1442001	102701	1572019	1539093	32926	432839
5574660	494755	6101910	4982845	1119065	536475
86653946	6564102	90839955	90653423	186532	3919963
8155898	1462365	8470562	8469020	1542	421408
40568672	2254279	43078025	42981148	96877	1606954
17861260	1025714	18406979	18320876	86103	895089
5482979	175845	5678582	5678514	68	248808
1253257	181504	1236504	1236504		155643
10328140	823111	11737585	11454153	283432	794700
2422974	142194	2706153	2532997	173156	164794
1662671	35494	1868151	1827231	40920	150470
1816230	2549	1968275	1917847	50428	122668
2233793	554325	2286781	2269950	16831	115912
1953983	222192	2435702	2417550	18152	83634

14-8 续表

单位:万元

项　　目	Item
零售业	**Retail Trade**
# 国有及国有控股	State-owned and State-controlled Enterprises
按登记注册类型分	**Grouped by Registration Status**
内资企业	Domestic Funded Enterprises
国有企业	State-owned Enterprises
集体企业	Collective-owned Enterprises
股份合作企业	Cooperative Enterprises
联营企业	Joint Ownership Enterprises
国有联营企业	State Joint Ownership Enterprises
集体联营企业	Collective Joint Ownership Enterprises
国有与集体联营企业	Joint State-collective Enterprises
其他联营企业	Other Joint Ownership Enterprise
有限责任公司	Limited Liability Corporations
国有独资企业	State Sole Funded Corporations
其他有限责任公司	Other Limited Liability Corporations
股份有限公司	Share-holding Corporations Ltd.
私营企业	Private Enterprises
私营独资企业	Private-funded Enterprises
私营合伙企业	Private Partnership Enterprises
私营有限责任公司	Private Limited Liability Corporations
私营股份有限公司	Private Share-holding Corporations Ltd.
其他企业	Other Enterprises
港、澳、台商投资企业	Enterprises with Funds from Hong Kong, Macao and Taiwan
合资经营企业	Joint-venture Enterprises
合作经营企业	Cooperative Enterprises
独资经营企业	Enterprises with Sole Funds
投资股份有限公司	Share-holding Corporations Ltd.
外商投资企业	Foreign Funded Enterprises
中外合资经营企业	Joint-venture Enterprises
中外合作经营企业	Cooperative Enterprises
外资企业	Enterprises with Sole Foreign Funds
外商投资股份有限公司	Share-holding Corporations Ltd.
按国民经济行业分组	**Grouped by Sector**
综合零售业	Integrated Retail
# 百货零售业	Retail of General Merchandise
超级市场零售业	Retail of Supermarket
食品、饮料及烟草制品专门零售业	Special Retail of Food, Beverage and Tobacco
纺织、服装及日用品专门零售业	Special Retail of Textile, Garments and Daily Articles Consumer
# 服装零售	Retail of Garments
文化、体育用品及器材专门零售业	Special Retail of Cultural, Sports Appliances and Equipment
# 体育用品零售业	Retail of Sports Goods
图书零售业	Retail of Books
医药及医疗器材专门零售业	Special Retail of Medicine and Medical Appliances
# 药品零售业	Retail of Medicine
汽车、摩托车、燃料及零配件专门零售业	Special Retail of Motor Vehicles, Motorcycles, Fuels and Parts
# 汽车零售业	Retail of Motor Vehicles
机动车燃料零售业	Retail of Fuels for Motor Vehicles
家用电器及电子产品专门零售业	Special Retail of Household Electrical Appliances and Electronic Products
# 家用电器零售业	Retail of Household Electric Appliances
计算机、软件及辅助设备零售业	Retail of Computers, Software and Assistant Equipment
通信设备零售业	Retail of Communication Equipment
五金、家具及室内装修材料专门零售业	Special Retail of Hardware, Furniture and Decoration Materials
无店铺及其他零售	Non-shop and Other Retails

continued

(10000 yuan)

购进总额 Total Purchase Value	#进口 Imports Value	销售总额 Total Sales Value	批发 Wholesale Value	零售 Retail Value	年末库存 Stock at Year-end
15545724	**982138**	**19795905**	**3807328**	**15988577**	**1617026**
3737805	57831	5996475	1338827	4657648	416956
11096486	456906	14314241	2447179	11867061	1216517
1813412	53149	1918613	684534	1234079	158757
339089	22040	363291	41424	321867	36878
105716		114313	11304	103009	12909
61143		75808	8066	67742	2434
25961		29804	6680	23124	754
9088		15899	1035	14864	365
17577		19627	351	19276	265
8517		10478		10478	1050
3634866	94380	3954185	370182	3584003	486566
26710		26092	5710	20382	9961
3608156	94380	3928093	364472	3563621	476605
691358	1516	2745204	568227	2176977	38423
4391353	285821	5074359	762944	4311416	474049
118772		130799	21475	109324	12114
20556		27362	72	27290	1466
4099844	283749	4742131	731301	4010830	448157
152181	2072	174067	10096	163971	12312
59549		68469	499	67970	6501
2322693	525232	2545516	449846	2095670	207251
1358909	3659	1333661	116924	1216737	80636
22566		26364		26364	1622
940324	521573	1184360	332922	851438	124992
894		1131		1131	1
2126545		2936148	910302	2025846	193258
1161509		1401782	173432	1228350	78829
510828		870848	513055	357793	55994
454208		663518	223815	439703	58435
3368674	4769	4266251	357376	3908875	258815
1543934	4500	1905664	28254	1877410	103628
1737016	269	2250920	327446	1923474	142011
218154	1254	280389	50577	229812	24988
984246	25212	1431164	600828	830336	154080
851441	21487	1133125	405712	727413	119648
253197	267	272181	40105	232076	60486
17223		22158	48	22110	596
76849		75954	9986	65968	28555
331647	7226	500023	53484	446539	68173
272796	231	423122	29472	393650	59882
8455537	922209	10987751	2336509	8651243	806240
6960311	916315	7591910	1363640	6228271	754663
1367426	4056	3254319	938764	2315555	37658
1582625	9426	1631961	310596	1321365	203158
1103809	4375	1087964	67708	1020256	155552
136937	1239	151213	69168	82045	11149
294412	2692	341176	162390	178786	33103
173522	3508	232848	19188	213660	22368
178122	8267	193337	38665	154672	18718

14-9 市区限额以上批发和零售业企业商品购、销、存总额(2010年)

单位:万元

项　　目	Item
总　计	**Total**
批发业	**Wholesale Trade**
# 国有及国有控股	State-owned and State-controlled Enterprises
按登记注册类型分	**Grouped by Registration Status**
内资企业	Domestic Funded Enterprises
国有企业	State-owned Enterprises
集体企业	Collective-owned Enterprises
股份合作企业	Cooperative Enterprises
联营企业	Joint Ownership Enterprises
国有联营企业	State Joint Ownership Enterprises
集体联营企业	Collective Joint Ownership Enterprises
国有与集体联营企业	Joint State-collective Enterprises
其他联营企业	Other Joint Ownership Enterprise
有限责任公司	Limited Liability Corporations
国有独资企业	State Sole Funded Corporations
其他有限责任公司	Other Limited Liability Corporations
股份有限公司	Share-holding Corporations Ltd.
私营企业	Private Enterprises
私营独资企业	Private-funded Enterprises
私营合伙企业	Private Partnership Enterprises
私营有限责任公司	Private Limited Liability Corporations
私营股份有限公司	Private Share-holding Corporations Ltd.
其他企业	Other Enterprises
港、澳、台商投资企业	Enterprises with Funds from Hong Kong, Macao and Taiwan
合资经营企业	Joint-venture Enterprises
合作经营企业	Cooperative Enterprises
独资经营企业	Enterprises with Sole Funds
投资股份有限公司	Share-holding Corporations Ltd.
外商投资企业	Foreign Funded Enterprises
中外合资经营企业	Joint-venture Enterprises
中外合作经营企业	Cooperative Enterprises
外资企业	Enterprises with Sole Foreign Funds
外商投资股份有限公司	Share-holding Corporations Ltd.
按国民经济行业分组	**Grouped by Sector**
农畜产品批发业	Wholesale of Agricultural and Livestock Products
食品、饮料及烟草制品批发业	Wholesale of Food, Beverages and Tobacco Products
# 米、面制品及食用油批发业	Wholesale of Rice, Flour and Edible Oil
烟草制品批发业	Wholesale of Tobacco
纺织、服装及日用品批发业	Wholesale of Textile, Garments and Daily Articles Consumer
# 服装批发业	Wholesale of Garments
文化、体育用品及器材批发业	Wholesale of Cultural, Sports Appliances and Equipment
医药及医疗器材批发业	Wholesale of Medicine and Medical Appliances
矿产品、建材及化工产品批发业	Wholesale of Mineral Products, Building Materials and Chemical Products
# 煤炭及制品批发业	Wholesale of Coal and Related Products
石油及制品批发业	Wholesale of Petroleum and Related Products
金属及金属矿批发业	Wholesale of Metal Minerals
建材批发业	Wholesale of Building Materials
化肥批发业	Wholesale of Chemical Fertilizers
机械设备、五金交电及电子产品批发业	Wholesale of Machinery, hardware and Electronic Equipment
# 汽车、摩托车及零配件批发业	Wholesale of Motor Vehicles, Motorcycles and Parts
家用电器批发业	Wholesale of Household Electrical Appliances
计算机、软件及辅助设备批发业	Wholesale of Computers, Software and Assistant Appliances
贸易经纪与代理	Trade Broker and Agent
其他批发业	Other Wholesales Not Classified Elsewhere

Total Purchases, Sales and Inventory of Enterprises above the Designated Size in Wholesale and Retail Trade in Urban Districts (2010)

(10000 yuan)

购进总额 Total Purchase Value	# 进口 Imports Value	销售总额 Total Sales Value	批发 Wholesale Value	零售 Retail Value	年末库存 Stock at Year-end
138655768	**10640026**	**151039282**	**133349532**	**17689750**	**8647565**
123508915	**9662139**	**131672793**	**129548300**	**2124493**	**7064303**
68821160	3462581	72352010	71114863	1237147	2905932
111762899	8128123	118654031	117166923	1487108	5769575
31740561	2231774	32762197	32618017	144180	1663463
1631733	92645	1743818	1723641	20177	153063
249312	7654	276299	276299		7906
25576	3562	25699	25699		
25576	3562	25699	25699		
27353223	2886859	28322134	27440663	881471	1740954
2895526	140460	2951135	2927631	23504	228458
24457697	2746399	25370999	24513032	857967	1512496
21414091	328345	23435032	23416975	18057	349176
29172191	2577207	31703474	31304222	399252	1846935
633192	69536	663608	657997	5611	44778
393009	12854	403875	403592	283	45057
27393838	2466307	29846120	29456432	389688	1735830
752152	28510	789871	786201	3670	21270
176212	77	385378	361407	23971	8078
3620265	259710	3877346	3754111	123235	656754
1789730	69586	1883867	1787238	96629	127221
27227		29530	29530		
1692588	189519	1824652	1798046	26606	328556
110720	605	139297	139297		200977
8125751	1274306	9141416	8627266	514150	637974
3312058	422621	3390561	2945444	445117	347387
31547	28400	63149	63149		3751
4776956	823285	5678027	5608994	69033	286381
5190		9679	9679		455
1078133	127456	1106190	1105766	424	90878
3588774	448728	4442448	4378637	63811	363403
810373	302121	793801	777677	16124	167293
688380		925967	925967		28068
12032951	570044	12887123	12470191	416932	799933
4123365	83609	4168870	3789815	379055	406181
1442001	102701	1572019	1539093	32926	432839
5562758	494755	6079119	4961670	1117449	534742
85446199	6318827	89282476	89099806	182670	3865914
7902072	1343909	8159599	8158057	1542	395202
40024675	2254279	42520211	42427196	93015	1590531
17796105	1025714	18341084	18254981	86103	890822
5482979	175845	5678582	5678514	68	248808
1246752	181504	1229546	1229546		154573
10184141	823111	11595409	11320111	275298	777048
2305174	142194	2592392	2424913	167479	148758
1636472	35494	1839736	1801273	38463	148854
1816230	2549	1968275	1917847	50428	122668
2225432	554325	2277765	2260934	16831	115912
1948526	222192	2430245	2412093	18152	83634

14-9 续表

单位:万元

项　　目	Item
零售业	**Retail Trade**
# 国有及国有控股	State-owned and State-controlled Enterprises
按登记注册类型分	**Grouped by Registration Status**
内资企业	Domestic Funded Enterprises
国有企业	State-owned Enterprises
集体企业	Collective-owned Enterprises
股份合作企业	Cooperative Enterprises
联营企业	Joint Ownership Enterprises
国有联营企业	State Joint Ownership Enterprises
集体联营企业	Collective Joint Ownership Enterprises
国有与集体联营企业	Joint State-collective Enterprises
其他联营企业	Other Joint Ownership Enterprise
有限责任公司	Limited Liability Corporations
国有独资企业	State Sole Funded Corporations
其他有限责任公司	Other Limited Liability Corporations
股份有限公司	Share-holding Corporations Ltd.
私营企业	Private Enterprises
私营独资企业	Private-funded Enterprises
私营合伙企业	Private Partnership Enterprises
私营有限责任公司	Private Limited Liability Corporations
私营股份有限公司	Private Share-holding Corporations Ltd.
其他企业	Other Enterprises
港、澳、台商投资企业	Enterprises with Funds from Hong Kong, Macao and Taiwan
合资经营企业	Joint-venture Enterprises
合作经营企业	Cooperative Enterprises
独资经营企业	Enterprises with Sole Funds
投资股份有限公司	Share-holding Corporations Ltd.
外商投资企业	Foreign Funded Enterprises
中外合资经营企业	Joint-venture Enterprises
中外合作经营企业	Cooperative Enterprises
外资企业	Enterprises with Sole Foreign Funds
外商投资股份有限公司	Share-holding Corporations Ltd.
按国民经济行业分组	**Grouped by Sector**
综合零售业	Integrated Retail
# 百货零售业	Retail of General Merchandise
超级市场零售业	Retail of Supermarket
食品、饮料及烟草制品专门零售业	Special Retail of Food, Beverage and Tobacco
纺织、服装及日用品专门零售业	Special Retail of Textile, Garments and Daily Articles Consumer
# 服装零售	Retail of Garments
文化、体育用品及器材专门零售业	Special Retail of Cultural, Sports Appliances and Equipment
# 体育用品零售业	Retail of Sports Goods
图书零售业	Retail of Books
医药及医疗器材专门零售业	Special Retail of Medicine and Medical Appliances
# 药品零售业	Retail of Medicine
汽车、摩托车、燃料及零配件专门零售业	Special Retail of Motor Vehicles, Motorcycles, Fuels and Parts
# 汽车零售业	Retail of Motor Vehicles
机动车燃料零售业	Retail of Fuels for Motor Vehicles
家用电器及电子产品专门零售业	Special Retail of Household Electrical Appliances and Electronic Products
# 家用电器零售业	Retail of Household Electric Appliances
计算机、软件及辅助设备零售业	Retail of Computers, Software and Assistant Equipment
通信设备零售业	Retail of Communication Equipment
五金、家具及室内装修材料专门零售业	Special Retail of Hardware, Furniture and Decoration Materials
无店铺及其他零售	Non-shop and Other Retails

continued

(10000 yuan)

购进总额 Total Purchase Value	#进 口 Imports Value	销售总额 Total Sales Value	批 发 Wholesale Value	零 售 Retail Value	年末库存 Stock at Year-end
15146853	**977887**	**19366489**	**3801232**	**15565257**	**1583262**
3723270	57831	5981808	1338827	4642981	415839
10785255	456282	13977472	2441084	11536387	1187706
1811613	53149	1916925	684534	1232391	157924
335766	22040	358982	41424	317558	36728
105716		114313	11304	103009	12909
56775		71177	8066	63111	2402
25961		29804	6680	23124	754
9088		15899	1035	14864	365
17577		19627	351	19276	265
4149		5847		5847	1018
3567797	94380	3878224	365903	3512321	481208
26710		26092	5710	20382	9961
3541087	94380	3852132	360193	3491939	471247
689653	1516	2743499	568227	2175272	38191
4163374	285197	4831115	761128	4069988	452365
116169		127950	21475	106475	11939
5809		11289		11289	924
3890830	283125	4519908	729557	3790351	427469
150566	2072	171968	10096	161872	12033
54561		63238	499	62739	5979
2235053	521605	2452870	449846	2003024	202298
1306862	32	1281224	116924	1164300	76436
13701		16015		16015	869
913596	521573	1154500	332922	821578	124992
894		1131		1131	1
2126545		2936148	910302	2025846	193258
1161509		1401782	173432	1228350	78829
510828		870848	513055	357793	55994
454208		663518	223815	439703	58435
3296830	4769	4182720	357304	3825416	253516
1503456	4500	1861958	28182	1833776	102940
1705650	269	2211095	327446	1883649	137400
217559	1254	279702	50577	229125	24970
984246	25212	1431164	600828	830336	154080
851441	21487	1133125	405712	727413	119648
248213	267	267258	40105	227153	59229
17223		22158	48	22110	596
75050		74266	9986	64280	27722
331647	7226	500023	53484	446539	68173
272796	231	423122	29472	393650	59882
8155792	917958	10673043	2330617	8342427	783043
6712680	912064	7335456	1357748	5977709	734880
1325843	4056	3207315	938764	2268551	36271
1562147	9426	1607788	310465	1297323	199247
1086061	4375	1067111	67577	999534	151925
135822	1239	149992	69168	80824	11144
294412	2692	341176	162390	178786	33103
172973	3508	232262	19188	213074	22364
177446	8267	192530	38665	153865	18640

14-10 限额以上批发和零售业企业商品分类销售总额(2010年)

Total Sales Value of Enterprises above the Designated Size in Wholesale and Retail Trade by Category of Commodities (2010)

单位:万元 (10000 yuan)

项　　目	Item	销售总额 Total Sales Value	批 发 Wholesale Value	零 售 Retail Value
合　　计	**Total**	**153655256**	**135527807**	**18127449**
食品、饮料、烟酒类	Food, Beverages, Tobacco and Liquor	7520093	5990557	1529536
粮油、食品类	Grain and Oil	5104656	3905339	1199317
# 肉禽蛋类	Meat, Poultry and Eggs	491249	353601	137648
饮料类	Beverages	851110	695573	155537
烟酒类	Tobacco and Liquor	1564327	1389645	174682
服装鞋帽、针、纺织品类	Garments, Shoes, Hats, Knitwear and Textiles	10441793	8454971	1986822
服装类	Clothing	6387738	4818288	1569450
鞋帽类	Shoes and Hats	834204	537842	296362
针、纺织品类	Knitwear and Textiles	3219851	3098841	121010
化妆品类	Cosmetics	967732	484169	483563
金银珠宝类	Gold, Silver and Jewelry	748548	435148	313400
日用品类	Articles for Daily Use	4418669	3774554	644115
# 洗涤用品类	Washing Articles	1596443	1396898	199545
儿童玩具类	Children Toys	118905	81918	36987
五金、电料类	Hardware and Electrical Materials	863209	797508	65701
体育、娱乐用品类	Sports and Recreation Articles	940342	845144	95198
书报杂志类	Newspapers and Magazines	380021	278136	101885
电子出版物及音像制品类	E-journal and Video Products	136913	121435	15478
家用电器和音像器材类	Household Appliances and Video Appliances	4072142	2561167	1510975
中西药品类	Traditional Chinese and Western Medicines	6380585	4794131	1586454
# 西　药	Western Medicines	4594534	3387791	1206743
中草药及中成药	Traditional Chinese Medicines	1493138	1253851	239287
文化办公用品类	Cultural and Office Goods	2148036	1931776	216260
家具类	Furniture	637718	523285	114433
通讯器材类	Communication Appliances	2027150	1691556	335594
煤炭及制品类	Coal and Related Products	8300938	8299458	1480
木材及制品类	Wood and Wooden Products	265764	265764	
石油及制品类	Petroleum and Related Products	50137151	47533695	2603456
化工材料及制品类	Chemical Materials and Related Products	7971202	7971202	
# 化肥类	Chemical Fertilizers	836184	836184	
金属材料类	Metal Materials	25009175	25009175	
建筑及装潢材料类	Building and Decoration Materials	1234401	1147978	86423
机电产品及设备类	Mechanical and Electrical Products	4226760	4137009	89751
# 农机类	Agricultural Machinery	19545	19545	
汽车类	Automobiles	11177661	5124540	6053121
种子饲料类	Seed and Feedstuff	328891	328891	
棉麻类	Cotton and Hemp	177759	177759	
其他类	Others	3142603	2848799	293804

14-11 市区限额以上批发和零售业企业商品分类销售总额(2010年)

Total Sales Value of Enterprises above the Designated Size in Wholesale and Retail Trade by Category of Commodities in Urban Districts (2010)

单位:万元 (10000 yuan)

项　　目	Item	销售总额 Total Sales Value	批 发 Wholesale Value	零 售 Retail Value
合　计	**Total**	**151039282**	**133349532**	**17689750**
食品、饮料、烟酒类	Food, Beverages, Tobacco and Liquor	7325719	5842545	1483174
粮油、食品类	Grain and Oil	4930383	3768746	1161637
# 肉禽蛋类	Meat, Poultry and Eggs	483798	350288	133510
饮料类	Beverages	841884	691773	150111
烟酒类	Tobacco and Liquor	1553452	1382026	171426
服装鞋帽、针、纺织品类	Garments, Shoes, Hats, Knitwear and Textiles	10161841	8190778	1971063
服装类	Clothing	6153944	4593949	1559995
鞋帽类	Shoes and Hats	830942	537143	293799
针、纺织品类	Knitwear and Textiles	3176955	3059686	117269
化妆品类	Cosmetics	940494	463335	477159
金银珠宝类	Gold, Silver and Jewelry	745340	434645	310695
日用品类	Articles for Daily Use	4393961	3763517	630444
# 洗涤用品类	Washing Articles	1585226	1394567	190659
儿童玩具类	Children Toys	118313	81805	36508
五金、电料类	Hardware and Electrical Materials	860317	794995	65322
体育、娱乐用品类	Sports and Recreation Articles	936180	842922	93258
书报杂志类	Newspapers and Magazines	375819	277721	98098
电子出版物及音像制品类	E-journal and Video Products	136546	121232	15314
家用电器和音像器材类	Household Appliances and Video Appliances	4008854	2531218	1477636
中西药品类	Traditional Chinese and Western Medicines	6347120	4765758	1581362
# 西　药	Western Medicines	4574054	3371213	1202841
中草药及中成药	Traditional Chinese Medicines	1480672	1242201	238471
文化办公用品类	Cultural and Office Goods	2143412	1928507	214905
家具类	Furniture	635454	522323	113131
通讯器材类	Communication Appliances	2022832	1688844	333988
煤炭及制品类	Coal and Related Products	8009149	8007976	1173
木材及制品类	Wood and Wooden Products	265292	265292	
石油及制品类	Petroleum and Related Products	49637755	47084086	2553669
化工材料及制品类	Chemical Materials and Related Products	7300902	7300902	
# 化肥类	Chemical Fertilizers	830545	830545	
金属材料类	Metal Materials	24897144	24897144	
建筑及装潢材料类	Building and Decoration Materials	1232072	1146013	86059
机电产品及设备类	Mechanical and Electrical Products	4206494	4127659	78835
# 农机类	Agricultural Machinery	19511	19511	
汽车类	Automobiles	10822307	5010110	5812197
种子饲料类	Seed and Feedstuff	328027	328027	
棉麻类	Cotton and Hemp	177443	177443	
其他类	Others	3128808	2836540	292268

14-12 限额以上连锁店(公司)基本情况(2010年)

Statistics on Chain Stores (Companies) above the Designated Size (2010)

单位:个 (unit)

项　目	Item	连锁总店 General Chain Stores	连锁门店 Branch Chain Stores	直营店 Direct Stores	加盟店 League Stores
总　计	**Total**	**154**	**20272**	**7295**	**12977**
批发业	Wholesale Trade	19	5338	3092	2246
零售业	Retail Trade	101	13895	3250	10645
# 国有及国有控股	State-owned and State-controlled Enterprises	22	4456	3382	1074
外商及港澳台投资	Enterprises with Funds from Foreign Countries, Hong Kong, Macao and Taiwan	28	9807	1270	8537
百货商店	Department Stores	7	181	180	1
超级市场	Supermarkets	14	278	215	63
专业店	Specialized Stores	54	3225	1859	1366
专卖店	Franchised Stores	19	9466	287	9179
其　他	Others	7	745	709	36
住宿业	Accommodation Services	5	128	128	
餐饮业	Catering Services	29	911	825	86
# 外商及港澳台投资	Enterprises with Funds from Foreign Countries, Hong Kong, Macao and Taiwan	6	613	595	18
正　餐	Dinner	18	148	80	68
快　餐	Snack	8	708	690	18
其　他	Others	3	55	55	

14-12 续表 continued

单位:万元 (10000 yuan)

项　目	Item	营业面积(平方米) Business Area (sq.m)	从业人数(人) Employed Persons (person)	销售总额(营业总收入) Total Sales (Business Revenue)	# 零售额 Retail Sales
总　计	**Total**	**15023642**	**209656**	**30077401**	**26192835**
批发业	Wholesale Trade	10204209	52678	17839212	16513575
零售业	Retail Trade	4417394	104537	11394965	8907598
# 国有及国有控股	State-owned and State-controlled Enterprises	11506215	60145	23151895	20553644
外商及港澳台投资	Enterprises with Funds from Foreign Countries, Hong Kong, Macao and Taiwan	2119816	55999	4146359	3220866
百货商店	Department Stores	873449	11813	2271021	2093794
超级市场	Supermarkets	833148	17631	1458010	1294575
专业店	Specialized Stores	2269254	39000	6686454	4906211
专卖店	Franchised Stores	338900	31766	793627	428196
其　他	Others	102643	4327	185853	184822
住宿业	Accommodation Services	3645	1892	74253	3343
餐饮业	Catering Services	398394	50549	768971	768319
# 外商及港澳台投资	Enterprises with Funds from Foreign Countries, Hong Kong, Macao and Taiwan	193095	33364	537901	537901
正　餐	Dinner	162198	11266	176079	175427
快　餐	Snack	227130	38293	573620	573620
其　他	Others	9066	990	19272	19272

14-13 亿元以上商品交易市场成交情况(2010年)

Statistics on Commodity Exchange Markets with Total Sale over 100 Million Yuan (2010)

项　　目	Item	出租摊位数 (个) Number of Booths (unit)	总成交额 (万元) Total Transaction Values (10000 yuan)
合　计	**Total**	**77583**	**19561692**
食品、饮料、烟酒类	Food, Beverages, Tobacco and Liquor	12602	4457871
服装鞋帽、针、纺织品类	Garments, Shoes, Hats, Knitwear and Textiles	35289	6198522
化妆品类	Cosmetics	1382	105650
金银珠宝类	Gold, Silver and Jewelry	485	31527
日用品类	Articles for Daily Use	10704	1796066
五金电料类	Hardware and Electrical Appliances	2285	431006
体育、娱乐用品类	Sports and Recreation Articles	287	34087
书报杂志类	Books, Newspapers and Magazines	104	44194
电子出版物及音像制品类	E-journal and Video Products	404	39844
家用电器和音像器材类	Household Appliances and Video Appliances	1319	217459
中西药品类	Traditional Chinese and Western Medicines	335	19960
文化办公用品类	Cultural and Office Goods	1774	451277
家具类	Furniture	372	39742
通讯器材类	Communication Equipments	38	20003
煤炭及制品类	Coal and Coal Products		
木材及制品类	Wood and Wooden Products	552	274738
石油及制品类	Petroleum and Related Products	2	24
化工材料及制品类	Chemical Materials and Related Products	245	118546
金属材料类	Metal Materials	491	1868849
建筑及装潢材料类	Building and Decoration Materials	1867	196133
机电产品及设备类	Mechanical and Electrical Products	295	42444
汽车类	Automobiles	3513	2848463
种子饲料类	Seed and Feedstuff	14	332
棉麻类	Cotton and Hemp		
其他类	Others	3224	324955

14-14 批发业机构、网点、人员数(2010年，按登记注册类型分)

项 目	Item
总 计	**Total**
按登记注册类型分	**Grouped by Registration Status**
内资企业	Domestic Funded Enterprises
国有企业	State-owned Enterprises
集体企业	Collective-owned Enterprises
股份合作企业	Cooperative Enterprises
联营企业	Joint Ownership Enterprises
国有联营企业	State Joint Ownership Enterprises
集体联营企业	Collective Joint Ownership Enterprises
国有与集体联营企业	Joint State-collective Enterprises
其他联营企业	Other Joint Ownership Enterprise
有限责任公司	Limited Liability Corporations
国有独资公司	State Sole Funded Corporations
其他有限责任公司	Other Limited Liability Corporations
股份有限公司	Share-holding Corporations Ltd.
私营企业	Private Enterprises
私营独资企业	Private-funded Enterprises
私营合伙企业	Private Partnership Enterprises
私营有限责任公司	Private Limited Liability Corporations
私营股份有限公司	Private Share-holding Corporations Ltd.
其他企业	Other Enterprises
港、澳、台商投资企业	Enterprises with Funds from Hong Kong, Macao and Taiwan
合资经营企业	Joint-venture Enterprises
合作经营企业	Cooperative Enterprises
独资经营企业	Enterprises with Sole Funds
股份有限公司	Share-holding Corporations Ltd.
外商投资企业	Foreign Funded Enterprises
中外合资经营企业	Joint-venture Enterprises
中外合作经营企业	Cooperative Enterprises
外资企业	Enterprises with Sole Foreign Funds
外商投资股份有限公司	Share-holding Corporations Ltd.

Number of Corporation Units, Economic Active Units and Employed Persons in Wholesale Trade (2010, by Registration Status)

机构 (个) Number of Corporation Units (unit)	#市区 Urban Districts	网点 (个) Number of Economic Active Units (unit)	#市区 Urban Districts	人数 (人) Number of Employed Persons (person)	#市区 Urban Districts
35462	**34585**	**125765**	**121369**	**516557**	**498538**
34460	33591	124580	120194	487997	470361
493	445	623	505	16192	15385
414	390	1312	812	5653	4298
489	488	528	527	3391	3388
27	26	41	40	268	240
9	9	7	7	58	58
7	6	21	20	102	74
5	5	6	6	46	46
6	6	7	7	62	62
1873	1824	2214	2067	31625	30146
51	44	63	56	1883	1797
1822	1780	2151	2011	29742	28349
361	358	401	398	6758	6157
30333	29599	30284	29551	277383	269065
4617	4466	4658	4510	36144	34883
932	912	936	915	6256	6019
23929	23371	23848	23288	228117	221326
855	850	842	838	6866	6837
470	461	89177	86294	146727	141682
432	426	461	453	10220	9902
40	40	50	49	3108	2851
13	11	18	16	188	178
364	360	377	372	6793	6742
15	15	16	16	131	131
570	568	724	722	18340	18275
68	67	85	84	4616	4553
9	9	19	19	256	256
477	476	600	599	13010	13008
16	16	20	20	458	458

14-15 零售业机构、网点、人员数(2010年，按登记注册类型分)

项　　目	Item
总　计	**Total**
按登记注册类型分	**Grouped by Registration Status**
内资企业	Domestic Funded Enterprises
国有企业	State-owned Enterprises
集体企业	Collective-owned Enterprises
股份合作企业	Cooperative Enterprises
联营企业	Joint Ownership Enterprises
国有联营企业	State Joint Ownership Enterprises
集体联营企业	Collective Joint Ownership Enterprises
国有与集体联营企业	Joint State-collective Enterprises
其他联营企业	Other Joint Ownership Enterprise
有限责任公司	Limited Liability Corporations
国有独资公司	State Sole Funded Corporations
其他有限责任公司	Other Limited Liability Corporations
股份有限公司	Share-holding Corporations Ltd.
私营企业	Private Enterprises
私营独资企业	Private-funded Enterprises
私营合伙企业	Private Partnership Enterprises
私营有限责任公司	Private Limited Liability Corporations
私营股份有限公司	Private Share-holding Corporations Ltd.
其他企业	Other Enterprises
港、澳、台商投资企业	Enterprises with Funds from Hong Kong, Macao and Taiwan
合资经营企业	Joint-venture Enterprises
合作经营企业	Cooperative Enterprises
独资经营企业	Enterprises with Sole Funds
股份有限公司	Share-holding Corporations Ltd.
外商投资企业	Foreign Funded Enterprises
中外合资经营企业	Joint-venture Enterprises
中外合作经营企业	Cooperative Enterprises
外资企业	Enterprises with Sole Foreign Funds
外商投资股份有限公司	Share-holding Corporations Ltd.

Number of Corporation Units, Economic Active Units and Employed Persons in Retail Trade (2010, by Registration Status)

机 构 (个) Number of Corporation Units (unit)	# 市 区 Urban Districts	网 点 (个) Number of Economic Active Units (unit)	# 市 区 Urban Districts	人 数 (人) Number of Employed Persons (person)	# 市 区 Urban Districts
13843	**13421**	**368991**	**324952**	**594211**	**530402**
13602	13184	367844	323834	564603	501869
131	120	396	383	6922	6817
405	383	661	603	4017	3786
645	645	761	761	3952	3952
32	31	76	74	762	730
9	9	15	15	126	126
11	11	32	32	412	412
4	4	6	6	80	80
8	7	23	21	144	112
685	663	1726	1674	21815	20829
7	6	50	49	618	617
678	657	1676	1625	21197	20212
143	139	529	450	6889	6146
11113	10776	13389	12964	102437	96823
2509	2439	2753	2675	15984	15353
657	642	707	692	3685	3489
7506	7256	9468	9143	80106	75502
441	439	461	454	2662	2479
448	427	350306	306925	417809	362786
125	122	639	624	14259	13417
20	19	306	296	5912	5622
10	9	109	107	1279	1242
92	91	208	205	6841	6326
3	3	16	16	227	227
116	115	508	494	15349	15116
24	23	187	174	7610	7381
13	13	60	60	1306	1306
76	76	251	250	6317	6313
3	3	10	10	116	116

14-16 餐饮业机构、网点、人员数(2010年，按登记注册类型分)

项　　目	Item
总　计	**Total**
按登记注册类型分	**Grouped by Registration Status**
内资企业	Domestic Funded Enterprises
国有企业	State-owned Enterprises
集体企业	Collective-owned Enterprises
股份合作企业	Cooperative Enterprises
联营企业	Joint Ownership Enterprises
国有联营企业	State Joint Ownership Enterprises
集体联营企业	Collective Joint Ownership Enterprises
国有与集体联营企业	Joint State-collective Enterprises
其他联营企业	Other Joint Ownership Enterprise
有限责任公司	Limited Liability Corporations
国有独资公司	State Sole Funded Corporations
其他有限责任公司	Other Limited Liability Corporations
股份有限公司	Share-holding Corporations Ltd.
私营企业	Private Enterprises
私营独资企业	Private-funded Enterprises
私营合伙企业	Private Partnership Enterprises
私营有限责任公司	Private Limited Liability Corporations
私营股份有限公司	Private Share-holding Corporations Ltd.
其他企业	Other Enterprises
港、澳、台商投资企业	Enterprises with Funds from Hong Kong, Macao and Taiwan
合资经营企业	Joint-venture Enterprises
合作经营企业	Cooperative Enterprises
独资经营企业	Enterprises with Sole Funds
股份有限公司	Share-holding Corporations Ltd.
外商投资企业	Foreign Funded Enterprises
中外合资经营企业	Joint-venture Enterprises
中外合作经营企业	Cooperative Enterprises
外资企业	Enterprises with Sole Foreign Funds
外商投资股份有限公司	Share-holding Corporations Ltd.

Number of Corporation Units, Economic Active Units and Employed Persons in Catering Services (2010, by Registration Status)

机构 (个) Number of Corporation Units (unit)	# 市 区 Urban Districts	网点 (个) Number of Economic Active Units (unit)	# 市 区 Urban Districts	人数 (人) Number of Employed Persons (person)	# 市 区 Urban Districts
3506	**3361**	**42815**	**36729**	**252543**	**230663**
3382	3241	42407	36336	226380	205994
31	30	36	35	3143	2983
52	51	60	59	2701	2688
149	149	155	155	3939	3939
7	7	7	7	213	213
5	5	5	5	181	181
2	2	2	2	32	32
91	87	177	170	12696	11949
3	3	2	2	153	153
88	84	175	168	12543	11796
16	15	21	20	2434	2399
2756	2663	2879	2783	100298	96294
1396	1346	1415	1365	46170	44299
301	291	300	290	8262	7949
964	931	1070	1034	42827	41007
95	95	94	94	3039	3039
280	239	39072	33107	100956	85529
66	64	114	111	7209	6414
10	10	17	17	1179	1179
6	5	7	6	1344	728
47	46	87	85	4419	4240
3	3	3	3	267	267
58	56	294	282	18954	18255
9	9	107	100	5072	4821
5	5	6	6	466	466
42	41	179	175	13253	12942
2	1	2	1	163	26

14-17 限额以上批发和零售业企业财务状况(2010年)

单位:万元

项　　目	Item
总　计	**Total**
按登记注册类型分	**Grouped by Registration Status**
内资企业	Domestic Funded Enterprises
国有企业	State-owned Enterprises
集体企业	Collective-owned Enterprises
股份合作企业	Cooperative Enterprises
联营企业	Joint Ownership Enterprises
国有联营企业	State Joint Ownership Enterprises
集体联营企业	Collective Joint Ownership Enterprises
国有与集体联营企业	Joint State-collective Enterprises
其他联营企业	Other Joint Ownership Enterprise
有限责任公司	Limited Liability Corporations
国有独资公司	State Sole Funded Corporations
其他有限责任公司	Other Limited Liability Corporations
股份有限公司	Share-holding Corporations Ltd.
私营企业	Private Enterprises
私营独资企业	Private-funded Enterprises
私营合伙企业	Private Partnership Enterprises
私营有限责任公司	Private Limited Liability Corporations
私营股份有限公司	Private Share-holding Corporations Ltd.
其他企业	Other Enterprises
港、澳、台商投资企业	Enterprises with Funds from Hong Kong, Macao and Taiwan
合资经营企业	Joint-venture Enterprises
合作经营企业	Cooperative Enterprises
独资经营企业	Enterprises with Sole Funds
股份有限公司	Share-holding Corporations Ltd.
外商投资企业	Foreign Funded Enterprises
中外合资经营企业	Joint-venture Enterprises
中外合作经营企业	Cooperative Enterprises
外资企业	Enterprises with Sole Foreign Funds
外商投资股份有限公司	Share-holding Corporations Ltd.

Financial Situation of Enterprises above the Designated Size in Wholesale and Retail Trade (2010)

(10000 yuan)

资产总计 Total Assets	# 固定资产原价 Original Value of Fixed Assets	负债合计 Total Liabilities	所有者权益 Owners' Equity	主营业务收入 Revenue from Principal Business	主营业务成本 Cost of Principal Business
48275869	**4346200**	**37234417**	**11041452**	**134146554**	**126367115**
40168655	3791973	31210629	8958026	117733647	111787044
9667154	1017493	7812780	1854374	30367177	29234890
647931	59283	472879	175052	1860706	1748215
91992	13822	75713	16279	335445	306098
15961	4571	9691	6270	91348	82013
5052	1939	2730	2322	25496	22316
2309	1208	972	1337	14420	12845
2698	998	1660	1038	16777	14825
5902	426	4329	1573	34655	32027
12045710	657560	9961420	2084290	28943982	27652764
1531268	123827	1019469	511799	2683485	2603064
10514442	533733	8941951	1572491	26260497	25049700
5851415	1388772	3179615	2671800	22654742	21587552
11400661	647456	9275887	2124774	33097406	30846972
265909	11853	208077	57832	729706	683953
167221	6481	144146	23075	372029	354541
10769455	609047	8760603	2008852	31141857	29001223
198076	20075	163061	35015	853813	807256
447831	3016	422644	25187	382841	328540
2337646	202593	1850589	487057	5723532	5101852
1017033	93679	832874	184159	2919820	2667317
19386	5733	21067	-1681	49555	44257
1243771	102482	949429	294342	2632424	2275146
57456	699	47219	10237	121733	115132
5769568	351634	4173199	1596369	10689375	9478218
1391076	184406	906901	484175	4226547	3920966
432777	55022	303522	129255	809186	652825
3943063	112186	2962701	980362	5645369	4900160
2652	20	75	2577	8273	4267

14-17 续表1

单位:万元

项　　目	Item
总　计	**Total**
按登记注册类型分	**Grouped by Registration Status**
内资企业	Domestic Funded Enterprises
国有企业	State-owned Enterprises
集体企业	Collective-owned Enterprises
股份合作企业	Cooperative Enterprises
联营企业	Joint Ownership Enterprises
国有联营企业	State Joint Ownership Enterprises
集体联营企业	Collective Joint Ownership Enterprises
国有与集体联营企业	Joint State-collective Enterprises
其他联营企业	Other Joint Ownership Enterprise
有限责任公司	Limited Liability Corporations
国有独资公司	State Sole Funded Corporations
其他有限责任公司	Other Limited Liability Corporations
股份有限公司	Share-holding Corporations Ltd.
私营企业	Private Enterprises
私营独资企业	Private-funded Enterprises
私营合伙企业	Private Partnership Enterprises
私营有限责任公司	Private Limited Liability Corporations
私营股份有限公司	Private Share-holding Corporations Ltd.
其他企业	Other Enterprises
港、澳、台商投资企业	Enterprises with Funds from Hong Kong, Macao and Taiwan
合资经营企业	Joint-venture Enterprises
合作经营企业	Cooperative Enterprises
独资经营企业	Enterprises with Sole Funds
股份有限公司	Share-holding Corporations Ltd.
外商投资企业	Foreign Funded Enterprises
中外合资经营企业	Joint-venture Enterprises
中外合作经营企业	Cooperative Enterprises
外资企业	Enterprises with Sole Foreign Funds
外商投资股份有限公司	Share-holding Corporations Ltd.

continued

(10000 yuan)

主营业务税金及附加 Taxes and Other Charges on Principal Business	主营业务利润 Profit from Principal Business	其他业务利润 Profit from Other Business	营业费用 Operating Expenses
195966	**7473487**	**517683**	**3783566**
184823	5658563	302362	2741383
71858	1051284	50600	556806
4209	101359	4875	49235
807	28514	3154	20221
267	9068	27	3188
54	3126	6	604
131	1444		394
33	1919	18	521
49	2579	3	1669
35849	1205229	127801	706373
3452	78203	14974	40454
32397	1127026	112827	665919
24391	1036933	17269	217663
46679	2174305	96828	1166966
1674	43910	2012	21421
430	18500	961	8993
43566	2066721	89048	1117491
1009	45174	4807	19060
763	51871	1808	20932
5777	615055	151589	419334
2775	249744	117494	181698
42	5256	1269	5360
2957	353457	30362	226768
3	6598	2464	5508
5366	1199870	63732	622849
2099	303484	29831	188172
368	155781	4431	96835
2899	736599	29470	334979
	4006		2863

14-17 续表2

单位:万元

项　　目	Item
总　计	**Total**
按登记注册类型分	**Grouped by Registration Status**
内资企业	Domestic Funded Enterprises
国有企业	State-owned Enterprises
集体企业	Collective-owned Enterprises
股份合作企业	Cooperative Enterprises
联营企业	Joint Ownership Enterprises
国有联营企业	State Joint Ownership Enterprises
集体联营企业	Collective Joint Ownership Enterprises
国有与集体联营企业	Joint State-collective Enterprises
其他联营企业	Other Joint Ownership Enterprise
有限责任公司	Limited Liability Corporations
国有独资公司	State Sole Funded Corporations
其他有限责任公司	Other Limited Liability Corporations
股份有限公司	Share-holding Corporations Ltd.
私营企业	Private Enterprises
私营独资企业	Private-funded Enterprises
私营合伙企业	Private Partnership Enterprises
私营有限责任公司	Private Limited Liability Corporations
私营股份有限公司	Private Share-holding Corporations Ltd.
其他企业	Other Enterprises
港、澳、台商投资企业	Enterprises with Funds from Hong Kong, Macao and Taiwan
合资经营企业	Joint-venture Enterprises
合作经营企业	Cooperative Enterprises
独资经营企业	Enterprises with Sole Funds
股份有限公司	Share-holding Corporations Ltd.
外商投资企业	Foreign Funded Enterprises
中外合资经营企业	Joint-venture Enterprises
中外合作经营企业	Cooperative Enterprises
外资企业	Enterprises with Sole Foreign Funds
外商投资股份有限公司	Share-holding Corporations Ltd.

continued

(10000 yuan)

管理费用 Management Cost	营业利润 Business Profit	利润总额 Total Profits	本年应付工资总额 Total Wages Payable	本年应交增值税 Total Value-added Payable Tax
1697155	**2526222**	**1829139**	**1222994**	**1612249**
1266456	1990673	1280274	899488	1233567
210679	490458	235630	208659	296745
26676	25218	28159	20230	27791
8193	2742	3611	5284	8465
1225	4640	4668	2173	1541
658	1865	1878	474	522
209	841	841	379	192
318	1098	1103	354	271
40	836	846	966	556
328257	271150	308538	242926	323297
50982	1226	25097	27636	40456
277275	269924	283441	215290	282841
131876	699698	277886	84184	223572
554386	467914	392963	328245	341874
13575	8313	8304	7777	5966
4704	2615	3327	3219	2213
521359	444091	368240	309128	327703
14748	12895	13091	8121	5992
5164	28853	28820	7788	10283
160420	169901	192867	136437	99669
75924	106541	131996	61834	56630
2396	-1101	-730	2428	1276
79786	63771	60721	71635	40938
2314	690	880	540	825
270279	365648	355998	187069	279013
53468	82548	83928	53217	32017
21878	50172	49766	20674	25748
194933	231785	221156	112801	220585
	1143	1148	377	663

14-17 续表3

单位:万元

项　　目	Item
按行业分	**Grouped by Sector**
农畜产品批发	Wholesale of Agricultural and Livestock Products
食品、饮料及烟草制品批发	Wholesale of Food, Beverages and Tobacco Products
# 米、面制品及食用油批发	Wholesale of Rice, Flour and Edible Oil
烟草制品批发	Wholesale of Tobacco
纺织、服装及日用品批发	Wholesale of Textile, Garments and Daily Articles Consumer
# 服装批发	Wholesale of Garments
文化、体育用品及器材批发	Wholesale of Cultural, Sports Appliances and Equipment
医药及医疗器材批发	Wholesale of Medicine and Medical Appliances
矿产品、建材及化工产品批发	Wholesale of Mineral Products, Building Materials and Chemical Products
# 煤炭及制品批发	Wholesale of Coal and Related Products
石油及制品批发	Wholesale of Petroleum and Related Products
金属及金属矿批发	Wholesale of Metal Minerals
建材批发	Wholesale of Building Materials
化肥批发	Wholesale of Chemical Fertilizers
机械设备、五金交电及电子产品批发	Wholesale of Machinery, hardware and Electronic Equipment
# 汽车、摩托车及零配件批发	Wholesale of Motor Vehicles, Motorcycles and Parts
家用电器批发	Wholesale of Household Electrical Appliances
计算机、软件及辅助设备批发	Wholesale of Computers, Software and Assistant Appliances
贸易经纪与代理	Trade Broker and Agent
其他批发	Other Wholesales Not Classified Elsewhere
综合零售	Integrated Retail
# 百货零售	Retail of General Merchandise
超级市场零售	Retail of Supermarket
食品、饮料及烟草制品专门零售	Special Retail of Food, Beverage and Tobacco
纺织、服装及日用品专门零售	Special Retail of Textile, Garments and Daily Articles Consumer
# 服装零售	Retail of Garments
文化、体育用品及器材专门零售	Special Retail of Cultural, Sports Appliances and Equipment
# 体育用品零售	Retail of Sports Goods
图书零售	Retail of Books
医药及医疗器材专门零售	Special Retail of Medicine and Medical Appliances
# 药品零售	Retail of Medicine
汽车、摩托车、燃料及零配件专门零售	Special Retail of Motor Vehicles, Motorcycles, Fuels and Parts
# 汽车零售	Retail of Motor Vehicles
机动车燃料零售	Retail of Fuels for Motor Vehicles
家用电器及电子产品专门零售	Special Retail of Household Electrical Appliances and Electronic Products
# 家用电器零售	Retail of Household Electric Appliances
计算机、软件及辅助设备零售	Retail of Computers, Software and Assistant Equipment
通信设备零售	Retail of Communication Equipment
五金、家具及室内装修材料专门零售	Special Retail of Hardware, Furniture and Decoration Materials
无店铺及其他零售	Non-shop and Other Retails

continued

(10000 yuan)

资产总计 Total Assets	# 固定资产原价 Original Value of Fixed Assets	负债合计 Total Liabilities	所有者权益 Owners' Equity	主营业务收入 Revenue from Principal Business	主营业务成本 Cost of Principal Business
480475	27442	405517	74958	998876	971683
2116135	321380	1421931	694204	4072139	3473944
612460	117150	472416	140044	750320	729020
277791	28326	97744	180047	791425	582114
4339426	262062	3336625	1002801	11675315	10731525
1252199	68180	946095	306104	3940259	3628141
1054586	62195	764122	290464	1367785	1172695
2538407	99692	1805121	733286	5251705	4907125
21748800	2079478	17004905	4743895	78601473	76192207
2034036	45936	1683015	351021	7359424	7088947
9177930	1556633	6203539	2974391	37196754	36077285
6140747	235857	5527376	613371	15940047	15575961
1770514	79769	1529829	240685	4886069	4763317
652895	32369	540435	112460	1137435	1081634
6081823	195347	4784010	1297813	10374818	9568950
1116798	29574	856105	260693	2437242	2313865
751330	22112	624891	126439	1612527	1415342
2148125	13831	1829458	318667	1733660	1605075
1159641	58214	920710	238931	2086780	2008053
1216436	51746	1054712	161724	2174410	2061782
2200281	551383	1723412	476869	3812340	3224038
1078561	266728	687220	391341	1752813	1427497
1078754	266688	969515	109239	1962371	1726608
113223	11999	81866	31357	243039	182479
679713	34871	443542	236171	1226943	829741
546426	20858	360431	185995	971793	711435
226605	50016	124001	102604	251660	204535
26826	9114	6200	20626	20284	16222
101277	27853	54948	46329	76749	56013
238092	18861	166894	71198	439640	341635
190903	17170	128255	62648	373373	286079
3069397	463264	2370447	698950	9495739	8659783
2207376	207621	1862004	345372	6504856	6071208
818243	250310	476988	341255	2864891	2473056
871802	33235	731090	140712	1704847	1541910
653040	19475	561026	92014	1218837	1101901
43729	3505	31133	12596	147334	130951
153356	9241	123696	29660	292633	270266
79780	17246	63194	16586	201999	153807
61247	7769	32318	28929	167048	141223

14-17 续表4

单位:万元

项　　目	Item
按行业分	**Grouped by Sector**
农畜产品批发	Wholesale of Agricultural and Livestock Products
食品、饮料及烟草制品批发	Wholesale of Food, Beverages and Tobacco Products
# 米、面制品及食用油批发	Wholesale of Rice, Flour and Edible Oil
烟草制品批发	Wholesale of Tobacco
纺织、服装及日用品批发	Wholesale of Textile, Garments and Daily Articles Consumer
# 服装批发	Wholesale of Garments
文化、体育用品及器材批发	Wholesale of Cultural, Sports Appliances and Equipment
医药及医疗器材批发	Wholesale of Medicine and Medical Appliances
矿产品、建材及化工产品批发	Wholesale of Mineral Products, Building Materials and Chemical Products
# 煤炭及制品批发	Wholesale of Coal and Related Products
石油及制品批发	Wholesale of Petroleum and Related Products
金属及金属矿批发	Wholesale of Metal Minerals
建材批发	Wholesale of Building Materials
化肥批发	Wholesale of Chemical Fertilizers
机械设备、五金交电及电子产品批发	Wholesale of Machinery, hardware and Electronic Equipment
# 汽车、摩托车及零配件批发	Wholesale of Motor Vehicles, Motorcycles and Parts
家用电器批发	Wholesale of Household Electrical Appliances
计算机、软件及辅助设备批发	Wholesale of Computers, Software and Assistant Appliances
贸易经纪与代理	Trade Broker and Agent
其他批发	Other Wholesales Not Classified Elsewhere
综合零售	Integrated Retail
# 百货零售	Retail of General Merchandise
超级市场零售	Retail of Supermarket
食品、饮料及烟草制品专门零售	Special Retail of Food, Beverage and Tobacco
纺织、服装及日用品专门零售	Special Retail of Textile, Garments and Daily Articles Consumer
# 服装零售	Retail of Garments
文化、体育用品及器材专门零售	Special Retail of Cultural, Sports Appliances and Equipment
# 体育用品零售	Retail of Sports Goods
图书零售	Retail of Books
医药及医疗器材专门零售	Special Retail of Medicine and Medical Appliances
# 药品零售	Retail of Medicine
汽车、摩托车、燃料及零配件专门零售	Special Retail of Motor Vehicles, Motorcycles, Fuels and Parts
# 汽车零售	Retail of Motor Vehicles
机动车燃料零售	Retail of Fuels for Motor Vehicles
家用电器及电子产品专门零售	Special Retail of Household Electrical Appliances and Electronic Products
# 家用电器零售	Retail of Household Electric Appliances
计算机、软件及辅助设备零售	Retail of Computers, Software and Assistant Equipment
通信设备零售	Retail of Communication Equipment
五金、家具及室内装修材料专门零售	Special Retail of Hardware, Furniture and Decoration Materials
无店铺及其他零售	Non-shop and Other Retails

continued

(10000 yuan)

主营业务税金及附加 Taxes and Other Charges on Principal Business	主营业务利润 Profit from Principal Business	其他业务利润 Profit from Other Business	营业费用 Operating Expenses
620	23157	-200	23415
55401	544727	22571	202327
2071	20495	6799	26614
47263	162048		9750
16187	924851	37322	484388
4433	310266	17468	165023
3051	183929	5914	98240
5220	325341	20864	150731
49228	2337174	49515	1063422
5872	263947	2206	161047
21260	1097091	14862	428245
8152	349381	14538	151082
4634	116971	2488	39365
1628	48841	376	22637
14281	789623	28085	382892
2446	119777	7842	44785
3869	191564	2740	150867
1155	127127	7686	36892
2541	76137	3750	32946
2290	109401	8808	58940
20150	568194	200458	472513
14239	311051	41946	198429
5294	230537	153938	248577
1014	59545	1897	41015
4628	389314	-549	247285
4243	252842	-1835	149384
1984	45074	10334	24077
32	4030	719	3486
349	20430	6175	10332
1483	96181	4047	66434
1359	85739	3934	60687
11793	818182	54848	260035
9561	421721	52375	179027
1996	386343	1939	75891
4334	110622	61497	127706
2664	74317	47510	99698
897	15250	1297	9052
646	14567	12550	17473
1227	46965	8165	32105
534	25071	357	15095

14-17 续表5

单位:万元

项目	Item
按行业分	**Grouped by Sector**
农畜产品批发	Wholesale of Agricultural and Livestock Products
食品、饮料及烟草制品批发	Wholesale of Food, Beverages and Tobacco Products
# 米、面制品及食用油批发	Wholesale of Rice, Flour and Edible Oil
烟草制品批发	Wholesale of Tobacco
纺织、服装及日用品批发	Wholesale of Textile, Garments and Daily Articles Consumer
# 服装批发	Wholesale of Garments
文化、体育用品及器材批发	Wholesale of Cultural, Sports Appliances and Equipment
医药及医疗器材批发	Wholesale of Medicine and Medical Appliances
矿产品、建材及化工产品批发	Wholesale of Mineral Products, Building Materials and Chemical Products
# 煤炭及制品批发	Wholesale of Coal and Related Products
石油及制品批发	Wholesale of Petroleum and Related Products
金属及金属矿批发	Wholesale of Metal Minerals
建材批发	Wholesale of Building Materials
化肥批发	Wholesale of Chemical Fertilizers
机械设备、五金交电及电子产品批发	Wholesale of Machinery, hardware and Electronic Equipment
# 汽车、摩托车及零配件批发	Wholesale of Motor Vehicles, Motorcycles and Parts
家用电器批发	Wholesale of Household Electrical Appliances
计算机、软件及辅助设备批发	Wholesale of Computers, Software and Assistant Appliances
贸易经纪与代理	Trade Broker and Agent
其他批发	Other Wholesales Not Classified Elsewhere
综合零售	Integrated Retail
# 百货零售	Retail of General Merchandise
超级市场零售	Retail of Supermarket
食品、饮料及烟草制品专门零售	Special Retail of Food, Beverage and Tobacco
纺织、服装及日用品专门零售	Special Retail of Textile, Garments and Daily Articles Consumer
# 服装零售	Retail of Garments
文化、体育用品及器材专门零售	Special Retail of Cultural, Sports Appliances and Equipment
# 体育用品零售	Retail of Sports Goods
图书零售	Retail of Books
医药及医疗器材专门零售	Special Retail of Medicine and Medical Appliances
# 药品零售	Retail of Medicine
汽车、摩托车、燃料及零配件专门零售	Special Retail of Motor Vehicles, Motorcycles, Fuels and Parts
# 汽车零售	Retail of Motor Vehicles
机动车燃料零售	Retail of Fuels for Motor Vehicles
家用电器及电子产品专门零售	Special Retail of Household Electrical Appliances and Electronic Products
# 家用电器零售	Retail of Household Electric Appliances
计算机、软件及辅助设备零售	Retail of Computers, Software and Assistant Equipment
通信设备零售	Retail of Communication Equipment
五金、家具及室内装修材料专门零售	Special Retail of Hardware, Furniture and Decoration Materials
无店铺及其他零售	Non-shop and Other Retails

continued

(10000 yuan)

管理费用 Management Cost	营业利润 Business Profit	利润总额 Total Profits	本年应付工资总额 Total Wages Payable	本年应交增值税 Total Value-added Payable Tax
15354	11286	21066	6285	5338
171244	186636	218527	88811	96953
14874	-23012	261	7704	2223
34497	121557	122913	19004	37190
230965	228892	228615	138139	330882
84982	58164	60792	46172	71066
42528	53665	54333	41951	14985
91939	101462	102387	64013	52454
396045	935982	554659	239362	405406
43798	45602	50559	11006	65302
121486	696330	328806	120138	215429
94207	32496	5216	36745	47288
23122	53011	52607	12314	20946
11962	3154	8314	10702	3495
184489	252930	240747	148745	266227
31092	53381	53127	18237	126142
43934	-1423	-2027	34174	43746
20347	73966	74186	23765	21709
30482	13341	21679	12187	23953
40148	17990	24715	24217	18425
148765	150839	188956	150914	100051
59408	95365	108852	63599	52331
77947	61196	85973	79129	44386
9192	10293	11793	10567	11118
81910	66239	64737	71111	55034
36123	73669	72397	38278	39709
25778	5883	7092	14187	6083
1116	-19	642	317	342
12746	3532	3532	7744	2997
17693	14944	15272	24271	12677
14989	12731	12895	22591	11314
133667	437471	35580	126063	179762
104898	148025	73346	96410	78844
25534	287498	-39889	26223	89360
56339	26937	28155	47392	23432
37725	21495	24083	28479	17401
6128	-1787	1151	7046	1572
10817	3109	2512	10900	4008
13322	8371	7883	10459	7106
7295	3060	2943	4321	2365

14-18 市区限额以上批发和零售业企业财务状况(2010年)

单位:万元

项目	Item
总计	**Total**
按登记注册类型分	**Grouped by Registration Status**
内资企业	Domestic Funded Enterprises
国有企业	State-owned Enterprises
集体企业	Collective-owned Enterprises
股份合作企业	Cooperative Enterprises
联营企业	Joint Ownership Enterprises
国有联营企业	State Joint Ownership Enterprises
集体联营企业	Collective Joint Ownership Enterprises
国有与集体联营企业	Joint State-collective Enterprises
其他联营企业	Other Joint Ownership Enterprise
有限责任公司	Limited Liability Corporations
国有独资公司	State Sole Funded Corporations
其他有限责任公司	Other Limited Liability Corporations
股份有限公司	Share-holding Corporations Ltd.
私营企业	Private Enterprises
私营独资企业	Private-funded Enterprises
私营合伙企业	Private Partnership Enterprises
私营有限责任公司	Private Limited Liability Corporations
私营股份有限公司	Private Share-holding Corporations Ltd.
其他企业	Other Enterprises
港、澳、台商投资企业	Enterprises with Funds from Hong Kong, Macao and Taiwan
合资经营企业	Joint-venture Enterprises
合作经营企业	Cooperative Enterprises
独资经营企业	Enterprises with Sole Funds
股份有限公司	Share-holding Corporations Ltd.
外商投资企业	Foreign Funded Enterprises
中外合资经营企业	Joint-venture Enterprises
中外合作经营企业	Cooperative Enterprises
外资企业	Enterprises with Sole Foreign Funds
外商投资股份有限公司	Share-holding Corporations Ltd.

Financial Situation of Enterprises above the Designated Size in Wholesale and Retail Trade in Urban Districts (2010)

(10000 yuan)

资产总计 Total Assets	#固定资产原价 Original Value of Fixed Assets	负债合计 Total Liabilities	所有者权益 Owners' Equity	主营业务收入 Revenue from Principal Business	主营业务成本 Cost of Principal Business
47482275	**4278633**	**36566877**	**10915398**	**131844497**	**124253187**
39486039	3742800	30602238	8883801	115674998	109886132
9633138	1011285	7783526	1849612	30321127	29189522
644528	57781	470477	174051	1843423	1732507
91992	13822	75713	16279	335445	306098
14300	4257	8242	6058	87390	78411
5052	1939	2730	2322	25496	22316
2309	1208	972	1337	14420	12845
2698	998	1660	1038	16777	14825
4241	112	2880	1361	30697	28425
11890330	650072	9824810	2065520	28322478	27066534
1529841	123751	1018069	511772	2678712	2598507
10360489	526321	8806741	1553748	25643766	24468027
5795476	1384132	3117884	2677592	22634346	21576920
10969149	618718	8899841	2069308	31752707	29611514
250175	11109	193294	56881	686691	642646
164196	4446	141970	22226	358222	342667
10358139	583175	8402782	1955357	29855774	27820446
196639	19988	161795	34844	852019	805756
447126	2733	421745	25381	378082	324626
2308926	195692	1834307	474619	5642906	5028858
1000627	92444	825372	175255	2875002	2625635
14491	5342	18380	-3889	39472	35629
1236352	97207	943336	293016	2606699	2252462
57456	699	47219	10237	121733	115132
5687310	340141	4130332	1556978	10526593	9338196
1366166	179195	883318	482848	4134907	3836850
432777	55022	303522	129255	809186	652825
3885715	105904	2943417	942298	5574227	4844254
2652	20	75	2577	8273	4267

14-18 续表1

单位:万元

项　　目	Item
总　计	**Total**
按登记注册类型分	**Grouped by Registration Status**
内资企业	Domestic Funded Enterprises
国有企业	State-owned Enterprises
集体企业	Collective-owned Enterprises
股份合作企业	Cooperative Enterprises
联营企业	Joint Ownership Enterprises
国有联营企业	State Joint Ownership Enterprises
集体联营企业	Collective Joint Ownership Enterprises
国有与集体联营企业	Joint State-collective Enterprises
其他联营企业	Other Joint Ownership Enterprise
有限责任公司	Limited Liability Corporations
国有独资公司	State Sole Funded Corporations
其他有限责任公司	Other Limited Liability Corporations
股份有限公司	Share-holding Corporations Ltd.
私营企业	Private Enterprises
私营独资企业	Private-funded Enterprises
私营合伙企业	Private Partnership Enterprises
私营有限责任公司	Private Limited Liability Corporations
私营股份有限公司	Private Share-holding Corporations Ltd.
其他企业	Other Enterprises
港、澳、台商投资企业	Enterprises with Funds from Hong Kong, Macao and Taiwan
合资经营企业	Joint-venture Enterprises
合作经营企业	Cooperative Enterprises
独资经营企业	Enterprises with Sole Funds
股份有限公司	Share-holding Corporations Ltd.
外商投资企业	Foreign Funded Enterprises
中外合资经营企业	Joint-venture Enterprises
中外合作经营企业	Cooperative Enterprises
外资企业	Enterprises with Sole Foreign Funds
外商投资股份有限公司	Share-holding Corporations Ltd.

continued

(10000 yuan)

主营业务税金及附加 Taxes and Other Charges on Principal Business	主营业务利润 Profit from Principal Business	其他业务利润 Profit from Other Business	营业费用 Operating Expenses
193497	**7287801**	**511664**	**3653888**
182431	5503192	298699	2629196
71847	1050613	50499	555704
3849	100144	4827	48578
807	28514	3154	20221
262	8717	27	2997
54	3126	6	604
131	1444		394
33	1919	18	521
44	2228	3	1478
35480	1170298	126301	682688
3448	77991	14962	40290
32032	1092307	111339	642398
24354	1027206	17219	213794
45085	2066658	94889	1085086
1633	42243	2012	20577
407	16590	961	7790
42042	1962939	87109	1037868
1003	44886	4807	18850
747	51042	1783	20129
5750	607450	149233	413742
2752	246631	117101	180890
42	3801	1269	5025
2953	350420	28399	222319
3	6598	2464	5508
5316	1177160	63732	610950
2099	295960	29831	182710
368	155781	4431	96835
2849	721413	29470	328542
	4006		2863

14-18 续表2

单位:万元

项　　目	Item
总　　计	**Total**
按登记注册类型分	**Grouped by Registration Status**
内资企业	Domestic Funded Enterprises
国有企业	State-owned Enterprises
集体企业	Collective-owned Enterprises
股份合作企业	Cooperative Enterprises
联营企业	Joint Ownership Enterprises
国有联营企业	State Joint Ownership Enterprises
集体联营企业	Collective Joint Ownership Enterprises
国有与集体联营企业	Joint State-collective Enterprises
其他联营企业	Other Joint Ownership Enterprise
有限责任公司	Limited Liability Corporations
国有独资公司	State Sole Funded Corporations
其他有限责任公司	Other Limited Liability Corporations
股份有限公司	Share-holding Corporations Ltd.
私营企业	Private Enterprises
私营独资企业	Private-funded Enterprises
私营合伙企业	Private Partnership Enterprises
私营有限责任公司	Private Limited Liability Corporations
私营股份有限公司	Private Share-holding Corporations Ltd.
其他企业	Other Enterprises
港、澳、台商投资企业	Enterprises with Funds from Hong Kong, Macao and Taiwan
合资经营企业	Joint-venture Enterprises
合作经营企业	Cooperative Enterprises
独资经营企业	Enterprises with Sole Funds
股份有限公司	Share-holding Corporations Ltd.
外商投资企业	Foreign Funded Enterprises
中外合资经营企业	Joint-venture Enterprises
中外合作经营企业	Cooperative Enterprises
外资企业	Enterprises with Sole Foreign Funds
外商投资股份有限公司	Share-holding Corporations Ltd.

continued

(10000 yuan)

管理费用 Management Cost	营业利润 Business Profit	利润总额 Total Profits	本年应付工资总额 Total Wages Payable	本年应交增值税 Total Value-added Payable Tax
1667646	**2505982**	**1806169**	**1190603**	**1588956**
1242331	1979984	1266646	874989	1213252
209370	492836	235567	208125	296685
26374	24920	27925	18654	27622
8193	2742	3611	5284	8465
1195	4510	4538	2126	1477
658	1865	1878	474	522
209	841	841	379	192
318	1098	1103	354	271
10	706	716	919	492
322571	266626	304088	235788	316920
50939	1210	25081	27454	40407
271632	265416	279007	208334	276513
128172	697453	275633	81994	222938
541388	461990	386441	315393	328984
13005	8077	7948	7361	5660
4458	2296	3108	2319	1959
509254	438724	362296	297780	315417
14671	12893	13088	7933	5948
5068	28907	28844	7626	10162
159755	166452	189401	134376	98819
75271	104737	130187	61017	56459
2384	-2226	-1863	2362	1010
79786	63251	60197	70457	40525
2314	690	880	540	825
265560	359546	350122	181238	276885
52743	81180	82560	52757	31371
21878	50172	49766	20674	25748
190939	227051	216648	107430	219103
	1143	1148	377	663

14-18 续表3

单位:万元

项　　目	Item
按行业分	**Grouped by Sector**
农畜产品批发	Wholesale of Agricultural and Livestock Products
食品、饮料及烟草制品批发	Wholesale of Food, Beverages and Tobacco Products
# 米、面制品及食用油批发	Wholesale of Rice, Flour and Edible Oil
烟草制品批发	Wholesale of Tobacco
纺织、服装及日用品批发	Wholesale of Textile, Garments and Daily Articles Consumer
# 服装批发	Wholesale of Garments
文化、体育用品及器材批发	Wholesale of Cultural, Sports Appliances and Equipment
医药及医疗器材批发	Wholesale of Medicine and Medical Appliances
矿产品、建材及化工产品批发	Wholesale of Mineral Products, Building Materials and Chemical Products
# 煤炭及制品批发	Wholesale of Coal and Related Products
石油及制品批发	Wholesale of Petroleum and Related Products
金属及金属矿批发	Wholesale of Metal Minerals
建材批发	Wholesale of Building Materials
化肥批发	Wholesale of Chemical Fertilizers
机械设备、五金交电及电子产品批发	Wholesale of Machinery, hardware and Electronic Equipment
# 汽车、摩托车及零配件批发	Wholesale of Motor Vehicles, Motorcycles and Parts
家用电器批发	Wholesale of Household Electrical Appliances
计算机、软件及辅助设备批发	Wholesale of Computers, Software and Assistant Appliances
贸易经纪与代理	Trade Broker and Agent
其他批发	Other Wholesales Not Classified Elsewhere
综合零售	Integrated Retail
# 百货零售	Retail of General Merchandise
超级市场零售	Retail of Supermarket
食品、饮料及烟草制品专门零售	Special Retail of Food, Beverage and Tobacco
纺织、服装及日用品专门零售	Special Retail of Textile, Garments and Daily Articles Consumer
# 服装零售	Rctail of Garments
文化、体育用品及器材专门零售	Special Retail of Cultural, Sports Appliances and Equipment
# 体育用品零售	Retail of Sports Goods
图书零售	Retail of Books
医药及医疗器材专门零售	Special Retail of Medicine and Medical Appliances
# 药品零售	Retail of Medicine
汽车、摩托车、燃料及零配件专门零售	Special Retail of Motor Vehicles, Motorcycles, Fuels and Parts
# 汽车零售	Retail of Motor Vehicles
机动车燃料零售	Retail of Fuels for Motor Vehicles
家用电器及电子产品专门零售	Special Retail of Household Electrical Appliances and Electronic Products
# 家用电器零售	Retail of Household Electric Appliances
计算机、软件及辅助设备零售	Retail of Computers, Software and Assistant Equipment
通信设备零售	Retail of Communication Equipment
五金、家具及室内装修材料专门零售	Special Retail of Hardware, Furniture and Decoration Materials
无店铺及其他零售	Non-shop and Other Retails

continued

(10000 yuan)

资产总计 Total Assets	# 固定资产原价 Original Value of Fixed Assets	负债合计 Total Liabilities	所有者权益 Owners' Equity	主营业务收入 Revenue from Principal Business	主营业务成本 Cost of Principal Business
474259	26832	400006	74253	993304	966595
2007450	309306	1361140	646310	3951864	3370380
583336	111635	447955	135381	708339	687432
277791	28326	97744	180047	791425	582114
4207574	257051	3207333	1000241	11385951	10463869
1191673	67952	887831	303842	3709145	3399314
1054586	62195	764122	290464	1367785	1172695
2530338	99130	1797278	733060	5231671	4888046
21393198	2070107	16689323	4703875	77248529	74944532
1966007	43184	1626937	339070	7093405	6879058
9018438	1551353	6060557	2957881	36719744	35622267
6125149	234944	5513230	611919	15883041	15520750
1770514	79769	1529829	240685	4886069	4763317
652766	32322	540375	112391	1131488	1076009
6041879	189991	4746398	1295481	10248585	9452813
1088651	24247	829570	259081	2335295	2219883
739533	22083	613814	125719	1588241	1393187
2148125	13831	1829458	318667	1733660	1605075
1157306	58082	918685	238621	2078308	1999926
1215759	51735	1054126	161633	2168953	2056851
2163280	535225	1690238	473042	3740615	3163344
1064446	256849	675614	388832	1715279	1396441
1055868	260409	947947	107921	1928180	1696970
113147	11949	81821	31326	242452	181914
679713	34871	443542	236171	1226943	829741
546426	20858	360431	185995	971793	711435
223214	49326	120921	102293	247394	200806
26826	9114	6200	20626	20284	16222
99836	27714	52987	46849	75255	54771
238092	18861	166894	71198	439640	341635
190903	17170	128255	62648	373373	286079
2978550	446844	2304791	673759	9220555	8402574
2133181	195033	1806914	326267	6280670	5859686
804148	246577	468665	335483	2823404	2435538
863659	32640	725162	138497	1684118	1523405
646650	18988	556627	90023	1200945	1085850
43413	3484	30870	12543	146291	129997
153356	9241	123696	29660	292633	270266
79753	17238	63187	16566	201498	153449
60518	7250	31910	28608	166334	140612

14-18 续表4

单位:万元

项　目	Item
按行业分	**Grouped by Sector**
农畜产品批发	Wholesale of Agricultural and Livestock Products
食品、饮料及烟草制品批发	Wholesale of Food, Beverages and Tobacco Products
# 米、面制品及食用油批发	Wholesale of Rice, Flour and Edible Oil
烟草制品批发	Wholesale of Tobacco
纺织、服装及日用品批发	Wholesale of Textile, Garments and Daily Articles Consumer
# 服装批发	Wholesale of Garments
文化、体育用品及器材批发	Wholesale of Cultural, Sports Appliances and Equipment
医药及医疗器材批发	Wholesale of Medicine and Medical Appliances
矿产品、建材及化工产品批发	Wholesale of Mineral Products, Building Materials and Chemical Products
# 煤炭及制品批发	Wholesale of Coal and Related Products
石油及制品批发	Wholesale of Petroleum and Related Products
金属及金属矿批发	Wholesale of Metal Minerals
建材批发	Wholesale of Building Materials
化肥批发	Wholesale of Chemical Fertilizers
机械设备、五金交电及电子产品批发	Wholesale of Machinery, hardware and Electronic Equipment
# 汽车、摩托车及零配件批发	Wholesale of Motor Vehicles, Motorcycles and Parts
家用电器批发	Wholesale of Household Electrical Appliances
计算机、软件及辅助设备批发	Wholesale of Computers, Software and Assistant Appliances
贸易经纪与代理	Trade Broker and Agent
其他批发	Other Wholesales Not Classified Elsewhere
综合零售	Integrated Retail
# 百货零售	Retail of General Merchandise
超级市场零售	Retail of Supermarket
食品、饮料及烟草制品专门零售	Special Retail of Food, Beverage and Tobacco
纺织、服装及日用品专门零售	Special Retail of Textile, Garments and Daily Articles Consumer
# 服装零售	Retail of Garments
文化、体育用品及器材专门零售	Special Retail of Cultural, Sports Appliances and Equipment
# 体育用品零售	Retail of Sports Goods
图书零售	Retail of Books
医药及医疗器材专门零售	Special Retail of Medicine and Medical Appliances
# 药品零售	Retail of Medicine
汽车、摩托车、燃料及零配件专门零售	Special Retail of Motor Vehicles, Motorcycles, Fuels and Parts
# 汽车零售	Retail of Motor Vehicles
机动车燃料零售	Retail of Fuels for Motor Vehicles
家用电器及电子产品专门零售	Special Retail of Household Electrical Appliances and Electronic Products
# 家用电器零售	Retail of Household Electric Appliances
计算机、软件及辅助设备零售	Retail of Computers, Software and Assistant Equipment
通信设备零售	Retail of Communication Equipment
五金、家具及室内装修材料专门零售	Special Retail of Hardware, Furniture and Decoration Materials
无店铺及其他零售	Non-shop and Other Retails

continued

(10000 yuan)

主营业务税金及附加 Taxes and Other Charges on Principal Business	主营业务利润 Profit from Principal Business	其他业务利润 Profit from Other Business	营业费用 Operating Expenses
619	22674	-200	22970
55335	528082	22484	194552
2067	20106	6712	25776
47263	162048		9750
15979	903351	37271	472141
4404	308008	17419	163604
3051	183929	5914	98240
5197	324409	20852	150150
48178	2232955	49268	985333
5556	208133	2160	112689
20794	1075565	14862	416977
8083	347655	14400	149657
4634	116971	2488	39365
1492	48655	360	22511
14115	779693	28042	376013
2441	111817	7842	39208
3708	189594	2697	149565
1155	127127	7686	36892
2523	75810	3596	32797
2080	109085	8776	58760
19780	557533	196724	459703
14104	304708	39779	191863
5059	226219	152371	242333
1011	59526	1897	40994
4628	389314	-549	247285
4243	252842	-1835	149384
1973	44548	10270	23802
32	4030	719	3486
342	20185	6161	10136
1483	96181	4047	66434
1359	85739	3934	60687
11507	800467	53602	251556
9345	409247	51129	173103
1942	382428	1939	74253
4280	108452	61148	126086
2623	72517	47252	98288
890	15168	1206	9052
646	14567	12550	17473
1225	46824	8165	32003
533	24969	357	15069

14-18 续表5

单位:万元

项　　目	Item
按行业分	**Grouped by Sector**
农畜产品批发	Wholesale of Agricultural and Livestock Products
食品、饮料及烟草制品批发	Wholesale of Food, Beverages and Tobacco Products
# 米、面制品及食用油批发	Wholesale of Rice, Flour and Edible Oil
烟草制品批发	Wholesale of Tobacco
纺织、服装及日用品批发	Wholesale of Textile, Garments and Daily Articles Consumer
# 服装批发	Wholesale of Garments
文化、体育用品及器材批发	Wholesale of Cultural, Sports Appliances and Equipment
医药及医疗器材批发	Wholesale of Medicine and Medical Appliances
矿产品、建材及化工产品批发	Wholesale of Mineral Products, Building Materials and Chemical Products
# 煤炭及制品批发	Wholesale of Coal and Related Products
石油及制品批发	Wholesale of Petroleum and Related Products
金属及金属矿批发	Wholesale of Metal Minerals
建材批发	Wholesale of Building Materials
化肥批发	Wholesale of Chemical Fertilizers
机械设备、五金交电及电子产品批发	Wholesale of Machinery, hardware and Electronic Equipment
# 汽车、摩托车及零配件批发	Wholesale of Motor Vehicles, Motorcycles and Parts
家用电器批发	Wholesale of Household Electrical Appliances
计算机、软件及辅助设备批发	Wholesale of Computers, Software and Assistant Appliances
贸易经纪与代理	Trade Broker and Agent
其他批发	Other Wholesales Not Classified Elsewhere
综合零售	Integrated Retail
# 百货零售	Retail of General Merchandise
超级市场零售	Retail of Supermarket
食品、饮料及烟草制品专门零售	Special Retail of Food, Beverage and Tobacco
纺织、服装及日用品专门零售	Special Retail of Textile, Garments and Daily Articles Consumer
# 服装零售	Retail of Garments
文化、体育用品及器材专门零售	Special Retail of Cultural, Sports Appliances and Equipment
# 体育用品零售	Retail of Sports Goods
图书零售	Retail of Books
医药及医疗器材专门零售	Special Retail of Medicine and Medical Appliances
# 药品零售	Retail of Medicine
汽车、摩托车、燃料及零配件专门零售	Special Retail of Motor Vehicles, Motorcycles, Fuels and Parts
# 汽车零售	Retail of Motor Vehicles
机动车燃料零售	Retail of Fuels for Motor Vehicles
家用电器及电子产品专门零售	Special Retail of Household Electrical Appliances and Electronic Products
# 家用电器零售	Retail of Household Electric Appliances
计算机、软件及辅助设备零售	Retail of Computers, Software and Assistant Equipment
通信设备零售	Retail of Communication Equipment
五金、家具及室内装修材料专门零售	Special Retail of Hardware, Furniture and Decoration Materials
无店铺及其他零售	Non-shop and Other Retails

continued

(10000 yuan)

管理费用 Management Cost	营业利润 Business Profit	利润总额 Total Profits	本年应付工资总额 Total Wages Payable	本年应交增值税 Total Value-added Payable Tax
15160	11580	21055	6189	5330
165987	183797	213790	82832	95328
13854	-21056	81	7375	2223
34497	121557	122913	19004	37190
225203	225901	225202	131779	328492
84306	58206	60578	45753	71051
42528	53665	54333	41951	14985
91590	101419	102345	63612	52252
388059	926872	545686	233157	396363
41428	41820	46868	9946	62385
119235	693690	326251	119256	211740
93937	32342	5048	36531	46535
23122	53011	52607	12314	20946
11948	3092	8252	9669	3404
183069	251287	239074	147892	265212
30135	51954	51699	17634	125437
43471	-1639	-2272	33924	43436
20347	73966	74186	23765	21709
30345	13149	21518	12142	23934
40028	17942	24699	23821	18425
147043	151185	189284	145457	98912
58418	94638	108151	61404	51699
77215	62269	87002	75867	43879
9184	10304	11804	10549	11115
81910	66239	64737	71111	55034
36123	73669	72397	38278	39709
25552	5822	7027	13990	6017
1116	-19	642	317	342
12594	3649	3649	7606	2937
17693	14944	15272	24271	12677
14989	12731	12895	22591	11314
128248	433581	31435	120670	172158
100060	146179	71278	91759	72036
25142	285656	-41692	25700	88649
55502	26906	28124	46450	23280
37129	21475	24064	27822	17307
5964	-1796	1142	6949	1558
10817	3109	2512	10900	4008
13320	8334	7846	10435	7094
7225	3054	2938	4296	2350

14-19 限额以上住宿和餐饮业企业基本情况(2010年)

指标名称	Item
总　计	**Total**
住宿业	**Accommodation Trade**
# 国有及国有控股	State-owned and State-controlled Enterprises
按登记注册类型分组	**Grouped by Registration Status**
内资企业	Domestic Funded Enterprises
国有企业	State-owned Enterprises
集体企业	Collective-owned Enterprises
股份合作企业	Cooperative Enterprises
联营企业	Joint Ownership Enterprises
国有联营企业	State Joint Ownership Enterprises
集体联营企业	Collective Joint Ownership Enterprises
国有与集体联营企业	Joint State-collective Enterprises
其他联营企业	Other Joint Ownership Enterprise
有限责任公司	Limited Liability Corporations
国有独资公司	State Sole Funded Corporations
其他有限责任公司	Other Limited Liability Corporations
股份有限公司	Share-holding Corporations Ltd.
私营企业	Private Enterprises
私营独资企业	Private-funded Enterprises
私营合伙企业	Private Partnership Enterprises
私营有限责任公司	Private Limited Liability Corporations
私营股份有限公司	Private Share-holding Corporations Ltd.
其他企业	Other Enterprises
港、澳、台商投资企业	Enterprises with Funds from Hong Kong, Macao and Taiwan
合资经营企业	Joint-venture Enterprises
合作经营企业	Cooperative Enterprises
独资经营企业	Enterprises with Sole Funds
股份有限公司	Share-holding Corporations Ltd.
外商投资企业	Foreign Funded Enterprises
中外合资经营企业	Joint-venture Enterprises
中外合作经营企业	Cooperative Enterprises
外资企业	Enterprises with Sole Foreign Funds
外商投资股份有限公司	Share-holding Corporations Ltd.
按住宿行业中类分组	**Grouped by Accomodation Middle Sector**
旅游饭店	Travel Hotel
一般旅馆	Common Hotel
其它住宿服务业	Others

Basic Statistics on Enterprises in Hotels and Catering Services above Designated Size (2010)

法人企业(个) Number of Corporation Units (unit)	从业人数(人) Employed Persons (person)	营业额(万元) Business Revenue (10000 yuan)	# 客房收入 Lodging Revenue	# 餐费收入 Dinner Revenue	# 商品销售收入 Sale Revenue of Commodities
1125	**177168**	**2908940**	**653158**	**2019290**	**57987**
402	**69518**	**1207082**	**629114**	**413882**	**13108**
148	29792	506930	236875	170421	4771
356	52003	819589	418632	278486	9259
88	18314	319460	147815	109719	3803
31	2565	27364	16106	5121	139
3	185	2683	1088	1494	
2	76	764	663		
1	109	1919	425	1494	
59	9445	132518	70363	40855	918
3	812	13445	10893	1221	
56	8633	119073	59470	39634	918
4	1942	40181	14648	17085	456
162	18446	285108	163669	98448	3786
32	2459	32336	21931	9327	196
6	539	6269	2927	2201	18
119	15236	240432	133372	86387	3572
5	212	6071	5439	533	
9	1106	12275	4943	5764	157
26	8182	156875	78704	55674	331
4	1575	29741	14501	9911	
10	3043	57354	27260	19711	
11	3506	67752	34915	26052	331
1	58	2028	2028		
20	9333	230618	131778	79722	3518
9	3633	93939	39656	45454	145
4	1401	22622	13043	7078	446
7	4299	114057	79079	27190	2927
267	57653	1003723	472112	390923	10114
121	10668	191380	151175	20257	2880
14	1197	11979	5827	2702	114

14-19 续表

指标名称	Item
餐饮业	**Catering Trade**
# 国有及国有控股	State-owned and State-controlled Enterprises
按登记注册类型分组	**Grouped by Registration Status**
内资企业	Domestic Funded Enterprises
国有企业	State-owned Enterprises
集体企业	Collective-owned Enterprises
股份合作企业	Cooperative Enterprises
联营企业	Joint Ownership Enterprises
国有联营企业	State Joint Ownership Enterprises
集体联营企业	Collective Joint Ownership Enterprises
国有与集体联营企业	Joint State-collective Enterprises
其他联营企业	Joint State-collective Enterprises
有限责任公司	Limited Liability Corporations
国有独资公司	State Sole Funded Corporations
其他有限责任公司	Other Limited Liability Corporations
股份有限公司	Share-holding Corporations Ltd.
私营企业	Private Enterprises
私营独资企业	Private-funded Enterprises
私营合伙企业	Private Partnership Enterprises
私营有限责任公司	Private Limited Liability Corporations
私营股份有限公司	Private Share-holding Corporations Ltd.
其他企业	Other Enterprises
港、澳、台商投资企业	Enterprises with Funds from Hong Kong, Macao and Taiwan
合资经营企业	Joint-venture Enterprises
合作经营企业	Cooperative Enterprises
独资经营企业	Enterprises with Sole Funds
股份有限公司	Share-holding Corporations Ltd.
外商投资企业	Foreign Funded Enterprises
中外合资经营企业	Joint-venture Enterprises
中外合作经营企业	Cooperative Enterprises
外资企业	Enterprises with Sole Foreign Funds
外商投资股份有限公司	Share Holding Corporations
按餐饮行业中类分组	**Grouped by Catering Middle Sector**
正餐服务	Dinner
快餐服务	Snack
饮料及冷饮服务	Baverage and cold drinks
其他餐饮服务	Others

continued

法人企业(个) Number of Corporation Units (unit)	从业人数(人) Employed Persons (person)	营业额(万元) Business Revenue (10000 yuan)	# 客房收入 Lodging Revenue	# 餐费收入 Dinner Revenue	# 商品销售收入 Sale Revenue of Commodities
723	**107650**	**1701858**	**24044**	**1605408**	**44879**
47	7772	133644	8779	97780	14956
663	70217	1043172	22127	965869	35257
14	2987	44131	8039	31107	294
16	1848	31510	582	25402	263
30	2520	36702	7	36401	294
1	85	798		798	
1	85	798		798	
41	4981	95758	1062	79688	14348
2	192	4372		1708	2664
39	4789	91386	1062	77980	11684
3	1724	38819		26252	10762
518	48502	695619	11929	668559	9142
173	14332	222739	1519	218723	1092
52	3630	52253	533	51644	51
264	28086	375500	8959	354110	7999
29	2454	45127	918	44082	
40	7570	99835	508	97662	154
42	7316	156634	364	143405	9575
8	673	12678	139	10855	
6	2080	45835		37547	7727
27	4363	93386	225	90268	1848
1	200	4735		4735	
18	30117	502052	1553	496134	47
4	1133	11482	1552	6258	36
2	318	5985		5303	
11	28529	483065	1	483053	11
1	137	1520		1520	
656	68888	1068947	23450	979056	40350
42	35268	586476	134	583877	2158
6	835	19528		19528	
19	2659	26907	460	22947	2371

14-20 限额以上住宿和餐饮业企业财务状况(2010年)

单位:万元

项　　目	Item	流动资产合计 Total Working Capitals
总　计	**Total**	**1632598**
住宿业	**Accommodation Trade**	**1171963**
# 国有及国有控股	State-owned and State-controlled Enterprises	404839
按登记注册类型分	**Grouped by Registration Status**	
内资企业	Domestic Funded Enterprises	657154
国有企业	State-owned Enterprises	217507
集体企业	Collective-owned Enterprises	20307
股份合作企业	Cooperative Enterprises	
联营企业	Joint Ownership Enterprises	253
国有联营企业	State Joint Ownership Enterprises	104
集体联营企业	Collective Joint Ownership Enterprises	149
国有与集体联营企业	Joint State-collective Enterprises	
其他联营企业	Other Joint Ownership Enterprise	
有限责任公司	Limited Liability Corporations	217313
国有独资公司	State Sole Funded Corporations	4849
其他有限责任公司	Other Limited Liability Corporations	212464
股份有限公司	Share-holding Corporations Ltd.	23300
私营企业	Private Enterprises	170805
私营独资企业	Private-funded Enterprises	22073
私营合伙企业	Private Partnership Enterprises	1214
私营有限责任公司	Private Limited Liability Corporations	146453
私营股份有限公司	Private Share-holding Corporations Ltd.	1065
其他企业	Other Enterprises	7669
港、澳、台商投资企业	Enterprises with Funds from Hong Kong, Macao and Taiwan	262058
合资经营企业	Joint-venture Enterprises	65365
合作经营企业	Cooperative Enterprises	97576
独资经营企业	Enterprises with Sole Funds	98899
股份有限公司	Share-holding Corporations Ltd.	218
外商投资企业	Foreign Funded Enterprises	252751
中外合资经营企业	Joint-venture Enterprises	87003
中外合作经营企业	Cooperative Enterprises	10690
外资企业	Enterprises with Sole Foreign Funds	155058
外商投资股份有限公司	Share-holding Corporations Ltd.	
按行业分	**Grouped by Accomodation Middle Sector**	
旅游饭店	Travel Hotel	989053
一般旅馆	Common Hotel	176222
其它住宿服务	Others	6688

Financial Situation on Enterprises in Hotels and Catering Services above Designated Size (2010)

(10000 yuan)

固定资产原价 Total Original Value of Fixed Assets	累计折旧 Accumulative Depreciation	资产总计 Total Assets	负债合计 Total Liabilities	所有者权益 Owners′ Equity	实收资本 Paid-in Capitals	主营业务收入 Revenue from Principal Business	主营业务成本 Cost of Principal Business
2532787	**1177473**	**4028420**	**2796167**	**1232253**	**1325650**	**2884207**	**1106027**
2081646	**961986**	**3056064**	**2132763**	**923301**	**1056486**	**1190178**	**314328**
1044877	570115	1169845	679735	490110	456372	503115	108296
1244268	601147	1791381	1309670	481711	571093	813718	208551
608638	322263	695926	471471	224455	222238	315575	59174
47859	29908	48249	27232	21017	22505	27061	6144
4521	3485	3431	1627	1804	3932	2582	1284
2210	1997	1350	761	589	1000	663	3
2311	1488	2081	866	1215	2932	1919	1281
168048	84085	400974	263833	137141	190763	132699	36350
26751	16649	15531	16405	-874	5729	13431	1094
141297	67436	385443	247428	138015	185034	119268	35256
99003	48744	100715	22315	78400	40290	40173	13883
308790	107102	530392	509482	20910	88301	283005	88292
12926	7625	29302	16966	12336	15262	31970	11400
4335	1565	4257	3283	974	1707	6210	2877
290824	97715	494494	487368	7126	70872	238804	69950
705	197	2339	1865	474	460	6021	4065
7409	5560	11694	13710	-2016	3064	12623	3424
471299	215201	652832	483919	168913	196465	157068	28731
112712	58156	193868	62510	131358	70701	30198	4913
232142	99961	262605	271643	-9038	63399	57080	8572
126225	57006	195913	149422	46491	62265	67762	13725
220	78	446	344	102	100	2028	1521
366079	145638	611851	339174	272677	288928	219392	77046
124668	69536	201688	152405	49283	93838	81716	13077
27529	16900	34550	15328	19222	8653	22272	3815
213882	59202	375613	171441	204172	186437	115404	60154
1825081	854529	2678171	1913976	764195	890270	990833	228110
246294	100740	360959	202126	158833	162481	188256	82194
10271	6717	16934	16661	273	3735	11089	4024

14-20 续表1

单位:万元

项目	Item	主营业务税金及附加 Taxes and Other Charges on Principal Business
总计	**Total**	**158271**
住宿业	**Accommodation Trade**	**66861**
#国有及国有控股	State-owned and State-controlled Enterprises	27607
按登记注册类型分	Grouped by Registration Status	
内资企业	Domestic Funded Enterprises	47374
国有企业	State-owned Enterprises	17194
集体企业	Collective-owned Enterprises	1644
股份合作企业	Cooperative Enterprises	
联营企业	Joint Ownership Enterprises	98
国有联营企业	State Joint Ownership Enterprises	43
集体联营企业	Collective Joint Ownership Enterprises	55
国有与集体联营企业	Joint State-collective Enterprises	
其他联营企业	Other Joint Ownership Enterprise	
有限责任公司	Limited Liability Corporations	8458
国有独资公司	State Sole Funded Corporations	638
其他有限责任公司	Other Limited Liability Corporations	7820
股份有限公司	Share-holding Corporations Ltd.	2211
私营企业	Private Enterprises	17221
私营独资企业	Private-funded Enterprises	1492
私营合伙企业	Private Partnership Enterprises	431
私营有限责任公司	Private Limited Liability Corporations	15156
私营股份有限公司	Private Share-holding Corporations Ltd.	142
其他企业	Other Enterprises	548
港、澳、台商投资企业	Enterprises with Funds from Hong Kong, Macao and Taiwan	7870
合资经营企业	Joint-venture Enterprises	1493
合作经营企业	Cooperative Enterprises	2878
独资经营企业	Enterprises with Sole Funds	3472
股份有限公司	Share-holding Corporations Ltd.	27
外商投资企业	Foreign Funded Enterprises	11617
中外合资经营企业	Joint-venture Enterprises	4224
中外合作经营企业	Cooperative Enterprises	1171
外资企业	Enterprises with Sole Foreign Funds	6222
外商投资股份有限公司	Share-holding Corporations Ltd.	
按行业分	Grouped by Accomodation Middle Sector	
旅游饭店	Travel Hotel	56162
一般旅馆	Common Hotel	10001
其它住宿服务	Others	698

continued

(10000 yuan)

主营业务利润 Profit from Principal Business	其他业务利润 Profit from Other Business	营业费用 Operating Expenses	管理费用 Management Cost	营业利润 Oporating Profits	利润总额 Total Profits	应付工资 Total Wages Payable	应付福利费 Welfares Payable
1649075	**19474**	**1001863**	**460285**	**176307**	**179199**	**469953**	**44956**
807082	**16705**	**408995**	**310320**	**74800**	**67865**	**222474**	**24463**
365072	4608	193321	140588	27636	21797	110608	11553
551186	6661	307804	198441	33797	27086	160007	14859
237841	4063	134653	81848	20475	16525	71773	7525
19274	303	12291	6879	50	461	6030	646
1200	15	646	594	-32	-33	363	
617	15	268	335	25	24	122	
583		378	259	-57	-57	241	
84400	1033	48113	34255	4611	-1452	25741	2482
11699	25	8651	2869	-66	-52	2084	174
72701	1008	39462	31386	4677	-1400	23657	2308
24702	13	9030	11697	3106	2949	8004	553
175118	1208	96937	58856	7670	10815	45277	3472
19078	372	9238	6286	3409	3437	5406	208
2902	1	2040	933	-134	-53	1079	50
151324	834	84930	50753	4262	7286	38181	3195
1814	1	729	884	133	145	611	19
8651	26	6134	4312	-2083	-2179	2819	181
125167	615	45082	56846	15639	15935	25984	5029
23792	36	6335	13715	3918	4741	4965	476
45630	530	19444	21254	-739	-1779	11579	2172
55265	49	19029	21764	12385	12898	9269	2381
480		274	113	75	75	171	
130729	9429	56109	55033	25364	24844	36483	4575
64415		25042	27626	8689	7882	13776	2253
17286	713	6028	9470	2109	2157	3808	230
49028	8716	25039	17937	14566	14805	18899	2092
706754	4910	348501	269478	65752	56128	187938	21908
94399	11298	56264	37616	10059	11918	31642	2357
5929	497	4230	3226	-1011	-181	2894	198

14-20 续表2

单位:万元

项　　目	Item	流动资产合计 Total Working Capitals
餐饮业	**Catering Trade**	**460635**
# 国有及国有控股	State-owned and State-controlled Enterprises	44285
按登记注册类型分组	**Grouped by Registration Status**	
内资企业	Domestic Funded Enterprises	303000
国有企业	State-owned Enterprises	19887
集体企业	Collective-owned Enterprises	8810
股份合作企业	Cooperative Enterprises	6258
联营企业	Joint Ownership Enterprises	79
国有联营企业	State Joint Ownership Enterprises	
集体联营企业	Collective Joint Ownership Enterprises	79
国有与集体联营企业	Joint State-collective Enterprises	
其他联营企业	Other Joint Ownership Enterprise	
有限责任公司	Limited Liability Corporations	38235
国有独资公司	State Sole Funded Corporations	476
其他有限责任公司	Other Limited Liability Corporations	37759
股份有限公司	Share-holding Corporations Ltd.	10209
私营企业	Private Enterprises	184610
私营独资企业	Private-funded Enterprises	58924
私营合伙企业	Private Partnership Enterprises	12612
私营有限责任公司	Private Limited Liability Corporations	103566
私营股份有限公司	Private Share-holding Corporations Ltd.	9508
其他企业	Other Enterprises	34912
港、澳、台商投资企业	Enterprises with Funds from Hong Kong, Macao and Taiwan	76112
合资经营企业	Joint-venture Enterprises	660
合作经营企业	Cooperative Enterprises	15672
独资经营企业	Enterprises with Sole Funds	55496
股份有限公司	Share-holding Corporations Ltd.	4284
外商投资企业	Foreign Funded Enterprises	81523
中外合资经营企业	Joint-venture Enterprises	2750
中外合作经营企业	Cooperative Enterprises	3197
外资企业	Enterprises with Sole Foreign Funds	75067
外商投资股份有限公司	Share-holding Corporations Ltd.	509
按行业分	**Grouped by Catering Middle Sector**	
正餐服务	Dinner	331849
快餐服务	Snack	109965
饮料及冷饮服务	Beverage and cold drinks	3949
其他餐饮服务	Others	14872

continued

(10000 yuan)

固定资产原价 Total Original Value of Fixed Assets	累计折旧 Accumulative Depreciation	资产总计 Total Assets	负债合计 Total Liabilities	所有者权益 Owners´ Equity	实收资本 Paid-in Capitals	主营业务收入 Revenue from Principal Business	主营业务成本 Cost of Principal Business
451141	**215487**	**972356**	**663404**	**308952**	**269164**	**1694029**	**791699**
69744	46263	128985	54897	74088	37809	130192	64687
264171	129001	583110	413433	169677	145842	1036177	522168
55214	36516	67915	28873	39042	15165	43693	18707
4549	3277	12665	9056	3609	1828	30053	18121
2718	1939	9615	6572	3043	1471	36763	17557
100	47	144	163	-19	10	798	401
100	47	144	163	-19	10	798	401
15678	7281	56938	35422	21516	17380	94829	47156
74	5	964	968	-4	200	4066	2760
15604	7276	55974	34454	21520	17180	90763	44396
9611	6155	34195	8669	25526	18354	37324	17613
158381	63647	349529	293851	55678	74604	693741	353763
35475	12110	94147	73126	21021	23901	221845	118294
4768	1701	16979	13886	3093	3577	52013	25618
113702	47519	221956	194162	27794	45583	374971	187074
4436	2317	16447	12677	3770	1543	44912	22777
17920	10139	52109	30827	21282	17030	98976	48850
45225	22410	131789	87681	44108	56279	155993	101698
8474	2393	16239	12851	3388	7619	12623	4412
16213	10151	30267	16922	13345	18916	44620	21842
19135	9494	79200	54863	24337	28865	94015	73678
1403	372	6083	3045	3038	879	4735	1766
141745	64076	257457	162290	95167	67043	501859	167833
36722	17796	28527	41793	-13266	12108	11589	2515
1221	1020	3578	505	3073	3767	5985	2571
103064	44837	224415	119455	104960	50957	482765	162027
738	423	937	537	400	211	1520	720
327002	159406	657304	495297	162007	180895	1061779	523736
114669	51682	284244	154414	129830	72964	585866	245516
3862	2159	8257	4000	4257	8018	19528	6564
5608	2240	22551	9693	12858	7287	26856	15883

14-20 续表3

单位:万元

项目	Item	主营业务税金及附加 Taxes and Other Charges on Principal Business
餐饮业	**Catering Trade**	**91410**
# 国有及国有控股	State-owned and State-controlled Enterprises	6514
按登记注册类型分组	**Grouped by Registration Status**	
内资企业	Domestic Funded Enterprises	58125
国有企业	State-owned Enterprises	2295
集体企业	Collective-owned Enterprises	1776
股份合作企业	Cooperative Enterprises	2035
联营企业	Joint Ownership Enterprises	44
国有联营企业	State Joint Ownership Enterprises	
集体联营企业	Collective Joint Ownership Enterprises	44
国有与集体联营企业	Joint State-collective Enterprises	
其他联营企业	Other Joint Ownership Enterprise	
有限责任公司	Limited Liability Corporations	4651
国有独资公司	State Sole Funded Corporations	101
其他有限责任公司	Other Limited Liability Corporations	4550
股份有限公司	Share-holding Corporations Ltd.	1566
私营企业	Private Enterprises	39762
私营独资企业	Private-funded Enterprises	13261
私营合伙企业	Private Partnership Enterprises	2942
私营有限责任公司	Private Limited Liability Corporations	21088
私营股份有限公司	Private Share-holding Corporations Ltd.	2471
其他企业	Other Enterprises	5996
港、澳、台商投资企业	Enterprises with Funds from Hong Kong, Macao and Taiwan	7658
合资经营企业	Joint-venture Enterprises	602
合作经营企业	Cooperative Enterprises	1990
独资经营企业	Enterprises with Sole Funds	4827
股份有限公司	Share-holding Corporations Ltd.	239
外商投资企业	Foreign Funded Enterprises	25627
中外合资经营企业	Joint-venture Enterprises	569
中外合作经营企业	Cooperative Enterprises	307
外资企业	Enterprises with Sole Foreign Funds	24644
外商投资股份有限公司	Share-holding Corporations Ltd.	107
按行业分	**Grouped by Catering Middle Sector**	
正餐服务	Dinner	58787
快餐服务	Snack	30214
饮料及冷饮服务	Baverage and cold drinks	1046
其他餐饮服务	Others	1363

continued

(10000 yuan)

主营业务利润 Profit from Principal Business	其他业务利润 Profit from Other Business	营业费用 Operating Expenses	管理费用 Management Cost	营业利润 Oprating Profits	利润总额 Total Profits	应付工资 Total Wages Payable	应付福利费 Welfares Payable
841993	**2769**	**592868**	**149965**	**101507**	**111334**	**247479**	**20493**
56139	1167	37599	15396	5661	13348	19603	1960
459220	2568	308683	99248	48441	55217	147436	9129
19839	115	16638	6287	-550	334	7992	633
10156	932	6538	2334	1335	2365	4641	400
17171	124	13015	3208	710	744	5271	277
353		329	17	7	7	89	2
353		329	17	7	7	89	2
40922	63	26063	9410	6417	6346	11831	1103
1205		948	388	-148	-154	325	41
39717	63	25115	9022	6565	6500	11506	1062
18145		7047	5995	4902	10653	4917	864
308855	1358	208994	61606	32002	33419	101065	5478
92466	401	62348	19332	15088	15850	28041	1514
23383	39	17554	2391	3291	3447	7100	476
173342	790	115766	36699	11043	11451	60805	3037
19664	128	13326	3184	2580	2671	5119	451
43779	-24	30059	10391	3618	1349	11630	372
74818	378	56889	15596	9209	9710	20890	656
6722		4659	2118	651	899	1784	143
19586	145	13923	4883	501	1062	5783	177
45780	233	36418	8440	7359	7051	12531	335
2730		1889	155	698	698	792	1
307955	-177	227296	35121	43857	46407	79153	10708
8505		6873	2754	-2529	1370	3530	
3107	26	1858	961	294	394	763	86
295650	-203	218087	31377	45912	44563	74489	10622
693		478	29	180	80	371	
480060	3432	325780	103332	48632	61716	153910	9461
340405	-726	255268	39347	50769	47644	86021	10891
11918		8609	1836	1396	1286	2558	9
9610	63	3211	5450	710	688	4990	132

14-21 市区限额以上住宿和餐饮业企业财务状况(2010年)

单位:万元

项　　目	Item	流动资产合计 Total Working Capitals
总　计	**Total**	**1532793**
住宿业	**Accommodation Trade**	**1099472**
# 国有及国有控股	State-owned and State-controlled Enterprises	379122
按登记注册类型分	**Grouped by Registration Status**	
内资企业	Domestic Funded Enterprises	618954
国有企业	State-owned Enterprises	194053
集体企业	Collective-owned Enterprises	19669
股份合作企业	Cooperative Enterprises	
联营企业	Joint Ownership Enterprises	253
国有联营企业	State Joint Ownership Enterprises	104
集体联营企业	Collective Joint Ownership Enterprises	149
国有与集体联营企业	Joint State-collective Enterprises	
其他联营企业	Other Joint Ownership Enterprise	
有限责任公司	Limited Liability Corporations	209919
国有独资公司	State Sole Funded Corporations	4849
其他有限责任公司	Other Limited Liability Corporations	205070
股份有限公司	Share-holding Corporations Ltd.	23300
私营企业	Private Enterprises	164387
私营独资企业	Private-funded Enterprises	19305
私营合伙企业	Private Partnership Enterprises	998
私营有限责任公司	Private Limited Liability Corporations	143019
私营股份有限公司	Private Share-holding Corporations Ltd.	1065
其他企业	Other Enterprises	7373
港、澳、台商投资企业	Enterprises with Funds from Hong Kong, Macao and Taiwan	262012
合资经营企业	Joint-venture Enterprises	65365
合作经营企业	Cooperative Enterprises	97530
独资经营企业	Enterprises with Sole Funds	98899
股份有限公司	Share-holding Corporations Ltd.	218
外商投资企业	Foreign Funded Enterprises	218506
中外合资经营企业	Joint-venture Enterprises	84335
中外合作经营企业	Cooperative Enterprises	10690
外资企业	Enterprises with Sole Foreign Funds	123481
外商投资股份有限公司	Share-holding Corporations Ltd.	
按行业分	**Grouped by Accomodation Middle Sector**	
旅游饭店	Travel Hotel	917271
一般旅馆	Common Hotel	175513
其它住宿服务	Others	6688

Financial Situation on Enterprises in Hotels and Catering Services above Designated Size in Urban Districts (2010)

(10000 yuan)

固定资产原价 Total Original Value of Fixed Assets	累计折旧 Accumulative Depreciation	资产总计 Total Assets	负债合计 Total Liabilities	所有者权益 Owners′ Equity	实收资本 Paid-in Capitals	主营业务收入 Revenue from Principal Business	主营业务成本 Cost of Principal Business
2358436	**1107819**	**3732878**	**2624353**	**1108525**	**1193537**	**2775796**	**1064163**
1938061	**907191**	**2808106**	**1994664**	**813442**	**942552**	**1126091**	**293254**
1009327	557284	1109663	660027	449636	425100	475602	100858
1152266	570274	1675921	1248777	427144	512389	766711	195681
574613	310625	638441	453599	184842	191875	296432	55559
46957	29167	47444	26325	21119	22296	24776	5357
4521	3485	3431	1627	1804	3932	2582	1284
2210	1997	1350	761	589	1000	663	3
2311	1488	2081	866	1215	2932	1919	1281
162163	80819	390157	250849	139308	188673	120902	31105
26751	16649	15531	16405	-874	5729	13431	1094
135412	64170	374626	234444	140182	182944	107471	30011
99003	48744	100715	22315	78400	40290	40173	13883
257676	91950	484535	480391	4144	62615	270240	85535
8044	3909	24931	16301	8630	11516	29992	10971
3333	1562	3042	3265	-223	524	5784	2747
245594	86282	454223	458960	-4737	50115	228443	67752
705	197	2339	1865	474	460	6021	4065
7333	5484	11198	13671	-2473	2708	11606	2958
471282	215198	652531	483582	168949	196365	155870	28058
112712	58156	193868	62510	131358	70701	30198	4913
232125	99958	262304	271306	-9002	63299	55882	7899
126225	57006	195913	149422	46491	62265	67762	13725
220	78	446	344	102	100	2028	1521
314513	121719	479654	262305	217349	233798	203510	69515
109429	65079	174534	128165	46369	88778	76957	12323
27529	16900	34550	15328	19222	8653	22272	3815
177555	39740	270570	118812	151758	136367	104281	53377
1685475	800532	2434322	1776381	657941	777929	928288	207563
242315	99942	356850	201622	155228	160888	186714	81667
10271	6717	16934	16661	273	3735	11089	4024

14-21 续表1

单位:万元

项目	Item	主营业务税金及附加 Taxes and Other Charges on Principal Business
总计	**Total**	**151046**
住宿业	**Accommodation Trade**	**62443**
# 国有及国有控股	State-owned and State-controlled Enterprises	25426
按登记注册类型分	**Grouped by Registration Status**	
内资企业	Domestic Funded Enterprises	43878
国有企业	State-owned Enterprises	16012
集体企业	Collective-owned Enterprises	1523
股份合作企业	Cooperative Enterprises	
联营企业	Joint Ownership Enterprises	98
国有联营企业	State Joint Ownership Enterprises	43
集体联营企业	Collective Joint Ownership Enterprises	55
国有与集体联营企业	Joint State-collective Enterprises	
其他联营企业	Other Joint Ownership Enterprise	
有限责任公司	Limited Liability Corporations	6965
国有独资公司	State Sole Funded Corporations	638
其他有限责任公司	Other Limited Liability Corporations	6327
股份有限公司	Share-holding Corporations Ltd.	2211
私营企业	Private Enterprises	16609
私营独资企业	Private-funded Enterprises	1402
私营合伙企业	Private Partnership Enterprises	413
私营有限责任公司	Private Limited Liability Corporations	14652
私营股份有限公司	Private Share-holding Corporations Ltd.	142
其他企业	Other Enterprises	460
港、澳、台商投资企业	Enterprises with Funds from Hong Kong, Macao and Taiwan	7766
合资经营企业	Joint-venture Enterprises	1493
合作经营企业	Cooperative Enterprises	2774
独资经营企业	Enterprises with Sole Funds	3472
股份有限公司	Share-holding Corporations Ltd.	27
外商投资企业	Foreign Funded Enterprises	10799
中外合资经营企业	Joint-venture Enterprises	3964
中外合作经营企业	Cooperative Enterprises	1171
外资企业	Enterprises with Sole Foreign Funds	5664
外商投资股份有限公司	Share-holding Corporations Ltd.	
按行业分	**Grouped by Accomodation Middle Sector**	
旅游饭店	Travel Hotel	51822
一般旅馆	Common Hotel	9923
其它住宿服务	Others	698

continued

(10000 yuan)

主营业务利润 Profit from Principal Business	其他业务利润 Profit from Other Business	营业费用 Operating Expenses	管理费用 Management Cost	营业利润 Oporating Profits	利润总额 Total Profits	应付工资 Total Wages Payable	应付福利费 Welfares Payable
1589753	**19439**	**971862**	**437377**	**172886**	**175890**	**446608**	**44038**
768487	**16670**	**392320**	**292805**	**72480**	**65554**	**208550**	**23727**
347178	4608	186337	131407	26022	20410	104910	11013
520545	6626	294691	184115	31785	25080	149920	14180
223495	4063	129480	73849	19401	15447	67278	7008
17897	303	11477	6394	-28	383	5664	634
1200	15	646	594	-32	-33	363	
617	15	268	335	25	24	122	
583		378	259	-57	-57	241	
79341	1033	46206	31658	4132	-1704	23712	2462
11699	25	8651	2869	-66	-52	2084	174
67642	1008	37555	28789	4198	-1652	21628	2288
24702	13	9030	11697	3106	2949	8004	553
165722	1173	91911	55799	7367	10217	42257	3363
17619	338	8675	5840	2964	2990	4994	193
2624		1991	786	-214	-133	986	50
143665	834	80516	48289	4484	7215	35666	3101
1814	1	729	884	133	145	611	19
8188	26	5941	4124	-2161	-2179	2642	160
124746	615	45082	56564	15524	15890	25639	5029
23792	36	6335	13715	3918	4741	4965	476
45209	530	19444	20972	-854	-1824	11234	2172
55265	49	19029	21764	12385	12898	9269	2381
480		274	113	75	75	171	
123196	9429	52547	52126	25171	24584	32991	4518
60670		22364	26204	9107	8223	12640	2196
17286	713	6028	9470	2109	2157	3808	230
45240	8716	24155	16452	13955	14204	16543	2092
669096	4876	332191	252359	63584	53963	174422	21179
93462	11297	55899	37220	9907	11772	31234	2350
5929	497	4230	3226	-1011	-181	2894	198

14-21 续表2

单位:万元

项　目	Item	流动资产合计 Total Working Capitals
餐饮业	**Catering Trade**	**433321**
# 国有及国有控股	State-owned and State-controlled Enterprises	44150
按登记注册类型分组	**Grouped by Registration Status**	
内资企业	Domestic Funded Enterprises	285044
国有企业	State-owned Enterprises	19752
集体企业	Collective-owned Enterprises	8810
股份合作企业	Cooperative Enterprises	6258
联营企业	Joint Ownership Enterprises	79
国有联营企业	State Joint Ownership Enterprises	
集体联营企业	Collective Joint Ownership Enterprises	79
国有与集体联营企业	Joint State-collective Enterprises	
其他联营企业	Other Joint Ownership Enterprise	
有限责任公司	Limited Liability Corporations	31728
国有独资公司	State Sole Funded Corporations	476
其他有限责任公司	Other Limited Liability Corporations	31252
股份有限公司	Share-holding Corporations Ltd.	10209
私营企业	Private Enterprises	174927
私营独资企业	Private-funded Enterprises	57271
私营合伙企业	Private Partnership Enterprises	12508
私营有限责任公司	Private Limited Liability Corporations	95640
私营股份有限公司	Private Share-holding Corporations Ltd.	9508
其他企业	Other Enterprises	33281
港、澳、台商投资企业	Enterprises with Funds from Hong Kong, Macao and Taiwan	67636
合资经营企业	Joint-venture Enterprises	660
合作经营企业	Cooperative Enterprises	14793
独资经营企业	Enterprises with Sole Funds	47899
股份有限公司	Share-holding Corporations Ltd.	4284
外商投资企业	Foreign Funded Enterprises	80641
中外合资经营企业	Joint-venture Enterprises	2750
中外合作经营企业	Cooperative Enterprises	3197
外资企业	Enterprises with Sole Foreign Funds	74694
股份有限公司	Share-holding Corporations Ltd.	
按行业分	**Grouped by Catering Middle Sector**	
正餐服务	Dinner	304908
快餐服务	Snack	109592
饮料及冷饮服务	Baverage and cold drinks	3949
其他餐饮服务	Others	14872

continued

(10000 yuan)

固定资产原价 Total Original Value of Fixed Assets	累计折旧 Accumulative Depreciation	资产总计 Total Assets	负债合计 Total Liabilities	所有者权益 Owners´ Equity	实收资本 Paid-in Capitals	主营业务收入 Revenue from Principal Business	主营业务成本 Cost of Principal Business
420375	**200628**	**924772**	**629689**	**295083**	**250985**	**1649705**	**770909**
69744	46263	128850	54782	74068	37799	128415	63666
242108	120329	547846	387986	159860	131651	1001806	505132
55214	36516	67780	28758	39022	15155	41916	17686
4549	3277	12665	9056	3609	1828	30053	18121
2718	1939	9615	6572	3043	1471	36763	17557
100	47	144	163	-19	10	798	401
100	47	144	163	-19	10	798	401
13063	5313	49201	29588	19613	12175	92853	46423
74	5	964	968	-4	200	4066	2760
12989	5308	48237	28620	19617	11975	88787	43663
9611	6155	34195	8669	25526	18354	37324	17613
139458	57007	324862	276219	48643	66572	670094	342595
32304	10690	90322	72203	18119	21397	212211	112985
4663	1650	16821	13802	3019	3507	51457	25316
98055	42350	201272	177537	23735	40125	361514	181517
4436	2317	16447	12677	3770	1543	44912	22777
17395	10075	49384	28961	20423	16086	92005	44736
38460	17074	121707	80441	41266	53276	149794	99429
8474	2393	16239	12851	3388	7619	12623	4412
12632	7268	28690	16754	11936	17666	40573	20605
15951	7041	70695	47791	22904	27112	91863	72646
1403	372	6083	3045	3038	879	4735	1766
139807	63225	255219	161262	93957	66058	498105	166348
36722	17796	28527	41793	-13266	12108	11589	2515
1221	1020	3578	505	3073	3767	5985	2571
101864	44409	223114	118964	104150	50183	480531	161262
297436	144975	611021	462073	148948	163490	1019689	503711
113469	51254	282943	153923	129020	72190	583632	244751
3862	2159	8257	4000	4257	8018	19528	6564
5608	2240	22551	9693	12858	7287	26856	15883

单位:万元

项　　目	Item	主营业务税金及附加 Taxes and Other Charges on Principal Business
餐饮业	**Catering Trade**	**88603**
# 国有及国有控股	State-owned and State-controlled Enterprises	6414
按登记注册类型分组	**Grouped by Registration Status**	
内资企业	Domestic Funded Enterprises	55890
国有企业	State-owned Enterprises	2195
集体企业	Collective-owned Enterprises	1776
股份合作企业	Cooperative Enterprises	2035
联营企业	Joint Ownership Enterprises	44
国有联营企业	State Joint Ownership Enterprises	
集体联营企业	Collective Joint Ownership Enterprises	44
国有与集体联营企业	Joint State-collective Enterprises	
其他联营企业	Other Joint Ownership Enterprise	
有限责任公司	Limited Liability Corporations	4542
国有独资公司	State Sole Funded Corporations	101
其他有限责任公司	Other Limited Liability Corporations	4441
股份有限公司	Share-holding Corporations Ltd.	1566
私营企业	Private Enterprises	38235
私营独资企业	Private-funded Enterprises	12716
私营合伙企业	Private Partnership Enterprises	2915
私营有限责任公司	Private Limited Liability Corporations	20133
私营股份有限公司	Private Share-holding Corporations Ltd.	2471
其他企业	Other Enterprises	5497
港、澳、台商投资企业	Enterprises with Funds from Hong Kong, Macao and Taiwan	7306
合资经营企业	Joint-venture Enterprises	602
合作经营企业	Cooperative Enterprises	1742
独资经营企业	Enterprises with Sole Funds	4723
股份有限公司	Share-holding Corporations Ltd.	239
外商投资企业	Foreign Funded Enterprises	25407
中外合资经营企业	Joint-venture Enterprises	569
中外合作经营企业	Cooperative Enterprises	307
外资企业	Enterprises with Sole Foreign Funds	24531
股份有限公司	Share-holding Corporations Ltd.	
按行业分	**Grouped by Catering Middle Sector**	
正餐服务	Dinner	56093
快餐服务	Snack	30101
饮料及冷饮服务	Baverage and cold drinks	1046
其他餐饮服务	Others	1363

continued

(10000 yuan)

主营业务利润 Profit from Principal Business	其他业务利润 Profit from Other Business	营业费用 Operating Expenses	管理费用 Management Cost	营业利润 Oprating Profits	利润总额 Total Profits	应付工资 Total Wages Payable	应付福利费 Welfares Payable
821266	**2769**	**579542**	**144572**	**100406**	**110336**	**238058**	**20311**
55483	1167	36969	15384	5653	13340	19287	1956
444120	2568	298107	96480	47529	54501	140192	8948
19183	115	16008	6275	-558	326	7676	629
10156	932	6538	2334	1335	2365	4641	400
17171	124	13015	3208	710	744	5271	277
353		329	17	7	7	89	2
353		329	17	7	7	89	2
39788	63	25307	9103	6641	6578	11514	1014
1205		948	388	-148	-154	325	41
38583	63	24359	8715	6789	6732	11189	973
18145		7047	5995	4902	10653	4917	864
297903	1358	201284	59711	31192	32796	95624	5400
88686	401	59549	18879	14659	15633	26780	1504
23156	39	17372	2370	3270	3426	6992	469
166397	790	111037	35278	10683	11066	56733	2976
19664	128	13326	3184	2580	2671	5119	451
41421	-24	28579	9837	3300	1032	10460	362
71240	378	55717	13234	9213	9521	19468	656
6722		4659	2118	651	899	1784	143
17024	145	12955	3417	406	779	4619	177
44764	233	36214	7544	7458	7145	12273	335
2730		1889	155	698	698	792	1
305906	-177	225718	34858	43664	46314	78398	10707
8505		6873	2754	-2529	1370	3530	
3107	26	1858	961	294	394	763	86
294294	-203	216987	31143	45899	44550	74105	10621
460689	3432	313554	98173	47544	60731	144873	9280
339049	-726	254168	39113	50756	47631	85637	10890
11918		8609	1836	1396	1286	2558	9
9610	63	3211	5450	710	688	4990	132

【社会消费品零售总额】 指批发和零售业、餐饮业、新闻出版业、邮政业和其他服务业等，售予城乡居民用于生活消费的商品和社会集团用于公共消费的商品之总量。社会消费品零售总额包括：

一、批发和零售业企业（单位）：

1.售予城乡居民的各种生活消费品；

2.售予入境旅游的外国人、华侨、港澳台同胞的各类商品；

3. 售予行政事业单位、社会团体、军队和武警等机构的商品，以及以零售方式售予各类企业的商品。具体包括：用于非生产和社会交往的办公用品，如通讯设备、计算器具和设备、电讯网络设备、文印设备、音像视听器材和设备、纸张、本册、文具及装订文印材料、家具、日用电器、针纺织品、清洁卫生用品、文体用品、奖品、纪念品、礼品等；供内部人员乘坐的交通工具和燃料；用于办公设施修缮的各类配件、材料、工具等；用于取暖和防暑降温的设备、燃料、材料及食品等；专用于教学的用品和设备；非营利医疗机构的中、西药品、中药材和医疗设备器材；非专用的劳动保护用品；不对外营业的内部食堂用的餐具、炊具、设备、清洁卫生工具和食品、燃料等；军队、武警用于其人员生活的衣着品和个人用品；其他各类非生产性设备和用品。

二、餐饮业出售的主食、菜肴、烟酒饮料和其他商品。

三、新闻出版业、邮政业售予城乡居民、企事业单位、军队和武警等机构的书报杂志、音像制品、邮品等。

四、其他服务业出售的食品、烟酒饮料、服装鞋帽、日常生活用品、医药保健用品、艺术品、工艺美术品、玩具、殡葬用品以及其他消费品。

【商品购进总额】 指从本企业（单位）以外的单位和个人购进（包括从境外直接进口） 作为转卖或加工后转卖的商品总额。它反映批发零售贸易业从国内、国外市场上购进商品的总量。商品购进总额包括：（1）从工农业生产者购进的商品；（2）从出版社、报社的出版发行部门购进的图书、杂志和报纸；（3）从各种登记注册类型的批发零售贸易企业（单位）购进的商品；（4）从其他单位购进的商品，如从机关、团体、企业等单位购进的剩余物资，从餐饮业、服务业购进的商品，从海关、市场管理部门购进的缉私和没收的商品，从居民手中收购的废旧商品等；（5）从国（境）外直接进口的商品。不包括企业（单位）为自身经营用和未通过买卖行为而收入的商品以及销售退回、商品升溢等。

【商品销售总额】 指对本企业以外的单位和个人出售（包括对国（境）外直接出口）的商品。这个指标反映批发零售贸易业在广州市场以及广州以外市场上销售商品的总量。商品销售总额包括：（1）售给城乡居民和社会集团消费用的商品；（2）售给工业、农业、建筑业、运输邮电业、批发零售贸易业、餐饮业、服务业等作为生产、经营使用的商品；（3）售给批发零售贸易业作为转卖或加工后转卖的商品；（4）对国（境）外直接出口的商品。不包括：出售本企业自用的废旧包装用品，未通过买卖行为付出的商品，经本单位介绍，由买卖双方直接结算，本单位只收取手续费的业务，购货退出的商品以及商品损耗和损失等。

【住宿餐饮业营业额】 指住宿和餐饮业法人企业、产业活动单位在经营活动中因提供服务或销售商品等取得的收入，包括客房收入、餐费收入、商品销售收入和其他收入。客房收入指住宿和餐饮业法人企业、产业活动单位在经营活动中因提供住宿服务取得的客房收入。餐费收入指住宿和餐饮业法人企业、产业活动单位因为顾客提供就餐服务取得的收入，包括经烹饪、调制加工后出售的各种食品，如主食、炒菜、凉拌菜等的收入。商品销售收入指住宿和餐饮业法人企业、产业活动单位伴随服务而出售商品所取得的收入。其他收入指营业收入中除客房收入、餐费收入、商品销售收入以外的其他收入，包括娱乐、健身和商务服务等。

Explanatory Notes on Main Statistical Indicators

【Total Retail Sales of Consumer Goods】 refer to the sum of retail sales of commodities sold by wholesale, retail, catering, publishing, post and telecommunications and other service industries to urban and rural households for private consumption and to social institutions for public consumption. Retail sales of consumer goods include:

Sales by wholesale and retail units:

of consumer goods sold to urban and rural households.

of commodities sold to foreigners, overseas Chinese and Chinese compatriots from Hong Kong, Macau and Taiwan visiting in China.

of commodities sold to government agencies, institutions, social organizations, military and armed police units, and commodities sold to enterprises in the form of retail sales. More specifically, they include: office facilities and articles for non-production purposes such as communications equipment, computing equipment and instruments, TV and network equipment, printing and copying equipment, audio-visual equipment and instruments, paper, notebooks, stationeries, furniture, electric appliances, knitwear, sanitation and cleaning articles, cultural and sport articles, articles for prizes, souvenirs, etc.; transport vehicles and fuels for employees; materials, spare parts and tools for the maintenance of office facilities; equipment, fuels, materials and food for winter heating or summer cooling purposes; articles and equipment for teaching purpose; Chinese and western medicines and medical equipment and facilities purchased by non profit-making medical institutes; non-specialized work safety articles; cooking utensils, tableware, equipment, cleaning articles, food and fuels purchased by internal cafeterias; clothes and personal articles purchased by military or armed police units for their officials and soldiers; and other equipment and articles for non-production purposes.

Sales of stable food, cooked dishes, beverages, tobaccos and other articles by catering units.

Sales of books, newspapers, magazines, audio-visual products and post products by publishing, post and telecommunications departments to urban and rural households and to enterprises, institutions, military and armed police units.

Sales of food, beverages, tobaccos, clothing, hats, footwear, articles for daily use, medicines, medical and health articles, work of art, handicrafts, toys, funeral articles and other articles by other service industries.

【Total Purchases of Commodities】 refer to the total value of purchases of commodities by the enterprises (establishments) from other establishments or individuals (including direct import from abroad) for the purpose of reselling, either with or without further processing of the commodities purchased. This indicator is used to show the total value of purchases of commodities by wholesale and retail establishments from domestic and overseas markets. The total purchases include: (1) agricultural and industrial products purchased from producers; (2) books, magazines and newspapers purchased from distribution departments of the publishers; (3) commodities purchased from wholesale and retail establishments of different status of registration; (4) commodities purchased from other units, such as surplus materials purchased from government agencies, enterprises or institutions, commodities purchased from catering and service establishments, confiscated goods purchased from customs authorities or market management agencies, second-hand goods and wastes purchased from residents; and (5) commodities directly imported from abroad. Excluded are commodities purchased by enterprises (establishments) for use in their own business operation, commodities obtained without buying or selling procedures, rejected commodities, etc.

【Total Sales of Commodities】 refer to the selling of commodities to other establishments and individuals (including direct export). Reflecting the total value of sales of commodities at Guangzhou markets and out-of-Guangzhou markets, this indicator includes: (1) commodities sold to urban and rural households and institutions for their consumption; (2) commodities sold to establishments in industry, agriculture, construction, transportation, post and telecommunications, wholesale and retail trade, catering and service trade and public utility for their production and operation; (3) commodities sold to wholesale and retail establishments for reselling, with or without further processing; and (4) commodities for direct export to other countries. Excluded are selling of waste packaging materials used by enterprises themselves, commodities transferred without buying or selling procedures, commission income from brokerage in transactions whose settlement is directly handled by buyers and sellers, rejected commodities in the purchase, loss in commodities, etc.

【Business Revenue of Hotels and Catering Services】 refer to revenue received from providing services or selling commodities by corporate enterprises and establishments engaged in hotel and catering services, including income from hotel rooms, from catering services, from selling of commodities and from other services. Income from hotel rooms refers to income of corporate enterprises and establishments by providing lodging services. Income from catering services refers to income of corporate enterprises and establishments by providing catering services, including selling of cooked or prepared foods such as stable food, cooked dishes or cold dishes. Income from selling of commodities refers to income of corporate enterprises and establishments by selling commodities that accompany the services they provide. Income from other activities refers to income received other than income from hotel rooms, catering services or selling of commodities, such as income from providing recreation, fitness or business services.

第十五篇 CHAPTER 15

对外经济贸易和旅游
FOREIGN ECONOMY AND TOURISM

简要说明

第十五篇 对外经济与旅游

一、本篇资料反映广州市对外贸易、利用外资、对外承包工程和劳务合作、境外投资、外商投资企业工商注册登记以及旅游业概况及发展情况。

二、本篇资料由广州市统计局贸易外经统计处整理提供。

三、资料来源及统计范围:

1.广州进出口贸易的规模、结构情况资料主要来源于广州海关,统计范围为广州地区进出口经营单位(广州地区口岸进出口资料除外)。

2.广州利用外资规模及结构、对外承包工程及劳务合作状况、境外投资情况、软件出口和技术进口情况的资料来源于广州市对外贸易经济合作局。

3.广州外商投资企业注册登记情况的资料由广州市工商行政管理局提供,但不包括在广东省工商行政管理局注册登记的在穗外商投资企业。

4.广州旅游业发展情况的资料由广州市旅游局提供。

5.广州与国外城市交流情况,广州与国外结成友好城市情况及各国驻广州领事馆情况的资料由广州市政府外事办公室提供。

6.外商投资企业包括国外及港澳台投资企业。

Brief Introduction

15 Foreign Economy and Tourism

I.The data in this chapter show the Summary data of Guangzhou's foreign trade,utilization of foreign capital,contracted projects and labor cooperation with the foreign countries or territories,external investment,basic indicators of three kinds of registered foreign-funded enterprises and international tourism.

II.The data in this chapter are prepared and provided by the Division of Trade and External Economic Relations Statistics of Guangzhou Municipal Bureau of Statistics.

III.Data sources and statistical coverage:

(1)The data on the size and composition of Guangzhou's imports and exports come from Guangzhou Customs Office,the statistical coverage covers the imports and exports operating units in Guangzhou,excluding the data of imports and exports th-rough ports in Guangzhou.

(2)The data on the scale and composition of the utilization of foreign capitals and the contracted projects and labor cooperation with the foreign countries or territorties,external investment,software exports and technical imports of Guangzhou come from the Bureau of Foreign Trade and Economic Cooperation of Guangzhou.

(3)The basic indicators of the registered foreign-funded enterprises come from the Administration of Industry and Commerce of Guangzhou Municipality but exclude those registered by the Administration of Industry and Commerce of Guangdong Province.

(4)The data on the development of international tourism are provided by the Tourism Administration of Guangzhou Municipality.

(5)The data on exchange between Guangzhou and foreign friendly cities,consulate generals in Guangzhou are provided by Foreign Affair Office of Guangzhou Municipal People's Government.

(6)The foreign-funded enterprises cover the enterprises whose fund come from HongKong,Macao,Taiwan and foreign countries.

15-1 主要年份商品进出口总值和商品进出口总值指数

Total Value and Indices of Import and Export Commodities in Main Years

年 份 Year	进出口总值 (亿美元) Total Value of Imports and Exports (USD 100 million)	进口总值 Imports	出口总值 Exports	进出口差额 (亿美元) Balance (USD 100 million)	进出口总值指数 (上年=100) Indices of Total Imports and Exports (preceding year=100)	进口总值 Imports	出口总值 Exports
1987	21.71	11.47	10.24	-1.23			
1988	32.25	17.66	14.59	-3.07	148.54	154.02	142.41
1989	35.32	17.62	17.70	0.08	109.51	99.76	121.31
1990	41.79	18.24	23.55	5.31	118.30	103.51	133.04
1991	53.82	24.40	29.42	5.02	128.81	133.77	124.97
1992	70.75	33.88	36.87	2.99	131.45	138.84	125.32
1993	134.33	69.84	64.49	-5.35	189.86	206.15	174.89
1994	161.36	74.67	86.69	12.02	120.13	106.92	134.42
1995	166.99	71.32	95.67	24.35	103.49	95.52	110.36
1996	166.89	75.53	91.36	15.83	99.94	105.90	95.50
1997	187.46	81.51	105.95	24.44	112.32	107.92	115.97
1998	178.77	75.39	103.38	27.99	95.36	92.49	97.58
1999	191.85	93.18	98.67	5.49	107.32	123.61	95.44
2000	233.51	115.60	117.91	2.31	121.71	124.06	119.50
2001	230.37	114.13	116.24	2.11	98.66	98.73	98.58
2002	279.27	141.49	137.78	-3.71	121.23	123.97	118.54
2003	349.41	180.52	168.89	-11.63	125.11	127.59	122.57
2004	447.88	233.14	214.74	-18.40	128.18	129.15	127.15
2005	534.75	268.07	266.68	-1.39	119.40	114.98	124.18
2006	637.62	313.85	323.77	9.92	119.24	117.08	121.41
2007	734.94	355.91	379.03	23.12	115.26	113.40	117.07
2008	818.73	389.47	429.26	39.79	111.40	109.43	113.25
2009	766.85	392.82	374.03	-18.79	93.66	100.86	87.13
2010	1037.68	553.89	483.79	-70.10	135.32	141.00	129.34

15-2 商品进出口总值

单位:万美元

项　　目	Item
总　　计	**Total**
按贸易方式分	**By Trade Form**
一般贸易	General Trade
国家间国际组织无偿援助和捐赠的物资	Donation and Gratis Aid of International Organizations
华侨港澳同胞外籍华人捐赠的物资	Donation of Overseas Chinese
补偿贸易	Compensation Trade
来料加工装配贸易	Trade of Processing and Assembling Supplied Materials
进料加工贸易	Trade of Processing Imported Materials
寄售代销贸易	Sale by Consignment
边境小额贸易	Small Trade on Border
来料加工装配进口的设备	Equipment for Processing and Assembling by Import
对外承包工程货物	Goods for Contracted Foreign Projects
租赁贸易	Leasing Trade
外商投资企业作为投资进口的设备物品	Imported Equipment Used as Investment by Foreign Funded Enterprises
出料加工贸易	Trade of Processing Exported Materials
保税仓库进出境货物	Inbound and Outbound Goods in Bonded Warehouses
保税区仓储转口货物	Storage of Transit Goods in Bonded Warehouses
易货贸易	Barter Trade
出口加工区的设备	Facility of Export Manufacturing District
其他贸易	Others
按登记注册类型分	**Grouped by Registration Status**
国有企业	State-owned Enterprises
集体企业	Collective-owned Enterprises
外商及港澳台投资企业	Enterprises with Funds from Foreign Countries, Hong Kong, Macao and Taiwan
中外合资企业	Joint Venture Enterprises
中外合作企业	Cooperative Enterprises
外资企业	Foreign Enterprises
私营企业	Private Enterprises
其他企业	Others
个体工商户	Individual Operating Households

Total Value of Import and Export Commodities through Customs

(USD 10000)

2009			2010		
合 计 Total	进 口 Imports	出 口 Exports	合 计 Total	进 口 Imports	出 口 Exports
7668486	**3928194**	**3740292**	**10376756**	**5538894**	**4837862**
3995491	2392753	1602738	5122394	3096583	2025811
416	99	317	246	7	239
1142	1142		1458	1458	
1055548	453846	601702	1079044	448795	630249
2166095	776366	1389729	3445413	1479222	1966191
4638	4638		4394	4394	
8813		8813	16236		16236
18031	17414	617	67754	67531	223
39122	39122		42099	42099	
			51		51
221109	122357	98752	353066	223488	129578
148871	111487	37384	234891	165726	69165
30	30		31	31	
9179	8939	240	9680	9561	119
1647437	887150	760287	2065403	1093116	972287
122594	76094	46500	126882	73530	53352
4344287	2099456	2244831	5935740	3083254	2852486
1148938	596139	552799	1459005	782396	676609
177293	55286	122007	200276	72500	127776
3018056	1448030	1570026	4276460	2228358	2048102
1443802	768183	675619	2082147	1142504	939643
109279	97280	11999	165178	146477	18701
1087	31	1056	1405	13	1392

15-2 续表

单位:万美元

项　目	Item
按国别(地区)分	**By Country (Territory)**
亚洲小计	Asia
# 中国香港	Hong Kong, China
中国澳门	Macao, China
印度尼西亚	Indonesia
日　本	Japan
马来西亚	Malaysia
新加坡	Singapore
韩　国	Republic of Korea
泰　国	Thailand
中国台湾	Taiwan, China
阿拉伯联合酋长国	United Arab Emirates
印　度	India
非洲小计	Africa
# 南　非	South Africa
欧洲小计	Europe
# 英　国	United Kingdom
德　国	Germany
法　国	France
意大利	Italy
荷　兰	Netherlands
西班牙	Spain
比利时	Belgium
瑞　士	Switzerland
俄罗斯	Russia
拉丁美洲小计	Latin America
# 墨西哥	Mexico
巴拿马	Panama
北美洲小计	North America
# 加拿大	Canada
美　国	United States
大洋洲小计	Oceania
# 澳大利亚	Australia
其　他	Others

continued

(USD 10000)

2009			2010		
合 计 Total	进 口 Imports	出 口 Exports	合 计 Total	进 口 Imports	出 口 Exports
4169871	2326517	1843354	5900116	3481023	2419093
1006560	79000	927560	1338736	84545	1254191
28304	5071	23233	28156	1151	27005
145117	98846	46271	242443	171171	71272
1018504	800184	218320	1395494	1115717	279777
191045	129858	61187	254279	194707	59572
142930	66543	76387	219652	132543	87109
342314	291774	50540	723578	641381	82197
201208	156082	45126	277025	216081	60944
281157	240874	40283	357673	291846	65827
78097	8606	69491	77796	14492	63304
99132	49710	49422	148313	78292	70021
260363	92317	168046	342510	139907	202603
85784	62862	22922	144192	113633	30559
1506908	804214	702694	1889239	1006937	882302
108364	33469	74895	139930	46895	93035
449307	304958	144349	507315	336341	170974
124167	64654	59513	199748	125540	74208
83098	37022	46076	106220	45239	60981
111221	34603	76618	155704	57855	97849
83906	49022	34884	120458	74511	45947
135049	60475	74574	172162	78248	93914
90070	71594	18476	113486	96401	17085
85429	56877	28552	100878	50706	50172
327261	151393	175868	519204	236642	282562
32577	6339	26238	84851	16027	68824
32174	22	32152	39966	226	39740
1178770	401694	777076	1450634	483323	967311
81811	40288	41523	96893	47200	49693
1096943	361406	735537	1353647	436124	917523
225286	152032	73254	274917	190925	83992
199701	135279	64422	241480	166557	74923
26	26		137	137	

15-3 商品进口总值(2010年，按地区分)

单位:万美元

项　　目	Item
总　　计	**Total**
按贸易方式分	**By Trade Form**
一般贸易	General Trade
国家间国际组织无偿援助和捐赠的物资	Donation and Gratis Aid of International Organizations
华侨港澳同胞外籍华人捐赠的物资	Donation of Overseas Chinese
来料加工装配贸易	Trade of Processing and Assembling Supplied Materials
进料加工贸易	Trade of Processing Imported Materials
来料加工装配进口的设备	Equipment for Processing and Assembling by Import
租赁贸易	Leasing Trade
外商投资企业作为投资进口的设备物品	Imported Equipment Used as Investment by Foreign Funded Enterprises
保税仓库进出境货物	Inbound and Outbound Goods in Bonded Warehouses
保税区仓储转口货物	Storage of Transit Goods in Bonded Warehouses
出口加工区的设备	Facility of Export Manufacturing District
其他贸易	Others
按登记注册类型分	**Grouped by Registration Status**
国有企业	State-owned Enterprises
集体企业	Collective-owned Enterprises
外商及港澳台投资企业	Enterprises with Funds from Foreign Countries, Hong Kong, Macao and Taiwan
中外合资企业	Joint Venture Enterprises
中外合作企业	Cooperative Enterprises
外资企业	Foreign Enterprises
私营企业	Private Enterprises
其他企业	Others
个体工商户	Individual Operating Households

Total Value of Import Commodities through Customs (2010, by Region)

(USD 10000)

荔湾区 Liwan	越秀区 Yuexiu	海珠区 Haizhu	天河区 Tianhe	白云区 Baiyun	黄埔区 Huangpu	番禺区 Panyu	花都区 Huadu	南沙区 Nansha	萝岗区 Luogang	增城市 Zengcheng	从化市 Conghua
157411	**512962**	**90320**	**490185**	**389813**	**124924**	**618774**	**289004**	**650957**	**1949693**	**112378**	**92518**
139796	493766	73102	485136	269881	88997	199241	241497	350758	610317	89918	16562
	1456		1								
1202	142	10027	910	15225	12891	266242	13225	23305	33837	6118	63536
12595	8085	7046	3651	16798	17094	144889	15710	133176	1095272	13594	12039
16		94		130	86	1901	70	230	1262	237	367
	47			66463		250			771		
48		18	4	121	2343	1240	3507	5753	28392	198	
3744	9449		447	21192	3512	5009	14990	124777	27371	361	
								12573	152382		
									31		
10	17	33	36	3	1	2	5	385	58	1952	14
41642	299006	9637	146829	262802	15002	13024	151165	11887	119519	318	18456
5	3968	32180	636	21183		8258	119	629	5056	1351	
64053	81760	28379	67057	77552	80920	308696	103938	529830	1605870	56162	71109
59372	214	19306	33800	24910	53559	56903	26804	298797	179804	22566	6266
	119	1605	11954	5481	5636	35529	2049	955	7941	1194	4
4681	81427	7468	21303	47161	21725	216264	75085	230078	1418125	32402	64839
51712	128225	20124	275664	28275	29002	197181	23608	86768	219230	52595	2953
	3					91612	10169	21843	17	1952	
						4	6				

15-4 商品出口总值(2010年，按地区分)

单位:万美元

项　　目	Item
总　计	**Total**
按贸易方式分	**By Trade Form**
一般贸易	General Trade
国家间国际组织无偿援助和捐赠的物资	Donation and Gratis Aid of International Organizations
来料加工装配贸易	Trade of Processing and Assembling Supplied Materials
进料加工贸易	Trade of Processing Imported Materials
寄售代销贸易	Sale by Consignment
边境小额贸易	Small Trade on Border
对外承包工程货物	Goods for Contracted Foreign Projects
租赁贸易	Leasing Trade
出料加工贸易	Trade of Processing Exported Materials
保税仓库进出境货物	Inbound and Outbound Goods in Bonded Warehouses
保税区仓储转口货物	Storage of Transit Goods in Bonded Warehouses
其他贸易	Others
按登记注册类型分	**Grouped by Registration Status**
国有企业	State-owned Enterprises
集体企业	Collective-owned Enterprises
外商及港澳台投资企业	Enterprises with Funds from Foreign Countries, Hong Kong, Macao and Taiwan
中外合资企业	Joint Venture Enterprises
中外合作企业	Cooperative Enterprises
外资企业	Foreign Enterprises
私营企业	Private Enterprises
其他企业	Others
个体工商户	Individual Operating Households

Total Value of Export Commodities through Customs (2010, by Region)

(USD 10000)

荔湾区 Liwan	越秀区 Yuexiu	海珠区 Haizhu	天河区 Tianhe	白云区 Baiyun	黄埔区 Huangpu	番禺区 Panyu	花都区 Huadu	南沙区 Nansha	萝岗区 Luogang	增城市 Zengcheng	从化市 Conghua
183128	**668765**	**141686**	**234219**	**208300**	**162157**	**892584**	**226790**	**354565**	**1367697**	**239789**	**146564**
103435	621511	105585	219576	108298	27318	223063	142215	24007	212405	188142	42681
	59		64							42	
2145	910	17464	1956	28480	20119	361508	28731	30398	54108	8667	75022
76393	45332	18635	12275	24950	92448	307412	45824	237024	1034193	42856	28861
	352		339		15429				34	82	
223											
	51										
932	550		8	46481	6826	601	10019	57192	4556		
								5944	62394		
		2	1	91	17		1		7		
53589	549856	61335	78489	5395	97248	11417	20138	36711	26420	2268	29154
160	6391	1668	783	7049		21368	1036		10775	4121	
96446	6206	24796	49248	122580	45580	644006	118349	306178	1243003	106931	88133
85786	450	10395	12635	60378	9683	141929	36606	107477	178304	24422	8499
212	67	4238	8487	6090	830	55357	14627	1313	30402	5941	205
10448	5689	10163	28126	56112	35067	446720	67116	197388	1034297	76568	79429
32934	106307	53886	105700	73276	19330	215026	76748	5274	87499	126428	29277
						219	9682	6403		42	
	5					549	838				

15-5 主要进口商品数量和金额

单位：万美元

商 品 名 称	Name of Commodities
谷物及谷物粉(吨)	Cereals and Cereal Flour (ton)
大　豆(吨)	Soybean (ton)
食用植物油(吨)	Edible Vegetable Oil (ton)
鲜干水果及坚果(吨)	Fresh or Dried Fruits and Nuts (ton)
天然橡胶(吨)	Natural Rubber (ton)
合成橡胶(吨)	Synthetic Rubber (ton)
原　木(立方米)	Logs (cu.m)
原　油(吨)	Crude Oil (ton)
成品油(吨)	Petroleum Products Refined (ton)
医药品(吨)	Pharmaceutical Products (ton)
肥　料(吨)	Fertilizers (ton)
牛皮革及马皮革(吨)	Bovine or Equine Leather (ton)
纸及纸板(吨)	Paper and Paperboards (ton)
棉纱线(吨)	Cotton Yarn (ton)
合成纤维纱线(吨)	Yarn of Synthetic Fibers (ton)
棉机织物	Cotton Cloth
涂覆或浸渍塑料的织物(吨)	Plastic Impregnated or Coated Textile Fabrics (ton)
针织或钩编织物(万米)	Knitted or Crocheted Fabrics (10000 meters)
钻　石(千克)	Diamonds (kg)
钢　材(吨)	Rolled Steel (ton)
未锻造的铜及铜材(吨)	Unwrought Copper and Copper Products (ton)
未锻造的铝及铝材(吨)	Unwrought Aluminum and Aluminum Products (ton)
机械提升搬运装卸设备及零件	Mechanical Handling Equipment and Parts
印刷、装订机械及零件	Printing or Book-binding Machinery and Parts
纺织机械及零件	Textile Machinery and Parts
金属加工机床(台)	Machine Tools (set)
橡胶或塑料加工机械及零件	Rubber or Plastic Processing Machinery and Parts
电视、收音机及无线电讯设备的零附件(吨)	Parts of Television, Radio, Telecommunications Apparatus (ton)
通断及保护电路装置及零件	Electrical Apparatus and Parts for Switching or Protecting Electrical Circuits
电线和电缆(吨)	Electric Wires and Cables (ton)
初级形状的塑料(吨)	Primary Plastics (ton)
飞　机(架)	Aircraft (unit)
自动数据处理设备及其部件(万台)	Automatic Data Processing Machines and Components (10000 sets)
自动数据处理设备的零件(吨)	Parts of Automatic Data Processing Machines (ton)
汽车及汽车底盘(辆)	Motor Vehicles and Chassis (unit)
汽车零件	Parts of Motor Vehicles
变压、整流、电感器及零件	Transformers, Rectifiers and Inductance Suppliers and Parts
电容器及其零件(吨)	Capacitors and Parts (ton)
二极管及类似半导体器件(百万个)	Diode and Semi-conductors (million units)
计量检测分析自控仪器及器具	Measuring or Checking Instruments and Apparatus
铁矿砂及其精矿(吨)	Iron Ore (ton)
医疗仪器及器械	Medical Instruments and Appliances
塑料制品(吨)	Plastic Articles (ton)

Main Import Commodities in Volume and Value

(USD 10000)

2009		2010	
数 量 Volume	金 额 Value	数 量 Volume	金 额 Value
340298	9271	538070	14588
1552727	67823	1558398	71231
869615	59706	481932	41754
97507	12556	136246	21043
53885	8764	46394	12545
75510	16112	84402	22360
160158	3435	234422	6973
280399	14670	260403	16266
1989883	76574	2447028	150303
1628	37209	2037	48059
337	27	383	40
41296	17903	48806	23334
157096	16073	185193	20353
183014	42550	182722	52982
42412	21842	44705	25708
	10365		11620
10208	6461	10281	6868
4813	8693	5462	12043
1390	98961	1816	131021
1664118	138015	1685589	169398
212976	121224	278457	215118
145255	28588	22718	10591
	14178		17157
	30605		67460
	5239		4675
2509	14008	3899	23196
	6692		9941
1992	31491	2082	24295
	44839		54749
11321	21575	9279	13865
1325836	212021	1651402	320239
40	140976	39	230315
1276	98047	1617	117888
1478	11342	2286	12036
17701	77343	20365	89351
	185469		234661
	34524		35529
3097	15359	2689	18477
5963	44522	7975	55076
	67337		91314
4553014	37495	3855012	49125
	19552		20808
17610	14169	19324	17792

15-6 主要出口商品数量和金额

单位:万美元

商品名称	Name of Commodities
活　猪(万头)	Live Hogs (10000 heads)
活家禽(万只)	Live Poultry (10000 heads)
水海产品(吨)	Aquatic and Seawater Products (ton)
谷物及谷物粉(吨)	Cereals and Cereals Flour (ton)
蔬　菜(吨)	Vegetables (ton)
鲜干水果及坚果(吨)	Fresh or Dried Fruits and Nuts (ton)
食用植物油(吨)	Edible Vegetable Oil (ton)
茶　叶(吨)	Tea (ton)
药　材(吨)	Medical Materials (ton)
纸　烟(万条)	Cigarettes (10000 units)
成品油(吨)	Refined Petroleum Products (ton)
医药品(吨)	Medical and Pharmaceutical Products (ton)
烟花炮竹(吨)	Fireworks and Firecrackers (ton)
纺织纱线、织物及制品	Textile Yarn, Fabrics and Related Products
水泥及水泥熟料(吨)	Cement and Cement Clinker (ton)
珍珠、钻石、宝石及半宝石	Pearls, Diamonds, Jewelry and Semi-jewelry
钢　材(吨)	Rolled Steel (ton)
电　扇(万台)	Electric Fans (10000 sets)
电子计算器(万台)	Electric Calculators (10000 sets)
原电池(百万个)	Primary Cells and Batteries (million units)
蓄电池(万个)	Electric Accumulators (10000 units)
集装箱(个)	Containers (unit)
服装及衣着附件	Garments and Clothing Accessories
照相机(万架)	Cameras (10000 sets)
手　表(万只)	Wrist Watches (10000 units)
船　舶(艘)	Ships (unit)
家具及其零件	Furniture and Parts
灯具、照明装置及类似品	Lamps and Lighting Fittings
鞋(万双)	Footwear (10000 pairs)
塑料制品(吨)	Plastic Articles (ton)
玩　具	Toys
贵金属或包贵金属的首饰（千克）	Jewelry of Precious Metals or Rolled Precious Metals
新的充气橡胶轮胎(万条)	New Pneumatic Rubber Tires (10000 units)
不锈钢厨具、餐具等家用器具(吨)	Household Stainless Steel Cookware and Tableware (ton)
自动数据处理设备及其部件(万台)	Automatic Data Processing Machines and Components (10000 sets)
自动数据处理设备的零件(吨)	Parts of Automatic Data Processing Machines (ton)
扬声器(万个)	Loudspeakers (10000 units)
录、放像机(万台)	Video Tape Recorders (10000 sets)
印刷电路(百万块)	Printed Circuits (million units)
电线和电缆(吨)	Electronic Wires and Cables (ton)
自行车(万辆)	Bicycles (10000 units)
箱包及类似容器	Package Bags and Similar Containers
摩托车(辆)	Motorcycles (unit)

Main Export Commodities in Volume and Value

(USD 10000)

2009		2010	
数 量 Volume	金 额 Value	数 量 Volume	金 额 Value
20	3956	23	4819
152	519	153	491
11488	3910	10250	3356
1316	73	7933	372
66698	4636	44189	3560
3990	328	2424	169
554	129	986	169
3510	1425	3800	1715
719	374	577	401
494	2100	444	1778
1529069	69010	1728679	93566
18450	9799	20060	10371
12556	2506	11077	1863
	181319		215829
324767	1575	331329	1888
	82831		97332
573835	63624	850190	89959
1512	7927	1888	10886
509	1065	324	1110
6588	32500	7164	33132
6277	17442	7365	22891
7110	1909	48443	16392
	367701		451247
260	28249	288	30413
974	4069	1881	6726
2574	152090	3292	245289
	115262		142060
	39266		54296
20461	103459	22691	120934
168689	40502	190668	51426
	34901		44914
202157	108987	230555	152656
1734	32170	1790	35022
18684	8614	21698	10120
8615	252536	8634	305517
43456	57206	43437	64267
9498	30898	11837	52983
597	17900	610	18412
1053	100296	1438	120099
22155	13616	29907	23677
222	14736	244	14186
	80565		104065
989984	48854	1536117	70239

15-7 主要进口商品数量(2010年，按洲别分)

商品名称	Name of Commodities
谷物及谷物粉(吨)	Cereals and Cereal Flour (ton)
大　豆(吨)	Soybean (ton)
食用植物油(吨)	Edible Vegetable Oil (ton)
鲜干水果及坚果(吨)	Fresh or Dried Fruits and Nuts (ton)
天然橡胶(吨)	Natural Rubber (ton)
合成橡胶(吨)	Synthetic Rubber (ton)
原　木(立方米)	Logs (cu.m)
原　油(吨)	Crude Oil (ton)
成品油(吨)	Petroleum Products Refined (ton)
医药品(吨)	Pharmaceutical Products (ton)
肥　料(吨)	Fertilizers (ton)
牛皮革及马皮革(吨)	Bovine or Equine Leather (ton)
纸及纸板(吨)	Paper and Paperboards (ton)
棉纱线(吨)	Cotton Yarn (ton)
合成纤维纱线(吨)	Yarn of Synthetic Fibers (ton)
涂覆或浸渍塑料的织物(吨)	Plastic Impregnated or Coated Textile Fabrics (ton)
针织或钩编织物(万米)	Knitted or Crocheted Fabrics (10000 meters)
钻　石(千克)	Diamonds (kg)
钢　材(吨)	Rolled Steel (ton)
未锻造的铜及铜材(吨)	Unwrought Copper and Copper Products (ton)
未锻造的铝及铝材(吨)	Unwrought Aluminum and Aluminum Products (ton)
金属加工机床(台)	Machine Tools (set)
电视、收音机及无线电讯设备的零附件(吨)	Parts of Television, Radio, Telecommunications Apparatus (ton)
电线和电缆(吨)	Electric Wires and Cables (ton)
初级形状的塑料(吨)	Primary Plastics (ton)
飞　机(架)	Aircraft (unit)
自动数据处理设备及其部件(万台)	Automatic Data Processing Machines and Components (10000 sets)
自动数据处理设备的零件(吨)	Parts of Automatic Data Processing Machines (ton)
汽车及汽车底盘(辆)	Motor Vehicles and Chassis (unit)
电容器及其零件(吨)	Capacitors and Parts (ton)
二极管及类似半导体器件(百万个)	Diode and Semi-conductors (million units)
铁矿砂及其精矿(吨)	Iron Ore (ton)
塑料制品(吨)	Plastic Articles (ton)

Main Import Commodities in Volume (2010, by Continent)

合 计 Total	亚 洲 Asia	# 港澳台 Hong Kong, Macao and Taiwan	# 日 本 Japan	# 韩 国 Republic of Korea	# 马来西亚 Malaysia	# 新加坡 Singapore	非 洲 Africa	大洋州 Oceania	# 澳大利亚 Australia
538070	31227	…	…				…	219685	219685
1558398									
481932	478756	5	2	…	375024	…		8	8
136246	15649	2			9		1279	6527	466
46394	45000	50			8688		1394		
84402	64379	14956	17797	27892	1051	112		…	…
234422	25530				7614		76877	88	88
260403	177363				124639		…	83040	
2447028	2265934	50008	178171	264244	230559	1048591		32	32
2037	704	498	117	12	9	…	…	15	15
383	331	65	…		263				
48806	16716	6007	145	1268	…	…	3828	2749	542
185193	46576	14044	6491	8742	1878	62	57	1283	601
182722	182702	20740	53	3968	630		…	…	…
44705	44365	13177	5467	3786	217	297		2	2
10281	10037	3341	602	1118		…	…	…	…
5462	5249	1905	383	459	1	2	…	7	1
1816	943	3	1				437	5	5
1685589	1629258	169010	1288956	124906	136	1631	6959	1116	492
278457	125641	11769	72143	4741	3805	44	14676	1604	1604
22718	14987	1467	3610	5162	156	4	838	1920	1920
3899	1961	876	651	372	6	24			
2082	2011	59	388	1111	23	2	…	…	…
9279	8022	467	655	228	868	1	…	…	…
1651402	1295964	273036	227652	298038	41521	71610	1687	7692	6013
39									
1617	1614	7	3	…	13	2	…	…	…
2286	2279	74	10	645	66	2		…	…
20365	10345		10142	190			1	…	…
2689	2532	278	653	52	119	18	…	…	…
7975	7915	830	636	518	675	3	10	…	…
3855012	1161446				221688		100480	962219	962219
19324	15099	3359	2879	5196	124	98	3	106	97

15-7 续表

商品名称	Item
谷物及谷物粉(吨)	Cereals and Cereal Flour (ton)
大　豆(吨)	Soybean (ton)
食用植物油(吨)	Edible Vegetable Oil (ton)
鲜干水果及坚果(吨)	Fresh or Dried Fruits and Nuts (ton)
天然橡胶(吨)	Natural Rubber (ton)
合成橡胶(吨)	Synthetic Rubber (ton)
原　木(立方米)	Logs (cu.m)
原　油(吨)	Crude Oil (ton)
成品油(吨)	Petroleum Products Refined (ton)
医药品(吨)	Pharmaceutical Products (ton)
肥　料(吨)	Fertilizers (ton)
牛皮革及马皮革(吨)	Bovine or Equine Leather (ton)
纸及纸板(吨)	Paper and Paperboards (ton)
棉纱线(吨)	Cotton Yarn (ton)
合成纤维纱线(吨)	Yarn of Synthetic Fibers (ton)
涂覆或浸渍塑料的织物(吨)	Plastic Impregnated or Coated Textile Fabrics (ton)
针织或钩编织物(万米)	Knitted or Crocheted Fabrics (10000 meters)
钻　石(千克)	Diamonds (kg)
钢　材（吨）	Rolled Steel (ton)
未锻造的铜及铜材(吨)	Unwrought Copper and Copper Products (ton)
未锻造的铝及铝材(吨)	Unwrought Aluminum and Aluminum Products (ton)
金属加工机床(台)	Machine Tools (set)
电视、收音机及无线电讯设备的零附件(吨)	Parts of Television, Radio, Telecommunications Apparatus (ton)
电线和电缆(吨)	Electric Wires and Cables (ton)
初级形状的塑料(吨)	Primary Plastics (ton)
飞　机(架)	Aircraft (unit)
自动数据处理设备及其部件(万台)	Automatic Data Processing Machines and Components (10000 sets)
自动数据处理设备的零件(吨)	Parts of Automatic Data Processing Machines (ton)
汽车及汽车底盘(辆)	Motor Vehicles and Chassis (unit)
电容器及其零件(吨)	Capacitors and Parts (ton)
二极管及类似半导体器件(百万个)	Diode and Semi-conductors (million units)
铁矿砂及其精矿(吨)	Iron Ore (ton)
塑料制品(吨)	Plastic Articles (ton)

continued

欧 洲 Europe	# 德 国 Germany	# 英 国 United Kingdom	# 比利时 Belgium	# 荷 兰 Netherlands	北美洲 North America	# 美 国 United States	拉丁美洲 Latin America
111019	…	8445	10		176139	102747	…
					605721	605721	952677
195	4	32		8	1545	42	1428
3	3				63640	63640	49148
11952	3388	166	3005	1346	6996	5885	1076
115341	46805		4263	166	1920	544	14666
51222	1351	131	28	11560	125623	125565	4217
954	340	23	1	…	362	125	2
10	…	7			43	17	
2870	179	1	1	34	8746	8746	13896
78947	5341	615	376	729	58274	57617	54
19	…	1			1	1	…
244	64	8	…		90	89	5
170	18	42	…	2	72	72	…
163	7	9	…	1	43	43	…
430		15	333		1	…	
33983	9526	5165	865	6760	1797	1786	12476
13122	795	10	3393	…	2554	2442	120859
3968	801	279	63	3	1005	996	…
1864	1722	14	1	53	60	59	14
29	14	6		…	7	7	35
650	303	43	1	2	375	364	232
139895	17959	4104	21256	42290	196795	187514	9369
30	19				9	9	
1	…	…	…	…	1	1	…
2	…	…	…	…	5	5	…
8821	7876	194	14		1198	1193	
90	28	1	…	…	12	12	55
30	9	2	…	…	17	17	3
55726					139729		1435411
2035	363	479	209	60	1998	1915	83

15-8 主要进口商品金额(2010年，按洲别分)

单位:万美元

商 品 名 称	Name of Commodities
谷物及谷物粉	Cereals and Cereal Flour
大 豆	Soybean
食用植物油	Edible Vegetable Oil
鲜干水果及坚果	Fresh or Dried Fruits and Nuts
天然橡胶	Natural Rubber
合成橡胶	Synthetic Rubber
原 木	Logs
原 油	Crude Oil
成品油	Petroleum Products Refined
医药品	Pharmaceutical Products
肥 料	Fertilizers
牛皮革及马皮革	Bovine or Equine Leather
纸及纸板	Paper and Paperboards
棉纱线	Cotton Yarn
合成纤维纱线	Yarn of Synthetic Fibers
棉机织物	Cotton Cloth
涂覆或浸渍塑料的织物	Plastic Impregnated or Coated Textile Fabrics
针织或钩编织物	Knitted or Crocheted Fabrics
钻 石	Diamonds
钢 材	Rolled Steel
未锻造的铜及铜材	Unwrought Copper and Copper Products
未锻造的铝及铝材	Unwrought Aluminum and Aluminum Products
机械提升搬运装卸设备及零件	Mechanical Handling Equipment and Parts
印刷、装订机械及零件	Printing or Book-binding Machinery and Parts
纺织机械及零件	Textile Machinery and Parts
金属加工机床	Machine Tools
橡胶或塑料加工机械及零件	Rubber or Plastic Processing Machinery and Parts
电视、收音机及无线电讯设备的零附件	Parts of Television, Radio, Telecommunications Apparatus
通断及保护电路装置及零件	Electrical Apparatus and Parts for Switching or Protecting Electrical Circuits
电线和电缆	Electric Wires and Cables
初级形状的塑料	Primary Plastics
飞 机	Aircraft
自动数据处理设备及其部件	Automatic Data Processing Machines and Components
自动数据处理设备的零件	Parts of Automatic Data Processing Machines
汽车及汽车底盘	Motor Vehicles and Chassis
汽车零件	Parts of Motor Vehicles
变压、整流、电感器及零件	Transformers, Rectifiers and Inductance Suppliers and Parts
电容器及其零件	Capacitors and Parts
二极管及类似半导体器件	Diode and Semi-conductors
计量检测分析自控仪器及器具	Measuring or Checking Instruments and Apparatus
铁矿砂及其精矿	Iron Ore
医疗仪器及器械	Medical Instruments and Appliances
塑料制品	Plastic Articles

Main Import Commodities in Value (2010, by Continent)

(USD 10000)

合 计 Total	亚 洲 Asia	# 港澳台 Hong Kong, Macao and Taiwan	# 日 本 Japan	# 韩 国 Republic of Korea	# 马来西亚 Malaysia	# 新加坡 Singapore	非 洲 Africa	大洋州 Oceania	# 澳大利亚 Australia
14588	2393	…	…				…	5398	5398
71231									
41754	41346	3	2	…	31766	…		8	8
21043	2914	1			2		155	891	52
12545	12270	13			2573		275		
22360	15913	3271	5715	6161	134	45		…	…
6973	1259				187		3258	1	1
16266	11163				7590		…	5104	
150303	139500	3923	11192	14779	11896	65420		14	14
48059	11536	5321	5294	301	16	…	1	239	239
40	12	8	1		3				
23334	7035	1658	154	2557	…	…	367	757	123
20353	5484	1372	1323	744	124	8	4	99	48
52982	52917	4775	15	1726	160		…	…	…
25708	25492	5779	4232	2221	83	334		…	…
11620	10864	3242	952	305	5	5	5	12	12
6868	6523	1583	1404	878		…	…	1	1
12043	11542	3147	3820	692	1	1	…	20	3
131021	41759	858	151				19749	200	200
169398	161805	18524	126389	12453	144	371	696	84	42
215118	97608	9475	54857	3979	2965	181	11542	1277	1277
10591	7406	686	2277	2056	36	2	186	408	408
17157	12114	570	8252	1475	282	1020		8	8
67460	60722	1334	15394	106	559	326	…	8	8
4675	1300	368	500	58	…		…		
23196	20030	4236	12392	3059	13	254			
9941	6005	513	4598	787	11	…	…	…	…
24295	22143	389	9885	1572	176	1621	…	1	1
54749	38543	1470	16993	3551	807	597	12	162	12
13865	11359	542	2056	385	761	4	1	4	4
320239	226754	48258	46245	58069	5983	12528	204	1155	888
230315									
117888	115367	523	2382	77	606	792	…	5	…
12036	11878	954	162	464	240	40		1	…
89351	23500		23022	442			3	…	…
234661	208597	962	202295	684	206	5	…	1	1
35529	25733	1611	12234	886	499	64	72	53	52
18477	16645	1283	5936	1342	599	239	3	…	…
55076	51986	10642	8508	7236	5709	17	205	…	…
91314	47398	1049	35422	2550	1340	2109	21	299	265
49125	12774				1649		1599	13232	13232
20808	5117	155	4109	245	135	75	2	244	40
17792	13691	1827	7135	2582	88	71	1	48	46

15-8 续表

单位:万美元

商品名称	Name of Commodities
谷物及谷物粉	Cereals and Cereal Flour
大　豆	Soybean
食用植物油	Edible Vegetable Oil
鲜干水果及坚果	Fresh or Dried Fruits and Nuts
天然橡胶	Natural Rubber
合成橡胶	Synthetic Rubber
原　木	Logs
原　油	Crude Oil
成品油	Petroleum Products Refined
医药品	Pharmaceutical Products
肥　料	Fertilizers
牛皮革及马皮革	Bovine or Equine Leather
纸及纸板	Paper and Paperboards
棉纱线	Cotton Yarn
合成纤维纱线	Yarn of Synthetic Fibers
棉机织物	Cotton Cloth
涂覆或浸渍塑料的织物	Plastic Impregnated or Coated Textile Fabrics
针织或钩编织物	Knitted or Crocheted Fabrics
钻　石	Diamonds
钢　材	Rolled Steel
未锻造的铜及铜材	Unwrought Copper and Copper Products
未锻造的铝及铝材	Unwrought Aluminum and Aluminum Products
机械提升搬运装卸设备及零件	Mechanical Handling Equipment and Parts
印刷、装订机械及零件	Printing or Book-binding Machinery and Parts
纺织机械及零件	Textile Machinery and Parts
金属加工机床	Machine Tools
橡胶或塑料加工机械及零件	Rubber or Plastic Processing Machinery and Parts
电视、收音机及无线电讯设备的零附件	Parts of Television, Radio, Telecommunications Apparatus
通断及保护电路装置及零件	Electrical Apparatus and Parts for Switching or Protecting Electrical Circuits
电线和电缆	Electric Wires and Cables
初级形状的塑料	Primary Plastics
飞　机	Aircraft
自动数据处理设备及其部件	Automatic Data Processing Machines and Components
自动数据处理设备的零件	Parts of Automatic Data Processing Machines
汽车及汽车底盘	Motor Vehicles and Chassis
汽车零件	Parts of Motor Vehicles
变压、整流、电感器及零件	Transformers, Rectifiers and Inductance Suppliers and Parts
电容器及其零件	Capacitors and Parts
二极管及类似半导体器件	Diode and Semi-conductors
计量检测分析自控仪器及器具	Measuring or Checking Instruments and Apparatus
铁矿砂及其精矿	Iron Ore
医疗仪器及器械	Medical Instruments and Appliances
塑料制品	Plastic Articles

continued

(USD 10000)

欧洲 Europe	# 德国 Germany	# 英国 United Kingdom	# 比利时 Belgium	# 荷兰 Netherlands	北美洲 North America	# 美国 United States	拉丁美洲 Latin America
2674	…	199	1		4123	2324	…
					29824	29824	41407
73	1	8		2	173	23	154
2	2				8709	8709	8372
3658	797	60	1246	407	2490	2018	298
1845	755		57	3	64	30	547
4053	415	30	9	544	6537	6507	198
30223	14273	318	355	2	4392	3122	1668
4	…	…			25	6	
3292	72	1	1	83	3685	3685	8198
8832	793	136	173	75	5928	5825	5
64	…	…			1	1	…
117	28	4	…		96	95	3
724	42	8	…	9	14	14	1
235	33	39	…	2	109	109	…
442	52	20	1	…	39	39	…
67953		1623	57006		1360	115	
4799	1827	477	219	514	695	684	1318
12043	936	15	3681	…	2777	2669	89871
2054	554	146	44	3	537	519	…
3725	2178	88	…	28	1310	1301	…
3642	2917	46	19	20	2700	2685	388
3285	1528	26	…	…	90	89	
2771	801	325	2	7	393	391	2
3511	1495	14	…	63	425	374	
393	97	192		2	297	271	1461
10357	4471	1128	14	149	4890	4612	785
1307	635	59	1	12	988	926	207
38525	6062	1089	3834	13575	52081	50570	1520
169661	99325				60654	60654	
1232	411	14	19	15	1166	1163	117
32	12	1	…	…	104	103	21
60621	54941	1574	25		5227	5208	
22605	3807	1134	27	3711	2374	2360	1082
8660	6341	255	9	614	798	751	214
986	155	68	1	3	274	274	569
2344	233	83	…	3	381	381	159
25973	9005	5893	184	473	16891	16477	732
877					2154		18489
7725	4344	237	4	1610	7702	7669	18
1873	579	259	149	67	2051	1923	127

15-9 主要出口商品数量(2010年，按洲别分)

商品名称	Name of Commodities
活　猪(万头)	Live Hogs (10000 heads)
活家禽(万只)	Live Poultry (10000 heads)
水海产品(吨)	Aquatic and Seawater Products (ton)
谷物及谷物粉(吨)	Cereals and Cereal Flour (ton)
蔬　菜(吨)	Vegetables (ton)
鲜干水果及坚果(吨)	Fresh or Dried Fruits and Nuts (ton)
食用植物油(吨)	Edible Vegetable Oil (ton)
茶　叶(吨)	Tea (ton)
药　材(吨)	Medical Materials (ton)
纸　烟(万条)	Cigarettes (10000 units)
成品油(吨)	Refined Petroleum Products (ton)
医药品(吨)	Pharmaceutical Products (ton)
烟花炮竹(吨)	Fireworks and Firecrackers (ton)
水泥及水泥熟料（吨）	Cement and Cement Clinker (ton)
钢　材(吨)	Rolled Steel (ton)
电　扇(万台)	Electric Fans (10000 sets)
电子计算器(万台)	Electric Calculators (10000 sets)
原电池(百万个)	Primary Cells and Batteries (million units)
蓄电池(万个)	Electric Accumulators (10000 units)
集装箱(个)	Containers (unit)
照相机(万架)	Cameras (10000 sets)
手　表(万只)	Wrist Watches (10000 units)
船　舶(艘)	Ships (unit)
鞋(万双)	Footwear (10000 pairs)
塑料制品(吨)	Plastic Articles (ton)
新的充气橡胶轮胎(万条)	New Pneumatic Rubber Tires (10000 units)
不锈钢厨具、餐具等家用器具(吨)	Household Stainless Steel Cookware and Tableware (ton)
自动数据处理设备及其部件(万台)	Automatic Data Processing Machines and Components (10000 sets)
自动数据处理设备的零件(吨)	Parts of Automatic Data Processing Machines (ton)
扬声器(万个)	Loudspeakers (10000 units)
录、放像机(万台)	Video Tape Recorders (10000 sets)
印刷电路(百万块)	Printed Circuits (million units)
电线和电缆(吨)	Electronic Wires and Cables (ton)
自行车(万辆)	Bicycles (10000 units)
摩托车(辆)	Motorcycles (unit)

Main Export Commodities in Volume (2010, by Continent)

合 计 Total	亚 洲 Asia	# 港澳台 Hong Kong, Macao and Taiwan	# 日 本 Japan	# 韩 国 Republic of Korea	# 马来西亚 Malaysia	# 新加坡 Singapore	非 洲 Africa	大洋州 Oceania	# 澳大利亚 Australia
23	23	23							
153	153	153							
10250	4068	3452	6	…	484	…	575	2	
7933	7832	497					56	45	
44189	32414	16190	607		12389	999	9	815	815
2424	2100	…	631		983	94	14		
986	792	664		…		3	12	73	62
3800	3620	1667	1501		358	67	27	11	10
577	561	194	104	…	160	9	10	…	…
444	345	158	…	…	111	11	57	18	18
1728679	1624253	1239274	16210	59052	36383	68241	14492	13418	548
20060	13333	8511	364	9	481	775	1852	74	58
11077	4045		1468		60			75	…
331329	331304	290141			10491				
850190	717111	341641	3064	20438	31295	49049	27752	3686	3011
1888	1175	95	771	28	36	29	149	75	70
324	139	54	78	1		1	9	4	4
7164	1229	94	9	…	50	4	5319	11	10
7365	6024	5217	286	89	8	1	41	28	26
48443	48443	46843							
288	83	16	67			…	…	9	9
1881	1391	306	1061		…	…	1	…	…
3292	264	123	52		2	33	38	582	570
22691	6278	528	2081	170	922	599	1785	289	262
190668	52267	18382	5926	1955	1873	1246	22523	12060	10631
1790	309	86	13	…	11	2	715	29	25
21698	3734	438	352	139	365	215	1535	155	141
8634	5147	4596	99	22	19	83	75	21	20
43437	13923	8552	1791	225	98	1164	331	1029	1018
11837	8283	3974	3762	12	40	51	254	15	15
610	280	133	8	…	22	6	47	9	7
1438	1362	1269	57	7	5	4	…	…	…
29907	21822	2806	113	121	749	759	2762	60	19
244	106	5	23	1	13	1	36	5	3
1536117	321839	1206	10935	4842	892	210	986688	1289	1154

15-9 续表

商品名称	Name of Commodities
活　猪(万头)	Live Hogs (10000 heads)
活家禽(万只)	Live Poultry (10000 heads)
水海产品(吨)	Aquatic and Seawater Products (ton)
谷物及谷物粉(吨)	Cereals and Cereal Flour (ton)
蔬　菜(吨)	Vegetables (ton)
鲜干水果及坚果(吨)	Fresh or Dried Fruits and Nuts (ton)
食用植物油(吨)	Edible Vegetable Oil (ton)
茶　叶(吨)	Tea (ton)
药　材(吨)	Medical Materials (ton)
纸　烟(万条)	Cigarettes (10000 units)
成品油(吨)	Refined Petroleum Products (ton)
医药品(吨)	Pharmaceutical Products (ton)
烟花炮竹(吨)	Fireworks and Firecrackers (ton)
水泥及水泥熟料（吨）	Cement and Cement Clinker (ton)
钢　材(吨)	Rolled Steel (ton)
电　扇(万台)	Electric Fans (10000 sets)
电子计算器(万台)	Electric Calculators (10000 sets)
原电池(百万个)	Primary Cells and Batteries (million units)
蓄电池(万个)	Electric Accumulators (10000 units)
集装箱(个)	Containers (unit)
照相机(万架)	Cameras (10000 sets)
手　表(万只)	Wrist Watches (10000 units)
船　舶(艘)	Ships (unit)
鞋(万双)	Footwear (10000 pairs)
塑料制品(吨)	Plastic Articles (ton)
新的充气橡胶轮胎(万条)	New Pneumatic Rubber Tires (10000 units)
不锈钢厨具、餐具等家用器具(吨)	Household Stainless Steel Cookware and Tableware (ton)
自动数据处理设备及其部件(万台)	Automatic Data Processing Machines and Components (10000 sets)
自动数据处理设备的零件(吨)	Parts of Automatic Data Processing Machines (ton)
扬声器(万个)	Loudspeakers (10000 units)
录、放像机(万台)	Video Tape Recorders (10000 sets)
印刷电路(百万块)	Printed Circuits (million units)
电线和电缆(吨)	Electronic Wires and Cables (ton)
自行车(万辆)	Bicycles (10000 units)
摩托车(辆)	Motorcycles (unit)

continued

欧洲 Europe	# 德国 Germany	# 英国 United Kingdom	# 比利时 Belgium	# 荷兰 Netherlands	北美洲 North America	# 美国 United States	拉丁美洲 Latin America
6			6		5284	5284	315
2366	1	368	9	1574	8572	5772	13
80		4		12	229	115	
77	11	4	2	31			33
44	1				48	32	49
					5	5	1
…					16	…	7
23626	2911	535			3583	954	49307
2516	686	178	6	1067	1495	1447	790
3782	912	213	101	737	2521	2521	655
7	1						18
32142	253	865	795	326	37126	14780	32373
142	15	7	1	6	160	124	186
73	34	10		5	83	68	17
252	18	129	8	9	139	139	213
395	3	48	17	97	428	396	451
55	53		2		141	140	…
27	…	11		3	446	446	16
1051	11	13		17	1331	1327	26
3604	380	476	183	311	8365	8048	2369
40491	4681	6506	1803	3201	54819	50440	8510
372	26	60	229	9	235	216	129
11294	1695	460	665	1026	3123	2745	1856
1145	699	6	64	266	1855	1848	391
13876	2096	580	3	7974	12076	11960	2202
1613	315	78	393	211	1307	1290	365
73	2	10	1	1	105	100	96
56	29	…	…	…	11	11	8
826	41	67	4	82	2867	2649	1570
55	2	…	2	…	29	28	13
16287	1274	1072	493	793	2059	1784	207955

15-10 主要出口商品金额(2010年，按洲别分)

单位:万美元

商品名称	Name of Commodities
活　猪	Live Hogs
活家禽	Live Poultry
水海产品	Aquatic and Seawater Products
谷物及谷物粉	Cereals and Cereal Flour
蔬　菜	Vegetables
鲜干水果及坚果	Fresh or Dried Fruits and Nuts
食用植物油	Edible Vegetable Oil
茶　叶	Tea
药　材	Medical Materials
纸　烟	Cigarettes
成品油	Refined Petroleum Products
医药品	Pharmaceutical Products
烟花炮竹	Fireworks and Firecrackers
纺织纱线、织物及制品	Textile Yarn, Fabrics and Related Products
水泥及水泥熟料	Cement and Cement Clinker
珍珠、钻石、宝石及半宝石	Pearls, Diamonds, Jewelry and Semi-jewelry
钢　材	Rolled Steel
电　扇	Electric Fans
电子计算器	Electric Calculators
原电池	Primary Cells and Batteries
蓄电池	Electric Accumulators
集装箱	Containers
服装及衣着附件	Garments and Clothing Accessories
照相机	Cameras
手　表	Wrist Watches
船　舶	Ships
家具及其零件	Furniture and Parts
灯具、照明装置及类似品	Lamps and Lighting Fittings
鞋	Footwear
塑料制品	Plastic Articles
玩　具	Toys
贵金属或包贵金属的首饰	Jewelry of Precious Metals or Rolled Precious Metals
新的充气橡胶轮胎	New Pneumatic Rubber Tires
不锈钢厨具、餐具等家用器具	Household Stainless Steel Cookware and Tableware
自动数据处理设备及其部件	Automatic Data Processing Machines and Components
自动数据处理设备的零件	Parts of Automatic Data Processing Machines
扬声器	Loudspeakers
录、放像机	Video Tape Recorders
印刷电路	Printed Circuits
电线和电缆	Electronic Wires and Cables
自行车	Bicycles
箱包及类似容器	Package Bags and Similar Containers
摩托车	Motorcycles

Main Export Commodities in Value (2010, by Continent)

(USD 10000)

合 计 Total	亚 洲 Asia	# 港澳台 Hong Kong, Macao and Taiwan	# 日 本 Japan	# 韩 国 Republic of Korea	# 马来西亚 Malaysia	# 新加坡 Singapore	非 洲 Africa	大洋州 Oceania	# 澳大利亚 Australia
4819	4819	4819							
491	491	491							
3356	1298	887	10	…	365	…	73	…	
372	339	19					32	2	
3560	2428	939	226		975	69	1	90	90
169	124	…	50		42	11	3		
169	111	79		…		1	2	40	38
1715	1623	913	443		211	43	9	8	8
401	376	286	25	…	46	4	2	…	…
1778	1407	753	…	5	370	46	175	62	58
93566	88169	68433	763	2666	1748	4659	749	699	27
10371	4967	2216	317	95	293	653	1069	67	55
1863	912		450		10			5	…
215829	174827	104154	2519	601	3306	1241	7171	1021	926
1888	1887	1522			92				
97332	45171	44312	313				19		
89959	69775	31856	728	4528	3685	3253	3147	454	352
10886	5102	415	1028	106	481	248	1368	668	621
1110	553	294	251	1		1	3	6	6
33132	4879	1428	90	4	114	38	26522	48	35
22891	16274	13425	1035	322	32	44	478	486	453
16392	16392	15804							
451247	111808	55489	10267	2689	3189	4323	15959	14448	13430
30413	11645	874	10751			20	…	999	999
6726	6455	2976	3456		…	…	…	…	…
245289	243937	210716	2		1982	23191	128	34	31
142060	50326	4997	14336	1061	2254	3966	5330	4880	4408
54296	7789	1879	1478	332	216	305	957	2003	1828
120934	22187	3880	9940	1514	1573	1461	1943	1535	1360
51426	16363	5444	2329	924	533	360	3961	3247	2952
44914	5871	1643	956	340	113	162	556	577	536
152656	17609	15390	462	1		163	1	927	926
35022	9205	550	408	…	789	145	3576	1194	1009
10120	1817	253	273	72	124	71	561	127	116
305517	108090	86718	2326	2007	1218	7617	1061	2902	2564
64267	39182	36117	1110	69	108	1196	113	683	680
52983	26449	8884	9505	174	577	638	1930	319	303
18412	9131	5555	418	9	475	149	1126	197	169
120099	108004	90995	11125	236	3055	955	7	10	1
23677	17813	2975	236	78	446	548	1094	56	17
14186	5030	284	1168	75	411	49	1455	1025	668
104065	22398	6207	4675	833	700	652	3075	1623	1506
70239	13840	111	1588	372	75	9	43389	95	85

15-10 续表

单位:万美元

商品名称	Name of Commodities
活　猪	Live Hogs
活家禽	Live Poultry
水海产品	Aquatic and Seawater Products
谷物及谷物粉	Cereals and Cereal Flour
蔬　菜	Vegetables
鲜干水果及坚果	Fresh or Dried Fruits and Nuts
食用植物油	Edible Vegetable Oil
茶　叶	Tea
药　材	Medical Materials
纸　烟	Cigarettes
成品油	Refined Petroleum Products
医药品	Pharmaceutical Products
烟花炮竹	Fireworks and Firecrackers
纺织纱线、织物及制品	Textile Yarn, Fabrics and Related Products
水泥及水泥熟料	Cement and Cement Clinker
珍珠、钻石、宝石及半宝石	Pearls, Diamonds, Jewelry and Semi-jewelry
钢　材	Rolled Steel
电　扇	Electric Fans
电子计算器	Electric Calculators
原电池	Primary Cells and Batteries
蓄电池	Electric Accumulators
集装箱	Containers
服装及衣着附件	Garments and Clothing Accessories
照相机	Cameras
手　表	Wrist Watches
船　舶	Ships
家具及其零件	Furniture and Parts
灯具、照明装置及类似品	Lamps and Lighting Fittings
鞋	Footwear
塑料制品	Plastic Articles
玩　具	Toys
贵金属或包贵金属的首饰	Jewelry of Precious Metals or Rolled Precious Metals
新的充气橡胶轮胎	New Pneumatic Rubber Tires
不锈钢厨具、餐具等家用器具	Household Stainless Steel Cookware and Tableware
自动数据处理设备及其部件	Automatic Data Processing Machines and Components
自动数据处理设备的零件	Parts of Automatic Data Processing Machines
扬声器	Loudspeakers
录、放像机	Video Tape Recorders
印刷电路	Printed Circuits
电线和电缆	Electronic Wires and Cables
自行车	Bicycles
箱包及类似容器	Package Bags and Similar Containers
摩托车	Motorcycles

continued

(USD 10000)

欧洲 Europe	# 德国 Germany	# 英国 United Kingdom	# 比利时 Belgium	# 荷兰 Netherlands	北美洲 North America	# 美国 United States	拉丁美洲 Latin America
3			3		1917	1917	64
233	…	40	4	128	805	559	3
8		1		1	34	24	
14	2	1	…	5			2
19	2				30	21	26
					23	22	…
3					66	…	65
1245	138	30			179	50	2525
2226	630	183	17	896	1410	1351	632
511	70	56	27	105	353	353	82
15808	3048	1683	586	2765	8660	7409	8342
…	…						…
46600			38271		5541	5541	
5983	25	214	235	112	6692	4490	3908
879	100	42	14	31	1563	1213	1306
222	160	38		5	313	254	11
804	59	351	20	38	341	338	538
2406	62	353	170	964	1623	1454	1624
139282	34757	19251	4591	6722	129162	119960	40587
7905	7883		18		9863	9853	1
82	1	51		4	160	160	28
1107	2	3		4	83	82	1
46334	8027	6428	3098	4992	27774	23894	7415
24437	5754	3657	2164	2716	15757	14982	3353
24415	1843	3523	893	2296	65936	63400	4918
11776	1439	2040	608	1138	13762	12593	2317
13785	2194	1865	560	724	20958	20005	3167
7518	117	3463	7	1	126581	126371	21
9264	745	1797	5896	287	8897	8300	2885
4926	749	254	338	463	1918	1698	770
44719	15513	108	10324	17308	142003	141859	6742
15502	1414	337	4	12061	7989	7937	796
11452	2110	1024	1666	3429	11072	10844	1760
2524	40	269	28	95	3405	3239	2030
5691	1880	96	178	5	5216	5142	1171
957	40	40	3	30	2573	1908	1183
2451	102	21	136	1	3748	3664	477
35869	3916	4806	2701	2493	34049	31880	7051
1354	81	112	48	58	205	184	11355

15-11 进出口商品分类金额

单位:万美元

项　　目	Item
合　计	**Total**
第一类 活动物、动物产品	Live Animals & Animal Products
活动物	Live Animals
肉及食用杂碎	Meat and Edible Meat offal
水产品	Aquatic Products
乳品、蛋品、天然蜂蜜、其他食用动物产品	Dairy Products, Eggs, Natural Honey and Other Edible Animal Products
其他动物产品	Other Animal Products
第二类 植物产品	Vegetables Products
树苗及花草	Saplings, Flowers and Plants and Foliage
蔬　菜	Vegetables
水果及坚果	Fruits and Nuts
咖啡、茶叶及调味香料	Coffee, Tea and Spices
谷　物	Cereals
制粉工业产品	Products of the Milling Industry
植物油籽、果实、种子、药材及饲料	Oil Seeds and Kernels and Oleaginous Fruits, Seeds, Plants for Medicinal Use and Forge
虫胶、树胶、树脂	Shellacs, Gums and Resins
编结植物材料、其他植物产品	Vegetable Plaiting Materials and Other Vegetable Products
第三类 动、植物油脂及蜡	Animal and Vegetable Oils, Fats and Waxes
动、植物油脂及蜡	Animal and Vegetable Oils, Fats and Waxes
第四类 食品、烟草及制品	Food, Tobacco and Related Products
动物产品制品	Animal Products
糖及糖食	Sugar and Sugar Confectionery
可可及可可制品	Cocoa and Cocoa Products
粮食及乳制品、糕饼点心	Grain, Milk and Pastry Products
蔬菜、水果等植物制品	Vegetable and Fruit Products
杂项食品	Miscellaneous Edible Preparation
饮料、酒及醋	Beverages, Liquor and Vinegar
食品的残渣、动物饲料	Residues and Waste from Food and Animal Fodder
烟草及烟草制品	Tobacco and Tobacco Products
第五类 矿产品	Mineral Products
盐、硫磺、建筑材料	Salt, Sulfur and Building Materials
矿砂、矿渣及矿灰	Ore, Slag and Mortar
矿物燃料、矿物油及产品	Mineral Fuels, Mineral Oils and Related Products
第六类 化工产品	Chemicals and Related Products
无机化学品	Inorganic Chemicals
有机化学品	Organic Chemicals
药　品	Pharmaceutical Products
肥　料	Fertilizers
鞣料、染料浸膏、染料、颜料、油漆、油墨	Tanning and Dyeing Extracts, Coloring and Dyeing Materials, Paint and Printing Ink

Value of Imports and Exports by Category of Commodities

(USD 10000)

2009		2010	
进口 Imports	出口 Exports	进口 Imports	出口 Exports
3928194	**3740292**	**5538894**	**4837862**
49696	11200	79886	11468
62	5353	184	6309
37199	1256	52535	1231
3865	3918	4947	3360
8111	612	17133	533
459	61	5086	35
101623	11852	117498	11167
531	229	229	205
4139	4383	1720	3474
12560	342	21062	183
567	1591	679	1855
9247	28	14563	32
992	3695	980	3331
71308	626	76062	796
1585	382	1815	640
694	576	387	651
64391	1390	50748	2139
64391	1390	50748	2139
44684	30982	68473	31821
38	883	69	1137
1146	4981	1551	5702
620	112	1082	183
13665	6239	19027	7005
1329	1727	1900	1974
13108	6434	16254	6202
5826	4859	8924	4472
8756	1680	19576	1209
196	4067	88	3938
328262	82728	580778	113126
3327	5080	4986	4090
57567	10	81095	329
267368	77638	494697	108708
298830	106397	415910	153101
14821	12156	18841	18302
128464	20854	191939	28144
34058	4917	45838	5096
27	311	40	4642
26597	7065	32861	9428

15-11 续表1

单位:万美元

项　　目	Item
化妆品及其原料、芳香料制品	Cosmetics and Related Products, Perfumed Materials
洗涤用品	Detergents
蛋白类物质、改性淀粉、胶、酶	Albumin Substances, Modified Starches, Glues and Enzymes
炸药、烟火制品、易燃材料制品	Explosives, Pyrotechnic Products and Combustible Products
照相及电影用品	Photographic or Cinematographic Goods
杂项化学产品	Miscellaneous Chemical Products
第七类 塑料、橡胶及其制品	Plastics, Rubber and Related Products
塑料及其制品	Plastics and Related Products
橡胶及其制品	Rubber and Related Products
第八类 皮革、毛皮及其制品、旅行用品、手提包	Leather, Furs Skins and Articles Thereof, Travel Articles and Handbags
生皮及皮革	Raw Hides and Leather
皮革制品、旅行用品及手提包	Leather Products, Travel Articles and Handbags
毛皮、人造毛皮及制品	Furs Shins, Artificial Furs Manufactures Thereof
第九类 木及木制品、草柳编结品	Wood and Wooden Products, Straw and Wicker Plaited Products
木及木制品、木炭	Wood and Wooden Products, Charcoal
软木及软木制品	Cork and Related Products
草柳编结品	Straw and Wicker Plaited Products
第十类 木浆、纸、纸板及制品	Paper Pulp, Paper, Paperboard and Related Products
木浆及其他纤维素浆、废碎纸板	Paper Pulp and Cellulose, Waste Paperboard
纸及纸板、纸浆、纸制品	Paper and Paperboard, Articles of Paper Pulp and Paper Products
书籍、印刷品、设计图纸	Books, Printed Matter and Design Drawings
第十一类 纺织原料及纺织制品	Textile Materials and Products
蚕　丝	Silk
羊毛、动物毛、毛纱线及制品	Wool, Animal Hair and Woolen Woven Fabrics
棉花及制品	Cotton and Related Products
其他纺织纤维、纸纱线及机织物	Other Textile Fiber, Yarn and Related Woven Fabrics
化学纤维长丝	Chemical Fiber, Continuous Filament
化学纤维短丝	Chemical Fiber, Staple Fiber
絮胎、毡尼及无纺物、特种纱线、线绳索缆	Wadding, Felt and Adhesive-Bond Fabrics, Special Yarn, Thread, Rope and Cable
地毯及纺织铺地制品	Carpets and Related Products
特种机织物、纺织装饰品、刺绣品	Special Woven Fabrics, Textile Trimmings and Embroidery
浸渍、涂布、包覆或层压的纺织物	Soaked, Coated or Overlapping Textiles
针织物及钩编织物	Knitwear and Crocheted Fabrics
针织或钩编的服装及衣着附件	Knitted or Crocheted Garments and Clothing Accessories
非针织或非钩编的服装及衣着附件	Garments and Clothing Accessories Not Knitted or Crocheted
其他纺织制成品、成套物品	Other Textile Products
第十二类 鞋帽伞杖、加工羽毛、人造花、人发制品	Footwear, Headgear, Umbrellas, Canes, Processed Feather, Artificial Flowers and Wigs
鞋类及零件	Footwear and Accessories
帽类及零件	Headgear and Accessories

continued

(USD 10000)

2009		2010	
进 口 Imports	出 口 Exports	进 口 Imports	出 口 Exports
13040	21190	17407	24336
21306	7252	28470	9148
8023	6308	10777	8300
2	2510	1	1955
3499	2165	4261	2324
48993	21669	65475	41427
334265	151608	491004	204512
288068	109444	426891	155399
46197	42164	64113	49114
34678	92128	41914	119750
25727	1236	33345	2052
1784	86710	2330	114182
7167	4182	6239	3515
12819	21417	20667	20223
12720	13967	20506	16995
44	2	52	2
55	7448	109	3226
52902	60463	68133	64472
29674	155	39719	59
19979	44455	25181	46744
3249	15853	3233	17669
121783	540749	151221	655395
397	5317	521	6645
792	1597	1512	1388
53186	27316	66729	33757
1415	427	2050	746
21829	6157	27180	7604
14645	5174	15167	6177
5244	7172	8267	9685
275	4829	460	4793
2757	12304	4007	16910
7563	19166	8453	22420
8693	79904	12043	93051
1880	138484	1783	161027
2601	216345	2437	273227
506	16557	613	17967
5037	119136	2852	140028
4733	107649	2616	125803
35	6021	25	7036

15-11 续表2

单位:万美元

项　　目	Item
伞、杖、鞭及零件	Umbrellas, Canes, Whips and Accessories
加工羽毛、羽绒及制品、人造花、人发制品	Processed Feathers and Related Products, Artificial Flowers and Wigs
第十三类 石材制品、陶瓷产品、玻璃及其制品	Gypsum, Cement, Asbestos, Mica and Related Products, Ceramics, Glass and Glassware
石材制品	Gypsum, Cement, Asbestos, Mica and Related Products
陶瓷产品	Ceramics
玻璃及其制品	Glass and Glassware
第十四类 珠宝首饰、硬币	Jewellery and Coins
珠宝首饰	Jewellery
第十五类 贱金属及其制品	Base Metals and Related Products
钢　铁	Iron and Steel
钢铁制品	Iron and Steel Products
铜及其制品	Copper and Related Products
镍及其制品	Nickel and Related Products
铝及其制品	Aluminum and Related Products
铅及其制品	Lead and Related Products
锌及其制品	Zinc and Related Products
锡及其制品	Tin and Related Products
其他贱金属、金属陶瓷及其制品	Other Base Metals, Metal Ceramics and Related Products
贱金属工具、器具、利口器、餐具及零件	Base Metal Tools, Implements, Cutlery, Tableware and Related Parts
贱金属杂项制品	Miscellaneous Products of Base Metals
第十六类 机械、电气设备、电视机及音响设备	Machinery, Electric Equipment, Television Sets and Sound Appliances
核反应堆、锅炉、机械设备及零件	Nuclear Reactors, Boilers, Mechanical Equipment and Accessories
机电、电气设备、电视机及音响设备	Machinery and Electric Equipment, Television Sets and Sound Appliances
第十七类 车辆、航空器、船舶及有关运输设备	Locomotives, Vehicles, Aircraft, Ships and Related Transportation Equipment
铁道及电车机车、车辆及零件	Railway Locomotives, Tramcars and Accessories
车辆及零附件（铁道车辆除外）	Vehicles and Related Parts and Accessories (excluding railway locomotives)
航空器、航天器及零件	Aircraft, Spacecraft and Related Parts
船舶及浮动结构体	Ships and Related Products
第十八类 仪器、医疗器械、钟表及乐器	Instruments, Medical Instruments and Equipment, Clocks and Musical Instruments
光学、照相电影、计量检验、医疗仪器设备	Optical, Photographic, Film, Measuring and Checking, Medical Instruments and Equipments
钟表及零件	Clocks and Related Parts
乐器及零附件	Musical Instruments and Related Parts and Accessories
第十九类 武器、弹药及其零件、附件	Arms and Ammunition, Parts and Auessories thereof
第二十类 杂项制品	Miscellaneous Products
家具、床上用品、照明装置、活动房	Furniture, Bed Articles, Lighting Apparatus and Luminous Signs
玩具、游戏、运动用品及零附件	Toys, Games and Sports Goods and Related Parts and Accessories
杂项制品	Miscellaneous Manufactured Articles
第二十一类 艺术品、收藏品及古物	Works of Art, Collector's Pieces and Antiques
第二十二类 特殊交易品及未分类商品	Special Commodities and Unclassified Commodities

continued

(USD 10000)

2009		2010	
进 口 Imports	出 口 Exports	进 口 Imports	出 口 Exports
4	2354	4	2682
265	3112	208	4506
16668	40649	21666	49660
3663	5059	5041	4831
903	16669	1305	19363
12102	18921	15320	25467
128679	195402	178449	255399
128679	195402	178449	255399
672657	219716	780556	295639
260571	28027	233512	70727
37205	92860	45968	87745
227614	6240	370761	10245
35762	1	41243	2999
72915	35831	47779	54324
3684	1605	279	633
11536	2426	6925	3288
1484	209	5059	626
1153	177	2417	1467
13972	29887	18976	38973
6761	22453	7638	24612
902263	1261863	1161931	1572534
419214	626168	606333	750742
483049	635695	555598	821792
418290	325383	572194	469354
1330	5029	316	21057
262607	166564	323084	200500
146571	1295	238759	2435
7782	152495	10035	245362
250669	208516	584576	345274
240997	183118	569055	313102
8591	13424	14084	18667
1081	11974	1436	13505
1	12	3	9
26615	258343	59151	322177
16159	166309	46699	209491
6138	73857	6707	90634
4318	18177	5745	22052
40	10	22	25
63347	346	91262	591

15-12 广州地区口岸进出口商品总值

Commodity Value of Imports and Exports through Ports in Guangzhou Area

单位:万美元 (USD 10000)

项　　目	Item	2009	2010
进出口商品货物总值	**Total**	**6795269**	**9361513**
进口商品货物总值	Imports	3883670	5656500
出口商品货物总值	Exports	2911599	3705013

15-13 软件出口和技术进口情况

Software Export and Technology Import in Guangzhou

项　　目	Item	2009		2010	
		项 目 (个) Number (unit)	金 额 (万美元) Amount (USD 10000)	项 目 (个) Number (unit)	金 额 (万美元) Amount (USD 10000)
软件出口	Software Export		170117		190399
嵌入式软件	Embedded Software		145042		157023
软件产品	Software Products	142	4985	159	5263
软件服务	Software Services	597	20090	995	28113
技术进口	Technology Import	448	84573	499	96274
制造业	Manufacturing	341	75925	386	85215
房地产业	Real Estate	36	2439	15	1984
其　他	Others	71	6209	98	9075

注:1. 嵌入式软件出口是指通过海关出口方式向境外用户提供的嵌入在信息系统或设备中的软件。
2. 技术进口是指办理了合同登记手续的，通过贸易、投资或经济技术合作等方式转移技术到境内的行为。

Notes: I. Embedded software export refers to providing overseas users with software inlaid information system or equipment in the form of customs export.

II. Technology import refers to the action of transferring technology into China in forms of trade, investment or economic technological cooperation after the contracts registrations formalities have been gone through.

15-14 历年利用外资情况

Statistics on Utilization of Foreign Capital in Main Years

年 份 Year	项目(企业)个数 (个) Number of Contracts (unit)	# 外商直接投资 Foreign Direct Investment	合同外资金额 (万美元) Contracted Foreign Capital (USD 10000)	# 外商直接投资 Foreign Direct Investment	实际使用外资金额 (万美元) Amount of Foreign Capital Actually Used (USD 10000)	# 外商直接投资 Foreign Direct Investment
1978	2		53			
1979	551	7	2305	1970	984	165
1980	1379	21	24905	24794	3013	1287
1981	2041	28	3686	3363	3531	2559
1982	2797	15	14841	12499	5268	4384
1983	3194	24	4384	2757	5289	4409
1984	4520	177	20350	18944	15587	13031
1985	4394	290	70175	51575	15782	10389
1986	2062	104	33668	29569	17966	9316
1987	2271	126	28510	20374	8574	5562
1988	2120	289	52650	39338	27119	14521
1989	2121	292	57778	40101	43892	27481
1990	2711	389	55426	47183	27263	18613
1991	2678	571	87517	70635	40519	25938
1992	2925	1193	471080	449654	74595	57135
1993	2620	1275	704764	683634	147028	128464
1994	2907	1906	709683	685763	204816	181403
1995	2564	1774	685657	673101	225298	214444
1996	1793	865	510301	447393	260002	233153
1997	3066	661	219922	169824	289379	248003
1998	986	643	245058	193178	304467	271608
1999	1053	537	172808	141377	317600	298687
2000	1445	647	163454	152759	311541	298923
2001	1087	678	200604	196229	332746	300119
2002	1177	776	316579	302322	265299	228386
2003	1204	870	402176	351117	306409	258076
2004	1506	1046	334767	320494	247696	240062
2005	1599	1061	366155	340205	284128	264882
2006	1465	1025	463987	439124	305477	292339
2007	1460	959	715269	703506	341138	328579
2008	1378	991	604536	591864	377413	362277
2009	1022	844	388633	378401	387476	377339
2010	1170	980	505928	497384	408121	397862

注:合同外资金额、实际使用外资金额按当年口径统计。

Note: The amount of contracted foreign capital and foreign capital actually used are calculated at current prices.

15-15 历年利用外资项目(企业)个数、合同外资金额、实际使用外资金额指数(上年=100)

Indices of Contracts Number, Contracted Foreign Capital and Foreign Capital Actually Used in Main Years (Preceding Year=100)

年 份 Year	项目(企业)个数 Number of Contracts	# 外商直接投资 Foreign Direct Investment	合同外资金额 Contracted Foreign Capital	# 外商直接投资 Foreign Direct Investment	实际使用外资金额 Amount of Foreign Capital Actually Used	# 外商直接投资 Foreign Direct Investment
1979	27550.00		4349.06			
1980	250.27	300.00	1080.48	1258.58	306.20	780.00
1981	148.01	133.33	14.80	13.56	117.19	198.83
1982	137.04	53.57	402.63	371.66	149.19	171.32
1983	114.19	160.00	29.54	22.06	100.40	100.57
1984	141.52	737.50	464.19	687.12	294.71	295.55
1985	97.21	163.84	344.84	272.25	101.25	79.73
1986	46.93	35.86	47.98	57.33	113.84	89.67
1987	110.14	121.15	84.68	68.90	47.72	59.70
1988	93.35	229.37	184.67	193.08	316.29	261.08
1989	100.05	101.04	109.74	101.94	161.85	189.25
1990	127.82	133.22	95.93	117.66	62.11	67.73
1991	98.78	146.79	157.90	149.70	148.62	139.35
1992	109.22	208.93	538.27	636.59	184.10	220.28
1993	89.57	106.87	149.61	152.04	197.10	224.84
1994	110.95	149.49	100.70	100.31	139.30	141.21
1995	88.20	93.07	96.61	98.15	110.00	118.21
1996	69.93	48.76	74.43	66.47	115.40	108.72
1997	171.00	76.42	43.10	37.96	111.30	106.37
1998	32.16	97.28	111.43	113.75	105.21	109.52
1999	106.80	83.51	70.52	73.18	104.31	109.97
2000	137.23	120.48	94.59	108.05	98.09	100.08
2001	75.22	104.79	122.73	128.46	106.81	100.40
2002	108.28	114.45	174.14	170.40	110.58	110.18
2003	102.29	112.11	127.04	116.14	115.50	113.00
2004	125.08	120.23	127.69	125.58	164.82	164.37
2005	106.18	101.43	109.38	106.15	114.71	110.34
2006	91.62	96.61	126.72	129.08	107.51	110.37
2007	99.66	93.56	154.16	160.21	111.67	112.40
2008	94.38	103.34	84.52	84.13	110.63	110.26
2009	74.17	85.17	64.29	63.93	102.67	104.16
2010	114.48	116.11	130.18	131.44	105.33	105.44

注:2002年和2004年合同外资金额、实际使用外资金额统计口径调整，当年指数按可比口径计算。

Note: The coverage of amount of contracted foreign capital and foreign capital actually used were adjusted in 2002 and 2004, the indices of which being computed on the same coverage.

15-16 利用外资情况

Utilization of Foreign Capital

单位:万美元 (USD 10000)

项　　目	Item	2009	2010	1978-2010
项目(企业)个数(个)	**Number of Contracts (unit)**	**1022**	**1170**	**65268**
对外借款	Foreign Loans			57
外商直接投资	Foreign Direct Investment	844	980	21064
中外合资企业	Joint Venture Enterprises	82	93	4844
中外合作企业	Cooperative Enterprises	8	7	5688
外资企业	Solely Funded Enterprises	750	880	10521
外商投资股份制企业	Share Holding Corporations	4		11
外商其他投资	Other Foreign Investment	178	190	44147
国际租赁	International Lease			121
补偿贸易	Compensation Trade			107
加工装配	Processing and Assembling	178	190	43919
合同外资金额	**Contracted Foreign Capital**	**388633**	**505928**	**8637609**
对外借款	Foreign Loans			322066
外商直接投资	Foreign Direct Investment	378401	497384	8080431
中外合资企业	Joint Venture Enterprises	72215	112759	1450418
中外合作企业	Cooperative Enterprises	-3708	48654	3102039
外资企业	Solely Funded Enterprises	297703	324967	3469546
外商投资股份制企业	Share Holding Corporations	12191	11004	58428
外商其他投资	Other Foreign Investment	10232	8544	235112
国际租赁	International Lease			21840
补偿贸易	Compensation Trade			12111
加工装配	Processing and Assembling	10232	8544	201161
实际使用外资金额	**Amount of Foreign Capital Actually Used**	**387476**	**408121**	**5605416**
对外借款	Foreign Loans			342358
外商直接投资	Foreign Direct Investment	377339	397862	5119396
中外合资企业	Joint Venture Enterprises	81707	96344	1200401
中外合作企业	Cooperative Enterprises	26360	32510	1667227
外资企业	Solely Funded Enterprises	258704	257688	2174172
外商投资股份制企业	Share Holding Corporations	10568	11320	77596
外商其他投资	Other Foreign Investment	10137	10259	143662
对外发行股票	Share on Sale			4070
国际租赁	International Lease			10590
补偿贸易	Compensation Trade			8421
加工装配	Processing and Assembling	10137	10259	120581

15-17 外商直接投资情况(按地区分)

Statistics on Utilization of Foreign Direct Investment Capital (by Region)

单位:万美元 (USD 10000)

项　目	Item	2009			2010		
		项目(企业)个数(个) Number of Contracts (unit)	合同外资金　额 Contracted Foreign Capital	实际使用外资金额 Amount of Foreign Capital Actually Used	项目(企业)个数(个) Number of Contracts (unit)	合同外资金　额 Contracted Foreign Capital	实际使用外资金额 Amount of Foreign Capital Actually Used
全　市	**Total**	**844**	**378401**	**377339**	**980**	**497384**	**397862**
市　区	Urban Districts	801	356698	345410	923	464633	374428
# 荔湾区	Liwan	58	4988	6206	79	12184	16660
越秀区	Yuexiu	195	30142	27295	218	32318	30160
海珠区	Haizhu	33	4626	12190	50	9909	12982
天河区	Tianhe	211	23730	39777	214	79355	42971
白云区	Baiyun	52	9515	13209	55	7093	13999
黄埔区	Huangpu	4	210	5474	4	3879	5484
番禺区	Panyu	107	17278	33379	127	25788	35841
花都区	Huadu	22	13542	29451	51	24602	31005
南沙区	Nansha	16	60090	62408	31	94499	62802
萝岗区	Luogang	98	188431	116021	87	125658	122524
县级市	City at County Level	43	21703	31929	57	32751	23434
增城市	Zengcheng	12	13020	17766	16	18394	8065
从化市	Conghua	31	8683	14163	41	14357	15369

15-18 外商直接投资项目分类(2010年)

Amount of Foreign Direct Investment Capital Actually Used by Category (2010)

单位:万美元 (USD 10000)

项　　目	Item	项目(企业)个数(个) Number of Contracts (unit)	合同外资金　额 Contracted Foreign Capital	实际使用外资金额 Amount of Foreign Capital Actually Used
总　　计	**Total**	**980**	**497384**	**397862**
# 投资额1000万美元以上项目	Projects with Investment above 10 million USD	163	412723	
按国民经济行业分	**By Sector**			
农林牧渔业	Agriculture, Forestry, Animal Husbandry and Fishery	7	527	373
采矿业	Mining	1	12	
制造业	Manufacturing	177	163927	183262
电力、燃气及水的生产和供应业	Production and Supply of Electricity, Gas and Water	3	1632	345
建筑业	Construction	10	1068	466
交通运输、仓储和邮政业	Transport, Storage and Post	23	27096	28321
信息传输、计算机服务和软件业	Information Transmission, Computer Services and Software	52	36351	13947
批发和零售业	Wholesale and Retail Trade	404	40444	23113
住宿和餐饮业	Hotels and Catering Services	27	2663	3530
金融业	Financial Intermediation	5	7643	4480
房地产业	Real Estate	36	136216	107339
租赁和商务服务业	Leasing and Business Services	192	56851	23000
科学研究、技术服务和地质勘查业	Scientific Research, Technical Services and Geologic Prospecting	27	15668	3421
水利、环境和公共设施管理业	Management of Water Conservancy, Environment and Public Facilities		15	806
居民服务和其他服务业	Services to Households and Other Services	8	735	86
教　育	Education	2	14	
卫生、社会保障和社会福利业	Health, Social Securities and Social Welfare	1	64	
文化、体育和娱乐业	Culture, Sports and Entertainment	5	6458	5373
公共管理和社会组织	Public Management and Social Organizations			
国际组织	International Organizations			

15-18 续表 continued

单位:万美元 (USD 10000)

项目	Item	项目(企业)个数(个) Number of Contracts (unit)	合同外资金额 Contracted Foreign Capital	实际使用外资金额 Amount of Foreign Capital Actually Used
按国别(地区)分	**By Country (Territory)**			
中国香港	Hong Kong, China	599	364340	239649
中国澳门	Macao, China	12	357	1998
中国台湾	Taiwan, China	45	3594	1731
日本	Japan	34	17730	14079
泰国	Thailand	3	1634	10
新加坡	Singapore	24	17534	7330
马来西亚	Malaysia	9	-944	185
韩国	Republic of Korea	34	5919	10709
英国	United Kingdom	3	-31	182
德国	Germany	6	-1045	714
加拿大	Canada	8	75	290
美国	United States	27	3392	2187
澳大利亚	Australia	13	-1641	177
法国	France	5	4448	550
荷兰	Netherlands	4	5568	5496
英属维尔京群岛	Virgin Islands	25	24293	65536
意大利	Italy	5	803	410
瑞士	Switzerland	2	335	750
萨摩亚	Samoa	6	3854	2324
毛里求斯	Mauritius	1	1235	4929
开曼群岛	Cayman Islands	1	3489	8072
百慕大	Bermuda	1	4109	659
塞浦路斯	Cyprus			45
阿拉伯联合酋长国	United Arab Emirates	4	118	38
巴巴多斯	Barbados		-3431	1161
其他	Others	109	41649	28651

15-19 境外企业情况(2010年)

Statistics on Overseas Enterprises Funded by Domestic Capital (2010)

单位:万美元 (USD 10000)

项　　目	Item	当年新增 Newly Increased in Current Year	
		企业数(个) Number of Enterprises (unit)	中方投资额 Volume of Investment from China
总　计	**Total**	**87**	**46667**
按登记注册类型分	**By Registration Status**		
合资经营	Joint Ventures	12	4238
合作经营	Cooperative Operation		
独资经营	Solely Funded Ventures	75	42429
按贸易性、非贸易性分	**By Character of Trade**		
贸易性企业	Trade Enterprises	38	12914
非贸易性企业	Non-trade Enterprises	49	33753
按投资国家(地区)分	**By Investment Destination**		
中国香港	Hong Kong, China	48	33536
中国台湾	Macao, China	1	20
泰　国	Thailand	1	245
柬埔寨	Cambodia	1	200
越　南	Vietnam	2	
印度尼西亚	Indonesia	1	280
新加坡	Singapore	2	107
日　本	Japan	1	120
德　国	Germany	1	45
英　国	United Kingdom	1	101
意大利	Italy	1	950
荷　兰	Netherlands	2	34
乌克兰	Ukraine	1	144
澳大利亚	Australia	1	50
美　国	United States	11	3375
加拿大	Canada	2	880
巴　西	Brazil	2	2990
秘　鲁	Peru	1	300
加　纳	The Republic of Ghana	1	300
科特迪瓦	Ivory Coast	1	300
肯尼亚	The Republic of Kenya	2	1290
南　非	South Africa	1	300
坦桑尼亚	The United Republic of Tanzania	1	300
英属维尔京群岛	Virgin Islands	1	800

15-20 对外经济合作业务情况(2010年)

Statistics on Economic Cooperation with Foreign Countries or Territories (2010)

项　目	Item	新签合同数（个）Number of Contracts Newly Signed (unit)	合同额（万美元）Contracted Value (USD 10000)	完成营业额（万美元）Turnover (USD 10000)
合　计	**Total**	**47416**	**81878**	**47187**
对外承包工程	Contracted Projects	283	24133	9903
中国香港	Hong Kong, China	2	336	699
中国澳门	Macao, China	4	432	188
巴　林	Bahrain	1	266	266
孟加拉	Bangladesh	4	50	199
印度尼西亚	Indonesia	6	232	151
伊　朗	The Islamic Republic of Iran	57	819	479
老　挝	The People's Democratic Republic of Laos	5	3	3
韩　国	Republic of Korea	1	107	107
土耳其	The Republic of Turkey	3	24	
阿拉伯联合酋长国	United Arab Emirates	4	178	174
越　南	Vietnam	5	12	380
阿尔及利亚	The Democrat People's Republic of Algeria	110	14629	4710
喀麦隆	Cameroon	3	23	23
埃　及	The Arab Republic of Egypt	1	356	356
马达加斯加	The Republic of Madagascar	1	21	
南　非	South Africa	4	27	3
坦桑尼亚	The United Republic of Tanzania	10	45	30
赞比亚	The Republic of Zambia	8	15	11
法　国	France	5	28	1
意大利	Italy	1	274	274
葡萄牙	Portugal	5	6	6
俄罗斯	Russia	6	19	
巴　西	Brazil	1	483	451
古　巴	Cuba	2	16	3
墨西哥	Mexico	2	13	
巴拿马	Panama	1	78	78
秘　鲁	Peru	2	3456	671
加拿大	Canada	4	2059	617
美　国	United States	25	126	23
对外劳务合作	Labor Cooperation	47133	57745	37284
中国香港	Hong Kong, China	25	2103	2053
中国澳门	Macao, China	1609	11646	9485
新加坡	Singapore			23
尼日利亚	Federal Republic of Nigeria			21
德　国	Germany	82	763	130
加拿大	Canada			4
国　内	Mainland	45417	43233	25568

15-21 主要年份对外经济合作业务情况

Contracted Projects and Labor Cooperation with Foreign Countries or Territories in Main Years

年 份 Year	新签合同数 (个) Number of Contracts Newly Signed (unit)	合同额 (万美元) Contracted Value (USD 10000)	完成营业额 (万美元) Turnover (USD 10000)	派出人数 (人次) Persons Sent Abroad (person-times)	年末在外人数 (人) Persons Abroad in Year-end (person)
1985	201	189	189	113	113
1990	1005	1887	1072	994	1201
1995	806	6632	5810	1473	2893
2000	4989	10588	7288	684	1833
2001	6317	8186	7487	1088	2247
2002	6577	7837	9115	2390	3378
2003	9089	10737	10919	3237	4080
2004	9728	13047	13247	3530	4456
2005	11815	16490	16237	3556	5001
2006	13611	19691	18093	3784	5011
2007	13615	23174	21365	4503	5962
2008	19872	30362	32037	4844	7912
2009	20457	40527	38827	5187	8142
2010	47416	81878	47187	6685	8970

15-22 旅游业总收入、外汇收入情况(2010年)

Total Income from Tourism and Foreign Exchange Earnings (2010)

项 目	Item	旅游业总收入 (万元) Total Income (10000 yuan)	国内旅游收入 Domestic Travel Income	旅游外汇收入 Foreign Exchange Income	旅游外汇收入 (万美元) Foreign Exchange Income (USD 10000)
合 计	**Total**	**12546072**	**9359720**	**3186352**	**468857**
商品销售	Commodity Sales	2856741	2126528	730213	107448
餐 饮	Catering Services	1782797	1532186	250611	36876
长途交通	Long Distance Transport	2543089	1476028	1067061	157013
住 宿	Accommodation	2800283	2433674	366609	53945
邮电通讯	Post and Telecommunications	115424	58030	57394	8445
市内交通	Local Transport	262213	182515	79698	11727
游 览	Tours	554536	432419	122117	17969
娱 乐	Recreation	701325	600894	100431	14778
其 他	Others	929664	517446	412218	60656

15-23 城市接待过夜旅游者情况

Tourists Staying Overnight in Guangzhou

项　　目	Item	2009	2010
人次数合计(万人次)	**Total Number of Tourists (10000 person-times)**	**3975.53**	**4506.38**
海外旅游者	Overseas Tourists	689.41	814.80
外国人	Foreigners	231.19	294.44
亚　洲	Asia	127.72	164.46
# 日　本	Japan	18.52	19.30
韩　国	Republic of Korea	6.05	10.09
蒙　古	Mongolia	0.09	0.11
印度尼西亚	Indonesia	3.77	5.47
马来西亚	Malaysia	8.77	9.91
菲律宾	Philippines	1.37	1.88
新加坡	Singapore	4.88	5.72
泰　国	Thailand	4.01	5.12
印　度	India	3.60	4.86
越　南	Vietnam	2.65	3.19
沙特阿拉伯	Saudi Arabia	1.61	2.26
欧　洲	Europe	46.60	31.55
# 英　国	United Kingdom	2.83	3.42
法　国	France	3.63	4.11
德　国	Germany	3.13	3.45
意大利	Italy	2.39	2.65
瑞　士	Switzerland	0.39	0.48
瑞　典	Sweden	0.61	0.71
荷　兰	Netherlands	1.38	1.48
俄罗斯	Russia	1.44	2.59
西班牙	Spain	1.50	1.90
美　洲	America	34.28	27.83
# 美　国	United States	10.56	12.20
加拿大	Canada	2.54	3.29
大洋洲	Oceania	4.93	7.73
# 澳大利亚	Australia	3.98	4.58
新西兰	New Zealand	0.60	0.70
非　洲	Africa	17.66	62.88
香港同胞	Compatriots from Hong Kong	378.97	418.34
澳门同胞	Compatriots from Macao	34.93	45.69
台湾同胞	Compatriots from Taiwan	44.32	56.33
境内旅游者	Domestic Tourists	3286.12	3691.58
人天数合计(万人天)	**Total Number of Tourists and Days (10000 person-days)**	**8840.49**	**10139.60**
海外旅游者	Overseas Tourists	1549.65	1858.00
外国人	Foreigners	626.55	778.79
香港同胞	Compatriots from Hong Kong	744.10	846.72
澳门同胞	Compatriots from Macao	72.77	93.31
台湾同胞	Compatriots from Taiwan	106.23	139.18
境内旅游者	Domestic Tourists	7290.84	8281.60

注:2009年海外旅游者各洲人数按可比口径调整。

Note: The overseas tourists in each continent in 2009 are adjusted by comparable statistic.

15-24 主要宾馆(酒店)基本情况

Statistics on Main Hotels

项　　目	Item	2009	2010
企业情况	Statistics of Enterprises		
宾馆酒店数(家)	Number of Hotels (unit)	333	357
# 星　级	Star-rated	232	255
五星级	Five-star	13	18
四星级	Four-star	34	37
三星级	Three-star	123	141
二星级	Two-star	62	59
一星级	One-star		
客房总数(间)	Number of Guest Rooms (unit)	58934	63292
床位总数(张)	Number of Beds (unit)	98246	106156
接待情况	Reception Capacity		
过夜旅游者(万人次)	Tourists Staying Overnight (10000 person-times)	1093.90	1316.53
海外旅游者	Overseas Tourists	187.22	227.59
国内旅游者	Domestic Tourists	906.68	1088.93
过夜旅游者(万人天)	Tourists Staying Overnight (10000 person-days)	1705.76	2067.28
经营情况	Statistics of Operation		
营业收入(万元)	Operating Income (10000 yuan)	987294	1199227
营业成本(万元)	Operating Cost (10000 yuan)	230347	288480
营业费用(万元)	Operating Expense (10000 yuan)	383990	426389
营业税金及附加(万元)	Operating Taxes and Extra Charges (10000 yuan)	54774	66944
经营利润(万元)	Operational Profit (10000 yuan)	318183	417414
管理费用(万元)	Management Expense (10000 yuan)	279583	298691
财务费用(万元)	Financial Expense (10000 yuan)	34464	39126
营业利润(万元)	Operating Profit (10000 yuan)	4136	79597
投资收益(万元)	Investment Revenue (10000 yuan)	1670	2761
营业外收支净额(万元)	Net Non-operating Income and Expenditure (10000 yuan)	11709	-1796
利润总额(万元)	Total Profits (10000 yuan)	17515	80562
年末从业人员(人)	Employed Person at Year-end (person)	62156	67714
开房率(%)	Room Occupancy (%)	58.90	63.63

15-25 旅行社基本情况

Statistics on Travel Agencies

单位：万元 (10000 yuan)

项 目	Item	2009	2010
企业情况	Statistics of Enterprises		
企业数(个)	Number of Enterprises (unit)	174	215
年末从业人员(人)	Employed Persons at Year-end (person)	7296	8180
组团(外联)旅游情况	Organized (Overseas) Tourism Contracted		
组团(外联)人数(万人次)	Organized (Overseas) Persons Contracted (10000 person-times)	769.20	901.66
海外旅游者	Overseas Tourists	31.49	45.67
国内旅游者	Domestic Tourists	737.71	855.99
# 出境游	Local Residents Going Overseas	168.10	181.95
经营情况	Statistics of Operation		
营业收入	Operating Income	1099553	1537964
营业成本	Operating Cost	1000429	1390716
营业费用	Operating Expense	56085	79089
营业税金及附加	Operating Taxes and Extra Charges	7107	10367
经营利润	Operational Profit	35932	57792
管理费用	Management Expense	32794	42135
财务费用	Financial Expense	3130	4629
营业利润	Operating Profit	8	11028
营业外收支净额	Net Income of Non-business	5154	302
利润总额	Total Profits	7114	12297

注：组团(外联)人数包括旅行社外联海外旅游者人数和组团国内旅游者人数，包括过夜人数和不过夜人数。不包括接待人数。

Note: The organized (overseas) persons contracted includes both international and domestic tourists contracted by travel agencies and the data includes tourists staying overnight or not, except reception persons.

15-26 人民币对主要外币年平均汇价(1987-2010年)

Average Exchange Rates of RMB Against Main Convertible (1987-2010)

单位:人民币，元 (RMB/yuan)

年 份 year	100美元 100 US Dollars	100日元 100 Japanese Yen	100港元 100 Hong Kong Dollars	100欧元 100 Euros
1987	372.21	2.5799	47.74	
1988	372.21	2.9082	47.70	
1989	376.59	2.7360	48.28	
1990	478.38	3.3233	61.39	
1991	532.27	3.9602	68.45	
1992	551.49	4.3608	71.24	
1993	576.19	5.2020	74.41	
1994	861.87	8.4370	111.53	
1995	835.07	8.9225	107.96	
1996	830.57	7.6238	107.40	
1997	828.97	6.8623	107.09	
1998	827.90	6.3487	106.88	
1999	827.83	7.2913	106.66	
2000	827.84	7.6950	106.17	
2001	827.71	6.8098	106.07	
2002	827.70	6.6651	106.08	801.45
2003	827.70	7.1347	106.24	937.77
2004	827.70	7.6552	106.23	1029.00
2005	819.17	7.4484	105.00	1019.53
2006	797.18	6.8570	102.62	1001.90
2007	760.40	6.4632	97.46	1041.75
2008	694.51	6.7427	89.19	1022.27
2009	683.25	7.3244	88.15	955.25
2010	678.89	7.7122	87.39	906.86

15-27 外商投资企业工商登记情况

单位:万美元

项　　目	Item
总　计	**Total**
按国民经济行业分	**By Sector**
农林牧渔业	Agriculture, Forestry, Animal Husbandry and Fishery
采 矿 业	Mining
制 造 业	Manufacturing
电力、煤气及水的生产和供应业	Production and Supply of Electricity, Gas and Water
建 筑 业	Construction
交通运输、仓储和邮政业	Transport, Storage and Post
信息传输、计算机服务和软件业	Information Transmission, Computer Services and Software
批发和零售业	Wholesale and Retail Trade
住宿和餐饮业	Hotels and Catering Services
金 融 业	Financial Intermediation
房地产业	Real Estate
租赁和商务服务业	Leasing and Business Services
科学研究、技术服务和地质勘查业	Scientific Research, Technical Services and Geologic Prospecting
水利、环境和公共设施管理业	Management of Water Conservancy, Environment and Public Facilities
居民服务和其他服务业	Services to Households and Other Services
教　育	Education
卫生、社会保障和社会福利业	Health, Social Security and Social Welfare
文化、体育和娱乐业	Culture, Sports and Entertainment
其　他	Others

注:本表不包括在省工商局注册登记的在穗企业数。

Statistics on Foreign Funded Enterprises Registered by Departments of Industry and Commerce

(USD 10000)

2009				2010			
年末企业数(个) Number of Enterprises at Year-end (household)	投资总额 Total Investment	注册资本 Registered Capital	#外方 Capital from Foreign Partners	年末企业数(个) Number of Enterprises at Year-end (household)	投资总额 Total Investment	注册资本 Registered Capital	#外方 Capital from Foreign Partners
9250	**8178037**	**4446613**	**3724678**	**9869**	**9286352**	**4928935**	**3875894**
94	83681	45761	39793	87	80294	43780	38129
2	3940	3076	3076	2	5789	3854	3854
5136	4220076	2310254	1913299	5137	4758206	2488670	1964222
41	130543	58434	34834	44	166718	72828	29384
54	220053	55594	32409	58	238411	61749	28269
214	268361	121920	88918	226	304396	139296	84341
341	102756	72594	69836	374	142414	95993	90682
1149	259453	143383	123668	1446	318457	172729	150922
167	172019	125119	110541	186	123184	72439	54089
4	4537	3893	3847	7	24023	23312	19271
705	2166640	1132464	972892	707	2394999	1261288	1023527
835	248987	190229	176218	1007	347450	256018	221625
292	146638	90696	79780	360	184031	121905	89391
23	66889	37857	24241	22	79090	43310	23261
129	31790	24010	23533	131	36593	25558	24128
2	124	124	124	2	112	112	112
5	514	364	345	6	603	446	423
54	50595	30611	27093	56	71451	41416	27233
3	440	230	230	11	10131	4232	3031

Note: The data in this table exclude the enterprises located in Grangzhou and registered by Guangdong provincial bureau of industry and commerce.

15-27 续表

单位:万美元

项　　目	Item
按国别(地区)分	**By Country (Territory)**
中国香港	Hong Kong, China
中国澳门	Macao, China
中国台湾	Taiwan, China
日　本	Japan
印度尼西亚	Indonesia
菲 律 宾	Philippines
泰　国	Thailand
新 加 坡	Singapore
马来西亚	Malaysia
韩　国	Republic of Korea
英　国	United Kingdom
德　国	Germany
加 拿 大	Canada
美　国	United States
毛里求斯	Mauritius
法　国	France
意 大 利	Italy
英属维尔京群岛	Virgin Islands
瑞　士	Switzerland
其　他	Others

continued

(USD 10000)

2009				2010			
年末企业数(个) Number of Enterprises at Year-end (household)	投资总额 Total Investment	注册资本 Registered Capital	#外方 Capital from Foreign Partners	年末企业数(个) Number of Enterprises at Year-end (household)	投资总额 Total Investment	注册资本 Registered Capital	#外方 Capital from Foreign Partners
5338	4236744	2394716	1996980	5627	4690400	2600302	2003546
80	50387	23941	16329	89	56009	25764	17269
658	80208	66875	62981	672	84412	69382	63870
346	842334	406809	295355	367	1054361	431210	297984
21	3759	2991	2105	22	4187	3416	2363
9	1151	717	688	9	1191	746	588
28	4982	3063	2763	30	7143	4695	2505
182	191758	100984	89385	193	206567	110291	95497
70	8656	5742	5581	75	9088	6043	5675
200	99058	41833	39962	217	109944	45124	44261
89	135480	78090	69948	89	139714	77767	67222
59	39619	25701	23272	58	30171	15995	13328
86	13387	8148	6939	87	14535	9060	7238
362	166958	104860	85445	358	186735	107598	84034
40	38620	22172	20851	39	41491	24117	22124
47	16570	11345	7332	53	32676	22210	14590
44	12294	5258	5073	43	13730	5887	5698
654	1624572	792701	685695	653	1822516	910343	745795
27	49910	29818	27631	25	54092	33252	32397
910	561587	320849	280362	1163	727390	425733	349910

15-28 广州市与国外结成友好城市一览(2010年末)

List of Foreign Friendly Cities with Guangzhou (Year-end of 2010)

国　别	Country	城　市	City	缔结日期 (年、月、日)	Date of Signing
日　本	Japan	福　冈	Fukuoka	1979.05.02	May 2,1979
美　国	United States	洛杉矶	Los Angeles	1981.12.08	December 8,1981
菲律宾	Philippines	马尼拉	Manila	1982.12.08	December 8,1982
加拿大	Canada	温哥华	Vancouver	1985.03.27	March 27,1985
澳大利亚	Australia	悉　尼	Sydney	1986.05.12	May 12,1986
意大利	Italy	巴　里	Bari	1986.11.12	November 12,1986
法　国	France	里　昂	Lyon	1988.01.19	January 19,1988
德　国	Germany	法兰克福	Frankfurt	1988.04.11	April 11,1988
新西兰	New Zealand	奥克兰	Auckland	1989.02.17	February 17,1989
韩　国	Republic of Korea	光　州	Gwangju	1996.10.25	October 25,1996
瑞　典	Sweden	林雪平	Linkoping	1997.11.24	November 24,1997
南　非	South Africa	德　班	Durban	2000.07.17	July 17,2000
英　国	United Kingdom	布里斯托尔	Bristol	2001.05.23	May 23,2001
俄罗斯	Russia	叶卡捷琳堡	Ekaterinburg	2002.07.10	July 10,2002
秘　鲁	Peru	阿雷基帕	Arequipa	2004.10.27	October 27,2004
印度尼西亚	Indonesia	泗　水	Surabaya	2005.12.21	December 21,2005
立陶宛	Litawen	维尔纽斯	Vilnius	2006.10.12	October 12,2006
英　国	United Kingdom	伯明翰	Birmingham	2006.12.04	December 4,2006
斯里兰卡	Sri lanka	汉班托塔	Hambantota	2007.02.27	February 27,2007
巴　西	Brazil	累西腓	Recife	2007.10.22	October 22,2007
芬　兰	Finland	坦佩雷	Tampere	2008.12.02	December 2,2008
泰　国	Thailand	曼　谷	Bangkok	2009.11.13	November 13,2009

15-29 各国驻广州总领事馆一览(2010年末)

List of Consulate General in Guangzhou (Year-end of 2010)

馆务	Consulates	设立时间 Date of Setting up	领区范围	Consular Region
美国	United States	1979.08.31	广东、广西、福建、海南	Guangdong Guangxi Fujian Hainan
日本	Japan	1980.03.01	广东、广西、福建、海南	Guangdong Guangxi Fujian Hainan
泰国	Thailand	1989.02.12	广东、广西、福建、海南	Guangdong Guangxi Fujian Hainan
波兰	Poland	1989.07.22	广东、广西、海南	Guangdong Guangxi Hainan
澳大利亚	Australia	1992.12.09	广东、广西、福建、海南、湖南	Guangdong Guangxi Fujian Hainan Hunan
越南	Viet Nam	1993.01.18	广东	Guangdong (Interim)
马来西亚	Malaysia	1993.10.24	广东、福建、海南、江西、湖南	Guangdong Fujian Hainan Jiangxi Hunan
德国	Germany	1995.11.07	广东、广西、福建、海南	Guangdong Guangxi Fujian Hainan
英国	United Kingdom	1997.01.14	广东、广西、福建、海南	Guangdong Guangxi Fujian Hainan
法国	France	1997.04.24	广东、广西、福建、海南	Guangdong Guangxi Fujian Hainan
菲律宾	Philippines	1997.05.23	广东、广西、海南、湖南	Guangdong Guangxi Hainan Hunan
荷兰	Netherlands	1997.09.15	广东、广西、福建、海南	Guangdong Guangxi Fujian Hainan
加拿大	Canada	1997.11.20	广东、广西、福建、海南	Guangdong Guangxi Fujian Hainan
柬埔寨	Cambodia	1998.07.01	广东、广西、福建、海南	Guangdong Guangxi Fujian Hainan
丹麦	Denmark	1998.09.23	广东、广西、福建、海南	Guangdong Guangxi Fujian Hainan
意大利	Italy	1998.11.04	广东、广西、福建、海南	Guangdong Guangxi Fujian Hainan
韩国	Republic of Korea	2001.08.28	广东、广西、福建、海南	Guangdong Guangxi Fujian Hainan
印度尼西亚	Indonesia	2002.12.12	广东、广西、福建、海南	Guangdong Guangxi Fujian Hainan

注:瑞典总领事馆2009年已撤馆，墨西哥领事馆已于2008年升级为总领事馆。

Note: The Consulate General of Sweden in Guangzhou was withdrawn in 2009. And the Mexican Consulate has upgraded to the Consulate General of Mexico.

15-29 续表 conitnued

馆 务	Consulates	设立时间 Date of Setting up	领区范围	Consular Region
芬 兰	Finland	2004.11.19	广东、广西、福建、海南	Guangdong Guangxi Fujian Hainan
瑞 士	Switzerland	2005.09.20	广东、广西、福建、海南	Guangdong Guangxi Fujian Hainan
新加坡	Singapore	2006.04.13	广东、广西、湖南、海南、贵州、云南	Guangdong Guangxi Hunan Hainan Guizhou Yunnan
比利时	belgium	2006.06.06	广东、广西、福建、海南、云南	Guangdong Guangxi Fujian Hainan Yunnan
古 巴	Cuba	2006.12.18	广东、广西、海南	Guangdong Guangxi Hainan
俄罗斯	Russia	2007.04.05	广东、福建、海南、云南、江西、广西	Guangdong Fujian Hainan Yunnan Jiangxi Guangxi
新西兰	New Zealand	2007.04.26	广东、广西、海南、福建、湖南	Guangdong Guangxi Hainan Fujian Hunan
希 腊	Greece	2007.05.15	广东、福建、海南、广西	Guangdong Fujian Hainan Guangxi
印 度	India	2007.10.18	广东、福建、海南	Guangdong Fujian Hainan
奥地利	Austria	2007.11.25	广东、广西、海南、湖南、云南、贵州	Guangdong Guangxi Hainan Hunan Yunnan Guizhou
挪 威	Norway	2008.02.18	广东、广西、福建、海南	Guangdong Guangxi Fujian Hainan
科威特	Kuwait	2008.02.21	广东、广西、福建、海南	Guangdong Guangxi Fujian Hainan
墨西哥	Mexico	2008.04.25	广东、广西、海南	Guangdong Guangxi Hainan
巴基斯坦	Pakistan	2008.06.27	广东、广西、福建、海南、湖南	Guangdong Guangxi Fujian Hainan Hunan
以色列	Israel	2009.03.22	广东、福建、海南、广西	Guangdong Fujian Hainan Guangxi
西班牙	Spain	2009.06.14	广东、福建、湖南、广西、海南、贵州、云南	Guangdong Fujian Hunan Guangxi Hainan Guizhou Yunnan
埃塞俄比亚	Ethiopia	2009.06.14	广东、湖南、福建、江西、海南、广西	Guangdong Hunan Fujian Jiangxi Hainan Guangxi
阿根廷	Argentina	2009.07.21	广东、福建、海南、广西	Guangdong Fujian Hainan Guangxi
厄瓜多尔	Ecuador	2009.09.08	广东	Guangdong
巴 西	Brazil	2010.04.15	广东、海南、广西、福建	Guangdong Hainan Guangxi Fujian
智 利	Chile	2010.10.27	广东、海南、广西、福建	Guangdong Hainan Guangxi Fujian

【进出口总额】指实际进出我国关境的货物总金额。包括我国境内法人和其他组织以一般贸易、易货贸易、加工贸易、补偿贸易、寄售代销贸易等方式进出口货物,保税区和保税仓库进出境货物,租赁期一年及以上的租赁进出口货物,边境小额贸易货物,国际援助物资或捐赠品,溢卸货物,无进出口经营权的单位经批准临时进出口的货品等。进出口总额用以观察一个国家在对外贸易方面的总规模。我国规定出口货物按离岸价格统计,进口货物按到岸价格统计。

【利用外资】 指我国各级政府、部门、企业和其他经济组织通过对外借款、吸收外商直接投资以及用其他方式筹措的境外现汇、设备、技术等。

【对外借款】 指通过对外正式签订借款协议，从境外筹措的资金，包括外国政府贷款、国际金融组织贷款、外国银行商业贷款、出口信贷以及对外发行债券等。1996年及以前还包括对外发行股票。该指标是我国利用外资的重要部分。

【外商直接投资】 是指国外及港澳台地区的法人和自然人,按我国有关政策、法规,用现金、实物、无形资产等,在中国大陆地区对非上市公司的全部投资,以及对单个境外投资者所占股权比例不低于10%的上市公司的投资,包括设立或与大陆境内企业及经济组织共同设立外资企业、中外合资企业、中外合作企业、外商投资股份有限公司,以及合作开发资源项目,设立境外公司分支机构等的投资。

【**Total Imports and Exports at Customs**】 refer to the real value of commodities imported into and exported from the boundary of China. They include the actual imports and exports through foreign trade, imported and exported goods under the processing and assembling trades and materials, supplies and gifts as aid given gratis between governments and by the United Nations and other international organizations, and contributions donated by overseas Chinese, compatriots in Hong Kong and Macao and Chinese with foreign citizenship, leasing commodities owned by tenant at the expiration of leasing period, the imported and exported commodities processed with imported materials, commodities trading in border areas (excluding mutual exchange goods), the imported and exported commodities and articles for public use of the Sino-foreign joint ventures, cooperative enterprises and ventures exclusively with foreign own investment. Also included are import or export of samples and advertising goods for whose CIF or FOB value are beyond the permitted ceiling (excluding goods of no trading or use value and free commodities for export), imported goods sold in China from bonded warehouses and other imported or exported goods. The indicator of the total imports and exports at customs can be used to observe the total size of external trade in a country. In accordance with the stipulation of the Chinese government, imports are calculated at CIF, while exports are calculated at FOB.

【**Utilization of Foreign Capitals**】 refers to remittance, equipment and technology financed from abroad, by loans, foreign direct investment and other forms undertaken by the Chinese governments at all levels, by various departments, enterprises and other economic units.

【**Foreign Borrowings**】 refer to funds borrowed from abroad through formal signing of borrowing agreements with foreign institutions, including loans of foreign governments, loans of international financial institutions, commercial loans of foreign banks, export credit, and funds raised by Chinese bonds (and shares before 1996) issued abroad. It is an important part of China's utilization of foreign capitals.

【**Foreign Direct Investment**】 refers to the investments inside China by foreign enterprises and economic organizations or individuals (including overseas Chinese, compatriots from Hong Kong, Macao and Taiwan, and Chinese enterprises registered abroad), following the relevant policies and laws of China, for the establishment of ventures exclusively with foreign own investment, Sino-foreign joint ventures and cooperative enterprises or for co-operative exploration of resources with enterprises or economic organizations in China. It includes the re investment of the foreign entrepreneurs with the profits gained from the investment and the funds that enterprises borrow from abroad in the total investment of projects which are approved by the relevant department of the government.

第十六篇
CHAPTER 16

科技
SCIENCE AND TECHNOLOGY

简要说明

第十六篇　科　技

一、本篇资料反映广州市科学技术活动的基本情况。

二、本篇资料由广州市统计局人口和社会科技统计处负责整理提供。

三、资料来源：

规模以上工业企业基本情况根据省统计局规模以上工业企业科技活动情况年报表数据进行加工整理，其余资料根据广州市科技和信息化局、广州市知识产权局、广州市科协等部门提供的统计数据加工整理。

四、本篇资料中工业企业大中小型划分按2003年《统计上大中小型企业划分办法（暂行）》标准执行。

Brief Introduction

16 Science and Technology

I.The data in this chapter show the basic conditions of Guangzhou's activities of science and technology.

II.The data in this chapter are prepared and provided by the Division of Population,Social,Science and Technology Statistics of Guangzhou Municipal Bureau of Statistics.

III.Data resources:

The data on the basic conditions of industrial enterprises above designated size are processed and prepared in accordance with the reporting scheme on scientific and technological activities statistics of industrial enterprises above designated size of Provincial Bureau of Statistics. The other data are processed and prepared in accordance with the annual statistical reports provided by Guangzhou Municipal Bureau of Science and Technology,Guangzhou Municipal Bureau of Knowledge and Patent, Guangzhou Municipal Association for Science and Technology,etc.

IV.In this chapter the large,medium-size and small industrial enterprises are grouped in accordance with the Grouping Way of Large,Medium-size and Small Enterprises in Statistics of 2003.

16-1 广州市科技监测主要指标

Main Indicators of Scientific and Technological Monitoring in Guangzhou

项　　目	Item	2009	2010
科研机构人均固定资产原价(千元/人)	Per Capita Original Value of Fixed Assets of Scientific Research Institutions (1000 yuan/person)	284.47	340.17
科研、技术服务和地质勘查业新增固定资产占全社会新增固定资产比重(%)	Proportion of Newly-increasing Fixed Assets in Science, Technology and Polytechnic Services to Newly-increasing Fixed Assets of the Whole Society (%)	1.60	0.92
每万人口专利申请量(件/万人)	Number of Patent Applications per 1 Million Persons (case/million persons)	20.94	25.99
每万人口专利授权量(件/万人)	Number of Patent Applications Granted per 1 Million Persons (case/million persons)	14.06	18.85
每万人口发明专利授权量(件/万人)	Number of Invention & Patent Applications Granted per Million Persons (case/million persons)	1.92	2.49
每万人口拥有大专以上在读生数(人/万人)	Number of Student Enrollment of Higher Education Institutions and Research Institutions per Million Persons (person/million persons)	1421.49	1448.80
每万人口城镇单位专业技术人员数(人/万人)	Professional and Technological Personnel in Urban Areas per 10000 Persons (person/10000 persons)	681	695
技术市场合同成交金额年增长率(%)	Annual Growth Rates of Contracted Transaction Value in Technical Market (%)	-0.26	25.35
高新技术产品增加值占地区生产总值比重(%)	Proportion of Added Value of High-tech Products to GDP (%)	13.17	14.83
工业高新技术产品产值占工业总产值的比重(%)	Proportion of High-tech Products of Industry to Gross Industrial Output Value (%)	32.80	38.52
工业高新技术出口产品销售收入占工业出口产品交货值比重(%)	Proportion of Export Value of High-tech Products to Total Export Value of Commodities (%)	44.47	48.60
人均地区生产总值(按常住人口)(元/人)	Per Capita GDP (by Permanent Population)(yuan/person)	89082	87458
亿元投资新增地区生产总值(亿元/亿元)	Newly-increased GDP by per 100 million yuan Investment (100 million yuan/100 million yuan)	0.39	0.60
万元地区生产总值综合能耗(吨/万元)	Synthetical Energy Consumption on per 10000 yuan GDP (ton/10000 yuan)	0.65	0.62
工业废水排放达标率(%)	Rate of Industrial Waste Water Reaching Discharge Standards (%)	96.51	96.72
工业固体废物综合利用率(%)	Rate of Industrial Solid Wastes Utilized in a Comprehensive Way (%)	92.35	89.75
人均生活用电量(千瓦·时/人)	Per Capita Residential Electricity Consumption (kwh/person)	1407.89	1478.76
人均邮电业务收入(元/人)	Per Capita Business Volume of Postal and Telecommunications Services (yuan/person)	3395.04	3624.46

16-2 各类科学研究与开发机构基本情况

Basic Statistics of Scientific Research and Development Institutions

项　目	Item	2009			2010		
		全 市 Total	# 市 区 Urban Districts	# 市 属 City-owned	全 市 Total	# 市 区 Urban Districts	# 市 属 City-owned
机构数(个)	Number of Institutions (unit)	158	153	63	156	151	62
# 自然科学	Natural Science	148	143	60	146	141	59
从业人员(人)	Employed Persons (person)	22637	22467	6118	24378	24213	6541
# 自然科学	Natural Science	22010	21840	5881	23733	23568	6302
在从业人员中的科研人员(人)	Scientific Researchers of Employed Persons (person)	16143	16029	4415	16632	16520	4094
# 自然科学	Natural Science	15576	15462	4065	16065	15953	3880

16-3 获得省级以上科技成果奖励情况

Statistics on Provincial Prizes and Above for Scientific and Technological Research Achievements

单位：项　　(item)

指　标	Indicators	2009	2010
国家级科技奖励成果	**National Prizes for Scientific and Technological Research Achievements**	**19**	**19**
国家发明奖	Number of National Invention Prizes Awarded	1	
国家自然科学奖	Number of National Natural Sciences Prizes Awarded	2	1
国家科技进步奖	Number of National Scientific and Technological Progress Prizes Awarded	16	18
省级科技奖励成果	**Provincial Prizes for Scientific and Technological Research Achievements**	**172**	**169**
省科技进步奖	Number of Provincial Scientific and Technological Progress Prizes Awarded	172	169

16-4 城镇单位专业技术人员(按行业分)

Number of Scientific and Technological Personnel in Urban Area by Sector

单位:人 (person)

项目	Item	2009 全市 Total	2009 #市区 Urban Districts	2010 全市 Total	2010 #市区 Urban Districts
合计	**Total**	**540925**	**509994**	**560352**	**526737**
农林牧渔业	Agriculture, Forestry, Animal Husbandry and Fishery	1402	1117	989	794
采矿业	Mining	445	431	135	114
制造业	Manufacturing	84512	81139	91866	88850
电力、燃气及水的生产和供应业	Production and Supply of Electricity, Gas and Water	7619	6837	8358	7657
建筑业	Construction	37493	32996	40781	36089
交通运输、仓储和邮政业	Transport, Storage and Post	37304	37001	32931	32643
信息传输、计算机服务和软件业	Information Transmission, Computer Services and Software	19096	18801	17214	16939
批发和零售业	Wholesale and Retail Trade	24003	23583	20301	19999
住宿和餐饮业	Hotels and Catering Services	3837	3744	3753	3635
金融业	Finance Intermediation	38084	36180	40299	38773
房地产业	Real Estate	10447	10177	11012	10611
租赁和商务服务业	Leasing and Business Services	12287	12090	12833	12613
科学研究、技术服务和地质勘查业	Scientific Research, Technical Services and Geologic Prospecting	36629	36130	44105	43658
水利、环境和公共设施管理业	Management of Water Conservancy, Environment and Public Facilities	3627	3397	3410	3282
居民服务和其他服务业	Services to Households and Other Services	2181	2151	1534	1483
教育	Education	112871	101412	116904	104994
卫生、社会保障和社会福利业	Health, Social Security and Social Welfare	71311	66903	75625	68177
文化、体育和娱乐业	Culture, Sports and Entertainment	12467	12275	13164	12965
公共管理和社会组织	Public Management and Social Organizations	25310	23630	25138	23461

16-5 城镇单位专业技术人员(按职称分)

单位:人

项　　目	Item
合　计	**Total**
工程技术人员	Engineering
高级工程师	Senior Engineers
工程师	Engineers
助理工程师、技术员	Assistant Engineers and Technicians
未聘任专业技术职务的	No Professional Titles Appointed
农业技术人员	Agriculture
高级农艺师	Senior Agricultral Specialist
农艺师	Agricultral Specialist
助理农艺师、技术员	Assistant Agronomist, Agricultural Technicians
未聘任专业技术职务的	No Professional Titles Appointed
科学研究人员	Scientific Research
正副研究员	Research Fellows and Associate Research Fellows
助理研究员	Assistant Research Fellows
研究实习员、实验员	Research Assistant and Laboratory Technicians
未聘任专业技术职务的	No Professional Titles Appointed
卫生技术人员	Health Care
正副主任医师	Professors and Associate Professors
主治医师	Attending Doctors
医(护)师(士)	Doctors, Assistant Doctors, Nurse Practitioners and Nurses
未聘任专业技术职务的	No Professional Titles Appointed
教学人员	Teaching
正、副教授、高级讲(教)师	Professors, Associate Professors, Senior Lecturers and Senior Teachers
讲师、一级教师	Lecturers
助教、教员、二、三级教师	Assistants, Teachers, Class II and Class III Teachers
未聘任专业技术职务的	No Professional Titles Appointed
经济人员	Economy
高级经济师	Senior Economic Spccialist
经济师	Economic Specialist
助理经济师、经济员	Assistant Economc Specialist and Economic Clerks
未聘任专业技术职务的	No Professional Titles Appointed
会计人员	Accounting
高级会计师	Senior Accountants
会计师	Accountants
助理会计师、会计员	Assistant Accountants and Treasurers
未聘任专业技术职务的	No Professional Titles Appointed
统计人员	Statistics
高级统计师	Senior Statisticians
统计师	Statisticians
助理统计师、统计员	Assistant Statisticians and Junior Statisticians
未聘任专业技术职务的	No Professional Titles Appointed
翻译人员	Translation
正副译审	Revisers and Associate Revisers of Translation

Number of Scientific and Technological Personnel in Urban Area by Professional Title

(person)

2009			2010		
全 市 Total	#市 区 Urban Districts	#市 属 City-owned	全 市 Total	#市 区 Urban Districts	#市 属 City-owned
540925	**509994**	**325223**	**560352**	**526737**	**328036**
182771	175414	109576	202582	195116	120046
20247	19830	8956	21371	20803	8979
52041	50508	29079	55413	53559	29905
82034	77233	51286	96909	92541	62292
28449	27843	20255	28889	28213	18870
1751	1569	1028	1572	1451	831
430	423	166	435	420	160
533	492	244	484	469	202
634	522	494	527	445	374
154	132	124	126	117	95
8601	8539	1910	9387	9347	2140
3014	2982	693	3366	3351	804
2929	2924	568	3316	3306	593
2021	2014	372	1886	1871	382
637	619	277	819	819	361
72380	68390	50475	76913	69335	48916
9214	8999	5800	9342	9011	5268
16517	15815	10933	16475	15203	10091
40073	37640	29693	43487	38488	29391
6576	5936	4049	7609	6633	4166
110655	98887	80594	115538	103400	82237
17808	17212	7651	20611	19932	8309
49204	43097	36902	51910	45342	38184
36543	33231	31183	35713	32122	30941
7100	5347	4858	7304	6004	4803
63357	61239	25982	58227	56323	21812
2119	2096	672	1966	1937	458
20311	19803	7469	19348	18813	6395
26589	25197	12446	24259	23051	10448
14338	14143	5395	12654	12522	4511
62007	58317	36837	57857	54533	34594
1800	1776	656	1463	1444	492
13810	13453	6943	13245	12881	7181
37897	34986	24224	35747	33169	23071
8500	8102	5014	7402	7039	3850
6191	5742	4836	5619	5253	4480
54	51	28	66	64	29
864	812	544	767	731	477
3908	3589	3150	3698	3429	3051
1365	1290	1114	1088	1029	923
2304	2205	1683	2009	1939	1378
77	75	37	69	67	29

16-5 续表

单位:人

项　　目	Item
翻　译	Translators
助理翻译	Assistant Translators
未聘任专业技术职务的	No Professional Titles Appointed
图书、档案、文博人员	Books, Archives, Relics and Museum
正副研究馆员	Chief and Associate Chief of Librarians, Archivists and Reseach Fellows
馆　员	Librarians, Archivists and Museum Fellows
助理馆员、管理员	Assistants and Clerks
未聘任专业技术职务的	No Professional Titles Appointed
新闻、出版人员	Press and Publication
正副编审、高级、主任记者	Chief and Associate Chief of Editors, Senior and Associate Senior Reporters
编辑、记者、一级校对	Editors, Reporters and Class I Proofreaders
助理编辑、记者、二、三级校对	Assistant Editors, Assistant Reporters, Class II and Class III Proofreaders
未聘任专业技术职务的	No Professional Titles Appointed
律师、公证人员	Law and Notary
一、二级律师、公证员	Class I and Class II Lawyers and Notary Publics
三级律师、公证员	Class III Lawyers and Notary Publics
四级律师、公证员、助理	Class IV Lawyers, Notary Publics and Assistants
未聘任专业技术职务的	No Professional Titles Appointed
播音人员	Announcing
播音指导、主任播音员	Directors of Announcing and Chief of Announcers
一级播音员	Class I Announcers
二级、三级播音员	Class II and Class III Announcers
未聘任专业技术职务的	No Professional Titles Appointed
工艺美术人员	Painting
高级工艺美术师	Senior Fine-arts Artists
工艺美术师	Industrial Artists
助理工艺师、美术员	Assistant Industrial Artists and Painters of Handcraft
未聘任专业技术职务的	No Professional Titles Appointed
体育人员	Sports
主教练	Chief Coaches
教　练	Coaches
助理教练	Assistant Coaches
未聘任专业技术职务的	No Professional Titles Appointed
艺术人员	Arts
一、二级艺术人员	Class I and Class II Art Personnel
三级艺术人员	Class III Art Personnel
四级艺术人员	Class IV Art Personnel
未聘任专业技术职务的	No Professional Titles Appointed
政工人员	Political Work
高级政工师	Senior Political Workers
政工师	Political Workers
助理政工师、政工员	Assistant Political Workers and Clerks
海关专业人员	Customs

continued

(person)

2009			2010		
全 市 Total	#市 区 Urban Districts	#市 属 City-owned	全 市 Total	#市 区 Urban Districts	#市 属 City-owned
965	923	751	851	819	631
792	750	496	705	677	408
470	457	399	384	376	310
4790	4656	2196	4797	4659	2155
681	673	224	729	711	234
1777	1756	691	1814	1790	704
1923	1838	1025	1790	1715	909
409	389	256	464	443	308
6215	6132	2377	6549	6468	2598
1050	1044	299	1110	1104	319
1868	1848	743	2150	2132	874
2145	2088	906	2280	2224	973
1152	1152	429	1009	1008	432
647	629	413	583	563	345
124	121	72	168	166	89
98	96	60	98	96	48
220	207	186	143	131	110
205	205	95	174	170	98
267	248	128	283	267	155
16	15	7	17	16	5
49	46	14	45	45	7
115	104	49	132	117	54
87	83	58	89	89	89
1217	895	983	1303	1267	583
87	86	45	102	100	51
269	265	202	263	253	182
540	333	454	351	344	216
321	211	282	587	570	134
877	842	455	783	743	447
230	216	87	217	214	72
247	239	147	242	229	147
245	233	156	264	249	173
155	154	65	60	51	55
1838	1833	665	1960	1957	860
531	528	195	584	581	237
572	572	212	617	617	256
511	511	197	598	598	291
224	222	61	161	161	76
10075	9499	4614	9643	9401	4181
1314	1291	325	1405	1380	450
4101	3905	1950	3837	3752	1827
4660	4303	2339	4401	4269	1904
4982	4958	471	4747	4715	278

16-6 市属科协基本情况(2010年)

Basic Statistics on City-owned Associations for Science and Technology (2010)

项　　目	Item	合 计 Total	市科协 City-level Associations	区科协 District-level Associations	县级市科协 County-level City Associations
机构数(个)	Number of Associations for Science & Technology (unit)	13	1	10	2
机关人数(人)	Number of Agency Personnel (person)	104	37	52	15
在册学会、协会、研究会(个)	Number of Registered Societies, Associations and Research Societies (unit)	367	80	260	27
企业科协(个)	Associations in Enterprises (unit)	81	68	12	1
大专院校科协(个)	Associations in Universities (unit)	1		1	
街道科普协会(个)	Associations in Communities (unit)	164		121	43
乡镇科普协会(个)	Associations in County-level cities (unit)	595		34	561
农村专业技术协会(个)	Specialized Rural Technological Societies (unit)	25		23	2
举行学术交流活动(次)	Domestic and International Academic Meetings (times)	141	92	29	20
参加人数(人)	Number of Participants (person)	18960	13940	3420	1600
接待国外、港澳台地区团组(个)	Foreign Groups and Organizations (unit)	8	6	2	
接待国外、港澳台专家学者人数(人)	Foreign Experts and Scholars (person)	129	79	50	
举办科普讲座(场)	Number of Lectures on Popular Science (time)	826	57	613	156
# 举办青少年科普讲座	Lectures for The Youth	347	14	315	18
科普讲座受众人数(人次)	Audiences (person-times)	264860	23800	215350	25710
举办科普展览(次)	Number of Popular Science Exhibitions (times)	884	80	771	33
# 青少年举办科普展览	Exhibitions for The Youth	137	45	81	11
科普展览受众人数(人次)	Audiences (person-times)	891525	486080	392710	12735
发放科普宣传资料(份)	Number of Leaflets on Popular Science (copy)	630594	180690	401174	48730
开展科技咨询(次)	Number of Scientific and Technological Consulting (times)	236	21	123	92
举办实用技术培训(次)	Number of Practical and Technical Training Courses (times)	814		501	313
培训人数(人)	Participants (person)	47540		16520	31020
推广新技术、新品种(项)	Popularizing New Technologies and New Species (item)	65	1	56	8
科技下乡、科教进社区次数(次)	Number of Popularizing Technologies and Science Education to Rural Areas (times)	955	39	766	150
科技馆(科普活动中心)(个)	Number of Science Centers (unit)	14	1	12	1
科普教育基地(示范基地)(个)	Number of Popular Science Exhibitions Bases (unit)	130		107	23
科普活动站(室)(个)	Number of Popular Science Labs (unit)	797	7	499	291
科普画廊(宣传栏)(个)	Number of Popular Science Galleries (unit)	1367	26	1042	299
科普展示单元总长度(米)	Total Length of Popular Science Demonstration Units (meter)	10488	406	8511	1571
全年更新展出内容次数(次)	Exhibition Materials Update (times)	3016	32	2748	236
科普读物(种类)	Popular Science Reading Materials (type)	35	3	25	7
科普读物总印数(册、幅、套)	Total Number of Popular Science Reading Materials (copy)	376520	230000	142500	4020
科普大蓬车下乡次数(次)	Number of Popular Science Caravan to Rural Areas (times)	96	65	30	1
受益人数(人次)	Number of Beneficiaries (person)	200300	180000	17300	3000
行驶里程(公里)	Total Mileage (km)	5720	3000	2420	300

16-7 专利申请量和专利授权量

Patent Applications and Patent Certified

单位:件 (item)

指　　标	Indicators	专利申请量 Patent Applications		专利授权量 Patent Certified	
		2009	2010	2009	2010
总　　计	**Total**	**16530**	**20803**	**11095**	**15091**
按种类分	**By Sort**				
发　　明	Creations and Inventions	5042	6503	1516	1990
实用新型	Utility Models	5635	7141	3990	6152
外观设计	Appearance Designs	5853	7159	5589	6949
按对象分	**By Applicant**				
非职务发明创造	Non-position Creations and Inventions	8574	9013	6613	8127
职务发明创造	Position Creations and Inventions	7956	11790	4482	6964
大专院校	Universities and Colleges	1932	2636	941	1271
科研单位	Research Institutions	713	942	358	509
工矿企业	Industrial Enterprises	5194	7846	3088	5067
机关团体	Government Agencies and Organizations	117	166	95	117

16-8 规模以上工业企业科技成果

Scientific and Technological Results of Industrial Enterprises above Designated Size

项　目	Item	2009 全 市 Total	2009 # 市 区 Urban Districts	2010 全 市 Total	2010 # 市 区 Urban Districts
专利申请数(件)	Number of Patent Applications (item)	3501	3312	4051	3871
发明专利申请数(件)	Number of Invention Patents (item)	1282	1239	1526	1468
新产品项目数	Applied Research	4315	4063	4088	3809
R&D项目数	R&D	3953	3697	3934	3623

16-9 规模以上工业企业科技机构、人员情况

Statistics on Scientific and Technological Institutions and Personnel of Industrial Enterprises above Designated Size

单位:人　　(person)

项　目	Item	2009 全 市 Total	2009 # 市 区 Urban Districts	2010 全 市 Total	2010 # 市 区 Urban Districts
规模以上工业企业数(个)	Number of Industrial Enterprises above Designated Size (unit)	7020	5707	6969	5553
# 有科技机构的企业数(个)	Number of Industrial Enterprises Having Development Institutions above Designated Size (unit)	358	334	344	321
R&D人员	R&D Personnel	41275	39415	47296	44237
R&D人员折合全时当量(人年)	Full-time Equivalent of R&D Personnel (man-years)	34036	32539	34695	32507
企业办科技机构数(个)	Number of Scientific and Technological Institutions in Enterprises (unit)	443	417	469	435
科技机构的人员	Personnel in Scientific and Technological Institutions	27299	25964	30378	28512
# 硕士毕业及以上的人员	Personnel with Educational Background of Master and Above	3368	3308	3401	3289

16-10 规模以上工业企业R&D经费内部支出情况

Total Expenditures for Scientific and Technological Activity of Industrial Enterprises above Designated Size

单位:万元 (10000 yuan)

项 目	Item	2009 全市 Total	2009 #市区 Urban Districts	2010 全市 Total	2010 #市区 Urban Districts
R&D经费内部支出合计	Expenditure for R&D	1030504	986815	1187729	1124434
按支出用途分组	Grouped by use of Expenditure				
经常性支出	Recurrent Expenditure	904121	863374	1022297	965249
资产性支出	Capital Expenditure	126383	123441	165432	159185
按资金来源分组	Grouped by Source of Funds				
政府资金	Government Appropriation Funds	30209	28612	37295	36372
企业资金	Self-raised Funds of Enterprises	986878	944786	1092792	1031050
境外资金	Overseas Funds	7966	7966	50000	50000
其他资金	Others	5451	5451	7642	7012

16-11 高新技术产品情况(2010年)

Statistics on High-tech Products (2010)

单位:万元 (10000 yuan)

项 目	Item	企业数(个) Number of Enterprises (unit)	总产值 Gross Output Value	增加值 Added Value	产品销售收入 Sales Revenue	出口销售收入(万美元) Sales Revenue of Export (10000 USD)	实现利税总额 Total Profits and Taxes	享受减免税总额 Total Tax Exemption and Reduction
合 计	**Total**	**1411**	**54742677**	**15943693**	**55139234**	**1981687**	**8872172**	**248752**
农 业	Agriculture	83	192955	92191	182481	5123	7497	1010
工 业	Industry	902	53279449	15208606	53686480	1973139	8437988	207480
服务业	Service	426	1270273	642896	1270273	3425	426687	40262

注:工业数据为规模以上工业企业口径。

Note: The data of industry are calculated according to industrial enterprises above designated size.

16-12 农业企业高新技术产品情况(2010年)

单位:万元

项目	Item	企业数(个) Number of Enterprises (unit)	产品数(个) Number of Products (unit)
总计	**Total**	**83**	**54**
按地区分	By District		
荔湾区	Liwan	4	9
越秀区	Yuexiu		
海珠区	Haizhu	1	1
天河区	Tianhe	1	1
白云区	Baiyun	6	6
黄埔区	Huangpu	8	4
番禺区	Panyu	19	23
花都区	Huadu	9	6
南沙区	Nansa	11	11
萝岗区	Luogang	3	5
增城市	Zengcheng	12	26
从化市	Conghua	9	11
按技术领域分	By Technological Circle		
电子与信息技术	Electronic and Information Technology		
机电一体化技术	Integration Technology for Machinery with Electronics		
生物技术	Biotechnology		
新材料技术	New Material Technology		
新能源高效节能	New Energy and High-efficiency Energy-saving		
环保技术	Environmental Protection Technology		
其他技术	Others		

注:从2010年起，根据广州市科技信息局新修订《广州市农业高新技术产品目录》进行统计。

Statistics on High-tech Products of Agricultural Enterprises (2010)

(10000 yuan)

总产值 Total Output Value	增加值 Added Value	产品销售收入 Sales Revenue	出口销售收入(万美元) Sales Revenue of Exports (10000 USD)	实现利税总额 Total Profits and Taxes	享受减免税总额 Total Taxes Exemption and Reduction
192955	**92191**	**182481**	**5123**	**7497**	**1010**
3256	2251	3255	3	115	1
286	125	286		10	
6916	3295	10633		1925	286
28458	10948	27509	711	1791	117
239	158	215			
57577	33353	54290	2777	2385	57
28684	11162	26341	656	-4878	207
1642	548	1404		611	
18075	7546	12432	655	1793	342
29102	18632	27396	61	2752	
18720	4173	18720	260	993	
192955	92191	182481	5123	7497	1010

Note: Since 2010, The data in this table are calculated according to the "Catalog of Agriculture High-tech Product in Guangzhou".

16-13 规模以上工业企业高新技术产品情况(2010年)

单位:万元

项　　目	Item	企业数(个) Number of Enterprises (unit)	产品数(个) Number of Products (unit)
总　　计	**Total**	**902**	**1599**
按地区分	By District		
荔湾区	Liwan	18	44
越秀区	Yuexiu	5	9
海珠区	Haizhu	33	71
天河区	Tianhe	40	94
白云区	Baiyun	88	256
黄埔区	Huangpu	32	62
番禺区	Panyu	141	257
花都区	Huadu	53	90
南沙区	Nansha	28	41
萝岗区	Luogang	313	492
增城市	Zengcheng	115	117
从化市	Conghua	36	66
按技术领域分	By Technological Circle		
电子与信息技术	Electronic and Information Technology		298
机电一体化技术	Integration Technology for Machinery with Electronics		355
生物技术	Biotechnology		260
新材料技术	New Material Technology		450
新能源高效节能	New Energy and High-efficiency Energy-saving		159
环保技术	Environmental Protection Technology		77
其他技术	Others		

注:全市规模以上工业企业高新技术产品总产值含广东电网数为56707094万元。

Statistics on High-tech Products of Industrial Enterprises above Designated Size (2010)

(10000 yuan)

总产值 Total Output Value	增加值 Added Value	产品销售收入 Sales Revenue	出口销售收入（万美元） Sales Revenue of Exports (10000 USD)	实现利税总额 Total Profits and Taxes	享受减免税总额 Total Taxes Exemption and Reduction
53279449	**15208606**	**53686480**	**1973139**	**8437988**	**207480**
911712	224582	886998	77680	123594	2191
22422	8593	21134	627	1023	
601648	193585	599150	8553	101256	1937
572837	208161	610157	17515	110296	5750
2022911	743315	2002335	34265	186083	16527
8255041	2234180	8118949	101236	1687993	26404
5804280	1341043	5555148	274468	343663	21515
6918502	2280419	7011181	38144	1922060	13004
7154027	1932434	7134421	195296	1457434	8216
16515346	4871423	17515982	1184761	2118628	108611
3854129	1026474	3595226	24705	336949	2375
646594	144397	635799	15889	49009	950
8858060	2381206	9093757	1018843	904183	94477
27153356	7987005	27193266	487748	5464455	56510
4148019	1645397	4662445	21620	908655	20487
7581230	2080570	7351567	241072	737042	25257
4384903	834114	4279942	157840	293993	7857
1153881	280314	1105503	46016	129660	2892

Note: The total output value of High-tech products of industrial enterprises above Designated Size which includes the Guangdong Power Grid is 567.07094 billion yuan.

16-14 服务业企业高新技术产品情况(2010年)

单位:万元

项目	Item	企业数(个) Number of Enterprises (unit)	产品数(个) Number of Products (unit)
总计	**Total**	**426**	**1065**
按地区分	By District		
荔湾区	Liwan	4	5
越秀区	Yuexiu	48	70
海珠区	Haizhu	46	101
天河区	Tianhe	278	758
白云区	Baiyun	18	74
黄埔区	Huangpu		
番禺区	Panyu	11	30
花都区	Huadu	1	2
南沙区	Nansa		
萝岗区	Luogang	19	22
增城市	Zengcheng		
从化市	Conghua	1	3
按技术领域分	By Technological Circle		
电子与信息技术	Electronic and Information Technology		991
机电一体化技术	Integration Technology for Machinery with Electronics		74
生物技术	Biotechnology		
新材料技术	New Material Technology		
新能源高效节能	New Energy and High-efficiency Energy-saving		
环保技术	Environmental Protection Technology		
其他技术	Others		

Statistics on High-tech Products of Enterprises in Service Trades (2010)

(10000 yuan)

总产值 Total Output Value	增加值 Added Value	产品销售收入 Sales Revenue	出口销售收入（万美元） Sales Revenue of Exports (10000 USD)	实现利税总额 Total Profits and Taxes	享受减免税总额 Total Taxes Exemption and Reduction
1270273	**642896**	**1270273**	**3425**	**426687**	**40262**
2263	561	2263		1910	10
100290	40827	100290	1032	9773	1603
52414	23507	52414	2	35271	2404
910915	487591	910915	2242	333451	33292
95060	41194	95060	101	17421	1335
12073	8398	12073	26	7149	1618
99	24	99		4	
96802	40630	96802	22	21644	
357	164	357		64	
1125089	586385	1125089	3302	380170	38334
145184	56511	145184	123	46517	1928

16-15 民营科技企业情况

Statistics on Privately-run Scientific and Technological Enterprises

项　　目	Item	2009	2010
民营科技企业数(个)	Number of Privately-run Scientific and Technological Enterprises (unit)	1868	1889
高新技术民营科技企业(个)	High-tech Enterprises(unit)	740	983
从业人员(人)	Number of Employed Persons (person)	186777	230774
全年技工贸总收入(亿元)	Total Revenue of Scientific and Technological Development (100 million yuan)	2069	2631

16-16 年收入超100万元的民营科技企业情况

Statistics on Privately-run Scientific and Technological Enterprises of Revenue over One Million Yuan

项　　目	Item	2009	2010
民营科技企业个数(个)	Number of Privately-run Scietific and Technological Enterprises (unit)	991	1129
从业人员数(人)	Number of Employed Persons (person)	156965	223518
# 科技人员	Number of Persons Engaged in Science and Technology	107022	115817
具有高、中、初级职称人员	Persons with Senior, Medium and Junior Professional Titles	38334	63516
资产总额(亿元)	Total Assets (100 million yuan)	1495	2101
全年技工贸总收入(亿元)	Total Revenue of Scientific and Technological Development (100 million yuan)	1922	2631
出口创汇(万美元)	Foreign Exchange through Exports (10000 USD)	313800	720579
上缴税金(亿元)	Taxes Turnover to Governments (100 million yuan)	104.6	123.0

【研究与试验发展（R&D）经费支出】 指报告年度内科技活动经费支出中用于基础研究、应用研究和试验发展三类项目以及这三类项目的管理和服务的费用支出。

【专业技术人员】 指事业、企业单位中已被聘任专业技术职务的从事专业技术工作和专业技术管理的人员，以及虽未被聘任专业技术职务,但现在专业技术岗位上工作的人员。

【科学家与工程师】 指科技活动人员中具有高、中级技术职称(职务)的人员和不具有高、中级技术职称(职务)的大学本科及以上学历人员。

【Total Expenditure on Research and Development】 refers to all actual expenditure made for basic research,applied research and experimental development in reference period.It includes direct expenditure on R & D activities,management expenses and service expenses relating to R & D.

【Professional and Technical Personnel】 refer to professional, technical and managerial staff members in institutions or enterprises who not only have professional and technical titles but also hold professional and technical posts.They also include those who work on professional and technical posts but do not have professional and technical titles.

【Scientists and Engineers】 refer to persons engaged in S & T activities who have obtained titles of senior and middle level professional positions,and those without such position but have completed university or higher education.

第十七篇

CHAPTER 17

教育、文化、体育、卫生、社会福利和其它

EDUCATION,CULTURE,SPORTS,PUBLIC HEALTH,SOCIAL WELFARE AND OTHERS

简要说明

第十七篇　教育、文化、体育、卫生、社会福利、环保及其他

一、本篇资料反映广州市教育、文化、体育、卫生、社会福利、环保及其他事业的发展情况。

二、本篇资料由广州市统计局人口和社会科技统计处整理提供。

三、教育部分包括高等、中等、基础教育、幼儿教育、各级成人教育。资料由省教育厅、市教育局、省劳动和社会保障厅等有关部门提供。

四、文化部分主要包括文化事业的机构、人员及业务活动开展情况等。文化统计资料根据省文化厅、市文广新局、省新闻出版局、珠江电影制片厂、省广播电影电视局、省档案局、市档案局等有关部门提供的统计年报加工整理。

五、体育部分主要包括体育行政部门主办的运动会和比赛活动、全民健身活动情况及运动竞技成绩等，资料由市体育局提供。

六、卫生部分主要包括卫生事业机构、床位及人员数、医院业务情况、妇幼保健情况等，资料由市卫生局提供。

七、社会福利部分主要包括社会福利事业的机构数、收养救济人数、婚姻登记状况等，资料由市民政局提供。各种社会保险情况等资料由市人力资源和社会保障局提供。

八、环保部分主要包括“三废”的排放、治理、综合利用、环境管理情况等，资料由市环保局提供。

九、其他部分主要包括司法工作开展情况和刑事、交通、火灾事故发生情况等，资料由市司法局、市公安局提供。

十、关于数据口径与计算的说明:

17-27表甲、乙类传染病从1997年起增加肺结核和新生儿破伤风两种病；2003年起婴儿出生缺陷发生率统计指标口径有变，从抽样调查改为全面调查。

Brief Introduction

17 Education, Culture, Sports, Public Health, Social Welfare and Others

I.The data in this chapter show the development conditions of Guangzhou's education,culture,sports,public health,social welfare, environmental protection and others.

II.The data in this chapter are prepared and provided by the Division of Population,Social,Science and Technology Statistic of Guangzhou Municipal Bureau of Statistics.

III.The data on education cover the situations on higher education, secondary education, primary education, kindergartens and adult education at all levels.The data are provided by Guangdong Provincial Bureau of Education, Guangzhou Municipal Bureau of Education,Guangdong Provincial Bureau of Labor and Social Security，etc.

IV.The data on culture mainly cover the situations on institutes,employed persons and business activities of culture.The data on culture are procesed and prepared in accordance with the annual statistical reports provided by Guangdong Provincial Department of Culture,Guangzhou Municipal Culture,Radio and Press and Publication Bureau, Guangdong Provincial Press and Publication Administration, Pearl River Movie Factory,Administration of Radio and Movie and Telivision of Guangdong Province, Guangdong Provincial Bureau of Archives and Guangzhou Municipal Bureau of Archives.

V.The data on sports mainly include the sports games and matches organized by sports administrative departments,mass sports and athletics sports.The data are provided by Guangzhou Municipal Bureau of Sports.

VI.The data on public health mainly include the number of institutions, hospital beds and personnel,hospital business, women and babies hygiene.The data are provided by Guangzhou Municipal Bureau of Public Health.

VII.The data on social welfare mainly include the number of institutions,the number receiving social welfare relief funds and marriage registrations,etc.The data are provided by Guangzhou Municipal Bureau of Civil Affairs.The data on social insurance are provided by Guangzhou Municipal Bureau of Labor and Social Security.

VIII.The data on environmental protection mainly include the discharge and treatment md comprehensive utilization of waste water,waste gas and solid wastes,and the administration of environment,etc.The data are provided by Guangzhou Municipal Bureau of Environmental Protection.

IX.The data on others mainly include the judicial conditions,basic statistics on traffic accidents and fires,etc.The data are provided by Guangzhou Municipal Bureau of Justice and Guangzhou Municipal Bureau of Public Security.

X.Introduction about coverage and computing:

Table 17-27 A&B Infectious Diseases has included phthisic and new born children lockjaw since 1997.The coverage has changed from results of spot check to results of general investigation on incidence rate of birth defect since 2003.

17-1 主要年份教育事业基本情况

Basic Statistics on Education in Main Years

项　　目	Item	2009	2010
学校数(所)	**Number of Schools (unit)**	**1759**	**1754**
普通高等学校	Regular Institutions of Higher Education	74	77
中等职业学校	Specialized Secondary Schools	94	95
技工学校	Technical Schools	84	86
普通中学	Regular Secondary Schools	471	475
高　中	Senior Secondary Schools	130	128
初　中	Junior Secondary Schools	341	347
小　学	Primary Schools	1022	1004
特殊教育学校	Special Schools	14	17
专任教师(人)	**Number of Full-time Teachers (person)**	**140604**	**146073**
普通高等学校	Regular Institutions of Higher Education	46033	48739
中等职业学校	Specialized Secondary Schools	7234	7388
技工学校	Technical Schools	7403	7392
普通中学	Regular Secondary Schools	37105	38226
高　中	Senior Secondary Schools	12289	12723
初　中	Junior Secondary Schools	24816	25503
小　学	Primary Schools	42275	43698
特殊教育学校	Special Schools	554	630

17-1 续表 continued

项目	Item	2009	2010
招生数(人)	**New Student Enrollment (person)**	**772934**	**781667**
普通高等学校	Regular Institutions of Higher Education	254796	258735
中等职业学校	Specialized Secondary Schools	91379	86423
技工学校	Technical Schools	102378	105113
普通中学	Regular Secondary Schools	195745	191694
高　中	Senior Secondary Schools	60580	60644
初　中	Junior Secondary Schools	135165	131050
小　学	Primary Schools	127981	138944
特殊教育学校	Special Schools	655	758
在校学生(人)	**Total Student Enrollment (person)**	**2698440**	**2747046**
普通高等学校	Regular Institutions of Higher Education	796006	843934
中等职业学校	Specialized Secondary Schools	251077	248060
技工学校	Technical Schools	242085	252812
普通中学	Regular Secondary Schools	575252	572280
高　中	Senior Secondary Schools	174397	177943
初　中	Junior Secondary Schools	400855	394337
小　学	Primary Schools	828889	824807
特殊教育学校	Special Schools	5131	5153
毕业生数(人)	**Graduates (person)**	**650970**	**658246**
普通高等学校	Regular Institutions of Higher Education	187754	203742
中等职业学校	Specialized Secondary Schools	73095	74179
技工学校	Technical Schools	53641	54271
普通中学	Regular Secondary Schools	187214	180617
高　中	Senior Secondary Schools	58257	55599
初　中	Junior Secondary Schools	128957	125018
小　学	Primary Schools	148146	144345
特殊教育学校	Special Schools	1120	1092

17-2 主要年份每万人口在校学生数、每个教师负担学生数

Students Enrollment per 10000 Persons and Students Taught by Every Teacher in Main Years

单位:人 (person)

年 份 Year	平均每万人口在校学生数 Students Enrollment Per 10000 Persons			平均每个教师负担学生数 Students Taught by Every Teacher		
	普通高校 College and University Students	普通中学生 High School Students	小学生 Primary School Students	普通高校 College and University Students	普通中学 Regular Secondary Schools	小 学 Primary School Students
1978	44.94	795.85	1178.65	3.10	18.25	24.05
1979	54.69	676.24	1182.47	3.71	17.01	22.67
1980	54.28	598.04	1175.91	3.65	15.83	21.80
1981	67.87	513.83	1162.09	4.36	14.56	22.19
1982	60.63	464.78	1146.27	3.41	13.90	21.84
1983	66.56	457.92	1089.79	3.58	14.35	21.51
1984	78.43	468.27	1033.74	4.12	15.25	20.84
1985	94.77	456.79	993.46	4.83	15.15	20.43
1986	99.43	471.25	967.81	4.87	16.10	21.05
1987	103.35	487.88	938.26	5.18	16.40	21.04
1988	112.42	481.43	919.33	5.52	16.21	21.05
1989	116.10	463.41	941.98	5.74	15.44	21.93
1990	110.16	446.65	963.03	5.52	15.25	22.79
1991	106.92	446.28	985.58	5.58	15.56	23.24
1992	109.37	461.81	1009.11	6.04	15.99	24.16
1993	126.51	469.79	1034.06	6.87	15.94	24.52
1994	139.74	475.66	1058.77	7.75	16.20	24.62
1995	147.56	494.03	1073.74	8.13	16.42	23.90
1996	151.23	516.39	1074.82	8.23	16.53	22.77
1997	153.60	538.65	1085.07	8.72	16.79	22.24
1998	160.76	562.95	1087.87	9.33	16.99	22.14
1999	196.03	581.75	1083.13	10.83	17.25	22.81
2000	264.14	606.92	1080.31	13.95	17.59	22.16
2001	343.44	642.86	1106.66	16.48	17.60	22.04
2002	414.97	668.15	1133.21	14.40	17.38	22.04
2003	516.75	705.69	1168.69	14.48	17.21	21.76
2004	623.14	719.53	1185.82	15.45	17.28	21.88
2005	738.58	733.24	1203.62	15.89	17.09	22.02
2006	814.28	746.16	1174.64	16.22	16.89	21.85
2007	888.35	745.78	1149.31	16.33	16.38	21.24
2008	938.77	742.25	1100.35	16.90	16.07	20.45
2009	1001.75	723.94	1043.13	17.30	15.50	19.61
2010	1046.88	709.90	1023.16	17.32	14.97	18.88

17-3 主要年份各级各类学校在校学生数

Students Enrollment by Various Schools in Main Years

单位：人 (persons)

年 份 Year	普通高等学校 Regular Institutions of Higher Education	中等职业学校 Secondary Vocational Schools	技工学校 Technical Schools	普通中学 Regular Secondary Schools	小 学 Primary Schools	特殊教育学校 Special Schools
1978	21699			384313	569165	326
1979	26982			333650	583418	274
1980	27239	18852	8273	300134	590146	289
1981	34647	18673	6104	262299	593223	270
1982	31455	21460	4438	241141	594719	283
1983	35060	24834	4323	241201	574029	283
1984	42006	31442	4747	250803	553672	281
1985	51647	48959	5615	248940	541420	372
1986	55223	61913	8670	261733	537528	481
1987	58402	69693	12479	275690	530189	546
1988	64859	78025	17225	277743	530368	651
1989	67969	84662	18514	271291	551458	724
1990	65465	95048	20319	265423	572286	854
1991	64389	103860	21692	268760	593537	949
1992	66958	113218	23842	282720	617779	1032
1993	78901	141307	25242	292991	644907	1680
1994	89019	154144	29742	303004	674464	3760
1995	95429	182090	36078	319493	694401	5411
1996	99214	212396	43446	338776	705134	6096
1997	102372	210956	50566	359000	723183	5977
1998	108378	210566	58396	379505	733375	5827
1999	134283	227084	59779	398499	741950	6106
2000	185078	219640	59570	425261	756961	5224
2001	244736	209340	64008	458099	788604	5877
2002	299037	200090	76660	481481	816617	5495
2003	374742	200337	87878	511756	847524	4947
2004	459676	184682	104317	530776	874749	5302
2005	554327	191499	122108	550320	903353	5010
2006	619442	216555	153175	567619	893575	5045
2007	687115	237411	173413	576845	888965	5340
2008	736152	244070	196197	582051	862859	5246
2009	796006	251077	242085	575252	828889	5131
2010	843934	248060	252812	572280	824807	5153

17-4 普通高等院校各类专业本、专科学生数(2010年)

Students Enrollment in Regular Institutions of Higher Education by Field of Study (2010)

单位:人 (person)

项　目	Item	毕业生数 Number of Graduates	#本 科 Undergraduate Course	招生数 New Students Enrollment	#本 科 Undergraduate Course	在校学生数 Students Enrollment	#本 科 Undergraduate Course
合　计	**Total**	**203742**	**99639**	**258735**	**131352**	**843934**	**476772**
哲　学	Philosophy	134	134	147	147	532	532
经济学	Economics	17797	9466	22999	12841	74583	45574
法　学	Law	9460	6089	8362	5735	32189	22083
教育学	Education	4218	2173	5608	2843	19565	11037
文　学	Literature	30944	15670	40021	21553	131575	76772
历史学	History	404	404	488	488	1964	1964
理　学	Science	8455	8455	11279	11279	39408	39408
工　学	Engineering	63328	24732	80478	31910	251438	113907
农　学	Agriculture	1974	1691	2196	1699	8098	6472
医　学	Medicine	12097	9022	13976	9392	55962	42309
管理学	Management	54931	21803	73181	33465	228620	116714

17-5 主要年份研究生基本情况

Basic Statistics on Postgraduates in Main Years

单位:人 (person)

年 份 Year	培养单位 (所) Training Units (unit)	# 普通高校 Regular Institutions of Higher Education	毕业生数 Graduates	# 普通高校 Regular Institutions of Higher Education	# 博 士 Doctors
1985	15	12	654	650	7
1990	25	13	1491	1438	101
1991	24	13	1272	1234	109
1992	19	13	947	917	76
1993	18	13	1025	1003	76
1994	18	13	1079	1064	142
1995	21	13	1259	1215	154
1996	21	13	1440	1396	188
1997	21	13	1770	1715	253
1998	21	13	1843	1759	420
1999	21	13	2168	2059	371
2000	21	13	2131	2028	417
2001	22	14	2753	2671	540
2002	20	12	3133	3022	574
2003	20	12	4439	4299	772
2004	24	16	6541	6303	1160
2005	24	16	9006	8699	1331
2006	24	16	11790	11360	1579
2007	26	18	12624	12170	1751
2008	26	18	14773	14286	2086
2009	26	18	15395	14969	2462
2010	26	18	16244	15828	2265

17-5 续表 continued

单位:人 (person)

年 份 Year	招生数 New Students Enrollment	# 普通高校 Regular Institutions of Higher Education	# 博 士 Doctors	在校学生数 Students Enrollment	# 普通高校 Regular Institutions of Higher Education	# 博 士 Doctors
1985	1526	1518	74	2878	2859	92
1990	1113	1090	76	3355	3264	293
1991	1171	1157	167	3216	3149	338
1992	1258	1228	162	3492	3426	417
1993	1521	1490	201	3940	3865	533
1994	1866	1831	298	4656	4562	681
1995	1875	1782	407	5283	5080	935
1996	2367	2249	457	6162	5888	1192
1997	2387	2288	457	6696	6388	1391
1998	2997	2921	582	7821	7521	1539
1999	3673	3559	788	9253	8952	1933
2000	5435	5274	1048	12492	12135	2549
2001	7080	6837	1352	17150	16631	3421
2002	8245	7910	1596	20408	19674	4256
2003	10864	10403	2104	26294	25253	5499
2004	13642	13143	2656	34599	33302	7474
2005	15642	15140	2780	40594	39124	8980
2006	17093	16586	2672	45238	43725	9149
2007	18084	17578	2819	49838	48298	9846
2008	19298	18776	2893	53826	52313	10753
2009	22181	21684	3132	60129	58635	11530
2010	23390	22844	3059	65911	64321	11528

17-6 普通高等院校基本情况(2010年)

单位:人

院 校 名 称	Name of Universities, Institutes and Colleges
合　　计	**Total**
中山大学	Sun Yat-sen University
华南理工大学	South China University of Technology
暨南大学	Jinan University
华南农业大学	South China Agricultural University
南方医科大学	Southern Medical University
广州中医药大学	Guangzhou University of Traditional Chinese Medicine
华南师范大学	South China Normal University
广东工业大学	Guangdong University of Technology
广东外语外贸大学	Guangdong University of Foreign Studies
广东商学院	Guangdong Business Institute
仲恺农业技术学院	Zhongkai Agritechnical College
广东药学院	Guangdong Medicine Institute
星海音乐学院	Xinghai Conservatory of Music
广州美术学院	Guangzhou Academy of Fine Arts
广州体育学院	Guangzhou Institute of Physical Education
广东技术师范学院	Guangdong Polytechnic Normal University
广东金融学院	Guangdong Finance College
广东警官学院	Guangdong Police College
广州大学	Guangzhou University
广州医学院	Guangzhou Medical Institute
广东白云学院	Guangdong Baiyun Vocational Technical College
广东培正学院	Guangdong Peizheng College
广东第二师范学院	Guangdong University of Education
广州民航职业技术学院	Guangzhou Civil Aviation College
广州航海高等专科学校	Guangzhou Maritime College
广东轻工职业技术学院	Guangdong Light Industry Technical College
广东省外语艺术职业学院	Guangdong College of Foreign Languages and Art
广东机电职业技术学院	Guangdong Machinery and Electricity College
广东工贸职业技术学院	Guangdong Vocational College of Industry & Commerce
广东交通职业技术学院	Guangdong Communication Polytechnic College
广东水利电力职业技术学院	Guangdong Technical College of Water Resources and Electric Engineering
广东财经职业学院	Guangdong Vocational College of Finance and Economics
广东司法警官职业学院	Judicial Police Officers' Professional Institute of Guangdong
广东女子职业技术学院	Guangdong Women's Professional College
广东农工商职业技术学院	Guangdong AIB Polytechnic College
广东邮电职业技术学院	Guangdong Posts & Telecom Vocational Technology College
广东建设职业技术学院	Guangdong Construction Vocational Technology Institute
广东行政职业学院	Guangdong Vocational of Administration

Basic Statistics on Regular Institutions of Higher Education (2010)

(person)

毕业生数 Number of Graduates	招生数 Number of New Entrants	在校学生数 Number of Enrolled Students	教职工人数 Number of Teachers and Staff	# 专任教师 Full-time Teachers	# 正高级 Professors	# 副高级 Associate Professors	# 中 级 Lecturers
203742	**258735**	**843934**	**71233**	**48739**	**6005**	**12958**	**19167**
7885	7751	32111	5140	3171	896	927	1097
5870	6207	25015	3929	2469	519	869	1038
3532	4420	18329	2937	1768	423	590	540
9506	9618	36175	2671	2174	320	590	1098
2216	3512	13351	2004	1315	229	403	485
3014	3394	14096	1496	1150	299	389	300
7250	7579	28934	3025	1954	451	520	817
10667	11264	43985	3191	2576	356	744	1250
4987	5032	20387	1921	1200	193	328	489
4820	5989	21830	1369	1009	196	298	440
1338	4056	12296	884	634	92	179	304
5573	5677	22408	1688	1461	140	412	824
820	938	3769	483	344	36	83	128
1287	1277	5055	601	420	48	102	183
941	1440	5629	670	394	56	104	169
3874	3998	13964	1284	888	122	260	434
3292	5652	18756	1195	814	69	199	441
2590	1365	6185	492	330	39	103	158
7138	8746	30591	2664	1700	252	625	534
2390	2849	10693	2033	1146	196	480	336
3497	4005	13313	1056	849	57	293	440
3625	4133	13614	860	615	27	71	225
	1922	5651	561	428	49	118	187
2250	3530	9957	563	441	8	64	174
2373	2715	6883	699	414	29	121	229
5546	6023	17596	1127	853	57	242	382
1607	1978	5491	509	339	12	97	167
1862	4931	9534	566	433	6	90	172
1550	1700	5103	441	232	9	60	122
4837	5016	15279	864	641	16	123	299
2997	3247	8899	564	349	11	100	170
1011		953	87	48	2	14	31
1229	1177	4550	319	174	3	59	85
1549	1943	5697	395	240	9	62	132
4766	5858	17046	915	756	12	170	381
683	789	1909	373	101		32	55
1529	1860	5682	325	234	1	53	97
1795	2123	6477	402	254	50	91	62

17-6 续表

单位:人

院 校 名 称	Name of Universities, Institutes and Colleges
广东体育职业技术学院	Guangdong Sports Vocational Technical Institute
广东食品药品职业技术学院	Guangdong Food and Drug Vocational-technical School
广东文艺职业学院	Guangdong Vocational Literature and Art College
广州工程技术职业学院	Guangzhou Institute of Technology
番禺职业技术学院	Panyu Polytechnic College
广州体育职业技术学院	Guangzhou Sports Training and Technical College
广东理工职业学院	Guangdong Polytechnic Institute of Technology
广州城市职业学院	Guangzhou City Polytechnic College
广东工程职业技术学院	Guangdong Polytechnic College of Engineering
广州铁路职业技术学院	Guangzhou Railway Vocational Technical College
广东科贸职业学院	Guangdong Vocational College of Science and Trade
广州科技贸易职业学院	Guangzhou Polytechnic of Science and Trade
民办南华工商学院	Nanhua Industrial and Commercial College
私立华联学院	Private Hualian University
广东岭南职业技术学院	Guangdong Lingnan Polytechnic College
广州康大职业技术学院	Kanda Vocational Technical College
广州工商职业技术学院	GuangZhou Vocational&Technical Instiute of Industry & Commerce
广州涉外经济职业技术学院	Guangzhou International Economics College
广州南洋理工职业学院	Guangzhou Nanyang Institute of Technology
广州科技职业技术学院	Guangzhou Vocational College of Science and Technology
广州现代信息工程职业技术学院	Guangzhou Modern Information Engineering College
广州华南商贸职业学院	South China Business Trade College
广州华立科技职业学院	Guangzhou HuaLi Vocational College of Science and Technology
广州珠江职业技术学院	Guangzhou Pearl-river Vocational College of Technology
广州松田职业学院	Guangzhou Songtian Polytechnic College
广州城建职业学院	Guangzhou City Construction College
广州华商职业学院	Guangzhou Huashang Vocational College
广州华夏职业学院	Guangzhou Huaxia Technical College
广东工业大学华立学院	Huali College, Guangdong University
广州大学松田学院	Songtian College, Guangzhou University
华南师范大学增城学院	Zengcheng College of SCNU
中山大学新华学院	Xinhua College of SYSU
广州大学华软软件学院	South Institute of Software Engineering
中山大学南方学院	Nanfang College of SYSU
广东外语外贸大学南国商学院	South China Business College, Guangdong University of Foreign Studies
广东商学院华商学院	Huashang College, Guangdong University of Business Studies
华南农业大学珠江学院	Zhujiang College of South China Agriculture University
广东技术师范学院天河学院	Tianhe College of Guangdong Polytechnic Normal University
华南理工大学广州汽车学院	Guangzhou Auto College of SCUT

continued

(person)

毕业生数 Number of Graduates	招生数 Number of New Entrants	在校学生数 Number of Enrolled Students	教职工人数 Number of Teachers and Staff	# 专任教师 Full-time Teachers	# 正高级 Professors	# 副高级 Associate Professors	# 中 级 Lecturers
372	707	1945	226	108	4	22	30
1924	3347	9970	537	423	13	77	127
871	1339	3689	305	198	9	30	56
1984	2195	6894	485	336	1	88	137
3266	3682	10710	904	545	20	136	204
262	418	1706	271	133	4	29	43
927	3291	10413	619	445	12	88	125
2042	2690	6836	576	367	9	99	163
2034	2889	7939	512	329	2	67	169
2145	2076	6974	517	318	5	69	121
2366	2023	6833	453	329	9	69	104
2648	2267	5757	445	282	7	62	123
2561	3464	10943	558	437	15	85	195
2421	2073	7058	624	372	18	68	88
3612	5923	14741	886	660	7	133	252
1721	2276	6050	391	235	6	40	79
2630	4270	11123	872	515	31	127	118
2348	2739	7408	611	332	19	48	87
2454	2045	5751	447	298	4	58	78
910	3382	9133	503	384	3	41	43
859	957	2541	314	117	6	25	30
1684	1377	4430	275	206	3	29	55
2636	3372	9359	562	452	19	74	176
918	680	978	167	80	9	8	20
1152	1926	4670	245	212	3	34	37
2932	5341	14289	793	569	20	85	144
	1396	2268	184	129	10	20	35
	1184	2116	198	120	4	20	15
2264	4109	13348	1005	746	102	198	245
1658	2182	7946	613	395	26	91	124
2338	2982	9629	639	479	26	90	213
1406	2030	4958	305	217	48	62	31
2922	3550	11089	728	519	42	99	162
1478	4549	12755	713	630	67	132	171
1865	2005	8250	739	431	25	95	81
2154	4990	13654	730	572	45	81	161
1969	2184	8710	529	372	15	42	219
2811	3163	11903	740	589	10	167	234
1502	3948	11975	709	540	37	105	197

17-7 各类学校数及在校学生数(2010年)

Number of Schools and Enrolled Students by Type of School (2010)

项　　目	Item	全 市 Total	市 区 Urban Districts	增城市 Zengcheng	从化市 Conghua
各类学校数合计(所)	**Total Number of Schools (unit)**	**1754**	**1459**	**198**	**97**
普通高等学校	Regular Institutions of Higher Education	77	65	7	5
中等职业学校	Secondary Schools	95	94	1	
技工学校	Technical Schools	86	82	2	2
普通中学	Regular Secondary Schools	475	402	48	25
#高　中	Senior Secondary Schools	128	109	11	8
小　学	Primary Schools	1004	801	139	64
特殊学校	Special Schools	17	15	1	1
各类学校在校学生数(人)	**Number of Enrolled Students by Type of School (person)**	**2747046**	**2392905**	**212481**	**141660**
普通高等学校	Regular Institutions of Higher Education	843934	742752	52223	48959
中等职业学校	Secondary Schools	248060	243611	4449	
技工学校	Technical Schools	252812	242479	5463	4870
普通中学	Regular of Secondary Schools	572280	454676	73816	43788
#高　中	Senior Secondary Schools	177943	146881	19828	11234
小　学	Primary Schools	824807	704803	76211	43793
特殊学校	Special Schools	5153	4584	319	250

17-8 各类学校招生数及毕业生数(2010年)

New Students Enrollment and Graduates by Type of School (2010)

单位:人　　(person)

项　目	Item	全 市 Total	市 区 Urban Districts	增城市 Zengcheng	从化市 Conghua
各类学校招生数	**Number of New Students Enrollment by Type of School**	**781667**	**683908**	**58260**	**39499**
普通高等学校	Regular Institutions of Higher Education	258735	223272	18655	16808
中等职业学校	Secondary Schools	86423	84713	1710	
技工学校	Technical Schools	105113	101826	963	2324
普通中学	Regular Secondary Schools	191694	152519	24554	14621
#高　中	Senior Secondary Schools	60644	49523	7210	3911
小　学	Primary Schools	138944	120900	12318	5726
特殊学校	Special Schools	758	678	60	20
各类学校毕业生数	**Number of Graduates by Type of School**	**658246**	**567305**	**56192**	**34749**
普通高等学校	Regular Institutions of Higher Education	203742	183659	10782	9301
中等职业学校	Secondary Schools	74179	73169	1010	
技工学校	Technical Schools	54271	49970	3109	1192
普通中学	Regular Secondary Schools	180617	143898	23221	13498
#高　中	Senior Secondary Schools	55599	46409	5702	3488
小　学	Primary Schools	144345	115634	18025	10686
特殊学校	Special Schools	1092	975	45	72

17-9 高中、初中、小学毕业生升学情况

项　目	Item
高中毕业生数(人)	Graduates of Senior Secondary Schools (person)
已升学人数(人)	Students Entering Institution of Higher Education (person)
升学率(%)	Percentage of Graduates of Senior Secondary Schools Entering Institution of Higher Education (%)
初中毕业生数(人)	Graduates of Junior Secondary Schools (person)
已升学人数(人)	Students Entering Senior Secondary Schools (person)
升学率(%)	Percentage of Graduates of Junior Secondary Schools Entering Senior Secondary Schools (%)
小学毕业生数(人)	Graduates of Primary Schools (person)
已升学人数(人)	Students Entering Junior Secondary Schools (person)
升学率(%)	Percentage of Graduates of Primary Schools Entering Junior Secondary Schools (%)

17-10 普通中小学专任教师学历情况(2010年)

项　目	Item
合　计	**Total**
研究生毕业	Postgraduates
本科毕业	Graduates Attending Regular College Course
专科毕业	Graduates Attending Specialized Subject
高中阶段毕业	Graduates of Senior Secondary Schools

附:教师学历达标率:高中:99%，初中:99.63%，小学:99.99%。

Statistics on Graduates of Senior, Junior Secondary Schools and Primary Schools Entering Higher Level Schools

2009			2010		
全 市 Total	市 区 Urban Districts	县级市 Cities at County Level	全 市 Total	市 区 Urban Districts	县级市 Cities at County Level
58257	49055	9202	55599	46409	9190
49770	42291	7479	49896	41976	7920
85.43	86.21	81.28	89.74	90.45	86.18
128957			125018		
117045			110598		
90.76			88.47		
148146	117241	30905	144345	115634	28711
147817	116912	30905	143148	114475	28673
99.78	99.72	100.00	99.17	99.00	99.87

Diploma Qualifications of Full-time Teachers in Regular Secondary Schools and Primary Schools (2010)

人 数 (人) Personnel (person)	高 中 Senior Secondary Schools	初 中 Junior Secondary Schools	小 学 Primary Schools	构 成 (%) Composition (%)	高 中 Senior Secondary Schools	初 中 Junior Secondary Schools	小 学 Primary Schools
81913	**12723**	**25501**	**43689**	**100.00**	**100.00**	**100.00**	**100.00**
2044	1163	639	242	2.50	9.14	2.51	0.55
54293	11433	21345	21515	66.28	89.86	83.70	49.25
22873	123	3422	19328	27.92	0.97	13.42	44.24
2703	4	95	2604	3.30	0.03	0.37	5.96

Note: The academic qualification rate of teachers in senior secondary schools is 99 percent, that in junior secondary schools is 99.63 percent and that in primary schools is 99.99 percent.

17-11 各类学校教职工人数及专任教师数(2010年)

Staff and Workers and Full-time Teachers by Type of School (2010)

单位:人 (person)

项　　目	Item	全 市 Total	市 区 Urban Districts	增城市 Zengcheng	从化市 Conghua
各类学校教职工人数	**Number of Staff and Workers by Type of School**	**197929**	**173503**	**14779**	**9647**
普通高等学校	Regular Institutions of Higher Education	77638	71171	3506	2961
中等职业学校	Secondary Vocational Schools	11397	11206	191	
技工学校	Technical Schools	11320	10544	438	338
普通中学	Regular Secondary Schools	45706	37436	5199	3071
小　学	Primary Schools	50997	42304	5424	3269
特殊学校	Special Schools	871	842	21	8
各类学校专任教师数	**Number of Full-time Teachers by Type of School**	**146073**	**125905**	**12294**	**7874**
普通高等学校	Regular Institutions of Higher Education	48739	43943	2586	2210
中等职业学校	Secondary Vocational Schools	7388	7228	160	
技工学校	Technical Schools	7392	7001	281	110
普通中学	Regular Secondary Schools	38226	31021	4656	2549
# 高　中	Senior Secondary Schools	12723	10694	1300	729
小　学	Primary Schools	43698	36110	4591	2997
特殊学校	Special Schools	630	602	20	8

17-12 学生辍学情况

Statistics on Students Dropping Out of Schools

项　　目	Item	2009			2010		
		全 市 Total	市 区 Urban Districts	县级市 Cities at County Level	全 市 Total	市 区 Urban Districts	县级市 Cities at County Level
高　中	**Senior Secondary Schools**						
上学年初学生(人)	Number of Students at the Beginning of Preceding Academic Year (person)	173786	145421	28365	174397	145008	29389
# 辍学生(人)	Students Dropping Out of Schools (person)	1908	1661	247	1722	1426	296
辍学率(%)	Percentage of Students Dropping Out of Schools (%)	1.10	1.14	0.87	0.99	0.98	1.01
初　中	**Junior Secondary Schools**						
上学年初学生(人)	Number of Students at the Beginning of Preceding Academic Year (person)	408265	319174	89091	400855	311180	89675
# 辍学生(人)	Students Dropping Out of Schools (person)	12763	9468	3295	12401	8728	3673
辍学率(%)	Percentage of Students Dropping Out of Schools (%)	3.13	2.97	3.70	3.09	2.80	4.10
小　学	**Primary Schools**						
上学年初学生(人)	Number of Students at the Beginning of Preceding Academic Year (person)	862859	713162	149697	828888	697444	50617
# 辍学生(人)	Students Dropping Out of Schools (person)	14052	11133	2919	-825	-1644	819
辍学率(%)	Percentage of Students Dropping Out of Schools (%)	1.63	1.56	1.95	-0.10	-0.24	0.62

17-13 小学教育情况

Statistics on Primary Education

项 目	Item	2009 全市 Total	2009 市区 Urban Districts	2009 县级市 Cities at County Level	2010 全市 Total	2010 市区 Urban Districts	2010 县级市 Cities at County Level
适龄儿童入学率(%)	Percentage of School-age Children Enrolled (%)	100.00	100.00	100.00	100.00	100.00	100.00
6-11岁学龄儿童数(人)	Number of 6-11 School-age Children (person)	786363	660117	126246	789933	674726	115207
# 已入学人数(人)	Number of Children Enrolled in Schools (person)	786363	660117	126246	789933	674726	115207
毕业率(%)	Percentage of Graduation (%)	98.92	98.81	99.34	99.36	99.22	99.95
上学年初毕业班人数(人)	Number of Pupils in Graduating Classes at the Beginning of Academic Year (person)	149760	118649	31111	145271	116545	28726
毕业生人数(人)	Number of Graduates (person)	148146	117241	30905	144345	115634	28711

17-14 成人高等教育基本情况

Basic Statistics on Adult Higher Education

单位:人 (person)

项 目	Item	2009 全市 Total	2009 #市区 Urban Districts	2010 全市 Total	2010 #市区 Urban Districts
成人高等教育	**Higher Education for Adults**				
学校数(所)	Number of Schools (unit)	9	9	10	10
教职工人数	Number of Teachers and Staff	8260	8260	8800	8800
# 专任教师数	Number of Full-time Teachers	5052	5052	5487	5487
聘请校外教师数	Number of Teachers Engaged from Other Schools	2775	2775		
毕业生	Graduates	80810	80810	80799	80799
招生数	New Students Enrollment	98703	98703	93737	93737
在校学生数	Students Enrolled	273410	273410	277007	277007

17-15 成人高等教育在校学生数

Number of Students Enrolled in Adult Higher Education by Level

单位：人 (person)

项目	Item	2009 全市 Total	2009 #市区 Urban Districts	2010 全市 Total	2010 #市区 Urban Districts
成人高等教育	**Higher Education for Adults**				
成人高等学校	Institutions of Higher Education for Adults	273410	273410	277007	277007
广播电视大学	Radio and TV Universities	9207	9207	10209	10209
职工高等学校	Schools of Higher Education for Staff and Workers	3049	3049	2721	2721
管理干部学院	Colleges for Management Cadres	4157	4157	4398	4398
普通高校附设	Departments Run by Regular Institutions of Higher Education	246132	246132	259679	259679
函授	Correspondence Divisions	80376	80376	86270	86270
业余	Evening Universities	163947	163947	171704	171704
脱产	Courses in Form of Full Time for Adults	1809	1809	1705	1705

17-16 民办普通中小学及幼儿园情况(2010年)

Statistics on Regular Secondary Schools, Primary Schools and Kindergartens Run by Society (2010)

单位：人 (person)

项目	Item	学校数(所) Number of Schools (unit)	毕业生数 Number of Graduates	招生数 Number of New Entrants	在校学生数 Number of Enrolled Students	教职工数 Number of Teachers and Staff	#专任教师 Full-time Teachers
合计	**Total**	**1618**	**137192**	**171134**	**636806**	**58386**	**36369**
普通中学	Regular Secondary Schools	161	24878	38179	102121	8490	6088
高中	Senior Secondary Schools	17	2325	3890	10171		
初中	Junior Secondary Schools	144	22553	34289	91950		
小学	Primary Schools	159	37552	50606	262760	16151	11699
幼儿园	Kindergartens	1298	74762	82349	271925	33745	18582

17-17 幼儿园基本情况

Basic Statistics on Kindergartens

项　目	Item	2009 全市 Total	2009 市区 Urban Districts	2009 县级市 Cities at County Level	2010 全市 Total	2010 市区 Urban Districts	2010 县级市 Cities at County Level
幼儿园数(所)	**Number of Kindergartens (unit)**	**1493**	**1357**	**136**	**1532**	**1388**	**144**
教育部门及集体办	Kindergartens Run by Educational Departments and Collective Behavior	319	277	42	194	153	41
其他部门办	Kindergartens Run by Other Departments	74	70	4	40	37	3
民　办	Kindergartens Run by Society	1100	1010	90	1298	1198	100
教职工人数(人)	**Number of Teachers and Staff (person)**	**38353**	**34653**	**3700**	**42398**	**38052**	**4346**
# 教　师	Teachers	21130	19211	1919	23041	20819	2222
保健员	Health Workers	1755	1569	186	2130	1824	306
在园幼儿数(人)	**Number of Student Enrollment (person)**	**312969**	**273465**	**39504**	**342728**	**299893**	**42835**

17-18 体育事业基本情况

Basic Statistics on Sports

项　目	Item	2009	2010
群众体育活动情况	Mass Sports Activities		
市区街三级全民健身活动及比赛(项)	Number of Nationwide Body-building Activities Run by Municipal and District Institutions (times)	1985	2088
参加市区街三级全民健身活动人数(万人次)	Number of Persons Taking Part in Nationwide Body-building Activities Run by Municipal and District Institutions (10000 person-times)	666.98	740.66
举办国际、国内单项比赛次数(次)	Number of international and national individual competitions (times)	54	39
破纪录	Records Chalked up		
破世界纪录(项、人次)	World Records Chalked up (item, person-times)		
破亚洲纪录(项、人次)	Asian Records Chalked up (item, person-times)		
破全国纪录(项、人次)	National Records Chalked up (item, person-times)	3项3人次	
获得冠军	Champions Won		
广州运动员获世界冠军(项、人次)	World Champions (item, person-times)	25项29人次	6项7人次
广州运动员获亚洲冠军(项、人次)	Asian Champions (item, person-times)	9项15人次	21项30人次
广州运动员获全国冠军(项、人次)	National Champions (item, person-times)	51项94人次	54项94人次

17-19 文化事业主要指标

项　　目	Item
电影、艺术事业	**Films and Arts**
全年摄制完成影片(部)	Film Production (film)
# 故事片	Feature Films
全年发行各种新影片(部)	Release of Various New Films (film)
# 国产与合拍片	Chinese-made Films
进口片	Hong Kong-made and Import Films
电影放映、艺术表演单位	Film Projection Units and Art Performance Units
电影院(间)	Cinemas (unit)
电影院座位(个)	Seats of Cinemas (unit)
艺术表演场馆(个)	Art Performance Halls (unit)
艺术表演场馆座席数(个)	Seats of Art Performance Halls (unit)
电影映出场次(场)	Number of Film Showing (scene)
电影观众人数(万人次)	Number of Film Spectators (10000 person-times)
专业艺术表演团体(个)	Specialized Arts Performance Troupes (unit)
本年上演剧目(个)	Plays Performed in Current Year (unit)
本团原创首演剧目(个)	Premiere Performance of Original Play (unit)
艺术表演团体演出场次(场)	Number of Performance for Arts Performance Troupes (scene)
# 出访演出	Visit Performance
艺术表演团体演出观众人次(万人次)	Number of Spectators for Arts Performance Troupes (10000 person-times)
广播电视事业	**Broadcasting and Television Stations**
广　播	Broadcasting
广播电台(座)	Number of Broadcasting Stations (set)
节目套数(套)	Number of Programs (set)
中短波转播发射台(座)	Medium Wave and Short Wave Broadcasting Transmission Stations (set)
平均日播音(小时：分)	Broadcasting Hours per Day (hour：minute)
广播综合人口覆盖率(%)	Listener Rating (%)
电　视	Television
电视台(座)	Number of Television Stations (set)
节目套数(套)	Number of Programs (set)
平均周播放时间(小时：分)	Broadcasting Hours per Week (hour：minute)
制作电视剧(集)	TV Play Programs (set)
电视综合人口覆盖率(%)	Viewer Rating (%)

Main Indicators of Culture

2009		2010	
全 市 Total	#市 区 Urban Districts	全 市 Total	#市 区 Urban Districts
4		4	
4		4	
176	176	213	213
121	121	144	144
55	55	69	69
29	27	35	33
27768	27096	30839	30167
23	22	23	22
25537	24737	38674	37934
187329		244812	
654		975	
17	17	17	17
20	20	30	30
3289	3289	3165	3165
81	81	439	439
377	377	466	466
2	2	2	2
16	16	16	15
3	3	3	3
350	308	336	316
100.00	100.00	100.00	100.00
3	3	3	3
28	25	33	32
3467	3252	3147	3124
1046	1046	1657	1657
100.00	100.00	100.00	100.00

17-19 续表

项　　目	Item
图书、档案事业	**Books and Archives**
公共图书馆(间)	Public Libraries (unit)
总藏量(万册)	Total Collections (10000 volumes)
# 图　书	Books
阅览室座席(个)	Seating Capacity of Reading Rooms (seat)
# 少儿阅览室座席	Seating Capacity of Children Reading Rooms
总流通人次(万人次)	Total Number of Circulation (10000 person-times)
书册外借册次(万册次)	Number of Books Borrowed by the Readers (10000 volume-times)
图书销售量(万册)	Number of Books Sold (10000 volumes)
档案馆(个)	Archives (unit)
馆藏案卷总数(万卷)	Number of Archives (10000 volumes)
群众文化事业	**Mass Culture**
群众艺术馆、文化馆(间)	Units Responsible for Guiding Mass Art (unit)
文化站(个)	Cultural Stations (unit)
举办展览(个)	Number of Exhibitions (unit)
组织文艺活动(次)	Art Performances and Story-telling (times)
举办训练班(次)	Training Courses (times)
文物事业	**Cultural Relics**
博物馆、纪念馆(个)	Museums and Memorial Halls (unit)
文物藏品(件)	Number of Collection (piece)
# 一级品	Grade One
举办展览(个)	Number of Displays and Exhibitions (unit)
参观人次(千人次)	Number of Visitors (1000 person-times)
# 外　宾	Foreign Guests
文物保护单位(处)	Units of Historical Relics Preservation (unit)
文物商店(间)	Cultural Relic Stores (unit)
出版事业	**Publishing Undertaking**
全年出版报纸(种)	Number of Newspapers Published (kind)
全年出版报纸(万份)	Number of Newspapers Published (10000 copies)
全年出版图书(种)	Number of Books Published (kind)
全年出版图书(万册)	Number of Books Published (10000 copies)
全年出版杂志(种)	Number of Magazines Published (kind)
全年出版杂志(万册)	Number of Magazines Published (10000 copies)

continued

2009		2010	
全 市 Total	# 市 区 Urban Districts	全 市 Total	# 市 区 Urban Districts
15	13	15	13
1692	1636	1795	1737
1479	1427	1573	1519
14490	13870	15294	14464
2094	1874	2198	1924
1076	1024	1068	1031
696	660	592	562
5639	5066	6456	5956
28	26	31	29
935	913	1027	1004
14	12	14	12
164	147	165	148
997	890	1017	939
3536	3106	4565	4189
5766	5568	6307	6142
31	29	31	29
338471	336847	336763	335122
1053	1053	1023	1023
356	311	267	245
6675	6610	8260	8192
321	291	322	292
2	2	2	2
76	76	76	76
336789	336789	343144	343144
5228	5228	5306	5306
21480	21480	23790	23790
285	285	285	285
19479	19479	17839	17839

17-20 主要年份卫生事业基本情况

Basic Statistics on Public Health in Main Years

年 份 Year	卫生机构数 (个) Health Care Institutions (unit)	#医 院 Hosopitals	卫 生 技术人员 (人) Medical Professionals (person)	#医 生 Doctors	卫生机构 床位数 (张) Hospital Beds (bed)	#医 院 Hosopitals	每万人口 医生数 (人) Doctors per 10000 Population (person)	每万人口 医院床位数 (张) Hospital Beds per 10000 Population (bed)
1978	1589	140	31547	12014	17109	14382	24.88	29.78
1979	1657	140	33239	13049	17530	14725	26.45	29.84
1980	1802	141	35792	14566	17673	14747	29.02	29.38
1981	1883	148	37914	15012	19228	16335	29.41	32.00
1982	2032	152	40213	16510	20896	17162	31.82	33.08
1983	2118	156	41436	17770	21671	17592	33.74	33.40
1984	2194	164	42279	17912	22280	18040	33.44	33.68
1985	2098	163	42522	18079	23830	19439	33.17	35.67
1986	2319	165	44666	19152	25031	20020	34.48	36.05
1987	2173	174	45818	19557	26599	21544	34.61	38.13
1988	2387	182	46957	20094	27981	22663	34.83	39.28
1989	2409	186	47988	20913	28988	23458	35.72	40.07
1990	2353	190	48276	21015	29930	24395	35.36	41.05
1991	2347	194	48618	21026	31293	25286	34.91	41.99
1992	2323	200	49052	21304	32646	26901	34.80	43.94
1993	2094	210	50097	22153	32399	27339	35.52	43.84
1994	2131	216	50819	22401	33086	27871	35.17	43.75
1995	2238	221	52851	23321	34139	28721	36.06	44.41
1996	1987	222	52450	22384	34338	29728	34.12	45.31
1997	1989	224	53654	22829	35301	30067	34.25	45.11
1998	2013	224	54053	22817	35306	30791	33.85	45.67
1999	1670	250	54480	23068	36431	31284	33.68	45.67
2000	1703	252	55677	23503	38758	33716	33.54	48.12
2001	2257	253	56262	23949	39417	34558	33.61	48.50
2002	2265	196	54652	22169	40430	32736	30.76	45.43
2003	2349	183	57274	23464	42210	34140	32.36	47.08
2004	2443	188	59943	24493	45687	35979	33.20	48.77
2005	2517	211	64182	25852	47888	39359	34.44	52.44
2006	2603	223	69091	27338	50500	42821	35.94	56.29
2007	2543	225	76791	29056	52640	45209	37.57	58.45
2008	2388	218	80687	29953	54973	47128	38.20	60.10
2009	2341	224	89179	32926	59038	50367	41.44	63.39
2010	2387	216	95546	33575	62552	53227	41.65	66.03

注：1. 2002年起卫生指标按照新的《中国卫生统计调查制度》统计。其中，医生为执业(助理)医师数；护师、护士为注册护士数。

2. 从2004年起医院不包卫生院。

Note: I. Since 2002 statistics of health care have been based on China Health Care Statistical Investigation System of which, doctors, refer to medical practitioners and associate medical practitioners, senior and junior nurses refer to registered nurses.

II. The hospitals haven't included the township hospitals since 2004.

17-21 卫生事业机构数(2010年)

Number of Health Institutions (2010)

单位:个 (unit)

项目	Item	全市 Total	市区 Urban Districts	增城市 Zengcheng	从化市 Conghua
各类卫生机构合计	**Total Number of Health Care Institutions**	**2387**	**2202**	**108**	**77**
医院	Hospitals	216	205	8	3
综合医院	General Hospitals	130	124	5	1
中医医院	TCM Hospitals	29	27	1	1
中西医结合医院	Hospitals Which Integrate Traditional Chinese Therapeutics with Western Therapeutics in Practice	3	3		
专科医院	Specialized Hospitals	53	50	2	1
护理院	Nursing Homes	1	1		
疗养院	Sanitariums	8	7		1
社区卫生服务中心	Health Service Centers for Community	134	129	2	3
卫生院	Township Hospitals	39	18	11	10
门诊部	Outpatient Departments	540	535	2	3
诊所	Clinics	648	560	66	22
卫生所、医务室	Health Stations, Infirmaries	572	540	7	25
社区卫生服务站	Health Service Stations for Community	141	133	4	4
急救中心(站)	First Aid Centers (Stations)	5	3	1	1
采供血机构	Blood Collection Agencies	5	3	1	1
妇幼保健院(所、站)	Maternity and Child Care Centers	13	12	1	
专科疾病防治院(所、站)	Specialized Disease Prevention & Treatment Institutions	13	11	1	1
疾病预防控制中心(防疫站)	CDC (Epidemic Prevention Stations)	18	16	1	1
卫生监督所	Health Supervision Stations	15	13	1	1
医院科学研究机构	Research Institutions of Medical Science	5	5		
健康教育所(站、中心)	Health Education Stations (Centers)	5	4	1	
其他卫生机构	Other Medical Institutions	10	8	1	1

17-22 卫生事业机构床位数(2010年)

单位:张

项 目	Item
各类卫生机构床位	**Total Number of Beds in Health Institutions**
医 院	Hospitals
综合医院	General Hospitals
中医医院	TCM Hospitals
中西医结合医院	Hospitals Which Integrate Traditional Chinese Therapeutics with Therapeutics in Practice
专科医院	Specialized Hospitals
护理院	Nursing Homes
疗养院	Sanitariums
社区卫生服务中心	Health Service Centers for Community
卫生院	Township Hospitals
门诊部	Outpatient Departments
妇幼保健院(所、站)	Maternity and Child Care Centers
专科疾病防治院(所、站)	Specialized Disease Prevention & Treatment Institutions
其他卫生机构	Others

17-23 卫生事业机构工作人员(2010年)

单位:人

项 目	Item
合 计	**Total**
卫生技术人员小计	Medical Technical Personnel
执业医师	Certified Doctors
执业助理医师	Assistant Certified Doctors
注册护士	Registered Nurses
药 师(士)	Pharmacists
技 师(士)	Technicians
# 检验师(士)	Testers
其 他	Others
其他技术人员	Other Technical Personnel
管理人员	Managerial Personnel
工勤技能人员	Workers

Number of Beds in Health Institutions (2010)

(unit)

全 市 Total	市 区 Urban Districts	增城市 Zengcheng	从化市 Conghua
62552	**57877**	**2734**	**1941**
53227	50540	1702	985
33853	32064	1309	480
8465	7902	263	300
162	162		
10654	10319	130	205
93	93		
1311	1061		250
2728	2376	162	190
3581	2431	634	516
30	30		
1569	1333	236	
106	106		

Number of Employed Personnel in Health Institutions (2010)

(person)

全 市 Total	市 区 Urban Districts	增城市 Zengcheng	从化市 Conghua
117281	**108062**	**5447**	**3772**
95546	88131	4399	3016
31231	29269	1160	802
2344	1836	305	203
39140	36266	1718	1156
6849	6304	382	163
6522	6025	282	215
4605	4313	168	124
9460	8431	552	477
4482	4055	314	113
6811	6271	332	208
10442	9605	402	435

17-24 医疗机构业务工作情况(2010年)

Statistics on Medical Institutions (2010)

项　目	Item	合 计 Total	非营利性医疗机构 Non-profitable Medical Institutions	# 政府办 Run by Governments	营利性医疗机构 Profitable Medical Institutions
填报单位(个)	Number of Units (unit)	2335	1161	412	1174
诊疗人次(万人次)	Patients Treated (10000 person-times)	10254.63	9249.28	8431.71	1005.35
# 门　诊	Outpatient Visits	9235.05	8265.66	7515.86	969.39
急　诊	Emergency Visits	866.55	837.03	781.02	29.52
观察室留观病例数(万人次)	Number of Persons for Further Observation (10000 person-times)	118.30	117.40	115.08	0.90
健康检查人次(万人次)	Number of Persons for Health Examination (10000 person-times)	584.97	541.90	469.86	43.07
入院人数(万人)	Number of Inpatients (10000 persons)	176.95	169.54	162.24	7.41
出院人数(万人)	Number of Leaving Hospital (10000 persons)	176.44	169.10	161.84	7.34
年底实有病床数(张)	Number of Beds at Year-end (unit)	62552	58087	53668	4465
平均开放病床数(张)	Average Number of Beds in Use (unit)	60706	56348	52028	4358
病床使用率(%)	Utilization Rate of Beds (%)	86.23	88.27	90.3	59.78
病床周转率(次/年)	Turnover Rate of Beds (times/year)	29.1	30.0	31.1	16.8
出院者平均住院日(日)	Average Hospitalization Period (day)	10.2	10.2	10.2	10.7

17-25 医院、卫生院工作情况(2010年)

Statistics on Hospitals and Township Hospitals (2010)

项　　目	Item	医 院 Hospitals	#市 区 Urban Districts	卫生院 Township Hospitals	#市 区 Urban Districts
填报单位(个)	Number of Units (unit)	216	205	39	18
诊疗人次(万人次)	Patients Treated (10000 person-times)	6631.51	6299.59	633.61	454.82
#门　诊	Outpatient Visits	5945.20	5671.51	524.61	377.68
急　诊	Emergency Visits	621.37	564.07	104.53	75.51
观察室留观病例数(万人次)	Number of Persons for Further Observation (10000 person-times)	99.96	99.13	9.80	8.13
健康检查人次(万人次)	Number of Persons for Health Examination (10000 person-times)	354.34	319.71	41.01	29.68
入院人数(万人)	Number of Inpatients (10000 persons)	144.15	134.72	11.13	6.55
出院人数(万人)	Number of Leaving Hospital (10000 persons)	143.55	134.14	11.26	6.56
年末实有病床数(张)	Number of Beds at Year-end (unit)	53227	50540	3581	2431
平均开放病床数(张)	Average Number of Beds in Use (unit)	51629	49043	3529	2410
病床使用率(%)	Utilization Rate of Beds (%)	89.55	89.64	58.09	51.02
病床周转率(次/年)	Turnover Rate of Beds (times/year)	27.8	27.4	31.9	27.2
出院者平均住院日(日)	Average Hospitalization Period (day)	11.1	11.3	6.4	6.7

17-26 农村卫生室基本情况(2010年)

Statistics on Rural Health Institutions (2010)

项　　目	Item	全 市 Total	市 区 Urban Districts	增城市 Zengcheng	从化市 Conghua
机构数(个)	Number of Institutions (unit)	1070	609	240	221
执业(助理)医师(人)	Certified (Assistant) Doctors (person)	375	248	60	67
乡村医生和卫生员(人)	Rural Doctors and Medical Attendants (person)	1892	1149	427	316
# 乡村医生数	Rural Doctors	1684	976	398	310
# 大专及以上学历	Those with Specialized Diploma and above	247	176	32	39
中专学历及中专水平	Those with Secondary Specialized School or Related Level	1173	677	290	206
在职培训合格者	Those Qualified with On-the-job Training	233	109	62	62
卫生员	Medical Attendants	208	173	29	6
诊疗人次(万人次)	Patients Treated (10000 person-times)	537.21	417.89	80.34	38.98

17-27 卫生事业其他指标

Other Indicators of Health Care

项　　目	Item	2009	2010
人均卫生资源	**Per Capita Health Resources**		
每万人口卫生机构床数(张)	Number of Hospital Beds per 10000 Population (unit)	74.30	77.59
每万人口卫生技术人员数(人)	Number of Medical Technical Personnel per 10000 Population (person)	112.23	145.49
每万人口执业(助理)医师数(人)	Number of Certified (Assistant) Doctors per 10000 Population (person)	41.44	41.65
每万人口注册护士数(人)	Number of Registered Nurses per 10000 Population (person)	44.15	48.55
防病工作	**Disease Prevention**		
甲、乙类传染病发病率(1/10万)	Incidence Disease Rate of type A&B Infectious Disease (per 100000 persons)	362.02	276.89
甲、乙类传染病死亡率(1/10万)	Death Rate of type A&B Infectious Diseases (per 100000 persons)	1.43	1.32
儿童计划免疫接种率(%)	Planned Vaccination Rate of Children (%)		
卡介苗接种率	BCG Vaccination Rate	99.73	99.73
脊髓灰质炎接种率	Poliovirus Vaccination Rate	99.58	99.51
百白破接种率	Pertussis, Diphtheria & Tetanus Vaccination Rate	99.50	99.44
麻疹接种率	Measles Virus Vaccination Rate	99.20	99.45
乙肝基础免疫	Hepatitis B Basic Vaccination Rate	99.50	99.47
乙脑基础免疫	Encephalitis B Basic Vaccination Rate	98.87	99.32

注:甲、乙类传染病发病率、死亡率用常住人口计算。

Note: The incidence disease rate and death rate of type A and B infections diseases are calculated by annual resident population.

17-27 续表 continued

项　　目	Item	2009	2010
妇幼工作	**Women and Children**		
孕产妇保健系统管理率(%)	Management Rate of Maternity Health Care System (%)	93.27	93.23
孕产妇保健管理覆盖率(%)	Coverage Rate of Maternity Health Care Management (%)	98.46	98.32
3岁以下儿童保健系统管理率(%)	Management Rate of Children Health Care System at 3 Years Old and below (%)	95.38	96.19
7岁以下儿童保健管理覆盖率(%)	Coverage Rate of Children Health Care Management at 7 Years Old and below (%)	99.13	99.43
出生缺陷发生率(人/万人)	Incidence Rate of Birth Defect (persons per 10000 persons)	162.58	168.08
出生低体重儿发生率(%)	Incidence Rate of Low Weight Infants at Birth (%)	4.62	4.42
5岁以下儿童中、重度营养不良患病率(%)	Incidence Disease Rate from Medium and Serious Malnutrition of Children at 5 Years Old and below (%)	0.61	0.63
婚前医学检查(%)	Medical Examination Rate before Marriage (%)	32.68	38.16
婚前医学检查疾病检出率(%)	Disease Rate through Medical Examination before Marriage (%)	20.15	16.61
生命指标	**Life Indicators**		
平均期望寿命(岁)	Life Expectancy (year)	78.95	79.04
男　性	Male	76.39	76.44
女　性	Female	81.68	81.83
孕产妇死亡率(1/10万)	Death Rate of Pregnant and Lying-in Women (per 100000 persons)	11.68	15.20
5岁以下儿童死亡率(‰)	Death Rate of Children at 5 Years Old and below (‰)	5.92	5.46

17-28 律师、公证、基层司法基本情况

项　　目	Item
律师工作	**Lawyers**
律师事务所(个)	Number of Law Offices (unit)
执业律师(人)	Number of Certified Lawyers (person)
担任常年法律顾问(家)	Number of Units with Permanent Legal Advisors (unit)
民事诉讼代理(件)	Civil Case Litigation Agency (case)
经济诉讼代理(件)	Economic Case Litigation Agency (case)
行政诉讼代理(件)	Administrative Action Case Litigation Agency (case)
非诉讼法律事务(件)	off-court Case (case)
刑事辩护及代理(件)	Criminal Case Litigation Agency (case)
涉外法律事务(件)	Agent of Foreign-related Legal Affairs Agency (case)
索回赔、欠款(万元)	Claiming Indemnity and Arrears (10000 yuan)
公证工作	**Notarization**
公证处(个)	Number of Notary Offices (unit)
公证人员(人)	Number of Notary Personnel (person)
办结公证总数(件)	Number of Notary Documents (case)
# 国内民事公证	Notarization of Domestic Civil Cases
国内经济公证	Notarization of Domestic Economic Cases
涉外民事公证	Notarization of Foreign-related Civil Cases
涉外经济公证	Notarization of Foreign-related Economic Cases
帮助避免经济损失(万元)	Amount of Helping to Avoid Economic Losses (10000 yuan)
基层司法工作	**Grassroots Judicial Work**
法律服务所(个)	Number of Law Services (unit)
法律服务所人员(人)	Number of Law Service Personnel (person)
担任法律顾问(家)	Number of Units with Legal Advisors (unit)
民事诉讼代理(件)	Agent of Civil Cases (case)
非诉讼法律事务(件)	Agent of Non-litigious Legal Affairs (case)
协办公证(件)	Helping to Go through with Notarization (case)
帮助避免或挽回经济损失(万元)	Amount of Helping to Recover Economic Losses (10000 yuan)
人民调解委员会(个)	Number of People's Mediation Committees at Year-end (unit)
调解人员(人)	Number of Mediators at Year-end (person)
调解纠纷总数(件)	Number of Disputes Mediated (case)

Basic Statistics on Lawyers, Notarization and Grassroots Judicial Work

1995	2000	2005	2006	2007	2008	2009	2010
95	153	268	279	287	293	357	381
1940	2637	4322	4727	5061	5634	6167	6659
3496	3810	3550	1395	1051	7371	10095	9980
5753	6994	23845	23888	19636	28775	45447	40259
4077	8190	12407	9712	6526			
85	154	610	455	526	674	874	612
11890	13247	26597	21676	22155	22604	47579	30841
1920	2246	6952	6793	5293	1781	1477	8553
3866	3604	486	1531	633			
45751	94218	54437	59740	19179			
14	14	12	11	11	8	8	11
288	290	401	287	309	334	121	348
250096	438838	434982	254512	333946	326119	447294	415358
53431	94398	121226	66921	73093	82835	107908	122204
77788	177691	158383	111056	179052	150898	232940	166221
113038	166470	146650	76014	81267	91718	104820	126042
5839	279	2074	521	534	668	722	891
17386	22168	20640	4150	4250			
180	158	89	95	118	69	61	62
550	546	293	166	361	206	180	177
2484	2769	1948	1625	1394	1365	1220	1223
1963	2475	1449	1088	895	996	616	628
39199	26288	7267	4842	3491	3643	3379	2813
34126	24135	1420	921	645	594		
11206	24564	4807	10678	9002	6193	2530	2294
3766	3569	2976	3093	3012	3130	2858	3068
35608	36177	19233	21700	27000	26977	20506	18075
8070	10044	13521	13908	20039	17065	21018	21238

17-29 市区律师、公证、基层司法基本情况

项　　目	Item
律师工作	**Lawyers**
律师事务所(个)	Number of Law Offices (unit)
执业律师(人)	Number of Certified Lawyers (person)
担任常年法律顾问(家)	Number of Units with Permanent Legal Advisors (unit)
民事诉讼代理(件)	Civil Case Litigation Agency (case)
经济诉讼代理(件)	Economic Case Litigation Agency (case)
行政诉讼代理(件)	Administrative Action Case Litigation Agency (case)
非诉讼法律事务(件)	off-court Case (case)
刑事辩护及代理(件)	Criminal Case Litigation Agency (case)
涉外法律事务(件)	Agent of Foreign-related Legal Affairs Agency (case)
索回赔、欠款(万元)	Claiming Indemnity and Arrears (10000 yuan)
公证工作	**Notarization**
公证处(个)	Number of Notary Offices (unit)
公证人员(人)	Number of Notary Personnel (person)
办结公证总数(件)	Number of Notary Documents (case)
# 国内民事公证	Notarization of Domestic Civil Cases
国内经济公证	Notarization of Domestic Economic Cases
涉外民事公证	Notarization of Foreign-related Civil Cases
涉外经济公证	Notarization of Foreign-related Economic Cases
帮助避免经济损失(万元)	Amount of Helping to Avoid Economic Losses (10000 yuan)
基层司法工作	**Grassroots Judicial Work**
法律服务所(个)	Number of Law Services (unit)
法律服务所人员(人)	Number of Law Service Personnel (person)
担任法律顾问(家)	Number of Units with Legal Advisors (unit)
民事诉讼代理(件)	Agent of Civil Cases (case)
非诉讼代理(件)	Agent of Non-litigious Legal Affairs (case)
协办公证(件)	Helping to Go through with Notarization (case)
帮助挽回经济损失(万元)	Amount of Helping to Recover Economic Losses (10000 yuan)
年末人民调解委员会(个)	Number of People's Mediation Committees at Year-end (unit)
年末调解人员(人)	Number of Mediators at Year-end (person)
调解纠纷总数(件)	Number of Disputes Mediated (case)

Basic Statistics on Lawyers, Notarization and Grassroots Judicial Work in Urban Districts

1995	2000	2005	2006	2007	2008	2009	2010
87	149	257	267	275	281		
1839	2601	4263	4662	4993	5546		
3142	3763	3312	1153	807	1281		
5391	6769	23455	23487	19227			
3702	8034	11906	9132	6174			
75	154	572	420	485			
7538	12326	25052	19956	20293			
1631	2218	6826	6664	5195			
2514	3527	486	1531	633			
43429	94169	54437	59740	19179			
10	12	10	8	9	6	6	9
255	276	393	266	288	305	114	319
220357	419574	433572	247275	326126	316748	435937	404749
50523	93089	121226	63650	69543	80077	103554	116662
58152	164160	156607	108131	176008	146302	227777	163184
106624	162046	145622	74973	80041	89701	102980	124012
5058	279	2074	521	534	668	722	891
17386	20616	20640	4150	4250			
115	125	71	77	80	51	43	48
343	438	216	141	228	160	132	129
1743	2404	1538	984	856	1281	1153	1185
1426	2197	1341	768	620	976	595	610
36169	25087	6650	4204	3065	3462	3278	2703
30026	21511	1395	880	599	588		
3507	19651	4676	10575	8916	6005	2189	2189
2282	2874	2396	2515	2462	2537	2265	2470
25851	24415	14073	16500	22400	21717	15246	15257
5301	7708	10824	10898	16639	12171	17173	16718

17-30 社会治安主要指标

Main Indicators of Public Security

项目	Item	2009 全市 Total	2009 #市区 Urban Districts	2010 全市 Total	2010 #市区 Urban Districts
刑事案件	**Criminal Cases**				
立案数(件)	Number of Cases Registered (case)	59915	53581	53738	47843
破案数(件)	Number of Cases Cracked in Current Year (case)	29804	26381	29279	26092
破案率(%)	Percentage of Cases Cracked to Total Criminal Cases in Current Year (%)	49.74	49.23	54.48	54.54
治安案件	**Offense Cases against Public Order**				
受理数(件)	Number of Cases Accepted to be Treated (case)	230506		181312	
查处数(件)	Number of Cases Investigated and Treated (case)	229622		179777	
城市交通事故	**City Traffic Accidents**				
交通事故(件)	Number of Traffic Accidents (case)	4261		3582	
死伤人数(人)	Number of Deaths and Injuries (person)	6322		5270	
# 死亡人数	Number of Deaths	1131		1018	
损失折款(万元)	Losses Converted into Cash (10000 yuan)	1340		1109	
火灾	**Fires**				
火灾起数(起)	Number of Fires (case)	1202	1185	1164	
死伤人数(人)	Number of Deaths and Injuries (person)	26	25	22	
# 死亡人数	Number of Deaths	17	17	13	
损失折款(万元)	Losses Converted into Cash (10000 yuan)	1276	1066	1637	

注:城市交通事故市公安局统计分城市与农村，而不是按行政区域统计。

Note: The city traffic accidents is statisticed by urban areas, and not by administrative regions.

17-31 结婚和离婚对数

Couples of Marriage and Divorce

单位:对 (couple)

区、县级市	District and City at County Level	2009 登记结婚对数 Number of Marriage Registration	2009 离婚对数 Number of Divorces	2010 登记结婚对数 Number of Marriage Registration	2010 离婚对数 Number of Divorces
全　市	**Total**	**91375**	**19286**	**81896**	**20663**
市　区	Urban Districts	76751	12997	67318	14196
荔湾区	Liwan	7006	1387	5703	1460
越秀区	Yuexiu	14443	2663	11264	2847
海珠区	Haizhu	9457	1784	7965	1801
天河区	Tianhe	10425	1440	9117	1721
白云区	Baiyun	9416	1311	8913	1482
黄埔区	Huangpu	2581	444	2242	516
番禺区	Panyu	10164	1904	9499	2090
花都区	Huadu	7658	1204	7435	1335
南沙区	Nansha	1564	223	1374	240
萝岗区	Luogang	2583	386	2548	441
广州市本级	City Level	1454	251	1258	263
市中级法院	Court of Guangzhou		3337		3253
县级市	Cities at County Level	14624	2952	14578	3214
增城市	Zengcheng	8544	1834	8366	1916
从化市	Conghua	6080	1118	6212	1298

17-32 社会保险情况

Conditions of Social Insurance

单位:人 (person)

项　目	Item	2009 年末参保人数 Persons Participating in Insurance at Year-end	2009 全年享受人数 Persons Enjoying Insurance	2010 年末参保人数 Persons Participating in Insurance at Year-end	2010 全年享受人数 Persons Enjoying Insurance
基本养老保险	Basic Pension Insurance	4153402	985553	4844970	1115533
# 企业职工	Employees of Enterprises	3520000	626920	3750002	657529
失业保险	Unemployment Insurance	3121036	120929	3360018	261089
基本医疗保险	Basic Medical Care Insurance	6080318	5243113	6783667	1907401
# 城镇职工	Urban Employees of Enterprises	3826813	4395530	4273645	1547410
工伤保险	Work Injury Insurance	3551017	14971	3750021	13693
生育保险	Maternity Insurance	1661260	26007	2080173	30349

注:1. 2009年、2010年基本养老保险统计范围调整，包括职工、农转居等。

2. 2009年、2010年基本医疗保险包括城镇职工、城镇居民医疗保险。

3. 2010年，基本医疗保险全年享受人数统计口径调整。

Note: I. Data of employed persons and rural to urban residents are included in the data for basic pension insurance in 2009 and 2010.

II. Medical care insurance of urban employees of enterprises and urban residents are included in basic medical care insurance in 2009 and 2010.

III. Basic medical care insurance is calculated on new statistical coverage in 2010.

17-33 优抚和社会救济、福利事业情况

项　　目	Item
优抚事业	**Special Care and Preferential Treatment**
收养类优抚单位数(个)	Number of Special Care Adoption Units (unit)
收养类优抚床位数(张)	Number of Beds in Special Care Adoption Units (unit)
年末收养类优抚在院人数(人)	Number of Persons in Special Care Adoption Units at the Year-end (person)
# 优抚对象	Persons Enjoying Special Care and Preferential Treatment
抚恤.补助优抚对象总人数(人)	Number of Persons Enjoying Regular Pensions and Allowances (person)
优待优抚对象户数(户)	Number of Households Enjoying Special Care and Preferential Treatment (household)
抚恤事业费(万元)	Expenses on Special Care and Preferential Treatment (10000 yuan)
社会救济	**Social Relief**
城镇居民最低生活保障人数(人)	Number of Urban Residents Enjoying Minimum Life Guarantee System (person)
农村居民最低生活保障人数(人)	Number of Rural Residents Enjoying Minimum Life Guarantee System (person)
城市临时救济人次(人次)	Number of Persons Enjoying Temporary Relief in Urban Areas (person-times)
农村临时救济人次(人次)	Number of Persons Enjoying Temporary Relief in Rural Areas (person-times)
农村定期救济户数(户)	Number of Households Enjoying Regular Relief in Rural Areas (household)
农村五保供养户数(户)	Households Enjoying the Five Guarantees in Rural Areas (household)
社会救济福利事业费(万元)	Expenses on Social Relief and Welfare (10000 yuan)
社会救济事业支出(万元)	Expenses on Social Relief (10000 yuan)
财政救灾支出(万元)	Financial Relief Funds for Disasters (10000 yuan)
社会福利	**Social Welfare**
社会福利性收养单位数(个)	Number of Social Welfare Adoption Units (unit)
社会福利性收养单位床位数(张)	Number of Beds in Social Welfare Adoption Units (unit)
年末社会福利性收养单位在院人数(人)	Number of Persons in Social Welfare Adoption Units at the Year-end (person)
# 优抚对象	Persons Enjoying Special Care and Preferential Treatment
三无对象	Three-no People in Short
社会福利企业单位数(个)	Number of Social Welfare Enterprises (unit)
社会福利企业残疾职工人数(人)	Number of Disabled Persons in Social Welfare Enterprises (person)
社会福利事业费	Expenses on Social Welfare
城乡基层社会保障	**Grassroots Social Security in Urban and Rural Areas**
农村建立社会保障网络数(个)	Rural Social Security Network (unit)
城镇社区服务设施数(个)	Number of Community Service Facilities in Urban Areas (unit)
# 社区服务中心	Centers of Community Service

注:1.从2003年始，农村定期救济调整为户数。

2.三无人员指无劳动能力、无生活来源、无法定赡养人和抚养人的城镇居民。

Statistics on Special Care, Social Relief and Social Welfare

1995	2000	2005	2006	2007	2008	2009	2010
1	1	1	1	1			
100	140	190	194	187			
50	29	154	153	190			
	8	25	153	190			
7029	7128	7295	6677	13403	15478	16039	17422
6068	7947	9953	6986	13135	9909	8362	9073
2536	5027	11818	13921	18887	19572	23971	21669
	20132	45038	47822	48045	44991	45412	43206
	15687	68265	72988	74892	70151	70552	68545
		6270	696	938	532		174
66161	10221	4469	1914	5384	4003	3398	2054
		4358					
		3136	5030	5254	3206	4941	5044
5722	16417	38715	42841	47400			
					31840	33458	38634
242	220	823	654	1908	1848	503	725
139	182	166	154	152	153	178	159
5238	12371	17770	18130	20585	23064	24469	27704
3956	8142	8603	9213	9826	17762	18440	23666
	302	145	193	397	574	312	278
	3702	3756	4228	4239	4899	4107	4738
3113	118	80	49	41	40	33	34
5816	1643	1743	454	1098	929	985	952
					25748	64639	41674
56	76						
348	236	1871	1747	1073	1180	1570	1391
69	80	102	108	108	123	122	238

Note: I. The number of persons enjoying regular relief in rural areas has been changed as number of households enjoying regular relief in rural areas since 2003. II. "Three-no people" is short for those urban citizens who have no ability to work, no source of income, and no legal supporters to provide their lives.

17-34 主要年份环境保护基本情况

项　　目	Item
市区二氧化硫年日平均值(毫克/立方米)	**Daily Mean Value of SO2 in Urban Area (mg/m^3)**
市区二氧化氮年日平均值(毫克/立方米)	Daily Mean Value of NO_2 in Urban Area (mg/m^3)
市区可吸入颗粒平均浓度(毫克/立方米)	Annual Concentration of Breathable Particular Matter (mg/m^3)
降水PH值	The PH Value of the Precipitation
酸雨频率(%)	Frequency of Acid Rain (%)
环境空气质量优良天数(天)	The Number of Days of Good Air Quality (day)
环境空气质量优良率(%)	The Rate of Good Air Quality (%)
废水排放总量(万吨)	**Volume of Waste Water Discharged (10000 tons)**
工业废水排放量	Volume of Industrial Waste Water Discharged
生活污水排放量	Volume of Living Waste Water Discharged
工业废水排放达标量(万吨)	Volume of Industrial Waste Water up to the Discharge Standards (10000 tons)
工业废水排放达标率(%)	Percentage of Industrial Waste Water up to the Discharge Standards (%)
工业废气排放总量(亿标立方米)	**Volume of Industrial Waste Gas Emission (100 million cu.m)**
二氧化硫排放量(万吨)	Volume of Sulphur Dioxide Emission (10000 tons)
工　业	Industry
生　活	Living
烟尘排放量(万吨)	Volume of Soot Emission (10000 tons)
工　业	Industry
生　活	Living
工业粉尘排放量(万吨)	Volume of Industrial Dust Emission (10000 tons)
工业二氧化硫去除量(万吨)	Volume of Industrial Sulphur Dioxide Removed (10000 tons)
工业烟尘去除量(万吨)	Volume of Industrial Soot Removed (10000 tons)
工业粉尘去除量(万吨)	Volume of Industrial Dust Removed (10000 tons)
建成烟尘控制区数(个)	**Number of Soot Control Zones Established (unit)**
建成烟尘控制区面积(平方公里)	Area of Soot Control Zones Established (sq.km)
工业固体废物产生量(万吨)	**Volume of Industrial Solid Wastes Produced (10000 tons)**
# 危险废物	Hazardous Wastes
工业固体废物综合利用量(万吨)	Volume of Comprehensive Utilization of Industrial Solid Wastes (10000 tons)
工业固体废物综合利用率(%)	Comprehensive Utilization Rate of Industrial Solid Wastes (%)
工业固体废物排放量(万吨)	Volume of Industrial Solid Wastes Discharged (10000 tons)
建成城市环境噪声达标区数(个)	**Number of Developed Distrcts of Environmental Noise up to the National Standard (unit)**
环境噪声达标区面积(平方公里)	Area of Environmental Noise up to the National Standard (sq.km)
交通干线噪声平均值(分贝)	The Average of Main Road Noise (decibel)

Fundamental State of Environment Protection in Main Year

1995	2000	2005	2006	2007	2008	2009	2010
0.059	**0.045**	**0.053**	**0.054**	**0.051**	**0.046**	**0.039**	**0.030**
	0.061	0.068	0.067	0.065	0.056	0.056	0.050
		0.088	0.076	0.077	0.071	0.070	0.070
3.65	4.71	4.34	4.41	4.42	4.47	4.74	5.06
73.40	62.30	81.40	75.40	82.60	77.80	60.50	50.70
		332	334	333	345	347	357
	98.57	91.00	91.51	91.20	94.50	95.07	97.81
91267	**95434**	**125837**	**128302**	**111491**	**126156**	**119317**	**125662**
30930	24123	20249	20445	21103	34475	26023	23604
60337	71311	105588	107858	90388	91681	93294	102059
19685	21732	19449	19629	20102	33045	25116	22828
63.64	90.09	96.05	96.01	95.25	95.85	96.51	96.72
1871.61	**1959.16**	**2342.16**	**2126.49**	**1994.63**	**2435.84**	**2539.47**	**3155.59**
14.09	19.58	14.94	12.92	10.53	9.99	9.05	7.85
14.09	19.21	14.50	12.48	10.09	9.55	8.61	7.41
	0.37	0.44	0.44	0.44	0.44	0.44	0.44
3.09	4.69	1.79	1.80	1.79	1.86	1.38	1.13
3.09	4.50	1.61	1.62	1.61	1.67	1.19	0.94
	0.19	0.18	0.18	0.18	0.19	0.19	0.19
4.05	12.24	0.51	0.25	0.13	0.24	0.22	0.15
0.98	1.41	10.01	18.52	32.10	16.20	35.59	39.28
154.26	180.00	123.43	172.00	163.03	209.06	180.65	230.49
58.99	91.58	66.82	21.14	23.79	5.90	24.33	19.63
		14	**14**	**13**	**13**	**15**	**15**
	284.60	441.61	470.82	779.86	908.62	895.00	927.10
313.00	**346.80**	**540.36**	**632.30**	**609.03**	**661.56**	**641.84**	**691.79**
	18.30	22.48	18.43	20.39	16.38	22.59	24.54
224.00	285.30	520.25	605.46	592.13	605.65	597.95	621.91
71.30	83.48	91.23	91.13	100.00	91.24	92.35	89.75
1.00	2.10	0.25	0.26	0.20	0.06	0.03	…
		27	**27**	**31**	**31**		
	199.10	290.68	295.27	425.38	501.34		
72.60	69.10	69.30	69.40	69.20	69.10	69.20	69.10

【卫生技术人员】 指卫生事业机构支付工资的全部固定职工和合同制职工现任职务为卫生技术工作的专业人员。包括中医师、西医师、中西医结合高级医师、护师、中药师、西药师、检验师、其他技师、中医士、西医士、护士、助产士、中药剂士、西药剂士、检验士、其他初级卫生技术人员。

【医生】 指经卫生部门审查合格,具有执业资格的医疗专业人员。

【社会福利事业单位收养人数】 包括民政部门管理的和城镇及农村集体举办的社会福利事业单位中收养的老人、少年儿童、缺乏生活自理能力的残疾人员和精神病人。

【律师】 指依法取得律师执业证书，为社会提供法律服务的执业人员。

【公证员】 指符合《公证法》规定的条件，在公证机构从事公证业务的执业人员。

【办理公证文书】 指公证处在一定时期内办结的公证文书件数。公证文书是按司法部规定或批准的格式制作。包括国内公证和涉外公证两部分。其中国内公证分为经济合同公证和民事法律关系公证两大类。

【调解人员】 是经群众选举或者接受聘任，在人民调解委员会领导下，从事调解工作的人员。

【调解民间纠纷】 指调解委员会依照法律规定,根据自愿原则,用说服教育的方法调解社会上发生的有关民事权利和义务的争执,促成相关当事双方达到协议和谅解,解决纠纷。包括婚姻家庭纠纷,财产权益纠纷等,不包括法院受理调解的民事案件数。

【废水排放总量】 包括工业废水排放量和生活及其他污水排放量。

【工业废水排放量】 指报告期内经过企业厂区所有排放口排到企业外部的工业废水量。包括生产废水、外排的直接冷却水、超标排放的矿井地下水和与工业废水混排的厂区生活污水，不包括独立外排的间接冷却水（清浊不分流的间接冷却水应计算在内）。

【工业粉尘排放量】 报告期内企业排放的粉尘量。工业粉尘排放量可以通过除尘系统的排风量和除尘设备出口排尘浓度相乘求得。

【工业固体废物产生量】 指报告期内企业在生产过程中产生的固体状、半固体状和高浓度液体状废弃物的总量,包括危险废物、冶炼废渣、粉煤灰、炉渣、煤矸石、尾矿、放射性废渣物、脱硫石膏和其他废物等；不包括矿山开采的剥离废石和掘进废石（煤矸石和呈酸性或碱性的废石除外）。酸性或碱性废石是指采掘的废石其流经水、雨淋水的PH值小于4或PH值大于10.5者。

【工业固体废物综合利用量】 报告期内企业通过回收、加工、循环、交换等方式，从固体废物中提取或者使其转化为可以利用的资源、能源和其他原材料的固体废物量(包括当年利用的往年工业固体废物堆累计贮存量)。如用作农业肥料、生产建筑材料、筑路等。综合利用量由原产生固体废物的单位统计。

Explanatory Notes on Main Statistical Indicators

【Medical Technical Personnel】 refer to all permanent medical staff and workers employed by medical institutions, including doctors of Chinese and Western medicine,senior doctors who integrate traditional Chinese therapeutics with Western therapeutics in practice,senior nurses, pharmacists of Chinese and Western medicine,1aboratory specialists,other specialists, paramedics of Chinese and Western medicine, nurses, midwives, druggists in Chinese and Western medicine,laboratory technicians, other technicians,other practitioners of Chinese medicine, nursing attendants, pharmacological workers of Chinese and Western medicine,laboratory workers,and other primary medical technical personne1.

【Doctors】 refer to qualified professional medical workers approved to practice by public health departments.

【Number of People Taken in by Social Welfare Institutions】 refers to the number of old people,children, totally dependent handicapped people and mental patients taken in by social welfare institutions run by civil affairs departments and those run by collective units in urban and rural areas.

【Lawyers】 are certified legal workers according to law, and provide legal service to the public.

【Notary Personnel】 refer to judicial workers of the state notary offices handling notarization work according to law.

【Notarized Documents】 refer to the documents settled by notary offices in a year.The notarial documents are drawn up in accordance with the regulations of the Ministry of Justice, including domestic docmnents and foreign-related documents. Domestic documents are divided into two major categories: documents on economic contracts and documents on civil legal relations.

【Mediators】 refer to workers who are selected or employed by the masses under the lead of people's mediation committees responsible for mediating in civil disputes and cases of slight infraction of the law.

【Mediation of Civil Disputes】 refers to mediation committees' work in mediating in civil disputes concerning civil rights and duties through persuasion and education in accordance with the provisions of law on a voluntary basis,so as to solve disputes by helping the parties involved come to an agreement and understanding. These disputes include divorce cases and disputes over property ownership,but exclude the civil cases to be handled by the court.

【Total Volume of Waste Water Discharged】 includes the volume of production waste water, domestic sewage and other waste water.

【Volume of Industrial Waste Water Discharged】 refers to the volume of industrial waste water discharged ,through all outlets to the outside of industrial enterprises in the reference period,including waste water produced,direct cooling water,underground water from mines that does not meet the standard of discharge,and the domestic sewage mixed up with industrial waste water when discharged,but excluding independent discharged indirect cooling water.(the indirect cooling water that clear water and turbid water is not divided should be included)

【Industrial Dust Discharged】 refers to the total weight of solid dust discharged by industrial enterprises in the production process,It can be obtained through the discharge capacity of dust removing system multiplying the discharge density of dust removing equipment outlets.

【Volume of Industrial Solid Wastes Produced】 refers to the total volume of solid,semi -solid of high concentration liquid residues produced by industrial enterprises in their production process, including dangerous wastes,residues from melting,slag,powdered coal ash,gangue,chemical residues,tailings,radioactive residues,gypsum without sulphur and other residues,but excluding stripped or dug stones in mining (except gangue and acid or alkali stones which are stones washed or soaked by water with a PH value smaller than 4 or larger than 10.5).

【Volume of Industrial Solid Wastes Utilized in a Comprehensive Way】 refers to the volume of solid wastes from which useful materials can be extracted or which can be converted into usable resources,energy or other materials by means of reclamation, processing, recycling and exchange(including utilizing in the year the stocks of industrial solid wastes of the previous year). Examples of such utilizations include fertilizers,building materials and road materials.It is collected by the producing units of the wastes

附 录
APPENDIX

附1 全国国民经济主要指标

Appendix Ⅰ. Main Indicators of National Economy of China

项　　目	Item	2009	2010
年末总人口(万人)	Year-end Population (10000 persons)	133474	133972
国内生产总值(亿元)	Gross Domestic Product (100 million yuan)	340507	397983
# 农业增加值	Added Value of Agriculture	35226	40497
工业增加值	Added Value of Industry	135240	160030
全社会固定资产投资额(亿元)	Total Investment in Fixed Assets (100 million yuan)	224598.8	278139.8
社会消费品零售总额(亿元)	Total Retail Sales of Consumer Goods (100 million yuan)	132678	156998
货物周转量(亿吨公里)	Total Freight To-kilometers (100 million ton-km)	122133	141838
旅客周转量(亿人公里)	Total Passener-kilometers (100 million passenger-km)	24835	27894
邮电业务总量(2000年不变价)(亿元)	Business Volume of Postal and Telecommunication Services (at 2000 constant prices)(100 million yuan)	27193.5	32940.2
货物进口总额(亿美元)	Total Imports through Customs (USD 100 million)	10059.2	13948.3
货物出口总额(亿美元)	Total Exports through Customs (USD 100 million)	12016.1	15779.3
实际使用外商直接投资(亿美元)	Amount of Capital Actually Used in Foreign Direct Investment (USD 100 million)	900.3	1057.3
财政收入(亿元)	Government Revenue (100 million yuan)	68518.3	83080.3
居民消费价格总指数(上年=100)	General Consumer Price Index (preceding year=100)	99.3	103.3
城镇单位在岗职工年人均工资(元)	Annual Average Wages of Staff and Workers in Urban Units (yuan)	32736	37147
城镇居民年人均可支配收入(元)	Per Capita Annual Disposable Income of Urban Residents (yuan)	17175	19109
农村居民年人均纯收入(元)	Per Capita Annual Net Income of Rural Residents (yuan)	5153	5919
在校学生数	Number of Enrolled Students by Level of School	23570.4	23624.8
普通高等学校(万人)	Institutions of Higher Education (10000 persons)	2144.7	2231.8
普通中学(万人)	Regular Secondary Schools (10000 persons)	7867.9	7703.2
普通小学(万人)	Primary Schools (10000 persons)	10071.5	9940.7
医院和卫生院病床数(万张)	Hospital Beds (10000 units)	408.1	440.1
卫生技术人员(万人)	Medical Technical Personnel (10000 persons)	553.5	586.6
# 医　生	Doctors	232.9	241.3

注:1. 2010年为初步统计数据。

2. 规模以上港口的统计范围为年通过能力在100万吨以上的沿海港口和200万吨以上的内河港口，以及从事外贸、集装箱装卸的港口，具体范围由交通运输部划定。

Note: I. The figures of 2010 are preliminary ststistics.

II. Data on production capacity and handing capacity include the seaports handing cargo more than 1 million tons.inland river ports with turnover over 2 million tons and ports with operation in foreign trade and containing shipping. The specific scope are decided by the Administration of Transportation.

附2 广东省国民经济主要指标

Appendix Ⅱ. Main Indicators of National Economy of Guangdong Province

项　　目	Item	2009	2010
年末常住人口(万人)	Year-end Population (10000 persons)	9638	10441
年末从业人数(万人)	Year-end Employed Persons (10000 persons)	5652.39	5752.37
地区生产总值(亿元)	Gross Domestic Products (100 million yuan)	39482.56	45472.83
人均地区生产总值(元)	Per Capita GDP (yuan)	39436	44736
全社会固定资产投资额(亿元)	Total Investment in Fixed Assets (100 million yuan)	13353.15	16113.19
社会消费品零售总额(亿元)	Total Retail Sales of Consumer Goods (100 million yuan)	14891.78	17414.66
货物周转量(亿吨公里)	Total Freight To-kilometers (10 million ton-km)	4942.83	5914.75
旅客周转量(亿人公里)	Total Passener-kilometers (100 million passenger-km)	2853.30	3330.75
沿海主要港口货物吞吐量(万吨)	Volume of Freight Handled at Ports (10000 tons)	70700	80203
邮电业务总量(2000年不变价)(亿元)	Business Volume of Postal and Telecommunication Services (at 2000 constant prices)(100 million yuan)	3938.15	5083.98
海关进口总值(亿美元)	Total Imports through Customs (USD 100 million)	2521.62	3314.64
海关出口总值(亿美元)	Total Exports through Customs (USD 100 million)	3589.56	4531.99
实际利用外商直接投资(亿美元)	Amount of Direct Foreign Capital Actually Used (USD 100 million)	195.35	202.61
地方财政一般预算收入(亿元)	Budgetary Revenue of Local Government (100 million yuan)	3649.19	4515.72
地方财政一般预算支出(亿元)	Budgetary Expenditure of Local Government (100 million yuan)	4334.37	5414.76
居民消费价格指数(上年=100)	General Consumer Price Index (preceding year=100)	97.7	103.1
商品零售价格指数(上年=100)	General Retail Price Index (preceding year=100)	96.8	103.3
城镇单位在岗职工年人均工资(元)	Annual Average Wages of Staff and Workers in Urban Units (yuan)	36355	40358
城镇居民年人均可支配收入(元)	Per Capita Annual Disposable Income of Urban Residents (yuan)	21575	23898
农村居民年人均纯收入(元)	Per Capita Annual Net Income of Rural Residents (yuan)	6907	7890
在校学生数(万人)	Number of Enrolled Students by Level of School (10000 persons)		
普通高等学校	Institutions of Higher Education	133.41	142.67
中等职业教育学校	Secondary Vocational Schools	120.46	154.78
普通中学	Regular Secondary Schools	696.11	709.05
小　学	Primary Schools	887.65	848.55
医院及卫生院床位(万张)	Hospital Beds (10000 units)	25.04	27.71
卫生技术人员(万人)	Medical Technical Personnel (10000 persons)	41.34	44.65
# 医　生	Doctors	15.57	16.85

附3 香港特别行政区主要统计指标

Appendix Ⅲ. Main Indicators of Hong Kong Special Administrative Region

项　　目	Item	2009	2010
人口及生命统计	**Population and Vital Events**		
总人口(年中数)(万人)	Mid-year Population (10000 persons)	700.4	706.8
男　性	Male	329.6	331.1
女　性	Female	370.8	375.7
粗出生率(‰)	Crude Birth Rate (‰)	11.7	12.5
粗死亡率(‰)	Crude Death Rate (‰)	5.9	5.9
劳动、就业	**Labor and Employment**		
劳动人口(万人)	Labor Force (10000 persons)	367.7	367.6
劳动人口参与率(%)	Labor Force Participation Rate (%)	60.7	60.0
失业率(%)	Unemployment Rate (%)	5.4	4.3
就业不足率(%)	Underemployment Rate (%)	2.3	2.0
本地生产总值	**Gross Domestic Product (GDP)**		
本地生产总值(按2008年环比物量计算)(亿港元)	GDP (in chained 2008 dollars, HKD 1000 million)	16323	17435
人均生产总值(按2008年环比物量计算)(港元)	Per Capita GDP (in chained 2008 dollars, HKD)	233059	246677
本地生产总值(按当年价格计)(亿港元)	GDP (at current prices, HKD 1000 million)	16222	17481
人均生产总值(按当年价格计)(港元)	Per Capita GDP (at current prices, HKD)	231621	247332
对外商品贸易	**External Merchandise Trade**		
进口(亿港元)	Imports (CIF, HKD 100 million)	26924	33648
香港产品出口(亿港元)	Domestic Exports (HKD 100 million)	577	695
转口(亿港元)	Re-exports (HKD 100 million)	24113	29615
电力耗用(兆焦耳)	**Consumption of Electricity (Mega joule)**		
#工　业	Industrial	11143	10190
商　业	Commercial	98856	92438
住　宅	Residential	38972	37148
工业生产指数(2008年为100)	**Index of Industrial Production (2008 = 100)**		
纺织制品	Textiles	77.8	70.0
成　衣	Wearing Apparel	70.2	59.5
金属、电脑、电子及光学产品、机械及设备	Metal, Computer, Electrical and Optical Products, Machinery and Equipment	89.6	96.9

附3 续表 continued

项　　目	Item	2009	2010
土地、楼宇、建造及地产	**Land, Building, Construction and Real Estate**		
实用楼面面积(万平方米)	Usable Floor Area (10000 sq.m)		
住　宅	Residential	44.3	61.2
非住宅	Non-residential	37.3	52.7
持牌车辆总数(万辆)	**Motor Vehicles Licensed (10000 units)**		
# 货　车	Vans	10.7	10.9
私家车	Sedan	39.4	41.5
旅　游	**Tourism**		
访港旅客(万人次)	Visitors Arrivals (10000 person-times)	2959.1	3603.0
酒店入住率(%)	Hotel Room Occupancy Rate (%)	78	87
运输、通讯	**Transport and Communications**		
进出香港货物总量(万吨)	Inward and Outward Movements of Cargo (10000 tons)		
总卸下	Total Discharged	15567	17064
总装上	Total Loaded	11745	12716
集装箱吞吐量(万标准集装箱)	Container Throughput (1000 TEUs)	2104	2361
公共交通工具客运量(百万人次)	Passenger Traffic by Public Vehicles (million person-times)	4141	4251
电话服务(万条操作线路)	Telephone Services (10000 working lines)	419	426
政府收支(亿港元)	**Public Accounts (HKD 100 million)**		
政府收入	Total Government Revenue	3166	3184
政府支出	Total Government Expenditure	3124	2890
消费价格指数(以2004年10月-2005年9月为100)	**Consumer Price Indices (Oct.2004 - Sept.2005 = 100)**		
综合消费价格指数	Composite Consumer Price Index	109.5	112.1
甲类消费价格指数	Consumer Price Index (A)	107.4	110.4
乙类消费价格指数	Consumer Price Index (B)	110.0	112.7
丙类消费价格指数	Consumer Price Index (C)	110.9	113.2
工资指数(以1992年9月为100)	**Wage Index (September 1992 = 100)**		
名义工资指数	Nominal Wage Index	157.5	161.3
实际工资指数	Real Wage Index	120.2	119.2
教　育(人)	**Education (persons)**		
小学学生人数	Student Enrolment in Primary Schools	344748	331112
中学学生人数	Student Enrolment in Secondary Schools	474316	452581

附4 澳门特别行政区主要统计指标

Appendix Ⅳ. Main Indicators of Macao Special Administrative Region

项　　目	Item	2009	2010
人口及生命统计	**Population and Demographics Characteristis**		
年中人口估计(万人)	Mid-year Estimates of Population (10000 persons)	54.2	55.2
出生率(‰)	Crude Birth Rate (‰)	8.8	9.4
死亡率(‰)	Crude Death Rate (‰)	3.1	3.3
劳动、就业	**Labour**		
劳动人口(万人)	Labour Force	32.9	32.8
劳动力参与率(%)	Labour Force Participation Rate (%)	72.0	71.5
失业率(%)	Unemployment Rate (%)	3.6	2.8
就业不足率(%)	Underemployment Rate (%)	1.9	1.8
本地生产总值	**Gross Domestic Product**		
按2008年不变价格计算	At Constant (2002) Prices		
本地生产总值(亿澳门元)	GDP (100 million MOP)	1641.6	2071.2
人均本地生产总值(万澳门元)	GDP per Capita (100 million MOP)	30.2	37.9
按当年价格计算	At Current Prices		
本地生产总值(亿澳门元)	GDP (100 million MOP)	1654.6	2173.2
人均本地生产总值(万澳门元)	GDP per Capita (100 million MOP)	30.4	39.8
对外商品贸易	**External Merchandise Trade**		
出口总值(百万澳门元)	Exports (million MOP)	7672.5	6960.0
进口总值(百万澳门元)	Imports (million MOP)	36902.0	44118.4
运输、旅游	**Transport, Tourism**		
进出澳门货运车数目(万次)	Lorries Entering and Departing Macao (10000 times)	40.3	35.8
访澳旅客(万人次)	Visitors Arrival (10000 person-times)	2175	2497
酒店入住率(%)	Hotel Room Occupancy Rate (%)	71	80
财政收支	**Government Accounts**		
公共财政总收入(百万澳门元)	Total Government Revenue (million MOP)	69870.9	79635.8
公共财政总支出(百万澳门元)	Total Government Expenditure (million MOP)	35459.9	37758.1
消费价格指数	**Consumer Price Index**		
综合消费价格指数(2008年4月至2009年3月=100)	Composite Consumer Price Index (Apr.2008 - Mar.2009 = 100)	101.40	104.25
教　育	**Education**		
小学生(人)	Primary Education (person)	27481	25475
中学生(人)	Secondary Education (person)	37830	36622
高等教育学生(人)	Higher Education (person)	20917	22289

注:2010年数字在日后得到更多资料时会作出修订。

Notes: Figures of 2010 are subject to revision as more data become available.

中国统计出版社最新图书简目

(仅供参考,以最后出书为准)

统计资料

中国统计年鉴-2011
2011中国发展报告
中国劳动统计年鉴-2011
中国建筑业统计年鉴-2011
中国商品交易市场统计年鉴-2011
中国民政统计年鉴-2011
中国科技统计年鉴-2011
中国高技术产业统计年鉴-2011
全国农产品成本收益资料汇编-2011
大中型批发零售和住宿餐饮企业统计年鉴-2011
中国县（市）社会经济统计年鉴-2011
第二次全国R&D资源清查资料汇编－综合卷
中国统计摘要-2011
中国第三产业统计年鉴-2011
中国社会统计年鉴-2011
中国人口和就业统计年鉴-2011
中国房地产统计年鉴-2011
中国贸易外经统计年鉴-2011
中国农村统计年鉴-2011
中国教育经费统计年鉴-2010
全中国科学技术协会统计年鉴-2011
中国农村住户调查年鉴-2011（中、英文）
第二次全国R&D资源清查资料汇编－工业企业卷
国际统计年鉴-2011
中国区域经济统计年鉴-2011
中国城市统计年鉴-2009
中国工业经济统计年鉴-2011
中国能源统计年鉴-2011
2011中国地区经济监测报告
中国农产品价格调查年鉴-2011
中国农村贫困监测报告-2011
工业企业科技活动资料-2011
中国城市(镇)生活与价格年鉴-2011
中国农村全面建设小康监测报告-2011
中国零售和餐饮连锁企业统计年鉴-2011
2010年中国第六次人口普查公报

2011年省级综合统计年鉴系列

北京 天津 河北 山西 内蒙古
河南 湖北 湖南 广东 广西
新疆 新疆生产建设兵团
辽宁 吉林 黑龙江 上海 江苏
海南 重庆 四川 贵州 云南
浙江 安徽 福建 江西 山东
西藏 陕西 甘肃 青海 宁夏

2011年市(县)级综合统计年鉴系列

天津滨海新区
运城 忻州 临汾 呼和浩特
上海浦东新区
杭州 宁波 绍兴 台州 温州
厦门经济特区 南昌 上饶
十堰 荆州 咸宁 长沙 广州
贵阳 昆明 庆阳 西安
石家庄 唐山 邯郸 太原 大同
包头 沈阳 大连 长春 吉林市
苏州 无锡 常州 徐州 南通
金华 嘉兴 衢州
济南 青岛 潍坊 郑州
东莞 惠州 深圳 桂林 南宁
兰州 银川 乌鲁木齐
长治 阳泉 晋城 朔州 晋中
四平 哈尔滨 黑龙江垦区
盐城 镇江 江阴 丹阳
福州 福州经济技术开发区
洛阳 三门峡 南阳 武汉 宜昌
柳州 来宾 河池 海口 成都 绵阳

“十一五”规划教材

非参数统计　医学统计学
多元统计分析　经济计量学教程
统计数据处理概论
企业经营管理统计
统计学:从数据到结论
概率论与数理统计　统计学
应用时间序列分析
质量管理统计方法　社会统计学
市场调查与预测
国民经济核算教程(国民经济统计学)
现代金融投资统计分析
统计指数理论及应用
多元统计分析实验
统计学原理（非统计专业使用）
概率论与数理统计(经济、管理类专业使用)

重点图书

挑大学选专业2011—高考志愿填报指南　挑大学选专业2011—考研择校指南